# 교회론

*La Iglesia de Cristo*
by José Antonio Sayés
© EDICIONES PALABRA, S.A., Madrid 1999

**교회론**

2008년 7월 2일 교회 인가
2008년 7월 25일 초판 1쇄 펴냄
2020년 11월 1일 개정 초판 1쇄 펴냄
2023년 9월 18일 개정 초판 2쇄 펴냄

**지은이** · 호세 안토니오 사예스
**옮긴이** · 윤주현
**펴낸이** · 정순택
**펴낸곳** · 가톨릭출판사
**편집 겸 인쇄인** · 김대영
**편집** · 정주화
**디자인** · 강해인

**본사** · 서울특별시 중구 중림로 27
**등록** · 1958. 1. 16. 제2-314호
**전자우편** · edit@catholicbook.kr
**전화** · 1544-1886(대표 번호)
**지로번호** · 3000997

**ISBN** 978-89-321-1744-7 03230

값 33,000원

성경 © 한국천주교중앙협의회, 2005

이 도서의 한국어 출판권은 (재)천주교서울대교구 가톨릭출판사에 있습니다.
저작권법에 의해 한국 내에서 보호를 받는 저작물이므로 무단 전재와 무단 복제를 금합니다.

가톨릭의 모든 도서와 성물은 '**가톨릭출판사 인터넷쇼핑몰**'에서 만나 보실 수 있습니다.
http://www.catholicbook.kr | (02)6365-1888(구입 문의)

호세 안토니오 사예스 지음
윤주현 옮김

# 교회론

교회란 무엇인가

가톨릭출판사

## 일러두기

- 성경 인용 구절은 다음의 성경을 따랐다.
  『성경』, 한국천주교중앙협의회, 2005.
- 본서에서 인용된 각종 교황청 문헌들은 한국천주교중앙협의회에서 번역된 것을 따랐으나 출판되지 않은 문헌들에 한해서는 역자가 직접 번역해서 실었다.

# 차 례 contents

저자 서문 · 11
약어 표시 · 18

## 제1부 교회의 기원 · 23

### 제1장 교회와 삼위일체 · 29
  I. 교회의 신비 · 35
  II. 제2차 바티칸 공의회에 있어서 교회와 삼위일체 하느님 · 42
    1. 교회와 성부 · 42
    2. 성자의 사명 · 48
    3. 교회의 성화자(聖化者)이신 성령 · 52
  III. 결론 · 62

### 제2장 구약에서부터 준비된 교회 · 67
  I. 이스라엘 백성의 탄생 · 67
  II. 계약의 백성 · 73
    1. 계약과 율법 · 77
  III. 메시아적 공동체 · 84
    1. 왕적 메시아니즘 · 84
    2. 예언자적 메시아니즘 · 85
    3. 사제적 메시아니즘 · 86
  IV. 아벨로부터 이어오는 교회 · 87

## 제3장 예수와 교회 · 99

Ⅰ. 예수는 교회를 염두에 두었는가? · 100
　1. 초대 교회 · 103
　2. 그리스도와 재림에 대한 선포 · 106
Ⅱ. 하느님 나라와 공동체 · 109
Ⅲ. '열둘(dodeka)'의 설립 · 117
Ⅳ. 베드로의 직무 · 131
　1. 초대 공동체 안에서 베드로의 사명 · 131
　2. 수위권에 대한 약속 · 136
　　2.1. 삽입 이론 · 138 | 2.2. 마태오복음 16장 17-19절과 초기 공동체 · 140 |
　　2.3. 수위권의 양도 · 148
Ⅴ. 성찬례의 제정 · 153
Ⅵ. 교회와 그리스도의 십자가 · 158
Ⅶ. 성령강림 · 162

## 제4장 사도 계승 · 173

Ⅰ. 사목 서간들 · 174
　1. 티모테오와 티토의 계승 · 177
Ⅱ. 전승의 증언 · 180
　1. 클레멘스 교황의 증언 · 180
　2. 안티오키아의 이냐시오 · 182
　3. 개별 교회들 · 184
　4. 영지주의의 위기 · 187
　5. 정경과 부활절 날짜의 확정 · 189
　6. 히폴리토의 증언 · 190
　7. 치프리아노의 갈등 · 192
　8. 4세기와 5세기에 있어서 교황권 · 194
　9. 에페소 공의회 · 197
　10. 레오 대교황 · 198
　11. 성 아우구스티노로부터 시작해서 · 200
Ⅲ. 교회적인 선택? · 202
　1. 교회적인 모델들에 대한 식별 · 206

## 제2부 교회에 대한 신학적인 묘사와 교회의 구조 · 213

### 제1장 교회에 대한 신학적 묘사 · 219
  I. 교회의 다양한 모습들 · 221
  II. 그리스도의 몸으로서의 교회 · 224
    1. 성 바오로의 가르침 · 225
    2. 중세에 있어서 그리스도의 몸 · 232
    3. 회칙 *Mystici Corporis* · 236
    4. 제2차 바티칸 공의회 · 237
  III. 하느님 백성 · 240
    1. *Lumen Gentium*에서 · 243
      1.1. 사제적인 백성 · 246 | 1.2. 하느님 백성에 있어서 신앙의 의미 · 254
    2. 교회의 구성원들 · 257
    3. 이미지가 갖는 한계들 · 261
  IV. 그리스도의 성사 · 264
    1. 약간의 역사 · 265
      1.1. 성 아우구스티노에서부터 중세로 · 265 | 1.2. 후스에서 루터까지 · 268 |
      1.3. 프로테스탄트 개혁 · 270
    2. 신학적 성찰 · 272
  V. 친교로서의 교회 · 283
    1. 개념의 발전 · 286
    2. 개별 교회와 친교 · 290
    3. 교회적인 친교, 분리된 교회와의 친교는? · 296
      3.1. 「교회 헌장」 8항의 편집에 대한 역사적인 기억들 · 297 |
      3.2. 상이한 해석들 · 301 | 3.3. 교도권의 개입 · 302 | 3.4. 제안에 대한 방식 · 303

### 제2장 교회의 특징들 · 311
  I. 교회는 하나이다 · 315
    1. 그리스도의 의도 · 315
    2. 성취된 하나 됨인가? · 322
  II. 교회는 거룩하다 · 326
  III. 교회는 공변되다 · 333
  IV. 교회는 사도적이다 · 340

## 제3장 교계 제도의 구조 · 351
　Ⅰ. 성사성과 주교직 · 356
　Ⅱ. 성사성과 합의성 · 364
　　1. 제2차 바티칸 공의회 · 369
　Ⅲ. 교회의 최고 목자인 교황 · 375
　　1. 교황권의 발전에 관한 역사적인 기억들 · 376
　　　1.1. 동방교회와의 결별 · 376 ｜ 1.2. 교황권에 대한 중세의 발전 · 380 ｜
　　　1.3. 공의회 우위설에 이르기까지 · 386
　　2. 제1차 바티칸 공의회 · 393
　　3. 제1차 바티칸 공의회의 가르침에 대한 요약 · 396
　Ⅳ. 교황과 에큐메니즘 · 398
　Ⅴ. 세 가지 직무 · 404
　　1. 성화하는 직무 · 405
　　2. 통치하는 직무 · 406
　　3. 가르치는 직무 · 408
　　　3.1. 교도권의 주체들 · 410 ｜ 3.2. 무류성의 범위와 한계들 · 420 ｜
　　　3.3. 교도권의 대상 · 425
　Ⅵ. 그 밖의 다른 직무들 · 428
　　1. 사제 · 428
　　　1.1. 사제란 누구인가? · 428 ｜ 1.2. 사제의 직무들 · 436 ｜
　　　1.3. 사제들과 그 밖의 사람들과의 관계 · 439
　　2. 부제 · 441

## 제4장 평신도 · 449
　Ⅰ. 평신도는 누구인가? · 449
　Ⅱ. 재속인들의 사명 · 457
　Ⅲ. 교계 제도와의 관계 · 474
　Ⅳ. 사제들의 직무 안에서 신자들의 협력 · 476
　　1. 현실적인 문제 · 476
　　2. 로마의 대답 · 481
　Ⅴ. 결론 · 486

## 제5장 수도자 · 491
　Ⅰ. 수도 생활의 본질 · 494
　Ⅱ. 봉헌된 이들의 사명 · 509

## 제3부 교회의 사명 · 515

### 제1장 교회의 사명 · 521
   I. 하느님 나라 · 525
   II. 하느님 나라와 사회정의 · 529
   III. 구원을 위한 교회의 필요성 · 539
   IV. 다른 종교들은 구원적인가? · 547
     1. 여러 종교들에 대한 상이한 입장들 · 549
     2. 카를 라너의 익명의 그리스도인 이론 · 551
   V. 교회의 종말론적 차원 · 561

### 제2장 마리아와 교회 · 571
   I. 시온의 딸 · 572
   II. 교회의 어머니이신 마리아 · 574
   III. 교회의 모델이신 마리아 · 578

### 제3장 교회와 세속 권력 · 585
   I. 교회와 세속 권력에 대한 역사적인 기억들 · 586
     1. 신정(神政) 개념: 그레고리오 7세에서 보니파시오 8세까지 · 586
       1.1. 그레고리오 7세 · 589 | 1.2. 인노첸시오 3세 · 590 | 1.3. 보니파시오 8세 · 593
     2. 권력들에 대한 구별 · 595
       2.1. 성 토마스 아퀴나스 · 595 | 2.2. 파리의 요한 · 597
     3. 계몽주의 · 600
     4. 레오 13세의 가르침 · 602
     5. 비오 12세에서 「사목 헌장」까지 · 609
       5.1. 회칙 「지상의 평화」 · 611 | 5.2. 제2차 바티칸 공의회 · 614
   II. 신학적인 성찰 · 620
     1. 본성적인 권리와 인간 인격 · 621
     2. 그리스도와 인간 인격 · 626
       2.1. 은총의 치유 작용 · 629
   III. 결론 · 634

**인명 색인 · 642**
**용어 색인 · 649**
**역자 후기 · 664**
**미주 · 676**

# 저자 서문

우리 시대의 위대한 교회론 학자인 앙리 드 뤼박(H. De Lubac)은 말하길, 많은 사람들이 모순은 이해하되 교회의 신비는 이해하지 못한다고 한다. 오늘을 살아가는 많은 사람들에게 교회는 분명 서로 대립되는 차원들을 모아 놓은 실재로 보일 수 있다. 그것은 거룩하지만 동시에 죄인들로 가득 차 있고, 천상을 바라보면서도 수많은 인간적인 일들로 인해 바쁘기 그지없다. 또한 대화를 향해 개방되어 있으면서도 전통 속에 폐쇄되어 있고, 억척스럽기 그지없을 정도로 불변하면서도 매 시대와 장소에서 밀려오는 파도로 인해 흔들리기도 한다.[1]

그러나 오직 신앙의 눈으로 교회를 바라볼 때에만 우리는 교회의 진면목(眞面目) 그리고 그것이 내포하고 있는 심오한 실재를 발견할 수 있다. 그리스도의 신비 자체인 교회는 신적인 동시에 인간적으로서, 그 안에는 교회로 하여금 인간적이면서도 인간과 가까이 있는 실재임을 포기하지 않게 하면서 여전히 교회 본연의 사명에 충실하도록 유지시켜주는 성령이 활동하고 있다. 이러한 교회는 시대의 한가운데 존재하며 생기를 불어넣어주시는 성령의 힘과 더불어 자신의 기원에 끊임없이 충실하다. 교회는 보편적이며 로마교회와의 친교 가운데 있는 각 개별 교회 안에서 충만하게 실현된다. 또한 교회는 보편적이고 공번되며 동시에 지역의 여러 한계들과 더불어 연대하고 있다. 이는 참으로 교회의 신비가 아닐 수 없다.

'신비(mysterium)'라는 말을 우리는 다음과 같은 바오로적인 개념으로 이해하기로 하자. 즉 그것은 그리스도 안에서 실현되고 교회 안에서 영속하는 하느님의 구원 계획(救援計劃)이다. 이것이 바로 교회가 존재하는 이유이다. 교회 안에 그리스도가 있고 교회야말로 우리에게 성령의 능력을 선사해주기 때문에 우리는 교회에 관심을 갖는다. 만일 교회가 그렇지 않다면 다른 수많은 운동이나 문명, 문화처럼 이미 역사의 뒤안길로 사라져 버리고 말았을 단순한 인간 연합체에 불과할 것이다.

그래서 우리는 이렇게 말할 수 있다. 우리는 교회를 믿는다고. 그런데 흥미롭게도 트리엔트 공의회 교리서인 *Catechismus ad parochos* (본당신부들을 위한 교리서) — 이와 더불어 트리엔트 공의회 이후에 사제들이 양성받은 — 는 지적하길, 우리는 "나는 성부를 믿는다" 또는 "나는 그리스도를 믿는다" 아니면 "성령을 믿는다"라고 말하듯이 그렇게 "나는 교회를 믿는다(creo en la Iglesia)"라고 말할 수는 없다고 한다. 우리는 단지 "우리는 성교회를 믿는다(creemos la santa Iglesia)"라고 말해야 하는데, 이는 교회가 자신을 하느님의 수준에 둘 수 없는 피조물이기 때문이다.[2] 스콜라 신학자들 역시 그렇게 생각했다. 그러나 교회는 단순한 피조물이 아니라 하느님의 신비 속으로 들어가 마치 그리스도의 몸이자 신부로서 그분과 하나 되는 피조물이다. 그래서 우리는 이렇게 말할 수 있다. "나는 교회를 믿는다(*creo en la Iglesia*)." 이렇듯 우리는 이를 콘스탄티노폴리스 신경의 그리스어 원본에서 읽을 수 있다. 우리는 교회를 믿는다[*creemos en (eis) la Iglesia*]. 왜냐하면 교회에 대한 우리의 믿음은 단순한 인간적 또는 사회적 사실이 아니라 구원의 도구인 바로 그 교회 안에서 작용하시는 하느님에서 종결되기 때문이다.

그렇다. 나는 교회를 믿는다. 왜냐하면 그 교회는 우리에게 그리스도를 그리고 성령의 능력을 선사해주기 때문이다. 간혹 세상이 주는 매력과 새로움으로 인해 유혹당하기도 하지만 여전히 믿음을 유지하고 있는 이 교회를 나는 믿는다. 간혹 그리스도의 십자가를 부끄러워하기도 하는 이 교회를 그래도 나는 믿는다. 사랑과 겸손 그리고 십자가 안에 자신의 모든 삶을 묻고 사는 남녀 봉쇄 수도자들의 충실함으로 인해, 그리고 복음을 설교하기 위해 모든 것을 잃어버린 선교사들의 용기로 인해, 그리고 어떠한 자랑이나 바람도 없이 아주 가난한 이들과 하나가 되려는 사람들의 용기 있는 모습으로 인해 모든 위기에도 불구하고 앞으로 나아가고 있는 교회를 나는 믿는다. 그렇다. 세상과 자신을 동일시하고자 하는 위험을 끊임없이 안고 있지만 진리를 증거해야 할 때가 오면 수많은 순교자들을 낳곤 했던 교회를 나는 믿는다. 그렇다. 나는 바로 그 교회를 믿는다.

회의적이고 피곤에 절었으며 슬픔으로 물든 오늘 이 세상에 유일한 빛으로 남아 있는 교회를 나는 더할 나위 없이 믿는다. 우리가 사는 이 세상은 서양의 휴머니즘들(마르크시즘과 실존주의)이 사라져 버린 이후로 더 이상 빛을 간직하고 있지 않다. 오늘을 살아가는 이 세상은 더 이상 생각할 힘을 갖고 있지 못하다. 그래서 자신 안에 품고 있는 거대한 공허를 대면하지 않으려고 생각하는 것을 외면한 채 순간의 만족에만 몰입하고 있다. "생각하지 않는 것", 이것이야 말로 세상에 남아 있는 유일한 탈출구이다. 그래서 세상이 교회를 비판할 때 우리는 함정에 빠지지 않도록 정신을 바짝 차리고 있어야 한다. 물론 방금 말했듯이 언제든 교회의 결점과 죄를 발견할 수 있을 것이다. 그러나 세상의 비판 앞에서 열등감을 갖고 그 세상에 안주하는 것은 치명적이고 잘못된 방책일 따름이다.

교회에 가해지는 주된 비판은 근본적으로 그리스도께 대한 교회의 충실성 여부에 있다. 우리 시대의 서양에서 우리에게 남아 있는 유일한 윤리 지도자인 요한 바오로 2세 같은 분을 비판하는 것만으로도 이는 충분히 입증되리라 생각한다. 단지 이 세상에 속한 존재가 아니라는 것만으로도 교회는 비판받고 있으며 앞으로도 계속 그렇게 비판받을 것이다. 2세기에 쓰인 『디오녜토에게 보내는 편지』는 당시의 그리스도인들이 비난할 것도 없고 결코 모순된 사람들이 아니었음에도 불구하고 그들을 박해하는 자들은 자신들이 왜 그리하는지도 모를 정도로 세상이 그들을 공격했다고 말한다. 그러나 거기에는 분명한 이유가 있었다. 왜냐하면 그리스도인들의 순수함과 충실함이 당시 부패했던 그 세상의 거짓 평화를 방해했기 때문이다.

사실 세상은 교회가 지닌 결점들 때문이라기보다는 교회가 그리스도께 대해 간직하고 있는 충실함 때문에 그리고 그것이 결국 자신들에게는 너무도 아프기 때문에 교회를 비판한다. 결국 세상은 아무 말도 하지 않지만 근본적으로는 교회 안에 계신 그리스도를 비판하는 것이다. 세상 사람들 또한 그분이 가지고 있던 결점들이 아니라 그분이 진리를 말한다고 주장했기 때문에 당신 자신을 진리로 그리고 하느님의 아들로 소개했기 때문에 그분을 비판했다는 점을 잊지 말아야 한다(요한 10,31 이하). 교회론에 관한 책을 집필하는 것이 쉽지 않을 것임을 알면서도 교회에 대한 사랑이 나로 하여금 이 책을 소개하게 해주었다.

교회에 관한 텍스트들이 종교개혁 당시부터 특히 프로테스탄트 자유주의 신학에 의해 공격받아 왔다는 사실을 염두에 둔다면 교회론에 관한 성경의 근거를 소개하는 것에 적지 않은 어려움이 있었으리라는 점을 독자들은 상상할 수 있을 것이다. 더욱이 교회에 관한 논술에는 다음과 같은 어려움들이 뒤따른다. 즉 의심할 나위 없이 모든 신학 교과서들은 역사가 흐르는 가운데 만들어졌으며 교회론 역시 그러했다. 그러나 우리가 잊지 말아야 할 것은 역사가 흐르면서 교회론이 만들어진 것이 아니라 교회 자신이 교회론을 만들었다는 점이다. 예를 들면 역사 속에서 교황직의 발전이 그러하다. 교황직은 동방정교회나 프로테스탄티즘과의 가능한 대화에 직면해서 자신 안에 있는 역사적이고 사라져 버릴 우연에 속하는 것과 이와는 반대로 포기해서는 안 될 자기 본질에 속하는 것을 식별해야 할 문제를 제기했다. 그래서 나는 교회론에 영향을 주는 각각의 사안들을 역사적으로 이해할 수 있도록 도와주는 주석과 역사적인 요약들을 텍스트 안에 삽입했다.

여기에 더해서 우리는 교회가 간직하고 있는 그 모든 풍요로움으로 인해 교회의 본질을 규정하는 것이 불가능하다는 점도 덧붙이고자 한다. 그 모든 교회의 신비를 하나의 정의 안에 담아 두기란 사실상 불가능하다. 그래서 이 작업은 교회를 묘사할 수 있는 이미지들에 호소해야 하며 동시에 이 이미지들 간의 필수적인 보완을 추구해야 한다. 더욱이 교회는 그리스도의 뜻과 더불어 교계적으로 구조화되었고 따라서 우리 시대의 민주적인 매개변수들을 따르지 않는다. 그래서 가끔 이해하기 어려운 측면들을 비롯해 다양한 문제들이 생기기도 한다. 비록 교회와 사회가 자주성을 갖는 두 가지 영역이긴 하지만, 교회는 그리스도 안에서 하느님의 무상적인 행위로부터 유래하고 사회는 권력의 위임을 통해 아래로부터 구조화되기 때문에, 우리는 그리스도인이 단순한 시민으로서 이 세상에 있을 수 있는지 아니면 그리스도께 대한 믿음을 고백하는 그리스도인으로 존재해야 하는지 묻지 않을 수 없다. 교회와 세속 권력 간의 관계 문제는 아직도 충분히 해명되지 않은 여러 가지 측면들을 갖고 있으며 우리에게 특별한 성찰을 요구한다.

    나는 본서를 통해 교회론의 근본적인 측면들에 대한 종합을 시도했다. 이 책은 다음과 같은 세 부분으로 구성된다. 1) 우선 1부에서는 교회의 기원들(삼위일체, 구약성경 안에서의 하느님 백성, 그리스도에 의한 설립 그리고 초세기 동안의 교회 형성)에 대해 설명하게 될 것이다. 2) 이어서 교회 자체와 교회의 특징들에 대해 다루는 2부가 뒤따를 것이다. 사실 교회를 정의한다는 것은 불가능하기에 우리는 이를 그리스도의 몸, 하느님 백성, 성사 그리고 친교라는 이미지와 더불어 신학적인 차원에서 묘사하고자 한다. 그리고 교회의 특징들이라는 주제를 설명하고 교계 구조에 대해서 언급하게 될 것이다. 3) 마지막 부분인 3부에서는 교회의 사명에 대해 다루게 될 것이다.

    이미 나는 기초신학을 바탕으로 교회라는 주제를 다룬 바 있다. 그러나 역사적인 기초(예를 들면 그리스도에 의한 교회 설립)와 교의적인 논술이 필요한 또 다른 문제들이 있기에 나는 여기서 근본적이면서도 교의적인 관점에서 이 작업을 시도했다. 부디 이 교과서가 더욱더 교회를 알고 사랑하길 바라는 모든 신학생, 사제, 평신도들에게 빛을 비추어주길 바란다.3

부르고스 신학대학에서
호세 안토니오 사예스 신부

## 약어 표시

| | |
|---|---|
| AA | Apostolicam Actuositatem |
| AAS | Acta apostolicae sedis |
| AG | Ad Gentes |
| Ang. | Angelicum |
| Ant. | Antonianum |
| Arch. Kath. Kirch. | Archiv für Katholiche Kirchenrecht |
| | |
| BAC | Biblioteca de autores cristianos |
| Bibl. | Biblica |
| Bull. Litt. Eccl. | Bulletin de littérature ecclésiastique |
| | |
| Cath. | Catholica |
| CD | Christus Dominus |
| CDF | Congregación de la doctrina de la fe |
| CEC | Catechismus ecclesiae catholicae |
| Cien. Tom. | La ciencia tomista |
| CIC | Codex iuris canonici |
| CFL | Christifideles laici |
| Civ. Cat. | La civiltà cattolica |
| Col. Lac. | Collectio lacensis |
| Coll. Mechl. | Collectanea mechliniensia |
| Con. Fund. Teol. | Conceptos fundamentales de teología |
| Conc. | Concilium |

| | |
|---|---|
| **D** | Denzinger |
| **DBS** | Dictionnaire de la Bible. Supplement |
| **DEB** | Diccionario enciclopédico de la Biblia |
| **DH** | Dignitatis humanae |
| **Dic. Teol. Inter.** | Diccionario teológico interdisciplinar |
| **Div.** | Divinitas |
| **Div. Thom.** | Divus Thomas |
| **DTC** | Dictionnaire de théologie catholique |
| **DTF** | Diccionario de teología fundamental (Latourelle-Fisichella) |
| **Doc. Cath.** | Documentation catholique |
| | |
| **Eph. Theol. Lov.** | Ephemerides theologicae lovanienses |
| **Escr. Teol.** | Escritos de teología (Rahner) |
| **Est. Bibl.** | Estudios bíblicos |
| **Est. Ecl.** | Estudios eclesiásticos |
| **Evan. Theol.** | Evangelische Theologie |
| **Exp. Tim.** | Expository Times |
| **FIC** | La fe de la Iglesia católica (Collantes) |
| | |
| **Greg.** | Gregorianum |
| **GS** | Gaudium et Spes |
| **Irén.** | Irénikon |
| **Ker. Dog.** | Kerigma und Dogma |
| **LG** | Lumen Gentium |
| **Lum. Vie** | Lumière et vie |
| **LThK** | Lexikon für Theologie und Kirche |
| **Mais. Dieu** | La Maison Dieu |
| **Mis. Com.** | Miscelánea Comillas |
| **Münch. Theol. Zeit** | Münchener theologische Zeitschrift |
| | |
| **New Test. Stud.** | New Testament Studies |
| **NA** | Nostra aetate |

| | |
|---|---|
| **Nouv. Rev. Theol.** | Nouvelle revue théologique |
| **Orienta. Christ. Period.** | Orientalia christiana periodica |
| **PDV** | Pastores dabo vobis |
| **Per. Mor. Can. Lit.** | Periodica de re morali, canonica et liturgica |
| **PG** | Patrología griega (Migne) |
| **PL** | Patrología latina (Migne) |
| **PO** | Presbyterorum ordinis |
| **PT** | Pacem in terris |
| | |
| **Rev. Bibl.** | Revue biblique |
| **Rev. Est. Pol.** | Revista de estudios políticos |
| **Rev. Esp. Teol.** | Revista española de teología |
| **Rev. Scien. Phil. Theol.** | Revue de sciences philosophiques et théologiques |
| **Rev. Scien. Rel.** | Revue de sciences religieuses |
| **Rev. Theol. Louv.** | Revue théologique de Louvain |
| **Rev. Thom.** | Revue Thomiste |
| **Rev. Univ. Ott.** | Revue Université de Ottawa |
| **Riv. Teol.** | Rivista di teologia |
| | |
| **Sal.** | Salmanticensis |
| **Sacr. Mund.** | Sacramentum mundi |
| **Scien. Eccl.** | Sciences ecclésiastiques |
| **Scuol. Cat.** | La scuola cattolica |
| **S. Th** | Summa Theologiae |
| **Theol. Glaub.** | Theologie und Glaube |
| **Theol. Lit. Zeit.** | Theologische Literaturzeitung |
| **Theol. Prakt. Quart.** | Theologische praktische Quartalschrift |
| **Theol. Stud.** | Theological Studies |
| **ThStK** | Theologische Studien und Kritiken |
| **UR** | Unitatis redintegratio |
| **VC** | Vita consecrata |
| **Verb. Dom.** | Verbum Domini |

| | |
|---|---|
| **Vie Spir.** | La vie spirituelle |
| **Zeit. Asz. Myst.** | Zeitschrift für Aszese und Mistik |
| **Zeit. Neut. Wiss.** | Zeitschrift für neutestamentliche Wissenschaft |

# 1부
교회의 기원

우리는 이 책의 제1부에서 교회의 기원에 대해 다루고자 한다. 무엇보다도 교회는 삼위일체 하느님으로부터 탄생했다. 그것은 하느님이 그리스도 안에서 원하신 영원한 구원 계획이 이 세상 안에서 연장되는 가운데 실현된 실재로서, 성부 하느님께서 이미 이스라엘 백성을 선택하면서 사전에 준비되었다. 따라서 우리는 이 점에 대한 고찰과 함께 그리스도를 통해 이루어진 교회의 창설이라고 하는 복잡한 주제를 살펴보게 될 것이다. 마지막으로 우리는 이를 바탕으로 '사도 계승(successio apostolica)', 그리고 주교에 의해 집전되는 성찬례를 중심으로 이루어진 지역 교회의 모습을 언급하는 가운데 초세기에 드러나는 교회의 모습을 그리게 될 것이다.

## 1장 요약

　우리는 본 장을 통해 교회가 어디서부터 시작되었는지, 그 기원(起源)에 대해 살펴보고자 한다. 가톨릭 교회의 교회론이 본격적으로 연구된 것은 개신교 종교 개혁자들에 맞서 자신의 정체성을 심화하고 체제를 정비하면서부터였다. 가시적인 교계 제도를 부인하고 영적인 교회를 주장했던 그들의 주장에 맞서, 가톨릭 교회는 교회가 지닌 가시적인 측면, 제도적인 측면을 강조했다. 또한, 이런 선상에서 교회의 기원을 가시적이고 역사적인 차원에서 찾으려 했다.

　그러나 현대로 들어와 가톨릭 교회는 교회가 지닌 비가시적이고 영적인 측면을 보완하는 가운데 교회에 대한 보다 총체적인 이해를 도모했다. 또한, 교회의 기원을 역사적인 전망을 넘어선 보다 근원적인 차원으로 끌어올렸다. 즉, 그 기원을 강생하신 성자를 넘어서 삼위일체 하느님 안에서 보고자 했다. 그럼으로써 오늘날 교회는 그 어느 때보다 자신의 내적 차원이 간직한 심오한 신비를 발견해 갔다. 그것은 인류의 구원을 위해 성자와 성령의 파견을 통해 삼위일체의 품으로부터 솟아난 교회의 기원과 모습을 말한다. 교회는 역사적이며 가시적인 실재로서, 영원한 삼위일체로부터 생겨나서 다시 그곳으로 회귀하는 구원 계획의 역사적 실현이다.

무엇보다도 '성부'는 교회에 대한 주도권을 갖고 계신다. 그리스도 안에서 그리고 교회 안에서 우리를 구원하기 위해 세상을 창조하신 분은 성부이시기 때문이다. 교회를 통해 인간을 구원하시려는 성부의 계획은 다양한 역사적 단계들을 거쳐 종말에 가서야 비로소 완성된다. 그런데 이러한 성부의 구원 계획을 실현에 옮기는 당사자는 다름 아닌 '성자'이시다. 그분은 교회를 설립하심으로써 이를 실현하셨다. 그리고 이를 위해 교회 설립의 기초로서 열두 사도를 선택하셨으며 특히 성찬례 안에 교회를 정초하셨다. 마지막으로, '성령'의 사명과 더불어 교회가 건설되고 탄생했다. 성령께서는 신자들의 마음 안에 거하시며, 교회를 성화하시고 온갖 은총 선물로 그들을 풍요롭게 해주신다. 그럼으로써 교회가 온전한 진리로 나아갈 수 있도록 인도해주신다. 또한, 성령은 교회를 하나로 일치시켜 주며 교회에 거룩함과 공번됨 그리고 사도성을 이루어주신다. 마지막으로 성령은 다양한 선물과 더불어 교계 제도에 속하는 이들과 은사를 받은 이들을 당신 교회로 인도해주신다.

# 1 | 교회와 삼위일체

제2차 바티칸 공의회가 「교회 헌장(*Lumen Gentium*)」에서 '교회'라는 주제를 시작하면서 지적하는 것 가운데 하나는 교회의 기원을 삼위일체적 전망 안에서 찾아야 한다는 것이다. 공의회는 이미 공의회 그 자체가 지니고 있는 권위뿐 아니라 이 문제를 설정함에 있어서 갖는 논리로 인해 그러한 전망을 따라야 했다.4 사실, 교회는 인간과 더불어 친교를 나누고자 했던 삼위일체 하느님의 인격적인 통교로부터 탄생하기에 이 삼위일체 하느님으로부터 유래한다. 교회는 영원한 성부의 사랑으로부터 탄생했으며 성자를 통해서 시간 안에서 설립되고 성령을 통해서는 끊임없이 생명력이 충만한 실재로서 존재한다.

교회에 대해서 다루고 있는 대부분의 고전 작품들은 이렇듯 교회가 내포하고 있는 삼위일체와의 연관성에 대해 강조하지 않았다. 비록 그리스도교적인 의미의 구원이 이러한 연관성으로부터 솟아났고 바로 그 안에서 정점(頂點)에 도달함에도 불구하고, 많은 경우 교회와 삼위일체와의 연관성은 다루거나 조사해서는 안 될 실재로 취급되었다. 이 점에 대해 필립(G. Philips)은 주목하길,5 계시는 우리로 하여금 구원 활동의 전망 속에서 신적 위격들을 인식하도록 이끌어준다고 말한다. 은총이 인간 안에서 신적 위격들의 현존(現存)과 상주(常住) — 창조된 은총(gratia creata)에 대한 창조되지 않은 은총(gratia increata)의 전적인 우위성6 — 밖에서는 이해될 수 없듯, 교회 역시 성부께서 성자의 강생 그리고 성령을 우리 안에 부어주시면서 우리에게 선사하기로 작정하신 구원 밖에서는 이해될 수 없다.

이러한 '삼위일체로부터의 교회(Ecclesia de Trinitate)'는 삼위일체로부터 출발해서 교회의 기원(起源)을 표현해줄 뿐 아니라 나아가 삼위일체의 신비(神秘)와 삼위일체적인 삶에 대한 교회의 지속적인 참여(參與)를 잘 보여준다. 교회는 삼위일체적 생명에 참여하는 가운데 이 생명을 살아가는 삼위일체의 형상(形象)이라는 의미에서 '삼위일체의 이콘'이라고 할 수 있다.7 교회는 성자와 성령의 파견을 통해 시간 속에서 드러나는 생명 가득한 삼위일체의 현존이다. 따라서 신적 위격들 사이의 일치는 교회의 근원이자 나아가 교회의 모델이요 교회가 존재하는 목적이다. 교회는 삼위일체를 살아 내며 삼위일체 안에서 살아간다. 그러므로 우리는 교회를 단지 과거에 속하는 하느님의 결정과 더불어 생긴 단순한 산물(産物)로 이해해서는 안 된다.

안톤(A. Antón)은 1967년에 쓴 자신의 논문에서 상기하길, 교회론의 역사에서는 주로 교회가 지니고 있는 가시적이고 제도적인 측면에서 출발하는 '수평적 차원'이나 신적인 측면에서 뽑아내는 '수직적 차원'에만 관심이 모아졌다고 한다. 이 밖에 다른 학자들은 다른 형태의 두 가지 출발점에 대해 언급하고 있다. 하나는 '밖에서부터 안으로'(반동 종교개혁), 다른 하나는 '안에서부터 밖으로'. 「교회 헌장」은 교회에 대한 이해의 출발점으로 '수직적 차원', 그리고 교회적 신비의 전망과 더불어 '안에서부터 밖을 지향하는 차원'을 취했다.8

고전적 연구서들 가운데는 주로 그리스도의 설립 의지로부터 출발해서 '교회에 대해(*de Ecclesia*)' 다루곤 했다. 이처럼 주로 그리스도론적 차원, 구체적으로는 가시적 형태로 드러나는 강생의 차원과 그리스도 중심적인 전망만을 강조했다. 이러한 전망은 정확히 말해 종교개혁의 정신에 대항해서 발전해 갔다. 종교개혁이 제시하는 교회는 중개적인 그리고 역사적인 모든 차원을 거부하는 '비가시적(非可視的) 교회'로서, 그들은 이러한 교회가 갖는 역사적인 차원이 원죄(原罪)에서 비롯한 인간의 부패로 인해 손상되었다고 여겼다. 브루노 포르테(B. Forte)가 상기하듯이,9 사실 프로테스탄티즘은 '성도들의 모임(*congregatio sanctorum*)'에 의해 구성된 '비가시적(非可視的) 교회', 그리고 사도신경의 고백과 성사들에 대한 참여를 통해 인식되는 '외적(外的)인 교회'(의인과 죄인들 모두를 포함하는 교회) 사이의 대립 구도에 떨어지고 말았다. 한편, 칼뱅(Calvin)은 '예정된 이들의 교회'(그에 의하면, 이는 하느님에 의해 선택된 교회로서 오직 하느님만이 아신다)를 '가시적인 교회'(순전히 인간적인 표명을 통해서 축소된 교회)로부터 구별하고 있다.

16세기의 벨라르미노(Belarmino)는 교회를 '완전한 사회'로 정의하고 있다. 이러한 표현과 더불어 그가 의도하고자 했던 바는 가시적인 것과 비가시적인 것 사이의 전적인 분리를 피하는 것이었다. 이 점에 대해 벨라르미노는 다음과 같이 언급하고 있다. "교회는 둘이 아니라 오직 하나이며 참된 믿음에 대한 고백을 통해서 모인 사람들의 참되고 유일한 공동체이다. 이 공동체는 성사(聖事)들의 통교를 지니고 있으며 적법한 사목자들의 통치하에 있고 원칙적으로 이 지상에서 그리스도의 대리자인 로마교황의 통치하에 있다."[10] 그는 계속해서 다음과 같이 말한다. "어느 누군가가 성경이 말하는 이 참된 교회의 구성원으로 선언될 수 있기 위해서 그에게 어떤 내적인 덕이 요구된다고 생각지는 않는다. 단지 신앙에 대한 외적인 고백, 성사들과의 통교, 그리고 이러한 고백을 감지할 수 있는 것만으로 충분하다. 사실, 교회는 로마 민족의 공동체나 프랑스 왕국 또는 베네치아 공화국처럼 가시적이고 감지될 수 있는 공동체다."[11]

그러나 포르테가 상기하는 것처럼,[12] 사실 벨라르미노가 드러내고자 시도했던 것은 교회의 신비를 구성하는 인간적인 것과 신적인 것 사이의 불가분리성(不可分離性)이었다. 그러기에 그가 신적인 것을 망각했다고 간주하는 잘못된 해석에 빠질 수도 있다. 하지만, 비록 벨라르미노가 종교개혁을 통해 드러나는 교회 개념을 거부하는 데 강조를 두고 있음에도 불구하고, 오히려 이로 인해서 그의 전망은 교회 안에서 드러나고 있는 강생 신비의 지속성에 초점이 모아지고 있다. 이러한 시각은 세월이 흐르면서 점점 더 강조되어 갔다.

하지만 19세기에 들어서 자일러(J. B. Sailer)를 비롯해서 튀빙겐학파 ― 드레이(J. S. Drey), 히르셔(J. B. Hirscher), 쿤(J. E. Kuhn), 특히 묄러(J. A. Möhler) ― 에 속한 여러 신학자들은 교회를 '성령의 작용 아래 있는 신적 실재(神的實在)'로 소개하는 데 결정적으로 기여하게 된다. 우선, 묄러는 교회에 대한 외형론적(外形論的) 개념으로부터 출발하면서, 특히 성 아우구스티노(Augustinus)의 전망 안에 있는 교회의 신비에 대해 통찰하고 있다. 그는 이를 바탕으로 교회 내에 존재하는 내적 일치의 원리와 관련된 교회의 외적 요소들을 추론했다. 그리고는 마침내 강생에 기초한 조화로운 교회론을 제시하기에 이른다. 그에 따르면, 교회는 자기 자신을 이 세상 안에서 그리스도의 강생을 지속하는 실재로 드러내고 있다.13

또한 뉴먼(Newman)과 로마 학파의 주요 신학자들— 페로네(G. Perrone), 파살리아(C. Passaglia), 슈라더(C. S. Schrader), 프란첼린(J. B. Franzelin) — 은 교회가 갖는 신비의 내면적 전망 속에서 교회를 제시하고자 했다.14 나아가, 여기서 우리가 짚고 넘어가야 할 사실 가운데 하나는 전례 운동, 특히 교황 비오 12세의 회칙 *Mystici Corporis*(1943)는 교회를 신자들이 믿음 그리고 성사들을 통해 참여하는 생명의 신비로 소개했다는 점에서 진일보했다는 것이다. 이러한 전망은 20세기 중엽 팽배했던 근대적 불가지론(不可知論)이라는 현실에 직면해서 교회가 갖는 제도적인 측면보다는 그리스도 안에서 성령의 선물을 통해 우리에게 통교되며 우리로 하여금 성삼위일체의 친교(親交) 속으로 들어가도록 이끌어주는 교회가 지닌 생명의 차원에 대해 강조했다. 2차 세계대전을 거치는 과정에서 나치가 행한 만행에 대한 처절한 체험, 그리고 마르크스의 사상으로 야기된 고통에 대해 잘 알고 있는 오늘을 살아가는 인간은 비인격화(非人格化)되고 자아를 상실했으며 고독 속에 홀로 남아 진정한 삶의 친교를 찾아 헤매는 존재이다. 이러한 전망에서 교회는 이렇듯 헤매는 인간 앞에 자신을 '그리스도 안에 존재하는 인류'로 소개하고 있다. 만일 이러한 그리스도 안에서의 새 인류가 존재하지 않았다면 적(敵)그리스도와의 우정을 나누는 것 이외에 오늘을 살아가는 인간에게는 아무것도 남아 있지 않았을 것이다. 이것이 바로 오늘의 인간이 그 어느 때보다도 이 지상의 거대한 하느님 가족— 인간은 이 안에서 이 가족을 마치 자기 집처럼 느끼게 된다— 이란 개념에 대해 관심을 갖는 이유이다. 오늘의 인간은 새로운 인류를 건설함에 있어서 자신을 믿지 못하며, 하느님께서 친히 따스하면서도 부드러운 당신의 애정을 건네는 가운데 이러한 새 인류를 건설해주셔야 한다고 하는 필요성을 절감하고 있다. 이것이 바로 교회이다.

1926년 디벨리우스(O. Dibelius)가 20세기는 교회의 세기가 될 것이라고 언급한 것은 허황된 말이 아니다.15 그가 이렇게 언급하기 바로 몇 년 전, 로마노 과르디니(R. Guardini)는 "헤아릴 수 없이 폭넓은 종교 운동이 진행될 준비가 되었다. 교회가 우리 영혼 속에서 깨어나기 시작했다"16고 말했다.

콩가르(Y. Congar)가 분명하게 언급하는 것처럼,17 우리는 이 모든 것을 통해 교회가 내포하는 초본성적, 신비적 요소들에 대한 이해를 위해 교회가 지닌 단순히 외적인 조건을 넘어서야 할 필요성을 느낀다. 이처럼 성자와 성령의 파견을 통해 삼위일체의 품으로부터 솟아나는 구원의 신비적 차원에 입각해서 교회를 소개해야 할 필요성을 절감하는 것이다. 오늘날은 그 어느 때보다도 더욱더 교회의 내적 차원이 간직한 신비를 분명히 발견하기에 이르렀다. 이러한 발견에는 무엇보다도 성경과 교부들의 사상에 대한 연구와 발전이 커다란 기여를 했는데, 이러한 연구는 신비, 성사, 친교 같은 개념처럼 매우 심오하면서도 풍요로운 개념들을 회복시켜주었다. 아무튼 여기서 찾고자 하는 것은 다름이 아니라 교회가 삼위일체의 친교로부터 솟아나는 구원의 신비에 응답하고 있으며, 성자와 성령의 파견을 통해서 실현된 구원의 신비인 이 교회가 성자 안에서 성령을 통해 성부와 더불어 일치를 지향하고 있다는 점을 이해하는 것이다. 「교회 헌장」 1항은 첫 단락에서 다음과 같은 사실을 분명히 말하고 있다. 즉 교회는 그리스도 안에서 하느님 그리고 인류와의 내밀한 일치를 드러내는 성사 또는 징표이자 도구이다.

## I. 교회의 신비

따라서 제2차 바티칸 공의회는 신비신학으로 회귀하고 있다.18 교회는 오직 삼위일체의 품에서 탄생한 구원의 신비, 즉 죄와 죽음을 극복하는 가운데 하느님의 가족 안에서 모든 인류에게 전달되도록 그리스도 안에서 성령의 업적을 통해 실현된 신비로 이해될 수 있다. 사실 교회는 오직 위로부터 출발해서 아래로 이해될 수 있다. 왜냐하면 교회는 어떠한 인간의 주도권에 의해 탄생한 것이 아니며, 단순히 삶의 한계나 고통을 극복하기 위한 의도로 설립된 것도 아니기 때문이다. 교회는 단순한 사회적 형제애로 이루어진 공동체가 아니며, 순전히 인간적인 힘을 통해 맺어진 결실도 아니다. 교회는 시간 이전에 선재(先在)하며, 그리스도 안에서 영원으로부터 성부 하느님의 구원 계획 가운데 이미 준비되고 있었다.

그러므로 교회는 성경의 '신비(mysterion)' 개념에 상응한다. 즉 영원으로부터 숨겨져 있던 하느님의 구원 계획이 이제 그리스도 안에서 우리에게 계시되었다는 것이다. 그리스-로마 세계에서 '신비'라는 어휘는 복수로 인식되었다. 당시 '신비들(misterios)'이란 동방에서 전래된 이방인들의 전례들을 일컬었으며, 이 예식에는 오직 초보자들만 참석할 수 있었다. 반면, 그리스도교에서는 인간이 자신의 지성으로 획득할 수 없고 오직 선물로서만 받을 수 있는 그리스도의 신비를 일컬었다. 이에 대해 코얀테스(J. Collantes)는 다음과 같이 언급한다.

"하느님의 계획처럼 교회 역시 머나먼 영원(永遠)의 어둠 속 — 이 영원으로부터 유래해서 다시 영원으로 향하는 — 에서부터 밑그림이 그려져 있었다. 비록 교회가 시간 안에서 실현된다 할지라도, 영원은 언제나 교회의 기저(基底)를 이루고 있다. […] 교회는 인간의 역사에 대해 통교하는 하느님의 생명이자 활동이다. 각 개별 인간은 하나의 작은 교회이다. 왜냐하면 인간은 보다 깊은 인격의 내밀함 속에서 하느님을 향해 결단하는 가운데 그분의 구원 행위에 자신을 내어놓든지 아니면 실패한 자로 남는 드라마를 전개하기 때문이다. 반면, 거시적인 차원에서 본 교회는 하느님의 부르심을 받아들이는 모든 이들 안에서 공동체적으로 실현되는 신적 행위의 사회화(社會化) 이외에 다름이 아니다."[19]

바오로 사도의 신학에 있어서 핵심적 주제 가운데 하나는 '신비'라고 하는 개념이다. 이 개념은 이해 불가능한 그 무엇을 암시하는 것이 아니라 무엇보다도 영원으로부터 하느님 안에 숨겨져 있다가 이제야 그리스도 안에서 우리에게 드러난 하느님의 구원 계획을 뜻한다. 이러한 의미에서 그리스도가 성부의 성사(sacramentum) — 즉 그리스도가 성부를 계시하고 현존하게 하는 한에서 — 인 한에서 우리는 교회를 그리스도의 성사이자 우리 가운데 하느님의 구원 신비와 계획을 드러내는 징표로서 이해해야 한다. 바오로 사도의 신학 안에서 드러나는 신비의 개념을 좀 더 구체적으로 살펴보기로 하자.

무엇보다도 계시를 말하기 위해 성 바오로가 사용하고 있는 어휘는 다름 아닌 '신비'이다. 이 신비는 영원으로부터 하느님에 의해 숨겨져 있었으며 예수 그리스도 안에서 계시됨으로써 드러났고 복음과 설교를 통해서 모든 민족에게 알려짐으로써 우리가 믿음과 순명으로 나아갈 수 있도록 초대한다.[20]

이러한 신비는 다름 아닌 구원 계획으로서 영원으로부터 숨겨져 있다가 이제 계시된 것이다. 하느님은 이 계획을 통해 그리스도를 새로운 경륜(經綸: 구원 계획과 역사를 의미한다)의 중심으로 세우셨고 그분의 죽음과 부활을 통해 그분을 유다인들뿐 아니라 모든 이방인들을 위해서도 유일한 구원의 원리로 삼으셨다. 그러므로 '계시(啓示)'는 구체적으로 말하면 하느님의 구원 계획이요 이는 곧 그리스도를 의미한다(로마 16,25; 콜로 1,26-27; 1티모 3,16).

하지만 이 신비는 실현되는 과정에서 다양한 단계를 거친다.

1. 첫 번째 단계: 이 구원 계획은 하느님의 의중(意中)에 존재했다. 다시 말해, 그 계획은 하느님 안에 숨겨져 있었다. 그것은 지혜로 충만한 비밀(1코린 2,7)이자 지나간 세대들은 알 수 없었던 것이다(에페 3,5; 콜로 1,26).

2. 두 번째 단계: 이제 이 신비는 그리스도 안에서 계시되었다(로마 16,25-27; 콜로 1,26). 구체적으로, 이 신비는 그리스도의 생애와 죽음 그리고 부활을 통해서 실현되며, 이제 하느님의 구원 계획은 그리스도 안에서 완성되고 분명히 드러나게 된다(에페 1,7-9).

3. 세 번째 단계: 이 단계에서는 이 신비에 대한 설교가 이루어

진다. 이제 이 신비는 구원 경륜 속에서 특히 특전을 받은 증인들에게 통교된다. 그들은 이 신비를 증거하는 사도들과 예언자들(에페 3,5; 콜로 1,26)로서, 신비의 중개자들이며 자신들의 설교를 통해 교회의 기초를 구성한다. 그리스도는 이 교회에 있어서 모퉁잇돌(에페 1,22-23; 2,20-21)이 되신다. 엄밀히 말해, 바오로는 자신이 받은 신비에 대한 깊은 이해와 더불어 이 신비를 이방인들에게 선포한 사람이었다(에페 3,8-9). 사도들의 사명은 신비의 내용 또는 신비 그 자체, 복음(1테살 1,8), 그리스도의 복음(로마 15,19-20)을 선포하는 것이었다. 사실, '신비(mysterium)'와 '복음(evangelium)'은 서로 같은 말이다. 계시된 신비, 선포된 복음 모두 동일하게 구원에 관한 하느님의 계획을 의미하며, 둘 다 영광에 대한 약속을 지향한다(콜로 1,27).

바오로는 그리스도교 메시지의 내용을 "말씀"(콜로 1,25-26), "하느님의 말씀"(1테살 2,13), "주님의 말씀"(1테살 1,8) 또는 "그리스도의 말씀"(로마 10,14-15)이라는 용어로 표현하고 있으며, 자신을 통해 선포된 말씀을 인간의 말이 아니라 하느님의 말씀— 그리고 그는 이 말씀의 권위에 자신이 참여하고 있다고 말한다— 으로 받아들인 것에 대해 하느님께 감사드리고 있다(1테살 2,13). 이 말씀은 구원의 말씀(에페 1,13)이요 생명의 말씀(필리 2,16)이며 진리의 말씀(2코린 6,7)이자 화해의 말씀(2코린 5,19)으로서 말씀이 이 모든 것을 대상으로 지니고 있기 때문이 아니라 무엇보다도 생명으로 인도해주기 때문이다(로마 1,16-17; 1코린 1,21; 1테살 2,13; 에페 1,13).

4. 네 번째 단계: 이 단계에서 교회는 효과적인 신비의 실현으로 드러난다. 교회는 세기(世紀)를 통해 가시화된 그리스도의 신비 그 자체이다. 하느님의 구원 계획은 단순히 복음을 통해서 계시되

고 선포됐을 뿐 아니라 실제적으로 교회 안에서 실현되었다. 그리스도가 가시화된 하느님의 신비인 것처럼 교회는 세기 속에서 가시화된 그리스도의 신비— 따라서 우리는 이 신비를 또한 성사(sacramentum)라고 부를 수 있다— 이다. 이러한 의미에서 "신비"는 "성사"와 동일하다고 말할 수 있다. 그리스도는 하느님의 성사이며, 교회는 그리스도의 성사인 것이다.

5. 다섯 번째 단계: 성 바오로에게 있어서 신비에 대한 계시는 이제 실현되어 드러나고 있다(로마 16,25-26). 그는 여타 사도들과 더불어 이 신비를 선포할 사명을 부여받았다. 그러나 그리스도 안에서 최고로 실현된 이 계시는 이 역사의 단계 속에서 인간적인 징표(徵表)들이라는 언사(言辭) 아래 우리에게 전달되었다. 이러한 징표들은 그것이 지니고 있는 의미들을 드러내면서도 동시에 감추고 있다. 오직 최종적인 단계, 즉 종말적인 단계에 가서야 우리는 징표로 드러나는 언사가 아닌 하느님의 신비를 직접 대면해서 보게 될 것이다. 이때야말로 계시가 충만하게 드러나게 될 때이자(1코린 1,7; 2테살 1,7) 그동안 그리스도를 닮고자 했던 모든 이들의 영광이 드러나는 때이다(로마 8,17-19). 역사적 계시와 종말적 계시 사이에는 이미 현재부터 긴장 관계가 흐르고 있다.

우리는 이러한 전망을 통해 교회의 역사적 실현을 고려하는 가운데 교회의 삼위일체적 기원에 대해 이해할 수 있다. 사실, 교회는 역사적(歷史的)이며 가시적(可視的)인 실재로서, 삼위일체로부터 생겨나서 결국 다시 그곳으로 회귀하는 구원 계획의 역사적 실현(歷史的 實現)이다. 바오로 사도의 신학에서 교회는 무법(無法)의 신비를 거슬러서 행하는 지속적인 투쟁 속에 드러나는 구원의 신비의 종착지이다. "사실 그 무법의 신비는 이미 작용하고 있습니다"(2테살 2,7). 그러므로 교회를 통해 그리스도 안에서 실현된 하느님의 신비는 무법의 신비를 그 대척점(對蹠點)에 지니고 있다. 이 무법의 신비란 무엇보다도 하느님의 구원 행위를 방해하는 사탄의 작용을 말한다. 그러나 선택된 이들의 최종적인 승리는 이미 그리스도의 파스카 신비 안에 그 바탕을 두고 있다. 드 뤼박(De Lubac)이 지적하는 것처럼, 예수 그리스도는 단지 수많은 신비 가운데 하나의 신비가 아니라 그 무엇과도 비교될 수 없는 유일무이한 신비로서 그분 밖에서는 그 어떤 다른 신비도 있을 수 없다. […] 성 아우구스티노는 이에 대해 분명하게 말한다. 하느님 안에는 그리스도 이외에 더 이상 다른 어떤 신비도 없다고.

그러므로 교회는 하나의 신비이다. 하지만 그것은 다른 실재로부터 유래한 신비이다. 그것을 신비라고 말할 수 있는 것은, 무엇보다도 교회가 하느님으로부터 유래했으며 그분의 구원 계획이 완전히 실현되기 위한 목적과 더불어 설립되었기 때문이다. 그리고 그것은 '구원적인 조직'이기 때문에 신비라고 말할 수 있다. 더 구체적으로, 교회가 신비인 것은 그것이 그리스도와 깊은 관계를 맺고 있으며 그분 안에서 비로소 자기 존재의 참된 가치(價値)와 존재 의의(意義) 그리고 효력(效力)을 갖기 때문이다.21 교회가 내포한 총체적인 중요성은 이 교회가 그리스도와 더불어 갖는 내밀하면서도 깊은 관계에서 유래한다. 그러므로 우리는 '신비'와 '성사'가 동일한 실재임을 알 수 있다. 흔히, '성사(聖事, *sacramentum*)'라는 용어는 '신비(神秘, *mysterion*)'라는 그리스어를 번역한 말이다.

이것이 바로 인간적이며 동시에 신적이고, 가시적이며 동시에 비가시적이고, 활동적이며 관상적인, 그리고 세상 속에 있으면서도 동시에 종말적인 긴장을 사는 교회의 신비이다. 그래서 드 뤼박이 언급하는 것처럼, 밖에서 보면 교회는 거룩함과 죄, 불변성과 시대에 의존된 성격을 지닌 서로 상반된 요소들과 더불어 대조를 이루는 조직으로 드러난다. 반면, 신앙의 눈으로 보면, 교회는 하느님의 구원 계획이 세상 안에서 실현된 실재이다.

교회는 인간적이고 신적이다. 위로부터 우리에게 주어진 것이자 이 아래에서 진행되는 것이다. […] 교회는 자신이 스스로 내포하고 있고 결코 사라지지 않을 모든 것에 대한 기억 속에 자신을 거둬들이면서 과거로 되돌아간다. 그러나 동시에 어떠한 감각적인 표징도 추정하지 못할 형언할 수 없는 완성에 대한 희망 속에 자신을 높이 들어 올리면서 미래를 향해 팔을 힘껏 열어젖힌다. 교회는 현재적인 형태 안에서 '이 세상의 형상'으로서 완전히 사라지도록 결정되었지만, 또한 교회는 자신이 그렇게 드러나기 시작한 날부터 시작해서 자신의 고유한 본질의 범위 내에서 늘 그렇게 지속되도록 규정지어져 있다. 교회는 수없이 다양한 형태를 지니고 있지만, 그럼에도 불구하고 보다 적극적으로 요청되는 단일함과 더불어 존재한다. 교회는 하나의 백성이자 거대한 익명의 군중이다. 하지만… 보다 개별적인 존재이기도 하다. 이 백성은 공번되며 보편적이고 나아가 자기 구성원들이 모든 이들을 향해 개방되길 원한다. 그럼에도 불구하고 교회가 충만하게 교회로서 서는 것은 내적 생활의 내밀함 그리고 하느님을 흠숭하는 침묵 속에 자신을 거두어들일 때이다. 교회는 겸손하면서도 장엄하기 그지없다. 교회는 자신 안에 모든 문화가 통합되고 모든 가치들이 고양되는 것을 보장해주며, 동시에 작은 이들, 가난한 이들, 단순하고 가엾은 군중의 집이 되고자 한다.[22]

의심할 바 없이, 교회 안에는 우리 구원의 중심인 주님의 파스카가 현존한다. 특히 이 파스카는 교회가 교회로서 그리고 그리스도의 몸으로서 존재할 수 있게 해주는 성체의 신비 안에 현존하고 있다. 그래서 성 바오로는 이렇게 말한다. "빵이 하나이므로 우리는 여럿일지라도 한 몸입니다. 우리 모두 한 빵을 함께 나누기 때문입니다"(1코린 10, 17). 그리고 성체로부터 고대 교회에서 드러나는 개별 교회의 개념이 탄생한다. 교회의 신비는 설교를 통해 모이고 목자의 인도 아래 주님의 몸으로 길러지는 곳에서 실현된다(LG 26).

그러므로 삼위일체는 교회적인 단일함의 원형이자 고향이다.

## II. 제2차 바티칸 공의회에 있어서 교회와 삼위일체 하느님

### 1. 교회와 성부

제2차 바티칸 공의회는 「교회 헌장」 2항에서 다음과 같이 가르치고 있다.

영원하신 하느님 아버지께서는 당신 지혜와 자비의 지극히 자유롭고 심오한 계획으로 온 세상을 창조하시고, 인간을 들어 높여 신적 생명에 참여하게 하셨다. 아담 안에서 타락한 인간들을 버리지 않으시고, "보이지 않는 하느님의 형상이시며 만물에 앞서 태어나신"(콜로 1,15) 구세주 그리스도를 보시어, 언제나 인간들에게 구원의 도움을 주셨다. 그리고 성부께서는 모든 뽑힌 이를 영원으로부터 "미리 아시고, 많은 형제 중에서 맏아들이 되신 당신 아들과 같은 모습을 가지도록 미리 정하셨다"(로마 8,29 참조). 또한 그리스도를 믿는 이들을 거룩한 교회 안에 불러 모으기로 결정하셨다. 이 교회는 세상이 생길 때부터 이미 예표되었고, 이스라엘 백성의 역사와 구약에서 오묘하게 준비되었고, 마지막 시대에 세워져 성령강림으로 드러났으며, 세말에 영광스러이 완성될 것이다. 그때에는, 거룩한 교부들의 기록대로, "의인 아벨부터 마지막 뽑힌 사람까지" 아담 이래의 모든 의인이 보편 교회 안에서 하느님 아버지 앞에 모이게 될 것이다.

성부 하느님께서는 교회에 대한 주도권을 갖고 계신다. 왜냐하면 그리스도 안에서 그리고 교회 안에서 우리를 구원하기 위해 세상을 창조하셨기 때문이다. 이는 이미 기정사실이다. 세상은 그리스도 안에서 그리고 그리스도와 함께 그리스도를 향해서 창조되었다.

필립(G. Philips)이 상기하는 바와 같이,[23] 공의회는 초본성(supernatura) 문제에 대한 순수 이론적인 측면으로 들어가는 것을 자제했다. 다시 말해, 이 세상이 그리스도를 제외한 채 창조될 수 있었는가 하는 신학적인 문제를 해결하려고 시도하지 않았다. 공의회는 이런 순수 이론적인 문제를 다루지 않았다. 사실, 세상은 그리스도 안에서 창조되었고(에페 1; 콜로 1,15) 그것으로 충분하다.

물론, 1950년경 *Humani Generis*는 초본성 문제에 관해 '새로운 신학(*Nouvelle Théologie*)'이 만들어 놓은 애매모호함으로부터 진일보한 가운데 다음과 같이 가르치고 있다. 즉 초본성 질서가 갖는 무상성(無償性)을 보존하기 위해서는 하느님께서 지적(知的)인 존재들을 지복직관(visio beatifica)으로 질서 짓거나 부르지 않고도 그들을 창조하실 수 있었다고 하는 견해를 이 회칙은 견지했다(D 3891). 이처럼 이 회칙은 드 뤼박의 입장에서 한걸음 더 나와야만 했다.24

하지만 공의회는 이런 순수 이론적이며 사색적인 문제에 개입하기를 원치 않았고, 다만 이미 이루어진 사실에 국한해서 가르치고 있다. 그리고 강생에 관한 스코투스(D. Scotus)의 이론을 견지하려는 시도도 하지 않았다. 다시 언급하거니와, 공의회는 사실에 국한해서 문제를 다루고 있다. 무엇보다도 먼저 공의회는 '강생(降生)'이라는 사실을 다뤘다. 그리고 성부 하느님께서 인간으로 하여금 신적인 삶에 참여하도록 그를 고양(高揚)시키기 위해 교회를 창조하셨다는 사실, 나아가 죄로 인해 이 인간이 타락했으며 그럼에도 불구하고 하느님은 결코 그를 포기하지 않으시고 그가 구세주이신 그리스도께로 나아갈 수 있도록 항상 도우신다고 하는 사실을 다뤘다.25

바로 여기에 '강생' 그리고 '교회'가 지향하는 실제적인 두 가지 목적이 있다. 새 교리서는 순수 이론적인 문제에는 개입하지 않은 채, 이 두 가지 목적에 대해 다루고 있다. 즉 말씀께서는 "우리를 하느님과 화해시키기 위해"(CEC 457) 그리고 "우리가 그분의 신적 자녀 됨에 참여하게 하기 위해" 강생하셨다(CEC 460).

이처럼 교회를 통해서 인간을 구원하시려는 성부의 계획은 다음과 같은 역사적인 단계들을 거친다.

- 세상의 시작에서: 미리 형태를 만드심
- 이스라엘의 역사 안에서: 준비
- 그리스도의 시대에: 제도화

– 역사의 종말에: 완성

a) 교회는 이미 인류의 시작에서부터 미리 형태가 만들어졌다고 할 수 있는데, 이는 인간이 이미 아담 안에서 신적인 삶을 향해 고양(高揚)되었기 때문이다. 이에 대해 헤르마스(Hermas)는 "세상은 교회를 향해서 창조되었다"26고 쓰고 있다.

아담이 지녔던 은총[트리엔트 공의회는 아담이 거룩함(santidad)과 의로움(Justicia) 가운데 창조되었다고 말한다: D 1511]은 그리스도를 배제한 은총일 수 없으며 따라서 교회를 제외한 은총일 수도 없다.

물론 아담의 은총이 하느님의 은총이지 그리스도의 은총은 아니라고 생각한 사람들도 있었다.27 하지만 이 은총은 다름 아닌 인간이 성령에 힘입어 그리스도의 자녀 됨에 참여하는 것을 의미한다. 즉 이 은총은 우리가 삼위일체의 품 안에 들어감으로써 성자 안에서 성부의 자녀들이 되는 것이다. 그러나 만일 하느님 친히 당신 성자와 성령의 파견을 통해서 나오지 않으신다면 우리는 결코 이 신적인 삶에 참여할 수 없다. 우리가 성령을 통해 성자에 참여하는 것은 신적인 파견(派遣)에 바탕을 두고 있다. 곤잘레스 힐(Gonzáles Gil)은 말한다. "강생(降生)을 배제하면 삼위일체적인 계시가 있을 수는 없다. 그리고 삼위일체적인 계시 없이는 고양(高揚)도 있을 수 없다. 따라서 강생 없이 인간에 대한 초본성적인 고양은 있을 수 없다. 모든 형태의 고양은 강생을 전제로 한다. 그리고 모든 초본성적인 은총(gratia supernaturalis)은 그 본성상 '그리스도의 은총(gratia Christi)'이다."28

달리 표현하면, "하느님은 독생 성자의 자녀 됨과는 별개인 자녀 됨을 우리에게 허락하시지 않는다. 왜냐하면 하느님은 서로 다른 부성(父性)을 동시적으로 가지지 않기 때문이다. 우리는 이를 바탕으로 한걸음 더 나아가 감히 이렇게 말할 수 있다. 우리의 인간 존재 됨이 성자의 자녀 됨에 참여하는 것은 오직 사람이 되신 성자의 중개를 통해서만 현실화될 수 있다."[29]

단순히 창조 그 자체만으로는 우리가 신적 위격과 차별화된 관계를 맺게 해주지 못한다. 창조에 있어서 고유한 원인인 효능인(causa efficiens)은 사실 세 위격 모두에게 공통된 것이다. 반면, 초본성적 고양(elevatio supernaturalis)은 우리 안에 세 신적 위격과의 구별되는 관계들을 설정해준다. 그 관계란 다음과 같다. 즉 우리는 성령의 사랑 안에서 성부의 자녀들이며 그리스도의 형제들이다. 단순히 성삼위 하느님의 자녀들이 아닌 것이다. 그런데 이처럼 차별화된 관계들은 우리로 하여금 당신의 생명에 참여하게 해주신 '성자와 성령의 파견(派遣)'을 통해서만 가능하다. 그러므로 성자의 강생과 오순절 성령강림 때에 이루어진 성령의 파견에 힘입어 우리는 성부의 자녀로서 삼위일체 하느님 안으로 들어가게 된다. 성령께서는 우리가 그리스도를 향해 동화(同化)하게 해주며, 우리는 그리스도 안에서 그분의 자녀 됨에 참여한다. 그러므로 결론은 분명하다. 그리스도 안에서 성령을 통해 우리에게 선사되는 은총 이외에 다른 어떤 하느님의 은총은 존재하지 않는다.[30]

따라서 만일 하느님이 시초부터 인간에게 당신 자신을 건네셨다면 그것은 바로 그리스도를 통해서 그렇게 하셨다. 하느님은 시초에 그리스도 안에서 세상을 창조하셨으며, 그리스도의 영(Spiritus)은 이미 구약 시대를 살았던 사람들의 자녀적인 삶, 그것이 비록 충만하거나 완전한 형태로 주어진 것이 아닐지라도, 여전히 그들의 삶 가운데 현존했다. 강생 이전에 인간에게 주어진 모든 영은 바로 이 강생을 지향하고 있었다.

b) 세상 안에서 교회가 준비되기 시작한 것은 하느님께서 이스라엘 백성을 부르신 사건, 즉 유다 민족의 아버지라 할 수 있는 아브라함을 부르신 사건을 통해서였다. 그에 대한 부르심과 더불어 이스라엘 백성에 대한 하느님의 약속이 생겨났다. 그러나 엄밀히 말해 유다 민족이 아직 교회는 아니었다. 왜냐하면 교회는 결국 때가 찼을 때 비로소 탄생했기 때문이다. 하지만 하느님은 메시아의 도래를 준비하고 이를 선포하기 위해 이스라엘 백성의 역사에 개입하셨다. 그러므로 구약에 등장하는 여러 의인들은 강생하게 될 그리스도의 은총을 통해서만 정당화될 수 있다.

구약에서 하느님 백성은 '율법(律法)'과 '약속(約束)' 주위를 늘 맴돌고 있다. 하지만 그리스도와 더불어 비로소 때가 충만함에 이르게 될 것이었다. 궁극적으로 율법은 미래를 위해 공포된 것이며 옛 계약은 새롭고도 결정적인 계약에 자리를 내어주게 될 것이다.

c) 교회의 설립은 그리스도를 통해서 실현되었다. 그분은 교회 설립의 기초로서 우선 열두 사도를 선택하신다. 이 열두 사도의 선택이 우선적인 설립이었다. 앞으로 보게 되겠지만, 그리스도는 특히 성찬례(eucharistia) 안에서 교회를 정초하신다. 왜냐하면 성찬례를 통해서 새롭고도 결정적인 계약(契約)이 세워지기 때문이다. 그리고 이 새 계약은 그 자체로 '새로운 하느님 백성'에 대한 설립을 전제

하며 이를 내포하고 있다. 십자가에 달리신 그리스도의 옆구리로부터 물과 피가 흘러 나왔는데, 이 둘은 세례와 성찬례를 상징한다. 이러한 의미에서 교회는 그리스도의 옆구리로부터 탄생했다고 말할 수 있다. 그러므로 엄밀히 말해 교회는 그리스도의 파스카 신비의 결실인 영(Spiritus)의 흘러넘침과 더불어 오순절 성령강림으로부터 탄생한다.

d) 마지막으로, 교회는 진복자(眞福者)들의 본향(本鄉)과 더불어 최종적인 단계에 이르게 된다. 결국, 교회는 천상에 이르러서야 비로소 충만함에 이르게 될 것이다. 현세를 순례하는 교회는 아직 죄와 죽음을 간직하고 있다. 그러나 천상에 이르게 되면 자신의 적인 죄와 세상 그리고 죽음을 거슬러 승리하신 그리스도의 승리에 교회 역시 충만하게 참여하게 될 것이다. 그리하면 거룩한 교부들이 가르치는 바와 같이, "의인 아벨로부터 마지막으로 선택된 이들에 이르기까지" 아담의 후손들은 모두 성부 면전에 모이게 될 것이다.

## 2. 성자의 사명

성자께서는 성부에게서 파견되어 오셨다. 성부께서는 성자 안에서 천지 창조 이전에 우리를 뽑으시어 당신 자녀로 삼으시기로 미리 정하시고, 당신 뜻에 따라 성자 안에서 만물을 새롭게 하고자 하셨다(에페 1,4-5.10 참조). 그러므로 그리스도께서는 성부의 뜻을 이루시려고, 지상에서 하늘나라를 세우기 시작하시고 성부의 신비를 우리에게 계시하셨으며, 당신의 순명으로 구원을 성취하셨다. 신비 안에서 이미 현존하는 그리스도의 나라, 즉 교회는 하느님의 힘으로 세상에서 볼 수 있게 자라고 있다. 그 기원과 성장은 십자가에 못 박히시고 창에 찔리신 예수님의 옆구리에서 흘러나온 피와 물로 상징되었고(요한 19,34 참조), 당신의 십자가 죽음을 두고 "내가 이 세상을 떠나 높이 들리게 될 때에는 모든 사람을 이끌어 나에게 오게 할 것이다"(요한 12,32) 하신 주님의 말씀으로 예고되었다. "그리스도께서 우리의 과월절 양으로서 희생되신"(1코린 5,7) 십자가의 희생 제사가 제단에서 거행될 때마다 우리의 구원 활동이 이루어지고 있다. 동시에 성찬의 빵을 나누는 성사로 그리스도 안에서 한 몸을 이루는(1코린 10,17 참조) 신자들의 일치가 표현되고 실현된다. 모든 사람이 세상의 빛이신 그리스도와 이렇게 일치되도록 불리었으며, 우리는 그리스도에게서 나와 그리스도를 통하여 살며 그리스도께 나아가고 있다(LG 3).

성부의 구원 계획을 실현에 옮기는 당사자는 다름 아닌 성자이시다. 사실 그분은 우리를 죄로부터 해방시켜주시고 우리가 성부 하느님의 양자가 되게 하기 위해 파견되셨다.

그런데 '파견'(派遣: 보냄받다)이라는 용어를 사용함에 있어서 우리는 필연적으로 다음과 같은 물음에 직면하게 된다. 삼위일체로부터 나오는 이 행위는 세 위격 모두에게 공통되는가? 즉 구원적인 파견이 실제적으로 세 신적 위격에게 공통으로 속하면서 동시에 말씀이신 성자에게 보다 더 적절히 귀속되는 것인가? 아니면 반대로, 이 파견을 세 위격 가운데 오직 성자에게만 유보된 고유한 행위로 이해해야 하는가? 제4차 라테라노 공의회(D 800, 804)는 이 모든 것의 유일한 바탕은 세 분의 신적 위격에 공통된 본질이라고 말한다.

물론, 우리는 효능인(causa efficiens)이 세 분의 신적 위격에 있어서 공통이라는 사실을 말해야 한다(*Myst. Corp*. n° 35). 효능인은 창조

가운데 작용하는 것으로서, 피조물들은 이 원인을 통해 세 분의 신적 위격에 공통인 신적 존재됨에 참여한다.

그러나 이러한 효능인이 구원 질서로 들어가게 해주는 행위는 아니다. 우리가 구원이라고 하는 초본성적 질서에서 기억해야 할 것은 오직 성자와 성령만이 파견되었다는 사실이다. 성부는 파견되지 않으셨다. 그리고 오직 성자이신 말씀만이 강생하셨다. 따라서 세 위격 모두 구원 업적에 개입하셨기에 이 구원이 세 위격 모두에게 공통된다고 말할 수는 있지만, 엄밀히 말해 각각의 위격은 고유한 형태로 이 구원 역사에 개입하신다. 오직 성자이신 말씀의 위격만이 구원을 실현하기 위해 인격적으로 파견되셨다. 다시 말해, 오직 하느님의 말씀만이 마리아의 태중에서 형성된 인성(人性)을 육체적으로 취하셨다. 그러기에 우리는 이러한 인성과 더불어 구체적으로 실현된 행위들을 통해 그분에 대해 말할 수 있다.

유일한 말씀의 인격 안에서 실현된 두 본성에 대한 결합의 신비로서의 그리스도의 신비 — 인간인 한에서 마리아를 통해 출생한 말씀 — 를 규정한 칼케돈 공의회(D 301-302)는 이처럼 유일한 하나의 말씀의 위격에 대해 언급하고 있다. 만일 마리아에게서 나신 말씀의 인격이 그 자체로 완전하지 않았다면, 고유한 의미에서 마리아를 하느님의 어머니라고 말할 수 없고 단지 유비적인 의미에서만 그렇게 말할 수 있었을 것이다.

그러나 강생의 방식은 거룩한 교부들이 "지극히 거룩한 삼위 가운데 한 분이 수난하셨다"고 언급할 정도로 매우 강력한 것이었다. 알렉산드리아의 치릴로가 이단을 거슬러서 언급한 말들은 말씀께서 육(肉, carne) 안에서 수난하기까지 했다는 사실로 이어지고 있다(D 263). 만일 강생이 성자의 인격에 있어서 고유한 것이 아니고 단지 속성상 그러했다면 최소한 그 강생이 인간 인격에 고유한 것이기는 했다고 말할 수 있을 것이다. 왜냐하면 그 모든 행위들은 인격을 통해서 실행되었기 때문이다(actiones sunt suppositorum). 그러나 그것은 그리스도에게 있어서는 불가능한 일이다. 왜냐하면 그분 안에는 말씀이라고 하는 유일한 하나의 인격만이 존재하기 때문이다. 에페소 공의회가 그리스도 안에 두 개의 인격에 대한 존재 가능성을 부인하는 가운데 네스토리오(Nestorius)를 대항했던 것처럼, 그리스도에게서 인간적인 행위나 신적인 행위는 모두 말씀이라고 하는 유일한 인격이라는 차원에서 보면 고유한 것들이다. 왜냐하면, 만일 인간적인 행위들이 말씀에 속하지 않는다면 그 행위들은 더 이상 아무것도 아니기 때문이다.

한편, 공의회가 성자의 교회에 대해 언급하는 가운데 하느님 나라와 교회 사이의 관계 속으로 들어가는 것은 정당하다. 무엇보다도 교회는 그리스도의 신비가 계시되고 그분이 성부께 대해 순명하는 가운데 현실화된 구원과 함께 시작된다. 그래서 「교회 헌장」 5항은 말하길, 교회는 하느님 나라를 선포하고 세우는 사명을 갖고 있으며 나아가 이 지상에서 그러한 하느님 나라의 씨앗과 시작을 이룬다. 하지만 교회를 하느님 나라와 동일시할 수는 없다. 왜냐하면 교회 밖에도 은총 가운데 있는 사람들이 있을 수 있기 때문이다.

교회는 열려진 그리스도의 옆구리에서 솟아난다. 그것은 무엇보다도 그분의 옆구리에서 흘러나오는 피와 물이 교회를 구성하는 중요한 성사들(세례성사, 성체성사)을 드러내는 표징이기 때문이다. 하지만 그리스도께서 십자가 위에 들어 올림 받은 것은 단지 과거에만 속하는 표징이 아니다. 왜냐하면 제대 위에서 이 십자가의 희생을 갱신할 때마다 매번 우리를 향한 그분의 구원 업적이 현재화(現在化)되기 때문이다. 더 나아가, 빵과 포도주의 성사를 통해 그리스도 안에서 하나의 몸을 이루는 신자들의 하나 됨이 재현되고 재생된다(1코린 10,17).

### 3. 교회의 성화자(聖化者)이신 성령

그리고 성부께서 성자께 지상에서 이루시도록 맡기신 일이(요한 17,4 참조) 성취된 다음, 오순절에 성령께서 교회를 끊임없이 거룩하게 하시도록 파견되셨다. 또 이렇게 신자들은 그리스도를 통하여 한 성령 안에서 성부께 가까이 나아가는 것이다(에페 2,18 참조). 이 성령께서는 바로 생명의 영, 곧 영원한 생명으로 솟아오르는 샘이시다(요한 4,14; 7,38-39 참조). 이 성령을 통하여 성부께서는 죄로 죽은 사람들에게 생명을 주시며 마침내는 그들의 죽은 육신을 그리스도 안에서 부활시키실 것이다(로마 8,10-11 참조). 성령께서는 교회 안에 그리고 바로 성전인 신자들의 마음 안에 머무르시고(1코린 3,16; 6,19 참조), 그 안에서 기도하시며 그들이 하느님의 자녀라는 것을 증언하여주신다(갈라 4,6; 로마 8,15-16.26 참조). 교회를 온전한 진리로 인도하시고(요한 16,13 참조) 친교와 봉사로 일치시켜주시며, 교계와 은사의 여러 가지 선물로 교회를 가르치시고 이끄시며 당신의 열매로 꾸며주신다(에페 4,11-12; 1코린 12,4; 갈라 5,22 참조). 복음의 힘으로 성령께서는 교회를 젊어지게 하시고 끊임없이 새롭게 하시며 자기 신랑이신 그리스도와 일치를 이루도록 이끌어주신다. 성령과 신부가 주 예수님께 "오소서!" 하고 말씀하신다(묵시 22,17 참조). 이렇게 온 교회는 "성부와 성자와 성령의 일치로 모인 백성"으로 나타난다(LG 4).

가톨릭 신학, 특히 교회론에서는 성령의 역할이 뒷전으로 물러나 있다. 발터 카스퍼(W. Kasper)는 이 현상에 대해 다음과 같은 두 가지 이유를 제시한다.31

a) 오랜 역사 동안 교회는 중세의 영적 교회 추종자들처럼 성령의 작용을 교계 제도를 지탱해주는 정도로만 축소하려는 영적 또는 광신적 운동들을 거슬러서 경계하곤 했다.

b) 성 아우구스티노는 자신의 저서 『삼위일체론(De Trinitate)』에서 위격(persona)들과는 상관없이 신적 본체(substantia)에 우선권을 부여했다. 이런 선상에서 그는 "operari sequitur esse(행위는 존재를 뒤따른다)"라는 공리를 뒤따르는 가운데 외부로 향하는(ad extra) 행위들은 세 위격에 공통된 것으로 간주하면서 그들 사이에 어떤 구별이나 독특함을 강조하지 않았다. 그럼으로써 각 위격이 지니고 있는 고유한 구원적 사명의 독특함에 대한 접근을 간과하고 말았다.

도밍게스(J. A. Domínguez)는 이러한 카스퍼의 견해에 대해 설명하면서 그의 견해가 갖는 유효한 바탕을 재확인하고 있다. 그는 이렇게 말한다. "교회론과 관련된 이러한 과정은 결국 교회에 대한 비전을 그리스도가 설립한 제도나 그리스도의 재현, 즉 일방적으로 그리스도론적인 시각에서만 교회를 바라보게 한다."32

다행스럽게도 이런 전망은 제2차 바티칸 공의회를 통해 극복되었다. 무엇보다도 공의회는 구원 경륜(救援經綸) 속에서 성령의 사명에 대해 강조하고 있다. 뮐렌(H. Mühlen)의 『신비적인 인격』33이나 콩가르(Y. Congar)의 『성령』34 같은 작품도 이러한 공백을 넘어서는

데 공헌했다.35

이미 하머(J. Hamer)가 자신의 작품 『교회는 친교이다』36에서 언급한 바와 같이, 미래의 교회는 교회와 성령 간의 관계에 대해 보다 심층적으로 연구해야 할 것이다. 콩가르도 지적하길, 성령은 교회의 공동 설립자라고 말한다.37

사실, 교회에 관한 가톨릭 신학은 설립(設立)의 측면에만 강조를 두는 가운데 '그리스도론적인 차원'을 중심으로 발전해 왔다. 반면, 프로테스탄트 신학, 특히 동방교회의 신학은 '성령론적 차원'에서 그리고 그리스도교 신자의 영적인 삶과 연관 짓는 가운데 보다 깊이 있게 다뤄져 왔다.38 물론 여기에는 모든 교계 제도의 중개를 배제시킴으로써 일종의 '무정부적인 진공 상태'로 인도하는 소위 '성령의 교회'를 요청하는 위험도 있을 수 있다. 예를 들어, 프로테스탄트 학자인 숌(R. Sohm)의 경우, 그는 어떠한 제도도 존재하지 않는 자유와 사랑의 교회를 제안한다. 다시 말해 그는 성령께서 매 순간 카리스마적인 사람들의 자발성을 바탕으로 새로운 질서를 일으키신다고 보았다.39 이와 유사하게, 가톨릭 측에서는 보프(L. Boff)40가 성령의 힘이야말로 매 순간 교회를 새롭게 창조하도록 신자들을 이끄는 원동력이라고 주장하면서 그러한 전망을 옹호하고 있다. 그에 따르면, 성령께서는 사도들이 내 디뎌야 할 걸음의 시초부터 그들을 고무시켜 왔다고 한다.41

그러므로 우리는 교회로부터 성령의 차원을 배제할 수 없다. 예언자들(이사 44,3; 에제 36,27; 즈카 4,6)은 새로운 계약의 시대를 영(靈, Spiritus)이 넘쳐 나오는 시대라고 선포한다. 신약에서 영은 무엇보다도 예수의 영으로서 성령의 업적과 더불어 잉태되고(루카 1,35)

이 성령을 통해서 도유된다(루카 3,21). 예수께서는 당신 제자들에게 성령을 보내주시겠다고 약속하셨으며 결국 이 약속을 지키신다(사도 1,2; 2,33-36).

한편, 성 바오로에게 있어서 교회는 거룩한 이들, 선택된 이들, 함께 부름받은 이들 또는 함께 부름받은 거룩한 이들의 교회로 드러나고 있다. 그에게 있어서 공동체는 영을 통해서 그리스도와 더불어 결속되는 실재이다. 그에게서 영이 없는 교회란 상상할 수 없다. 왜냐하면 영이야말로 그리스도 안에서 교회를 창조하고 다시금 창조하기 때문이다. 성 바오로에게 있어서 교회는 그것이 개별 교회이건 또는 보편 교회이건(에페 2,17-22) 모두 영으로 이루어진 건물이다.

한편, 성 이레네오는 다음과 같이 말한다. 즉 말씀(Verbum)처럼 성령(Spiritus Sanctus) 역시 영원으로부터 존재했으며 이 둘은 성부 하느님의 두 손으로서 성부께서는 이 두 손과 더불어 모든 것을 만드셨다.[42] 또한 이레네오는 이렇게 언급한다. "교회에는 하느님의 선물이 위임되어 있다. 마찬가지로 하느님은 경작하는 땅으로 꼴을 지어 만드신 것에 생명의 숨을 불어넣으셨다. 이는 나머지 모든 기관들이 생명을 받게 하기 위함이다. 이렇게 주어진 선물에는 그리스도의 선물도 포함되어 있다. 즉 그것은 성령으로서 불멸의 보증이자 하느님을 향한 우리 신앙의 상승 여정(上昇旅程)을 굳건히 해주는 것이다. 사실, 하느님은 사도들과 예언자들 그리고 학자들과 총체적인 영의 작용(1코린 12,28)을 교회 안에 두셨다. 교회에 속하지 않는 이들은 이러한 작용에 참여하지 못한다. […] 왜냐하면 교회가 있는 곳에 하느님의 영이 계시며 영이 계신 곳에 교회와 그 밖의 모든 은총이 있기 때문이다. 영께서는 진리이시다."[43]

물론, 영은 오직 당신에게만 속한 고유한 사명과 함께 파견되셨다. 그래서 성자의 사명은 이러한 영의 사명 안에서 정점에 이르게 된다. 한편, 성령께서는 그리스도의 구원적인 희생의 결실로서 인류에게 오신다. 그리스도께서는 당신 자신을 성부께 봉헌하시며 성부는 성자를 부활시키는 가운데 그분의 희생을 기꺼이 받으신다. 그리고 이 두 분의 품에서부터 교회를 향한 영이 탄생한다. 히폴리토가 언급하듯이, 성령은 십자가에서 부서진 그리스도라는 향합으로부터 흩날리는 향내이다.[44] 성 요한은 아직 영이 없다고 말했는데(요한 7,39), 이는 성자께서 아직 영광스럽게 되지 않으셨기 때문이다. 영은 그리스도의 파스카 신비의 열매로 교회를 위해 탄생한다.

그러므로 언급한 바와 같이 우리의 구원을 위한 파스카 신비 안에서 성자와 성부의 품으로부터 교회를 향해 나오는 영의 하강(下降) 운동이 있다. 성령은 구체적으로 말하면 성부와 성자의 영으로서, 삼위일체의 품 안에서 나누는 두 위격 사이의 상호간 사랑을 봉인하신다. 이처럼 영은 성부(요한 14,16.26)를 통해서 그리고 성자(요한 15,26)를 통해서 파견되셨다. 이미 영께서는 강생 때부터 성자 안에 거하셨다. 하지만 그리스도의 희생이 완전히 이루어지기 전까지는 아직 교회에 파견되지 않았다.

동시에, 영을 통해 성부께로 향하는 인간의 상승(上昇) 운동도 있다. 영께서 우리를 그리스도 안에 넣어주시는 만큼 그리고 우리가 포도나무의 가지로 남는 한, 그리스도 안에서 그리고 그리스도를 통해 성부께 가까이 나아가는 길은 이미 열려 있다(에페 2,18).

우리는 성령께 우리의 신적 자녀 됨과 은총 가운데서의 삶을 빚지고 있다. 왜냐하면 우리는 그분을 통해서 그리스도 안으로 들어가게 되며 그분의 자녀적인 삶에 참여하기 때문이다. 다시 말해, 우리는 성부께서 영원으로부터 당신 성자를 사랑하시는 똑같은 사랑으로 성부로부터 사랑받는 존재들이다. 그럼으로써 우리는 성자 안에서 그분의 자녀 됨에 참여하는 가운데 하느님의 자녀가 된다. 그래서 우리는 하느님을 아빠(Abba)라고 부를 수 있다. "하느님의 영의 인도를 받는 이들은 모두 하느님의 자녀입니다. 여러분은 사람을 다시 두려움에 빠뜨리는 종살이의 영을 받은 것이 아니라, 여러분을 자녀로 삼도록 해주시는 영을 받았습니다. 이 성령의 힘으로 우리가 '아빠, 아버지!' 하고 외치는 것입니다"(로마 8,14-15).

이것이 다름 아닌 '창조되지 않은 은총(gratia increata)'이며 그리스도인 안에 신적 위격들께서 '내주(內住, inhabitatio)'하는 것이다. 이 세 분이 함께 그리스도인 안에 내주하지만 무엇보다도 차별화된 그리고 개별적인 형태로 내주하신다. 그것은 우리로 하여금 그리스도의 자녀 됨에 참여하게 해주는 성령의 활동을 통해서 우리가 성자 안에서 성부의 자녀들이라고 하는 조건과 더불어 삼위일체 안에 들어가는 한에서 그러하다. 우리는 성령을 통해서 그리스도 안에서 성부의 자녀들이다. 그러므로 우리는 은총을 통해서 세 신적 위격과 더불어 서로 다른 인격적인 관계를 맺는다. 우리는 우리를 그리스도 안에 들어가게 해주시는 성령의 활동을 통해서 그리스도 안에서 성부의 자녀들이며 그리스도의 형제들이다.45

성령의 사명과 더불어 교회가 건설되고 탄생한다. 교회는 오순절 성령강림 때 인격적이면서도 차별화된 영(Spiritus)의 파견과 더불어 탄생한다. 이처럼 영께서는 마치 성전처럼 신자들의 마음 안에 거하신다. 성령께서는 교회를 성화하시며 온갖 은총 선물로 이를 풍요롭게 해주신다.

하지만 영께서 단지 내적 은총 선물을 통해서만 우리 안에 현존하시는 것은 아니다. 영의 사명이 지향하는 우선적인 목적은 교회 안에 영광스럽게 되신 그리스도를 현존케 하는 것이다. 특별히 성찬례 중에 성체 축성의 순간에 영께서 빵과 포도주를 그리스도의 몸과 피로 변화시켜주시도록 청한다(epíclesis). 그래서 부활하신 그리스도께서 당신의 몸과 영혼 그리고 신성(神性)과 더불어 성찬례 가운데 우리에게 현존하시도록 청한다. 이는 그분이 오래전 팔레스타인 지방에서 현존하셨던 것보다 더 실제적인 현존이다. 왜냐하면 당시 팔레스타인 지방에서 그리스도는 아직 영광스럽게 되지 않으셨으며 따라서 우리에게 당신 영의 선물을 주실 수도 없었기 때문이다. 역으로, 이제 그리스도는 영에 힘입어 성찬례 안에 현존하시며 영광스럽게 되신 분으로서 당신 영의 풍요로운 선물을 우리게 선사해주신다.

요한복음에는 지금 우리가 다루고 있는 전망을 담아내고 있는 구절이 있다. 물론 요한이 '교회'라고 하는 용어를 직접 사용하지는 않는다. 하지만 그의 작품들은 암묵적으로 이 용어를 가리키고 있다(착한 목자나 생명의 비유 등). 예를 들어, 그리스도께서 성전을 정화하던 순간을 들 수 있다. 당시 그분은 환전하는 이들의 탁자를 땅에 내팽개치셨으며 성전이 파괴된 후 당신을 통해 이 성전이 사흘 만에 다시 일으켜질 것이라고 선포하셨다. "그분께서 성전이라고 하신 것은 당신 몸을 두고 하신 말씀이었다"(요한 2,21).

이 장면의 의미를 이해하기 위해서는 무엇보다도 말라키 예언자가 성전 정화를 메시아적인 행위로 예견한 이야기를 살펴보아야 한다. 유다 묵시문학에는 인간의 손으로 건설되지 않은 '이상적 성전(理想的聖殿)'이란 주제가 자주 등장한다(마르 14,58). 그러기에 우리는 그리스도가 메시아적인 권위를 당신 것으로 만들고 있음을 이 장면 속에서 엿볼 수 있다. 더 나아가, 그분은 여기서 당신 자신을 새로운 '계약의 성전'으로 소개하고 있다. 그 성전이란 다름 아닌 '셰키나 야훼(shekinah Yahvé)', 즉 사람들 가운데 하느님이 거하시는 곳을 뜻한다.

새 성전은 새로운 구원 경륜(救援經綸)을 의미한다. 유다이즘에서 드러나는 옛 구원 경륜이 예루살렘 성전을 중심으로 집중되었다면, 새로운 메시아적 구원 경륜은 허물어질 돌로 이루어진 성전이 아니라 부활하신 분과 더불어 생생하게 일치되어 있는 산 이들을 통해 만들어진 성전을 갖게 될 것이다(1베드 2,5 참조). 이 새 성전은 부활하신 주님의 몸으로서, 여기서부터 그리스도 안에서 신자들에게 생기를 불어넣어줄 영(Spiritus)의 교회가 강물처럼 솟아나게 된다. 이처럼 새로운 성전은 그리스도의 영이 거하는 산 이들을 통해서 형성될 것이다. 이들은 성찬례를 통해 지속될 부활하신 그리스도의 몸 위에 기초한 이들이다.

그러므로 비록 오순절 성령강림 때 영의 도래가 있기까지 교회가 현실화된 것은 아니지만, 그럼에도 불구하고 교회의 시대는 성찬례와 더불어 이미 시작되었다.

이러한 '성령청원기도(epíclesis)'는 그 밖에 다른 성사 안에서도 이루어지며, 이는 영광스럽게 되신 그리스도의 구원 행위를 우리에게 이끌어준다.

영광스럽게 되신 그리스도를 통해서 파견된 신적인 영은 교회 안에 다음과 같은 실제적인 행위를 이루신다.

a) 영(Spiritus)은 교회가 온전한 진리로 나아갈 수 있도록 인도해주신다(요한 16,3). 그러나 그것이 단순히 영께서 우리에게 어떤 새로운 계시를 허락하신다는 것을 의미하지는 않는다. 그리스도의 계시 이외에 더 이상의 다른 계시는 없다. 영께서는 우리 마음속에 그분의 말씀을 내면화시켜주면서 우리가 이 계시를 나날이 더 잘 이해할 수 있도록 인도해주신다. 교회는 영에 힘입어 매일매일 그리스도의 말씀을 묵상하고 성찰하며 사랑하는 가운데 그 말씀이 간직한 의미를 더욱 깊이 깨닫게 된다. 그리스도의 계시는 그분에 대해 증언할 수 있었던 마지막 사도의 죽음과 더불어 끝났다. 그러나 이 계시에 대한 보다 깊은 이해의 가능성이 끝난 것은 아니다.

b) 성령은 교회를 하나로 일치시키는 분이며 교회에 거룩함과 공번됨 그리고 사도성을 이루어주시는 분이다. 그리스도께서 가르치신 바로 그 진리를 교회 안에 유지시켜주는 분은 다름 아닌 성령이시다. 현대를 지배하는 혼란 속에서도 우리가 이레네오, 아우구스티노, 뉴먼, 바오로 6세가 세례를 통해 지녔던 같은 신앙을 오늘날에도 새 교리서와 함께 지니고 있다는 것은 기적이 아닐 수 없다. 오늘날에도 교회가 변함없는 신앙을 간직하고 있으며, 이 신앙이 널리 퍼져 있다는 것은 참으로 영께서 이루시는 기적이 아닐 수 없다.

영은 교회의 품 안에서 주어지는 모든 성성(聖性)의 주관자이시다. 그분이야말로 당신의 선물과 은사(恩賜)로 교회를 끊임없이 풍요롭게 하는 가운데 교회가 결코 늙지 않게 해주신다. 왜냐하면 영과 더불어 교회를 풍요롭게 해주는 새로운 그룹과 운동 그리고 은사들이 생겨나기 때문이다. 교회를 세상에 파견해주는 분도 영이시며 세상 구석구석까지 교회를 나눠주시는 분도 영이시다. 그리고 교회가 지녀야 할 가르침에 있어서 그 기원과 늘 일치하게 해주고 '사도계승(successio apostolica)'을 이어가게 해주는 분도 영이시다.

그래서 성령은 교회의 혼(魂)이라고 말할 수 있다. 그렇다고 그것이 교회적인 몸과 합체해서 단지 하나의 육체적인 존재를 이룬다고 하는 의미에서 혼이라는 뜻은 아니다. 성령은 단순히 교회적인 제도와 합일체를 이루는 가운데 그 안에 들어가는 것이 아니라 계약의 결합을 통해서 교회와 일치하고 있다.46

c) 성령께서는 선물들과 더불어 교계 제도에 속하는 이들과 은사를 받은 이들을 당신 교회로 인도해주신다. 성령께서 교계 제도를 이끄신다는 말은 교회가 그리스도의 가르침에서 벗어남이 없이 이를 더 잘 이해하고 설교함으로써 그리스도의 말씀이 역사의 매 순간 더 잘 실현될 수 있도록 교회를 이끄신다는 말이다. 또한 성령은 끊임없이 교회를 쇄신시켜주는 은사 선물들을 통해 교회의 구성원들을 이끌어주신다. 이는 교회가 자신의 사명을 완수할 수 있도록 매 순간 솟아나는 성성(聖性)과 완덕(完德)의 결실들이기도 하다(1코린 12,4-11). 성령은 교회가 지닌 모든 역동성의 원천이다. 성령께서는 "복음의 힘으로 교회를 젊어지게 하시고 끊임없이 새롭게 하시며 자기 신랑이신 그리스도와 일치를 이루도록 이끌어주신다"(LG 4). 교회에 있어서 은사들은 비록 그것이 주변적인 것일지라도 우연히

주어지지 않는다. 그것은 교회의 존재 본질에 속한다.

## III. 결론

공의회는 "성부와 성자 그리고 성령의 일치를 통해 모인 회중"47이라는 성 치프리아노의 말씀과 더불어 교회에 대한 삼위일체적인 전망을 끝맺고 있다. 교회의 일치는 삼위일체의 일치에 참여하는 효과와 이미지를 통해서가 아니면 결코 이해될 수 없다. 교회의 일치는 삼위일체의 친교에서 탄생했으며 교회가 지향하는 이 삼위일체의 완전함을 닮는 가운데 실현된다.

사실, 초세기의 교회는 심혈을 기울여 대부분의 성찰을 삼위일체와 그리스도의 신비 그리고 여기서부터 유래하는 여타 신비들에 할애했다. 교회는 삼위일체 교리를 마치 자신을 축성하는 교리로 살아 냈다. 이에 대해 테르툴리아노는 다음과 같은 도식으로 표현하고 있다. "Ubi tres, id est, Pater et Filius et Spiritus Sanctus, ibi ecclesia quae trium corpus est(성부와 성자 그리고 성령 이렇게 세 분이 계신 곳에 세 개의 몸인 교회가 존재한다)."48 드 뤼박(De Lubac)이 지적하는 것처럼, 교회는 삼위일체가 시간 가운데 신비적으로 연장된 실재로서 이 삼위일체를 향해 우리를 준비시켜줄 뿐만 아니라 이미 그 안으로 우리를 인도해주고 있다.

사실, 삼위일체와 그리스도에 대해 깊이 숙고하고 설교한 교회는 오랜 세월이 지난 후 19-20세기에 들어와서야 자기 자신에 대해 성찰하기 시작했다. 금세기에 이르러 교회는 자신의 정체성에 대한 훌륭한 표현을 갖기에 이른다. 그러나 교회는 다시금 자기 자신에 대해 잊어버려야 한다. 왜냐하면 교회의 존재 이유는 그리스도의 왕국을 건설하기 위한 수단이며 결코 자기 자신을 목적으로 갖고 있지 않기 때문이다. 사실 교회는 자기 자신을 잊어버릴 때 성장하기 시작하며 그리스도의 생명을 전하는 것 이외에 다른 열정을 갖지 않는다.

## 2장 요약

　인류를 위한 구원의 방주인 교회는 예수 그리스도에 의해 설립되었지만 이미 구약에서부터 점진적으로 준비되었다. 그것은 구체적으로 이스라엘 백성을 향한 하느님의 선택과 계약을 통해 이루어졌다. 그 출발점은 아브라함에 대한 선택과 부르심 그리고 계약이다. 아브라함을 향한 하느님의 부르심은 또 다른 개입으로 확장되었다. 하느님은 계약과 더불어 그의 후손을 선택된 당신 백성으로 삼으셨다. 이는 모세를 통해 이루어진 이스라엘 백성의 이집트에서의 탈출과 시나이 계약을 통해 이루어졌다. 하느님은 계약과 더불어 당신이 선택한 백성으로서의 이스라엘을 존재하게 하셨으며, 동시에 그들이 지켜야 할 생명의 규범으로서 율법을 선사하셨다. 이러한 율법은 공동체적인 차원을 내포한다.

　하느님 백성으로서의 이스라엘의 기원이 그분과 맺은 계약에 뿌리를 두고 있다면, 메시아니즘은 이 백성의 정체성을 구성하는 뼈대이다. 하느님은 메시아를 통해서 당신 백성을 향한 구원의 약속을 완성하시기 때문이다. 이스라엘 백성은 다윗의 후손에게서 메시아가 나올 것이며 왕으로서 자신들을 이끌고 통치할 것으로 보았다(왕적 메시아니즘). 또한, 이 메시아는 야훼의 종으로서 이스라엘의 죄를 대신해 속죄하기 위해 친히 고통을 짊어질 인물로 보았다(예언자적 메시아니즘). 이러한 메시아니즘은 유배 이후 '사제적'인 모습을 덧입게 된다. 이스라엘이 고대한 메시아는 대사제라고 보았던 것이다(사제적 메시아니즘).

이러한 맥락에서 교부들은 교회가 의인 아벨로부터 존재하고 있었다고 보았다. 물론, 구약의 의인들이 그리스도께서 직접 설립하신 교회에 속한다고 말할 수는 없다. 구약의 의인들은 언젠가 강생하게 될 성자 안에 있었다. 그러므로 그들이 그리스도의 교회와 어떤 관계도 없었다면 결코 구원될 수 없었을 것이다. 구약의 옛 백성인 이스라엘은 신약의 새 백성인 교회를 이해하는데 필수적인 가치를 갖는다. 구약의 수많은 가치들은 신약에서도 여전히 유효하다. 그러나 그리스도의 도래와 함께 그것이 지닌 구원적인 가치는 상실되며 그리스도를 통해 대체된다. 그러므로 그리스도를 통해 형성된 새로운 하느님의 백성인 교회는 구약에 그 뿌리를 두고 있지만, 옛 백성인 이스라엘을 넘어서며 종말에 그리스도를 통해 실현될 궁극적인 구원을 지향한다.

# 2 | 구약에서부터 준비된 교회

제2차 바티칸 공의회는 지적하길(LG 2), 교회는 놀랍게도 이스라엘 백성의 역사 안에서 이미 준비되었다고 말한다. 하느님의 구원 계획, 즉 우리를 향한 구원의 신비는 그리스도 안에서 실현되기 전에 사실상 이미 구약에서부터 준비되었다.[49]

## I. 이스라엘 백성의 탄생

비록 이스라엘 백성이 예언자들의 지도 아래 하느님을 유일한 분이자 우주를 창조하신 분으로 인식하는 데 이르렀다 할지라도, 역사적인 관점에서 보면 그들은 이미 그 이전에 구세주로서의 하느님, 계약의 하느님을 알고 있었다. 이스라엘은 야훼를 자기 선조들의 하느님, 즉 아브라함과 이사악 그리고 야곱의 하느님으로 알고 있었다. 이 하느님은 무엇보다 하나의 백성, 즉 선택된 당신 백성을 이루기 위해 역사 속으로 쇄도해 들어오는 하느님을 의미한다. 이 모든 것은 하느님께서 아브라함을 선택하신 그날 시작되었다.

아브라함은 칼데아의 우르 지방 목자로서 기원전 19세기경에 살았다. 그는 하느님이 역사 가운데 일련의 개입을 실현하기 위해 선택하신 첫 번째 연결 고리였다. 하느님은 아브라함과 더불어 침묵을 깨신다. 하느님께서 위대한 영혼을 가진 이 사람의 삶 속에 개입해서 그에게 제안하셨을 때 대화는 시작된다.

당시 아브라함은 자신의 종교적인 의무를 — 당시는 다신론(多神論) 종교였다 — 수행하는 가운데 고대 메소포타미아 지역의 초원에서 목축을 하면서 평범한 삶을 이어가고 있었다. 그런 어느 날 하느님이 나타나 그에게 가야 할 길을 제안하면서 이렇게 말씀하셨다.

네 고향과 친족과 아버지의 집을 떠나, 내가 너에게 보여줄 땅으로 가거라. 나는 너를 큰 민족이 되게 하고, 너에게 복을 내리며, 너의 이름을 떨치게 하겠다. 그리하여 너는 복이 될 것이다. 너에게 축복하는 이들에게는 내가 복을 내리고, 너를 저주하는 자에게는 내가 저주를 내리겠다. 세상의 모든 종족들이 너를 통하여 복을 받을 것이다(창세 12,1-3).

여기서 그를 부르시는 하느님은 그가 새로운 땅을 향해 나아가도록, 그래서 목자로서 누리던 안정과 그가 뿌리내렸던 땅으로부터의 안정을 내려놓고 당신이 보여주는 길을 걷도록 부르신다. 이에 아브라함은 하느님을 신뢰하며 미지의 땅으로 순례하도록 자신을 인도하는 하느님의 부르심에 순명한다. 그는 자신에게 말씀하시는 하느님께 온전히 의탁했다.

"믿음으로써, 아브라함은 장차 상속 재산으로 받을 곳을 향하여 떠나라는 부르심을 받고 그대로 순종하였습니다. 그는 어디로 가는지도 모르고

떠난 것입니다"(히브 11,8).

바로 이것이 그의 신앙이었다. 그의 신앙은 겉으로 보이는 것 너머 그 이상의 실재를 바라보는 눈을 갖고 있었다. 왜냐하면 그는 자신에게 벗이자 구원자로 다가오는 하느님의 부르심을 느꼈기 때문이다.

아브라함의 소명은 유목 생활(nomadismo)을 향한 부르심("네 땅을 떠나라")이자 장차 이스라엘 백성 전체의 양식이 될 희망을 향한 부르심이었다. 이스라엘 백성은 정확히 말해 '희망의 백성'으로서 역사를 걷게 될 것이다.

그래서 프리스(Fries)는 설명하길,50 아브라함으로부터 시작되는 계시는 '약속(約束)'의 형태로 드러나는 계시라고 한다. 이러한 약속에 대해 인간은 단순히 머리가 아닌 믿음과 순명으로 응답해야 한다. 이 약속은 역사를 미래로 열어준다. 여기서 드러나는 믿음은 하느님의 말씀에 대해 신뢰하며 기대는 것으로 묘사되는데, 히브리어의 '헤에민(heemin)'이라는 동사가 뜻하는 바이기도 하다. '헤에민 레 야훼(Heemin le Yahvé)'란 표현은 구약성경에서 13번 등장하며(창세 15,6; 탈출 14,31; 민수 14,11; 20,12; 신명 1,32; 9,32; 2열왕 17,14; 이사 43,10; 요한 3,5; 시편 78,22; 106,12.24; 역대 20,20) 이는 하느님께 의지한다는 뜻을 갖고 있다. 구약성경에서 믿는다는 것은 자기 존재를 하느님께 뿌리내리고 그 위에 세운다는 것을 의미한다.

여기서 드러나고 있는 하느님의 부르심은 붓다가 받았던 어떤 깨달음의 형태가 아니라 신뢰와 포기를 요구하는 만남이었다. 아브라함은 그분의 약속이 실현될 것을 믿으며 자기 고향과 친척을 떠났다. "아브라함은 오직 하나의 보장, 즉 하느님의 약속만을 갖고서 미지의 세계를 향해 떠나는 체험을 살았다."[51]

그러나 이는 결코 맹목적인 신앙이 아니었다. 하느님께서는 친히 그의 믿음을 확고히 해주는 징표를 그에게 주셨다. 하느님은 아이를 낳지 못하던 그의 아내의 태중에서 태어날 후손이 하늘의 별만큼이나 많을 것이라 약속하신다. 이것이 바로 하느님께서 그에게 주는 징표였다. 그리고 아브라함은 그것을 믿었다.

> "아브람이 주님을 믿으니, 주님께서 그 믿음을 의로움으로 인정해주셨다"(창세 15,6).

아브라함은 믿었다. 바로 이것이 기적이었으며 하느님은 그의 믿음을 의로움, 다시 말해 거룩한 행위로 여기셨다. 그래서 아브라함은 역사상 구약성경이 '하느님의 벗'(이사 41,8; 다니 3,35)이라고 말하는 바로 그 사람으로 회자되었다.

그리고 계약의 시간이 다가왔다. 하느님은 아브라함과 그의 후손에게 땅을 약속하셨지만 동시에 그 이상으로 중요한 것을 약속하신다. 즉 당신 친히 그와 그의 후손의 하느님이 되시겠다는 것이다.

> "나는 전능한 하느님이다. 너는 내 앞에서 살아가며 흠 없는 이가 되어라. 나는 나와 너 사이에 계약을 세우고, 너를 크게 번성하게 하겠다." 아브람이 얼굴을 땅에 대고 엎드리자, 하느님께서 그에게 이르셨다. "나를 보아라. 너와 맺는 내 계약은 이것이다. 너는 많은 민족들의 아버지가 될 것이다. 너는 더 이상 아브람이라 불리지 않을 것이다. 이제 너의 이름은

아브라함이다. 내가 너를 많은 민족들의 아버지로 만들었기 때문이다. 나는 네가 매우 많은 자손을 낳아, 여러 민족이 되게 하겠다. 너에게서 오는 후손들 사이에 대대로 내 계약을 영원한 계약으로 세워, 너와 네 뒤에 오는 후손들에게 하느님이 되어주겠다. 나는 네가 나그네살이하는 이 땅, 곧 가나안 땅 전체와 너와 네 뒤에 오는 후손들에게 영원한 소유로 주고, 그들에게 하느님이 되어주겠다(창세 17,2-8).

계약의 끝맺음이 제시하는 새로움의 표징 가운데 '아브람'(이전에는 이렇게 불렸다)은 여러 민족의 아버지로서 '아브라함'이라는 새로운 이름을 받는다(창세 17,5).

당연히 이름의 변경은 하느님이 아브라함을 부르는 성소를 드러내는 표징이다. 그의 사명은 수많은 민족들의 아버지가 되는 것이다. 이처럼 아브라함의 소명은 그의 후손과 연관되어 있을 뿐 아니라 인류의 운명과도 깊이 연결되어 드러나고 있다. 성 바오로는 어떻게 해서 모든 민족들이 이 선조의 후손인 그리스도 안에서 축복을 받게 되었는지를 우리에게 잘 보여주고 있다(갈라 3,16). 할례 예식은 이스라엘 백성이 이러한 하느님과의 계약, 즉 아브라함의 자손들에게 충실함을 약속하신 하느님께 속한다고 하는 것을 드러내는 표식(창세 17,11-14)이다.

하지만 아브라함에게는 '두 번째 시험'이 기다리고 있었다. 하느님은 그에게 이사악, 즉 아이를 낳을 수 없었던 아내 사라로부터 기적적으로 탄생한 약속의 아들인 이사악을 희생 제물로 바칠 것을 요구하신다. 그렇게 모든 것이 수포로 돌아가는 것인가? 하느님께서 당신의 충실하심을 거두어 가는 것일까? 하지만 아브라함은 순명했고 믿었으며 하느님의 부르심에 새롭게 응답했다(창세 22,1-14). 그러면서 그는 약속에 반대되는 듯한 상황에도 불구하고 마지막까지 하느님을 신뢰하는 모든 이들의 아버지로서 자신을 보다 확고히 했다. 그러기에 아브라함은 우리에게 있어서 신앙의 모델이다(히브 11,17-19).

이처럼 이 사화는 특별한 방식으로 어떻게 이스라엘 백성이 하느님의 백성으로 역사 안에 들어오게 되었는지, 보잘것없는 한 백성이 어떻게 하느님의 백성으로서의 자신의 역사를 시작하게 되었는지를 우리에게 보여주고 있다.52

히브리 서간은 아브라함의 믿음을 통해서 하느님의 백성이 탄생했다고 설명한다. "그리하여 한 사람에게서, 그것도 죽은 것이나 다름없는 사람에게서 하늘의 별처럼 수가 많고 바닷가의 모래처럼 셀 수 없는 후손이 태어났습니다"(히브 11,12).

하느님께서 당신의 백성을 이루기 위해 아브라함을 부르는 이 사화에서 두드러지게 드러나고 있는 중요한 요소는 의심할 바 없이 하느님의 주도권이다. 그분은 아브라함을 미지의 길로 인도하기 위해 그가 몸담았던 환경으로부터 그를 뿌리째 뽑아내셨다. 이러한 하느님의 주도권은 후에 당신 백성을 이집트의 종살이에서 이끌어 내실 때 다시 한 번 드러난다. 이런 근본적인 전제가 없다면 하느님 백성은 단지 선한 의지를 가진 사람들의 모임, 아니면 순전히 인간적인 이유로 감행해야만 했던 이민 운동 정도로 축소될 수밖에 없다. 하지만 하느님은 새로운 요청들과 함께 아브라함의 삶 속에 쇄도해 들어가셨다.

## II. 계약의 백성

아브라함을 향한 하느님의 부르심은 또 다른 개입으로 이어진다. 즉 하느님은 그의 후손을 계약을 통해 선택된 백성으로 보다 확고히 하신다. 이때는 이스라엘 민족 전체가 하느님과 더불어 계약을 맺는다.

아브라함의 자손들은 여러 가지 삶의 변천 과정을 통해서 이집트로 이민을 가야만 했다. 우리는 역사를 통해서 당시 기근과 가뭄에 짓눌린 부족들이 이집트 나일 강변의 비옥한 땅으로 이민 갔던 사실을 알 수 있다. 이스라엘 사람들은 이집트에서 살았지만 그들이 받은 소명의 날인은 이집트인들의 관습에 동화되는 것을 막았다. 그들은 강제 노역에 시달려야 했으며 그리하여 이 민족의 역사에서 처음으로 고통이 시작되었다. 탈출기가 잘 말해주듯이, 그들은 피톤과 람세스 도시 건설을 위해 고용된 노예들이었다(탈출 1,11 참조). 당시는 람세스 2세의 통치 기간이었다(기원전 1290-1223). 종국에는 압제받는 이스라엘 사람들의 부르짖음이 하느님에게까지 이르렀다.

이에 하느님은 그들의 역사 안에 새롭게 개입하는 가운데 당신 백성을 구하기 위해 모세를 부르셨다. 당시 모세는 왕궁에서 특권을 누리는 삶을 살고 있었다. 하지만 어느 날 자기 백성에 대한 사랑 때문에 자기 민족의 형제들을 학대하는 십장을 죽였고 이로 인해 광야로 도망쳐야만 했다. 하느님은 거기서 그를 기다리셨다. 그리고 그에게 당신을 "선조들의 하느님"으로 드러내고(탈출 2,4-6) 당신의 이름을 계시하신다(탈출 3,14).

야훼께서는 모세에게 이렇게 말씀하셨다. "이스라엘 자손들이

울부짖는 소리가 나에게 다다랐다. 나는 이집트인들이 그들을 억누르는 모습도 보았다. 내가 이제 너를 파라오에게 보낼 터이니, 내 백성 이스라엘 자손들을 이집트에서 이끌어 내어라"(탈출 3,9-10).

그러나 모세는 이 부르심에 반항했다. 이에 야훼께서는 그에게 이렇게 말씀하신다. "내가 너와 함께 있겠다"(탈출 3,12). 이 말씀은 하느님이 예언자에게 당신이 도움을 주겠다고 약속하는 방식으로서, 하느님은 이를 통해서 파견된 이가 겪게 될 어려움들에 대한 극복을 보장해주신다.

이어서 이스라엘 백성의 대규모 탈출이 시작된다. 모세는 파라오를 대면하고 하느님의 섭리적인 손길을 통해 도움을 받으면서 자연을 이용해 그의 반대를 극복하고 종국에는 자기 백성을 종살이에서 해방시킨다.

열 가지 천재지변 사화는 모세가 파라오와 이스라엘 백성 앞에서 자신이 하느님으로부터 파견된 자임을 믿게 하는 데 사용되었다. 의심할 바 없이 하느님은 이 징표들과 더불어 당신 백성을 구원하셨으며, 후일 이 징표들은 이스라엘의 전통 안에서 확대 해석되며 회자되곤 했다.

예를 들어, 민수기 1장 46절에 의하면 홍해를 건넌 이스라엘 사람의 수가 603,550명이었다. 히브리적 세계관에 있어서 여러 가지 숫자를 상징적으로 사용하는 것은 자주 등장하는 문학적인 기법이다. 만일 *r's kl bny ysr'l*(이스라엘의 모든 아들들)이라는 히브리어의 자음들을 거기에 해당하는 숫자로 대체하면 603,550이라는 본문에 인용된 숫자를 얻게 된다.

어쨌든, 우리는 야훼께서 당신 백성을 위해 이루신 표징들 안에서 역사적인 실체를 받아들여야만 한다.

물론 이 천재지변 가운데 상당수가 나일 강변에서 일어나는 자연적인 현상으로 이루어져 있다. 그럼에도 불구하고, 그것이 일어난 시기, 지속된 기간과 그 강도 등을 고려해 볼 때, 당시 백성들 앞에서 이런 현상들이 일어났던 것은 하느님의 기적적인 현현(顯現)임을 인정해야 한다.53 그렇지 않고서는 모세를 야훼의 대리자로 받아들인 이스라엘 사람들에게 받아들여졌듯이, 그렇게 이런 현상들이 파라오와 그의 신하들에게도 강한 인상을 주었다는 점을 이해할 수 없기 때문이다. 유다 백성은 "주님께서 이집트인들에게 행사하신 큰 권능을 보았다. 그리하여 백성은 주님을 경외하고, 주님과 그분의 종 모세"(탈출 14,31)를 믿게 되었다.

홍해 바다를 건넌 것은 하느님에 의해 기적적으로 바다 가운데 길이 나고 바람이 불어 바닷물이 양쪽으로 갈라지는 사건을 통해서였다.54 이것 역시 순전히 자연적인 현상으로만 축소될 수 없다.

리처드슨(A. Richardson)이 설명하듯이, 그리스도의 부활 사건이 신약을 관통하는 핵심 사건이듯 이 사건은 구약에 있어서 결정적인 사건이다. "홍해 바다의 기적이 없었다면 야훼의 종교도 이스라엘도 구약도 존재할 수 없었을 것이다."55 여기에는 야훼의 초자연적인 개입이 있었다.

프리스(Fries)는 말하길, "이스라엘 역사에 있어서 이 사건들 그리고 이 백성을 형성하게 했던 구성적이면서도 역사적인 환경들은 역설적으로 증대되는 가운데 모든 인간적인 기대와 상상 그리고 계산에 반대되는, 무엇보다도 하느님의 행위로 인해 드러나는 위업이자 그분의 선택이요 이끄심이다. 하느님의 계시는 역사 안에서 여러 가지 사건의 실현을 통해서 이루어진다. 이러한 이유로 앞서 언급한 사건들은 늘 예배 안에서 연장되고 '기억된다'. 예배 안에서 드러나는 이스라엘의 고백은 이 사건에 대한 되새김이자 이를 고양시키는 것이다. 야훼께서는 이스라엘을 이집트로부터 기적적으로 이끌어 내셨다. 이 유일무이한 역사적 사건은 이스라엘 신앙의 근간이자 버팀목이요 현재와 미래 속에서 야훼의 구원적인 도움과 능력이 늘 새롭게 쇄신될 것이라는 보장이기도 하다."[56]

이처럼 이스라엘의 신앙은 자신의 역사 안에서 드러난 하느님의 전능하신 개입으로부터 탄생한다. "주 너희 하느님께서 이집트에서 너희가 보는 가운데 너희를 위하여 하신 것처럼, 온갖 시험과 표징과 기적, 전쟁과 강한 손과 뻗은 팔과 큰 공포로, 한 민족을 다른 민족 가운데에서 데려오려고 애쓴 신이 있느냐?"(신명 4,34).

흔히 아무 근거도 없이 유다 민족은 인간이나 피조물의 본성적인 능력을 초월하는 표징으로서의 기적이란 개념을 갖고 있지 않다고 말하곤 한다. 하지만 히브리인들은 기적을 말하기 위해 '니플라옷'(*nifla'ôt*, 인간을 위해 불가능한 표징)이란 용어를 사용한다.

구약에서 보면 유다인들은 하느님으로부터 파견된 자들로 자신을 소개하는 예언자들에게 이를 입증할 것을 요구하곤 했다. 예를 들어, 모세는 하느님께서 "자신과 함께하며" 자신의 사명은 "그분으로부터 온다"는 사실을 하느님께서 직접 입증할 것이라는 표징을 야훼께 청해서 얻는다(탈출 3,12). 모세를 통해 이루어진 기적들은 유다인들로 하여금 그를 신뢰하게 해주며 무엇보다도 야훼의 출현을 입증시켜주었다. 그래서 그를 하느님으로부터 파견된 자로서 "그를 믿고 그의 말을 듣게" 해주었다(탈출 4,1 참조).

모든 예언의 역사를 통해 보면 기적은 언제나 거짓 예언자로부터 참된 예언자를 구별하게 해주는 유효한 수단이었다. 그래서 사렙타 과부의 아들을 다시 살려주고 하늘로부터 가르멜 산 위에 불을 내리게 한 엘리야는 야훼야말로 참된 하느님이며(1열왕 18,37-39 참조) 자신은 그분의 종(1열왕 18,36 참조)임을 알게 해주었다.

선택된 민족의 유일신 신앙은 야훼께서 당신을 유일하고 참된 하느님, "자연과 역사의 주님"[57]으로 계시할 때 보여주신 표징들에 의존하고 있다.

이스라엘의 첫 번째 신앙은 단순하게도 자신의 역사 안에 이룩하신 하느님의 전능하신 개입들에 대한 이야기로서, 구체적으로는 그분께서 베푸신 일련의 기적들에 대한 고백이다(신명 26,5-9 참조).

## 1. 계약과 율법

이제 여기서부터 하나의 백성으로서의 이스라엘의 소명(召命)이 시작된다. 아브라함의 백성은 그들이 이집트에서 탈출해서 홍해 바다를 건너 약속의 땅에 이르기까지 광야를 여행하면서 형성된다. 이집트에서 노예 생활을 하던 이 백성은 광야에서 하느님의 선택된 백성으로 변화되는 가운데 그분의 백성으로 형성된다. 이러한 맥락에서 에제키엘은 하느님의 계약(契約)을 그분의 백성과의 관계하에서 설명하고 있다. 그에 따르면, 하느님은 이 백성의 역사 안에 개입하면서 그를 양자로 받아들이고 당신의 백성으로 창조하셨다. 그리고 하느님 친히 그와 함께 그리고 그를 위해 싸워주시고 그를 인도해주셨다. 하느님은 이 백성이 이집트로 되돌아가고자 하는 끊임없는 유혹에 맞서 승리하게 해주면서 사막의 여정을 인도해주신다. 왜냐하면 그들은 이 여정 동안 자주 이집트에서 먹었던 음식과 정주(定住) 생활에 대한 향수를 느꼈기 때문이다(에제 16,4-8). 이스라엘 백성은 아브라함과 마찬가지로 인간적인 보장들을 뒤로한 채 자신을 하느님의 손에 온전히 의탁해야만 했다.

이러한 순례 여정에서 정점(頂點)을 이루는 때는 하느님이 당신 백성과 더불어 계약을 맺는 순간이다. 무엇보다도 이 계약은 하느님의 주도권(主導權)에서 유래하며 이 계약의 목적은 당신 백성을 선택된 민족, 거룩한 민족으로 만드는 것이다. 이 계약은 다음 구절 안에서 종합되어 드러난다. "이제 너희가 내 말을 듣고 내 계약을 지키면, 너희는 모든 민족들 가운데에서 나의 소유가 될 것이다. 온 세상이 나의 것이다. 그리고 너희는 나에게 사제들의 나라가 되고 거룩한 민족이 될 것이다"(탈출 19,5-6).

한편, 하느님에 의해 다른 민족들로부터 구별되어 선택된 이 백성은 세상의 모든 다른 민족을 위한 하느님의 도구이자 중개자로서의 의미를 갖는다.

이처럼 계약이라는 전망 가운데 모세를 향한 하느님의 계시가 시나이 산에서 이루어지고 있다. 그는 하느님께서 당신 백성과 더불어 봉인(封印)하게 될 계약의 대헌장인 십계명(十誡命)을 그분으로부터 받는다(탈출 20 참조).

계약을 구성하는 전례는 상징으로 드러나는 예식이다(탈출 24,4-8 참조). 제대는 야훼 하느님을 대변하며 열두 기둥은 계약의 조항들을 준수할 것을 약속한 이스라엘의 열두 지파를 상징한다. 피(피는 히브리인들에게 있어서 생명의 원리이다)의 예식은 하느님과 그분의 백성 사이에 존재하게 될 내밀한 생명의 친교를 의미한다. 그럼으로써 하느님은 이스라엘 백성을 향한 당신의 계시와 더불어 새롭고도 초월적인 발걸음을 떼셨다.

하느님은 계약과 더불어 당신이 선택한 백성으로서의 이스라엘을 존재하게 하셨다. 동시에 하느님은 그들이 지켜야 할 생명의 규범을 주셨다. 만일 이 규범이 계약으로부터 분리된다면 이 규범은 아무런 의미도 가질 수 없게 될 것이다. 이스라엘의 종교에 있어서 십계명에 대한 준수가 우선은 아니었다. 이는 단지 먼저 주도권을 갖고 이스라엘에게 존재 의미를 부여하는 소명을 선사하면서 그들을 구원하신 하느님께 대한 응답일 뿐이다. 하느님의 개입이 율법에 선행(先行)하며 이 율법은 계약이라는 전망 안에서만 이해될 수 있다.

라투렐(R. Latourelle)이 말하듯이, "해방, 선택, 계약 그리고 율법은 분리될 수 없는 하나의 총체적인 실재를 구성한다. 사실, 계약과 율법은 이스라엘이 해방되는 전 과정이라고 하는 빛을 통해 비로소 이해될 수 있다. 이 해방의 과정은 계약과 율법 안에서 완성된다."[58] "계약의 말씀들"(탈출 20,1-17) 또는 "열 개의 말씀들"(*debarim*: 탈출 34,28)은 이스라엘의 소명에 대한 요청들을 드러내고 있다. 이스라엘은 이 계약을 받아들이는 가운데 '거룩한' 백성으로 변화된다. 왜냐하면 그는 거룩하신 하느님과 더불어 계약을 맺었기 때문이다.

이러한 메시아적인 전망은 이스라엘이 하나의 백성으로 형성되는 가운데 확고한 의미를 갖게 된다. 왜냐하면 메시아는 백성을 위해 있으며 그들로 하여금 백성으로서 자신들이 받은 소명을 실현할 수 있도록 인도해주는 하느님의 도구이기 때문이다.

그러나 이스라엘 백성은 하느님과의 계약에 대한 신뢰를 위협하는 신앙의 위기를 겪게 된다. 동쪽의 아시리아나 남쪽의 이집트처럼 거대한 세력을 지닌 나라들 사이에 위치한 이스라엘은 무방비 상태이자 약하기 이를 데 없는 자신의 모습을 보게 된다. 이스라엘이 가졌던 유혹은 자신을 보호해줄 이런 나라들과 계약을 맺는 가운데 그들로부터 안전을 보장받는 것이었다. 이는 이스라엘로 하여금 그들의 신들을 받아들이고 광야에서 계약의 하느님, 젊은 시절 자신들이 섬겼던 그 하느님께 드렸던 충실함을 잊게 만들었다. 이런 상황에서 예언자들의 사명이 일어나게 된다. 그들은 이스라엘 백성에게 징벌을 선포하면서 그들을 책망했다.

유배 이전의 예언자들(아모스, 호세아, 미카, 이사야)은 계약과 율법을 수호하던 이들이었다. 그들은 언제나 이스라엘 백성으로 하여금 하느님을 향한 충실함과 정의를 회복할 것을 외쳤으며 율법의 위반에 대한 징벌을 선포했다(호세 8,7; 미카 6-7; 이사 1,10-20).

구체적으로 보면, 호세아는 새로운 백성과 새 계약에 대해 말하고 있다. 이 새 계약으로부터 쇄신된 백성이 나오게 될 것이며 "로 암미에게 '너는 내 백성이다' 하고 그는 '저의 하느님' 하고 말하게 될 것이다"(호세 2,25). 호세아는 혼인 계약을 들어 하느님이 당신 백성과 맺은 계약의 내용을 설명한다. 그는 불충실한 자기 아내의 예를 드는 가운데 불충실한 아내가 남편에게 그런 것처럼 이스라엘 백성이 얼마나 하느님을 고통스럽게 하는지 말한다.

그러나 하느님은 당신 계약에 충실하시며 마치 사랑하는 연인처럼 그들의 마음에 말씀하시면서 당신 백성을 야단치는 가운데 계속해서 그들을 사랑하신다(호세 2,16). 이에 하느님은 말씀하시길, "그날에는 네가 더 이상 나를 '내 바알'이라 부르지 않고 '내 남편'이라 부르리라"(호세 2,18). 하느님 친히 모든 것을 가져오신다. 그분은 미래를 위해 정의와 올곧음을 가져오신다. 그분은 당신 백성에게 끊임없는 사랑(hesed)과 자비(rahamin)을 선사해주실 것이며 무엇보다도 충실함(emunah)과 진실함을 주실 것이다.

예레미야는 기원전 627년경 자신의 예언자적 소명을 펼치는 가운데 이스라엘 회중 한가운데서 하느님의 말씀을 선포해야 했다. 그는 하느님께서 당신 백성과 더불어 맺을 새로운 계약에 호소한다.

> "보라, 그날이 온다. 주님의 말씀이다. 그때에 나는 이스라엘 집안과 유다 집안과 새 계약을 맺겠다. 그것은 내가 그 조상들의 손을 잡고 이집트 땅에서 이끌고 나올 때에 그들과 맺었던 계약과는 다르다. 그들은 내가 저희 남편인데도 내 계약을 깨뜨렸다. 주님의 말씀이다. 그 시대가 지난 뒤에 내가 이스라엘 집안과 맺어줄 계약은 이러하다. 주님의 말씀이다. 나는 그들의 가슴에 내 법을 넣어주고, 그들의 마음에 그 법을 새겨주겠다. 그리하여 나는 그들의 하느님이 되고 그들은 나의 백성이 될 것이다. 그때에는 더 이상 아무도 자기 이웃에게, 아무도 자기 형제에게 '주님을 알아라' 하고 가르치지 않을 것이다. 그들이 낮은 사람부터 높은 사람까지 모두 나를 알게 될 것이기 때문이다. 주님의 말씀이다. 나는 그들의 허물을 용서하고, 그들의 죄를 더 이상 기억하지 않겠다"(예레 31,31-34).

이스라엘에 대한 선택의 의미는 탈출기 19장 4-6절에서 읽을 수 있는 '독수리 금언'을 통해서 이해될 수 있다. "너희는 내가 이집트인들에게 무엇을 하고 어떻게 너희를 독수리 날개에 태워 나에게 데려왔는지 보았다. 이제 너희가 내 말을 듣고 내 계약을 지키면, 너희는 모든 민족들 가운데에서 나의 소유가 될 것이다. 온 세상이 나의 것이다. 그리고 너희는 나에게 사제들의 나라가 되고 거룩한 민족이 될 것이다." 여기에 다음과 같은 권고가 덧붙는다. "너희는 너희가 살던 이집트 땅에서 사람들이 하는 것처럼 해서는 안 된다. 내가 이제 너희를 이끌고 들어가는 가나안 땅에서 사람들이 하는 것처럼 해서도 안 된다"(레위 18,3).

이스라엘의 종교에 있어서 십계명을 준수하는 것이 첫 번째 요소는 아니다. 이는 하느님에 대한 응답이라는 차원을 통해서만 비로소 올바로 이해될 수 있다. 이 응답이란 곧 주도권을 갖고 이스라엘 백성을 구원하시며 그들에게 충만히 존재 의미를 채워주는 소명을 선사하신 바로 그 하느님에 대한 응답을 말한다. 다시 말하지만, 하느님의 개입은 율법에 선행하며 이 율법은 오직 계약이라는 콘텍스트 안에서만 이해될 수 있다. 이스라엘에게 있어서 십계명은 본질적으로 하느님과 더불어 체결된 계약을 드러내는 표징이다. 이 계약은 율법의 완성을 통해서 인도되어야 하며, 반면 율법은 이스라엘에게 충실함을 약속하신 하느님을 향한 감사의 마음을 살아 내는 가운데 구체화되어야 한다. 자신들이 하느님에 의해 선택되었다는 느낌이 율법을 완성하려는 노력 이전의 것이 되어야 한다. 그러므로 계약으로부터 생겨나는 사랑은 율법에 대한 준수를 고무시켜 줄 수 있다.

한편, 율법이 없는 계약은 불완전할 뿐이다. 거룩함을 향해 부르심 받은 백성은 하느님께 부합하는 삶의 형태를 받아들여야 한다. 율법은 하느님을 향해 축성된 백성이 어떻게 살아야 하는지를 잘 설명해주고 있다.

물론 율법은 자연법에 상응하는 여러 가지 차원들을 모은 것이다. 그러나 이스라엘 백성은 어떤 철학적 성찰을 통해서 이 율법에 도달한 것이 아니다. 무엇보다도 그들은 자신의 역사 안에 쇄도해 들어오시는 하느님께 대한 순명으로 거기에 이르렀다. 바로 여기서부터 십계명은 요청하는 특징과 종교적인 특징을 갖게 된다. 율법은 하느님의 뜻을 표현하고 있다. 이를 준수하면 이 율법은 생명으로 변화된다. 반면, 이에 순종하지 않으면 그 사람은 죽음으로 치닫게 된다. 이런 의미에서 십계명 가운데 부정적인 명제들은 구원의 주도권이 하느님께로부터 유래하며 그분이야말로 이스라엘이 이 율법을 어기지 않고 준수해야 하는 근본 바탕임을 드러낸다.

마지막으로 율법은 공동체적인 차원을 내포하고 있다. 즉 율법은 공동체를 위한 것이다. 이스라엘 백성은 하느님으로부터 부름받았으며 그분과 맺은 계약은 민족의 모든 구성원들과 더불어 완성되므로 그들은 모두 자기 생명의 핵심으로서 율법을 받아들여야 한다. 야훼께 대한 충실함은 하느님 백성의 일치와 통일을 보장해준다. 외국인들에 관한 몇 가지 금지 규정들 그리고 다른 민족들과의 정치적인 계약들은 이스라엘 백성의 통일성을 유지시켜주는 조항이다. 그리고 당시 범하는 죄들은 무엇보다도 공동체적으로 간주되었다. 왜냐하면 율법은 그 자체로 이미 공동체적이기 때문이다. 하느님은 율법을 통해서 충만한 계시에 이르기까지 당신 백성을 준비시키셨다.

따라서 이스라엘 백성은 야훼 하느님을 위해 따로 축성된 민족이며 거룩한 공동체로 부름받았다. 그래서 야훼께서는 그들에게 이렇게 말씀하신다. "내가 거룩하니 너희도 거룩한 사람이 되어야 한다"(레위 11,45). 그러므로 이스라엘은 하느님을 위해 축성된 민족이며 이런 의미에서 그들은 끊임없이 계약에 대한 충실함을 견지해야 했다. 그럼으로써 그들은 하느님의 백성이 될 것이며, 이와 반대로 다른 백성들은 '내 백성이 아닌' 자들로 불리게 될 것이다(신명 32,21). 그래서 그리스어 번역본 성경, 즉 칠십인역 성경은 하느님 백성에게 '라오스(laos)'라는 이름을 부여하는 반면 이방 민족들에게는 '에즈네(ézne)'라는 이름을 부여하고 있다.

## III. 메시아적 공동체[59]

만일 하느님 백성이 광야에서 하느님과 맺은 계약으로부터 탄생함에 있어서 그들이 갖는 백성으로서의 기원이 이 계약 안에 뿌리내리고 있다면 메시아니즘은 이 백성의 정체성을 구성하는 뼈대라고 할 수 있다. 메시아니즘은 계약이라고 하는 환경 안에서 탄생하며 동시에 이 계약의 귀결로 드러난다. 하느님은 메시아를 통해서 당신 백성을 향한 구원의 약속을 완성하실 것이다.

### 1. 왕적 메시아니즘

이 모든 것은 나단 예언자가 다윗에게 가까이 가서 다음과 같이 말한 날 시작되었다. "주님이 너에게 한 집안을 일으켜주리라고 선언한다. 너의 날수가 다 차서 조상들과 함께 잠들게 될 때, 네 몸에서 나와 네 뒤를 이을 후손을 내가 일으켜 세우고, 그의 나라를 튼튼하게 하겠다"(2사무 7,11-12).

이 약속을 출발로 시편과[60] 예언자들의 신탁(神託)은[61] 이스라엘의 메시아적인 희망을 심화 유지시키게 된다.

이미 유배 한가운데서 에제키엘은 훌륭하기 그지없는 삼나무가 될 싹(에제 17,22-24 참조)을 언급하고 있다. 이는 다름 아닌 모든 이들을 위한 유일한 목자(에제 34,23-24 참조)이자 왕(에제 37,24-25 참조)이 될 다윗의 후손을 일컬었다.

유배를 마치고 귀향하던 시절, 즉 예루살렘을 재건하던 때에 즈카르야는 이렇게 외친다. "딸 시온아, 한껏 기뻐하여라. 딸 예루살렘아, 환성을 올려라. 보라, 너의 임금님이 너에게 오신다. 그분은 의로우시며 승리하시는 분이시다. 그분은 겸손하시어 나귀를, 어린 나귀를 타고 오신다"(즈카 9,9).

한편, 미카 예언자는 다윗의 고향인 베들레헴을 이스라엘을 통치하실 분이 나오게 될 곳이라고 지적한다(미카 5,1 참조).

## 2. 예언자적 메시아니즘

이런 왕적 메시아니즘과 더불어 이스라엘의 역사 안에는 또 다른 전망이 드러나고 있다. 이는 다름 아닌 예언자적 메시아니즘이다. 제2 이사야서에서(이사 40-45 참조)는 이스라엘의 죄를 속죄하기 위해 자신의 생명을 내어주게 될 신비스러운 야훼의 종에 대해 말하고 있다. 특히 야훼의 종의 네 개의 노래는 이를 잘 드러나고 있다.

무엇보다도 마지막 노래는 이 야훼의 종의 고통을 아주 상세히 묘사한다(이사 53,2-9 참조). 이 신비스러운 인물은 누구일까? 벨하우젠 학파는 이를 역사적인 이스라엘과 동일시하고자 했다. 하지만 이사야서 안에서 이스라엘의 종은 허물이 있는 죄인이자 모반자(謀反者)로 드러나고 있다.62 야훼의 종이 포로들의 해방자라면 이스라엘의 종은 포로(이사 42,24)이다.63 이스라엘의 종이 자신의 죄 때문에 고통받는다면 야훼의 종은 자기 백성의 고통과 사악함의 무게를 지고 간다.64 한편, 이 야훼의 종이 모세나 예레미야 같은 구체적인 역사적 인물과 일치한다고 보이지는 않는다.

야훼의 종의 노래들은 그리스도의 수난을 제외하고 보면 어떠한 해석의 여지도 있을 수 없는 철저한 수수께끼로 남을 뿐이다.

## 3. 사제적 메시아니즘

메시아니즘은 유배 이후에 '사제적'이라고 하는 새로운 모습을 덧입는다. 이스라엘 백성은 예루살렘에서 에제키엘을 통해 계획된 삶의 틀을 보게 된다. 예루살렘의 중심인 제단이 그것이다. 즉 제단과 제단 주위의 성전 그리고 성전을 에워싼 예루살렘 성곽. 성전은 야훼의 영광의 충만함(에제 43,4-5)을 통해서 왕국의 중심이 되었다(에제 40,1-43).

당시 사제라는 인물은 중요하게 부각되었다. 그래서 메시아가 사제적인 차원을 통해 선포되었다는 것은 전혀 이상하지 않다.

이러한 맥락에서 즈카르야는 예수아 대사제에게 왕관을 씌우라는 명령을 받는다(즈카 5,8). 이는 그가 왕이 되라고 왕관을 씌우는 것이 아니라 메시아를 위해 예정된 왕관이 상징적인 형태로 사제의 머리에 얹어지게 된다는 것을 의미했다.


## IV. 아벨로부터 이어오는 교회

하느님은 이스라엘을 하나의 백성으로 창조하셨으며, 결정적인 계약 그리고 당신 성자를 통해 실현될 새로운 하느님 백성의 창조를 준비하는 가운데 당신을 위해 성별된 백성으로 세우셨다.

그러나 바로 이런 맥락 안에서 교부들이 끊임없이 언급하고 있는 의인 아벨로부터 — 어떤 이들은 아담에서부터라고 말한다 — 존재하는 교회에 이목이 집중된다. 구체적으로, 이교인(異敎人)들은 만일 그리스도가 구원을 가져다준다면 도대체 왜 그리도 늦게 도착했는가 하고 교부들에게 질문하고 있다. 성 이레네오가 이 질문에 응했다.[65] 이 점에 대해 교부들은 사실상 교회가 아벨에서부터 존재한다고 대답한다. 예를 들어, 오리게네스의 증언을 들어 보기로 하자.

> 오직 구세주께서 살(carne)로 오신 다음부터, 내가 교회를 그분의 신부로 부른 다음부터라고 믿지 말아야 한다. 그것은 인류가 탄생하고 세상이 창조된 때부터 그러했다. 더욱이, 사도 바오로를 안내자로 해서 나는 이 신비의 기원이 한참 더 위로, 구체적으로는 세상이 형성되기 이전으로 거슬러 올라간다는 것을 발견했다.[66]

이 점에 대해 통상 교부들이 의존하는 성경 본문은 에페소서 1장 3-6절이다. 여기서 사도 바오로는 하느님께서 세상 창조 이전에 우리를 선택하셨다고 말한다.

구약의 의인들이 자신의 힘이 아니라 그리스도의 은총으로 구원되었다는 것을 펠라지오 추종자들에게 보여주기 위해 이 사상에 보다 큰 영향을 끼친 이는 바로 성 아우구스티노였다. 이 점에 대해 그는 다음과 같이 언급한다.

> 우리는 그리스도의 지체들이며 동시에 그분의 몸이다. 그것은 단지 여기 있는 우리뿐만 아니라 온 세상에 사는 모든 이들도 그러하다. 이는 단지 현시대인들뿐만 아니라, 뭐라 말할 수 있을까? […] 의인 아벨에서부터 세기의 마지막까지… 정의 속에서 이 존재를 가로지르는 모든 이들이 기도 하다. […] 그들은 그리스도의 유일한 백성을 형성한다. 현재 순례하고 있는 이 교회는 천사들이 우리와 같은 시민이 되는 저 천상 교회와 하나가 된다. […] 이렇게 해서 하나의 교회, 위대하신 왕의 도성이 이루어진다.67

이에 대한 동방교회 교부들의 사상이 드러나는 일례로 우리는 요한 다마셰노의 글을 인용할 수 있을 것 같다. "공번된 교회는 거룩하다. 이 교회는 옛 조상들, 선조들, 예언자들, 사도들, 복음사가들, 순교자들 그리고 여기에 일련의 모든 민족들을 더하는 그 모두의 모임이다."68

교회가 이미 구약에서부터 현존했다고 교부들이 언급할 때 이는, 필립(G. Philips)이 주목하듯이,69 그리스도를 통해 설립된 교회를 지칭하는 것이다. 이로 인해 필연적으로 다음과 같은 질문이 대두한다. 즉 이런 의미로 말한 교부들의 언명들을 과연 수용할 수 있는가 하는 것이다. 이에 대한 대답은 다양하다.

논리적으로만 보면 구약의 의인들이 그리스도의 교회에 속한다고 말할 수는 없다. 무엇보다도 교회는 그리스도의 강생, 성사들 그리고 피와 물이 흘러나오는 그리스도의 열린 옆구리에서 탄생했다. 교회는 그리스도가 최후의 만찬에서 새롭고도 결정적인 계약을 세우실 때 설립되었다. 그러므로 구약에서 이루어지는 것은 교회의 설립을 위한 준비 과정이다. 이것이 바로「교회 헌장」2항이 사용하고 있는 용어이다. 즉 이스라엘 백성 안에서 놀랍게 준비된 교회.

그렇다고 이것이 구약의 의인들은 언젠가 강생하게 될 그리스도의 공로들에 힘입은 하느님의 은총 — 성 아우구스티노는 원칙적으로 펠라지오 추종자들을 대항해서 이를 주장했다 — 을 지니고 있지 않았다는 것을 뜻하는 것은 아니다. 아담의 은총에 관해 언급한 바와 같이, 구약의 의인들에게 성령이 주어진 것처럼 그들은 언젠가 강생하게 될 성자 안에 있었다. 따라서 교회에 대한 어떤 관계가 없다면 구약의 의인들은 결코 구원될 수 없을 것이다. 콩가르(Y. Congar)는 구약 시대의 사람들이 오실 그리스도를 믿었다고 하면서 이를 잘 설명하고 있다. 반면, 우리는 이미 오신 그리스도 안에 머물고 있다.[70]

필립은 이를 다음과 같은 의미에서 언급한다. 즉 교부들에 의하면, 그리스도의 몸이 시·공(時空)을 초월해서 자신의 구원 행위를 실행한다는 사실이 참으로 인간적인 방식으로 사람들을 하느님께로 인도하기 위해 일정한 시간 속에서 교회를 설립하는 가운데 하느님 친히 시·공의 차원에 예속되었다고 하는 사실과 결코 대립하지 않는다는 것이다.[71]

종합해서 우리는 다음과 같이 말해야 한다. 즉 구약의 성인들이 교회와의 관련 없이는 결코 구원될 수 없었다 할지라도 그들이 교회에 속한 것은 아니었다는 것이다. 왜냐하면 그들은 교회 안에 현존하는 그리스도의 공로로 인해 성령께서 허락하시는 은총이 아니면 결코 구원될 수 없기 때문이다. 이런 의미에서 우리는 다음과 같은 필립의 말을 우리의 것으로 취하기로 하자. "엄밀히 말해 하느님과 인간 사이의 보다 높은 내밀함에 대한 준비는 이스라엘에 대한 부르심과 더불어 세상 안에서 시작되었으며 이렇게 선택된 구약의 백성의 역사 안에서 실현되어 나갔다. 엄밀한 의미에서 보면, 유다이즘이 아직 교회는 아니다. 왜냐하면 교회는 시간이 충만함에 이른 후, 즉 하느님의 약속이 완성되는 날에야 비로소 탄생할 수 있었기 때문이다. 한편, 하느님은 메시아를 선포하고 그분의 사명을 준비하기 위해 이스라엘 가운데 당신의 업적들을 드러내셨다. 옛 계약에 있어서 하느님의 친구들은 그리스도의 미래적인 구원에 힘입어 의롭게 될 수 있었으며 그분의 도래에 대한 미래적인 은총의 이익들을 미리 앞서 준비했다.72 […] 교회 설립은 구원을 가져오게 하는 유일한 능력이지만 그 영향력은 완전하고 최종적인 설립 이전에 이미 이루어졌다. 이와 마찬가지로 현재 교회의 가견적(可見的)인 영역의 한계들 또한 넘쳐 난다."73

새 것이 도래하면 옛 것은 지나간다. 옛 법이 예시(豫示)라면 새 법은 완성이다. 그러기에 이미 완성이 실현되고 있다면 과거만, 준비 단계만 붙잡고 있을 수는 없다. 성 치프리아노는 말하길, 모상(模像)은 본래의 것이 오면 사라진다고 한다.74

이런 맥락에서 포르테(B. Forte)는 교회와 이스라엘 간의 관계를 새롭게 정립하려 시도했다. 그는 언급하길, 마르치온이 하듯 그렇게 구약과 신약을 과도하게 대립시키는데 바탕을 둔 이원론적인 모델을 따를 수는 없다고 한다. 또한 구약의 문자를 신약의 영(靈)의 빛에 비추어 보는 유비적(類比的)인 모델의 범위 내에서 이스라엘을 이해할 수도 없다고 한다. 그에 따르면, 알렉산드리아 학파(오리게네스, 클레멘스)가 따랐던 이 모델은 구약의 본질을 잃어버리게 만들 뿐이라고 한다. 왜냐하면 구약의 고유한 의도를 없애 버리기 때문이다.75 만일 신약이 말한 것이 예형(例形)이나 유비(類比)의 형태로 이미 구약 안에 현존한다면 이는 실제로 이스라엘을 대체하는 가운데 구약을 비역사화(非歷史化)할 뿐이다.

포르테는 이러한 모델들을 거슬러서 구약이 동일한 유다인인 예수에 의해 취해진 구성적인 가치를 갖는다는 의미에서 옛 계약의 지속적인 가치를 유지할 것을 제안했다. 유다 민족이 지녔던 실재에 대한 비전, 하느님의 축복으로 세상을 바라보는 관념, 세상 안에서 인간의 자유로운 행위 등, 하느님과의 계약 안에 통합된 이 모든 것은 예수 스스로도 사셨던 가치들이다. "예수 안에서 실현된 계약이 참으로 계약을 충만하게 이해할 수 있게 해준다는 의미에서 신약은 구약을 육화(肉化)시킨다. 그러므로 하나 또는 두 개의 계약이 있느냐가 관건이 아니다. 정확히 말해 계약의 본질은 하느님께서 당신 백성을 향해 마련하신 사랑의 계획 안에 존재한다. 사도 바오로는 이를 영원으로부터 숨겨져 있던 신비라고 불렀다(로마 16,25 참조). 하지만 시대가 변함에 따라 이에 대한 실현의 형태와 단계도 변한다. […] 골고타의 계약과 부활의 파스카는 다른 계약들을 부인하지 않을 뿐 아니라 오히려 이를 완성으로 이끌어준다. 그래서 계약의 경륜(經綸)에 속하는 두 백성은 상호 보완한다. 새 백성은 비추고, 옛 백성은 비추임받도록 자신을 내어 놓는다. 그러나 이 옛 백성은 새 백성의 빛을 이해하기 위해 그 자체로 필수적이다. […] 모든 희망을 초월하는 성자의 강생이 갖는 새로움을 결코 잊어선 안 된다. 하지만 하느님과 더불어 맺은 계약의 빛으로 세상과 인간 그리고 역사를 보는 근본적인 방식과 그 틀이 갖는 가치에 있어서 구약은 여전히 유효하다."76

그래서 포르테는 이스라엘 백성이 존속하는 것이 결코 교회에 어떤 위협을 의미하는 것은 아니라고 말한다. 새 백성이 결코 옛 백성을 폐지하는 것이 아니며 오히려 그것은 이 백성이 가능한 한 충만함에 이를 수 있게 하는 지속적이고도 정중한 그리고 신뢰할 만한 제안이라 할 수 있다.

보는 바와 같이 포르테가 주장하는 것은 구약과 신약 사이에 변증법적인 관계를 설정하는 것이다. 옛 백성은 신약을 이해하기 위한 필수적인 가치로서 여전히 유효하다. 신약은 여기에 충만한 의미를 더해주는 것이다. 의심할 바 없이, 구약의 수많은 가치들은 신약에서도 여전히 유효하며 그 가치를 상실하지 않았다. 예를 들어, 세상에 대한 창조 개념, 하느님과의 친교로 부름받은 자유로운 피조물로서의 인간 등이 그러하다. 하지만 구약, 계약, 희생, 성전 등은 그리스도의 도래와 더불어 그 구원적인 가치를 상실하게 된다. 왜냐하면 그 모든 것은 그리스도를 통해 대체되기 때문이다. 그러므로 그리스도는 구약을 충만하게 해주며, 정확히 말해 히브리 서간의 신학은 구약을 대체하는 이 그리스도의 예배와 희생 그리고 사제직이 갖는 우위성에 대해 설명하고 있다(히브 8-10장). 구약의 희생들과 계약은 이제 결정적으로 폐지되었다. 우리는 그리스도가 구약 안에 접목되었을 뿐 아니라 더 나아가 구약의 뿌리 그 자체라는 것을 잊어선 안 된다. 구약의 구원 제도들은 오실 그리스도에 힘입어 구원 제도로서의 기능을 수행할 수 있을 뿐이다.

그러기에 비록 구약의 제도들이 세상과 인간에 대한 어떤 상대적인 가치들에 있어서 계속 유효하다 할지라도 그것은 영속적인 가치를 갖지 못한다. 십계명은 계속 십계명으로 남아 있다. 그러나 그것은 그 자체만으로 인간에게 실행할 힘을 주지 못한다. 왜냐하면, 바오로 사도에 의하면, 오직 그리스도의 은총만이 우리로 하여금 이를 충만하게 실행할 수 있게 해주기 때문이다. 사실 그리스도라는 이름 이외에 우리를 구원해줄 수 있는 그 어떤 다른 이름도 없다(사도 4,12). 구약의 어떠한 제도나 틀도 결코 우리를 구원할 수 없다. 그러므로 비록 구약이 신약 안에서도 계속 유효하며 구원이 그리스도의 구원 은총의 치유를 통해서 그분 안에서 획득되고 점진적인 충만함에 이른다는 의미에서 나름대로의 가치 — 인간과 세상에 대한 개념 그리고 십계명 등 — 를 지니고 있긴 하지만, 그것이 결코 결정적인 구원의 틀이 될 수는 없다. 어떤 의미에서 신약은 구약의 충만함이라고 말할 수 있지만, 구원적인 틀이라는 차원에서 보면 신약은 구약을 충만하게 함과 동시에 이를 대체한다.

구원을 위한 구약의 틀은 이미 사라져 버렸다. 그렇다고 이러한 사실이 그리스도의 은총은 유다인들에게 결코 도달될 수 없다는 것을 뜻하지는 않는다. 달리 말해, 야훼는 더 이상 예루살렘 성전에 거하시지 않는다는 말이다. 왜냐하면 이제 새로운 성전이 부활하신 그리스도의 몸인 성체 안에 있기 때문이다(요한 2,21). 유다적인 파스카는 더 이상 구원적인 제도가 아니다. 왜냐하면 성찬례 안에서 새로운 파스카가 도달했기 때문이다. 물론 이 성찬례가 하느님께서 아시는 길을 통해 선한 의지를 지닌 유다인들에게 당신의 은총을 주실 수 있다는 것을 부인하지는 않는다.

분명 교회는 하느님 백성의 뿌리가 구약에 있음을 잘 알고 있다. 이에 대해 비그리스도교와 교회의 관계에 대한 선언「우리 시대(*Nostra Aetate*)」는 다음과 같이 말하고 있다.

> 이 거룩한 공의회는 교회의 신비를 탐구하면서 신약의 백성을 아브라함의 후손과 정신적으로 결합시켜주는 유대를 기억한다. 그리스도 교회는 하느님의 신비로운 구원 계획에 따라 이미 성조들과 모세와 예언자들에게서 교회의 신앙과 선택이 시작되었음을 인정한다. 신앙에 따라 아브라함의 후손들인 모든 그리스도인은 성조와 함께 부름을 받았으며, 선택된 백성이 종살이하던 땅에서 탈출한 사실도 교회의 구원을 신비롭게 예표한 것이라고 교회는 공언한다. 그러므로 교회는 이루 말할 수 없이 자비로우신 하느님께서 옛 계약을 맺으신 그 백성을 통하여 구약의 계시를 이어받았고, 이방인들의 야생 올리브나무 가지가 접목된 좋은 올리브나무 뿌리에서 자라고 있음을 잊을 수 없다(로마 11,17-24)(NA 4).

그러나 포르테(B. Forte)의 견해77를 따르면서 교회와 함께 구원을 위한 구약의 제도들이 지니고 있는 가치들과 더불어 지속되는 가운데 신·구 공동체 모두 세상 구원이라는 단일한 계획의 표징 아래 서로 통교하고 자신의 역할을 발전시켜 나가야 한다는 의미에서 유일한 하나의 하느님 백성에 대해 말할 수는 없을까? 포르테는 이 명제가 갖는 위험에 대해 지적하길, 그리스도께서 하신 업적이 단지 이스라엘의 소명을 보편화시키는 것이었다는 의미에서 그리스도 교적인 새로움을 순전히 양적인 요소로 축소하려는 데 있다고 보았다.[78] 다시 말해, 만일 구약의 제도들이 구원의 도구들이었다면 그것은 그리스도를 고려하는 가운데 그리고 그리스도에 힘입어서만 그러하다. 그리스도가 아니라면 그것들은 자신의 깊은 뿌리를 상실할 것이며 덧없을 뿐이다.

## 3장 요약

우리는 본 장을 통해 과연 그리스도께서 교회를 직접 설립하셨는가에 관한 문제를 심도 있게 살펴보게 될 것이다. 그리스도께서 선포하신 하느님의 나라는 이스라엘 백성과 연관을 갖는다. 이는 1차적으로 옛 이스라엘을 위한 메시지였다. 그러나 계약의 옛 백성은 이 나라를 거부했으며, 이로써 이 나라를 받아들이는 새로운 이스라엘이 탄생하게 된다. 그것은 그리스도를 믿는 믿음을 통해 아브라함의 혈통을 이어받음으로써 이루어진다. 이처럼 예수님은 남은 이스라엘 위에 옛 이스라엘 백성과의 역사적인 연속성 안에서 당신의 교회를 세우셨다. 그러나 그분은 이 백성이 당신의 인격을 받아들임으로써 당신과 더불어 도래하게 될 하느님 나라에 대한 수용을 통해 이를 이루신다.

예수님은 메시아로서의 자의식(自意識)을 갖고 계셨으며 자신으로부터 탄생하는 메시아적 공동체, 즉 교회를 염두에 두고 하느님 나라를 설교하셨다. 그분은 먼저 새로운 이스라엘의 열두 지파를 상징하는 제자들의 '열둘'(dodeka)을 설립함으로써 새로운 메시아적 백성을 모으기 위한 기초를 마련하셨다. 예수님은 이 '열둘'이 당신의 사명에 참여할 수 있도록 그들을 사도의 형태로 위임하셨다. 또한, 예수님은 열두 사도단의 단장으로서 베드로를 선택하셨다. 초대교회부터 사도 베드로는 '열둘'의 그룹 안에서 특별한 지위를 누려왔다. 이러한 베드로의 수위권은 마태오복음 16장 17-19절에 제시된 그를 향한 예수님의 약속에 바탕을 두고 있다. 이는 예수께서 직접 입으로 말씀하신 것(Ipsissima Verba Jesu)으로, 베드로의 수위성과 그 후계자인 가톨릭교회의 역대 교황들이 누리는 수위성은 바로 여기에 근거하고 있다.

예수님은 성찬례 제정을 통해 교회의 기초를 마련하셨다. 그분은 당신의 수난과 부활을 기념하기 위해 성찬례를 제정하셨다. 교회는 이러한 그리스도의 파스카 만찬에서 새로운 사제직의 설립을 보았다. 사도들에게는 메시아적인 공동체를 기초 짓는 그리스도교적인 파스카를 현실화할 의무가 주어졌다. 성령강림은 교회 설립에 있어 결정적인 사건이다. 그리스도는 사도적인 구조와 더불어 당신 교회의 몸체를 만드시고 이어서 오순절에 그 안에 성령을 인격적으로 부어주셨다. 이러한 성령의 주입은 메시아 시대의 시작을 알리는 표징이다.

# 3 | 예수와 교회

우리는 지금까지 교회가 어떻게 구약에서 준비되었는지를 살펴보았다. 이제 우리는 이를 바탕으로 '그리스도의 교회 설립'이라고 하는 난해한 문제를 다루기로 하자. 제2차 바티칸 공의회는 교회가 결정적인 순간에 이르러 설립되었다고 말한다(LG 2). 그럼에도 불구하고, 우리는 이를 교회가 그리스도를 통해 정식으로 그리고 공적인 행위와 함께 설립되었다는 의미로 알아들어서는 안 된다. 그것은 무엇보다도 그리스도가 당신의 설립 의지에 대한 분명한 의도를 추측하게 해주는 일련의 행위들 — 그 모든 것을 총체적으로 보건대 — 을 통해 당신 교회의 초석을 놓으셨다는 의미로 이해해야 할 것이다.[79] 물론, 설립 그 자체를 근거 짓는 문서가 만들어진 것은 아니다. 그러나 프리스(H. Fries)가 언급하듯이, "지상의 삶 동안 예수께서 염두에 두셨고 의도하신 교회, 당신과 연결된 공동체라는 의미에서의 교회를 추론할 수 있게 해주는 일련의 행위와 사건들 그리고 이에 대한 구체화 작업들을 들 수 있다."[80] 라너(K. Rahner)가 한스 큉(H. Küng)에게 대답하면서 언급한 바와 같이, 분명 오늘의 우리에게 있어서 교회의 기원과 근거라고 하는 점은 법적인 형태의

설립을 표현하는 몇몇 단어들보다 훨씬 복잡한 실재를 의미한다.[81]

이러한 의미에서 국제 신학 위원회[82]는 '열둘의 설립', '베드로에게 수위권이 주어짐', '성찬례의 설립' 등과 같은 일련의 행위들을 포함하는 예수 편에서의 '교회 창립 과정'에 대해 언급하고 있다. 다른 한편, 우리는 다음과 같은 근본적인 사실을 잊어서는 안 된다. 즉 성령강림 때까지는 엄밀한 의미에서의 교회란 아직 존재하지 않았다. 사람들 가운데 새로운 그리스도의 현존이자 성령의 작용 아래 실현되는 실제적인 그러나 아직까지는 숨어 있는 현존이라고 해야 할 교회는 성령강림 전까지는 고유한 의미의 교회 본연의 모습으로 탄생할 수 없었다. 성령께서 오시기 전까지 성사들도 존재하지 않았다. 다시 말해 부활하신 그리스도의 영(Spiritus)의 힘을 통해서 여러 가지 표징들과 더불어 드러나는 그리스도의 현존이 당시까지는 아직 없었다는 말이다. 그리고 성사들이 아직 없었다는 것은 곧 교회가 존재하지 않았다는 말이기도 하다.

그리스도께서 파스카 이전에 하신 일은 성령강림에서부터 시작해서 실현될 것들에 대한 기초를 놓는 것이었다. 그리스도의 파스카 없이 교회는 존재할 수 없다. 또한, 만일 그리스도께서 파스카 이전에 마련한 초석들이 없었다면 역시 교회는 존재할 수 없었다.

## I. 예수는 교회를 염두에 두었는가?

이는 무엇보다도 20세기 초반 근대 운동에 속했던 신학자 루아지(Loisy)가 제기한 물음이다. "예수는 하느님 나라를 설교했는데 도래한 것은 교회였다."[83] 사실, 여러 복음서들 안에서 단지 두 번만 '교회'라는 용어가 드러나고 있다는 점에 놀랄 수도 있다(마태 16,18; 18,17). 이미 하르낙(Adolf von Harnack)은 말하길, 하느님 나라는 인간의 마음 안에서 일어나는 하느님의 구원이자 구체적인 한 개인과 연관되어야 한다고 지적한다. 하지만 이 하느님 나라는 교회 같은 어떤 제도와는 전혀 상관이 없다고 말한다.

바이스(J. Weiss)의 견해처럼[84] 오늘날도 여전히 이와 유사한 해묵은 사상들이 계속 반복되고 있다. 즉 예수는 그 당시 묵시적(默示的)인 의식에 대해 말하고 거기에 참여했다는 식이다. 그리고 그는 근본적으로 최종적인 파국(破局)을 고대했으며 따라서 이러한 파국에 선행하는 짧은 공백 기간을 위해 자신의 제자들에게 일련의 임시적인 행동 지침을 제시했다는 것이다. 하지만 이러한 파국은 도래하지 않았고, 따라서 초기 공동체는 비록 고대했던 것과는 다른 형태이긴 하지만 하느님 나라가 이미 현존한다고 말하는 가운데 예수의 메시지를 개작(改作)해야만 했다고 그는 설명한다.[85]

슈바이처(A. Schweitzer)에게 있어서 중요한 연구서 가운데 하나는 *Das Messianitäts und Leidensgeheimnis*로서 불어로는 *Le secret historique de la vie de Jésus*라는 제하에 출간되었다.[86]

슈바이처에게 있어서 종말(終末)에 대한 예수의 근본적인 가르침은 무엇보다도 결정적인 구원의 실현으로서의 하느님 나라의 도래에 대한 기다림이었다. 다시 말해, 예수는 자신과 자신이 속한 유다 민족을 위해서 시험의 시간에 선행(先行)하는 하느님 나라가 곧 도래할 것임을 믿었다고 한다. 그래서 슈바이처는 예수가 자기 제자들에게 참회를 권고했다고 보았다.

그러나 자신의 설교가 거부되는 것을 본 예수 그리스도는 하느님 나라가 도래하기 전에 수난과 죽음을 향해 불렸음을 스스로 확신하기에 이르렀다고 한다. 이렇게 해서 이 하느님 나라가 자신의 수난과 더불어 도래할 것임을 확신했다는 것이다. 그러나 슈바이처에 의하면 예수의 확신은 틀렸다. 왜냐하면 이 왕국이 자신의 수난을 통해 당시 자신이 몸담았던 세대가 지나기 전에 도래할 것으로 믿었기 때문이라고 한다.

이와는 달리, 후대의 성 바오로는 십자가에 못 박히고 부활하신 그리스도에게 다가감으로써 하느님 나라가 도래할 것이라고 주장하면서 예수의 메시지를 변화시켰다고 그는 보았다.

의심할 바 없이, 이 문제는 몇 가지 어려움을 내포하고 있다. 당신이 영광과 권능 가운데 오실 것이며 이와 함께 하느님 나라가 도래할 것임을 암시하는 것처럼 예수가 언급한 것을 우리는 부인할 수 없기 때문이다(마태 10,23; 마르 9,1; 루카 9,27; 마태 16,28). 이러한 반론에 대해 프리스(H. Fries)는 다음과 같이 대답한다. "만일 예수께서 구원과 하느님 나라를 언급함에 있어서 현재와 미래에 대해서만 말한 것이 아니라 동시에 영광과 권능 가운데 곧 도래할 것임을 염두에 두었다면, 이 전망 속에서 제도로서의 교회에 대한 개념은 제외될 수밖에 없다."[87]

달리 말해, 교회는 사람들이 주도권을 갖고 절박하게 고대해 오던 메시아의 영광스런 도래가 지연되면서 모든 것이 재검토되는 가운데 제반 요소들이 새롭게 해석되는 상황 속에서 생겨났다는 것이다.

그러므로 우리는 다음과 같은 질문에 대해 해명하는 가운데 이 문제를 시작해야 한다. 과연 그리스도는 영광과 권능 속에 곧 도래하게 될 하느님 나라에 대해 잘못 알고 있었을까? 우리가 이 문제를 다루는 데 있어서 우리와 같은 관점을 갖고 초대 교회의 신학을 전개했던 성 바오로의 신학을 언급하면서 이 논의를 시작하기로 하자.

## 1. 초대 교회

성 바오로는 맏물로서 부활하신 우리 주님의 부활 그리고 그분의 두 번째 오심과 더불어 역사의 종말(終末)에 가서 실현될 우리의 부활(1코린 15,23 이하) 사이를 잘 구별하고 있다. 성 바오로는 그리스도의 두 번째 오심과 더불어 모든 권능과 주권과 세력의 천신들을 멸하고 모든 원수들을 당신 발아래 굴복시키며 마지막 원수인 죽음을 거슬러 승리하신 다음 하느님 나라를 성부 하느님께 드리게 될 때 이 왕국이 완성될 것이라고 분명히 언급한다. 성 바오로는 이러한 그리스도의 두 번째 오심을 통해 일어나게 될 우주의 영광스러운 변모를 고대하고 있다(로마 8,18-23).

그러나 성 바오로는 예수께서 부활하신 이후 주님으로 높이 들어 올려지셨음을 잘 알고 있다(로마 1,4-5). 따라서 그리스도의 부활을 통해 이미 획득된 승리와 그분의 두 번째 오심이 세상과 역사에 비추게 될 광채 사이에는 긴장이 흐르게 된다. 따라서 이미 시작되어 완성을 지향하는 하느님 나라의 비전은 바오로의 전망일 뿐 아니라 초대 교회 전체의 전망이기도 했다. 그들은 그 이외의 다른 전망을 갖고 있지 않았다. 다시 말해, 이것은 그들에게 있어 가장 근본적인 전망이었다.

물론 바오로는 생전에 주님이 오시는 것을 볼 수 있기를 바랐다. 그는 죽음으로 인해 육체가 헐벗겨진 상태에서가 아니라 살아 있는 상태에서 주님의 오심을 맞이하고자 했다. 그래서 이를 더 합당하게 잘 입고자 했다(2코린 5,1-10). 한마디로 그는 주님이 두 번째 오실 때까지 살아 있기를 고대했다(1테살 4,15). 적어도 이렇듯 드러나 보이는 초대 교회의 모습은 가까이 다가온 주님의 오심을 늘 염두에 두고 있었다.

그러나 주님의 재림(parusía, 再臨)이 지연된 사실이 초대 교회에 어떤 상처를 남기거나 교회의 자기 정체성에 대한 위기를 불러오지는 않았다. 이 점에 대해 프리스는 다음과 같이 말한다. "만일 이런 직접적인 기대가 예수의 메시지에 있어서 핵심이자 결정적인 사안이었다면, 어떻게 이토록 고대해 온 재림의 실현이 이루어지지 않은 것을 커다란 믿음의 동요 없이 받아들일 수 있었는지 우리는 이해할 수 없을 것이다. 이러한 사실로 미루어 보건대, 우리는 재림이 실현되지 않았다고 해서 하느님 나라의 메시지에 대한 믿음의 바탕과 내용이 사라지거나 감소된 것이 아님을 볼 수 있다."[88]

교회는 하느님 나라가 주님의 명령으로 인해 분명 온 세상에 도래해야 한다는 것을 잘 알고 있었다. 그래서 교회는 그리스도에 의해 교회에 주어진 구조적인 틀을 시간 속에서 연장(延長)하고자 했다. 이러한 추이(推移)는 영성적인 차원을 포함해서 교회 모든 영역에 있어서 어떠한 외상(外傷) 없이 진행되었다. 성 베드로는 이 재림의 지연을 하느님께서 그 누구도 잃어버리지 않고 모든 이가 회개에 이를 수 있도록 인내하신다는 표징으로 해석했다(2베드 3,9).

한마디로, 교회는 부활과 더불어 그리스도께서 승리하는 가운데 하느님 나라가 이미 쇄도해 들어오고 있음을 잘 알고 있었다. 하지만 머지않아 그리스도께서 영광과 권능 속에서 최종적으로 오실 것을 기다렸다.

그러나 그럼에도 불구하고 우리는 다음과 같은 질문에 직면한다. 왜 초대 공동체는 그리스도께서 곧 오실 것임을 확신하고 있었을까? 그것은 아마도 주님 친히 당신의 오심을 곧 이루어질 것처럼 선포하면서(마르 9,1; 마태 20,23) — 미래가 이미 현재이며, 이 현재를 주님의 최종적인 오심에 대한 가능한 수취인으로 상정하는 가운데 — 특히 이를 묵시적(默示的)으로 표현했던 데 기인하는 것이라고 대답할 수 있다. 그러나 넬리스(J. T. Nelis)와 폰토(J. Ponthot)가 지적하는 것처럼, 무엇보다도 새로운 시대를 여는 하느님의 행위로서의 그리스도의 부활이 미친 영향이 결정적임을 염두에 두어야 한다.[89] 결코 기대하지 않았던 결정적 사건, 승리와 개선으로 점철된 이 영광스러운 사건은 초대 교회 신자들로 하여금 이제 고통과 역경이 곧 끝나리라고 생각하게 했다. 왜냐하면 부활과 더불어 그들로 하여금 그리스도교의 최종적인 승리에 대해 깨닫게 해준 결정적이면서 영광스러운 그리스도의 승리가 시작되었기 때문이다.

초대 교회는 성 바오로와 더불어 그리스도 안에서 이미 시작된 그러나 영광 가운데 완성될 하느님 나라의 두 가지 계기(契機)를 구분했다. 당시 교회는 급박한 그리스도의 오심을 고대했으며 이러한 도래가 지연되는 것이 결코 초대 그리스도교 공동체들에게는 어떤 상처도 주지 못했다. 그렇다면 예수 그리스도는 당신의 재림에 대해 무엇을 말씀하셨을까?

## 2. 그리스도와 재림에 대한 선포

우리는 그리스도께서 실제로 영광과 권능 가운데 곧 도래하게 될 하느님 나라를 기다렸는지에 대해 물음을 던져야 한다. 이 물음에 대해 대답함에 있어서 갖는 어려움은 다음과 같은 구절들로부터 기인한다. "내가 진실로 너희에게 말한다. 여기에 서 있는 사람들 가운데에는 죽기 전에 하느님의 나라가 권능을 떨치며 오는 것을 볼 사람들이 더러 있다"(마르 9,1; 마태 10,23). 그리스도는 종말론적인 설교(마태 24,34; 마르 13,30) 가운데 이 모든 것— 그리스도는 세상의 종말을 지칭하고 있다— 이 이 세대 범위 내에서 일어날 것이라고 언급하신다.

사실 그리스도께서 종말론적 설교에서 언급하신 것은 시간의 파멸과 인자(人子)의 최종적인 오심이라고 하는 두 가지 사건으로서, 이 둘은 상대적인 표징들을 동반한다. 이 세대 내에서 이루어지게 될 최종적인 오심(마르 9,1; 마태 10,23)은 인자의 최종적인 도래를 지칭하는 것이다. "내가 진실로 너희에게 말한다. 너희가 이스라엘의 고을들을 다 돌기 전에 사람의 아들이 올 것이다"(마태 10,23).

이러한 텍스트들은 오직 통상적인 묵시적 전망을 통해서만 이해될 수 있다. 리고(B. Rigaux)는 지적하길,[90] 묵시적인 세상에서는 모든 기다림이 마치 하느님의 긴급한 개입을 향한 기다림으로 드러난다고 한다. 다른 세대와 연관을 갖는 사건을 기다리는 것은 정치적인 운동뿐 아니라 결코 종교적인 운동도 일으킬 수 없을 것이다.

노케(F. J. Nocke)가 언급하는 것처럼, 하느님께서 시간을 단축하셨다는 것은 유다인들의 묵시적인 신념이었다. 왜냐하면 다른 방식으로는 결코 고난을 견뎌 낼 수 없기 때문이다.[91] 따라서 묵시문학(默示文學)에서는 현재와 미래가 상당히 깊은 연관을 갖고 있다. 즉 미래는 이미 현재인 셈이다. 이처럼 묵시적으로 말하는 방식은 인자(人子)가 최종적으로 오시는 데 있어서 이를 맞이할 수 있는 시간으로서의 현재를 제시함으로써 깨어 있도록 훈계하고 권고하기 위해 필요했다. 따라서 이와 비슷한 표현 형태들은 인자의 최종적인 오심에 대한 보장과 그분의 오심이 이미 일어나고 있다는 가능성을 드러내는 것이다.[92]

이러한 전망에서 리고는 과연 예수 그리스도가 살던 그 당시의 세대가 지나가기 전에 그분이 다시 오실 것이라고 언급하는 이런 수수께끼 같은 말들이 종말(終末)을 긴급하게 일어날 사건으로 소개하는 묵시적 사고에 상응하는지 묻고 있다. 사실, 예수께서 종말을 그 당시의 세대로 제한했으며 그 후 그것이 일어나지 않았기에 잘못됐다고 말하는 것은 그 사건에 대해 명백히 언급하고 있는 제반 성경 텍스트들과는 모순되는 것이다. 단적인 예로, 예수께서 거짓의 영역과 진실의 영역에 관한 텍스트들을 추려서 깨어 있는 자세와 희망 가운데 기다려야 한다는 권고를 하기 위해 사용한 문학 장르를 상기하는 것만으로도 충분하다.

더 나아가, 그리스도는 종말론적인 설교와 같은 텍스트들 속에서 서로 다른 두 개의 사건을 언급하고 있다. '성전의 파괴'와 '최종적인 인자의 도래(到來)'가 그것이다. 묵시적인 전망에 대한 유다적 해석에서 최종적인 인자의 도래가 성전과 도시의 파괴에 선행(先行)해서 올 것이라는 확신은 당시 흔한 것이었다(다니 9,27; 11,31-12,11). 따라서 그리스도는 이 두 사건을 구별하는 가운데 성전의 파괴를 당신의 오심에 대한 선언적인 징표로 소개하고 있다.

이러한 주석은 "이 세대가 지나지 않을 것이다…"와 같은 구절처럼 다분히 충돌의 소지가 있는 문장에 대한 해석을 보증함과 동시에 옛 계약의 종말 그리고 그리스도의 부활과 더불어 새 계약이 시작되었음을 설명해준다. 그 모든 것이 — 여기서 성전의 파괴가 언제일지 처음에 물어 보고 있다 — 이 세대 내에 이루어져야 하는 것과는 대조적으로 예수는 메시아의 마지막 도래에 대해서 전혀 알 수 없다고 말한다.93

여기서 결정적인 것은, 그리스도의 죽음과 부활을 통해 새 시대가 열렸지만, 교회는 언제 그분의 오심이 실현될지 이를 정확하게 알지 못한 채 기다렸다는 점이다. 공관복음서들은 '성전의 파괴'와 '주님의 마지막 오심'이라는 이 두 개의 사건을 서로 구별하고 있다. 마르코는 성전에 대해 언급하면서 주님의 오심에 대해 "그 무렵"(마르 13,24)이라고 하는 애매모호한 지침을 주는 것으로 한정하고 있으며, 마태오는 편집적인 지침을 요청하고 있다. "그 무렵 환난이 지난 뒤 곧바로"(마태 24,29). 한편, 루카는 그리스도의 부활에 서부터 주님의 두 번째 오심이 있기까지 이어질 이방인들의 시대, 교회의 시대에 대해 언급한다(루카 21,24).

한편, 요한묵시록은 하느님에 대한 예배로 인해 이미 도미칠리아누스 황제 시대에 박해받고 있는 교회 상황에 대해 묘사하고 있다. 여기서 요한 자신은 이 황제를 적(敵)그리스도와 동일시하고 있는 듯이 보인다(1요한 2,18). 이 요한묵시록의 전망은 그리스도의 승리에 바탕을 두면서 박해받는 교회에 용기를 불어넣어주는 방향을 지향하고 있다(묵시 1,5.18; 19,16). 이 전망에 의하면, 승리자이신 그리스도께서는 이미 지금부터 당신의 통치권을 수행하시며 교회는 이러한 그분의 승리에 참여한다. 그럼에도 불구하고, 요한묵시록은 그리스도의 최종적인 승리에만 희망이 고정되어 있지 않다. 무엇보다도 요한이 바라본 교회는 탈출의 상황과 더불어 고통스러운 현시대로부터 추방된 가운데 이 세상을 살아내고 있다. 그래서 교회는 끊임없이 이렇게 외친다. "오십시오, 주 예수님"(묵시 22,20).

어쨌든, 그리스도께서 설교하신 '하느님 나라'라는 주제가 당신이 설립하고자 하는 공동체, 새로운 이스라엘과 연관되고 있다는 점을 염두에 둔다면, 그리스도 편에서 재림 이전의 시대를 위해 교회를 창립하려는 의도가 있음은 분명하다.

## II. 하느님 나라와 공동체

사실, 그리스도께서 설교하신 하느님 나라는 공동체, 이스라엘 백성과 연관을 갖고 있다. 무엇보다도 이 나라는 옛 이스라엘을 위해 도래하는 것이다. 그리고 이 나라에 대한 거부 앞에서 이제 이 나라를 받아들이는 새로운 이스라엘이 탄생하게 된다. 달리 말하면, 이 나라는 새로운 이스라엘이라고 하는 공동체 밖에서는 결코 이해될 수 없다.[94]

예수는 이스라엘 가문의 잃어버린 양들을 모으기 위해 오셨다. 성 바오로는 교회를 "하느님의 교회"로 부른다(갈라 6,16). 이는 아브라함에게 하신 약속에 따른 믿음의 전망 안에서 상속자가 되는 그리스도교 백성과 일치한다. 유다 백성은 육(肉)에 따른 이스라엘이다(1코린 10,18). 하지만 교회는 순전히 믿음에 의해 아브라함에게 선사된 약속에 따라 그와 같은 혈통으로서 하느님의 백성이 된다(로마 4,11-17; 9,6-8). 성 바오로는 보편 교회와 개별 교회들 모두를 "교회 또는 하느님의 교회들"(1코린 1,2; 11,16; 10,32; 15,19; 갈라 1,13; 1테살 2,14; 1티모 3,5.15)이라고 부른다. 그는 이와 더불어 이스라엘을 '케할 야훼(야훼의 회중, qehal Yahvé)'로 소개하는 구약성경의 전망을 다시 취하고 있다. 그래서 페이넬(P. Faynel)이 언급하듯이 "하느님 나라에 대해 언급하면서 많이 간과하는 것 가운데 하나는 그리스도께서 이를 창립하기 위해 제로에서부터 시작하지 않고 이미 존재하고 있는 사실, 정확히 말하면 동시에 영적·사회적 신비인 옛 이스라엘로부터 시작했다고 하는 점이다."[95] 로핑크(G. Lohfink)는 지적하길,[96] 마태오복음 10장 6절이 잃어버린 양들에 대해 언급할 때, 이것은 단순히 이스라엘 백성 가운데 어느 일부분(예를 들면, 죄인들)만 지칭하는 것이 아니라 타락하고 방탕에 빠진 이스라엘 백성 전체를 일컫는다. 이는 에제키엘을 통해 약속된 타락한 양들의 종말론적 모임이 이제 시작되었음을 예수께서 확신하셨다는 것을 뜻한다. 이제 하느님은 당신 백성을 위한 메시아적인 목자가 되시면서 친히 이 백성을 모으신다(에제 34,23 이하).

하느님 나라는 이스라엘 백성에게 도래할 구원으로서 이스라엘이 이를 거부함에 따라 새로운 이스라엘이 탄생하게 된다. 그것은 그리스도를 믿는 믿음을 통해서 아브라함의 혈통을 이어받음으로써 그리 된 것이다. 이처럼 교회는 참된 이스라엘로서 옛 하느님 백성의 상속자가 된다. 그리스도는 어떤 분파를 창립하러 오신 것이 아니다. 그분은 마지막 시대의 이스라엘을 모으러 오셨다. 그래서 길

잃은 이스라엘 백성의 양들에게 당신의 사도들을 파견하셨다. "다른 민족들에게 가는 길로 가지 말고, 사마리아인들의 고을에도 들어가지 마라. 이스라엘 집안의 길 잃은 양들에게 가라"(마태 10,5-6). 또한 예수께서는 이렇게 말씀하셨다. "나는 오직 이스라엘 집안의 길 잃은 양들에게 파견되었을 뿐이다"(마태 15,24).

슈미트(K. L. Schmidt)가 말하듯이, 이스라엘이 예수를 거부한 후, 그분은 새로운 하느님 백성의 기초들을 놓기 위해 이 옛 하느님 백성과 결별하신다.[97] 처음에 제자들의 파견은 이스라엘의 도시들만으로 제한되었다. "다른 민족들에게 가지 마라." 이에 대해 프리스(H. Fries)는 이렇게 말한다.[98] "이는 결코 모든 시대를 위해 배타적으로 금지된 것을 뜻하지 않는다. 오히려 구원의 시작으로서 그리고 당신이 참된 이스라엘로서 모으고자 하신 이스라엘 백성에게 다윗의 아들이자 아브라함의 후손으로서 파견되었다는 것을 잘 알고 있던 예수의 개인적인 진로에 상응하는 것이다." 로핑크(G. Lohfink)가 말하는 것처럼, 어떤 면에서 예수는 이방인들을 구원에서 제외했으며 배타적으로 이스라엘만을 향했다. 이 빛은 다른 모든 민족들이 볼 수 있도록 이스라엘 안에서 빛나야 했다.

복음서들을 보면 그리스도는 교회에 대해 조금밖에 언급하지 않은 것처럼 드러나곤 한다. 그러나 교회는 어떤 면에서 이미 이스라엘 내에서부터 실제로 존재하고 있었다. 그리스도께서 하신 것은 당신 스스로 새 이스라엘의 중심으로 서는 것으로서, 이를 통해 새롭고도 참된 이스라엘, 즉 교회가 탄생하게 된다. 하느님께서 구약에서 선택하신 백성은 타락하고 말았다. 즉 이 백성은 목자가 없어서(에제 34,8) 타락했다. 이에 대해 하느님은 이렇게 말씀하신다.

"나는 그들 위에 유일한 목자를 세워 그들을 먹이게 하겠다"(에제 34,23). 사실, 예수는 모든 이스라엘 백성, 즉 바리사이들, 열혈당원들, 세리들, 부자들, 가난한 이들, 병자들, 의인들 그리고 죄인들 모두를 모으고자 했다. 그래서 로핑크는 다음과 같이 진지하게 말한다. "예수는 하나의 교회만을 설립하실 수 없었다. 왜냐하면 예수께서 팔레스티나에 등장하기 훨씬 이전부터 교회는 이미 존재했기 때문이다. 이 교회는 하느님의 백성인 이스라엘이다. 예수는 우선적으로 이스라엘을 향하셨다. 그분은 당장 쇄도(殺到)해 들어오는 하느님 나라 앞에서 이스라엘을 모으고자 했으며 이를 통해 참된 하느님의 백성으로 만들고자 하셨다. 우리가 교회라고 부르는 것은 예수에 의해 모여진 그리고 그분의 죽음을 통해 의화된 하느님 백성 가운데 살기 위해 준비된 이들의 공동체를 말한다."[99]

하지만 그리스도는 당신 백성이 이러한 당신의 초대를 거부하는 것을 보면서 온몸으로 아파하셨으며 그래서 백인대장의 믿음에 대해 이렇게 말씀하셨다. "내가 진실로 너희에게 말한다. 나는 이스라엘의 그 누구에게서도 이런 믿음을 본 일이 없다. 내가 너희에게 말한다. 많은 사람이 동쪽과 서쪽에서 모여 와, 하늘나라에서 아브라함과 이사악과 야곱과 함께 잔칫상에 자리 잡을 것이다. 그러나 하느님 나라의 상속자들은 바깥 어둠 속으로 쫓겨나, 거기에서 울며 이를 갈 것이다"(마태 8,10-12). 이미 이사야(2,1-2)는 모든 민족들이 시온 산으로 모여드는 것을 보면서 이에 대해 언급한 바 있다. 그리스도는 암탉이 자기 병아리들을 날개 아래 모으듯 모든 이스라엘 백성을 모으고자 하셨다. 하지만 그들은 원하지 않았다(루카 13,34). 그래서 그분은 살인을 저지르는 포도원지기의 비유를 들어 이렇게 말씀하셨다. "하느님께서는 너희에게서 하느님의 나라를 빼앗아, 그 소출을 내는 민족에게 주실 것이다"(마태 21,43). 먼저 혼인에 초대된 이들은 입장하기를 원치 않았다. 그래서 예수는 길 가는 모든 사람들을 부르신다(마태 22,1-6).

이처럼 예수께서는 남은 이스라엘 위에 그리고 옛 이스라엘 백성과의 역사적인 연속성 안에서 당신의 교회를 세우셨다. 그러나 이 교회 설립에서 가장 큰 새로움은 다음과 같다. 예수께서는 이 백성이 당신의 인격을 받아들임으로써, 즉 이 백성이 당신의 인격을 수용함으로써, 당신과 더불어 도래하게 될 하느님 나라에 대한 수용을 통해서 이를 이루신다. 코얀테스(J. Collantes)가 말하듯이, 새 이스라엘 가문은 새로운 토대 위에 건설될 것이며, 유다 회당에서 거부당한 예수는 이 새 건물의 초석이 될 것이다(마태 21,42). 예수께서는 아주 다양한 이미지들을 갖고 하느님 백성의 모임에 대해 늘 말씀하시곤 했다. 그분은 이 모임을 완성으로 이끄셨다.[100] 사실 그분은 교회를 양 떼의 모임(루카 12,32; 마르 14,27) 또는 하느님의 농장(마태 13,24)이라는 이미지를 갖고 말씀하셨다.

정확히 말해 새로운 백성, 새로운 모임은 그리스도의 인격과 더불어 도래하는 하느님 나라의 수용을 통해서 일어난다. 이 나라는 신적 자녀 됨을 선사하고 죄와 죽음으로부터의 해방을 선사한다는 이중적인 차원에서 하느님의 결정적인 구원을 드러낸다. 이 나라는 본질적으로 그리스도의 인격 그리고 인간이 그분을 수용하는 것에 상응한다. 그리고 이 나라는 하나의 공동체, 즉 교회를 형성하기 위해 도래한다.

따라서 그리스도께서 추구하는 이 나라와 그분이 모으는 교회

사이에는 결코 어떠한 대립도 있을 수 없다. 교회와 하느님 나라는 함께 탄생한다. 왜냐하면 예수는 복음을 설교하면서 교회를 시작하셨기 때문이다. 교회는 이 하느님 나라의 현존과 더불어 맺어지게 되는 결실이다. 하느님 나라를 통해 이루어지는 구원에 대한 예수의 선포는 어떤 한 개인이 아닌 이스라엘 백성 전체를 향하고 있다. 이 나라의 수취인은 공동체이다.[101] 또한 교회와 하느님 나라는 서로 함께 성장한다. 왜냐하면 믿음을 갖고 그리스도의 말씀을 경청하고 그분을 통해 부름받은 모임과 더불어 하나 되는 사람들은 이 하느님 나라를 받아들이기 때문이다. 나아가, 예수의 견해에 의하면 그리스도께서 최종적으로 오실 때에는 이 나라와 교회가 결국 서로 일치할 것임이 분명하다. 이 세상에서 교회와 하느님 나라는 충만하게 일치하지 않는다. 왜냐하면 은총 가운데 살지도 않고 이 나라를 받아들이지도 않는 이들이 교회 안에 있을 수 있기 때문이다. 그리고 후에 보다 자세히 살펴보게 되겠지만, 교회 밖에도 은총 가운데 사는 이들이 있을 수 있다. 한편, 교회는 하느님 나라의 씨앗이자 시작이며 이 나라가 실현되는 공간이자 공동체이다.

교회가 하느님 나라와 동일시되지는 않지만 이 나라는 교회의 존재 이유이며 이 나라와의 연관 하에서만 살아갈 수 있다. 필립이 설명하듯이,[102] 이러한 교회의 역할은 결코 어떤 부수적인 일이 아니라 교회의 본질로부터 솟아 나오는 것이다. 교회는 하느님 나라와의 관계를 통해서 온전히 자기 자신일 수 있다.

이러한 사실은 예수께서 메시아적인 자의식(自意識)을 갖고 계셨다는 점을 고려하면 보다 분명해진다. 메시아는 메시아적인 공동체 밖에서는 생각될 수 없다. 그래서 슈미트(J. Schmid)는 다음과 같이 말한다. "과연 예수께서 교회를 의도하고 설립하셨는가 하는 문제는 그분이 가졌던 메시아적 자의식에 대한 고찰을 통해서 해결될 수 있다. 만일 우리가 이를 역사적인 것으로 인정한다면(그리고 모든 사실들과 더불어 이를 인정하고 정당화할 수만 있다면), 예수는 당신과 더불어 시작하는 마지막 시기에 하느님 백성으로서의 메시아적 공동체를 당신 주위에 모으셨다고 말할 수 있다."103 코얀테스는 상기하길, 만일 그분이 메시아성에 대한 자의식을 갖고 있었다면 메시아적 공동체 외에 더 이상 다른 그 무엇도 생각할 수 없었을 것이라고 한다.104 이러한 의미에서 페이넬(P. Faynel)은 질문을 던진다. 혹시 그분의 메시아적인 사명이 이스라엘을 모으는 것은 아니었을까? 그러나 이스라엘은 이를 거부했다. 그리스도는 이러한 거부의 결과를 피할 수 없었다. 예루살렘은 이스라엘의 거부와 더불어 메시아적인 왕국으로부터 스스로 자신을 배제시키고 말았다(루카 19,43-44). 이러한 사실로부터 이제 예수는 당신의 초대에 충실히 응한 이들과 더불어 당신을 중심으로 한 작은 이들의 공동체를 조직하려는 의도를 표명한다. 이는 새로운 이스라엘로서 사회적으로 보면 비록 신앙적인 면에서 이전 그룹의 연장이자 실현임에도 불구하고 이 첫 번째 그룹과는 구별된다. 실제로 이 새로운 이스라엘은 그분의 교회가 된다(마태 16,18).

공관복음이 언급하듯이, 우리는 예수께서 이러한 의미에서 성전(聖殿)을 정화하셨다는 점 — 이는 그분이 자신의 메시아성에 대해 잘 알고 있었음을 방증한다 — 을 잊어서는 안 된다(마르 11,15-19). 말라키 예언서에 따르면(3,1), 성전 정화는 메시아적인 행위로서, 이상적인 성전의 존재는 유다적인 묵시 사상이 지향한 여러 가지 이상 가운데 하나였다.105 그래서 예수께서 하신 성전 정화 행위는 이스라엘의 경륜(經綸)의 마지막을, 그리고 메시아의 현존과 더불어 메시아 시대의 개막을 전제하는 것이었다. 더 구체적으로 말해, 성 요한은 예루살렘 성전이 부활하게 될 예수의 몸의 현존을 통해 대체될 것이라고 상기한다(요한 2,21). 따라서 메시아적인 경륜은 그리스도로 지칭되는 고유한 성전을 갖고 있다. 부활하신 주님의 몸은 새로운 성전으로서, 여기서부터 당신을 믿는 이들에게 생기를 불어넣어줄 영(靈, Spiritus)의 흐름이 마치 강물처럼 솟아나게 될 것이다. 그리스도께서 부활하고 영광스럽게 되실 때, 우리 가운데 현존하는 그분의 영광스러운 육체는 우리에게 영을 통교해주실 것이다.

예수께서 당신의 메시아적인 주장을 표명하려는 분명한 의도를 갖고 '인자(人子)'라는 칭호 — 마치 메시아 칭호를 가졌던 것처럼 — 를 당신의 것으로 취함에 있어서 우리는 다니엘의 예언에서 말하는 '인자(人子)'란 일종의 공동체를 지칭하고 있음을 잊어선 안 된다. 그 공동체란 높으신 분에게 속한 거룩한 이들의 공동체를 말하며(다니 7,18 이하) 원수들로부터 해방된 메시아적인 공동체를 말한다. 프리스(H. Fries)는 말하길,106 인자란 칭호에는 일종의 사회, 공동체, 민족이 내포되어 있다고 한다.107 우리는 이와 동일한 사실을 야훼의 종에게도 말할 수 있다(이사 49,6; 53,12). 하느님은 그에게 그의 몫으로서 군중을 주신다. 그는 많은 이들의 구원을 위해 목숨을 내어줄 종으로서(마르 10,45) "메시아, 인자, 하느님의 종으로 배정됨에 있어서 이에 대한 다른 주장처럼 예수께 속하는 실재 또는 공동체에 대한 관념, 즉 그분을 통해 부르심받은 이들의 사회로 이해되는 교회에 대한 관념이 있다고 말할 수 있다."108

종합하면, 그리스도는 자신으로부터 탄생하는 교회와 메시아적 공동체를 염두고 이를 선도하는 가운데 세상 속에 설립하고자 생각하면서 하느님 나라를 설교했다. 이러한 문맥은 이미 이스라엘 백성 안에 그 뿌리를 갖고 있다.

하르낙(Harnack)은 하느님 나라의 도래를 인간 영혼 안에 주어지는 개인적인 사실로 이해했었다. 그에 따르면, 하느님 나라는 공동체가 아니라 개인에게만 영향을 미치며 인간의 외부와는 전혀 관련이 없고 순전히 내적인 인간과만 관련을 갖는다고 한다. 하지만 로핑크는 상기하길,109 하르낙은 신약성경을 아주 잘 알고 있었으며 그 안에서 드러나고 있는 하느님 나라와 결합된 공동체 개념을 염두에 두었다고 한다. 유다 공동체와의 연속성이 깨진 후 하느님 나라의 설교로부터 솟아 나오는 그리스도교적인 운동은 이제 자신을 진정한 이스라엘로 해석하는 교회로 방향 지어졌다.

## III. '열둘(dodeka)'의 설립

새로운 메시아적 백성을 당신 주위에 모으려 했다는 역사적으로 부인할 수 없는 그리스도의 의지에 영향을 주는 사실은 '열둘(dodeka)의 설립'이다(마르 3,13-19; 루카 6,12-19; 마태 10,1-4).110 이에 대해 마르코복음은 다음과 같이 말한다. "예수님께서 산에 올라가신 다음, 당신께서 원하시는 이들을 가까이 부르시니 그들이 그분께 나아왔다. […] 이렇게 예수님께서 열둘을 세우셨는데, 그들은 베드로라는 이름을 붙여주신 시몬…"(마르 3,13-16).

사실 루카의 증언에 따르면 예수는 산에 올라가서 기도 가운데 밤을 지새우셨다. 그러고 나서 '열둘'을 선택하셨다. 좀 더 정확히 말해, 마르코의 표현에 따르면 그분은 "열둘을 세우셨다." 이 '세우다'라는 말은 명백한 중요성을 내포하고 있다. 이 동사의 사용은 예수께서 열두 지파로 구성된 새로운 백성을 만드신다는 사실로부터 기인한다. 이스라엘 민족의 뼈대라고 할 수 있는 열두 지파에 대한 암시는 확실하고 분명하게 드러난다(마태 19,28; 루카 22,30). 예수께서는 이 '열둘'의 선택과 더불어 새로운 이스라엘을 창설하길 원하셨다.[111]

이 점에 대해 로핑크는 다음과 같이 말한다. "열두 제자의 선택은 이스라엘의 열두 지파를 상징한다. 열두 지파라는 주제는 이스라엘이 간직해 온 종말론적 희망에 있어서 핵심적 요소들 가운데 하나이다. 사실, 열두 지파 체제가 예수가 살던 시대 이전에 거의 사라져 버리긴 했지만(예수의 동시대 사람들에 따르면, 단지 유다, 벤자민, 반 정도의 레위 지파만 남아 있었다고 한다), 종말론적인 구원의 시기가 오면 이스라엘의 열두 지파가 재건될 것이라고 보았다. 이미 에제키엘서의 마지막 장들은 이 열두 지파가 어떻게 재건될 것이며 그들에게 어떻게 땅이 분배될 것인지를 묘사하고 있다."[112]

초대 교회에서는 이 '열둘'이라는 숫자에 상당한 중요성이 부여되곤 했다. 그래서 열두 사도에게 '열둘'이라는 이름을 부여되었다(마르 4,10; 6,7; 10,32; 11,11; 14,17; 루카 8,1; 9,12; 22,3.47; 요한 6,67.70-71; 20,24; 마태 26,14). 마태오는 자주 '열두 제자'에 대해 말하곤 했다(마태 10,1; 11,1; 20,17; 26,20). 흥미로운 것은 유다가 더 이상 그들과 함께하지 않았을 때도 여전히 '열둘'에 대해 말하고 있다는 점이다(요한 20,24, 1코린 15,5; 사도 6,2). 이는 의심할 바 없이 이 '열둘'이 일종의 제도로 변모되었음을 의미한다.

나아가, 초대 교회에서는 사도들의 이름을 기억하기 위한 온갖 기술을 견지하는 것이 필요했다. 왜냐하면 복음서들 가운데 이 '열둘'의 명단이 배열된 방법을 대조하면 그것이 확인되기 때문이다.

| 마르코 | 루카 | 마태오 | 사도행전 1,13 |
|---|---|---|---|
| 시몬 베드로 | 시몬 베드로 | 시몬 베드로 | 시몬 베드로 |
| 야고보 제베대오 | 안드레아 | 안드레아 | 요한 |
| 요한 | 야고보 | 야고보 제베대오 | 야고보 |
| 안드레아 | 요한 | 요한 | 안드레아 |
| 필리포스 | 필리포스 | 필리포스 | 필리포스 |
| 바르톨로메오 | 바르톨로메오 | 바르톨로메오 | 토마스 |
| 마태오 | 마태오 | 마태오 | 바르톨로메오 |
| 토마스 | 토마스 | 토마스 | 마태오 |
| 야고보 알패오 | 야고보 알패오 | 야고보 알패오 | 야고보 알패오 |
| 타데오 | 열혈당원 시몬 | 타데오 | 열혈당원 시몬 |
| 가나안 사람 시몬 | 야고보의 유다 | 가나안 사람 시몬 | 야고보의 유다 |
| 유다 | 유다 이스카리옷 | 유다 이스카리옷 | 유다 이스카리옷 |

그런데 여기서 각각의 목록이 베드로라는 이름으로 시작해서 유다 이스카리옷으로 끝나고 있음에 주목해야 한다.

각각의 목록은 네 개로 이루어진 세 가지의 틀을 전제하며, 이

네 쌍은 동일한 이름으로 시작하고 있다. 즉 베드로, 필리포스, 야고보 알패오, 그리고 여기서부터 시작해서 약간의 변화가 드러난다. 이는 내용을 잘 기억할 수 있게 해주는 스케마로서 사도들의 이름들 사이의 관계가 초기 구전 전승(口傳傳承)의 일부분을 형성하고 있음을 입증해준다.[113]

역사적인 면에서 보면, '파견된 사람'이라는 의미의 '사도'라는 용어는 다른 문서들, 즉 유다 문서나 이교인(異敎人)들의 문서(단지 *Horodoto, Hist.* 1,21에만 단 한 번 드러난다)에는 거의 드러나지 않는다. 반면, 신약성경에서는 79번이나 드러나고 있는데, 코얀테스의 판단에 따르면,[114] 이는 이 용어가 전형적인 그리스도교 용어임을 입증한다.

이러한 일련의 사실들은 우리로 하여금 이 '열둘'로 구성된 그룹이 안정되고 잘 규정된 그룹임을 알게 해준다. 의심할 바 없이 이 '열둘'은 그리스도의 선택에 기원을 둔 제도이다. 사실, 필수적인 해명의 기준과 함께 이 '열둘'이 마치 일종의 제도처럼 모든 부분에서 언급될 수 있는가에 대해서는 정확히 질문해야만 한다. 만일 그리스도께서 그들을 '사도'로 이름 지어 부르지 않으셨다면 모든 교회 안에 이러한 계급이 있게 될 것이라고 상정할 수는 없었을 것이다. 한편, 앞서 살펴보았듯이, 열둘의 명단을 잘 기억할 수 있도록 도와주려는 노력은 이름 그 자체만으로는 그리스도께서 그들을 개인적으로 선택하셨는지의 여부를 알 수 없는 그러한 명단을 보존하려는 모습과 더불어 보다 분명하게 드러나고 있다. 그러므로 이러한 맥락에서 볼 때 사도들의 이름이 고정된 것 그리고 이 스케마의 존재에 대해서는 이해가 되지 않는다. 랑(Lang)이 언급하듯이, "이렇듯 사도들의 목록에 대한 강력한 준비와 리드미컬한 연계는 복음서들이 구성되기 이전에 이미 그것이 구전 전승의 본질적인 요소임을 추론하게 해준다."[115]

모든 복음의 틀 짜기에서 드러나는 하나의 그룹, 예수는 이 그룹과 더불어 계속 함께 살았으며(무엇보다도 그들이 당신과 더불어 있게 하기 위해 그들을 선택하셨다: 마르 3,14) 특별한 방식으로 그들을 가르치셨다. 이러한 사실이 갖는 역사성에 의존하는 가운데, 또한 우리는 이 안에 불연속적 요소도 있음을 보게 된다. 당시 랍비들은 제자들로 둘러싸여 있었지만, 우리의 경우는 일련의 고유한 특징들에 힘입어 모든 것이 뒤바뀌고 있음을 보게 된다.

a) 사도들의 경우, 그들이 예수를 선택한 것이 아니라 그분이 그들을 선택하셨다. 이는 랍비의 제자들의 경우와는 정반대였다.

b) 제자들을 가르치는 데 있어서 중심은 더 이상 토라(율법)가 아니라 예수 자신의 인격과 동일시되는 하느님 나라였다.

c) 랍비 문하에서는 배움을 끝낸 제자가 독립해 나가는 반면, 예수 그리스도 문하에서는 언제나 스승과 함께 머물러 있었다. 예수를 더 많이 알고 예수와 동화(同化)된 이는 그분과 더불어 머문다.

그러므로 복음서에서 드러나는 모습과 그것이 당시의 관습에 들어맞지 않는다는 것을 통해 예수의 제자 됨에는 어떤 새롭고도 이상한 그 무엇이 있음을 알 수 있다.

루카는 사도들을 '열둘(*dodeka*)'과 동일시하고 있다. 이 '열둘'은 '사도들'보다 더 오래된 용어이다. 루카는 이 열둘을 사도들과 동일시했으며 자신의 범위 안에 귀속시키기 위해 그들을 부활의 증인과 동일시하고 지상의 그리스도를 알고 있었던 사람들로 소개하고 있다(사도 1,22). 성 마태오는 자주 '열두 사도'에 대해서 언급하곤 했다. 반면, 성 바오로에게 있어서 사도란 개념은 열둘에만 한정되지 않았다. 왜냐하면 그는 그리스도의 부활을 증거하고 복음을 선포할 책임을 그분으로부터 받은 사실을 주장하면서 그 자체로 그리스도의 사도에 대한 특징과 조건을 요청하기 때문이다. 무엇보다도 그에게 있어서 사도는 인간 편이 아니라 그리스도 편에서의 사도로 드러나고 있다(갈라 1,1). 한편, 바오로는 티모테오와 실바노를 사도로 임명했으며(1테살 2,7) 보다 광범위한 의미에서 바르나바도 분명히 사도로 임명했다. 그러나 예수께서 개인적으로 열둘을 사도로 부르셨는지, 그리고 사도직을 위한 조건들이 신약성경 안에서 확장되었는지에 대한 문제를 차치하고서라도, 분명하게 드러나는 것은 예수께서 이 열둘이 당신의 사명에 참여할 수 있도록 그들을 사도의 형태로 위임하셨다는 점이다. 그렇다면 그 사명이란 무엇인가?

a) **예수는 성부로부터 파견된 분이다**. 한편, 예수는 세기 말까지 당신의 사명을 지속할 사도들을 파견하신다. 예수는 구원 업적을 실현하기 위해 성부로부터 파견된 위대한 분이시다(루카 4,43; 마태 10,40; 21,37; 요한 3,16-19.34; 5,24.30; 6,38; 7,16; 8,26-29; 9,4; 10,36; 11,42; 12,49-50; 17,3). 그래서 우리가 듣는 말씀은 그분의 말씀이 아니라 그분을 보내신 성부의 말씀이라고 말한다(요한 14,24). 사실 그분의 모든 일생은 성부께서 그분에게 맡겨주신 일 안에 있다(요한 17,4).

b) **사도들은 그리스도로부터 파견된 자들이다**. 그들은 그리스도의 사명을 지속하기 위해 그분에 의해 파견된 사람들이다. "아버지께서 저를 세상에 보내신 것처럼 저도 이들을 세상에 보냈습니다"(요한 17,18); "아버지께서 나를 보내신 것처럼 나도 너희를 보낸다"(요한 20,21). 한마디로, 사도들은 그리스도의 사명에 참여하며 이 세상에서 바로 그 사명을 지속해야 할 과제를 부여받았다. 즉 계속해서 실현해야 할 사명이 있으며 이는 그리스도를 통해 사도들에게 위임되었고 그들이 이 사명을 수행하게 된다. 여기서 중요한 점은 그리스도의 사명과 사도들의 사명이 동일하다는 점이다. 만일 그리스도께서 당신을 보는 이는 성부를 본다고 말씀하셨다면(요한 14,9), 그분은 또한 이렇게 말씀하신다. 즉 사도들의 말을 경청하는 이는 그분의 말을 경청하는 이요 사도들을 업신여기는 이는 그분을 업신여기는 이라고(루카 10,16).

구약성경 안에는 '샬리아(schaliach)'라는 제도가 존재한다. 이는 구체적인 어떤 사명을 수행해야 하는 사람으로부터 그를 대신해 파견된 사람을 뜻한다. 이렇듯 파견된 사람은 단지 위임자를 대신하는 대리자(代理者)로서 부차적인 표현을 드러내는 그 누군가를 말한다. 따라서 그는 개인적으로 목적을 부여받고 법적인 차원에서 파견된 사람이다.116 비록 예수로부터 파견된 이들이 이스라엘 백성 안에서 하느님에 의해 파견된 일련의 사람이라는 차원에 속해 있다 할지라도, 예수는 그러한 영역에 속해 있는 분이시다. "그러므로 만일 예수가 당신 제자들 가운데 일부를 이런 방식으로 부르고 파견했다면, 만일 그분 자신이 열둘을 '사도'로 임명했다면, 분명 그들을 단순한 심부름꾼이나 후기 유다이즘의 맥락에서 언급되고 있는 '전교자'나 스토아학파 안에서 드러나는 '유랑하는 설교자'로 세운 것은 아니었을 것이다. 오히려 예수는 그들을 객관적이면서도 개인적인 당신의 대리자로 세우셨다. 그러기에 그들은 자신의 말과 행동으로 예수께서 현존하지 않는 곳, 나아가 당신의 말과 행동 그리고 '당신의 대의(大義)'가 살아 움직이고 현존하기를 바라는 바로 그곳에서 그분을 대리해야 한다."[117]

그럼에도 불구하고 예수의 사도들은 고유한 특징을 간직해야 한다. 유다적인 '샬리야'가 자신을 보낸 이의 부탁을 완수한 이후에는 자신의 사명을 마치는 데 반해, 그리스도는 결코 종결되지 않을 사명을 위해 당신의 제자들을 파견하신다.

푀이예(A. Feuillet)는 열둘의 설립에 대해 다음과 같이 쓰고 있다. 즉 "예수는 결정적으로 그들에게 당신의 권능들을 전해주신다. 이 문맥에서 사용된 '파견하다(apostelleín)'란 동사는 강조되어야 한다. 특별히 사도들은 예수로부터 파견된 자이며 사절(使節)이다. 그들은 그분이 성부로부터 파견된 동일한 방식으로 예수로부터 파견된 자들이다. 그들은 사람들 앞에서 예수의 인격을 대리하고 대표하는 사람들이다."[118]

c) **그리스도께서 지니신 같은 권능이 제자들에게 전해졌다.** 그 '권능(權能, exousía)'은 예수께서 악마들을 물리친 바로 그 권능을 말한다(마르 1,27). 또한 그것은 온 하늘과 땅에 대해 성부가 예수께 선사한 권능이기도 하다. "나는 하늘과 땅의 모든 권한을 받았다. 그러므로 너희는 가서 모든 민족들을 제자로 삼아, 아버지와 아들과 성령의 이름으로 세례를 주고, 내가 너희에게 명령한 모든 것을

가르쳐 지키게 하여라. 보라, 내가 세상 끝 날까지 언제나 너희와 함께 있겠다"(마태 28,18-20).

그래서 예수는 당신의 사명을 보장하기 위해 세상 끝 날까지 실제적으로 현존할 것임을 그들에게 약속하신다. 코얀테스는 상기하길, "너와 함께할 것이다"라는 형태는 다음과 같은 의미를 갖는다고 한다.[119] 즉 위임한 사명의 완성을 위한 하느님의 실제적인 도움이 함께할 것이란 뜻이다. 만일 성자를 파견하신 성부께서 성자를 받아들이는 이는 그분을 파견한 성부를 받아들이는 것이며 그리스도를 거부하는 이는 그분을 파견한 성부를 거부하는 것이라는 형태로 그분 안에 계시다면(요한 8,19), 이제 그리스도는 다음과 같이 사도들에게 말씀하신다. "너희를 받아들이는 이는 나를 받아들이는 사람이고, 나를 받아들이는 이는 나를 보내신 분을 받아들이는 사람이다"(마태 10,40; 루카 10,16; 요한 13,20).

예수는 당신 사명의 실행을 위해 성령의 축성을 받아들이신다. 이 축성은 강생의 순간에 수여되는 것이다. 그러나 당신의 공적인 직무가 시작되는 순간 세례를 받을 때 또한 받는다. "성령께서 비둘기 같은 형체로 그분 위에 내리시고"(루카 3,21) 그분 생의 다른 여러 순간에도 이러한 영(Spiritus)의 현존을 보게 된다.

그래서 그리스도께서 부활 후 사도들에게 당신의 사명을 결정적으로 위임하실 때 그들 위에 숨을 불어넣으시는데, 이는 그들을 축성하는 성령을 전달해주신다는 것을 의미한다. "성령을 받아라. 너희가 누구의 죄든지 용서해주면 그가 용서를 받을 것이고, 그대로 두면 그대로 남아 있을 것이다"(요한 20,23).

이처럼 그리스도의 사명이 사도들의 사명 안에서 드러나는 연속성은 성사적(聖事的)인 뿌리를 갖고 있다. 즉 그리스도는 성부를 통해 축성되신 것처럼 그들을 축성하신다. "아버지께서 저를 세상에 보내신 것처럼 저도 이들을 세상에 보냈습니다. 그리고 저는 이들을 위하여 저 자신을 거룩하게 합니다. 이들도 진리로 거룩해지게 하려는 것입니다"(요한 17,18-19). 이러한 맥락에서 코얀테스는 다음과 같이 설명하고 있다. "이 말씀에서 우리가 분명히 기억해야 할 것은 예수의 사명과 제자들의 사명 사이에 연속성(連續性)이 있다는 점이다. 예수는 파견된 분이자 파견하는 분이다. 그러나 이러한 사명(使命)의 연속성은 무엇보다도 축성(祝聖)의 연속성을 통해 보장받는다. '저는 이들을 위하여 저 자신을 거룩하게 합니다. 이들도 진리로 거룩해지게 하려는 것입니다.'"[120]

만일 사도들의 사명이 그리스도의 사명에 참여하는 것이라고 한다면, 그들은 또한 그분의 권능에 참여하기도 한다. 이를 살펴보기로 하자.

a) 그것은 무엇보다도 그리스도의 예언자직, 즉 설교하는 사명에 참여하는 것이다. "나는 하늘과 땅의 모든 권한을 받았다. 그러므로 너희는 가서 모든 민족들을 제자로 삼아… 내가 너희에게 명령한 모든 것을 가르쳐 지키게 하여라. 보라, 내가 세상 끝 날까지 언제나 너희와 함께 있겠다"(마태 28,18-20).

그리스도는 당신 제자들에게 진리의 영(Spiritus)을 약속하셨다. 이 영은 그들에게 말씀하신 모든 것을 새로이 그들에게 가르쳐주실 것이다. "보호자, 곧 아버지께서 내 이름으로 보내실 성령께서 너희에게 모든 것을 가르치시고 내가 너희에게 말한 모든 것을 기억하게 해주실 것이다"(요한 14,26). 예수는 다음과 같은 것을 보장하셨다. 즉 당신의 가르침이 당신의 권위와 함께 모든 이들에게 전해질 수 있을 정도로 이 가르침을 이해함에 있어서 당신의 제자들을 도와줄 성령의 파견을 보장하셨다. "네가 무엇이든지 땅에서 매면 하늘에서도 매일 것이고, 네가 무엇이든지 땅에서 풀면 하늘에서도 풀릴 것이다"(마태 16,19). 그러므로 사도들을 위해서 그리스도의 가르침에 충실할 수 있는 보장이 주어진 셈이다. "내가 너와 함께할 것이다"라는 형태는 하느님께서 파견하시는 이에게 사명의 완수를 위해 그분을 통해서 주어지는 효과적인 도움이라는 의미와 더불어 성경 안에서 100번 이상 사용되고 있음을 기억해야 한다.

b) 사도들은 교회를 통치하기 위해 그리스도의 권위에 참여한다. 왜냐하면 예수는 공동체를 통치하는 대리자로서 당신의 제자들을 세우셨기 때문이다. 사실, 이것은 랍비들이 했듯이 단순히 어떤 가르침을 전하는 것이 아니라 삶을 전수하는 것이다. 그 삶이란 그리스도의 인격(人格)을 받아들임으로써 형성되며 성사들을 통해서 전수된다. 그리스도교 신자들은 복음이라는 효소를 통해 세상을 변모시켜야 한다. 이 모든 것은 일종의 식별, 방향, 권위를 내포하고 있다. "너희는 가서 모든 민족들을 제자로 삼아라"(마태 28,19). 만일 유다적인 의미의 '제자'라고 하는 개념을 알게 되면, 그리스도께서 이 열둘에게 맡긴 복음을 가르치는 사명에는 공동체를 지도할 사명도 포함되어 있음을 알게 된다.

그리스도와 연관된 그리고 그분의 말씀을 간직한 이들인 사도들은 예수의 말씀이 결실을 맺을 수 있도록 교회를 조직하도록 위임받은 이들이다.

그래서 예수께서는 당신 제자들에게 이렇게 말씀하신다. "너희가 무엇이든지 땅에서 매면 하늘에서도 매일 것이고, 너희가 무엇이든지 땅에서 풀면 하늘에서도 풀릴 것이다"(마태 18,18). 곧이어 베드로의 직무에 적용해서 살펴보게 될 이 "매다-풀다"라는 형태는 랍비 세계에서는 다음과 같은 다양한 의미들을 내포한다.

- 탈무드에서 이 용어를 사용하는 용례에 따르면, 이는 우선 정당한 것(풀다)과 부당한 것(매다)을 의미한다. 특별히 교회 안에서 사도들이 하는 것은 율법에 대한 단순한 해석이 아니라 그들 자신이 직접 율법을 만든다는 것을 표현하고 있다. 왜냐하면 하늘에서 제지된 것은 하느님의 제지를 받기 때문이다.

시간에 대해 설명하고 있는 랍비적인 어휘에서는 '매는 행위들'과 '푸는 행위들'에 대해 언급하고 있는데, 예를 들어 "랍비 힐렐이 푼다", "랍비 샴마이가 맨다"라는 그 당시 통용되던 형태들처럼 이 행위는 율법에 의해 금지된 것과 허락된 것들을 의미한다. 그러므로 첫 번째는 허락된 것을 두 번째는 금지된 것을 선언하고 있다.[121]

- '묶다-풀다'는 파문(破門)하거나 파문을 일으킨다는 것을 뜻한다. 이 역시 랍비 세계에서는 현행적인 의미를 갖는다.[122] 이처럼 사도들 역시 법률적인 권한을 갖는다. 즉 그들은 신자들을 공동체로부터 분리시키거나 받아들이는 권한을 갖는다.

- 마지막으로, '묶다-풀다'라는 형태에 대한 마지막 해석은 다음과 같다. 이 형태는 상반된 실재들 사이의 일치를 표현하는 광범위한 권한에 대한 양도(讓渡)를 내포한다. 즉 사도들이 통치해야 하는 공동체 내에서 최종적인 권위에 대한 양도를 의미한다.[123]

c) 또한 사도들은 그리스도의 사제직(司祭職)에 참여한다. 성화하는 그리스도의 행위는 여러 성사들, 특히 성체성사를 통해 교회 안에서 지속된다. 우리 가운데 영원히 십자가의 희생을 지속시켜주는 성찬례의 희생 제사를 설립하기 위해 그리스도는 사도들 사이에 새로운 사제직을 설립하셨다. 이 사제직은 교회를 성화시켜줄 십자가에서의 그분의 봉헌을 재현(再現)하는 임무를 갖는다(1코린 11,23-26).

그리스도는 당신 제자들에게 죄를 사할 권한을 주셨다. "성령을 받아라. 너희가 누구의 죄든지 용서해주면 그가 용서를 받을 것이고, 그대로 두면 그대로 남아 있을 것이다"(요한 20,23). 이는 죄의 용서 또는 이를 그대로 두는 것이 실재적이라는 것을 의미한다. 왜냐하면 이것은 하느님 앞에서 가치를 갖기 때문이다.

그러므로 바로 여기에 그리스도께서 이 지상에서 지탱해주시는 모든 능력들, 즉 성부로부터 받은 사명을 실행하기 위해 필요한 이 능력들을 사도들에게 전수해주신다. 이러한 전수(傳受)는 그리스도로부터 사도들에게 직접 향하는 것이지 공동체의 중재를 통해서 이루어지는 것이 아니다. 공동체가 아닌 성부로부터 솟아나는 이 사명은, 비록 그리스도의 사명 자체가 공동체를 위한 봉사를 지향한다 할지라도, 그리스도 이외에 다른 어떤 중재도 있을 수 없다.

한편, 이 사명은 세기 말까지 지속되어야 한다(마태 28,20). 왜냐하면 그리스도의 사명은 모든 인류를 위해 이루어지는 구원을 위한 결정적이면서도 영속적인 사명이기 때문이다. 히브리 세계에서 '샬리아(schaliach)'의 사명이 위임받은 과제의 완수와 더불어 끝나는 데 반해, 그리스도의 사명과 동일시되는 사도들의 사명은 그리스도의 사명이 지속되는 한 계속된다.

프리스(H. Fries)는 이러한 교회의 사도적 구조를 다음과 같이 설명한다. "그것은 예수께서 부름받은 이들에게 선사하는 근본적인 구조로서 그분을 통해 세워진 것이다. 그것은 다음과 같은 사실을 열둘, 즉 사도들이 알게 하기 위해 그들에게 선사되었다. 임무를 위임하려는 이의 편에서 파견과 위탁, 그리고 이러한 사실을 통해 규정된 부름받은 이들의 질적인 수준은 시간과 더불어 사라질 수 있는 구조가 아니다. 이 구조는 말씀이 공동체에 대해 갖는 우위성처럼, 믿음 안에서 압도하는 말씀의 우위성에 응답하는 것이다. 그러므로 그것은 지속적인 것으로 남아야 한다."[124]

어느 저명한 동방교회 신학자 역시 이를 잘 알고 있다. 솔로비예프(Soloview)는 말하길, "모든 동방교회 사람들은 묶고 푸는 사도적인 권한은 시대 속에 제약을 받는 어떤 개별적인 사람 또는 특권으로서 열둘에게 주어지지 않았다. 그것은 영속적인 사제적 권한의 진정한 기원이자 원천으로서 교계 제도 질서 안에서 사도들로부터 그의 계승자들, 즉 보편 교회의 주교들과 사제들에게 전수되었다."[125]

물론 여기에는 대단히 중요한 그 무엇인가가 있다. 다른 종교에서 사제들은 궁극적으로 예배의 역할을 책임진 공동체의 대표자들로서 공동체가 자기 자신에게 선사하는 선물로 드러나고 있다. 반면, 그리스도교에 있어서 사제는 위로부터 유래하는 것으로서 그리스도의 선택에 상응하는 것이자 그분의 유일한 사제직에 참여한다. 그래서 그리스도교적인 사제는 사람들 가운데 현존하는 그리스도이다. 사제는 그리스도의 이름으로 죄를 용서하고 그리스도의 행위가 자신 안에 있다는 보장과 함께 그분의 이름으로 성찬례를 봉헌한다.

따라서 그리스도교에서 사제직이 갖는 전망은 전혀 다르다. 엄밀히 말해, 그리스도의 사제직 이외에는 그 어떤 다른 사제직도 있을 수 없다(히브 7-8-9). 그리고 사도들의 사제직은 그분의 사제직에 대한 참여일 뿐이다.

## IV. 베드로의 직무

이미 살펴본 바와 같이, 그리스도는 사도들이 당신을 대표하도록 그들을 선택하셨다. 그러나 이보다 한걸음 더 나아가 그들 가운데 사도단의 단장(團長) 역할을 수행하도록 베드로를 선택하신다.126 이에 대한 몇 가지 역사적인 사실들에 대해 살펴보기로 하자.

라칭거(J. Ratzinger)가 언급하듯이, 마태오복음 16장 17-19절에서 시작해서 베드로의 수위권을 다루는 것은 잘못일 듯싶다. 단순히 한 개의 텍스트만을 따로 떼어낼 수는 없다.127 신약성경 안에서 보이는 베드로의 모습을 분석하면서 드러나는 동심원을 통해서 그의 모습에 다가가는 가운데 마태오복음 16장 17-19절과 더불어 종결짓는 것이 훨씬 더 낫기 때문이다.

### 1. 초대 공동체 안에서 베드로의 사명

라칭거는 모든 신약성경 모음집들이 베드로라는 주제를 알고 있었다는 점은 놀랄 만한 사실이라고 지적하고 있다. 따라서 이 주제는 단순히 부분적인 전승에 국한된 것으로 한계 지을 수 없다.

이미 우리가 살펴본 바와 같이, 베드로라는 이름은 언제나 사도들의 목록, 즉 열둘의 목록에서 첫 번째로 드러난다. 마태오복음 10장 2절 역시 그에 대해서 첫째라고 언급한다. 프리스(H. Fries)는 설명하길,[128] 이는 단순히 그가 다른 제자들보다 먼저 예수로부터 부름받았다는 사실에 기인하는 것이 아니라 그가 첫째라는 사실에서 기인하는 것이라고 한다. 이러한 사실은 무엇보다도 베드로가 그리스도 부활의 첫 번째 증인이라는 점과 더불어 한층 중요성을 갖는다(1코린 15,5). 이것은 결정적으로 드러나는 중요한 사실이다. 아주 원시적인 교회 신경 안에 있는 주님의 발현 목록에서 베드로라는 이름이 첫 번째 자리를 차지하고 있다는 것은 베드로의 사도적인 중요성을 확증해준다. 라칭거가 설명하고 있는 바와 같이, "정확히 말해 바오로적인 전망 안에서 드러나고 있는 사도적인 사명은 본질적으로 그리스도의 부활에 대한 증거가 기본임을 염두에 두어야 한다. 그의 증언에 따르면, 바오로는 '사도'라는 용어 그 자체가 갖는 충만한 의미에서 볼 때 사도로 간주될 수 있다. 왜냐하면 부활하신 주님은 그에게도 나타나셨고 그를 불러주셨기 때문이다. 이처럼 주님을 본 첫 번째 사람이자 초대 공동체의 구체화된 고백의 첫 번째 증거자로 베드로가 드러나고 있다는 점에서 우리는 그의 위상이 갖는 특별한 중요함을 이해할 수 있다. 이러한 사실과 함께 우리는 사도들 가운데 수위권, 탁월함이 새롭게 세워졌음을 볼 수 있다. 만일 여기에 건드려서는 안 되는 요소이자 커다란 존경과 함께 바오로 이전으로 거슬러 올라가는 아주 오래된 형태로서 바오로를 통해 전해진 전승이라는 사실이 추가된다면 이 텍스트가 갖는 중요성은 보다 명백하게 드러나게 된다."[129]

또한 바오로가 베드로를 보기 위해 예루살렘으로 갔으며 그와 함께 보름을 보냈다는 사실은 의심할 바 없는 중요성을 갖는다(갈라 1,18). 이런 일이 있은 지 14년 후, 바오로는 교회의 기둥인 베드로, 야고보, 요한과 더불어 자신의 복음을 비교하기 위해 다시 예루살렘으로 돌아간다(갈라 2,9). 오직 하나의 공통된 복음만이 존재하며 자신이 참된 메시지를 설교하고 있다는 확신은 교회의 기둥인 사도들과의 친교에 연결되어 있었다.

야고보는 예루살렘을 중심으로 한 초대 유다계 그리스도교에서 일종의 수장 역할을 수행했다. 하지만 이러한 '수위권'은 보편 교회에서 결코 어떠한 중요성도 갖지 못했으며 후에 역사의 뒤안길로 사라져 버렸다. 동방교회 신학자인 베소그라소프(Bésograsoff)의 연구에 대해 대답하기 위해 쓰인 브누아(Benoît)의 훌륭한 작품은 야고보의 수위권이 결코 진정한 의미의 수위권은 아니었다고 증명한다.130 그리스도교의 초기 몇 년 동안은 예루살렘 교회가 교회를 대표하는 "유일한 공동체적인 표현이었다." 하지만 점차 다른 교회들이 생겨나면서 야고보의 교회는 더 이상 '특수한 교회'가 될 수 없었다. 처음 몇 년 동안 사도들은 이 교회에 상주했었다. 그리고 그들은 아직 다른 교회들이 탄생하지 않았다는 단순한 이유로 인해 다른 교회들에 대한 관할권(管轄權, jurisdicción)을 갖지 않았다. 그 후, 점차 시간이 지나면서 야고보는 지역 교회의 수장으로 드러나기 시작했다. 그는 사제단에 둘러싸여 있었으며 이 교회는 유다, 갈릴래아, 사마리아 그리고 안티오키아에 설립한 여러 교회들에 대한 일종의 관할권을 행사했다(사도 8,1 이하; 9,31; 갈라 1,22). 그러나 바오로가 설립한 교회들에 대해서는 어떠한 관할권도 행사하지 않았다.131 예루살렘 교회가 가졌던 것으로 추정되는 보편적인 관할권은 예루살렘 공의회를 기점으로 더 이상 입증되지 못한다(루카 15장; 사도 15장).132

한편, 베드로가 '열둘(*dodeka*)'의 그룹 안에서 특별한 지위를 누렸던 것은 변함없는 사실이다.

만일 우리가 주의를 기울여 본다면 다른 제자들이 그와 연계되어 드러나고 있음을 알 수 있다. "'시몬과 그 일행이' 예수님을 찾아 나섰다가…"(마르 1,36), "'베드로와 그 동료들은' 잠에 빠졌다가 깨어나…"(루카 9,32). 또한 예수께서 그와 특별한 관계를 가지셨다는 점은 매우 의미심장하다. 그는 그리스도를 통해서 세금을 냈으며(마태 27,24 이하) 예수는 베드로의 집을 당신 것처럼 사용하셨고(마태 8,14) 그의 배에서 설교하셨다(루카 5,1-12).

베드로는 열둘과의 관계에서 많은 경우 이 열둘의 대변자로 드러나고 있다(마태 16,16; 마르 9,5). 특히 그는 성령강림절에 이 열둘의 중요한 대변자였다. 또한 교회 안에서 처음으로 받아들여진 이는 유다인이 아니라 로마 백인대장인 코르넬리우스(사도 10,1 이하)였다. 하지만 베드로는 야고보와 더불어 예루살렘 교회의 지도적인 인물이었다.

예수께서 시몬의 이름을 베드로로 바꾼 것은 의심할 바 없는 사실이다. 이에 대해 네 복음서는 모두 이구동성으로 증언하고 있다. 한편, 베드로 — 이는 '케파스(Kefas, 돌)'라는 아라메아어의 번역이다 — 라는 이름은 유다인들 사이에 흔히 사용되던 이름이 아니었다(이 점에서 우리는 불연속성이라는 차원을 갖게 된다). 이런 면에서 보면 이는 일종의 혁신이 아닐 수 없다. 게다가, 제베대오의 아들들

('천둥의 아들들')의 이름이 보여주는 것과는 대조적으로 베드로라는 이름은 시몬이라는 이름을 완전히 구석에 처박아 놓고 있다. 바오로는 '페트로스(Petros)'라는 그리스어 번역을 포함해서 '케파스'라는 아라메아어식 이름으로 베드로를 자주 불렀다. 프리스는 설명하길, "이러한 사실은 케파스-베드로라는 이름이 초대 교회에서 가졌던 중요성을 입증한다"133고 한다.

나아가, 다음과 같은 분명한 사실도 드러난다. 즉 시몬은 자신의 성격에 준해서 베드로라는 이름을 받은 것이 아니다. 왜냐하면 그는 누구보다도 다혈질적이며 약하고 깨지기 쉬운 사람이기 때문이다. 그렇다고 그가 열둘 가운데서 더 성실한 것도 아니었다. 그렇다면 우리는 시몬에게 이러한 이름이 주어진 사실을 어떻게 설명할 수 있을까? 예수께서 그에게 이러한 이름을 선사하신 동기는 교회의 중심에서 그에게 위임하신 반석의 역할을 통해서 설명될 수 있다.

예수는 시몬에게 이렇게 말씀하셨다. "시몬아, 시몬아! 보라, 사탄이 너희를 밀처럼 체질하겠다고 나섰다. 그러나 나는 너의 믿음이 꺼지지 않도록 너를 위하여 기도하였다. 그러니 네가 돌아오거든 네 형제들의 힘을 북돋아주어라"(루카 22,31). 이것이 바로 베드로의 역할이다. 즉 형제들의 믿음을 지탱해주는 것. 끊임없이 위협하는 여러 가지 위험과 공격 앞에서 예수는 당신 제자들을 위해 기도하셨으며 특별히 베드로의 믿음이 약해지지 않도록 그를 위해 기도하셨다. 예수께 대한 믿음으로 지탱된 베드로는 사도들을 위해 반석이자 힘이 되어야 했다. 초대 교회의 믿음에 있어서 베드로는 예루살렘 공동체의 지도자로 드러나고 있다. 예를 들어 그는 산헤드린 앞에서 증언을 했고 이방인들 가운데서 첫 번째 특사였으며 사

도들의 모임에서 최고의 자리를 견지했고 동시에 순교자였다.[134]

우리는 아직 그리스도께서 베드로에게 교회를 굳건히 할 반석이 될 것이라고 약속하신 텍스트를 다루지 않았다(마태 16,17-19). 하지만 이미 우리가 제시한 사실들과 더불어 우리는 이 텍스트가 갖는 역사성을 보장받을 수 있다. 시몬이란 이름이 베드로로 변경되면서 어떻게 초대 교회 당시 모든 이가 한 사람의 이름 그 이상을 의미했던 이 호칭과 함께 그에게 부여했던 통상적인 이름으로 이어졌는지를 설명할 수 있어야만 한다. 나아가 베드로의 성격적인 자질에 비추어 보면 설명될 수 없을뿐더러 주님을 부인하기까지 했던 사실에 비추어 보건대, 어떻게 그가 초대 교회 안에서 모든 이들에 의해 받아들여질 수 있을 정도로 지도자적인 역할을 수행했는지에 대해 설명할 수 있어야만 한다. 변절했던 초대 교회의 수장. 우리는 이 사실을 어떻게 이해할 수 있을까?

## 2. 수위권에 대한 약속

베드로에 대한 수위권(首位權)의 약속은 마태오가 우리에게 전하는 장면에서 잘 드러난다(마태 16,17-19). 그것은 예수께서 갈릴래아에서 설교하신 후 북쪽 지방인 카이사리아 필리피로 물러가서 사람들이 당신에 대해 뭐라고 하는지 제자들에게 물어보는 순간이었다. 그분의 질문에 시몬은 이렇게 대답한다. "스승님은 살아 계신 하느님의 아드님 그리스도이십니다"(마태 16,16). 이에 대해 예수께서는 다음과 같이 말씀하신다. "시몬 바르요나야, 너는 행복하다! 살과 피가 아니라 하늘에 계신 내 아버지께서 그것을 너에게 알려주셨기 때문이다. 나 또한 너에게 말한다. 너는 베드로(Kefas)이다. 내가 이 반석(Kefas) 위에 내 교회를 세울 터인즉, 저승의 세력도 그것을 이기지 못할 것이다. 또 나는 너에게 하늘나라의 열쇠를 주겠다. 그러니 네가 무엇이든지 땅에서 매면 하늘에서도 매일 것이고, 네가 무엇이든지 땅에서 풀면 하늘에서도 풀릴 것이다"(마태 16,17-19).

이 텍스트는 마태오에만 있고 이와 병행하는 마르코와 루카에는 나오지 않는다. 익히 아는 바와 같이, 오늘날의 현대 주석적 비판은 우선적으로 마르코복음에서부터 출발한다. 이 복음은 '어록'('원천'이라고 부르는)과 더불어 마태오복음의 원천을 구성한다. 한편, 마태오는 베드로의 메시아적인 고백이라는 문맥 안에 수위권에 관한 어록을 끌어다 쓰고 있으며, 프리스(Fries)가 고백하듯이,[135] 사실상 이를 긍정적인 의미로 구성하고 있다. 왜냐하면 이 어록은 그 사안과 완벽하게 들어맞고 있으며 따라서 메시아적인 공동체(교회)는 메시아와 더불어 어떤 내밀한 관계를 맺고 있음이 드러나기 때문이다. 따라서 비록 마태오가 다른 곳에서 예수에 의해 언급된 어록을 여기에 갖다 놓았다고 보는 이들이 있음에도 불구하고, 이것이 우리 텍스트의 근원적인 위치라고 여기는 이들도 있다.[136]

달리 말해, 이것은 근본적인 문제가 아니라 예수로부터 유래하는 어록이 갖는 역사적인 효력의 문제이다. 이런 의미에서 우리는 '삽입 이론(挿入理論)'을 살펴보아야 한다. 이 이론에 의하면 마태오복음 16장 17-19절 텍스트는 이미 쓰인 복음서들에 더해서 후대에 삽입된 것이라고 한다. 또한 우리는 복음서들 안에 현존하는 이 텍스트가 복음서를 만드는 시기에 초대 공동체에 의해 만들어진 것인지 아니면 역사적으로 볼 때 바로 예수 자신으로부터 유래하는 것인지에 대한 문제를 대면해야 한다.

## 2.1. 삽입 이론

오늘날 이 삽입 이론(挿入理論)은 이미 극복되었다. 하지만 적어도 베드로의 수위권을 땅에 내던져 버리기 위해 프로테스탄트 자유신학이 행했던 커다란 노력들을 확인해 보는 것도 중요하다. 사실, 슈미트(K. L. Schmidt)는 이 문제를 진지하게 취급해서 논하는 것은 너무도 어리석은 짓이라고 여겼다.[137] 불트만(R. Bultmann) 역시 이를 염두에 두지 않았다.[138] 린턴(O. Linton)[139]이 주장한 이 이론은 사실 이미 극복된 개신교 자유주의 신학 안에서 한 세대를 대표하는 이름들과 연결되어 있다. 하르낙(A. von Harnack), 레쉬(A. Resch), 그릴(J. Grill), 기녜베르트(Gignebert), 슈니처(Schnitzer), 발덴스베르거(Baldensberger) 그리고 솔타우(W. Soltau). 코얀테스(P. Collantes)는 이 이론을 다양화하는 데 상당히 기여했다.[140] 이를 종합하면 다음과 같다.

### 2.1.1. 모자이크식 삽입

마태오복음 16장 17-19절 텍스트의 삽입은 이미 기록된 복음서들 안에서 이루어졌다. 하지만 블록 별로 이루어진 것이 아니라 오랜 시간에 걸쳐서 여러 번 부분적으로 삽입되면서 이루어졌다. 레쉬[141]는 18절이 성 유스티노(Justinus)나 위(僞) 클레멘스(Pseudo Clemente)의 작품에는 드러나지 않고 테르툴리아노(Tertullianus)에 와서야 처음으로 인용되어 드러나는 점에 주목한다.[142] 그에 의하면, 이러한 사실은 2세기 말에 와서야 이 텍스트가 삽입되었음을 입증한다는 것이다. 2세기 당시에는 그 구절에 대한 전승이 아무런 언급도 하고 있지 않았다. 또한 레쉬는 초대 교회가 베드로의 수위권을 알지 못했다는 점에 호소하고 있다. 만일 초대 교회가 이를 알았다면 바오로는 이 사실을 견디지 못했을 것이라는 게 그 이유이다.

그릴(J. Grill)[143]에게 있어서 이 이론은 심리적인 유형의 논증들에 그 바탕을 두고 있다. 즉 예수는 베드로의 성격을 잘 알고 있었기에 그에게 수위권을 부여해주지 않았을 것이라고 한다. 그럼에도 불구하고, 디벨리우스(O. Dibelius)[144]는 고백하길, 결국 이 텍스트가 지닌 역사적인 권위를 거슬러서 그 누구도 납득할 만한 논증을 제시하지는 못했다고 한다.

### 2.1.2. 블록으로 된 삽입

후대에 솔타우는 텍스트의 모든 구절들이 지닌 단일함을 의심할 수 없다는 점을 지적하면서 이에 근거해서 블록으로 삽입되었다고 결론짓는다.[145] 그리고 이러한 삽입은 기원후 130년경에 이루어졌지 2세기 말경에 이루어진 것이 아니라고 보았다.

### 2.1.3. 축소된 삽입

좀 더 후대에 이르러 단일함과는 별도로 이 텍스트가 강한 셈족의 맛을 담아내고 있다고 해석한 사람이 있었다. 그것은 이 텍스트가 담고 있는 고대성(古代性)에 기인하며 무엇보다도 '축소된 삽입 이론'이라는 형태를 통해 설명될 수 있다고 보았다. 이 이론은 그러한 삽입이 단지 '교회'라는 용어에만 영향을 미친다고 말한다. 이는 다름 아닌 하르낙(A. von Harnack)의 주장이었다.[146] 하르낙은, 2세기 내내 베드로 위에 교회를 건설한다는 말이 전혀 언급되고 있지 않으며 그에게 맡겨진 열쇠란 천국의 열쇠라고 해석했다. 그는 그리스도의 말씀들은 단지 베드로에게 하신 불멸에 대한 약속일 뿐이라고 보았다. 즉 그가 천상 교회의 관리자가 되는 것이지 이로 인해 지상 교회에서도 그러할 것임은 생각할 수 없다고 보았다.

그러나 하르낙은 비평가들에게 이러한 자신의 확신을 올바로 전달해주지 못했다. 바이스(J. Weiss), 불트만(R. Bultmann), 큄멜(Kümmel), 예레미아스(Jeremias) 그리고 외프케(Oepke)는 하르낙의 입장을 받아들이지 않았으며 이로 인해 오늘날 그 누구도 이 삽입 이론을 받아들이지 않는다. 그러므로 이러한 삽입의 기원은 예루살렘 또는 안티오키아 공동체에서 찾아야만 했으며, 어떠한 경우든 복음서들이 집필됐던 초기 그리스도교 공동체 시대까지 거슬러 올라간다. 그러나 이 삽입 이론은 더 이상 유지하기 불가능한 이론이 되었다. 왜냐하면 이 텍스트가 모든 고대 사본과 구절 안에서 발견되기 때문이다.

### 2.2. 마태오복음 16장 17-19절과 초기 공동체

현재 우리가 던지고 있는 질문은 이 텍스트가 예수로부터 오는 것인지 아니면 초기 공동체에 의해 발명된 것인지, 그래서 마태오복음 안으로 편집되어 들어왔는지에 관한 것이다.

역사 비평(Formgeschichte) 학파는 이 텍스트의 기원을 설명하려고 시도했다. 슈타우퍼(E. Stauffer)[147]는 무엇보다도 '케파스(Kefas)'라는 이름을 베드로라는 이름과 대조하는 것에서부터 시작해야 한다고 보았다. 이러한 대조를 통해 그에게 수위권과 열쇠가 주어진 데 대한 전설이 보다 깊이 연구될 수 있기 때문이다. 슈타우퍼에 따르면, 마태오는 이 구절 안에서 베드로가 전승에서 차지하는 통상적인 지위를 집약해서 표현하고 있으며 특히 그를 부활 이후 예수의 첫 번째 발현 증인으로 구별해서 소개하고 있다. 레만(H. Lehmann)은 이 사실을 근거로 마태오복음 16장 13-20절을 간접적인 파스카의 역사로 간주하고 있다.[148] 불트만은 이러한 레만의 견해를 승인한다.[149]

리고(B. Rigaux)는 이 주제에 대해 설명하면서,[150] 대체로 이에 대한 입장은 저자들 자신의 고유한 고백에 달려 있다고 보았다. 앞서 인용한 저자들은 모두 개신교 신학자들이다. 하지만 이와 달리 또 다른 개신교 신학자인 오스카 쿨만(O. Cullmann)은 이 텍스트의 역사적 진정성(眞正性)을 부인할 수 있는 정당한 학문적 동기가 존재하지 않는다고 말한다.[151] 한편, 쿠스(Kuss)와 베츠(Betz) 같은 가톨릭 신학자들은 이 주제에 관한 좋은 연구를 제공하고 있다.[152] 또한 가톨릭 신학자인 푁틀레(A. Vögtle) 역시 현행 문제의 전망 안에서 이 문제를 잘 분석했다.[153]

오늘날 이 문제에 관해 받아들여지고 있는 확실한 사실 가운데 하나는 이 담화의 역사적 진정성(眞正性)을 부인하는 가톨릭 신학자가 아무도 없다는 점이다.[154] 동시에 이미 리젠펠트(H. Riesenfeld)가 강조한 것처럼, 다른 신학자들 역시 이 텍스트를 유다적인 맥락 안에 기초한 역사적 사실로 확증하고 있다.[155] 오늘날 교황권에 관한 연구서인 『로마의 주교』[156]의 저자인 티야드(M. Tillard)의 비판은 익히 잘 알려져 있다. 티야드는 자신의 저서에서 로마 주교의 수위권은 바오로와 베드로가 로마에서 순교하는 가운데 보여준 증거에 그 뿌리를 내리고 있다고 주장한다. 후대에 로마 주교들은 사도들이 로마에서 보여준 신앙의 증거에 호소하면서 주교들에 대해 관할권(管轄權)을 행사함으로써 단순히 일치를 위한 중재자적 노선 그 이상의 권한을 행사하면서 주교단의 일치를 위한 역할을 수행했다. 이러한 수위권은 초대 교회 안에서 그리스도의 대리자로서 일치의 중재자인 한에서 베드로의 대리자 이상으로 그 위상이 드러나고 있다.

티야드는 마태오복음 16장 17-19절을 연구하는 가운데 이 텍스트가 초기 공동체로부터 유래한 것으로 해석했다. 그에 따르면, 이 텍스트에는 베드로가 공동체의 고무자(鼓舞者)였으며 신앙 안에서 친교(comunión)의 중심적 역할을 수행했던 그의 수위권이 확실히 드러나고 있다고 한다. 즉 마태오는 카이사리아 필리피에서 했던 베드로의 신앙고백에 교회의 파스카 이전 신앙을 표현하고 교회 안에서 파스카 이전 시기에 베드로의 역할을 반영하는 그의 고백을 첨가했다는 것이다. "마치 마태오는 이 고백(당신은 메시아이십니다)에 부활 이후의 사실 그리고 그 같은 교회적인 신앙을 표현하는 또 다른 기억을 연계시키고 있는 듯하다. 따라서 파스카 이후의 신앙이 마태오의 편집에 흔적을 남겼고 이와 함께 예수 편에서의 열렬한 승인을 묘사하기에 이르렀다는 것이다. 그러나 이 점은 지속되는 강력한 비난으로 인해 전혀 맞지 않는다. 따라서 우리는 복음사가가 그 순간 예수의 입을 통해 드러내고 있는 말들을 통해서 파스카 이후 베드로의 역할에 대해 인정하거나 또는 적어도 그가 일정한 영향을 미쳤음을 어렴풋이 추정할 수 있다."[157]

가톨릭 신학자인 티야드의 주장을 비판함에 있어 우리가 명심해야 할 것은 그의 작품이 에큐메니즘적인 노력의 일환으로 쓰였으며 특히 그는 베드로의 수위권이 분리되어 나간 형제들과의 일치에 있어 커다란 장애가 된다는 확신을 갖고 이 작품을 썼다고 하는 점이다. 따라서 우리는 이러한 사실을 염두에 두면서 앞서 언급한 논제들을 판단하고 그에 필요한 식별을 해야 할 것이다. 이제 논제들을 구체적으로 살펴보는 가운데 이 작업을 하기로 하자.

사실, 이 텍스트는 삼중 전승에 속하지 않으며(즉 루카에도 마르코에도 속하지 않는다) 예수 어록(Quelle)에도 속하지 않는다. 그러나 코얀테스는 주목하길, 그렇다고 이 점이 문제를 다루는 데 있어서 결정적인 요인이 될 수 없다고 한다. 왜냐하면 한 복음사가에만 속하는 특수한 내용이 공통적인 원천들이 갖는 가치와 동등한 역사적 가치를 지닐 수 있기 때문이다.

프리스는 상기하길, 문제는 다음과 같다고 지적한다. 다시 말해, 이전에 생각했던 것처럼 마태오가 마르코와 루카의 원천이었는지의 여부이다. 하지만 오늘날 익히 알려진 바로는, 첫 번째 원천이 마르코였으며 마태오는 예수의 어록(logion)을 다른 상황 속에서 소개했다는 것이다. 그리고 이 작업을 아주 절묘하게 했다. 그래서 문맥 안에 아주 잘 들어맞게 되었다. 이 문제에 대한 그럴싸한 해결이라면 이 텍스트가 마태오의 아라메아어적인 기원의 일부분이며 이를 보완하는 역사적인 원천의 일부분으로서 그리스어 번역에 도입되었다는 설명이다. 더 나아가, 이는 원래 아라메아어로 쓰였고 의심할 바 없이 셈족의 향취를 내고 있는 마태오복음의 개념과 스타일에 상응하는 것이다. '바르요나', '살과 피', '지옥의 권세', '하늘나라의 열쇠들', '묶고 풀다' 등은 모두 셈족 계열의 표현이자 어휘들이다. 이러한 이론은 오늘날에도 여전히 유효하다.

하르낙 역시 이 점을 인정하고 있다. "마치 이 문단이 아주 **빽빽하게 들어찬 것처럼**, 사상과 형태에 있어서 확실히 아라메아적 바탕으로 추정되는 확장된 복음 구절들이 여기보다 더 많이 드러나는 곳은 없다."158

한편, 교회라는 용어가 단지 여기 마태오복음 18장 18절에만 드러난다는 점에 호소하기도 한다. 하지만 프리스의 견해에 따르면, 만일 교회라는 실재가 다른 곳에서는 드러나지 않는다면 이러한 반론이 정당할지도 모른다. 하지만 이는 고려할 문제가 아니다. 왜냐하면 그리스도는 양 떼, 포도원 등에 대해 언급하고 있으며 이미 살펴본 바와 같이 하느님 백성 안에 교회의 설립을 연결시키고 있기 때문이다.

라칭거는 언급하길, "만일 예수께서 어떠한 교회도 원하지 않았다는 것을 확실히 전제한다면, 이러한 어휘 사용은 탄생하는 교회의 더딘 생성을 드러내주는 상당히 시대착오적인 것일 수밖에 없다"159고 한다. 이와는 대조적으로 복음 주석가인 외프케(Oepke)는 순전히 용어에 대한 통계만으로는 결코 잠잠할 수 없다고 상기한다.160

반대로, 예수로부터 유래한 것으로서의 이 텍스트의 역사성을 옹호하기 위해 시몬이라는 이름이 변경된 사실이 네 복음서 전체에 드러나고 있다. '케파스(*Kefas*)'란 이름이 어떤 구체적인 사람을 지칭하기 위해 사용된 것이 아니라는 사실(불연속성의 논거),161 그리고 베드로가 초기 공동체 안에서 우두머리의 지위에 있었던 점은 예수께서 직접 그를 교회의 수장으로 임명하지 않았다면 이해될 수 없는 사실이다. 이와 관련해 폰 알멘(Von Allmen)은 말하길, 신약성경에서 베드로가 그리스도의 수난 이전과 이후의 그룹에서 첫째였다는 사실은 분명하다고 한다. 하지만 그 무엇도 베드로란 이름의 변경이 그의 성격 때문에 주어졌다고는 추측하게 하지 않는다. 여기에는 다른 동기가 있어야 한다.

필요할 때면 베드로의 지리멸렬함을 문책하는 데 어떤 불편도 느끼지 않았던 바오로를 포함해서 모든 이들에 의해 모든 장소에서 받아들여진 베드로의 수위권은 도대체 어디서부터 생겨난 것일까?(필수적인 설명의 논제) 어떻게 공동체를 배신했던 변절자가 동일한 공동체에 의해 그 공동체의 전면에 나설 수 있었을까?(불연속성)

게다가, 당시 카이사리아 도시를 지배하던 헤로데스 대왕이 아우구스투스를 위해 바위 위에 대리석으로 된 성전을 지었던 사실은 적지 않은 중요성을 갖는다. 예수는 그 위에 교회를 지탱하는 새로운 바위를 표현하기 위해 바위로 된 그 성전 장면을 이용했을 것임을 추측하게 해준다. 이게 바로 그분의 교육적인 방식이었다.

텍스트의 내용에 대해서 살펴보면, 이 텍스트에는 그 내용적인 깊이를 이해할 수 있도록 설명해주는 세 개의 은유가 있다.

2.2.1. **너는 베드로이다. 내가 이 반석 위에 내 교회를 세울 터인즉, 저승의 세력도 그것을 이기지 못할 것이다.** 만일 이 텍스트를 그리스어로 읽는다면 그리스도가 '페트로스(*Petros*)'란 어휘를 시몬에게 향하기 위해 사용하고 있으며 이어서 바로 이 '페트라(*Petra*)' 위에 교회를 세울 것이라고 말하는 장면을 볼 수 있다. 반면, 여기에는 아라메아어인 '케파스(*Kefas*)'를 변경시켜야 할 어떤 필요성도 보이지 않는다. 왜냐하면 이 말은 남성으로서 그 사람에게나 반석에

있어서 모두 유효적절하기 때문이다.

예수께 처음으로 신앙고백을 한 베드로는 교회를 지탱할 바위가 될 것이다. 지옥의 모든 공격도 그를 거슬러서 이기지는 못할 것이다. 여기에 나오는 문들(역자 주: 한글 성경은 이 말을 '세력들로 번역했음)은 권능을 의미한다. 왜냐하면 어느 도시에 있어서 문이란 그 도시에서 가장 튼튼한 곳이기 때문이다. 죽은 이들, 특히 악한 이들이 거하는 장소인 하데스(Hades)는 사탄의 왕국을 의미한다.

나아가, 우리가 이 텍스트를 보다 잘 이해하기 위해 상기해야 할 것은 이사야가 이미 메시아적인 공동체의 설립을 선포했다는 점이다. "보라, 내가 시온에 돌을 놓는다. 품질이 입증된 돌 튼튼한 기초로 쓰일 값진 모퉁잇돌이다. 믿는 이는 물러서지 않는다"(이사 28,16-18).

분명 그리스도는 회당이 내친 모퉁잇돌이다(마태 21,42-43). 그러나 그리스도는 승천 후에 당신의 자리를 비우게 될 것이며 그러기에 베드로로 하여금 기초가 되는 당신의 역할에 참여하게 하면서 그로 하여금 교회를 지탱할 반석이 되게 하신다. 그래서 프리스(Fries)는 텍스트를 주석하면서 이렇게 말한다. "케파스-베드로인 한에서 시몬은 반석으로서의 예수의 역할을 자기 것으로 만들어서 이를 재현해야 한다. 그리스도 자신이신 이 바탕을 이전시키거나 대체해서는 안 된다. 그리스도이신 이 반석은 베드로 안에서 개인적으로 재현되어야 한다. '*Cristus est petra. Petrus est vicarius petrae*(그리스도는 반석이시다. 베드로는 반석의 대리자이다.)'"[162]

몇몇 개신교 신학자들은 이 반석이 베드로의 인격이 아니라 믿음이라고 해석하는 루터의 주장을 아직 유효한 것으로 받아들이고 있다. 이에 대해 리고(B. Rigaux)는 설명하길,163 이로 인해 뒤따르는 모든 것이 제거될 수밖에 없다고 말한다. 동시에 베드로 편에서의 메시아에 대한 고백이 교회의 반석이 되며 모든 신자들은 이 고백 안에 참여한다고 말한다. 그럼에도 불구하고, 리고는 지적하길, 이러한 강제적인 해석은 예수 어록을 전체적으로 염두에 두지 않고 있으며 요한복음 21장 15-17절과 모순된다고 보았다.164

성 바오로는 사도들이 베드로라는 반석 위에 지탱되는 한에서 그들을 '교회의 기초들'이라고 불렀다. 그러므로 우리는 베드로라는 반석 위에 지탱되는 이야말로 확실히 교회의 참된 신앙을 갖게 된다고 말할 수 있다. 결코 비바람도 부숴 없애 버리지 못할 반석 위에 기초한 집에 대한 그리스도의 말씀을 자연스레 상기해야 할 것이다(마태 7,25).

예루살렘 성경에 따르면, 지옥의 문들은 악의 권세를 일깨우는데, 이 권세들은 사람들을 죽음과 죄 가운데서 사슬로 묶은 후 영원한 죽음 속에서 그들을 최종적으로 묶어 버린다.

**2.2.2. 나는 너에게 하늘나라의 열쇠를 주겠다.** 마태오에게 있어서 왕국의 열쇠는, 드 보(De Vaux)가 상기하듯이,165 셈족의 표현으로서 왕궁의 수장, 왕의 이름으로 궁정을 관리하는 사람의 임무를 의미한다.

드 보는 다윗 왕조의 정치적인 구조를 연구하면서 솔로몬 왕궁의 여러 가지 제도 가운데 궁궐의 수장 직책을 발견했다. 이는 이집트에서 요셉이 맡았던 직책처럼(창세 41,40-44) 동방의 수상직과 같은 것이었다. 한편, 우리는 메시아가 다윗의 열쇠를 갖는다는 점을 잊지 말아야 한다(묵시 3,7). 따라서 이 텍스트는 베드로를 교회 안에서 당신의 대리자로 세우시려는 그리스도의 의도를 이해하게 해준다.166

  2.2.3. **매고 푸는 권한**. 우리는 이미 그리스도를 통해 사도들에게 주어진 권한에 관한 은유를 살펴보았다. 그런데 그리스도는 이 권한을 오직 베드로에게만 선사하셨다. 왜냐하면 그가 교회의 반석 — 이 반석 위에 사도들의 기초를 세우는 것을 포함해서 — 이 될 수 있도록 그를 선택하셨기 때문이다. 그러므로 열두 사도의 틀 위에 교회를 세우려는 그리스도의 뜻은 평등한 단체 위에 교회를 세우고자 한 것이 아니라 베드로가 전체 교회의 반석이 되는 책임을 띤 그리고 사도들을 포함한 모든 이들이 이 반석에 의지하게 되는 차별화된 단체를 지향했다. 여기서 만일 루카복음 22장 31절에서와 같이 그리스도가 지옥의 권세도 이 반석을 거슬러서 승리하지 못할 것이라고 말했다면, 그리스도는 사탄의 공격 앞에서 베드로의 믿음이 약해지지 않도록 그리고 믿음 가운데 자신의 형제들을 더 굳건히 해줄 수 있도록 기도하셨을 것이다. 이 두 텍스트 사이에는 분명히 서로 병행하는 구절이 있다.167

  2.3. **수위권의 양도**
  루카복음에서 예수는 베드로에게 다음과 같이 말씀하신다. "시몬아, 시몬아! 보라, 사탄이 너희를 밀처럼 체질하겠다고 나섰다. 그러나 나는 너의 믿음이 꺼지지 않도록 너를 위하여 기도하였다. 그러니 네가 돌아오거든 네 형제들의 힘을 북돋아주어라"(루카

22,31-32). 예수께서는 권력을 향한 야망과 조바심으로 바람이 들어간 제자들 사이의 논쟁을 보면서 그들에게 봉사의 정신을 바탕으로 하는 복음의 법을 가르치셨다. 여기서 예수는 베드로에게 특별한 사명을 약속하시면서 이를 완수할 수 있도록 당신께서 기도하실 것을 보장하신다. 사탄은 제자들의 믿음을 시험하게 될 것이다. 베드로 역시 이런 믿음의 위기로부터 보호된 것은 아니었지만(루카 22,33 이하), 예수의 기도는 그가 이러한 위기로부터 다시금 회복되도록 도와줄 것이다. 그래서 베드로는 다른 이들에게 믿음을 북돋아줄 수 있을 것이다.

마침내, 그리스도는 부활 후에 베드로에게 수위권을 허락하신다. "그들이 아침을 먹은 다음에 예수님께서는 시몬 베드로에게 물으셨다. '요한의 아들 시몬아, 너는 이들이 나를 사랑하는 것보다 더 나를 사랑하느냐?' 베드로가 '예, 주님! 제가 주님을 사랑하는 줄을 주님께서 아십니다' 하고 대답하자, 예수님께서 그에게 말씀하셨다. '내 어린양들을 돌보아라.' 예수님께서 다시 두 번째로 베드로에게 물으셨다. '요한의 아들 시몬아, 너는 나를 사랑하느냐?' 베드로가 '예, 주님! 제가 주님을 사랑하는 줄을 주님께서 아십니다' 하고 대답하자, 예수님께서 그에게 말씀하셨다. '내 양들을 돌보아라.' 예수님께서 세 번째로 베드로에게 물으셨다. '요한의 아들 시몬아, 너는 나를 사랑하느냐?' […] 베드로는… 대답하였다. '주님, 주님께서는 모든 것을 아십니다. 제가 주님을 사랑하는 줄을 주님께서는 알고 계십니다.' 그러자 예수님께서는 베드로에게 말씀하셨다. '내 양들을 돌보아라'"(요한 21,15-17).

구약성경에서 야훼는 당신 백성의 진정한 목자이셨다. 그러나 이제 전체 이스라엘을 인도할 목자가 될 분이 오셔야만 했다. 예수는 당신의 양들을 위해 생명을 바치는 목자이시며(요한 10,11) 이제 모든 당신의 양 떼를 온전히 베드로에게 맡기기 위해 그에게 세 번의 사랑 고백을 청하신다.

기르는(또는 돌보는) 것은 통치하는 것, 이끄는 것, 양육하는 것과 비슷한 말이다. 예수께서는 천상에 오르기 전에 당신의 모든 양들을 위해 이 세상에서 당신을 대리할 보편적인 목자를 세우셨다.

이러한 베드로의 역할은 그리스도께서 세우신 교회의 구조에 있어서 본질적인 역할이다. 그것은 교회와 마찬가지로 영속될 역할이다.

그러나 마태오복음 16장 17-19절 텍스트가 내포하는 역사성을 인정하는 개신교 신학자 쿨만(O. Cullmann)은 주장하길, 사실 그리스도는 일정한 역사적인 환경 속에서 베드로에게 약속을 하신 것이지 그의 계승자들에게까지 약속하신 것은 아니라고 한다.

그래서 그는 다음과 같이 언급하고 있다. "기초를 건물과 혼동해서는 안 된다. 주교들과 사제들은 단지 수호자일 뿐이며, 그들의 직무는 사도들의 기초 위에 건물이 지속되도록 깨어 살피는 것이다. 사도-반석에 예수께서 하신 말씀을 요구하기 위해 사도들을 통해, 어떤 주교의 유익을 위해, 사제들과 주교들을 설정하도록 호소하는 것은 기초를 건물과 혼동하는 것이다."[168]

쿨만은 설명하길, 베드로에 대한 그리스도의 말씀들은, 예수께서 베드로의 신앙고백과의 관련하에 그에게 약속하신다는 한에서, 역사적인 환경들을 통해 조건 지어졌다고 한다. 더 나아가, 베드로는 사도로서 말하고 있으며 그의 사도적인 역할은 유일하고 반복될 수 없는 것이다. 바로 이 위에 기초가 세워지며 이는 본성상 유일한 것이다. 미래의 교회는 이렇게 해서 단 한 번 놓인 토대 위에 기초한다. 이처럼 토대(土臺)로서의 베드로의 유일한 역할은 결코 양도될 수 없으며 이런 의미에서 베드로는 모든 교회적인 직무에 있어서 근본 모델이라는 위상을 갖는다.

쿨만의 주장에 대해 카러(O. Karrer)[169]는 다음과 같이 대답한다. 즉 그리스도를 통해 사도들에게 주어진 사도적 역할(마태 18,18)은 세상 끝까지 지속되어야 한다는 것이다. "나는 하늘과 땅의 모든 권한을 받았다. 그러므로 너희는 가서 모든 민족들을 제자로 삼아, 아버지와 아들과 성령의 이름으로 세례를 주고, 내가 너희에게 명령한 모든 것을 가르쳐 지키게 하여라. 보라, 내가 세상 끝 날까지 언제나 너희와 함께 있겠다"(마태 28,18-20). 예수께서 추구하셨던 것은 교회를 건설하는 것으로서, 그럼으로써 이 건물이 영속하게 하셨다. 만일 이 건물이 기초를 필요로 한다면, 이 교회는 근본적인 지도가 필요하다.[170]

물론, 카러는 초석을 놓는 일과 초석의 역할을 구별해야 한다고 지적하고 있다.[171] 전자(前者)는 일시적인 것이다. 반면, 후자(後者)인 초석의 역할은 교회 건설이 지속되는 동안 내내 이어져야 한다. 만일 쿨만이 언급하듯이, 사도들을 통해서 재현되는 묶고 푸는 지도적인 권한이 계속되어야 한다면, 베드로의 권한 역시 지속되어야 한다는 점을 어떻게 언급할 수 있을까?[172] 성경 안에 바탕을 둔 어떤 권리를 통해서 베드로의 권한에 대한 세속적인 한계를 설정할 수 있을까? 다른 한편, 베드로는 모델로서 기초가 된다고 호소하는 것은 그의 성격이나 변덕스러움 때문에 건전하게 유지될 수 없다.

카러는 설명하길, 모델은 예수로서 충분하다고 한다.

나아가, 지옥의 권세들이 항상 교회를 거슬러서 싸우고자 한다. 그렇다면 교회는 이를 대항해서 그리스도에 의해 세워진 기초를 언제나 필요로 하지 않았을까? 그러므로 교회는 후에는 필요하지 않을 일치의 초석을 시초에는 필요로 했다고 말해야 할까?

사실, 쿨만의 주장은 '사도적인 구원 시대'와 전승을 특징으로 하는 '사도 이후 시대'에 대한 구분을 바탕으로 하고 있다. 그래서 사도 이후 시대를 순전히 인간적인 가치로 간주하는 가운데 사도적인 기준만을 유일한 규범으로 보고 있다. 하지만 비록 사도들의 증거자로서의 역할이 유일하고 양도될 수 없으며 그들을 통해 전달된 계시가 중추적인 것이라 할지라도, 성령을 통해서 영광스럽게 되신 그리스도의 현존(現存), 시간의 연속성(連續性) 안에서 실현되는 이 현존을 사도 후 시대에서 제거할 수는 없다.[173] 성찬례는 우리 가운데서 우리의 구원을 위한 유일무이한 계약을 계속 현존시켜준다. 그리고 이러한 현존은 이를 현존케 해주는 직무(職務)의 연속성을 요청한다. 그래서 만일 성찬례가 영원히 지속된다면("여러분은 이 빵을 먹고 이 잔을 마실 적마다 주님의 죽음을 전하는 것입니다": 1코린 11,26), 사도적 직무 역시 그러해야 한다. 한마디로, 사도적 직무는 성찬례가 지속하는 것을 가능하게 해준다. 주교는 교황과의 친교를 통해 각 지역 교회에서 성찬례를 거행한다. 초대 교회의 일치는 성찬례적인 기준들을 통해서뿐만 아니라 주교들, 특히 로마 주교가 제시하는 외적인 기준들을 통해 이루어진 정경(正經, canon)이 확정된 사실에서도 드러난다. 만일 종교개혁가들이 주장하듯이 그리스도께서 원하신 교회의 일치가 그분이 사도들과 그의 계승자들, 즉 교황과의 친교 안에 있는 주교들에게 주신 일치의 기준을 통해서가 아니라 단순히 성찬례에 대한 해석을 통해서 획득될 수 있는 것이라고 주장한다면 이는 공상적일 뿐이다. 그러나 사실상 베드로가 일치의 근거이자 교회의 굳건함을 이루어주는 역할을 수행한다면, 이는 그가 천상의 열쇠를 갖고 있기 때문이며 공동체 안에서 묶고 푸는 권한을 가졌고 나아가 주님의 양 떼를 이끄는 보편적인 목자이기 때문이다. 만일 사도적 직무가 지속되어야 한다면, 이는 그리스도께서 사도들에게 맡기신 역할이 세상 종말까지 지속되어야 하기 때문이다. 마찬가지로 사도단(使徒團) 내에서 이 사도단의 믿음을 북돋우고 지탱해주는 반석으로서의 베드로의 역할에 대해서도 언급해야 할 것이다.174 프리스(H. Fries)가 말하듯이,175 이는 교회가 계속되는 한 지속되어야 할 역할이다.

## V. 성찬례의 제정

그리스도께서 당신 교회의 바탕을 놓기 위해 성찬례 안에서 하신 일련의 행동에서 중요한 계기들이 점점 더 드러난다. 만일 그리스도께서 이스라엘 백성을 연장(延長)하는 새로운 하느님 백성을 세우기 위해 역사 안으로 들어 오셨다면, 무엇보다도 이 사건은 성찬례를 새롭고도 결정적인 계약의 성사로 제정한 그 순간에 이루어졌다. 옛 이스라엘 백성은 하느님께서 그들과 맺은 계약, 모세가 이스라엘의 열두 지파를 대표하는 열두 기둥 위에 짐승의 피를 뿌리면서 실현한 그 계약 위에서, 그리고 하느님께 다음과 같이 표현하신 또 다른 중심 위에 설립되었다. "이는 주님께서 이 모든 말씀대로 너희와 맺으신 계약의 피다"(탈출 24,8). 이제 그리스도는 당신의 피로 봉인(封印)한 새롭고도 결정적인 계약의 바탕 위에 새로운 하느님 백성을 세우신다. "이는 죄를 용서해주려고 많은 사람을 위하여 흘리는 내 계약의 피다"(마태 26,28; 마르 14,24). 루카와 바오로는 하느님께서 당신 백성과 더불어 체결하고자 하는 새로운 계약에 대한 예레미야의 예언(예레 31,31-34)과의 관련하에서 '새 계약'(루카 22,20; 1코린 11,25)에 대해 말하고 있다.

그리스도는 이러한 제스처를 통해 옛 시나이 계약을 취하고 새로운 계약을 시작하신다. 단순한 선포였던 것이 이제 만찬을 통해 실현되었다.

그러나 이보다 더한 것은, 오늘날, 그리스도께서 만찬을 거행하신 때(공관복음은 이 만찬이 무교절 첫날 이루어졌다고 서술하는 반면, 요한복음은 그 하루 전에 이루어졌다고 묘사한다)를 배제했음에도 불구하고 그리스도에 의해 실현된 이 예식이 전례적인 차원이나 신학적 차원에서 파스카적인 의미에 영향을 미쳤다고 하는 점이다.[176] 그래서 예수님이 당신 제자들과 거행하신 최후의 만찬은 그 자체로 하느님 백성의 기원을 세우는 두 가지 근본적인 요소를 내포한다. 하나는 '파스카적 요소'이고 다른 하나는 '계약의 요소'이다. 다시 말해, 하나는 어린양의 피를 통해서(요한은 그리스도의 죽음이 그 당시 파스카 축제의 어린양들의 희생과 일치한다고 지적한다) 노예 상태로부터의 해방을 의미하며, 다른 하나는 새로운 피로 맺어지는 계약의 백성에 대한 제정을 의미한다.

그래서 푀이예(A. Feuillet)는 이렇게 말한다. "이 만찬은 다양한 측면에서 고려될 수 있다. 이에 대한 수많은 주석과 더불어 생각건대, 우리는 이 만찬 안에서 하나의 성사에 대한 제정 그 이상의 여러 가지 사실들을 보아야 한다. 사실상, 이 환경 안에서 새로운 종교의 제정과 교회 설립에 대한 제스쳐가 실현되었다. 이는 분명 교회를 설립하는 행위이다."[177]

그래서 새로운 공동체는 인간을 향한 하느님의 통교에 대한 상징적이고 법률적인 행위를 통해서가 아니라 예수의 생명에 대한 내적 참여(內的參與)를 통해서 창립된다. "너희가 사람의 아들의 살을 먹지 않고 그의 피를 마시지 않으면, 너희는 생명을 얻지 못한다"(요한 6,53).

교회는 또한 그리스도의 파스카 만찬 안에서 새로운 사제직의 설립을 보았다. 이 사제직은 단순히 공동체의 대표가 아니라 유일한 그리스도의 사제직에 참여하는 것이다. 오직 하나의 희생 제물과 오직 한 분의 사제만이 있다. 그분은 다름 아닌 그리스도이시다(히브 9,10). 따라서 성찬례는 오늘의 교회 안에서 현존하는 새로운 그리스도의 희생 제사이며 이 희생 제사를 봉헌하는 이들의 사제직은 유일한 그리스도의 사제직에 참여하는 것이다.

사도들에게는 메시아적인 공동체를 기초 짓는 그리스도교적인 파스카를 현실화할 권한과 의무가 주어졌다. "너희는 나를 기억하여 이를 행하여라"(루카 22,14; 1코린 11,24). 이와 더불어 열둘은 새롭고도 결정적인 계약의 사제로 세워졌다. 그리스도는 그들을 사제로 세움에 있어서 또한 그들을 말씀의 집행자로 세우셨으며 이는 그들이 성찬례를 거행하는 가운데 주님께서 다시 오실 때까지 그분의 메시지를 선포하게 하려 하심이다(1코린 11,26). 폰 알멘(Von Allmen)

은 이에 대해 다음과 같이 말한다. "만찬의 제정은 단지 교회 설립의 계기일 뿐 아니라 교회 안에서 교회를 위한 직무 제정의 계기이기도 하다. 이러한 의미에서, 아마도 예수는 최후의 만찬에서 오로지 이 열둘과만 함께했든가 아니면 적어도 후에 이 만찬을 거행하게 될 교회에 이를 가르쳐주어야 할 이들과만 함께했다는 사실을 이해해야 할 것이다."[178]

그럼에도 불구하고, 만일 이 성찬례가 마지막까지 지속되어야 한다면, 우리는 "너희는 나를 기억하여 이를 행하여라", "주님께서 오실 때까지, 여러분은 이 빵을 먹고 이 잔을 마실 적마다 주님의 죽음을 전하는 것입니다"(1코린 11,26)라는 성경 구절을 잊지 말아야 할 것이다. 우리 가운데 그리스도의 구원 희생 제사를 현존하게 하기 위해 매일 제단 위에서 그분의 희생을 쇄신하는 사제처럼 이 새로운 계약의 백성 역시 마지막까지 지속되어야 한다. 성찬례를 하느님 백성으로부터 그리고 사제직으로부터 분리할 수는 없다. 성찬례가 있는 그곳에 그리스도에 의해 유기적으로 구조화된 교회가 있다. 이는 모든 것이 서로 연관된 한에서 이해될 수 있다.[179]

그리스도께서 교회를 설립하셨다는 사실을 거부하려는 사람은 성찬례가 그리스도로부터 유래하는 것이 아니라 초기 공동체에 의해 설립되었다는 점을 분명히 입증해야 한다. 하지만 이 점은 이미 기원후 40년대에 성찬례 제정에 대한 두 가지 상이한 설명과 함께 드러났다. 하나는 안티오키아식 설명(루카 22,14-15; 1코린 11,23-26)이고 다른 하나는 예루살렘식 설명(마태 26,26-29; 마르 14,22-25)이다.[180]

사실, 이는 서로 독립적인 두 가지 전승으로서, 하나는 마르코와 마태오의 아라메아어적인 향취를 간직하고 있고, 다른 하나는 그리스적인 사고방식에 바탕을 둔 것이다. 하지만 둘 다 모두 다음과 같은 근본적인 사실에 일치한다. 그리스도께서 야훼의 종이라는 암시와 더불어 바오로와 루카의 비평이 '새로운'이라는 형용사를 첨가했음에도 불구하고 두 가지 비평에는 이 둘 모두에게 고유한 그 무엇으로서의 그분의 희생적인 증여(贈與)를 표현한 빵과 포도주 예식이 제시되고 있다.

나아가, 유다 공동체가 피를 마시는 예식을 창안해 냈다는 것을 허용하기는 쉽지 않을 듯싶다. 이는 유다인들에게 있어서 아주 혐오스러운 행동이기 때문이다(불연속성의 기준). 마지막으로, 만일 그리스도의 설립에 의한 것이 아니라면 도대체 어떤 기준에 힘입어 모든 초기 그리스도교 공동체가 시초부터 옛 파스카를 보완하는 성찬례 제정에 대해 신뢰를 줄 수 있었는지에 대해 해명해야만 한다(필수적인 설명에 대한 기준).

그러므로 성찬례가 그리스도의 설립에 의한 것임을 받아들이는 것은, 교회가 독자적인 자신들의 주도권을 갖고서 예수의 대의(大義)를 뒤따르기로 결정한 이들의 모임이라는 구실에 대해 더 이상 의지하지 못하게 한다. 그리스도는 성찬례를 제정하실 때 교회를 설립하셨다. 만일 교회가 그리스도의 몸으로 이해된다면, 그것은 교회가 그분의 '성체적인 몸(*cuerpo eucarístico*)'에 대한 참여의 바탕 위에 있다는 것을 의미한다. 만일 교회가 새 계약의 공동체로 존재한다면, 이는 교회가 새롭고도 궁극적인 계약의 성사를 바탕으로 그러하리라는 것을 의미한다. 달리 말해, 성찬례 없이 교회는 존재할 수 없다. 교회는 성찬례와 더불어 존재한다.

그래서 프리스(Fries)는, 만일 그리스도께서 성찬례를 설립하셨

다면 이는 하나의 백성, 즉 교회를 염두에 두셨기 때문이라고 상기하고 있다.[181]

## VI. 교회와 그리스도의 십자가

교회 입장에서 성찬례를 거행하는 것은 오직 그리스도께서 부활하심으로써 살아 계시다는 것을 전제하는 한에서만 가능하다는 점을 기억해야 한다. 실제로, 만일 성찬례를 통해 기념하는 그리스도의 십자가와 부활이 아니라면 성찬례도 교회도 없었을 것이다. 그리스도는 당신의 수난과 부활을 기념하기 위해 성찬례를 제정하셨다. 그리고 이 성찬례는 십자가 위에서의 그분의 희생을 우리 가운데 영원히 현재화(現在化)해주는 도구이다. 이 십자가와 부활이 아니라면 성찬례는 아무런 내용도 갖지 못한 채 공허했을 것이다. 성찬례는 그리스도의 구원 희생을 우리 가운데 현재화해준다. 그리고 이 성찬례는 지금 우리가 이를 성부께 봉헌하기 위해 제단에서 우리 것으로 받아들이는 한에서 의미를 갖는다. 성부는 우리가 성찬례 안에서 현재화하는 성자의 구원 희생 제사를 내치실 수 없다. 바로 이 성찬례에서부터 세상과 교회에 주어지는 모든 은총이 생겨난다. 또한 성찬례 안에서는 무엇보다도 성부를 통해 그리스도의 희생이 받아들여진 사건으로서의 그리스도의 부활이 현재화되고 있다. 특히 성부께서는 그리스도를 부활시키는 가운데 그분의 희생을 받아들이셨다. 그리스도가 우리 죄를 속죄하기 위해 십자가 위에서 성부께 당신을 봉헌하실 때, 성부는 우리가 잃어버린 생명을 우리에게 되돌려주면서 그분을 받아들이셨다.

무엇보다도 그리스도의 부활은 그리스도의 희생 제사가 성부에 의해 받아들여진 사건이다. 그래서 이 사건은 죄의 사함을 내포한다. 왜냐하면 그리스도께서 부활하셨으며(1코린 15,17) 그러기에 성찬례가 있고 성사들이 존재하기 때문이다. 그리스도가 십자가 위에서 숨을 거두는 바로 그 순간 요한은 그분의 옆구리에서 흘러나오는 피와 물에서 세례성사와 성체성사를 보았다(요한 19,34).

대부분의 주석학자들은 그리스도의 옆구리에서 흘러나오는 피와 물속에서 커다란 성사인 세례성사와 성체성사의 상징을 보았다. 교부들도 열린 예수의 옆구리에서 탄생한 교회라는 주제를 보았다. 그리스도께서는 이미 이렇게 말씀하셨다. "나는 땅에서 들어 올려지면 모든 사람을 나에게 이끌어 들일 것이다"(요한 12,32).

거룩한 교부들은 이 물 안에서 세례성사의 상징을 보았으며, 피 안에서 성체성사의 상징을 보았다. 이 두 성사는 교회의 핵심 성사를 구성한다. 새 하와가 새 아담의 옆구리에서 탄생한 것이다(에페 5,23-32). 예를 들어, 다음과 같은 성 아우구스티노의 말을 들어 보기로 하자.

그리스도께서 십자가 위에서 주무셨을 때 아담 안에서 형성되었던 것을 드러내셨다. 아니 실현하셨다 함이 더 낫겠다. 사실, 하느님은 아담이 자고 있을 때, 그에게서 갈비뼈 하나를 떼어 그것으로 하와를 만드셨다. 같은 방식으로 주님께서 십자가 위에서 주무셨을 때 창이 그분의 옆구리를 관통했고 거기에서 교회를 이루게 될 성사들이 솟아 나왔다. 잠을 잤던 이의 옆구리에서 솟아났던 식으로 아담에게서 하와가 만들어진 것처럼 그분으로부터 솟아 나온 주님의 신부인 교회는 돌아가신 분의 옆구리에서 만들어진 또 다른 이였다.[182]

그러므로 그리스도 안에 인류를 위한 생명이 있고 교회의 생명이 있으며 성사적인 생명이 있다. 왜냐하면 성부께서 그리스도의 구원 희생 제사를 받아들이셨기 때문이다. 그리스도는 돌아가셨다. 교회가 탄생하게 하기 위해서. 그러기에 그리스도가 교회를 염두에 두지 않았다고 주장하는 것은 그분의 죽음이 아무런 쓸모가 없다고 주장하는 것과 진배없다. 그렇지만, 만일 그리스도께서 부활하셨다면 — 그리고 이 부활이 성부 편에서 그리스도의 희생에 대한 받아들임이라면 — 죄의 사함이 있으며 성찬례도 있고 교회도 있다.

특히 십자가 위에서 이루어진 그리스도의 구원 희생은 예수를 부활시키신 성부의 받아들임으로 인해 천상에서도 영원히 지속될 결정적이고도 영원한 희생이므로 성찬례는 있다. 히브리 서간은 욤 키퍼(Yom Kippur: 동물의 피를 갖고 지상 성전에서 거행했던 제사로서, 이 제사는 불완전한 것이기에 매년 반복해야 했다) 축제 때 대사제가 거행했던 속죄 희생 제사를 그리스도의 피, 그리고 인류를 위해 끊임없이 중재하기 위해 천상 지성소(天上至聖所)에 한 번만으로 영원히 들어가신 그리스도와 더불어 실현된 그분의 희생 제사에 대비시키고 있다. 이러한 희생과 봉헌 그리고 사제직과 희생 제물은 성찬례에 현재하는 것들이다. 이는 그리스도라고 하는 영광스러운 제물 그 자체로서 빵과 포도주의 형상 아래 현존한다. 그리고 이를 봉헌하는 사제를 통해 당신 자신을 성부께 봉헌하는 그리스도의 영원한 사제적 행위가 이루어진다.

이처럼 이 성사는 바로 지금 신자들과 그리스도의 몸 사이의 친교(親交)를 실현해준다. 그래서 성 바오로는 이렇게 말한다. "우리가 축복하는 그 축복의 잔은 그리스도의 피에 동참하는 것이 아닙니까? 우리가 떼는 빵은 그리스도의 몸에 동참하는 것이 아닙니까? 빵이 하나이므로 우리는 여럿일지라도 한 몸입니다. 우리 모두 한 빵을 함께 나누기 때문입니다"(1코린 10,16-17). 성찬례는 교회를 창조한다.

사도 요한의 여러 작품 안에는 현재 우리가 살펴보고 있는 전망에서 의미하는 것을 표현한 구절이 있다. 물론 요한은 '교회(ekklesia)'란 말을 사용하지 않았다. 그러나 그의 모든 작품들은 이를 가리키고 있다(예를 들어, 착한 목자의 비유, 포도나무의 비유 등). 그리스도가 성전 정화(聖殿淨化)에 대해 언급할 때 그분은 이에 대해서 언급하고 있다. 그분은 환전꾼의 탁자들을 땅에 내팽개치고 난 후, 성전이 파괴되고 사흘 만에 당신을 통해 재건될 것이라고 선언하신다. 이에 대해 요한은 다음과 같이 설명하고 있다. "그분께서 성전이라고 하신 것은 당신 몸을 두고 하신 말씀이었다"(요한 2,21).

이 장면이 내포하는 의미를 이해하기 위해서는 무엇보다도 말라키 예언자가 성전 정화를 메시아적인 행위로 예견했다는 점을 알아들어야 한다. 유다인들의 묵시문학(默示文學)에서는 사람의 손으로 만들어지지 않은 이상적인 성전에 대한 주제가 자주 등장한다(마르 14,58). 그러므로 이 장면에서 소개되는 그리스도는 메시아적인 권위를 자신의 것으로 만들고 있는 셈이다. 더 나아가, 예수는 당신 자신을 새로운 계약의 성전으로 소개하고 있다. 그분은 사람들 가운데 '셰키나 야훼(shekinah Yahvé)', 즉 하느님이 거하시는 곳이다.

새로운 성전은 새로운 경륜(經綸)을 의미한다. 유다이즘의 옛 경륜이 예루살렘 성전 주위에 치우쳤던 데 비해, 새로운 메시아적 경륜은 돌 위에 다른 돌이 놓이듯이 사라져 없어질 돌로 이루어진 것이 아니라 부활하신 분과 생활하게 일치한 살아 있는 사람들로 이루어진 성전을 갖게 될 것이다(1베드 2,5 참조). 이 새로운 성전은 주님의 부활하신 몸으로, 여기서부터 그리스도 안에서 신자들을 생활하게 해주는 영(Spiritus)의 교회가 마치 급류처럼 솟아나올 것이다. 이처럼 새로운 성전은 그리스도의 영이 거하는 생활한 사람들에 의해 형성될 것이다. 이들은 성찬례 안에서 지속되는 그리스도의 부활하신 몸 위에 기초한 사람들이다.

그러므로 비록 오순절에 성령강림이 있기 전까지 드러나지는 않았지만 이러한 성찬례와 함께 이미 교회의 시대가 시작되었다.

## VII. 성령강림

성 요한은 예수의 공생활 기간 동안에는 아직 성령께서 계시지 않았는데 이는 그분께서 아직 영광스럽게 되지 않았기 때문이라고 언급하고 있다(요한 7,39). 성령(Spiritus Sanctus)은 교회 안에서 그리스도의 파스카 신비의 결실로 불린다. 당신의 양들에게 생명을 전해주기 위해 오신 그리스도께서는(요한 10,10-15) 당신 영의 선물을 통해서 풍성하게 이 생명을 선사해주신다. 이것이 곧 성령강림으로서, 이렇듯 성령이 흘러넘치는 것은 교회의 시대를 의미한다. 그래서 슈나켄부르크(R. Schnackenburg)는 이렇게 언급하고 있다.

교회의 시대는 완성의 시대를 대변한다. 한편, 오순절 때 이루어진 성령의 흘러넘침은 요엘 예언자를 통해 선포된 종말론적 사건이다. 이는 또한 당신 제자들과 헤어지는 순간 그들에게 '높은 데에서 오는 힘'(루카 4,14-18; 사도 10,38 참조)을 보내주시려는 주님에 의해 실현된 약속의 완성이기도 하다. 루카에게 있어서 오순절 이후 성령 편에서 이루어지는 전체 공동체를 향한 이러한 수여(授與)는 이 지상에서 실현될 메시아의 활동 시대를 위해 영(Spiritus)과 함께 실현되는 메시아의 개별적인 도유(塗油)에 비교되는 차원을 내포한다(루카 4,14-18; 사도 10,38 참조). 예수의 시대는 교회의 시대와 더불어 계속된다. 더 나아가, 정확히 말해 이 시대는 약속된 모든 것을 두 시대 사이에 일어난 일을 바탕으로 발전시킨다. 즉 영의 선물처럼, 예수의 고양과 전능함 가운데 이루어지는 그분의 승천(사도 2,34-36 참조)이 그것이다.[183]

부활-승천-성령강림이라는 구원 사건과 더불어 새로운 경륜의 탄생이 이루어진다. 그리스도의 물리적인 현존에 더해서 이제 비가시적이긴 하지만 팔레스티나에서 있었던 그분의 현존 그 이상의 효과적인 실재적 현존(實在的現存)이 이어진다. 이는 성령의 업적이다. 만일 영(Spiritus)이 말씀의 인격 안에 성모 마리아의 육(肉)을 취하게 한 당사자로서 강생 사건 안에 이미 현존하셨다면, 이 영은 또한 교회의 품 안에서 이러한 그리스도의 비가시적 ― 그러나 지속적이고 효과적인 ― 현존을 이루시는 분으로서 그렇게 현존하실 것이다.

성령강림의 순간은 교회가 탄생하는 순간이기도 하다. 따라서 이 영에 힘입어 새로운 그리스도의 현존이 이루어지며 인간 또한 새롭게 그리스도에게 속하게 된다. 이를 좀 더 구체적으로 살펴보기로 하자.

무엇보다도 영의 사명은 성령강림으로 구체화되어 드러난다.

"오순절이 되었을 때 그들은 모두 한자리에 모여 있었다. 그런데 갑자기 하늘에서 거센 바람이 부는 듯한 소리가 나더니, 그들이 앉아 있는 온 집 안을 가득 채웠다 그리고 불꽃 모양의 혀들이 나타나 갈라지면서 각 사람 위에 내려앉았다. 그러자 그들은 모두 성령으로 가득 차, 성령께서 표현의 능력을 주시는 대로 다른 언어들로 말하기 시작하였다"(사도 2,1-4).

이것이 바로 구약에서 약속한 영의 흘러넘침이다. 이는 부활하고 영광스럽게 되신 그리스도께서 당신 교회에 파견하신 바로 그 영(Spiritus)을 말한다. 이는 또한 그리스도께서 설립하신 교회에 공동체적인 차원에서 영속적으로 이 영을 선사한다는 것을 의미한다. 교회는 이 영이 선사되고 머무는 시간이자 공간이다.

이 점에 대해 곤잘레스 힐(González Gil)은 말한다. "우리는 이와 더불어 성령께서 왜 그 전에 오지 않으셨는지 그 이유를 이해할 수 있다. 성령께서는 종말론적인 선물로서 마지막 시대가 쇄도해 들어오기 전까지 당신 자신을 내어주실 수 없었다. 하지만 그분 편에서 이 마지막 시대를 위해서 영원하고 '새로운 계약'을 필요로 하셨으며, 이 계약은 '예수 그리스도의 피'와 더불어 제정된다. 그분은 이 피 안에서 그리스도의 죽음과 부활을 통해 천상 지성소를 꿰뚫고 들어가셨다(1코린 11,25; 히브 13,20; 9,12 참조). 그러기에 이 순간 이전에는 영의 현존이 불가능했다. 이러한 마지막 시대의 시작은 하느님의 아들께서 이 세상에 오신다고 하는 목적을 지향한다. '때가 차서 하느님의 나라가 가까이 왔다. 회개하고 복음을 믿어라'(마르 1,15). 예수의 전 생애와 십자가상에서의 죽음을 통해 확증된 그분의 설교가 부활과 더불어 하느님에 의해 확인되었을 때, 시간이 충만함으로 넘쳐 났으며 무엇보다도 이 '마지막 때'에 넘쳐 났다. 그때란 성령과 교회의 때를 뜻한다."184

그리스도께서 팔레스티나에 계셨을 때에는 아직 영께서 계시지 않았다. 왜냐하면, 성 요한에 따르면, 아직 그리스도가 영광스럽게 되지 않으셨기 때문이다(요한 7,39). 이제 부활하신 그리스도는 영의 힘과 더불어 성찬례와 교회 안에 현존하신다. 페이넬(P. Faynel)은 언급하길,185 성령강림은 그리스도의 희생으로부터 유래하는 풍요로움의 축제라고 한다. 성령강림 이후부터 교회 안에서 드러나는 그리스도의 현존, 특히 성찬례 안에서의 그분의 현존은 팔레스티나에서 있었던 그분의 현존보다 훨씬 더 실재적이다. 왜냐하면 그리스도께서는 영광스럽게 되신 후 성부의 면전에서 끊임없이 중재 기도를 올리면서 성령의 선물을 우리에게 보내주시기 때문이다. 바로 이 영이야말로 교회의 품안에서 지금 우리에게 그리스도를 전해주시는 분이시다. 그리고 그리스도는 성부 앞에서 우리를 위해 중재하시면서 끊임없이 당신 영의 선물을 얻게 해주신다.

우리는 이러한 그리스도와 영의 상호 작용을 특히 성찬례 안에서 볼 수 있다. 우리는 영께서 성찬례 안에서 빵과 포도주의 봉헌을 그리스도의 몸과 피로 변화시켜주도록 청한다(*epíclesis*). 그러나 그리스도께서는 이미 우리 안에 현존하시며 영을 선물로서 풍성하게 선사해주실 것이다. 우리는 그 밖에 다른 성사들 가운데서도 거룩한 표징에 따라 효과를 주시도록 영을 청한다.

또한 영께서는 우리에게 그리스도를 현존케 하시고 우리를 그분과 일치시켜주는 한에서 성부를 향한 통로를 열어주신다. 그분은 하느님의 자녀로서의 우리의 삶을 주관하는 분이시다(로마 8,14 이하). 그분은 우리로 하여금 그리스도의 신적인 자녀 됨에 참여하게 함으로써 성부께서 우리를 당신의 아들 그리스도 안에서 당신의 자녀로 사랑하실 수 있도록 그리스도와 연결시켜주신다. 이것이 바로 은총의 삶이다. 즉 성자 안에서 성부 하느님의 자녀가 되는 것이다. 그래서 우리는 같은 영(Spiritus) 안에서 '아빠(Abba)'라고 부를 수 있다.186

이제 이와 더불어 교회의 일치가 생겨난다. 우리 모두는 영 안에서 그리스도의 몸에 참여하는 가운데 그분의 자녀적인 삶에 참여하고 모퉁잇돌이신 그분 주위에서 생활한 돌로서의 우리 자신을 건설해 나가면서 그분 안에서 하나가 된다. 바로 여기에 새로운 성전이 있으며 새로운 교회가 있고 새로운 하느님의 백성이 존재한다. 성사(聖事)들은 바로 이 백성에게 속한다.

부활하신 그리스도께서 부탁하신 말씀 가운데는 모든 이들에게 세례를 베푸는 것도 있다. "너희는 가서 모든 민족들을 제자로 삼아, 아버지와 아들과 성령의 이름으로 세례를 주라"(마태 28,19). 이처럼 그리스도를 믿는 이들의 공동체가 세례 예식을 통해서 형성되며 성찬례를 통해서는 하나의 성령 안에서 완성된다. 이 영은 그리스도를 믿는 이들의 일치를 이루어주는 열쇠이기도 하다. "성령께서 평화의 끈으로 이루어주신 일치를 보존하도록 애쓰십시오. 하느님께서 여러분을 부르실 때에 하나의 희망을 주신 것처럼, 그리스도의 몸도 하나이고 성령도 한 분이십니다. 주님도 한 분이시고 믿음도 하나이며 세례도 하나이고, 만물의 아버지이신 하느님도 한 분이십니다. 그분은 만물 위에, 만물을 통하여, 만물 안에 계십니다"(에페 4,3-5).

이처럼 성령은 마치 성전 안에서처럼 그렇게 신자들 안에 그리고 교회 안에 거하신다(1코린 3,16; 6,19).

이 영은 공동체 안에서 교회를 일치시켜주며 이 신비 안에서 교계적이고 카리스마적인 선물들을 통해서 교회를 가르치고 이끌며 끊임없이 풍요롭게 해주신다(에페 4,11-12; 1코린 12,4; 갈라 5,22). 사실, 성령께서는 그리스도께서 만드신 공동체 그리고 거기에 근본적인 구조를 선사해주신 이 메시아적 공동체를 당신의 힘과 더불어 하나로 모으신다. 이 영은 그리스도의 설교나 그분의 말씀을 대신하기 위해 오신 것이 아니다. 그리스도께서 친히 선포하신 것처럼 영은 우리를 진리의 충만함으로 그리고 총체적인 진리에로 이끌어 주신다(요한 16,13). 그분은 우리로 하여금 매번 어떤 왜곡도 없이 그리스도의 말씀을 훨씬 더 잘 이해하고 심화할 수 있게 해주신다. 이처럼 영께서는 우리를 그리스도의 진리로 인도해주신다.

또한 이 영은 그리스도를 통해 제정된 교계 제도를 공고히 해주시며 그리스도로부터 부여받은 사명에 대한 특별한 실행을 위해 당신 능력으로 이 교계 제도를 관통하신다. 그래서 성 바오로는 이렇게 말한다. "그분께서 어떤 이들은 사도로, 어떤 이들은 예언자로, 어떤 이들은 복음 선포자로, 어떤 이들은 목자나 교사로 세워주셨습니다. 성도들이 직무를 수행하고 그리스도의 몸을 성장시키는 일을 하도록, 그들을 준비시키시려는 것이었습니다"(에페 4,11-12). 그러나 영께서는 당신의 선물들을 모든 하느님 백성에게 분배하신다.

그럼으로써 교계적이고 카리스마적인 선물들이 교회의 일치를 위해 하나가 될 수 있게 해주신다. 그래서 성 바오로는 이렇게 말한다.

> 은사는 여러 가지지만 성령은 같은 성령이십니다. 직분은 여러 가지지만 주님은 같은 주님이십니다. 활동은 여러 가지지만 모든 사람 안에서 모든 활동을 일으키시는 분은 같은 하느님이십니다. 하느님께서 각 사람에게 공동선을 위하여 성령을 드러내 보여주십니다. 그리하여 어떤 이에게는 성령을 통하여 지혜의 말씀이, 어떤 이에게는 같은 성령에 따라 지식의 말씀이 주어집니다. 어떤 이에게는 같은 성령 안에서 믿음이, 어떤 이에게는 그 한 성령 안에서 병을 고치는 은사가 주어집니다. 어떤 이에게는 기적을 일으키는 은사가, 어떤 이에게는 예언을 하는 은사가, 어떤 이에게는 영들을 식별하는 은사가, 어떤 이에게는 여러 가지 신령한 언어를 말하는 은사가, 어떤 이에게는 신령한 언어를 해석하는 은사가 주어집니다. 이 모든 것을 한 분이신 같은 성령께서 일으키십니다. 그분께서는 당신이 원하시는 대로 각자에게 그것들을 따로따로 나누어주십니다(1코린 12,4-11).

이처럼 교회의 영혼인 영께서는 그리스도께 대한 끊임없는 충실함 가운데 지속적으로 교회를 쇄신시켜주신다. 그래서 성 이레네오는 이렇게 말한다. "우리는 아주 질 좋은 용기 안에 담긴 술, 이를 마시는 사람을 다시 젊어지게 하고 나아가 이 술을 담고 있는 용기도 젊어지게 하는 귀하기 그지없는 이 술과 같은 영의 작용 아래 교회로부터 우리가 보존하는 신앙의 설교를 받는다."[187]

이렇듯 성령강림은 분명 교회 설립에 있어서 결정적인 사건이다. 페이넬(P. Faynel)이 언급하듯이, 하느님께서 인간의 몸에 꼴을 지어 만들고 그다음 거기에 영(spiritus)을 불어넣으셨듯이, 그리스도는 사도적인 구조와 더불어 당신 교회의 몸체를 만드시고 이어서 오순절에 그 안에 성령을 인격적으로 부어주셨다. 이러한 성령의 주입은 메시아 시대의 시작을 알리는 표징이다.[188] 성 아우구스티노는 그리스도의 교회가 어디에서 시작했는지 묻고 다음과 같이 대답한다. "성령께서 천상으로부터 내려오셔서 한 장소에 머물고 있던 백이십 명을 충만하게 해주셨던 거기서부터 시작했다."[189]

성부의 구원 계획에서부터 탄생한 교회는 그리스도께서 설교와 더불어 이 세상에서 시작하셨으며 당신의 죽음과 부활을 통해 완성하였다. 이 교회는 그리스도를 향한 영속적인 충실함 속에서 성령을 통해 형성됐으며 그리스도의 영광스러운 재림을 고대하고 있다. 성령께서는 우리를 그리스도로부터 떼어내기 위해서가 아니라 오히려 정반대로 그리스도, 그분의 말씀, 그분의 모범 그리고 그분의 생애와 합체시켜주기 위해 당신 손으로 우리를 취하신다. 성령은 우리가 언제나 그리스도의 진리에 뿌리내리는 가운데 그 안에 영속적으로 머문다고 하는 사실에 대한 보장이시다. 그리스도 친히 이 점에 대해 다음과 같이 말씀하셨다. "그분 곧 진리의 영께서 오시면 너희를 모든 진리 안으로 이끌어주실 것이다. 그분께서는 스스로 이야기하지 않으시고 들으시는 것만 이야기하시며, 또 앞으로 올 일들을 너희에게 알려주실 것이다. 그분께서 나를 영광스럽게 하실 것이다. 나에게서 받아 너희에게 알려주실 것이기 때문이다. 아버지께서 가지고 계신 것은 모두 나의 것이다. 그렇기 때문에 성령께서 나에게서 받아 너희에게 알려주실 것이라고 내가 말하였다"(요한 16,13-15).

## 4장 요약

그리스도에 의해 설립된 교회는 역사를 통해 발전해갔다. 이 과정에서 교회는 수많은 도전에 직면하는 가운데 주님께서 자신에게 맡겨준 메시지와 사명을 망각하지 않는 가운데 이천년을 이어오고 있다. 이를 가능하게 했던 핵심적인 요소는 '사도 계승'이었다. 주님으로부터 그분의 사명에 참여하도록 부름받았던 12사도들은 새로운 하느님 백성, 즉 교회의 핵심 기둥들이다. 이들은 자신의 사명을 이어갈 후계자들을 선발했으며, 그 후계자들 역시 다음 세대에 이를 이어갈 후계자들을 선발했다. 이는 오늘날까지 이어오고 있으며 종말에 그리스도께서 다시 오실 때까지 지속될 것이다.

이러한 사도 계승은 초세기부터 정통 그리스도교와 이단 그룹을 구별하는 중요한 식별 기준이었다. 초대 교회 당시 사도들은 자신들이 동반하던 교회에 자신의 협력자들을 두어 교회를 이끌어갔다. 이들은 '원로', '감독', '부제' 등으로 불렸으며, 2세기 초에는 지역 교회에 한 명의 '감독'과 그의 지도에 협력하는 여러 '원로들', 그리고 '부제들'이라는 교계제도가 정착되어 오늘날 지역 교회의 근간인 '주교', '사제', '부제'로 구성된 교계제도의 기틀이 마련되었다. 이는 여러 사목 서간(티모테오서, 티토서)과 다양한 전승의 증언(클레멘스 교황, 안티오키아의 성 이냐시오, 성 이레네오, 성 히폴리토, 성 치프리아노)을 통해 알 수 있다.

시대마다 교회를 이끌어간 주체인 12사도의 후계자들은 '주교 수품'을 통해 자신의 후계자를 선발하고 사도적인 권한을 위임했다. 초대 교회 당시 모든 지역 교회는 주교 안수의 책임을 지고 있었다. 주교는 모든 이들에 의해 추천되고 받아들여져야 했다. 또한, 여러 이웃 교회의 주교들에게 이 선출에 대한 승인을 받아야 했다. 오직 주교들만이 수품될 이에게 안수할 수 있었으며, 그는 주교 직무에 참여하는 가운데 '주교단'에 들어갈 수 있었다.

12사도 가운데 베드로가 누리던 수위권은 주교단 내에서 베드로의 후계자인 로마교회의 주교, 즉 역대 교황으로 계승되었다. 이러한 로마 주교의 수위권은 초대 교회의 역사에서 여러 기회를 통해 추인되는 가운데 발전해갔다. 이는 특히 초세기의 여러 보편 공의회에서 순수한 신앙을 유지하는데 핵심적인 역할을 수행했던 로마좌의 위상을 통해 알 수 있다. 이러한 로마좌의 수위권은 레오 대 교황 시대에 그 정점에 이른다.

# 4 | 사도 계승

 이제 우리는 바로 앞의 장(그리스도 편에서 교회를 설립하신 주제를 다뤘던)을 논리적으로 이어주는 다음 장으로 들어가기로 하자. 보다 엄밀히 말해 이제 우리는 그분의 교회에 주어진 구조가 어떻게 발전되어 갔는지를 살펴보기로 하겠다. 사실, 이는 성경의 한계를 넘어서는 주제이다. 왜냐하면 우리는 이 주제를 다루는 데 있어서 전적으로 전승(傳承)에 호소해야 하기 때문이다. 특히 우리에게 관심 있는 것은 교계 구조 안에서 어떻게 교회가 형성되었는가 하는 문제뿐만 아니라 주교들에 의해 주재(主宰)되는 지역 교회들—이 교회들 간에 친교가 이루어지면서—안에서 성찬례를 둘러싸고 구체화되는 가운데 그것이 어떠한 형태를 갖추게 되었는지를 살펴보는 것이다. 교회는 유다적인 범위로부터 나와 지중해 해변들을 중심으로 전 로마제국에 확장되기 시작했다. 이제 우리는 그 모습이 어떠했으며 그것이 어떻게 발전해 나갔는지를 살펴보기로 하겠다.[190]

## I. 사목 서간들

　그리스도께서 처음에 당신 이름으로 교회의 선두에 놓고 당신과 깊은 인격적인 관계를 맺게 해주신 사도들은, 비록 그들 자신이 보기에는 완전히 규정된 상태에서 제정되어 드러난 것은 아니었지만, 당시 설립되기 시작한 여러 교회의 선두에 자신의 협력자들을 두었다. 이러한 협력자들은 각 지역의 곳곳에 있었다. 예루살렘에, 바오로에 의해 창립된 여러 교회에, 그리고 디아스포라 지역에도 있었다. 그들에게는 다양한 명칭이 주어졌는데, 예를 들면, '협력자들'(synergoi: 콜로 4,11) 또는 자주 나오는 '원로(元老)들'이나 '명사(名士)들'(presbiteroi: 사도 11,30)이 그것이다. 흔히 감독들은 'episkopoi'로 불렸는데, 이는 깨어서 지키는 사람을 뜻했다. 필리피 서간의 서언에도 이와 비슷한 명칭들이 나온다.

　형제들에게 헌신하는 '주관자(proistamenoi)'라는 말을 테살로니카 서간에서 발견할 수 있다. 베드로의 첫째 서간에(1베드 5,2) 보면, 원로들은 사목에 대한 과제들을 갖고 있었다. 반면, 히브리 서간(히브 13,17)은 신자들로 하여금 자신의 '수장들(hegoumenoi)'에게 순명할 것을 권고하고 있다. 우리는 이와 더불어 안티오키아의 예언자들과 교사들(사도 13,1)을 언급할 수 있다. 그리고 필리피서 1장 1절에서 'episkopoi' 다음에 오는 'diakonos'를 들 수 있다. 특히 사도행전 6장 2-6절에서는 가난한 이들을 책임졌던 좋은 명성을 지닌 일곱 명의 뽑힌 이들이 언급되고 있다.

　사실 처음에 이러한 용어들은 잘 규정되지 않았다. 코얀테스는 설명하길,191 어떤 경우에는 이런 협력자들을 'episkopoi'로 불렀지만 또 다른 경우에는 'presbiteroi'로 또 어느 때는 'proistamenoi'로 불렀다고 한다. 그러나 이들은 모두 계승자라기보다는 협력자로서 사도들의 지휘 아래 놓여 있었다.

바오로와 바르나바는 이코니아와 리스트라 그리고 안티오키아에 가서 "교회마다 제자들을 위하여 원로들을 임명하고, 단식하며 기도한 뒤에, 그들이 믿게 된 주님께 그들을 의탁하였다"(사도 14,23).

'Presbiteroi(원로)'와 'episkopoi(감독)'라는 명칭은 서로 겹쳐서 드러나고 있으므로 동등한 가치를 갖는다. 원로들은 일종의 '단(團, collegium)'으로서 공동체의 지도와 안내를 맡았다. 그들의 책임은 "양 떼를 잘 기르는 것"이었다. 바오로의 고별인사로 익히 잘 알려진 사도행전 20장 28절에 드러나는 사실은 각별한 중요성을 갖는다. 그는 밀레토스에서 에페소의 원로들을 부른 다음 자신의 책임을 다음과 같은 말로 묘사하고 있다. "여러분 자신과 모든 양 떼를 잘 보살피십시오. 성령께서 여러분을 양 떼의 감독(episkopoi)으로 세우시어, 하느님의 교회 곧 하느님께서 당신 아드님의 피로 얻으신 교회를 돌보게 하셨습니다." 그러므로 프리스가 설명하듯이,192 감독(episkopoi)이라 불린 원로들과 더불어 다음의 두 가지 개념 또는 구조가 설정된다. 유다 회당으로부터 유래하는 'Presbiteroi(원로)', 그리고 그리스적인 권한으로부터 유래하는 'episkopoi(감독)'가 그것이다. 이 'episkopoi'란 말은 현재 그리스도교 공동체의 장(長)으로서의 역할에 적용되고 있지만, 또한 이 용어는 목자라는 말과 비슷한 말이 되었다. 베드로1서 2장 25절에서는 '목자이며 감독(poimena kai episkopon)'이라는 용어와 더불어 이 말을 그리스도에게 적절하게 부여하고 있다.

이미 살펴본 바와 같이, 이러한 원로들과 감독들은 계승자들이라기보다는 그들의 협력자들이었다. 코얀테스가 확증하듯이,193 "다른 여러 동기들 가운데 무엇보다도 사도들은 당시 세상의 종말이 다가왔다고 믿었다. 그들에게 있어서 삶이 종말에 다가설수록 계승(繼承)에 대한 관념은 아주 명백했다."194

사실, 처음에 사도들은 임박한 주님의 재림(再臨)을 믿었을 것이다. 그들은 여러 교회들을 주재했고 이 교회들의 미래를 위해 뭔가 조직해야만 한다는 걱정을 했을 것이다.195 하지만 그분의 죽음이 어슴푸레해지기 시작하는 두 번째 시기에 교회 내에서는 분열의 위협이 생겨나기 시작했고 이제 구체적으로 교회의 계승에 대한 걱정을 하기 시작했다. 이는 이미 이루어지고 있던 사실이었지만 그렇다고 이것이 근본적으로 교회에 어떤 상처를 주지는 못했다. 왜냐하면 사도들은 자신들의 사명이 주님의 두 번 오심 사이에 존재하는 중간 시기를 채우는 것이라고 믿었기 때문이다. 우리는 비록 이러한 사실을 성경 텍스트 안에서 완전히 모을 수 없지만, 그럼에도 불구하고 그것은 이미 완성되어 가고 있던 실재였다. 이러한 의미에서 전승은 성경보다도 훨씬 더 우리에게 '사도 계승(successio apostolica)'에 대해서 말해준다. 사실, 이 주제에 대해 텍스트 자체가 우리에게 가르쳐줄 수 있는 것 이상으로 교회를 구성하는 직무들의 총체적인 변천이 이루어졌다. 그것은 실재적으로 실현된 변화로서, 콩가르가 언급하듯이,196 성경보다는 전승에 훨씬 더 속하는 것이다.

## 1. 티모테오와 티토의 계승[8]

그럼에도 불구하고 성경은 우리에게 이 주제에 관한 값진 시사점들을 전해주고 있다.[197] 티토와 티모테오에게 보내는 사목 서간들은 사도들에 의해 선택된 협력자들의 상황과 사도들의 계승자들인 감독들 사이의 고리가 되어준다. 비록 가명으로 쓰였을 사목 서간들에 대한 바오로적인 권위가 논의되고 있긴 하지만, 적어도 이 서간은 바오로가 쓴 텍스트들을 모아 놓았을 가능성이 있다.[198] 어쨌든, 이러한 가능성이 논제의 본질에 영향을 주지는 못한다. 프리스(H. Fries)가 말하듯이, 사목 서간들이 갖고 있는 객관적인 신학적 중요성에 있어서 저자 문제가 결정적인 사안은 아니기 때문이다.

사목 서간들의 문학 장르는 이미 사도행전 20장 17-38절에서 본 바와 같은 '고별사(告別辭)'이다. 자신이 곧 죽게 될 것임을 직감한 바오로 사도는 여기서 교회에 영향을 미치게 될 분열과 여러 가지 문제들을 예견하고 있다. 이 경우, 다뤄지고 있는 문제들은 이미 원시 불가지론(protoagnosticismus)에 물든 전통적인 유다계 신자들로부터 오는 듯하다.[199] 이러한 오류들에 대해 반론을 제기하는 책임은 티모테오 그리고 특별히 티토에게 지워졌는데, 여기서 그들은 마치 원로들에 대해 권위를 갖고 있는 것처럼 드러나고 있다. 티모테오와 티토는 본래적인 의미의 사도도 아니었으며 그렇다고 바오로적인 의미의 사도도 아니었다. 그럼에도 불구하고 그들은 개별 교회들의 원로들과 감독들에 대한 권위를 갖고 있었다. 티모테오1서 4장 14절과 티모테오2서 1장 6절은 그들이 안수를 받았으며 그러한 안수로부터 일정한 책임을 갖게 된다는 것을 언급하고 있다.

그것은 분명한 책임이었다. "나는 엄숙히 경고합니다"(1티모 5,21); "나는 그대에게 엄숙히 지시합니다"(2티모 4,1); "그러므로 감독은 ~ 해야 합니다"(1티모 3,2).

그들의 첫 번째 책무는 이단을 거슬러서 싸우는 것이었다. 즉 정통성의 기준을 갖고서 신앙의 위탁물을 지키는 것이다. 티모테오가 안수를 통해 받은 선물은 사도로부터 받은 건전한 해석을 잘 보존할 의무를 그에게 지워주었다. 감독(episkopoi)은 건전한 가르침과 일치되어 있고(티토 1,9) 이를 고백할 준비가 되어 있어야 한다. 그리고 이처럼 건전한 말씀은 선포되어야 한다(2티모 4,1-4). "나는 하느님 앞에서, 또 산 이와 죽은 이를 심판하실 그리스도 예수님 앞에서, 그리고 그분의 나타나심과 다스리심을 걸고 그대에게 엄숙히 지시합니다. 말씀을 선포하십시오. 기회가 좋든지 나쁘든지 꾸준히 계속하십시오. 끈기를 다하여 사람들을 가르치면서, 타이르고 꾸짖고 격려하십시오. 사람들이 건전한 가르침을 더 이상 받아들이려고 하지 않을 때가 올 것입니다. 호기심에 가득 찬 그들은 자기들의 욕망에 귀를 기울이지 않고 신화(神話) 쪽으로 돌아설 것입니다."

티모테오는 자신보다 높은 권위에 기대는 가운데 이를 실행해야 했다(1티모 5,17-22). 그래서 바오로 사도는 그에게 다음과 같이 말한다. "감독은… 가르침을 받은 대로 진정한 말씀을 굳게 지키는 사람이어야 합니다. 그래야 건전한 가르침으로 남을 격려할 수도 있고 반대자들을 꾸짖을 수도 있습니다"(티토 1,9; 2,1-15).

또한 감독은 개별 교회들을 위해 원로들(presbiteroi)과 부제들(diakonoi)을 준비해주어야 한다(1티모 3,1-13; 티토 1,5-9). "그대를 크레타에 남겨 둔 까닭은, 내가 그대에게 지시한 대로 남은 일들을 정리하고 고을마다 원로들을 임명하라는 것이었습니다"(티토 1,5). 이러한 임명은 안수(按手)를 통해서 이루어졌다(1티모 5,22). 또한 감독의 사명은 교회의 품 안에서 기도하고 그 외 다른 과제들을 염려하는 것이다.

그래서 우리는 메누(P. Menoud)와 더불어 이렇게 결론지을 수 있다. "교회 건설을 위한 신비로서의 사도직은, 티모테오와 티토의 모범을 통해 시도됐고 계승자들을 보장하도록 티모테오에게 명령 내려진 의무처럼, 지속되어야 한다."[200]

이러한 맥락에서 사도의 계승자로서의 새로운 모습을 여기서 찾아볼 수 있다. 그는 안수를 통해 교회 안에 원로들을 만들어야 할 과제를 부여받았다. 하지만 여기에는 아직 성 이냐시오의 작품들 가운데 드러나고 있는 감독(주교)의 모습이 완전히 묘사되고 있지는 않다. 그럼에도 불구하고 여전히 그에 대한 근본적인 모습은 발견된다. 프리스(H. Fries)는,[201] '원로' 혹은 '부제'란 말은 복수로 나타나는 데 반해 '감독'이란 말은 단수로 여러 번 나오고 있는 점에 주목한다. 후에 안티오키아의 이냐시오에게서 드러나는 '감독-원로-부제'라고 하는 삼중적인 어휘가 이미 형성되어 가고 있는 셈이다. "감독(주교)과 원로(사제) 사이의 한계 확정이 아직 완전히 이루어지지 않았다. 하지만 이 과정은 이미 시작되었다"고 프리스는 설명한다.[202] 무엇보다도 1세기 말 안티오키아의 이냐시오 안에서 감독에 대한 분명한 개념이 발견되고 있다. "감독 없이 아무것도 하지 마십시오. 오직 그만이 전례 봉사, 특히 성찬례를 거행하고 성사들을 주기 위한 권한을 갖고 있습니다. 만일 누군가가 이를 거행하고자 한다면 오직 감독의 동의하에 할 수 있습니다. 교회는 감독 안에서 일치된 백성입니다."203

안티오키아의 이냐시오에게 있어서 지역 교회는 주교 그리고 사제단과 부제단 없이는 존재할 수 없다.

더욱이, 사도적인 사명이 지속되는 것은 당연했다. 바오로는 이 사명에 대해 확신을 갖고 있었다. 즉 그는 하느님의 뜻으로 그리스도의 사도가 되도록 부름받았음을 확신했다(1코린 1,1). 모든 민족을 믿음에 순종하게 하는 권한과 사명은 그리스도로부터 유래한다(로마 1,5). 어떻게 이 사명이 연장되지 않을 수 있겠는가?

## II. 전승의 증언

우리가 현재 다루고 있는 주제에 대해 잘 보여주고 있는 것은 전승이다. 왜냐하면 그것은 실제로 이루어진 실재에 관한 것이며 단지 기록된 것을 통해 묘사된 것만을 다루지 않기 때문이다. 사실들은 이미 주어진 것으로서 작품을 통해 맡겨질 필요성이 없는 것들이기도 하다. 하지만 우리는 이러한 사실들에 대해 단지 정황적인 언급만을 갖고 있다.

### 1. 클레멘스 교황의 증언

우리는 이러한 전승의 증언으로서 무엇보다도 1세기 말 로마좌 베드로의 후계자인 클레멘스의 첫 번째 서간을 들 수 있다. 이 서간은 기원후 96-98년 코린토 신자들에게 보낸 메시지이다.

코린토 공동체 안에서 일어난 갈등은 "오랜 권위를 갖는 몇몇 사제들"이 부당하게 면직당한 데 있었다. 이 사건은 공동체 내에 분열을 조장했으며 로마에서 베드로의 세 번째 후계자인 교황 클레멘스는 이러한 상황에 대해 다음과 같이 지적하고 있다.

사도들은 주님이신 우리에게 예수 그리스도 편에 서서 복음을 설교했다. 예수 그리스도는 하느님으로부터 파견되셨으며, 사도들은 그리스도로부터 왔다. 그들은 우리 주님의 부활을 통해 확신으로 충만했으며 하느님의 말씀을 통해 충실함 가운데 확실히 고정되었다. 이처럼 여러 곳과 도시들에 기쁜 소식을 전함에 따라 성령과 주교, 부제들을 통해 믿어야 하는 것들에 대해 검증을 거친 후 첫 결실들을 정착시켜 나갔다(c.42).

또한 사도들은 주교직에 대한 논쟁들이 있을 것임을 알고 있었다. 그래서 주교가 죽게 되었을 때 그가 하던 봉사를 검증된 다른 남자들이 떠맡을 수 있도록 귀중한 가르침을 주었다. 전체 공동체의 동의 아래 주교로 임명된 이들은 아무런 흠 없이 그리스도의 양 떼를 위해 봉사했으며 우리는 파면당한 이들의 좋은 증언을 지니고 있다. 그러므로 나는 그것을 불의로 간주한다(c.44).

이 텍스트에 대한 해석에는 의견이 분분하다. 왜냐하면 문법적으로 다양한 해석이 가능하기 때문이다.[204] "분명한 것은 클레멘스가 코린토의 사제들이 적법하게 임명되었으며 따라서 파면될 수 없다는 입장을 견지한다는 점이다. 그런데 이러한 적법성(適法性)은 그들이 신적이고 사도적인 안수에 힘입어 임명되었다는 사실과 더불어 그들에게 주어진다."[205] 그러므로 사도들은 이미 사제직의 항구함을 고려했었다는 점이 확실히 드러난다.

다른 한편, 로마의 주교인 클레멘스가 코린토와 같은 개별 교회에 개입할 수 있는 권위를 받았다고 느낀 점은 상당히 중요하다. 이는 개별 교회에 대한 로마의 권한에 대해 전승이 우리에게 전해 주는 첫 사례이기 때문이다. 클레멘스의 서간 안에는 로마 주교의 정신과 형태 그리고 권리 주장이 드러난다. 이 서간은 2세기 내내 보편 교회 안에서 커다란 권위를 누렸다.

## 2. 안티오키아의 이냐시오[206]

2세기 초의 주교이자 신학자인 안티오키아의 이냐시오는 일련의 서간을 썼다. 서기 107년경까지 아시아의 여러 교회들에 보내기 위해 작성한 그의 서간들에서는 주교, 사제, 부제라는 세 단계로 구성된 교계 제도를 묘사하고 있다. 여기서 우리에게 전해지는 자료들에 의하면, 각 지역 교회에는 유일한 주교가 수장으로서의 역할을 수행했다. 에페소에 보내는 서간에는 오네시모(Onésimo)(에페 1,3)가 등장하며, 마네시아에 보내는 서간에서는 다마(Dama)(마네 2,1)가 나온다. 트랄리 교회에 보내는 서간에는 돌리비오(Dolibio)(트랄 1,1)가, 스미르나에 보내는 서간에는 폴리카르포(Policarpus)(스미 12,1)가 나온다. 그리고 세상의 마지막 경계까지 임명된 주교들이 있다고 주장하고 있다(에페 3,2).

주교는 하느님의 가시적인 이미지로서 군주제적인 의미에서 그분의 권위를 수여받는다. "주교는 개인적인 조작들을 통해서나 사람들을 통해서 또는 허영심의 자극을 받아서가 아니라 성부 하느님과 주님이신 예수 그리스도께 대한 사랑으로 고무되어 공동체를 통치하게 된다"(필리 1,1). 이냐시오는 하느님의 직분을 소유한 주교 그리고 예수 그리스도의 봉사를 위임받은 부제와 마찬가지로 사도적 원로인 사제들의 지도 아래 모든 것을 행하도록 권고하고 있다(마네 6,1). 그리고 다음과 같이 덧붙인다. "모든 사람들은 예수 그리스도를 존경하듯이 부제들을 존경하고, 성부의 모상으로서 주교를 존경하며 하느님의 원로처럼 그리고 사도단처럼 사제들을 존경하십시오"(트랄 3,1).

주교는 지역 교회에 있어 일치의 중심이자 이를 대표하는 사람이다. 성 이냐시오는 에페소인들에게 이렇게 말한다. "오네시모 안에서 여러분 모두를 받아들입니다"(에페 1,3). 이어서 이냐시오는 성찬례를 소개하는 훌륭한 텍스트와 지역 교회의 실현으로서 이 성찬례를 거행하는 주교를 우리에게 보여주고 있다. "그 누구도 주교 없이 교회에 관계되는 그 무엇도 하지 마십시오. 주교가 집전하는 성찬례와 그로부터 권위를 받은 이는 유효합니다. 예수 그리스도께서 계신 곳에 공번된 교회가 있듯이, 주교가 있는 곳에 공동체가 있습니다. 주교 없이는 세례를 주는 것도 성찬례를 거행하는 것도 모두 합당하지 않습니다. 그가 승인하는 것은 하느님께도 기쁩니다"(스미 8,1-2).

언급한 바와 같이, 성 이냐시오는 지역 교회의 주교이자 신학자였다. 그가 이해했던 교회는 로마교회와의 친교 안에 있는 교회이다. 그는 포로가 되어 로마로 후송되어 가는 도중에 스미르나에서 로마 신자들에게 편지를 썼다. "테오포로라고도 불리는 저 이냐시오는 지극히 높으신 성부와 그분의 유일한 아드님이신 예수 그리스도의 장엄함 가운데 자비를 얻은 교회에 인사드립니다. 하느님이신 예수 그리스도의 사랑에 따라 존재하는 모든 만물을 원하신 그 분의 뜻으로 인해 사랑받고 비추임받은 교회에 인사드립니다. 로마 인들의 믿음을 대신해 주재하고 있는 교회, 하느님께 합당하며 명 예와 축복을 받기에 합당한 교회, 애덕을 주재하기 위해 세워졌으 며 성부의 이름을 지니는 그리스도의 법을 보관하는 교회에, 성부 의 아드님이신 예수 그리스도의 이름으로 거룩한 계명들 안에서 일 치하는 신자들에게 인사드립니다"(로마 서언).207

그러므로 이냐시오에게 있어서 로마는 당시 교회에 대한 이해 에 있어서 결정적인 중요성을 갖고 있었다. 더 나아가, 이냐시오는 로마교회가 많은 것을 가르쳤지만 그 누구의 가르침도 받아들이지 않는다고 말한다. 그는 로마교회로 하여금 시리아 교회를 책임질 것을 청한다. 그는 로마교회가 갖는 이런 우위성(優位性)의 근거로 베드로와 바오로가 로마에 있었으며 거기서 복음을 설교했다는 점 을 든다.

## 3. 개별 교회들

라칭거(J. Ratzinger)는 설명하길,208 초대 그리스도교 세계에 있 어서 '교회'라는 말은 삼중적인 의미를 지녔다고 한다. '예배하는 회 중', '지역 교회' 그리고 '보편 교회'가 그것이다. 그래서 지역 교회는 보편 교회를 대변하며, 성찬례 안에서 이루어지는 예배 모임은 각 개별 교회가 갖는 교회성(敎會性, eclesialidad)의 구체적인 실현으로 여겨졌다. 구체적으로 말해, 여러 지역 교회들 안에 존재하는 하느 님의 교회는 유일한 하나의 교회이며 이 교회는 예배하는 회중 안에서 실현된다. 신자 공동체들은 유일하면서도 같은 성찬례 거행을 통해서 그리스도 안에서 하나가 된다. 주교의 권위 아래 유일한 하나의 빵과 말씀 안에서 일치하는 것은 개별 교회들을 보편 교회의 실현으로 변화시켜준다. 한마디로, 고대에 있어서 교회의 바탕이 됐던 요소는 주교에 의해 통치되는 지역 공동체였다. 그래서 이러한 근본 조건이 생겨난다. "오직 하나의 교회 안에 한 명의 주교가 있다." 주교가 자기 교회 안에서 하는 역할은 무엇보다도 일치를 유지하는 것이다.

허틀링(L. Hertling)은 고대 지역 교회들의 역할에 대한 좋은 글을 썼다.[209] 보편 교회의 일치는 한 주교의 통치하에 있는 각 지역 교회들 간의 일치를 의미한다. 이러한 교회들은 흔히 '평화'라는 말로 지칭되는 친교(親交, koinonia) 안에서 서로 일치한다. 그래서 어느 그리스도교 신자의 무덤 위에 쓰인 '평화 안에서(in pace)'라는 말은 망자(亡者)가 교회의 평화 안에서, 즉 그리스도교적인 친교 안에서 죽었음을 의미한다.

이러한 친교가 갖는 본질적인 조건은 지역 주교와의 일치, 즉 그 주교가 가르친 신앙과 일치하는 것에 있었다. 이러한 신앙고백은 세례를 위해 요구되었으며 이 신앙에 항구한 것은 성찬례에 참여하기 위한 기본 조건이었다. 그래서 성찬례의 친교는 이러한 친교를 드러내는 가시적인 표현이었다.

주교는 신자들이 여행할 때 다른 교회의 성찬례에 참여할 수 있도록 친교를 표현하는 서간들을 준비해주었다. 주교는 이를 위해 친교 가운데 있는 주교들의 명단이 있는 책들을 갖고 있었다.

허틀링이 상기하는 바와 같이, 로마 주교와의 친교는 적법한 그리스도교적 친교 안에 있다는 확실한 기준으로 인식되었다. 로마 주교와의 친교로부터 제외된 사람은 더 이상 교회에 속하지 않았다. 반면, 로마와의 친교 안에 있는 주교와의 친교로 들어가는 이는 교회에 속하는 것을 의미했다. 이러한 의미에서 허틀링은 다음과 같이 끝맺는다. "수위권(首位性, primatus)과 이의 실행에 관한 후대 신학의 모든 요소들은, 비록 소실되기도 했고 아직 개념화되거나 어떤 신학적 체계 속에 결합된 것은 아니었지만, 이미 초대 교회 안에서 드러나고 있다."210

자신들이 해당 지역 교회의 일치를 책임지고 있으며 따라서 보편 교회의 일치에도 책임이 있음을 잘 알았던 주교들은 268년 안티오키아― 비록 이 교회가 갖는 중요함에도 불구하고― 의 주교인 사모사타의 바오로를 파문하고 그 자리에 돔누스(Domnus)를 임명했다. 그 후 그 주교들은 그간 일어난 일들에 대해 전하면서 로마와 알렉산드리아에 서신을 보냈다.211

이러한 친교의 교회 안에서 주교들은 일치를 보장하는 통상적인 형태로서 각 교회들 간에 서로 친교 서신을 교환하곤 했다. 이처럼 친교 서신을 보내는 것은 새로운 주교를 친교에 받아들임으로써 적법한 동료로 인정한다는 것을 의미했다. 그러므로 돔누스의 임명에 있어서 결정적인 것은 그가 시노드를 통해서 합법적으로 받아들여진 사실이 아니라 지역 주교들이 로마와 알렉산드리아에 전했던 연락이었다. 따라서 이러한 지명(指名)은 이 주교들이 돔누스에게 편지를 쓰고 그로부터 친교의 서신을 받게 될 때 결정적인 것이 된다.212

## 4. 영지주의의 위기

코린토 교회의 위기가 있은 지 한 세기 후 영지주의(靈知主義) 위기가 발생한다. 영지주의는 가톨릭 신앙을 인간적인 인식과 지혜로 전락시키면서 위협하는 일종의 철학이자 운동이었다. 무엇보다도 이 운동은 그리스철학과 종교의 제반 요소들을 혼합하고자 했다. 영지주의자들은 자신들의 교의를 유지함에 있어서 사도들과 직접 연결된 스승들을 통해 전수된 비밀스러운 전승에 호소하곤 했다.

그래서 각 교회에서는 주교들의 계승으로 유지된 참된 사도전승(*traditio apostolica*)에 호소하는 방법밖에 없었다. 헤게시포(Hegesipus)는 이 방법을 사용한 첫 인물이었다. 그리고 테르툴리아노와 이레네오는 이를 자신의 것으로 만들었다. 예를 들어, 테르툴리아노는 다음과 같이 언급한다. "그들(이단자들)은 자기 교회의 계보(系譜)를 제시하면서 시작한다. 그들은 시작부터 단절되지 않은 계승과 함께 자신의 첫 번째 주교가 사도들 또는 남자 사도들 가운데 한 사람을 선조 또는 창립자로 갖고 있다고 소개한다. 정확히 말해, 이는 사도 교회들이 자신의 신뢰성을 소개하는 방식이기 때문이었다. 이는 마치 스미르나 교회가 우리로 하여금 요한을 통해 임명된 폴리카르포를 보게 하는 것과 같다. 그리고 로마 신자들이 베드로가 안수한 클레멘스에게 호소하는 것도 마찬가지다. 그리고 그 밖의 다른 교회들이 다른 여러 사도들에 의해 주교직에 임명되고 사도적인 씨앗에서 뻗어 나온 덩굴들을 유지하는 이들을 보여주는 것과도 같다."213

이렇게 해서 사도 계승(*successio apostolica*) 목록들이 형성되었다. 이는 사도들의 혈통을 이어받는 주교들의 계승으로서, 그들은 교회들을 통치하고 스승이 될 수 있는 사도적인 자격을 갖게 된다. 그들은 통상적인 스승으로 드러나는 지역 주교들이다.

이레네오는 특별히 수품을 통해 받은 참된 가르침을 보장하는 성사적(聖事的) 특징에 대해 주장하고 있다. 그래서 그는 다음과 같이 말한다. "이처럼 세상에서 진리를 보고자 하는 이는 누구에게나 각 교회마다 사도들의 전승이 드러난다. 우리는 교회 안에서 사도들에 의해 임명된 주교들 그리고 우리 시대까지 이르는 일련의 계승자들을 인증(引證)할 수 있다."[214] 예를 들어, 이레네오는 스미르나와 로마교회의 예를 들면서 목록을 열거하고 있다. 이어서 이 리옹의 주교는 다음과 같이 끝맺는다. "우리는 사도들로부터 유래하고 주교들의 계승을 통해 여러 교회들 안에 보존되고 있는 이 전승에 의지한다."[215]

특별히 성 이레네오는 다음과 같은 아주 중요한 사실을 우리에게 전해주고 있다. 이 리옹의 주교에 따르면, 어떤 가르침이 참으로 사도적임이 보장되기 위해서는 원 사도의 교회들 안에 보존된 가르침에 대해 조사해야 한다고 보았다. 하지만 이 작업은 곤란하고 어려운 방법일 듯하다. 이것 말고 훨씬 더 단순하고 효과적인 방법이 있는데, 이는 다름 아닌 로마교회의 가르침에 호소하는 것이다. "이 교회와 더불어 그리고 이 교회의 우위적인 권위(potiorem principalitatem)에 힘입어 전체 교회, 즉 세상의 모든 신자들과 일치를 이룬다. 왜냐하면 이 교회 안에는 전 지역의 신자들을 통해 사도들로부터 이어오는 전승이 보존되어 있기 때문이다."[216]

## 5. 정경과 부활절 날짜의 확정

신약의 책들을 수집하는 것이 전승의 업적임은 분명한 사실이다. 하르낙(A. von Harnack)도 2세기 말경 사도성과 가톨릭성의 기준을 따르는 가운데 로마에서 신약 정경(正經)이 확정되었음을 인정하고 있다. 여기서 말하는 기준이란 로마교회가 지닌 고유한 가치와 권위의 힘을 바탕으로 다른 교회들을 통해 지속되어 왔던 기준을 말한다. 다시 말해 사도전승, 더 구체적으로 말해 성경의 정경을 확립하기 위한 기준을 제시하는 로마교회의 전승이 있었다.

부활절 날짜의 확정에 관해서는 빅토리오 교황(189-190)의 역할이 중요했다. 그는 로마의 수위권이 위력을 발휘할 수 있도록 이를 열정적으로 옹호했다. 그는 소아시아의 여러 교회들에게 파문하겠다는 위협을 가했는데, 이는 이 교회들이 로마가 견지해 온 부활절 날짜를 받아들이길 거부했기 때문이다. 그래서 교황은 그들과의 친교를 파기할 뿐 아니라 보편 교회의 친교로부터도 명백히 제외될 것이라고 위협했다. 그는 이를 위해서 그 도시에 있는 베드로와 바오로의 무덤에 근거해서 자신의 권위를 주장했다. 이레네오는 교황으로 하여금 좀 더 온화한 조치를 취할 것과 다른 교회들의 사안에 대해 권위를 갖고 개입할 수 있는 로마의 권리에 대해 더 이상 거론하지 말 것을 권했다. 이는 권위 있는 행동일 뿐 아니라 분열된 교회들이 로마의 규율에 복종한다는 것을 의미했다.

## 6. 히폴리토의 증언

직무들의 전수(傳授)를 언급하기 위해 초기 전승을 평가함에 있어서 확실한 가치를 갖는 증언은 215년경에 쓰인 히폴리토의 『사도전승(traditio apostolica)』이다. 이 작품은 주교 서품에 대해 우리에게 다음과 같이 설명하고 있다.

II.
1. 수품된 주교는 모든 면에서 흠이 없을 것이며 모든 백성에 의해 선택된다.
2. 그리고 모든 이에 의해 추천되어 받아들여질 때, 사제들과 주교들과 함께 주님의 날에 모인 백성은 모두 이 선출을 승인할 것이다.
3. 주교들은 그에게 안수하며 사제들은 침묵 가운데 머문다.
4. 모두 성령께서 임하시도록 마음속으로 기도하면서 침묵을 지킨다.
5. 그다음, 참석한 주교들 가운데 한 사람이 모든 이의 염원을 담아 주교로 수품되는 이 위에 안수하며 다음과 같이 기도한다.

III.
1. "오 우리 주님이신 예수 그리스도의 아버지 하느님, 자비의 아버지이시며 모든 위로의 하느님", "높은 곳에 거하시면서도 비천한 이를 존중하시는 분", "모든 일이 일어나기 전에 이미 모든 것을 아시는 분."
2. "당신 은총의 말씀으로" 당신 교회에 명령하신 분. 아브라함으로부터 시작해서 군주들과 사제들을 임명하시면서 당신의 지성소를 사제들 없이 버려두지 않으시는 가운데 시초부터 의인들의 족속을 안수하신 분. 세상 시초부터 당신께서 선택하신 이들 가운데 영광 받으심을 기뻐하셨던 분.

3. 이제 당신으로부터 유래하는 이 권능, 교회를 세운 당신의 거룩한 사도들을 당신께 내어주셨으며 온 세상에서 당신 이름에 끝없는 영광과 찬미를 드리는 가운데 당신을 공경하는 사랑하는 당신의 아드님 예수 그리스도께 선사하신 '고귀한 영'의 권능.

4. "모든 이의 마음을 아시는" 성부여, 주교직을 위해 선별하신 이 당신의 종으로 하여금 뛰어난 사제로서 당신의 거룩한 양 떼를 기르고 봉사하며 밤낮으로 흠 없이 돕는 가운데 당신의 보호를 깊이 숙고하고 청하며 당신의 거룩한 교회의 선물들을 당신께 봉헌할 수 있게 하소서.

5. 그리고 당신의 명령에 따라 이 뛰어난 사제의 영을 통해 "죄인들을 용서하고" 또한 당신의 명령에 따라 "몫들을 분배하고" 당신 사도들에게 주신 권한과의 동의 아래 "모든 결박을 풀 수 있는" 권한을 갖게 하소서. 그럼으로써 "감미로운 향수"를 "당신께 봉헌하는 가운데" 온화함과 순수한 마음으로 당신을 기쁘게 해드릴 수 있게 하소서.

6. 우리 주님이신 성자 예수 그리스도를 통하여 그리고 그분을 위해 성부, 성령과 함께 끝이 없는 말씀이신 성자께 이제와 영원히 영광과 권능 그리고 찬미가 있을지어다. 아멘.[217]

설리번(Sullivan)이 우리에게 상기시키는 바와 같이, 당시 모든 지역 교회는 주교 안수의 책임을 지고 있었다. 주교는 선출되었지만, 모든 이들에 의해 추천되고 받아들여져야 했다.[218] 그러나 지역 교회는 주교를 안수하기 위해서 자기 자신만으로는 충족하지 못했다. 왜냐하면 이 선출을 승인해줄 여러 이웃 교회의 주교들에게 호소해야 했기 때문이다. 오직 주교들만이 수품될 이에게 안수할 수 있었으며, 그럼으로써 그는 주교 직무에 참여하는 가운데 주교단에 들어갈 수 있었다. 처음에는 모든 이들이 성령께 기도하며 주교는 그에게 안수를 했다. 그다음 오직 한 명의 주교만 수품될 이에게 안수하면서 큰 소리로 기도를 했다.

이러한 의미에서 딕스(G. Dix)는 다음과 같이 설명한다. "우리는 확실히 다음과 같이 말할 수 있다. 즉 본질적인 틀에서 보면『사도전승』이 우리에게 증언하고 있는 예식과 상징들은 히폴리토 당시 180년경까지 로마교회에서 실행되어 오던 것들이었다."[219]

## 7. 치프리아노의 갈등

여기서 우리는 3세기경 카르타고의 주교였던 치프리아노(Ciprianus)와 스테파노(Stephanus) 1세 교황(254-257) 사이에 있었던 대립에 대해 언급하지 않을 수 없다. 당시 제기된 문제는 이단자들에게 주었던 세례를 되풀이해야 할지 아니면 그럴 필요가 없는지에 대한 의문으로부터 생겨났다. 이 문제는 이론적으로 보면 다시 세례를 받은 이들의 잘못으로부터 유래했다. 그들은 이단자들의 세례가 갖는 유효성을 부인했다(즉 은총이 없는 이들은 다른 이들에게 이 은총을 전할 수 없다는 사실을 옹호했다). 성 치프리아노는 이 견해의 충실한 추종자였다.

치프리아노는 스테파노 1세 교황에게 이 가르침에 대한 추인을 청했고 여기서부터 갈등이 생겨났다. 왜냐하면 당시 교황은 세례를 되풀이할 필요가 없다는 견해를 표명했기 때문이다. 이에 치프리아노는 자신의 견해를 따르는 아프리카의 주교들과 함께 254년에 시노드를 개최했다. 한편, 교황은 교회의 가르침을 재천명했다. 즉 만일 세례가 제대로 수여됐다면 그것은 늘 유효하다는 것이다(*Epist.*

74,1). 치프리아노는 256년 새로운 시노드에서 자신의 견해를 따르던 주교들과 함께 자신이 견지했던 주장을 다시금 확인한다. 이에 대해 로마는 파문할 것인지 아닌지에 대해 결정하지 않았지만 파문의 위협과 함께 그에게 회신을 했다. 그러나 그 후, 발레리아누스 황제 박해 아래서 스테파노 교황은 257년에 그리고 치프리아노는 258년에 서거한다. 로마인이 아닌 주교로서 유일하게 치프리아노가 로마 미사 경본에 들어간 것은 특별한 것이었다. 한편 치프리아노의 순교가 있은 지 50년 후 아프리카의 모든 교회는 문제가 됐던 사안에 대한 로마의 가르침을 받아들였다.

지금 우리가 살펴보고자 하는 문제는 앞서 언급한 사안에 대한 치프리아노 주교와 교황 사이의 대립이다. 이 사건을 평가함에 있어서 무엇보다도 우리가 상기해야 할 점은, 이 논쟁이 있기 이전에 치프리아노는 『교회의 일치(De unitatae Ecclesiae)』 4장에서, 교회는 하나인데 이는 베드로가 한 분이며 그 위에 교회가 설립되었기 때문이라고 옹호한다는 것이다. 그리스도는 베드로 위에 교회를 설립했으며 그로 하여금 양 떼를 돌보도록 위임하셨다. 그러므로 베드로의 머리 위에 일치의 기초가 설정되었다. 따라서 베드로좌(座)와의 일치를 포기하는 이가 자신이 교회 안에 머물고 있다고 착각해서는 안 된다. 치프리아노에 의하면, 베드로좌와 로마교회는 'principalis(으뜸가는)', 즉 일치에 있어서 부패하지 않는 원천을 구성하는 수위권(primatus, 首位權)을 가지고 있다(Epist. 59,14). 치프리아노에게 있어서 로마교회는 사도 교회의 뿌리이자 모태이다(Epist. 48,3). 코르넬리오(Cornelius) 교황이 치프리아노에게 자신이 교황에 선출되었음을 전했을 때, 치프리아노는 이 사실을 아프리카 교회의 주교들에게 서신으로 알림으로써 모두가 이 새 교황과의 친교를 유지하고 가톨릭 교회와의 일치를 유지하도록 알렸음을 전하면서 교황에게 회신했다(Epist. 48,3).

이처럼 논쟁 밖에서 보면 치프리아노의 텍스트들은 아주 명백하다. 사실 그는 격렬한 논쟁 속에서 스테파노 1세 교황의 가르침과는 다른 의견을 주장했지만, 그렇다고 이것이 교황의 권위에 대한 인정을 포기한다는 것을 뜻하지는 않았다. 그는 결코 이 점에 대해 문제시하지 않았다.[220] 아마도 그에게는 발레리아누스 황제 박해로 인해 교황과의 합일점에 이르기에는 시간이 부족하지 않았던가 싶다. 사실상 이러한 합일점에 도달한 것은 그가 순교한 지 50년이 지난 후 아프리카 교회를 통해서 이루어졌다. 당시 치프리아노뿐 아니라 스테파노 교황도 박해의 와중에서 바로 순교했다. 이로 인해 이 둘 사이에는 최종적인 일치에 이를 수 있는 기회가 주어지지 못했다.

## 8. 4세기와 5세기에 있어서 교황권

라칭거가 상기하는 바와 같이, 4-5세기의 로마교회가 이단자들로부터 자유를 견지하고 있었다는 사실에 대해서는 대부분 의견의 일치를 보이고 있다. 의심할 바 없이 로마교회는 순수함을 보존한 전승의 중심으로 여겨졌다. 한편, 이 교회는 '사도적 중심지'라는 별칭으로도 불렸는데, 왜냐하면 그곳은 베드로와 바오로가 머물렀던 곳이기 때문이다. 베드로가 예루살렘에서 로마로 옮긴 사건은 유다인들의 교회가 이방인들의 교회로 결정적인 진전을 이룩했다는 것

을 의미했다. 그렇다고 로마가 거룩한 교회의 도시라는 식의 의미
는 아니었다. 왜냐하면 교회는 예루살렘의 몰락 이후 바빌론, 즉 사
막 가운데 순례하는 여정 중에 있는 종말론적인 유토피아(장소가 없
는)로 간주되었기에, 이러한 맥락에서 로마는 베드로1서 5장 13절에
서 말하는 '바빌론'이라고 여겼기 때문이다.221 무엇보다도 로마교회
는 수위권을 갖는다. 왜냐하면 거기에서 베드로와 바오로가 순교를
통해 수난했으며, 그러기에 그곳에는 그분들의 승리가 보존되어 있
기 때문이다.

이러한 맥락에서 다음과 같은 중요한 사실이 드러난다. 그것은
'*primatus*(수위권)'란 말이 니케아 공의회(325) 문헌 제6조에서 처음으
로 드러나고 있는데 흥미롭게도 복수형으로 사용되고 있으며 이와
더불어 로마와 알렉산드리아 그리고 안티오키아 주교좌를 언급하고
있다는 점이다.222 이미 앞서 안티오키아의 주교인 사모사타의 바오
로 사건에서 암시한 바와 같이, 그는 로마와 알렉산드리아 교회의
동의하에 개최된 시노드를 통해 파면되었다. 그러나 이 세 개의 총
대주교좌 가운데 사실상 로마좌에 수장(首長)들 가운데서 가장 으뜸
가는 수장의 지위가 주어졌다. 애초에 로마의 우위성은 그 교회가
언제나 전승에 대한 충실함을 견지한다는 사실에 근거를 두고 있었
다. 하지만 여기에는 순교를 통해 로마를 축성한 베드로와 바오로
가 머물렀던 좌(座)였다는 점이 크게 작용했다. 그럼에도 불구하고
아직까지는 그리스도의 대리자이자 베드로의 후계자요 자신의 으뜸
가는 지위(principalitas)를 견지하기 위해 마태오복음 16장 17-18절에
서 호소하고 있는 로마 주교에 대한 신학이 드러나지 않았다. 엄밀
히 말해 교황들 중에서 마태오복음 16장에 호소하면서 자신의 수위

권을 주장했던 사람은 스테파노 1세였다. 그리고 테르툴리아노는 마태오복음 16장 18절을 처음으로 인용했다.

이제 로마교회의 주교는 베드로의 후계자라는 개념이 점차 실현되어 갔으며 이와 더불어 여타 주교들의 직무를 넘어서는 보다 보편적이고 근본적인 직무를 수행하는 로마교회와 로마 주교의 우월성이라는 개념도 무르익어 갔다. 알렉산드리아좌와 안티오키아좌의 수위권이 지역적인 것인데 반해, 로마좌는 지역적 범위를 넘어서 보편적인 특징을 갖는 수위권을 누렸다. 오직 로마교회의 주교만이 베드로의 후계자라는 사실에 호소할 수 있었다. 라칭거는 상기하길,[223] 행정 관리적인 차원에서 로마좌는 수위권을 갖는 다른 총대주교좌들과 동등한 위치에 있었지만 오직 로마좌만이 베드로 계승에 의한 보편적인 수위권을 누릴 수 있었다고 한다.

로마교회의 보편적인 수위권은 343-344년에 개최된 사르디카 공의회를 비롯해 여러 공의회에서 분명하게 드러나고 있다. 이 공의회는 canon 3항에서 다음과 같이 언급한다. "만일 어떤 주교가 소송으로 인해 판결되고 그 판결이 뒤집어지기에 충분한 이유들을 갖고 있다고 믿는다면, 그리고 만일 여러분이 생각하기에 그 사실이 분명하다면, 베드로 사도의 기억을 존중하기로 합시다. 소송을 검토한 주교들 또는 이웃 지방의 주교들이 로마에 서신을 보내고… 로마가 결정을 집행하는 것은 추인됩니다"(D 133).[224] 타랑고나의 히메리오(Himerius)가 청한 자문(385)에 대한 회신인 시리치오(Siricius) 교황의 첫 번째 교서 안에서 교황은 자신의 권위가 황제의 권위에 근접하고 있음을 잘 알고 있었다.

## 9. 에페소 공의회

로마좌가 수위권을 갖고 있다는 의식을 알아보기 위해 교황이 자신의 사절들을 통해 에페소 공의회에 개입한 것은 중요한 사건이었다. 당시 문제가 된 사안은 네스토리오 이단으로서, 422년 콘스탄티노폴리스의 총대주교로 임명된 네스토리오는 교황 첼레스티노의 승인을 얻기 위해 서신을 보냈다. 한편, 알렉산드리아의 총대주교이자 네스토리오를 대항해서 참된 그리스도론의 진리를 옹호했던 치릴로 역시 그가 이단임을 밝히기 위해 필요한 모든 문서를 동봉한 자신의 서신을 첨부해서 교황에게 서신을 보냈다. 그는 여기서 다음과 같이 쓰고 있다. "교회의 오랜 관습에 따라 저는 성하께 다음과 같은 사안들을 알려드리지 않을 수 없습니다. […] 그(네스토리오)와 더불어 친교를 유지하든지 아니면 그 누구도 그러한 신념을 가진 이와는 절대로 친교를 유지하지 말아야 하는지 하는 견해 가운데 성하의 견해를 감히 제가 알 수 있게 해주십시오. 이 사안에 대한 귀하의 판단이 마케도니아와 동방교회의 모든 주교들에게 드러나야 합니다."[225]

이에 교황 첼레스티노는 430년에 로마에서 시노드를 소집하고 네스토리오를 단죄했다. 그러나 네스토리오는 당시 황제였던 테오도시우스 2세의 지지를 얻었으며, 이 황제는 431년 성령강림절에 에페소에서 보편 공의회를 소집하기에 이른다. 교황은 이 공의회에 세 명의 사절을 파견했는데, 이 사절들의 도착이 지연되자 치릴로는 자신의 견해가 교황과 완전히 일치한다는 신념 아래 자신의 주재하에 공의회를 개최했다. 공의회는 네스토리오의 저작들을 검토하고 "거룩한 정경과 로마교회의 주교인 첼레스티노 교황 성하의 서신의 권위로" 네스토리오를 파문했다.[226]

교황 사절들은 공의회에 도착한 후 교황의 의지에 따라 교황의 승인과 더불어 첫 회기의 의사록을 재가하기 위해 이 의사록에 대한 검토를 요청했다. 교황 사절 가운데 한 사람인 사제 필리포스는 "전체 교회와 모든 사도들의 머리에서 거룩한 회원들이 일치한 사실"[227]을 확인할 수 있었던 기쁨을 표현했다. 실제로 이 사절들은 공의회에서 결정된 규정들을 공식적으로 낭독하도록 요청했으며, 필리포스는 다음과 같은 담화로 끝맺었다. "그 누구도 모르지 않습니다. 다시 말해, 모든 이들은 예로부터 거룩하고 복된 베드로, 사도들의 머리이자 수장이요 믿음의 기둥이며 공번된 교회의 초석인 베드로가 인류의 구세주요 구원자이신 우리 주 예수 그리스도로부터 하늘나라의 열쇠를 받았으며, 그에게 묶고 푸는 권한이 주어졌음을 알고 있습니다. 그의 계승자인 복된 교황 첼레스티노는 당신의 현존을 대신하기 위해 우리를 이 공의회에 보내셨습니다."[228]

## 10. 레오 대교황

4세기부터 로마의 주교들, 특히 시리치오(Siricius, 384-398), 인노첸시오 1세(402-417) 그리고 조시모(417-418)는 점점 증가해 가는 결정과 함께 수위권을 자신의 권리로 요구했다. 하지만 무엇보다도 레오 대교황은 로마의 주교가 베드로의 후계자라는 이유로 보편적인 수위권을 지닌다는 개념을 분명히 드러냈다. 로마 주교는 베드로의 후계자인 한에서 베드로가 다른 사도들에 대해 지녔던 것과 비슷한 유비적인 권위를 다른 주교들에게 요구할 수 있다. 레오 대교황에게 있어서 "지극히 복되신 사도 베드로는 당신의 좌(座)에서 주재하는 것을 멈추지 않는다."²²⁹ 그래서 레오 대교황은 계속해서 이렇게 말한다. "이 믿음의 견고함은 영원하다. 그리스도는 이 믿음 때문에 사도들 가운데 첫째가는 이를 칭찬하셨다. 이와 마찬가지로 베드로가 그리스도를 믿었던 것은 언제나 존속한다. 같은 식으로 베드로의 인격 안에서 그리스도께서 임명하신 것은 언제나 존속한다. […] 성 베드로는 자신에게 부여된 돌의 견고함을 언제나 보존하면서 교회 안에서 자신에게 주어진 키를 놓지 않았다. […] 그래서 우리가 선한 행위를 하고 올바르게 결정하며 일상의 청원 기도들과 더불어 하느님의 자비에 감동한다면, 이 모든 것은 아직 자신의 좌(座)에서 권능을 갖고 살아 있으며 권위 또한 계속 돋보이는 이가 하는 일과 공로 덕분이다(*cuius in sede sua vivit potestas et excellit auctoritas*). […] 베드로는 모든 교회에 매일 이렇게 말한다. '당신은 살아 계신 하느님의 아들 그리스도이십니다.' 주님께 이렇게 고백하는 모든 언어는 이 말씀의 가르침을 통해 생기를 얻는다."²³⁰

로마좌의 이러한 권리 요청은 칼케돈 공의회(451)에서 볼 수 있는 것처럼 사실상 교회의 보편적인 의식에 상응하는 것이었다.

우리는 칼케돈 공의회와 관련해서 다음과 같은 사실을 상기해야 한다. 당시 콘스탄티노폴리스의 수도원장인 에우티케스(Eutyches)는 레오 대교황에게 안티오키아의 총대주교를 네스토리오(Nestorius) 이단으로 고소했다. 그러나 이는 에우티케스 자신이 총대주교인 플라비아노(Flavianus) 앞에서 이단으로 고소당하는 상황으로 이어졌다. 그래서 이 둘은 레오 대교황에게 도움을 호소했다. 이에 교황은 449

년 6월 14일 플라비아노에게 그 유명한 「레오의 첫째 교의 서한」을 쓰게 되는데, 여기서 교황은 그리스도론적인 신앙에 관한 용어들을 명백히 표현하고 있다. 당시 교황은 칼케돈 공의회에 자신의 사절들을 파견했는데, 그들은 630명의 주교들 앞에서 이 공의회를 주재했다. 이 사절 가운데 첫 번째 인물은 파스카리노(Pascarinus) 주교로서, 그는 "모든 교회의 머리"인 로마 주교의 훈령에 따라 디오스코로(Dióscoro)가 공의회에 들어오는 것을 허용하지 않았다. 두 번째 회기에서 플라비아노에 대한 레오 대교황의 서간이 낭독되었으며, 이에 대해 주교들은 다음과 같이 응답했다. "이것이 교부들의 신앙이며 이것이 사도들의 신앙이다. 베드로가 레오의 입을 통해서 말했다."[231] 교황에 대한 이러한 승인은 공의회에 참석한 주교들이 레오 대교황에게 보낸 서간에서 추인되었으며 그들은 여기서 다음 같이 언급하고 있다. "당신은 우리에게 오셨습니다. 당신은 모든 이를 위한 베드로의 목소리의 해설자셨습니다. [⋯] 당신은 대리자들을 통해서 모든 교부들의 회중을 이끌고 명하셨으며 당신 지체들의 머리로서 그들에게 교의(敎義)의 참된 의미를 가르치고 명하셨습니다."[232]

루트비히(L. Ludwig)가 언급하는 것처럼, "로마 교황권은 1870년이 아니라 이미 450년에 그 정점에 이르렀다."[233]

## 11. 성 아우구스티노로부터 시작해서

성 아우구스티노와 더불어 신앙을 확고히 하기 위한 수위권의 필요성에 대한 의식이 보다 분명해졌다. 그는 아프리카에서 펠라지오 추종자들을 거슬러 싸우는 데 열의를 갖고 로마의 승인을 얻으려 했다. 왜냐하면 오직 이 사도좌(Sedes Apostolica)의 의견 표명과 더불어 아프리카 주교들의 결정에 대해 참으로 함께 서명할 수 있기 때문이다. 드 뤼박(De Lubac)이 언급하는 것처럼,234 당시 어떤 규율이나 가르침에 관한 중요한 사안에 있어서 최종적인 해결 방법은 사도좌에 호소해야 한다는 것을 모든 이들은 익히 잘 알고 있었다. 아우구스티노는 아프리카 교회에서 이단적인 가르침을 거슬러 싸워야 했다. 그래서 그는 친히 카르타고 공의회(418)와 밀레비 공의회를 소집했다. 그는 대다수의 주교들과 함께 인노첸시오 교황에게 서신을 보냈다. 이 서간은 밀도 있는 장문의 소송 사건을 다룬 청원서였다. 이는 무엇보다도 교황의 승인을 얻기 위함이었다. 이에 대해 드 뤼박은 다음과 같이 설명한다. "자신의 공동체적인 의무에 대해 잘 알고 있던 아우구스티노는 로마의 개입이 이 위태로운 담판을 해결할 수 있는 유일한 길임을 분명히 보았다. 로마가 자신의 판단을 주지 않는 동안, 문제는 계속해서 미해결인 상태로 남아 있었다. […] 그러나 성 아우구스티노는 로마가 아니라면 이 문제는 결코 해결될 수 없다는 점을 잘 알고 있었다."235

후대에 로마 교황권은 여러 기회에 동방에서 인정되었다. 교황 호르미스다스(Hormisdas)(D 363-365)의 신앙고백은 250명의 동방 주교들의 수용과 함께 아카치아노(Acacianus) 이교(離敎)(484-519)를 끝맺었다. 그리고 868-879년 콘스탄티노폴리스 공의회에 참석한 모든 이들은 호르미스다스의 양식과 아주 유사한 "libellus satisfactionis"236에 서명했다. 우리는 단의론(單意論, monotheletismus)(7세기 중반) 위기 당시 예루살렘의 소프로니오(Sofronius)와 고백자 막시모(Maximus)

그리고 콘스탄티노폴리스의 총대주교인 요한이 로마의 수위권을 위해 증언한 것을 발견할 수 있다.

우리는 교황권과 관련해 다음과 같이 요약할 수 있다. 로마의 주교는 베드로의 권위와 유사한 권위를 갖는 그의 계승자라는 의식이 보다 분명하게 발전되어 갔다. 사실 레오 대교황의 입장은 이를 명백히 입증한다. 그러나 이미 시초부터 로마교회가 제시하는 기준은 정경(正經)의 형성과 부활절 날짜에 대한 확정 같은 문제들에 있어서 결정적 역할을 했다. 당시 교황 빅토리오는 파문까지도 할 수 있다는 내용과 함께 아시아 교회를 위협했다. 성 치프리아노와 갈등을 겪었던 스테파노 1세 교황은 아프리카 교회에 로마좌의 주장을 강요하면서 매듭을 지었다. 그는 애초부터 지역 교회가 유지되기 위한 필수 조건으로서 로마교회와 더불어 친교를 유지해야 한다는 사실을 잘 알고 있었다. 이러한 의미에서 클레멘스 교황이 코린토 교회 문제에 개입한 사실은 자못 의미심장하다. 다른 한편, 보편 공의회는 교황의 승인이 있을 때에만 유효하다는 것은 명백한 사실이었다.[237]

## III. 교회적인 선택?

지금까지 우리는 초세기에 있어서 성경의 바탕들에 대한 발전으로서의 사도 계승의 발전을 살펴보았다. 이처럼 교회는 전승 초세기에 발전해 나갔다.

이제 교회의 구체적인 제도가 교계적인 구조를 취함에 있어서

― 덜 그리스도론적이면서 동시에 보다 더 성령론적인 형태 안에 기초해야 한다고 주장하는 가운데 ― 교회가 덜 제도적인 형태로 발전할 수 있다고 주장했던 이들도 없진 않았다. 그들은 성경으로부터 출발해서 덜 제도적이며 동시에 훨씬 더 카리스마적인 또 다른 모습의 교회를 염두에 두었다. 도밍게스(J. A. Domínguez)의 작품은 이 점을 시사하면서 1988년 주교 위원회의 신앙에 대한 가르침을 상기하고 있다.[238]

사실 한스 큉(H. Küng)의 사상은 이러한 선상에서 움직이고 있다. 그는 자신의 작품 『그리스도인 실존』에서 교회를 그리스도를 믿는 이들의 공동체로 제시한다. 그가 바라보는 교회는 예수 ― 그분을 십자가에 못 박히신 살아 있는 분으로 여기는 가운데 ― 에 의해 창립된 것이 아니라 그분의 죽음 이후에 생겨난 교회를 의미한다.[239] 한스 큉은 주장하길, 교회는 부활 이후에 설립된 것이라고 한다. 왜냐하면 부활 이전에는 집단적인 종말론적 운동 이외에 다른 그 무엇도 없었기 때문이다. 그에게 있어서 교회는 성령의 창조물로서 어떤 본래적인 구조도 없었으며 오히려 카리스마적인 특징을 갖고 있다.

이러한 한스 큉의 판단에 대해 교회에는 분명한 직무 신학을 소개하는 사목 서간들의 전망이 있었다. 여기서는 초창기의 실제적인 사실들에 연대기적으로 보다 근접하는 바오로 서간들이 우선권을 갖는다. 반면, 사목 서간들은 그 이후에 유래한 증언들이다.[240] 한스 큉은 구체적으로 주장하길, 코린토 교회는 믿음과 사랑 그리고 영적인 카리스마들로 특징지어지는 완전히 카리스마적인 교회였다고 한다. 그리고 이 공동체가 그 이후 교회의 상징이자 모델이 되

었다는 것이다.241

이처럼 한스 큉은 성경 안에서 이에 적합한 다양하면서도 동등한 모델들을 보았다. 사도행전과 사목 서간 안에서 드러나는 교계적인 모델, 코린토 서간에서 드러나는 카리스마적인 모델. 그래서 그는 첫 번째 모델인 교계적인 모델이 독자적인 규범은 될 수 없다고 보았다. 따라서 그는 직무적인 제도 밖에서 일치의 카리스마적인 질서가 가능하다고 보았다.

도밍게스의 판단에 의하면,242 에스트라다(J. A. Estrada)나 곤잘레스 파우스(González Faus) 같은 스페인 신학자들에 대한 이러한 한스 큉의 영향은 지대했다고 한다. 그는 주목하길, 에스트라다243는 한스 큉처럼 역사의 예수의 입장에서 교회의 구성과 구조를 결정짓는 가운데 그가 이를 설립하려는 의도가 있었음을 부인한다. 모든 카리스마 그룹은 그것이 유지되기 위해 구조화될 필요성을 가지며 그것이 바로 초기 그리스도교가 했던 작업이기도 하다. 이러한 전망에서 직무는 사실상 사도행전과 사목 서간들이 반영하는 선택을 구현하는 교회 자신의 창조물이 되는 셈이다. 그러나 교회가 실현한 이 제도적인 형태가 우리에게 있어서 유일한 연결점일 수는 없다. 그것은 다른 여러 가능성 가운데 하나로서, 단지 이 사실에만 근거해서 신약성경이 결정적인 형태로 사도 계승을 부여했다고 말할 수는 없다. 따라서 교회의 구성은 역사적인 예수와 어떠한 연결 없이 성령이 이룬 창조물이어야 한다.

한편, 곤잘레스 파우스는 교회의 직무적인 구조에 대한 모든 그리스도론적인 바탕을 부인한다.244 그에 따르면, 이러한 직무는 하느님 백성 자신의 필요성에서 생겨났다. 왜냐하면 교회는 필요성들이 발생함에 따라 자신의 구조적인 문제들을 해결해 나갔기 때문이다. 이처럼 그는 신약성경 안에서 드러나는 다양한 교회 구조 모델들— 하지만 그는 그 가운데 어느 것도 규범적인 것이 되지는 못한다고 보았다— 에 대해 언급하고 있다. 그래서 다음과 같은 모델들이 생겨나게 된다.

1) 구약성경적 모습으로 조직된 예루살렘 교회의 사제단 모델.
2) 보다 더 카리스마적인 형태로 조직된 안티오키아의 모델. 여기서는 사제들보다는 예언자들과 스승들에 대해 언급하고 있다(사도 1,13).
3) 사랑받는 제자의 공동체로 대표되는 규율적인 공동체 또는 바오로 사도 서간의 수취 대상이 되는 공동체들의 모델. 이 역시 강한 카리스마적인 각인으로 특징지어진다.
4) 그 이전의 모델은 본래적인 것으로서, 사목 서간들이 반영하고 있듯이, 여기서부터 출발해서 교계적으로 구조화된 모델이 생겨난다.

그러므로 초대 교회 안에는 다양한 모델들이 있었으며 이 모두는 적법한 것으로서 오늘날의 교회는 좋은 시각을 갖고서 카리스마적인 공동체들 — 이 공동체들로부터 질문을 받도록 자신을 개방하는 가운데 — 을 바라보아야 한다. 이것이 바로 곤잘레스 파우스(González Faus)의 사상이다.[245]

## 1. 교회적인 모델들에 대한 식별

이 문제에 대한 평가로 들어가면서 무엇보다도 우리가 상기해야 할 것은, 교회의 모델들에 대해 앞서 소개한 저자들이 제시하는 주장들은 이미 프로테스탄트 신학자인 폰 캄펜하우젠(H. Von Campenhausen)에 의해 옹호된 낡은 이론이라는 점이다.246

코린토 교회에 대해 언급한 사실과 관련해서 보다 세부적인 사항들을 살펴보기로 하자. 흔히 말하길, 이 교회는 공동체의 모델이라고 하지만 사실은 그렇지 않다.

사실, 코린토 교회는 여러 어려움들을 갖고 있었으며 이로 인해 분열되어 있던 공동체였다[(일부는 바오로파라 하고 또 다른 이들은 아폴로파, 또는 케파스파라고 불렀다(1코린 1,11-13)]. 또한 여기에는 공동체가 묵묵히 견디고 있던 근친상간 사례도 있었다(5장). 그리고 시민 법정에서 해결해야 할 소송 사례도 있었고(6장), 자유가 너무 쉽게 잘못 이해되기도 했다(6장). 이것이 바로 코린토 공동체의 실상이었다. 그래서 코린토가 다른 공동체들을 위한 모델일 것이라고 생각하기는 쉽지 않다.

이 사례는 바오로가 개입할 수 있는 권리를 주장했던 경우인데, 이는 그가 신앙 안에서 이 공동체를 탄생시킨 아버지이기 때문이다. 그는 여기서 제기된 문제들을 해결하는 과정에서 자신의 권위를 십분 발휘했다. 그래서 이 문제들이 자유로운 카리스마적 방법으로 해결되도록 방치하지 않았다. 바오로는 공동체가 다양한 직무들이 성장하는 몸과 같이 되어야 한다고 지적하면서 그들에게 그러한 공동체의 이미지를 제시했다. 즉 어떤 이들은 사도로 어떤 이들은 예언자로 또 어떤 이들은 교사로서의 역할을 수행함으로써(1코린 12, 28-30), 모든 카리스마가 공동체를 위한 봉사를 지향해야 한다고 그는 가르쳤다(1코린 12,1). 바오로는 공동체 회중을 위해서 구체적인 가르침을 주었다. 왜냐하면 하느님은 무질서를 이루시는 분이 아니라 평화의 하느님이시기 때문이다.

그래서 프리스(Fries)[247]는 과연 코린토 교회가 카리스마적인 공동체였는가에 대해 질문하면서, 만일 카리스마를 특별한 선물이라는 의미에서 이해한다면 그 공동체는 카리스마적이 아니었다고 대답한다. "카리스마적인 것이 어떤 구조나 명령, 규정, 권위 그리고 권리적 요소에 대한 배제로 이해되는 것이라면 코린토 교회는 그렇지 않다. 만일 그렇다면 그것은 카리스마와 모순되는 것이기 때문이다."

더 나아가, 당시 사제들은 바오로가 창설한 그 밖의 다른 공동체에도 있었다. 필리피서 1장 1절에서 바오로는 사제들과 부제들에게 서간을 보내고 있음을 명시한다. 또한 우리는 사도행전 14장 22-24절에서 그가 여러 교회에서 사제들과 부제들을 임명하는 것도 볼 수 있다. 마지막으로, 바오로는 티모테오와 티토(갈라 2,23; 2코린 2,13) 그리고 에파프라스(콜로 4,12 이하)와 에파프로디토(필리 2,25) 그리고 오네시모(콜로 4,9)의 경우처럼 자신이 창립한 여러 공동체(1코린 16,10-11)에 파견한 자신의 협력자들에 대해 암시하고 있다. 바오로 사도는 테살로니카1서 5장 12절에서 다음과 같이 말한다. "형제 여러분, 여러분에게 당부합니다. 여러분 가운데에서 애쓰며 주님 안에서 여러분을 이끌고 타이르는 이들을 존중하십시오." 더 나아가 우리는 그 후 1세기 말경의 코린토 신자들이 사제들의 임명은 신적-사도적인 임명임을 사실상 잘 알고 있었음을 전제로 한 상태에서 클레멘스 교황이 이 공동체의 문제에 개입했던 사실도 잘 알고 있다.

또한 예언자들과 교사들이 드러나고 있는 사도행전 13장 1-3절에는 전례 행위 속에서 예언자들에 관한 주제가 언급되고 있다. 여기서 그들은 바오로와 바르나바에게 안수하고 나서 그들이 선교할 수 있도록 떠나보내는데, 이는 직무 전수에 있어서 공동체의 적극적인 협력 형태가 어떠한지를 보여주고자 한 것이다. 투라도(L. Turrado)[248]는 이에 대한 저자들 사이의 일반적인 견해가 엄밀히 말해 안수식이 아닌 보다 일반적인 그 무엇임을 상기시키고 있다. 즉 바르나바와 사울이 막 시작하려는 선교를 위해 그들에게 하느님의 축복이 내리도록 간청하고 있다는 것이다. 이처럼 루카는 여행에 대한 묘사를 다음과 같은 방식으로 서술하면서 종결짓는다. "거기에서 배를 타고 안티오키아로 갔다. 바로 그곳에서 그들은 선교 활동을 위하여 하느님의 은총에 맡겨졌는데, 이제 그들이 그 일을 완수한 것이다"(사도 14,26). 바르나바와 사울이 "그룹의 다른 여러 예언자들과 교사들"이 지녔던 것과 같은 권한이 부족했다는 것은 분명 이상해 보인다.

예루살렘 성경은 안수(按手)를 새로운 선교사들에게 축복을 전하고 하느님의 은총을 위임하기 위한 의미로 이해하고 있다(사도 13,3).

투라도(L. Turrado)는, 그러한 예언자들은 카리스마적이 아니라 교회의 정규 직무에 속했다는 사실에 주목했다. 무엇보다도 그들은 성령의 자극과 비추임 아래 메시지를 선포하면서 공동체 전례 안에서 자신들의 사명을 발전시켜 나갔다. 이는 마치 과정 중에 있는 것처럼 보인다. 반면, 주교들과 부제들은 지역 공동체의 대표자들이었다. 『디다케』는 다음과 같이 이러한 사실들을 전하고 있다. "그러므로 하느님께 합당한 주교와 부제들이 임명된다. […] 그러므로 또한 그들이 여러분에게 예언자와 교사 직무를 수여한다"(디다케 15,1-2). 투라도는 예언자들이 지닌 사제적 특징에 대해 의심할 수 없다고 말하면서, 『디다케』는 그들이 성찬례를 거행하는 사실을 언급할 때마다(디다케 10,7) 그들에게 최고 사제로서의 자격을 부여하고 있음을 지적한다. "포도 압착기와 탈곡장에서 나오는 생산물, 소들과 양들을 취할 것이며 이것들을 맏물로서 예언자들에게 줄 것이다. 왜냐하면 그들은 대사제들(*argiereis*)이기 때문이다"(디다케 13,3).

그러므로 이러한 사실들과 함께 도밍게스(J. A. Domínguez)가 제시한 일련의 방법론적인 원칙들을 우리의 것으로 취하기로 하자. 이 원칙들은 우리가 다루고자 하는 문제에 대한 연구에 있어서 타당하다.[249]

1) 우선, 초대 교회의 모습을 이해하기 위해 우리가 기억해야 할 것은 '전승(traditio)'에 호소해야 한다는 점이다. 성경만으로는 결코 충분하지 않다. 왜냐하면 성경의 책들은 흔히 우연한 기회에 만들어진 것으로서 우리에게 가능한 정보에 대한 총체적인 밑그림을 제공해줄 수 없기 때문이다. 이러한 의미에서 신약의 각 성경에서 교회의 총체적인 가르침과 삶을 발견하기는 사실상 어렵다는 점도 상기해야 한다. 이 점을 망각하는 것은 'ex silentio(침묵으로부터)'라는 논제를 자주 악용하게 만들 뿐이다. 이미 결정된 어떤 작품에서 사

제들에 대한 언급이 전혀 드러나지 않는다는 사실만을 바탕으로 그 공동체에는 결코 그들이 존재하지 않았다는 잘못된 결론에 도달할 수도 있다. 따라서 이러한 침묵은 다른 성경들 안에 있는 정보들을 통해서 보충되어야 한다.

2) 역사적-비판적 방법들에 대한 잘못된 사용은 신약성경에서 소개되고 있는 여러 창설자들 안에서 — 통상 이전에 취해진 기준들을 유념하면서, 어떤 이들에게는 복음적인 기원의 지위를, 다른 이들에게는 근원적인 핵심의 유래를 부여하는 가운데 — 교회 조직에 대한 완전한 모델들을 보게 해준다. 우리는 여기서 총체성의 원리를 잊어서는 안 된다. 우리는 이러한 원리에 준해서 총체적인 한 권의 책으로 읽혀져야 하는 정경(正經)이 지니는 총체성을 규범으로 간직해야 한다. 따라서 일어날 수도 있었을 법한 사실에 대한 가정만을 갖고서 공백을 메우는 것은 적절하지 못하다. 오히려 그 반대로 개별적인 것들에 대해 보다 분명한 사실들을 드러내고 있는 여러 텍스트들에 호소해야 할 것이다.

결국, 신약성경과 전승 안에서 드러나고 있는 것처럼, 이 주제는 교회 안에서 진화됐음을 분명히 알 수 있다. 그러나 이러한 진화는 본질적으로 다음과 같은 명백한 두 가지 단계를 갖는다. 첫 번째는 사도들이 '협력자들(*episcopoi, presbiteroi*)'을 선택하는 단계이며, 두 번째는 여러 사목 서간에서 잘 드러나고 있듯이 충만한 권한을 갖는 사도의 계승자를 이미 염두에 두고 있고 동시에 주교를 단수 형태로 언급하는 단계이다. 그러나 사제는 여전히 이 단계에서 복수 형태로 언급되고 있다. 이러한 사실들은 이미 당시 교회의 구조 안에서 결정화(結晶化)된 형태로 성찰되어 드러난다. 우리는 이 점을 지역 교회의 수장(首長)인 주교 주위에 사제가 있었다는 사실을 언급했던 안티오키아의 이냐시오에게서 발견할 수 있다.

# 2부

## 교회에 대한 신학적인 묘사와 교회의 구조

교회의 기원에 대한 성찰을 바탕으로 이제 우리는 교회 자신에 대해 살펴보고자 한다. 사실 교회란 무엇인가에 대해 정확한 정의를 내린다는 것은 불가능하다. 따라서 우리는 상호간에 서로를 보완해주는 동시에 우리로 하여금 더욱더 교회의 신비에로 나아갈 수 있게 해주는 여러 가지 이미지들을 통해서 이를 묘사할 수 있을 뿐이다. 그리스도의 몸, 하느님 백성, 성사와 친교 등이 그것이다. 이러한 이미지들은 상호간에 서로를 보완해주는 전망들이자 우리로 하여금 교회의 신비가 무엇이며 그것이 내포하고 있는 총체적인 의미는 무엇인지에 대해 보다 확연히 이해할 수 있도록 점진적으로 이끌어준다.

또한 우리가 관심을 가져야 할 주제는 교회에 대한 여러 가지 특징들로서, 하나이고 거룩하고 공번되며 사도적인 교회에 대한 신비를 보다 깊이 이해하는 것과는 별도로, 이러한 특징들은 우리로 하여금 그리스도께서 창설하신 교회에 대한 올바른 식별 기준을 갖게 해준다.

마지막으로, 우리는 주교직과 수위권 그리고 사제직과 부제직에 대해 다루는 가운데 교회의 교계 구조에 대한 문제를 살펴보기로 하겠다. 또한 교계 제도의 직무적인 역할들에 대한 발전상도 살펴볼 것이다. 그리고, 비록 교회의 교계 구조에 있어서 일정한 부분을 형성하는 것은 아니지만 분명 교회의 삶에 있어서 고유한 영역을 이루고 있는 수도자 신분에 대해서도 간단히 다뤄 보기로 하겠다.

## 1장 요약

　　인류 구원을 위한 방주로서의 교회가 지닌 신비는 다양하게 표현되어 왔다. 교회가 자신을 이해함에 있어 가장 선호한 표현은 '그리스도의 몸으로서의 교회'이다. 이는 이미 사도 바오로 서간에서 자주 등장하는 표현으로, 그리스도를 머리로 하고 모든 지체가 그 머리와 연결되어 하나의 유기적인 생명체를 이루고 있음을 보여준다. 일찍이 교황 비오 12세는 1943년 회칙 「신비체」에서 이보다 더 교회를 잘 드러내는 탁월한 표현은 없다고 언급한 바 있다. 이 회칙에 따르면, 오직 가톨릭 신자들만이 이 신비체의 구성원이다. 나머지 사람들은 일종의 무의식적인 서원에 의해 이 신비체를 향해 질서 지어져 있다.

　　제2차 바티칸 공의회가 교회와 관련해서 가장 선호한 상징은 '하느님 백성'으로서의 교회이다. 이는 세례 받은 모든 구성원이 지닌 품위를 보여줄 뿐만 아니라 교회가 지닌 역사적, 공동체적인 본성을 떠받쳐주기 때문이다. 공의회는 이 선상에서 신자들의 '공통사제직'과 '예언직'에 대해 언급했다. 이 하느님 백성에 충만하게 속하기 위해서는 은총, 성사, 교계 제도와의 결속이 필요하다.

교회는 '그리스도의 성사', 더 나아가 구원의 보편적 성사로 이해된다. 교회는 하느님과 이루는 깊은 결합과 온 인류가 이루는 일치의 표징이며 도구이기 때문이다. 그러나 공의회는 교회가 성사가 아니라 성사와 '같다'고 말한다. 교회는 칠성사에 대해 유비적인 의미의 성사인 것이다. 성부를 계시하신 그리스도는 원성사(原聖事)이며, 교회는 이 세상에서 그리스도의 성사성(聖事性)을 연장하고 이에 참여한다.

마지막으로, 교회는 친교로 표현된다. 이 개념은 삼위일체 하느님의 신비에 그 뿌리를 두고 있다. 사람들이 하느님과 더불어 갖는 친교는 성사 생활에서 실현된다. 무엇보다도 교회는 성찬례를 통해 '친교'로서 실현된다. 친교로서의 교회 실현에 있어서 특히 중요한 것은 보편 교회가 여러 교회 간의 친교적 차원을 갖는 데 있다. 교회적인 친교의 실현에 있어서 '교황'은 필수 불가결한 요소이다. 반면, 지역 교회 내에서 실현되는 친교는 신자들이 자기 주교 그리고 사제들과 함께 누리는 친교에 있다.

# 1 | 교회에 대한 신학적 묘사

우리는 지금까지 그리스도에 의해 바탕이 마련되고 성령강림을 통해 탄생한 교회에 대해 살펴보았다. 이 교회는 근본적으로 사도적인 것으로서 주교들의 계승을 통해 창시자들의 정체성을 그대로 유지한다. 따라서 교회는 결코 그리스도가 주장한 대의(大義)를 따르기로 결정한 사람들의 인간적인 주도권에서만 유래한 결실일 수 없음은 분명하다. 교회의 궁극적인 기원은 삼위일체 하느님이시다. 성부의 구원 계획은 그리스도 안에서 실현되었으며 그리스도께서는 당신의 설교, 특히 당신의 죽음과 부활을 통해 교회를 시작하셨다. 그분 주위에 '새로운 이스라엘'로서의 공동체가 창설되었고, 그들이 당신의 이름으로 활동하고 하느님 백성을 위한 당신의 구원 업적이 지속될 수 있도록 그들에게 교계 제도를 허락하셨다. 그리스도에 의해 창설된 이 교회는 우리에게 그분의 현존을 보장해준다. 그리고 그분의 구원 업적은 성령을 통해 지속된다.

인류를 구원하고 당신 품안에 모아들이고자 하는 삼위일체 하느님의 계획에 의해 탄생한 교회의 신비가 품고 있는 심오함을 가까이서 관상할 때, 우리는 사회적인 형태의 동기들에 근거해서 교회를 정의 내리고 설명하려는 모든 시도들이 잘못되었음을 이해하게 된다. 얼마나 많은 사람들이 교회를 일종의 사회적 산물로 축소하려 들었는지 모른다. 그러나 교회가 품고 있는 풍요로움과 그 존재 근거는 지극히 거룩하신 삼위일체 하느님의 구원 계획 안에 있다.

하지만 바로 이 점으로 인해, 즉 구원의 신비인 교회가 지닌 광대무변한 풍요로움 때문에 그것을 한계를 지닐 수밖에 없는 하나의 정의 속에 넣고 규정지을 수는 없다. 그래서 이를 단순히 정의 내리기보다는 상호 보완되는 여러 가지 이미지들을 사용해서 묘사하는 것이 보다 더 적절하다. 왜냐하면 교회가 지닌 모든 풍요로움을 단 하나의 이미지 속에 넣는 것은 불가능하기 때문이다.

프로테스탄트 종교개혁이 교회가 지닌 비가시적이고 영적인 특징만을 주장했을 때, 가톨릭 신학자들은 교회의 외적이고 교계 제도적인 측면을 강조해야 했다. 예를 들어, 벨라르미노는 교회를 "적법한 사목자들, 특히 로마교황의 관할권 아래 일치하는 사람들의 사회"로 정의한 바 있다. 이러한 벨라르미노의 정의가 틀린 것은 아니다. 그가 내린 정의가 잘못되거나 부적절하지는 않다. 제2차 바티칸 공의회 역시 이와 비슷한 사회적 개념을 취한 바 있다["교회는 이 세상에 설립되고 조직된 '사회로서' 베드로의 후계자 그리고 그와 더불어 친교를 이루는 주교들이 다스리는 가톨릭 교회 안에 존재한다"(LG 8)]. 그러나 이러한 전망은 교회의 신비 그리고 그 안에 있는 그리스도와 성령의 현존을 부차적인 차원으로 밀어 놓는다.

그러므로 여기서 우리는 무엇보다도 교회를 이해할 수 있도록 도와주는 여러 가지 이미지들, 특히 그 신비를 관통하게 해주는 전망들을 제시하고자 한다.

## I. 교회의 다양한 모습들[250]

제2차 바티칸 공의회는, 구약성경 안에서 하느님 나라의 계시가 다양한 모습으로 제시된 것처럼, 교회의 본질적인 본성이 목가적인 생활, 농업, 가정생활 등의 이미지를 취하는 가운데 다양한 상징들을 통해 우리에게 제시되고 있음을 상기시켜준다(LG 6). 이는 성경과 교부들의 작품 안에서 자주 드러나는 다양한 모습들이다.

예를 들어, 교회는 그리스도를 유일한 문으로 갖는 '우리'로 드러난다(요한 10,1-10). 또한 교회는 양 떼로서 하느님 친히 그들의 유일한 목자가 되시며 비록 그 무리 안에 있는 양들이 인간적인 목자들을 통해 인도되지만 실은 착한 목자이신 그리스도를 통해 인도된다(요한 10,11; 1베드 5,4).

또한 교회는 농부의 밭이라는 이데아에서 출발해서 하느님께서 일하시는 농사 경작지라는 이미지로 소개되고 있다(1코린 3,9). '포도밭'에 대한 암시도 자주 나온다. 마태오는 포도원 일꾼들의 비유와 함께 포도밭 이미지를 다시 취하고 있다(이사 5,1 이하는 구약의 백성을 포도밭으로 언급한다). 이는 그리스도에 의해 소집된 새로운 백성에게 적용하기 위함이다(마태 11,33-43). 한편, 요한복음에서는 일련의 대조를 이어가는 가운데 그리스도를 여러 가지들이 붙어 있는 참된 포도나무로 소개한다(요한 15,1-5).

또한 신약성경은 교회를 '하느님의 건물'이라고 언급하기도 한다(1코린 3,9). 그리스도는 건축가들에 의해 버림받은 돌이지만 실은 '모퉁잇돌'(마태 21,42 이하)로서 그 위에 사도들이 터를 두는 바탕으로 소개된다. 그리고 이 건물에 '하느님의 집'이라는 이름이 주어지기도 한다(1티모 3,5). 그래서 신자들은 그 안에서 살아 있는 돌로 살아간다(1베드 2,5). 또한 교회를 영(Spiritus) 안에서 '하느님이 거하시는 방'(에페 2,19-22), 사람들 사이에 있는 '하느님의 천막'(묵시 21,2), 특히 당신 백성 한가운데 있는 '야훼의 방'임을 분명하게 지칭하는 '거룩한 성전'이라고 말하기도 한다. 파괴된 이스라엘의 지성소는 이제 교회 안에서 그리고 전례를 통해 지속되며, 이 교회는 거룩한 도성, 새 예루살렘과 비교된다.251 그래서 교회를 우리의 어머니이신 '천상 예루살렘'이라는 이름으로 부르기도 한다(갈라 4,26; 묵시 12,27).

또한 교회는 흠 없는 어린양의 신부로 드러난다(묵시 19,7). 그리스도께서는 이 신부의 성화(聖化)를 위해 당신을 봉헌하시며(에페 5,26) 결코 해소되지 않을 계약 안에서 그와 함께 하나가 되신다(에페 5,29). 그러나 교부들(로마의 클레멘스, 유스티노, 이레네오, 오리게네스)이 역사적인 실재이자 순례하는 이 교회 안에서 창녀 라합의 모습을 본 것이 결코 외람된 일은 아니다. 창녀 라합으로서의 교회는 죄스러운 과거로부터 유래해서 그리스도와의 결정적인 계약 안으로 들어간다. 교부들은 이러한 이미지를 통해서 교회 안에는 언제나 죄의 잔재가 상존한다는 것을 표현하고자 했다. 그래서 "가뭇하지만 어여쁘답니다(nigra sum, sed formosa)"(아가 1,5)라는 구절은 비록 교회가 자신이 지니고 있는 죄에도 불구하고 거룩하다는 점을 잘 설명해주고 있다. 오리게네스의 주석은 이 점에 대해 큰 기여를 했다.

이런 모습들과의 관련 하에서 '어머니이신 교회(Mater Ecclesia)'라는 표상이 드러난다. 왜냐하면 교회는 진리와 구원을 통해 자녀들을 낳기 때문이다. 사실 교회는 신자들을 출산하고 성사들을 통해 기르는 과제를 갖고 있다. 그래서 성 치프리아노는, 그 누구도 교회를 어머니로 두지 않는 사람은 결코 하느님을 아버지로 둘 수 없다고 말한다.

또한 교회는 '하와'에 비유되기도 한다. 이는 교회가 두 번째 아담인 십자가에 못 박힌 그리스도의 옆구리 — 거기서 피와 물이 흘러 나왔을 때(요한 9,34) — 에서 태어났다는 관념을 표현하기 위한 것이다.

성 이레네오는 지금까지 우리가 다룬 이미지들 가운데 대부분을 사용하고 있으며, 영지주의자들에 대항해서 교회를 진리의 기둥이자 초석(1티모 3,15)으로 소개하고 있다. 무엇보다도 그는 교회를 '어머니'라고 불렀다. 왜냐하면 교회는 '생명의 형상 아래 진리를 통교하며 진리의 형상 아래 생명을 통교하기 때문이다. "우리는 교회로부터 우리의 신앙을 받았고 이렇게 해서 이 신앙을 보존한다. 성령께서는 이를 아주 귀한 그릇 안에 넣어 두셨다. 이러한 하느님의 선물은 교회에 위임되었는데, 이는 이 피조물이 생기로 가득하고 동시에 이 교회에 참여하는 모든 구성원들이 생명을 받을 수 있게 하기 위함이다. 교회가 있는 곳에 하느님의 영(Spiritus)도 있고, 하느님의 영이 있는 곳에 교회와 은총이 충만하게 존재한다. 그러나 이 영은 진리이다."[252]

교부들이 교회를 언급함에 있어서 '달의 신비(*mysterium lunae*)'로 표현되는 것을 우리는 자주 발견할 수 있다. 이는 교회 안에 존재하는 빛이 근본적으로는 그리스도의 빛을 반사하는 것임을 의미한다.[253]

그럼에도 교부들은 교회가 주님으로부터 멀리 떨어진 채 이 땅에서 순례하고 있음을 의식하면서(2코린 5,6), 파도로 인해 흔들리는 가운데 이 세상의 바다를 헤쳐 나가는 '배'라고 하는 이미지를 자주 이용했다. 노아의 방주는 홍수로부터 자유로워졌으며, 베드로의 배는 지옥의 파도들을 거슬러서 투쟁한다. 이 모든 것들은 세상과 거기에서 오는 난관들을 통해 잘 드러나는 이미지들로서 이 '배'인 교회는 주님과의 최종적인 만남에 눈길을 고정함으로써 결국에는 승리하게 될 것이다.

필립(G. Philips)[254]은 이러한 이미지들과 관련된 어휘를 설명하면서 말하길, 이 어휘는 마치 그리스도께서 하느님 나라의 실재를 설명하기 위해 사용한 비유들처럼 매혹적이고 시사적이라고 한다. 물론 단지 비유적인 의미에만 국한해서 하느님께 적용될 수 있는 이미지들이 있지만, 신학자들은 가끔 그것들이 지시하는 추상적인 정의들이 단지 유비적(類比的)인 가치만을 지니고 있다는 사실을 잊곤 한다.

이제 성경과 전승의 무게 그리고 신학적인 통찰의 무게와 함께 교회의 신비가 훨씬 더 잘 묘사될 수 있는 이미지들을 살펴보기로 하자.

## II. 그리스도의 몸으로서의 교회[255]

성 바오로에서부터 2차 바티칸 공의회(LG 7)까지 교회를 묘사하기 위해 사용된 이 이미지는 교회를 이해함에 있어서 상당히 풍요로우면서도 중요하기 이를 데 없는 표현으로서 분명한 그리스도론적 영성을 담고 있으며 모든 시대를 위해 효과적인 이미지로 드러난다. 우리가 익히 알고 있는 것처럼, 교황 비오 12세는 1943년 *Mystici Corporis*에서 이보다 더 교회를 잘 드러내는 훌륭한 표현은 없다고 언급한 바 있다.

분명한 것은 '신비적(mysticus)'이란 형용사가 성 바오로의 용어는 아니라는 점이다. 그는 교회를 단순히 '그리스도의 몸'이라고 소개했다. '그리스도의 신비적인 몸'이라는 용어가 공적으로 축성된 것은 1302년 교황 보니파시오 8세가 공포한 칙서 *Unam Sanctam*에서 이루어졌다. 하지만 이에 대한 고찰 이전에 우리는 성 바오로의 가르침에서부터 시작하기로 하자.

## 1. 성 바오로의 가르침

다양한 역할을 수행하면서 동시에 서로 일치하는 여러 기관들을 갖고 있는 '몸'의 이미지는 예나 지금이나 윤리적인 또는 법적인 질서에 관계된 수많은 인간적인 실재들을 표현함에 있어서 상당히 유효적절하다. 비록 성 바오로의 가르침에는 단순한 '몸'보다는 '주님의 몸'이라는 개념이 자리 잡고 있을 가능성이 많으며 실제로 이러한 의도가 성찬례를 설명하는 구절 안에 드러나고 있음에도 불구하고,[256] 그는 교회 존재 자체를 표현하기 위해 '몸'이란 이미지를 사용했다. 신비체 이미지와 관련된 성 바오로의 표현들을 언급함에 있어서, 우리는 주요 서간과 수인(囚人) 서간을 구별해야 한다. 덜레스(A. Dulles)는 지적하길,[257] 로마서 12장과 코린토1서 12장에서 강조되고 있는 요지는 지역 공동체 구성원들 간의 관계와 그들 사이의 상호 내적인 의존성이다. 여기서는 아직 그리스도를 머리로 그렇다고 성령을 영혼으로 암시하고 있지도 않다. 반면, 에페소서와 콜로새서에서는 '머리'이신 그리스도 그리고 온 교회가 그분께 귀속되어 있음이 강조되고 있다.

> 몸은 하나이지만 많은 지체를 가지고 있고 몸의 지체는 많지만 모두 한 몸인 것처럼, 그리스도께서도 그러하십니다. 우리는 유다인이든 그리스인이든 종이든 자유인이든 모두 한 성령 안에서 세례를 받아 한 몸이 되었습니다. 또 모두 한 성령을 받아 마셨습니다. [⋯] 온몸이 눈이라면 듣는 일은 어디에서 하겠습니까? 온몸이 듣는 것뿐이면 냄새 맡는 일은 어디에서 하겠습니까? [⋯] 하느님께서 교회 안에 세우신 이들은, 첫째가 사도들이고 둘째가 예언자들이며 셋째가 교사들입니다(1코린 12,12 이하).

이렇게 표현된 이미지들은 구원이라는 목적을 향해 질서 지어진 교회 안에서 이루어지는 다양한 역할과 책임에 대한 관념들이다.

사실 교회는 경찰처럼 어떤 윤리적인 단체는 아니다. 무엇보다도 교회는 그리스도의 몸이다. 왜냐하면 교회는 우리로 하여금 그분이 지니신 동일한 생명과 영(Spiritus)에 참여하게 하기 때문이다. "우리는 모두 한 성령 안에서 세례를 받아 한 몸이 되었습니다"(1코린 12,13). "모두 한 성령을 받아 마셨습니다"(1코린 12,13). 그러므로 우리는 그리스도의 몸이다. 왜냐하면 그분의 모든 생명이 지체들 위에 흘러내리기 때문이다(콜로 1,18; 2,10.19).

우리는 성사들을 통해 이러한 그리스도의 생명에 참여한다. 그리고 세례를 통해서 그리스도와 한 몸을 이룬다(1코린 12,13; 로마 6,4-5). 그러나 무엇보다도 성찬례는 그리스도와 충만하게 한 몸을 이루게 해주는 성사다. "우리가 축복하는 그 축복의 잔은 그리스도의 피에 동참하는 것이 아닙니까? 우리가 떼는 빵은 그리스도의 몸에 동참하는 것이 아닙니까? 빵이 하나이므로 우리는 여럿일지라도 한 몸입니다. 우리 모두 한 빵을 함께 나누기 때문입니다"(1코린 10,16-17).

여기에 또다시 '성찬례'-'교회'라고 하는 서로 긴밀히 연관된 관념이 드러나고 있다. 우리는 앞서 성찬례가 없는 교회는 존재하지 않는다고 말한 바 있다. 그리고 교회의 핵심이자 심장이라고 할 수 있는 성찬례는 다양한 선물들과 역할들을 그것들이 각각 교회 안에서 자리매김하고 있는 바에 따라 교회의 구성을 상징화하고 있다. 성찬례에서 모든 지체가 다 동일한 역할을 하는 것은 아니다. 왜냐하면 교회 안에서 모두가 다 똑같은 역할을 하는 것은 아니기 때문이다. 어떤 사람들은 그리스도의 몸의 지체들로서 성찬례를 위해 자신이 가져온 봉헌 예물을 드림으로써 기여한다. 그들은 사제이자 제물 자체이신 그리스도와 더불어 이 봉헌에 참여한다. 반면, 다른 사람들은 신비체의 머리로서 제대 위에서 그리스도의 희생을 현재화하기 위해 그리스도의 인격을 재현(再現)한다. 그들은 다름 아닌 사도들과 그들의 계승자들 그리고 이들에 의해 협력자로 임명된 사제들이다.

결국, 우리 모두는 그리스도의 몸을 이룬다. 왜냐하면 우리는 그분의 인격적인 몸으로 양육되기 때문이다. 그리스도의 몸 안에서 우리가 그분과 이루는 일치는 신자들과의 일치 그리고 그들 사이의 결속을 기초 짓는다. "한 지체가 고통을 겪으면 모든 지체가 함께 고통을 겪습니다. 한 지체가 영광을 받으면 모든 지체가 함께 기뻐

합니다. 여러분은 그리스도의 몸이고 한 사람 한 사람이 그 지체입니다"(1코린 12,26 이하). 이렇게 해서 사랑의 기초가 놓여진다. "사랑은 거짓이 없어야 합니다. 여러분은 악을 혐오하고 선을 꼭 붙드십시오. 형제애로 서로 깊이 아끼고, 서로 존경하는 일에 먼저 나서십시오"(로마 12,9 이하; 참조: 1코린 12,28-13,13). 바로 이 '신비체'의 가르침에서부터 성령을 통해 지체들에게 선사된 '카리스마들'에 대한 가르침이 나온다.

> 은사는 여러 가지지만 성령은 같은 성령이십니다. 직분은 여러 가지지만 주님은 같은 주님이십니다. 활동은 여러 가지지만 모든 사람 안에서 모든 활동을 일으키시는 분은 같은 하느님이십니다. 하느님께서 각 사람에게 공동선을 위하여 성령을 드러내 보여주십니다. 그리하여 어떤 이에게는 성령을 통하여 지혜의 말씀이, 어떤 이에게는 같은 성령에 따라 지식의 말씀이 주어집니다. 어떤 이에게는 같은 성령 안에서 믿음이, 어떤 이에게는 그 한 성령 안에서 병을 고치는 은사가 주어집니다. 어떤 이에게는 기적을 일으키는 은사가, 어떤 이에게는 예언을 하는 은사가, 어떤 이에게는 영들을 식별하는 은사가, 어떤 이에게는 여러 가지 신령한 언어를 말하는 은사가, 어떤 이에게는 신령한 언어를 해석하는 은사가 주어집니다. 이 모든 것을 한 분이신 같은 성령께서 일으키십니다. 그분께서는 당신이 원하시는 대로 각자에게 그것들을 따로따로 나누어주십니다(1코린 12,4-11).

에페소서와 콜로새서는 그리스도의 몸을 언급함에 있어서 그분을 교회의 머리로 소개하고 있다. 이 머리로부터 모든 생기 가득한 영향이 지체들에게 내려간다. "우리는 사랑으로 진리를 말하고 모든 면에서 자라나 그분에게까지 이르러야 합니다. 그분은 머리이신 그리스도이십니다. 그분 덕분에, 영양을 공급하는 각각의 관절로 온 몸이 잘 결합되고 연결됩니다. 또한 각 기관이 알맞게 기능을 하여 온몸이 자라나게 됩니다. 그리하여 사랑으로 성장하는 것입니다"(에페 4,15-16).

그리스도는 교회의 머리이시다. 왜냐하면 그분 안에 충만함이 있기 때문이다. "만물을 그리스도의 발아래 굴복시키시고, 만물 위에 계신 그분을 교회에 머리로 주셨습니다. 교회는 그리스도의 몸으로서, 모든 면에서 만물을 충만케 하시는 그리스도로 충만해 있습니다"(에페 1,22). "온전히 충만한 신성이 육신의 형태로 그리스도 안에 머무르고 있습니다. 여러분도 그분 안에서 충만하게 되었습니다. 그분은 모든 권세와 권력들의 머리이십니다"(콜로 2,10).

그러므로 머리이신 그리스도로부터 교회의 모든 지체들을 위한 생명이 내려온다.

그러나 '머리'라는 이미지 역시 첫째가는 분, 보다 높은 분, 권위를 지닌 분의 상징일 뿐이다. 성 바오로는 '혼인'에 대해 말하면서 그리스도가 모든 교회의 머리이신 것처럼 남편은 아내의 머리라고 말한다(에페 5,22-23). 실제로 그리스도는 교회의 머리이시다. 왜냐하면 그분은 교회를 사랑하셨으며 그가 하느님을 위해 성별될 수 있도록 그를 위해 당신 자신을 내어주셨기 때문이다.

> 남편 여러분, 그리스도께서 교회를 사랑하시고 교회를 위하여 당신 자신을 바치신 것처럼, 아내를 사랑하십시오. 그리스도께서 그렇게 하신 것은 교회를 말씀과 더불어 물로 씻어 깨끗하게 하셔서 거룩하게 하시려는

것이었습니다. 그리고 교회를 티나 주름 같은 것 없이 아름다운 모습으로
당신 앞에 서게 하시며, 거룩하고 흠 없게 하시려는 것이었습니다. […]
이는 큰 신비입니다. 그러나 나는 그리스도와 교회를 두고 이 말을 합니
다(에페 5,25-27).

성 바오로에 따르면, 성령이야말로 우리가 그리스도의 몸 안으
로 합체되어 들어가는 것을 실현시켜주신다. 무엇보다도 신자는 세
례 안에서 그리스도를 덧입게 된다(갈라 3,27; 에페 4,24; 콜로 3,10; 로
마 13,14). 그는 물과 영(Spiritus)의 세례를 통해 부활하신 주님의 육
체에서 흘러나오는 영이 쇄도해 들어오도록 자신을 내어놓는다. 이
영께서 신자를 그리스도 안에 합체시켜주는 한에서 그의 육체는 이
제 새롭게 탄생하게 된다.

"그리스도 안에서 전체가 잘 결합된 이 건물이 주님 안에서 거룩한 성
전으로 자라나게 됩니다. 여러분도 그리스도 안에서 성령을 통하여 하느
님의 거처로 함께 지어지고 있습니다"(에페 2,21-22).

여기서 태어나는 몸은 그리스도에 의해 구성된 몸이다. 왜냐하
면 그분 친히 어떤 이들은 사도로 다른 이들은 예언자로 또 다른 이
들은 복음을 전하는 이로 그리고 다른 이들은 사목자나 교사가 되
게 하셨기 때문이다. 이는 우리 모두가 믿음으로 하나 되고 하느님
의 아들을 충만히 앎으로써 완전한 인간 상태, 그리스도의 충만한
성숙함에 이르기까지(에페 4,11-13) 그리스도의 몸을 건설하기 위해
맡은 직무들을 수행하기 위해서 성도들이 올바르게 질서 지어질 수

있도록 하기 위함이다.

따라서 그리스도의 몸으로서의 교회는 근본적으로 성령에 따라 그리스도의 생명을 사는 삶의 공동체를 지향하는 형태로 구성된다. 신비체 안에는 다양한 역할들이 있으며 각각의 역할은 전체의 유익을 위해 기여한다. 왜냐하면 모든 역할들은 필수적이기 때문이다. 만일 몸의 머리이신 그리스도를 대변하는 이들의 역할이 있다면 그것은 그들 자신을 위해서가 아니라 교회를 위한 봉사를 지향한다. 즉 그리스도께서 당신의 신부인 교회를 위해 당신 자신을 내어주신 것처럼 그렇게 교회를 사랑하고 자신을 내어주기 위해 있는 것이다.

만일 그리스도가 머리라면 그분 몸의 지체들은 머리이신 그분께 일치해야 한다. 왜냐하면 그분은 그 지체들이 당신과 같은 영(Spiritus)에 참여하게 하면서 그들을 하나로 묶기 때문이다. 머리와 지체들을 아우르는 영은 하나이자 동일하다. 왜냐하면 영께서 교회 안에서 하시는 일은 영혼이 육체 안에서 하는 것과 다를 바 없기 때문이다. 그래서 성 아우구스티노는 다음과 같이 말한다. "영혼이 인간 육체에 그런 것처럼, 그리스도의 몸인 교회에 대해서도 영께서는 그러하다. 성령께서는 영혼이 육체의 모든 지체들 안에서 하는 것을 모든 교회 안에서 이루신다."[258]

이러한 의미에서 만일 교회가 그리스도의 몸이자 그리스도의 몸으로서 드러난다면, 우리는 아주 중요한 결론에 이르게 된다. 즉 교회는 그리스도를 필요로 한다는 것이다. 그분이 없다면 교회는 아무것도 아니다. 머리이신 그리스도 없이, 그리스도께서 제반 성사들과 교계 제도를 통해 교회 안에 현재화(現在化)되지 않는다면, 교회는 순전히 인간적인 모임일 뿐, 결코 구원을 가져다줄 수 없다.

그러나 만일 교회가 그리스도의 몸이라고 한다면, 그리스도 또한 교회를 필요로 한다고 말할 수 있다. 구원이 세상 구석구석에 실현되기 위해서는 이 구원이 모든 사람에게 전해져야 한다. 그러므로 신부는 신랑 안에서 자신의 충만함을 발견한다. 그러나 신랑 역시 이러한 충만함을 신부 안에서 이루게 된다.

## 2. 중세에 있어서 그리스도의 몸

사도 바오로의 서간들을 따라가면서 살펴보건대, '그리스도의 몸'으로서의 교회에 대한 관념이 교부들에게 많이 드러난다고는 할 수 없다. 하지만 '신비체(神秘體, corpus mysticum)'라는 표현이 드러났던 것은 바로 중세였다. 13세기까지는 '신비스러운(mysticum)'이라는 품질 형용사가 몸의 개념에 적용되지 않았다. 드 뤼박(De Lubac)은 이 문제에 관해 철저히 연구했다.[259]

중세 초기에 성찬례의 빵은 '신비체(corpus mysticum)'라고 불렸다. 왜냐하면 그것은 그리스도의 몸이었기 때문이다. 그러나 파스카시오(Pascasio)와 라트람노(Ratramno)에게서 드러나는 것처럼, 그것은 '신비 속에 있는(in mysterio)' 몸이었다. 그리스도의 성찬례적인 몸은 팔레스티나에서 탄생하셨지만 외적인 육체 형태가 아니라 '성사적으로(in sacramento)', '신비 속에서(in mysterio)' 태어났다. 드 뤼박은 여기서 '신비적'이라는 어휘는 교회와 동일시되는 용어인 그리스도의 몸과 차별하기 위해 사용되었다고 지적한다.[260] 그래서, 예를 들면, 파스카시오는 그리스도의 삼중적인 몸에 대해 다음과 같이 말하고 있다.

성경에서는 그리스도의 몸을 세 가지 형태로 부른다. 물론 그리스도의 전체 교회는 그분의 몸이므로, 그리스도가 머리인 곳에서 그리고 그분의 지체로 선택된 이들은… (창녀와 함께 있었던 이에게는) 그리스도의 이 '신비로운' 몸을 먹는 것이 적합하지 않다. 이것이 그리스도의 진정한 살이 되기 위해서는 성령을 통해서 매일 축성되어야 한다. […] 마지막으로, 동정 마리아로부터 탄생한 몸 안에서 그는… 변화된다.261

한편, 라트람노는 마리아로부터 나신 분, 제대에 놓여 있는 그분의 몸에 대해서 말한다. 그는 이를 '신비체'라는 명칭으로 불렀다.262

당시에는 무엇보다도 베렌가리오(Berengario) 이단을 거슬러 성찬례에서 이루어지는 그리스도의 실재적 현존을 언급해야 할 필요가 있었다. 즉 그리스도의 참된 몸은 마리아로부터 탄생했으며 성찬례 안에 현존한다는 점을 분명히 해야 했다. 이러한 전망에서 드러나고 있는 '신비적'이라는 말은 일차적으로는 교회의 몸을 지칭하기 위한 것이었다.263 관심이 성찬례의 몸에 집중될수록 품질 형용사인 '신비적'이란 말은 점차 교회를 지칭하기 위한 용어로 변화되어 갔다. 이러한 상황이 진전되면서, 이제 성찬례에서 축성되는 그리스도의 몸은 '참된 그리스도의 몸'을, 교회는 '신비체'라고 하는 경향이 나오게 됐다. 이러한 구별은 시몬(Simón)에게서 처음으로 등장한다. 그는 자신의 작품 『성사론(*De sacramentis*)』에서 다음과 같이 말한다. "제대의 성사에서는 다음과 같은 두 가지가 주어진다. 그리스도의 참된 몸과 이로 인해 드러나는 것, 즉 그분의 신비체인 교회가 그것이다."264 그러나 드 뤼박은 그렇다고 해서 교회를 신비체로 규정하는 것이 실재적인 또는 참된 몸을 지적하지 않는 것은 아니라고 말한다.

앞서 살펴본 바와 같이, 교회는 성찬례라고 하는 틀 안에서 그리스도의 몸으로 불리기 시작했으며, 이렇게 해서 사실상 그렇게 되었다. 왜냐하면 그것은 제대 위에서 이루어지는 성사 그 자체로 인해 신비적인 의미를 부여받았기 때문이다.

그럼에도 불구하고, 라칭거가 잘 지적하고 있듯이,[265] 중세 때부터 그리스도의 신비체로 언급되기 시작한 교회는 성사 가운데 현존하는 주님의 몸 안에서 구체적이고 법적인 개념 — 즉 신자들의 단체로서 — 을 실현하고 더 나아가 신비적인 기관이라는 의미에서의 신비체 관념으로 구현되면서 보다 더 확장되어 갔다. 더 나아가, 이러한 측면들은 19-20세기의 교회론적인 낭만주의의 노선 속에서 강조되기도 했다. 이러한 의미에서 라칭거는 다음과 같이 말한다. "이렇게 해서 '신비적'이라고 하는 특징 형용사는 보다 강화된 의미를 갖게 되었으며, 단체라는 개념에서 이제 '신비적인 몸'으로 불리게 되었다. 이러한 단체적 관념은 교회를 신자들의 단체로 — 물론 이것이 그리스도의 몸이라는 이미지를 뜻하지는 않았다 — 소개함에 있어서 이를 그리스도의 신비체가 아니라 '교회의 신비체'로 언급하는 것을 선호하도록 부추기는 원인이었다."[266] 교회가 갖는 비가시적이고 내적인 측면을 강조하는 이러한 그리스도의 신비적인 몸이라는 이미지 형성에는 물론 프로테스탄트 종교개혁의 공헌도 있었다. 종교개혁 이후 300년이 지난 다음 가톨릭적인 낭만주의는 여러 작품들 안에서, 예를 들어『교회의 단일성(*Einheit der Kirche*)』이라는 제하에 1825년 출판된 묄러(Möhler)의 작품 안에서 그리스도의 신비체라는 이미지를 재발견했다. 이 작품은 성령의 활동에서부터 출발한 교회의 구성에 대해 제시하고 있다. 1차 세계대전 이후 일어난 새로운 신학적 자극은 이러한 낭만주의로부터 출발했다. 라칭거의 견해에 따르면,267 교회론 역시 이런 과정을 통해서 분화되었다. 한편으로는 제도적인 교회론이 분화되어 나갔다. 이는 호교론적인 가르침으로 대체될 수 있는 도그마적인 교회론이라고 할 수 있다. 이 전망은 교회의 내면적인 본질을 이루고 있는 신비적인 영광으로부터 출발해서 구성되었다.

다른 한편, 제1차 바티칸 공의회는 신비체— 적어도 공의회에 참석한 대다수 사람들의 사고방식 안에는— 라는 개념이 애매모호한 의미를 갖고 있으며 단순히 비유를 표현하는 정도로만 간주했다.

벨기에의 신학자 머쉬(E. Mersh) 같은 경우에는 신비체 개념을 복원시켰지만, 적법한 사목자들의 지도하에 세례를 받은 신자들의 사회로서의 교회와 은총의 영역 안에서 실천적으로 그리스도의 몸— "그리스도의 생명과 더불어 사는 이들의 단일체로서"268 — 과 동일시되는 신비체로서의 교회를 서로 구별했다.

이렇게 해서 신비체 이미지는 틀이 잡혀갔고 이런 선상에서 홀처(O. Holzer), 디밀(L. Dimiel), 보이머(J. Beumer) 그리고 그 밖의 여러 신학자들의 연구가 분화되어 갔다.269 프르치바라(Przywara)는 보다 구체적으로 신비체 개념을 제시하고 옹호했다. 하지만 그는 은총이 지배하는 신비체가 아니라 가시적이고 교계 제도적인 교회로부터 출발하는 신비체에 기초한 교회를 상정해야 한다고 언급했다.270

## 3. 회칙 *Mystici corporis*

1943년 회칙 *Mystici corporis*가 공포되는데, 이 회칙은 신비적인 몸의 이미지를 복원하고 이를 교회의 중심에 놓으려는 노력을 정점으로 끌어올렸다. 트롬프(P. Tromp)가 이 회칙을 편집했는데,[271] 여기에는 그의 이론이 들어갔다. 그는 그리스도의 신비체 이미지 안에서 교회를 정의할 수 있는 보다 고유한 형태를 발견하면서 "이 땅에서의 그리스도의 신비체는 로마 가톨릭 교회"라고 옹호했다.

실제로 이 회칙은 다음과 같이 언급하고 있다. "그러므로 참된 이 그리스도의 교회― 거룩하고 공번되며 사도적이고 로마적인 교회― 를 정의하고 묘사하기 위해 이를 그리스도의 신비체라고 부르는 것보다 더 고상하고 좋으며 신적인 표현은 없다. 이는 성경에서 싹이 트고 완전히 꽃피운 표현으로서 교부들 가운데서도 자주 회자된 것이다."[272]

신비체는 어떤 윤리적인 것을 지칭하는 것이 아니라 신비적인 실재― 초본성적이고 창조되지 않은 원리인 성령에 의해 유지되는 ― 를 지칭한다. 그래서 사랑의 교회와 정의의 교회 간에 대립은 있을 수 없다.

이 회칙에 따르면, 오직 가톨릭 신자들만이 교회의 구성원이며 그러기에 그들만이 신비체의 구성원들이라고 한다. 나머지 사람들 ― 세례 받은 이들을 그렇지 않은 이들로부터 구별하지 않은 채― 은 일종의 무의식적인 서원에 의해 그리스도의 신비체를 향해 질서지어졌다고 한다.

그러나 이 회칙은 어떤 이들에 대해서는 일종의 불만을 표현하고 있다. 왜냐하면 그들은 어떤 면에서 교회 밖에서도 그리스도의 몸이 확장되고 있다고 보았기 때문이다. 즉 그들은 분리되어 나간 형제들 역시 교회 또는 신비체를 향해 질서 지어져 있다고 여겼다. 그럼에도 불구하고, 그들은 그리스도의 신비체와 가톨릭 교회 사이의 동일성을 확고히 받아들인다.

이 회칙은 가르침의 내용이 갖는 무게와 영성의 심오함으로 인해 교회론에 결정적인 이정표를 세웠다.273 사실, 안톤(A. Antón)이 지적하는 것처럼, 1940-1950년 사이에 이루어진 10년간의 교회론에 대한 연구는 회칙 *Mystici corporis*를 통해 제시된 주제에 집중되었으며 마침내 큰 빛을 발휘하기에 이르렀다.274

4. 제2차 바티칸 공의회

분명한 에큐메니즘적인 의도를 갖고 소집된 제2차 바티칸 공의회는 *Mystici corporis*처럼 그리스도의 신비체를 로마 가톨릭 교회와 동일시하기 위해 강한 묵설법(默說法) — 즉 일부러 언급하지 않는다 — 을 사용하고 있다. 그렇다고 이러한 사실이 공의회가 그리스도의 교회를 표현함에 있어서 그리스도의 신비체라는 이미지를 거부했다는 것을 뜻하지는 않는다.275 그럼에도 불구하고 공의회는 트롬프(P. Tromp)의 영향 아래 교회를 고려함에 있어서 '그리스도의 몸'으로 강조했던 첫 번째 틀을 거부했다. 이러한 틀은 「교회 헌장」의 7항에서 '하느님 백성'이라는 이미지를 위해 축소되어 드러나고 있다. 공의회는 이 하느님 백성이란 이미지를 선호했다.

공의회가 그리스도의 교회를 규정하기 위해 신비체 이미지를 평가 절하한 것은 아니다. 그렇다고 20년 전에 *Mystici corporis*를 통해 제시된 모든 것을 그대로 되풀이하지도 않았다. 공의회가 피하고자 했던 것은 그리스도의 신비체라는 이미지를 로마 가톨릭 교회와 동일시하는 것이었다. 이는 공의회가 분리되어 나간 형제들이 어떤 형태로든 그리스도의 신비체에 속한다는 것을 이해시키려 했기 때문이다.

공의회는 '하느님 백성'이란 이미지를 선호했는데, 이는 무엇보다도 이 이미지가 교회를 역사 안에 정초시키는 데 훨씬 더 적절하다고 보았기 때문이다. 공의회는 이 이미지가 종말적인 본향을 향해 걷는 교회의 순례 상태를 묘사하는 데 아주 적절하다고 보았다. 이는 교회가 갖는 선교적인 본성에도 부합하는 것이었다. 그래서 공의회는 2장에서 교회를 '하느님 백성'으로 소개했다. 이 장은 교회를 신비로 고려하는 장에 선행하며 교계 제도를 위해 할당된 장 뒤에 나온다. 그럼으로써 하느님의 영원한 구원 계획이 교회 안에서 역사적으로 전개되었음을 잘 제시하고 있다.

물론, 에큐메니즘적인 의도는 공의회를 강하게 짓눌렀다. *Mystici corporis*는 그리스도의 신비체를 가톨릭 교회와 동일시했으며, 이로 인해 그 밖에 다른 이들은 오직 가톨릭적인 일치에 합류하면서 그리스도의 몸에 속하는 가운데 이 몸을 향해 질서 지어지는 것으로 보았다. 베티(Betti)는 이런 식으로는 로마로부터 분리되어 나간 여러 교회들과 교회 공동체들에 교회적인 지위를 부여할 수 없다고 자신의 작품에서 지적했다.[276] 근본적으로 공의회는 비록 가톨릭 교회가 그리스도의 신비체를 탁월하게 실현했다고 보았음에도 불구하고, 분리되어 나간 형제들도 가톨릭 신자들에 비해 유비적인 형태이긴 하지만 그리스도의 신비체에 속한다는 것을 보여주고자 했다.

덜레스(Dulles)가 주목하는 것처럼,277 이처럼 제2차 바티칸 공의회는 그리스도의 교회가 신비체라는 관념을 재확인하고 있다. 하지만 *Mystici corporis*에 의해 형성된 판단들로부터는 거리를 두었다. 다시 말해 공의회는 그리스도의 신비체가 가톨릭 교회와 동일시되는 것을 어떤 식으로든 언급하지 않았다.

그래서 공의회는 가톨릭 교회 밖에서도 진리와 거룩함의 요소들이 존재한다는 것을 언급하는 가운데(LG 8), 그리스도께서 창립한 교회가 하나이고 거룩하고 공변되며 사도적이고 영속하며 가톨릭 교회 안에 계속 존재한다(subsistit)는 점을 천명했다.

공의회는 그리스도의 신비체를 가톨릭 교회와 동일시하려는 전망을 피하기 위해 동사 'subsistit' — 많은 논란의 소지가 있을 것이라고 필립(Philips)이 예언한 것처럼278 — 를 사용했다. 그러므로 비록 가톨릭 교회 밖에서도 진리와 성화의 요소들(세례, 성찬례 등)이 발견된다 할지라도, 교회인 그리스도의 신비체(LG 7)는 가톨릭 교회 안에서 충만함에 이른다.

따라서 라칭거(Ratzinger)가 그러했던 것처럼,279 공의회 교부들이 '그리스도의 몸'이라는 이미지에 대한 첫 번째 틀을 거부하는 것이 비합리적이라는 말은 좀 과장됐다고 말해야 할 듯싶다. 왜냐하면 비록 그리스도의 교회가 로마교회와 동일시된 것은 아니며 '하느님 백성'이라는 이미지를 분명히 선호하고 있음에도 불구하고 그리스도의 몸이라는 이 이미지와 더불어 그리스도의 교회가 규정되고 있기 때문이다. 그러나 교회가 그리스도의 몸인 한에서 새로운 하느님 백성이라고 말한 라칭거의 견해는 합당하다. 다음은 신약성경 안에서 하느님 백성이 보여주는 독특한 점이다. 즉 신약성경은 하느님 백성이 그리스도의 몸이라고 말한다. 슈나켄부르크(R. Schnackenburg)는 신약성경 주석가로서 이렇게 언급한다. 그리스도의 몸은 신약성경적인 교회론 개념에 있어서 훨씬 성숙한 결실이라는 것이다.280 한편, 그 누구도 *Mystici corporis*에 의해 축성된 이 이미지가 가톨릭 교회 안에 새로운 의식을 각인시켰으며 당시에 교회론에 대한 열정과 이에 대한 연구가 성장하게 하는 결과를 낳았음을 부인할 수 없다.281 따라서 *Mystici corporis*는 진실로 역사적인 획을 그은 문서였다.

## III. 하느님 백성282

제2차 바티칸 공의회에서 제시된 교회의 중요한 예형은 의심할 바 없이 '하느님 백성'이다. 덜레스가 상기하는 것처럼, 공의회에서는 역사적-구원적 전망이 지배적이었다. 이러한 전망은 공의회로 하여금 교회를 세상의 기원 이전에 삼위일체 안에서 미리 준비된 실재로, 이스라엘의 역사 안에서 준비된 실재로, 그리고 최종적인 순간에 그리스도 안에서 형성된 실재이자 성령의 흘러넘침을 통해 드러난 실재로 보게 해주었다(LG 2).

공의회는 교회를 언급함에 있어 교계 제도를 말하기 이전에 먼저 하느님 백성으로 소개하고 있다. 이는 교계 제도가 그리스도에 의해 세워졌으며 교회에 있어서 필수적인 것이지만 봉사의 차원에 속할 뿐, 하느님 백성이라는 전망 안에서 이 개념과 함께할 때만 의미를 갖고 이 하느님 백성을 위해 봉사한다는 것을 의미한다. 주교로 또는 교황으로 선임되기 이전에 더욱 중요한 것은 그리스도교 신자가 되는 것이며 세례를 통해 하느님 백성과 그리스도의 신비체에 속하는 것이다. 하느님 백성이라는 장을 교계 제도 앞에 두고자 했던 이 정신은 공의회에 참석했던 수에넨스(Suenens) 추기경이 제안한 것이다. 모든 사람들은 이를 논리적으로 타당한 것으로 받아들였다.

그러나 하느님 백성이라는 이 개념이 오늘날 사회에서 드러나는 민주적인 의미를 허용한 것은 아니며 현대적인 사고방식과 관련해서 일종의 호의를 얻으려는 의도로 제시된 것도 아니다. 무엇보다도 그것은 그리스도교적인 계시의 원천들로부터 회복한 이미지이자 근본적으로 종교적인 개념에 상응하는 것이다. 어떤 경우에도 이 개념과 더불어 교회 내의 권위가 단순한 공동체의 대표라는 것을 의도하지는 않는다. 왜냐하면 교회의 수장은 신비체의 머리이신 그리스도의 대리자를 의미하기 때문이다. 하느님 백성이란 이미지는 상당히 유효적절한 개념이다. 왜냐하면 그것은 세례 받은 모든 구성원들이 지닌 품위를 보여줄 뿐 아니라 교회가 지닌 역사적, 공동체적인 본성을 떠받쳐주는 장점을 갖고 있기 때문이다.

우리는 앞서 성찬례를 교회의 근본적인 행위로 언급하면서 그리스도께서 이 성찬례 가운데 새 계약을 세우시면서 새로운 하느님 백성을 세우셨다는 사실을 살펴보았다. 이처럼 교회는 시초부터 자신이 새로운 하느님 백성이라는 의식을 갖고 있었다. 루카는 초대 교회가 지녔던 회중을 소개하고 있으며(사도 15장) 이러한 의식을 우리에게 어렴풋이나마 전해준다. 여기서 베드로와 바오로 그리고 바르나바는 이방인들의 회개와 더불어 하느님께서 이루신 기적들을 이야기하고 있으며, 야고보는 그들의 말을 이어받아 다음과 같이 언급한다. "형제 여러분, 내 말을 들어 보십시오. 하느님께서 처음에 다른 민족들 가운데에서 당신의 이름을 위한 백성을 모으시려고 어떻게 배려하셨는지, 시몬이 이야기해주었습니다. 이는 예언자들의 말과도 일치합니다"(사도 15,13-16). 그리고 모든 민족들이 주님의 이름으로 부름받고 축성되었다고 언급한 예언자 아모스의 말을 인용하고 있다. 이처럼 사도들은 이방인들이 하느님 백성의 일부분을 형성하도록 부름받았다는 사실을 의식하고 있었다.

바오로는 에페소 신자들에게 다음과 같이 쓰면서 이러한 이상을 표현하고 있다. "여러분은 이제 더 이상 외국인도 아니고 이방인도 아닙니다. 성도들과 함께 한 시민이며 하느님의 한 가족입니다. 여러분은 사도들과 예언자들의 기초 위에 세워진 건물이고, 그리스도 예수님께서는 바로 모퉁잇돌이십니다"(에페 2,19-20). 성 바오로는 로마서와 갈라티아서에서 교회가 참된 하느님의 백성으로서 약속의 이스라엘 백성과의 역사적 연속성 안에 있다는 확신을 표현한다. 왜냐하면 육에 따라 아브라함의 자손인 그리스도 안에서 하느님의 약속이 완성되며 구원 역사가 실현되었기 때문이다. 그러므로 그리스도를 신앙으로 받아들이는 이들은 진정한 하느님의 백성을 이루게 된다.[283]

티토서 2장 11-14절을 읽어 보기로 하자. "과연 모든 사람에게 구원을 가져다주는 하느님의 은총이 나타났습니다. [⋯] 그리스도께서는 우리를 위하여 당신 자신을 내어주시고, 우리를 모든 불의에서 해방하시고 또 깨끗하게 하시어, 선행에 열성을 기울이는 당신 소유의 백성이 되게 하셨습니다."

베드로는 이 백성 — 이 백성에는 이방인들도 들어간다 — 안에서 하느님이 이스라엘 가운데 선택한 백성의 특징들이 실현되어 있음을 보았다. "여러분은 선택된 겨레고 임금의 사제단이며 거룩한 민족이고 그분의 소유가 된 백성입니다. 그러므로 여러분은 여러분을 어둠에서 불러내어 당신의 놀라운 빛 속으로 이끌어주신 분의 위업을 선포하게 되었습니다"(1베드 2,9-10).

이것이 바로 하느님 백성이다. 즉 이 백성은 이스라엘 백성처럼 하느님의 부르심에서 자신의 기원을 갖는다. 그리고 이 백성은 그리스도께서 당신의 피로 얻은 백성이기도 하다(1베드 1,19). 또한 이 백성은 하느님의 소유에 맞갖게 거룩해야 한다. 이 백성은 세상 가운데 실현해야 할 사명을 갖고 있다. "우리를 부르신 분의 영광을 선포하는 것"이 바로 그것이다.

## 1. *Lumen Gentium*에서

제2차 바티칸 공의회는 1장에서 교회의 신비에 대해 할애한 후, 3장에서 교계 제도를 소개하기 전에 2장에서 '하느님 백성' 개념에 대해 주의를 기울이고 있다. 여기서 공의회가 주장하려고 했던 것은 분명 하느님 백성으로서의 교회가 교계 제도적인 차원 — 교계 제도는 하느님 백성 안에서 그리고 하느님 백성을 위해 있는 한에서 — 이전에 먼저 온다는 점이다. 한편, 공의회는 교회가 하느님 계획의 실현이라는 사실을 드러내고자 했다.

제2차 바티칸 공의회는 잊혀져 버린 기억으로부터 이미 초대 교회와 전례의 흐름 안에 있었던 하느님 백성이라는 이미지를 끌어

냈다. 앞서 언급했듯이, 제2차 바티칸 공의회는 교회가 구원 역사 속에 있다는 점을 언급하기 위해, 그리고 교회를 둘러싸고 있는 다른 백성들 앞에 선 책임 있는 사람들의 공동체로 교회를 소개하기 위해, 그리고 궁극적인 본향(本鄕)을 향해 순례하는 교회의 특징에 주목하기 위해 이 이미지를 선호했다.

공의회(LG 9)는 하느님을 두려워하고 정의를 실천하는 이들이 모든 시대와 모든 민족 안에서 하느님에 의해 받아들여졌다는 사실에 대해 잘 알고 있었다. 그럼에도 불구하고 하느님은 참으로 당신을 알고 거룩하게 섬길 줄 아는 백성을 이루는 가운데 사람들을 성화하고 구원하고자 하셨다(LG 9). 이러한 메시아적인 백성은 그리스도를 머리로 갖는다. "이 메시아 백성은 비록 현실적으로 모든 사람을 다 포함하지도 못하고 가끔 작은 무리로 보이지만, 온 인류를 위하여 일치와 희망과 구원의 가장 튼튼한 싹이 된다. 그리스도께서는 생명과 사랑과 진리의 친교를 이루도록 세우신 이 백성을 또한 모든 사람을 위한 구원의 도구로 삼으시고, 세상의 빛으로서 땅의 소금으로서(마태 5,13-16 참조) 온 세상에 파견하신다"(LG 9).

「교회 헌장(*Lumen Gentium*)」의 2장 전체를 아우르는 모태가 되는 개념은 하느님 백성이 성직자와 평신도 계층을 모두 아우르는 전체 신자들로 구성되었다는 점이다. 교계 제도는 전체 하느님 백성의 틀 안에서 이해되어야 한다. 왜냐하면 교계 제도는 하느님 백성일 뿐 아니라 이 하느님 백성을 위해 봉사하기 때문이다. 본래 '평신도(*laos*)'라는 용어는 3세기를 기점으로 성직자가 아닌 이들을 지칭하는 의미에서 이 하느님 백성의 전체 구성원을 뜻했다. 세례받은 모든 구성원들은 똑같은 하느님 자녀로서의 품위와 그분 백성의 구성원으로서의 품위를 갖는다. 교회는 성직자의 단체가 아니다. 우리 모두는 세례 받은 사람들이다. 따라서 만일 교회 내에 교계 제도가 존재한다면 그것은 말씀과 성사 그리고 통치를 통해 이 백성을 위해 봉사하기 위해서이다.

사람들은 믿음과 세례를 통해 이 새로운 하느님 백성에 합류하게 된다. "그리스도를 믿는 이들은 썩어 없어질 씨앗에서 난 것이 아니라 썩지 않을 씨앗에서 살아 계시는 하느님의 말씀을 통하여 새로 났으며(1베드 1,23 참조), 혈육에서 나온 것이 아니라 물과 성령으로 새로 나(요한 3,5-6 참조), 마침내 '선택된 민족, 왕의 사제들, 거룩한 겨레, 하느님의 소유가 된 백성으로서… 전에는 하느님의 백성이 아니었지만 지금은 하느님의 백성이 된 것이다'(1베드 2,9-10)"(LG 9).

교회에 속한 모든 이들은 복음을 선포하고 스스로 성화되어야 할 책임을 갖는다. 교회의 여정은 이 모든 것 위에서 이루어진다. 그래서 제2차 바티칸 공의회는 이렇게 말한다.

"평신도들은 사제요 예언자이며 왕이신 그리스도의 임무에 참여하는 사람으로서, 교회의 생활과 활동에서 능동적인 역할을 하고 있다"(AA 10). 또한 공의회는 다음과 같이 말한다. "그러므로 '하느님께서 여러분에게 원하시는 것은 여러분이 거룩한 사람이 되는 것입니다'(1데살 4,3; 에페 1,4 참조) 한 사도의 말씀대로, 교회 안에서 모든 이는 교계에 소속된 사람이든 교계의 사목을 받는 사람이든 다 거룩함으로 부름받고 있다"(LG 39).

또한 하느님 백성으로서의 교회에 대한 이미지는 우리로 하여금 교회가 내포하는 순례적인 상태로 인해 죄스러운 교회 그러나 동시에 통회하는 교회임을 알게 해주며, 나아가 하느님으로부터 오는 구원은 일종의 제도와 공동체 안에서 구체화되었다는 점도 잘 알게 해준다.

### 1.1. 사제적인 백성

공의회는 교회를 하느님 백성으로 소개하면서 신자들의 '공통 사제직'이란 주제에 대해 언급하고 있다.

모든 신자들은 세례를 통해서 같은 영(Spiritus) 안에서 그리스도와 한 몸이 되었다. 그래서 그들은 그분을 통해 사제요 예언자이며 왕이라는 삼중 역할과 더불어 주님의 사제직에 참여하게 된다.

신자들은 세례적인 특징으로 각인된 하느님 백성이 자신을 하느님께 맞갖은 산 제물로 봉헌하는(로마 12,1) 거룩하고 성별된 민족인 한에서 사제들이다. 그들은 무엇보다도 그리스도교 삶의 정점이자 이 사제직이 수행되는 성찬례 안에서 보편적 또는 세례적인 사제직으로 부름받아 자신을 그리스도와 함께 성부께 희생 제물로 봉헌한다. 그들의 모든 삶은 사제적이며 거룩해야 하고 성찬례 안에서 정점에 이르러야 한다. 그래서 제2차 바티칸 공의회는 다음과 같이 표현하고 있다.

> 사람들 가운데에서 뽑히신 대사제 주 그리스도께서는(히브 5,1-5 참조) 새 백성이 "한 왕국을 이루게 하시고 또 당신의 하느님 아버지를 섬기는 사제들이 되게 하셨다"(묵시 1,6; 5,9-10 참조). 세례 받은 사람들은 새로 남과 성령의 도유를 통하여 신령한 집과 거룩한 사제직으로 축성되었기 때문에, 그리스도인들은 인간의 모든 활동을 통하여 신령한 제사를 바치며 그들을 어두운 데에서 당신의 놀라운 빛 가운데로 불러주신 분의 능력

을 선포한다(1베드 2,4-10 참조). 그러므로 그리스도의 모든 제자는 끊임없이 기도하고 하느님을 함께 찬양하며(사도 2,42-47 참조), 자신을 하느님께서 기쁘게 받아주실 거룩한 산 제물로 바치고(로마 12,1 참조) 세상 어디에서나 그리스도를 힘차게 증언하며, 설명을 요구하는 사람들에게는 영원한 생명에 대하여 자신들이 간직하고 있는 희망을 설명해주어야 한다(1베드 3,15 참조)(LG 10).

신자들의 사제직이란 주제는 루터의 교리에 있어서 중요한 사안으로서, 그는 직무적인 사제직을 부인했다. 그는 신자들을 사제로 여기는 가운데 이에 근거해서 그 누구도 신자 공동체에 대한 권위를 요구하기 위해 사제 서품을 청할 수 없다고 결론짓는다. 필립(G. Philips)은 사제와 주교의 권위에 대한 루터의 반감은 아주 신랄했다고 말한다.[284] 그러나 이 권위에 대한 부인은 근본적으로 성찬례가 우리 가운데 그리스도의 구원적인 희생으로 영속된다는 사실을 부인하는 것과 다를 바 없다. 신자들은 영적인 희생을 봉헌하고 하느님의 말씀을 설교할 수 있다. 바로 여기에 신자들의 사제직이 근거하고 있다.

트리엔트 교리서는 트렌트 공의회와 달리 공통 사제직이 갖는 내적인 사제직에 대해 지적하면서 이 공통 사제직을 강조하고 있다.[285] 이 사제직은 세례 받은 모든 이들이 받는 유산이다. 이러한 가르침은 묵시록 1장 5절, 베드로1서 2장 5절, 로마서 12장 1절 그리고 시편 50장 19절에 근거한다. 정확히 말해 직무 사제직에 대한 루터의 공격은 가톨릭 신학으로 하여금 신자들이 갖는 공통 사제직보다는 직무 사제직을 강조하게 만들었다.[286] 교황 비오 12세가 선포한 *Mediator Dei*(1947)는 아직까지 공통 사제직에 대한 유보를 표현하고 있으며, 같은 교황의 1954년 11월 2일자 훈화인 *Magnificate Dominum*에 와서야 조심스럽게 베드로1서 2장 5절, 9절에 의거해 신자들이 그 나름의 존중받을 만한 사제직을 갖는다고 언급한다.287

신약성경 안에서 '*sacerdotium*(사제)'과 마찬가지로 '*sacerdos*(사제)'라는 말은 결코 어떤 직무를 지칭하는 것이 아니라 공동체를 가리키고 있다. 또한 '*iereus*(대사제)'라는 말은 히브리서 7장 26절에서 그리스도를 언급하면서 단 한 번만 사용되고 있다. 이는 그리스도교 신자의 사제직이 구약의 연장선상에서 이해되고 있지 않다는 점을 드러내려는 것이다. 그러므로 그것은 어떤 사제 계층이나 사제 부족을 지칭하는 것이 아니라 어떤 근본적인 새로움으로 드러나고 있다. 사도들에 의해 협력자로 안수된 이들은 '*presbíteros*(원로들)' 또는 '*epíscopos*(감독들)'란 용어를 통해 언급되고 있다. 그리고 이 '*epíscopos*'란 말은 2세기경에 사도들의 계승자를 일컬었다. 테르툴리아노에게서 보는 바와 같이288 '*sacerdos*(사제)'라는 용어는 2세기 말경에 와서야 성직자를 언급하기 위해 사용되기 시작했다.

베드로1서 5장에 나오는 본문은 탈출기 19장 6절의 말씀, 즉 온 세상이 야훼에게 속하며 그분에게 있어서 이스라엘은 사제 직분을 맡은 나라이자 거룩한 백성으로 언급하는 구절을 반향하고 있다. 한편, 이사야서 61장 1절에서 이교 백성들이 이스라엘 사람들을 '야훼의 사제들'이라고 부르게 될 것임을 언급하는데, 여기서 드러나는 이 이스라엘 백성이 지닌 중개적인 성격을 잊어서는 안 된다. 유다 민족은 예배와 청원을 통해 이방인들을 위한 중개 역할을 하게 될 것이다.

신자들의 사제직이 내포하는 내용에 대해 공의회는, 새로운 계약에 있어서 모든 사제직은 최고의 사제이신 그리스도의 사제직으로부터 유래한다고 상기하고 있다. 그리스도야말로 새로운 당신의 백성을 "당신의 성부 하느님을 위한 나라이자 사제로 만드셨다." 계속해서 공의회는 말한다. "세례 받은 이들은 다시 태어나는 가운데 성령의 일치를 통해서 영적인 집이자 거룩한 사제로 축성된다." 이처럼 신자들이 살아 있는 돌로서 일부분을 구성하게 되는 성전 안에서 우리는 영적인 희생 제물을 봉헌해야 하며 우리를 어둠에서 빛으로 불러준 그 기적들을 선포해야 한다. 필립은 설명하길,[289] 그것은 성령의 영향 아래 이루어진 영적인 봉헌들로서 이는 영적인 의미를 표현하는 외적인 선물까지를 모두 포함한다고 한다.

또한 공의회는 베드로1서 3장 15절을 암시하는 가운데 신자들이 모든 곳에서 증거해야 한다고 언급한다. 이에 대해 필립은 이렇게 설명한다. "이 모든 것은 우리에게 하느님을 향한 봉헌 개념을 전해준다. 이는 그리스도의 인격과 업적에 되돌려드리는 예배와 증거에 연관되어 있다. 하지만 그것은 전체 그리스도교 신자의 삶에 적용되는 봉헌이기도 하다."[290]

이러한 신자들의 사제직은 단순한 비유가 아니라 고유한 사제직이다. 즉 전체 공동체가 미사를 봉헌하고 자기 자신을 봉헌하는 것이다. 그래서 엄밀히 말해 모든 신자들은 세례를 바탕으로 그 위에 건설된 '공통 사제직(sacerdocio común)'으로 부름받았다. 하지만 그것은 조직된 봉사의 질서 안에서 성사적인 수품의 바탕 위에 형성된 직무적 또는 교계적인 사제직과는 다르다. 공의회는 이 둘 사이의 명백한 차이를 설정함과 동시에 서로가 서로를 향해 질서 지어져 있음을 언급하고 있다. "신자들의 보편 사제직과 직무 또는 교계 사제직은, 정도만이 아니라 본질에서 다르기는 하지만, 서로 밀접히 관련되어 있으며, 그 하나하나가 각기 특수한 방법으로 그리스도의 유일한 사제직에 참여하고 있다. 직무 사제는 참으로 그가 지닌 거룩한 힘으로 사제다운 백성을 모으고 다스리며, 성찬의 희생 제사를 그리스도를 대신하여 거행하고 온 백성의 이름으로 하느님께 봉헌한다. 그리고 신자들은 자신의 왕다운 사제직의 힘으로 성찬의 봉헌에 참여하며, 여러 가지 성사를 받고 기도하고 감사를 드리며 거룩한 삶을 증언하고 극기와 사랑을 실천함으로써 사제직을 수행한다"(LG 10).

사실, 교계 제도는 거룩한 권위이다(이 권위는 교계적인 말씀을 뜻한다). 이 권위는 사도들의 계승을 통해서 그리스도로부터 직접 전해 오는 것이다. 그들은 그분의 인격을 신비체의 머리로 재현하는 가운데 말씀과 성사 그리고 통치를 통해 공동체에 봉사하기 위해 이 공동체 앞에 세워진 이들이다. 그리스도는 사도들로 하여금 가르치고 성화시키며 인도하는 삼중적인 역할에 참여하게 해주셨다. 그리스도께서는 사도들에게 이러한 역할을 위임하셨으며 그들은 신자들의 공동체 앞에서 자신의 협력자들에게 이를 전해주었다. 직무적인 사제직은 "그리스도의 인격 안에서(*in persona Christi*)" ― 그분을 당신 몸의 머리로 재현하는 가운데 ― 성찬례적인 희생을 실현하며 신자들은 제대 위에서 재현된 이 희생을 봉헌하게 된다.

비록 사제만이 그리스도의 희생을 재현할 수 있지만, 의심할 바 없이 신자들 역시 세례와 더불어 받은 사제직에 힘입어 성체를 봉헌한다. 그래서 교황 비오 12세는 이렇게 언급하고 있다.

중대한 사안에서 유해한 오류가 생겨나지 않도록 하기 위해 정확한 용어들을 갖고서 '봉헌한다'라는 말의 의미를 한계 지울 필요가 있다. 이처럼 피를 흘리지 않는 희생과 더불어 그리스도께서는 축성하는 말들을 통해 제대 위에서 친히 희생 제물의 상태 안에 현존하신다. 이는 오직 그리스도의 인격을 대리하는 한에서 — 모든 신자들을 대표하는 한에서가 아니라 — 사제만이 실현할 수 있다. 그러므로 사제가 제대 위에 신적인 희생 제물을 봉헌함에 있어서 그는 이 제물을 지극히 거룩하신 삼위일체의 영광을 위한 봉헌이자 전체 교회의 유익을 위한 봉헌으로서 성부 하느님께 드린다. 엄밀한 의미에서 보면 신자들은 두 가지 측면에서 이 봉헌에 고유하게 참여한다. 즉 사제의 손을 통해서만이 아니라 어떤 면에서 그분과 함께 희생 제사를 봉헌한다. 이러한 참여와 더불어 백성의 봉헌은 전례적인 예배에 속한다.291

이처럼 신자들 역시 '사제와 더불어' 희생 제물을 봉헌하지만, 엄밀한 의미에서 오직 사제만이 제대 위의 희생 제사를 실현한다. 교회의 모든 문헌들은 끊임없이 이 가르침을 반복하고 있다. 제2차 바티칸 공의회는 언급하길, 사제는 그리스도의 대리자로서 성찬례적인 희생 제사를 이루며(*conficit*) 이를 전체 하느님 백성의 이름으로 봉헌한다.292 그럼으로써 하느님 '백성의 신경(*Credo del Pueblo*)'은 동일한 가르침 안에서 풍요로워진다. 미사는 사제 서품을 통해 받은 권한에 힘입어 그리스도의 인격을 대리하는 사제가 집전하며 그를 통해서 "그리스도와 그분의 신비체 구성원들의 이름으로"293 봉헌된다.

동일한 의미의 선상에서 1983년 신앙교리성은 성찬례를 거행하기 위한 평신도의 자격을 정당화하려는 여러 가지 견해들로부터 한걸음 물러나고 있다. 신앙교리성은 축성하는 능력은 사도 계승을 통해서 주교들과 사제들에게 전해진다고 상기한다. 그러므로 이들이 축성할 때에는 공동체의 대표자로서가 아니라 "그리스도의 인격 안에서(in persona Christi)" 이를 이루는 것이다. 이처럼 그리스도의 인격 안에서 실행하는 것은 그분의 이름으로 또는 그분 대신에 행하는 것 그 이상으로서 그것은 희생 제사의 창시자이자 주인공인 그리스도와 사제 사이의 동일화(同一化)를 의미한다. 그래서 교회는 제4차 라테라노 공의회와 더불어 오직 수품된 사제만이 축성할 수 있다고 가르친다.294

신자들의 세례적인 특징은 그들을 그리스도 신비체의 구성원으로 만들어주며, 그들은 자신을 교회와 하나가 되게 해주는 세례를 통해서 이 신비체를 받아들인다. 세례는 그들이 그리스도교 신앙을 표현하는 예배를 봉헌하고 믿음을 받아들인 사람들 앞에서 이 믿음을 고백할 수 있도록 그들에게 능력을 부여해준다(LG 11). 그들은 견진성사를 통해서 말씀에 대한 신앙을 선포하고 이에 대한 살아 있는 증거를 위해 특별한 성령의 힘으로 풍요로워지는 가운데 보다 완전히 교회와 하나가 된다.

의심할 나위 없이 세례를 받고자 하는 단순한 원의만으로는 공통 사제직을 받을 수도 없을뿐더러 그리스도의 몸을 이루는 구성원으로서 그리스도의 모습을 닮을 수도 없다. 오직 세례를 통해서만 사제적인 성격을 부여받을 수 있다. 견진성사는 세례 은총을 충만하게 해주며, 더 나아가 우리로 하여금 그리스도의 사제직을 충만하게 닮게 하는 한에서 세례의 성격을 새롭고 완전하게 해준다. 우리는 "그리스도의 참된 증인으로서 말과 행동으로 신앙을 전파하고 옹호하며, 그리스도의 이름을 용감히 고백하고, 십자가를 부끄럽게 여기지 않도록"(CEC 1303) 하기 위해 성령의 특별한 힘을 받는 가운데 이러한 '권한 속에서' 교회의 구성원들로 형성된다.

특히, 신자들은 성찬례를 통해서 자신의 사제직을 실현한다. 왜냐하면 그들은 자신의 모든 삶을 그리스도를 통해서 그리스도와 함께 성부께 봉헌하는 살아 있는 희생 제물로서 이 성찬례에 갖고 와야 하기 때문이다. "그리스도교 생활 전체의 원천이요 절정인 성체의 제사에 참여함으로써 신도들은 신적 희생을 하느님께 바치며 자신을 또한 함께 봉헌하는 것이다. 이와 같이 제사 봉헌에 있어서나 성체 배령에 있어서나 모든 신도들이 같은 방법은 아니고 각기 고유한 방법으로 전례 행위 중에 자신의 역할을 수행하는 것이다"(LG 11). 그리스도교 신자의 모든 삶은 그 원천인 성찬례로부터 유래하며 모든 일과 노고 그리고 기쁨 등 삶의 모든 것을 그리로 가져가는 가운데 바로 그 안에서 정점에 이르러야 한다. 이 모든 것은 희생 제물이신 그리스도와 더불어 하나 되는 가운데 성부께 봉헌될 수 있도록 성찬례 안에서 정점에 도달되어야 한다.

그러므로 신자들은 그리스도의 몸의 지체들인 한에서 그분의 사제직에 참여한다. 그리스도의 사제직 이외에 그 어떤 다른 사제직도 있을 수는 없다. 이러한 의미에서 신자들의 사제직은 중개자적인 의미를 갖는다. 그들은 성찬례와 성사들로부터 필요한 은총을 받으며, 이 은총은 그들이 그리스도 안에서 이 세상을 변화시키고 그들의 삶 전체가 제대 위에서 하느님을 향한 봉헌으로 드러날 수 있도록('상승적인 차원') 그들을 변모시켜준다('하강적인 차원'). 세례와 견진성사는 예배와 증거를 위한 신자들의 능력을 한층 강화시켜준다. 그들은 예배 안에서 세상의 염려들을 자신의 것으로 만들고 자신을 하느님께 봉헌한다. 또한 그들은 증거를 통해서 하느님의 말씀을 세상에 전하고 이 세상을 그리스도께 준해서 질서 짓는다. 하지만 이러한 증거는 무엇보다도 그리스도교 생활의 정점인 성찬례를 향해 있다. 이는 세상이 성찬례를 통해 그리스도께로 되돌아가게 하기 위함이다. "전례는 교회의 활동이 지향하는 정점이며, 동시에 거기에서 교회의 모든 힘이 흘러나오는 원천이다. 왜냐하면 사도직 활동의 목적이 신앙과 세례를 통하여 하느님의 자녀가 된 모든 이가 한데 모여 교회 한가운데에서 하느님을 찬미하며 희생 제사에 참여하고 주님의 만찬을 먹도록 하는 것이기 때문이다"(SC 10).

### 1.2. 하느님 백성에 있어서 신앙의 의미

또한 거룩한 하느님의 백성은 온 세상에 그리스도의 말씀을 전하면서 그분의 예언자적인 직무에 참여한다. '프로페이미(*Profeimi*)'라는 의미에서 예언자는 도래할 것을 미리 예견하는 이가 아니라 하느님에 의해 파견된 이로서 그분의 말씀 그리고 믿음과 사랑의 삶을 선포하는 사람을 말한다. 분명 그리스도교 신자는 전체 자신의 삶을 성부를 향한 찬미의 노래로 변화시키는 가운데(히브 13,15) 신앙의 삶을 생명과 사랑으로 표현해 낸다.[295]

이처럼 공의회는 그리스도교 신자들의 신앙이 내포하는 의미에 대해 언급하고 있다. 이 주제는, 필립(G. Philips)이 상기하는 바와 같이, 공의회 초기에 묵설법적(默說法的)으로 드러나고 있다.[296] 왜냐하면 공의회는 이로 인해 계몽주의적인 경향에 문을 열어주지 않을까 하는 두려움을 갖고 있었기 때문이다. 그러나 전체 그리스도교 공동체(사목자와 신자 모두)가 성령의 영향 아래 있으며 이로 인해 성령의 도유를 받은 신자들의 공동체는 신앙의 행위에 있어서 오류에 빠질 수 없을 뿐 아니라 믿음과 관습에 대한 제반 사정에 있어서 주교들로부터 세속 신자들의 마지막에 이르기까지 보편적인 동의가 이루어질 때 믿음과 전체 백성에 대한 의미를 통해서 자신의 고유한 성격을 드러낸다(LG 12).

믿는 데 있어서 전체 교회(사목자들과 신자들)는 무류성(無謬性, infallibilitas)을 지닌다. 그리스도께서 창설하고 성령의 선물을 보장하신 전체 교회가 믿음의 내용과 관습에 있어서 틀릴 수 있다는 것은 불가능하다. 만일 교회가 믿는 데 있어서 오류를 범할 수 없다면 교도권이 가르칠 때에도 그러하다. 왜냐하면 교도권이 오류를 범한다면 교회 전체는 이 오류에 질질 끌려 갈 것이기 때문이다. 주교들은 그리스도의 이름으로 하느님의 말씀을 가르치고 해석하는 직무를 그리스도로부터 받아서 지니고 있다. 따라서 교회가 교도권에 있어서 오류를 범한다면 그것은 그러한 한에서 실수를 할 수 있다는 말이기도 하다.

신자들은 교회 교도권의 가르침을 따를 의무가 있다. 성 요한은 말한다. "우리는 하느님께 속한 사람입니다. 하느님을 아는 사람은 우리의 말을 듣고, 하느님께 속하지 않는 사람은 우리의 말을 듣지 않습니다"(1요한 4,6).

공의회는 이 백성이 교도권의 지도하에 그리고 그에 대한 순종을 통해서 계시된 신앙을 오류 없이 받아들이고 이를 보다 깊이 관통할 수 있다고 말한다. 지금 우리가 다루고 있는 이 '신앙 감각(sensus fidei)'은 우리 시대의 어떤 민주적인 의미를 허용하는 것이 아니라 신자들과 사목자들을 아우르는 전체 하느님 백성을 통해서 주어진 신앙의 증거를 말한다. 그것은 결코 틀릴 수 없다. 왜냐하면 성령의 선물이 교회 전체에 주어졌기 때문이다.

예를 들어 보기로 하자. 만일 전체 하느님 백성이 무염시태 교리를 회칙 반포 이전에 이미 믿어 오지 않았다면, 교황 비오 9세는 이를 교리로 명확히 하지 않았을 것이다. 성 아우구스티노는 유아들의 원죄를 없애기 위한 유아세례의 필요성을 입증하기 위해 펠라지오를 거슬러서 하느님 백성의 '신앙 감각(sensus fidei)'을 그 증거로 제시하고 있다. 레랭의 뱅상(Vincent de Lerins)은 자신의 *Commonitorium*에서 다음과 같이 언급한다. "가톨릭 교회 안에서는 모든 곳에서 언제나 모든 이에 의해 믿어진 것을 보존함에 있어서 최상의 주의를 기울여야 한다."297

근본적으로 진리를 향해 성령에 의해 인도되는 교회 전체는 올바른 길에서 벗어날 수 없다. 그러므로 교회는 총체적인 차원에서 믿음의 내용에 있어서 오류를 범할 수 없다.

이러한 신앙 감각은 단순한 느낌의 문제가 아니라 성 토마스가 언급하듯이 선천적인 인식이라고 말할 수 있다. 그것은 교도권의 목소리에 대한 수동적인 반향이 아니라 자연스럽게 교도권과 동조(同調)하고 신자들의 보다 깊은 곳을 관통하며, 필립이 주목하듯이,298 교도권을 살아 움직이게 해주는 동일한 빛을 통해 그들이 살아가게 해준다. 한마디로 그것은 전체 교회의 신앙 감각인 것이다.

성령께서 교회의 유익을 위해 신자들에게 분배해주시는 은사들에 관해 다시 언급하기로 하자. 이에 대한 식별은 교도권이 한다.

더 나아가 같은 성령께서는 성사와 교역을 통하여 하느님의 백성을 거룩하게 하시고 인도하시며 여러 가지 덕행으로 꾸며주실 뿐 아니라 또한 당신 은혜를 "당신이 원하시는 대로 각 사람에게 나누어주시며"(1코린 12,11) 모든 계층의 신자들에게 특별한 은총도 나누어주신다. 각 사람에게 주신 성령의 선물은 공동의 이익을 위한 것(1코린 12,7참조)이라는 말씀에 따라, 성령께서는 그러한 은총으로 교회의 쇄신과 더욱 폭넓은 교회 건설을 위하여 유익한 여러 가지 활동이나 직무를 받아들이는 데에 알맞도록 신자들을 준비시키신다. 그러한 은사는 뛰어난 것이든 더 단순하고 더 널리 퍼진 것이든 교회의 필요에 매우 적합하고 유익한 것이므로 감사와 위안으로 받아들여야 한다. 그러나 이례적인 은총은 함부로 간청하지 말아야 하며, 지레 그러한 은총에서 사도직 활동의 결실을 바라지도 말아야 한다. 그러나 은사의 진실성과 올바른 실천에 관한 판단은 교회를 다스리는 이들에게 속하며, 성령의 불을 끄지 않고 모든 것을 시험하여 좋은 것을 붙드는 일은 특별히 그들의 소관이다(1테살 5,12와 19-21 참조)(LG 12).

## 2. 교회의 구성원들

공의회는 「교회 헌장」 13항에서, 단일하며 유일한 하느님 백성은 하느님 원의가 지향하는 계획들을 완성하기 위해 온 세상과 온 시대를 끌어안아야 한다고 말한다. 이를 위해 모든 것의 상속자로 세워진 성자(히브 1,2) 그리고 성령께서 파견되셨다. 이처럼 하느님 백성은 이 세상에 속하지 않지만 동시에 세상의 모든 백성으로 구성되기에 어떤 백성으로부터도 세속적인 선을 빼앗지 않을뿐더러 오히려 이를 장려하고 완성시키며 고양한다. 이처럼 가톨릭 교회는 인류 전체를 다시 모으고자 한다. 각 개별 신자들은 교회가 지닌 보편성(catolicidad)에 힘입어 다른 이들 그리고 전체 교회를 풍요롭게 한다.

공의회는 교회의 친교 안에는 베드로좌의 수위권에 통합되어 있으면서 동시에 자신의 고유한 전통을 누리고 있는 개별 교회들이 있음에 주목한다. 베드로좌는 모든 것을 사랑 안에서 총체적으로 주재하며 적법한 변화들을 옹호하고 이 개별 교회들이 단일함에 해를 끼치지 않고 반대로 이와 더불어 협력할 수 있도록 노력한다(LG 13).

모든 사람은 하느님 백성이 견지하는 보편적인 단일함을 향해 부름받았으며 구별되는 형태와 더불어 여기에 속하고 질서 지어져 있다. 이처럼 순례하는 교회는 구원을 위해 필수적이다. 왜냐하면 오직 그리스도만이 구원의 중개자이자 길이시기 때문이다(LG 14). 그러므로 "하느님께서 예수 그리스도를 통하여 가톨릭 교회를 필요한 것으로 세우신 사실을 모르지 않으면서도 교회로 들어오기를 싫어하거나 그 안에 머물러 있기를 거부하는 저 사람들은 구원받을 수 없을 것이다"(LG 14).

a) 이 교회에는 그리스도의 영(Spiritus)을 믿는 가운데 이 교회 안에 보존되어 있는 모든 구원의 수단을 받아들이는 이들, 믿음과 성사들을 통해 하나가 되는 이들이 그리스도와 함께 교황 성하와 주교들에 의해 인도되는 가시적인 조직으로서의 교회적인 체제에 합체(合體)된다(LG 14).[299] 여기서 눈길을 끄는 대목은, 공의회가 가시적인 결합 이상으로 '그리스도의 영(Spiritus Christi)'에 대한 소유를 요구한다는 점이다. 죄인은 충만하게 교회에 속하지 못한다. 성 아

우구스티노는 그들이 외견상으로만 그러할 뿐 진정한 구성원은 아니라고 말한다.300 그리고 성 토마스는 그들을 부적절한 의미에서의 구성원으로 간주했다. 그러므로 충만한 합체를 위해서는 다음과 같은 세 가지 조건이 요구된다. 즉 은총, 성사들, 그리고 교계 제도와의 결속. 이 셋은 그리스도께서 교회에 위임하신 세 가지 직무에 상응한다.

b) 교회에 합체되어 있음에도 불구하고 애덕에 항구하지 않는 이, 따라서 '마음'이 아니라 '몸'으로만 교회 안에 있는 이(LG 14)는 구원에 이르지 못한다. 성령의 작용에 의해 교회에 합체되고자 하는 의지를 지닌 예비신자들은 원의 그 자체로 교회와 일치하며 교회는 그들을 자녀로 받아들인다.

c) 교회는 비록 같은 신앙을 고백하지 않거나 교황 성하의 권위 아래 일치를 보존하지 않는 이들일지라도 세례 받은 그리스도교 신자들과 더불어 다양한 유대를 통해 일치되어 있음을 느낀다.
- 개신 교회들은 성경을 갖고 있으며 세례를 통해 그리스도와 하나 된다. 교회는 그들을 교회적인 공동체로 여긴다.
- 동방정교회 역시 성찬례, 주교 직분, 성모께 대한 신심을 갖고 있다. 그러므로 그들 역시 교회라고 하겠다. 개신교 종교개혁은 성찬례를 그리스도의 희생에 대한 기념으로 받아들이지 않으며 사도 계승도 갖고 있지 못하다.

교회는 그들 안에서 작용하시는 성령 안에서 나름대로의 일치를 통해 그들 모두와 일치되어 있다고 여긴다. 모든 이들의 일치를 촉진하시는 영(Spiritus)은 같은 분이시다. 따라서 에큐메니즘은 교회를 위한 의무가 아닐 수 없다(LG 15).

d) 복음을 받아들이지 않는 이들 역시 다양한 이유로 인해 하느님 백성을 향해 질서 지어져 있다.

- 우선, 유다인들을 들 수 있는데 그들은 선택된 민족이자 선조들로 인해 지극히 사랑받는 이들이다.

- 두 번째로, 이슬람 신자들을 들 수 있는데 그들은 자비로우며 유일하신 하느님을 믿는다.

- 또한 공의회는 다음과 같이 언급한다. "자기 탓 없이 그리스도의 복음과 그분의 교회를 모르지만 진실한 마음으로 하느님을 찾고 양심의 명령을 통하여 알게 된 하느님의 뜻을 은총의 영향 아래에서 실천하려고 노력하는 사람은 영원한 구원을 얻을 수 있다. 또한 하느님의 섭리는 자기 탓 없이 아직 하느님을 분명하게 알지 못하지만 하느님의 은총으로 바른 생활을 하려고 노력하는 사람들에게는 구원에 필요한 도움을 거절하지 않으신다. 사실 그들이 지닌 좋은 것, 참된 것은 무엇이든지 다 교회는 복음의 준비로 여기며, 모든 사람이 마침내 생명을 얻도록 빛을 비추시는 분께서 주신 것이라고 생각한다"(LG 16[301]).

보는 바와 같이 공의회는 이를 「교회 헌장」 8항에서 분명하게 보여준다. 그리스도께서 창설하신 교회는 가톨릭 교회 안에 존재한다. 그러나 이 교회 밖에도 진리와 구원의 요소들이 존재한다. 이러한 요소들은 교회에 고유한 것이며 보편적인 일치를 향해 긍정적으로 작용한다. 이는 특히 동방정교회와 개신교에 관해서 그러하다. 그러므로 그들은 교회적인 교회 또는 공동체라고 할 수 있다.

하느님만이 아시는 길들을 통해서 그리스도의 은총에 이를 수 있는 이들이 교회를 향해 질서 지어져 있다는 것과 관련해서, 우리는 그들이 지닌 모든 은총이 ─ 왜냐하면 만일 그들이 진리를 알기 위해 성실히 노력하기만 한다면 이 은총은 결코 부족하지 않을 것이기 때문이다 ─ 그리스도 그리고 교회로부터 온다는 것을 기억해야 한다. 주르네(C. Journet) 추기경이 언급한 것처럼, "세상에 대한 모든 성화 은총은 교회의 은총에 의존하고 있으며, 교회의 모든 은총은 성찬례에 의존한다."302 그리스도의 구원적 희생으로서의 성찬례는 다른 성사들의 원천이며 모든 은총의 원천이다. 그것은 우리 가운데 현존하는 그리스도의 구원적인 희생이자 구원의 원천이다.

3. 이미지가 갖는 한계들

우리가 입증할 수 있었던 것처럼, 하느님 백성이라고 하는 교회 이미지는 공의회로 하여금 교회를 역사적-구원적인 차원에 정초시키고 다른 백성들과 관계를 맺게 해주었다. 그것은 분명 그 나름의 고유한 유익함을 갖는다. 왜냐하면 교회를 역사 안에서 하느님의 계획이 드러난 실재로, 그리고 구원적인 신비의 역사적인 실현으로 바라보게 해주기 때문이다.

그러나 공의회 이후 라칭거(Ratzinger)는 하느님 백성의 이미지를 거의 독보적으로 사용하는 불균형에 이르렀다고 경고하면서 이것이 신비체 이미지와 균형을 잡아야 한다고 지적한다.303 이미 라칭거는 신약성경에서 드러나고 있는 하느님 백성의 특징은 정확히 말해 그리스도의 몸으로서의 존재라고 지적한 바 있다. 그리스도는 성찬례에서 축성되는 당신의 성사적인 몸을 교회의 중심으로 삼으셨다. 교회는 바로 이 몸으로부터 생겨난다. 그리고 성찬례 안에서 그리스도의 몸이 이루어지는 가운데 하느님 백성으로서의 교회도 이루어진다.[304] 이 점이 바로 신약성경 안에서 드러나고 있는 고유한 하느님 백성의 모습이다(이스라엘 역시 하느님 백성이었다).

이미 살펴본 바와 같이, 비록 공의회 교부들은 그리스도의 몸이 교회라고 언급하긴 했지만 이 그리스도의 몸을 가톨릭 교회와 동일시하려 하진 않았다. 당시 하느님 백성이라는 이미지는 교부들이 선호한 것이었다. 드노(A. Denaux)가 지적하듯이,[305] 공의회 이후 하느님 백성이란 이미지는 광범위한 반향을 일으켰다. 반면 그리스도의 몸의 이미지는 잊혀 버렸다.

한편, 셈멜롯(O. Semmelroth)은 그리스도의 몸의 이미지와 더불어 하느님 백성의 이미지를 보완하려고 시도했다. "주님의 신비체로서의 교회에 대한 가르침을 하느님 백성이라는 또 다른 언명으로 대체하려는 것이 아니다. 오히려 보완하려는 것이다. 왜냐하면, 교회의 본질은 참으로 풍요로운 색채를 내포하고 있기에, 어떠한 논리적인 형태의 정의를 통해서도 파악될 수 없을 뿐 아니라 어떤 단순한 틀이나 형상에 의해서도 파악될 수 없기 때문이다."[306]

반면, 콩가르(Y. Congar)는 새 계약이 갖는 독특한 면은 그리스도의 몸의 이미지라고 인식하고 있다. 따라서 그는 수많은 저자들의 강독으로부터 아직 우리는 옛 계약 가운데 살고 있다는 인상을 이끌어 냈다.[307]

물론 공의회 정신에는 하느님 백성이란 개념이 하느님의 구원 계획의 실현으로서 이를 선행하는 신비 개념과 연관되어 있다. 하느님 백성은 사회적인 개념이 아니라 신학적인 개념이다. 그러므로 그것이 지닌 초본성적인 기원과 목적 없이는 이해될 수 없다. 하지만 교회는 공의회 이후, 예를 들어 레오나르도 보프(L. Boff)의 경우에서 보듯이, 적지 않게 순수한 사회적 차원에서 이해되곤 했다. 그는 교회가 백성으로부터 생겨난다고 보았다.[308] 교회의 구원 사명은 해방 신학의 영향 아래서 이런 자신의 고유한 사명을 제외시키는 가운데 인간적인 장려와 동일시되는 전망으로 축소되고 말았다. 1985년의 주교 시노드는 이러한 공의회 이후의 축소주의를 반향하고 있다. "우리는 순전히 교계적인 것으로만 교회를 바라보는 잘못된 전망을 편협하기 그지없는 새로운 사회적 개념으로 대체할 수 없다."[309]

물론 이러한 혼란의 책임을 공의회에 전가할 수는 없지만, 그리스도의 몸이란 이미지를 회복하기 위해서는 무엇인가 하지 않을 수 없다. 이 이미지가 지속적으로 내포하고 있는 장점은 교회가 오직 은총과 성사 생활을 통해서 그리스도와의 연관성 속에서 살 때에만 비로소 자기 자신을 올바로 이해할 수 있다는 사실을 보게 해준다는 것이다.

또한 교회는 하느님 나라에 의해 요청된 책임으로서 정의에 대한 옹호를 견지해야 한다는 사실을 잊지 말아야 한다. 우리를 하느님의 자녀가 되게 하고 죄와 죽음으로부터 해방시켜주는 초본성적 선물인 하느님 나라가 사회적인 메시지를 내포한다는 것은 그 누구도 부인할 수 없는 사실이다. 그럼에도 불구하고, 하느님 나라를 정의의 실현과 동일시하려는 아주 잘못된 비약이 이루어지기도 한다.

왜냐하면 이러한 인간적인 실재는 인간이 죄를 짓고 있으면서도 실현될 수 있으며, 따라서 하느님 나라와 멀어진 상태에서도 실현될 수 있기 때문이다.

## IV. 그리스도의 성사

교회가 지닌 필수적 차원인 구원적 전망 안에서 교회를 이해함에 있어서 우리를 효과적으로 도와주는 이미지는 '성사(聖事, sacramentum)'310라고 하는 이미지이다. 이 이미지를 처음 사용한 사람은 다름 아닌 묄러(Möhler)였다. 그리 오래지 않아 슈마우스(M. Schmaus)는 이렇게 말한 바 있다. "교회의 성사성(聖事性)은 의심할 바 없이 제2차 바티칸 공의회의 가장 중요한 언명이다. 이러한 진리는 교회의 여타 모든 선언들을 규정짓는다."311

교회를 거슬러서 던져진 주된 반론은 개별적이고 인간적인 기관이 보편적인 구원의 도구가 되고자 한다는, 그래서 그 자체로 보편성에 대한 요구들을 갖는다는 스캔들에서 유래한다. 그것은 무엇보다도 오랜 역사의 흐름 속에서 교회가 지닌 제도적이고 가시적인 측면을 부인하는 가운데 늘 내적이고 비가시적인 차원으로만 축소시키려는 유혹이 존재했었다는 사실에서 잘 드러난다. 이에 대한 역사를 고찰해 보기로 하자.

## 1. 약간의 역사

앞서 언급한 바와 같이, '참된 교회'를 교회가 지닌 사회적이고 가시적인 차원과 대립시키려는 유혹이 그리 새로운 것은 아니다.

### 1.1. 성 아우구스티노에서부터 중세로

우리는 이러한 단성론(單性論, monofisita)적인 결점을 성 아우구스티노에게 뒤집어씌울 수는 없다. 그는 무엇보다도 우선적으로 도나티즘이 표방하는 엘리트 정신에 대항해서 죄인들에 의해 수여된 성사들이 유효하다고 옹호했다. 왜냐하면 그것도 그리스도의 행위들이기 때문이다. 그에 의하면, 교회가 갖는 유일한 단일함은 사목자들과의 친교 안에서 이루어지며 사도좌들, 특히 로마 사도좌와의 친교는 매우 중요하다.

그럼에도 불구하고, 그는 엄밀히 말해 의인들이 그리스도의 몸을 형성한다고 언급한다.312 죄인들은 외적으로 그리고 형상적으로만 이를 구성할 뿐이다. 이 히포의 주교는 내적인 차원을 선호하는 일종의 플라톤적인 경향을 갖고 있었으며 가끔은 이를 외적인 차원과 대립시키기도 했다. 그렇다고 그가 두 개의 교회, 즉 제도적인 교회와 영적인 교회를 허용한 것은 아니다. 그에게 있어서 존재하는 교회는 하나로서 그리스도의 몸으로 드러나고 있다. 그러나 그는 이 실재적인 교회 안에서 은총과 더불어 갖는 친교의 측면을 극대화해서 이를 강요하고 있다. 물론 성사들 안에는 외적이고 가시적인 단일함이 존재한다. 이 단일함 속에는 선한 이들도 있고 악한 이들도 있다. 하지만 코얀테스(Collantes)가 설명하듯이,313 "그리스도의 몸이자 그분의 교회로서의 교회가 내포하는 총체적인 진리의 전망 안에서 교회는 성령께서 마음속에 부어주시는 애덕과 더불어 실현된다(societas sanctorum). 아우구스티노는 진정한 교회를 그리스도와 동일시하고자 했다. 하지만 그리스도는 그 안에서 형상적으로만 머무를 수 있을 뿐이다."

하느님의 도시(Civitas Dei)는 교회와 동일시되지 않는다. 그러나 영적인 이상의 실현을 통해 정의되는 한에서 그것은 교회와 동일시되는 것을 지향한다. 이에 대해 콩가르는 다음과 같이 설명하고 있다. 즉 하느님의 도시는 그것이 '성도들의 모임(congregatio sanctorum)'[314]인 한에서 자신 안에 교회를 포함한다. 이러한 의미에서 신국(神國)의 신학은 중세의 교회론을 규정지었다.

콩가르에 의하면, 사실 12세기 제반 사물에 대한 전망에는, '신앙', '교회' 그리고 '그리스도의 몸 안에서의 일치'와 같은 아우구스티노적인 주제들이 지배적인 영향을 미쳤다.

중세, 특히 11세기 후반에는 반 교회적인 영적 운동들이 생겨났다. 영적인 굶주림이 평신도들 사이에 생겨났는데 이는 무엇보다도 복음적인 청빈과 그 가르침을 따라 살려는 분명한 시도였다. 콩가르는 브루이스의 베드로(Pedro de Bruys), 로잔의 앙리(Henry de Lausanne), 브레시아의 아르날도(Arnaldo di Brescia), 후고 스페로니(Hugo Speroni) 등이 중심이 된 12세기의 반교회적인 운동들을 열거하고 있다. 당시 카타리파 같은 보다 광범위한 운동도 있었다. 이 운동은 마니케이즘적인 이원론과 더불어 극단적인 교회론적 결론들을 도출해 냈다. 리옹의 상인이었던 발두스(P. Valdus)는 발두스파 운동을 이끌었는데, 이 운동은 배타적인 성경주의에 바탕을 둔 문자적인 복음주의를 추구했다. 피오레의 요아킴(Gioacchino da Fiore)에 의해 영향을 받은 아말라리코(Amalarico)는 성사들을 배제하는 성령의 시대를 설교하기도 했다.

콩가르는 설명하길, 11세기에 이루어진 그레고리오 7세의 개혁은 평신도들을 교계적인 이상과 기준들의 지평 안으로 불러들였지만, 역으로 성직주의적 법적 이상들을 촉진함으로써 이를 반대하는 운동들이 생겨나게 되었다고 한다. "그들은 성직자들의 교회를 거슬러서 개인적인 복음주의가 중요시되는 평신도적 형제애를 추구했다. 여기서는 교계적인 권위가 중요시되지 않았다."315 이처럼 콘스탄티누스적인 교회를 대항해서 '그리스도의 가난한 자들(*pauperes Christi*)'로 자신을 소개하는 분파들의 운동이 생겨나게 된다.

루앙의 후고는 자신의 작품 『이단 반박(*Contra Haereticos*)』을 통해, 그리고 경건자 베드로와 그 밖의 다른 이들은 설교로써 이러한 이단 종파들이 견지하는 잘못된 교회 개념에 대항했다. 흔히 12세기의 이단자들은 교육받지 못한 이들이었고 스스로를 복음을 문자 그대로 따르는 그리스도교 신자라고 주장하곤 했다. 비록 그들이 견지했던 교회 개념이 잘못되기는 했지만 그들이 제기했던 비판들은 그들 입장에서 보면 정당한 것이었다.

이러한 맥락에서 우리는 피오레의 요아킴의 모습을 잊을 수 없다. 그는 1189년 피오레의 공동체를 창립했다. 무엇보다도 그는 역사를 세 시대로 구분한 것으로 유명하다. 첫 시기는 아담을 통해 시작한 성부의 시대로서 이 시대는 평신도들의 시대이다. 그리고 다음으로 오는 시기는 그리스도의 시대로서 이 시대는 성직자들의 시대이다. 그리고 마지막으로 성령의 시대가 이어지는데 이 시대는 수도승들의 시대이다. 이러한 그의 교리는 일종의 천년왕국설 같은 기이한 측면을 갖고 있다. 이처럼 그는 징표에서 의미로, 성사에서 은총으로 나아가는 것을 전제로 하는 세 번째 단계 ― 그는 이 시대가 1260년에 시작한다고 보았다 ― 를 위한 새로운 경륜을 선포한다. 그에 따르면, 물론 이 시대에도 교황은 존재하지만, 이 시대는 무엇보다도 순전히 영적인 시대로서 일종의 수도승적이고 관상적인 형제애가 지배한다. 성령의 징표 아래 소집된 이 교회는 순수함과 자유의 미래를 향해 질서 지어져 있다. 피오레의 요아킴은 이와 더불어 당시의 교회를 강렬하게 비판하기 시작했다.[316]

우리는 12-13세기에 소위 '형제들(fratricelli)'이라고 불린 탁발수도자 집단을 만나게 된다. 아마도 그들은 프란치스코회에서 보다 광범위한 전망을 견지한 콘벤투알을 거슬러서 '영적인 이들'로 대표되는 엄격한 성향의 부류에서 유래한 듯하다. 이들은 자신들을 스스로 교회의 권위로부터 독립적이며 이에 반항하는 영적인 사람들로 여겼다. 그리고 다음과 같은 두 가지 교회 이론을 창안했다. 하나는 육적이고 부유하며 부패한 교회로서 교황을 그 수장으로 한다. 다른 하나는 영적이며 가난하고 거룩한 교회로서 이러한 삶을 따르는 이들이 이 교회를 구성한다.

### 1.2. 후스에서 루터까지

교회론적인 영성주의의 싹은 위클리프(Wyclef)와 후스(Hus)라는 인물을 통해 14세기에 본격적으로 성장하게 된다. 안톤(P. Antón)은 이를 철저히 분석하는 가운데 이들을 종교개혁의 선구자로 묘사하고 있다.[317] 한편, 콩가르(Y. Congar)[318]는 스콜라 신학에서 설정된 질서가 14세기에 해체되기 시작했음에 주목했다. 유명론(唯名論)은 일종의 주관주의 형태로서 맹신주의의 가능성을 열어주면서 그 자체로 이미 신앙과 이성 사이의 결별을 야기했다. 또한 인간은 르네상스를 통해서 새로운 탄생을 맞이하게 된다. 평신도들은 자신들 역시 교회라고 주장했으며 국가 생활에 있어서 신 중심적(神中心的)인 개념을 제시했던 보니파시오 8세의 명제에 반대해서 세속 사회의 권위를 요구했다. 즉 그리스도교적인 가치로부터 교계적인 가치를, 신앙으로부터 법률을 분리하고자 했다. 그들은 "그리스도는 더 크게 교회는 더 작게(Más Cristo y menos Iglesia)"라는 슬로건을 자주 반복해서 외치곤 했다.

위클리프는 토마스 브래드와딘(T. Bradwardine)으로부터 예정설을 받아들여서 성직자들의 부(富)와 권리들을 공격하는 개혁가가 되고자 했다. 그는 자신의 작품 『교회론(De ecclesia)』에서 제도적인 차원을 거부하면서 순전히 신적인 요소로 규정되는 영적 징표의 차원을 옹호하고 있다. 그는 교회를 구성하고 그 단일함을 이루어주는 것은 그리스도의 예정된 사랑이라고 보았다. 교회는 모든 예정된 이들의 총체라는 것이다. 그러므로 그에 의하면 오직 이들만이 교회의 구성원이 되는 셈이다. 그는 지적하길, 비록 그 밖에 다른 이들도 교회에 속할 수는 있지만 그들은 교회의 사람이 아니라고 말한다.

위클리프의 작품은 프라하에서 많이 읽혀졌는데, 특히 후스가 그를 탐독했다. 그는 자신의 『교회론』에서 위클리프의 구절 전체를 그대로 소개하고 있다. 그에게 있어서 교회는 특히 예정된 이들의 교회이다. 그는 교회의 수장이라고 하는 교황의 칭호에 대해 인정하고 있지만, 거룩한 하느님의 교회가 갖는 참되고 결정적인 면이 아니라 단지 외적인 차원에서만 그러하다고 보았다. 만일 교황이 베드로가 지녔던 덕들을 다시 보여주지 못한다면 그는 더 이상 베드로의 대리자가 아니라고 후스는 말한다. 그러므로 덕(德)의 수위성 이외에 더 이상 그 어떤 수위성도 있을 수 없다.

콘스탄츠 공의회는 위클리프와 후스의 오류들을 단죄했다(D 1154-1191; 1201-1230).

### 1.3. 프로테스탄트 개혁

16세기 교회 개혁 운동은 마르틴 루터로부터 시작되었는데 이 운동 역시 영적인 형태로 이루어지면서 종결된다. 무엇보다도 루터주의는 유명론에 뿌리를 두고 있으며 당시의 여러 폐해들을 거슬러서 일어났지만 궁극적으로는 루터가 지나온 독특한 개인적 상황에서부터 출발하지 않으면 이해될 수 없다. 루터는 자신이 단죄되었다는 상념으로 인해 괴로워하면서 어느 순간 '탑 체험'을 하게 되고 '로마서 1장 17절'("의로운 이는 믿음으로 살 것이다")을 기억하면서 이를 그리스도교를 해석하는 핵심 열쇠로 삼기에 이른다. 그에 의하면, 인간은 원죄로 인해 부패했으며 선행들을 통해서는 은총에 협력할 수 없고, 오직 하느님께 대한 철저한 믿음을 통해서만 의화된다. 결국 하느님께서는 그의 죄들을 덮어주시고 그에게 죄에 대한 탓을 돌리지 않으신다고 그는 보았다.

루터는 이러한 근본 원칙에서 출발해서 확고히 그리고 항구하게 자신의 이상을 전개해 나갔다. 그에 따르면, 모든 인간적인 중개(仲介)는 은총의 힘과 하느님 말씀의 순수함을 부패시킨다고 한다. 오로지 믿음과 은총과 성경만이 유효하다는 것이다. 그는 하느님의 말씀을 전수함에 있어서 전승은 단지 이 말씀을 부패시킬 뿐이라고 보았다.

또한 교도권은 하느님의 말씀 위에 군림하는 인간적인 권위가 되려 할 뿐이라고 그는 지적했다. 그는 이 하느님의 말씀은 그 누구의 중개가 아니라 직접 해석되어야 한다고 보았다.

그는 성찬례가 단지 그리스도의 구원적인 희생 — 루터에 따르면, 이 희생은 오직 한 번 총체적으로 실현되었으며 연속성을 갖지 않는다 — 에 대한 기억에 불과할 뿐이라며 이를 부인했으며 나아가 인간 역시 아무것도 봉헌할 수 없다고 보았다. 따라서 루터주의에는 직무적인 교계 제도도 사도전승도 존재하지 않는다. 그러므로 교회는 오직 내적 질서에 따라 '성도들의 모임(sancta fidelium congregatio)'으로 규정될 뿐이다. 그에 의하면, 교회는 영적이고 비가시적이며 믿음을 통해서 그리스도와의 일치를 살아간다. 물론, 루터적인 세계에도 직무가 있기는 하다. 하지만, 알타우스(Althaus)가 상기하듯이,[319] 루터는 이 직무를 말씀과 성사에 대한 봉사를 위해 권위를 보증받은 세례자들의 공통 사제직 안에 두고 있다. 공동체는 혼동을 피하기 위해 교회의 이름으로 이러한 봉사를 수행할 사람에게 이 직무를 위임한다. 그러므로 이 직무를 수행하는 사람과 그 밖에 다른 사람들과의 차이는 봉사의 차원에서 분화될 뿐이다.

따라서 루터는 교계적인 사제직을 제외시키고 있다. 그는 교회를 외적인 질서에 따라 규정짓지 않고 앞서 언급했듯이 '성도들의 모임'으로 정의한다. 그는 비록 하느님의 말씀이 순수하게 선포되고 성사들이 그리스도의 가르침에 따라 관리되는 곳에서 교회를 알아볼 수 있을지라도 교회는 근본적으로 영적이고 비가시적이며 믿음을 통해 그리스도와의 일치에 있다고 보았다.[320] 그래서 콩가르는 다음과 같이 설명한다. "종교개혁가들의 눈에는 교회가 일련의 실천과 법 그리고 사제적 중개와 성직자적인 권위의 체계로서 교황 안에서 종합되고 상징화된 것으로 보일 뿐이다. 그들은 이러한 체계를 그리스도를 뒷전으로 미루는 가운데 일어난 비정상적인 성장으로 간주했다."[321]

그러므로 이는 성사적이거나 교계적인 제도 교회론이 아니라 그리스도 안에서 주어지고 성령에 의해 감도된 은총을 통해 이루어지는 믿음의 교회론이라고 그는 보았다. 이에 대해 콩가르는, 이렇게 해서 교회는 육화 강생과 갖는 연속성에 있어서 감소하고, 반면 영광스럽게 되신 그리스도와 성령에 의존하는 그리스도에 바탕을 두는 가운데 드러나게 되었다고 설명한다. 루터는 제도권 밖에서 더욱더 은총이 구체화되고 성령의 개입이 이루어지고 있다고 주장한다. 따라서 성사들(세례성사와 성체성사)은 은총의 원인으로서가 아니라 단지 하나의 징표이자 믿음을 일으키게 하는 계기(말씀을 보완하는)로 소개되고 있을 뿐이다. 안톤은 이러한 루터의 교회 개념에 대해 잘 묘사한 바 있다.[322]

루터에게 있어서 교회는, 하느님의 교회인 한에서, 비록 설교와 성사들을 통해 드러나고 있지만 근본적으로는 숨겨져 있으며 단지 믿음의 대상일 뿐이다.

## 2. 신학적 성찰

우리는 지금까지 교회의 역사 가운데 드러나는 영적인 운동들

가톨릭출판사 인터넷쇼핑몰 www.CatholicBook.kr

내 마음에
주님을 초대하는

# 가톨릭출판사
# 추천 도서

영성 생활을 풍성하게 하는
다양한 글과 자료를 만날 수 있습니다.

▶ 가톨릭북
🅾 catholic_book
f catholicbook
catholicbuk
💬 가톨릭출판사
(catholicbook)

가톨릭출판사

## 교리, 신앙생활, 전례

**4천 년의 기도, 단식** 아델레 스카르네라
**DOCAT 가톨릭 사회 교리서** YOUCAT 재단
**YOUCAT 가톨릭 청년 교리서** 오스트리아 주교회의
**YOUCAT 견진** 베른하르트 모이저, 닐스 바에르
**YOUCAT 고해성사** 클라우스 디크 외
**YOUCAT 프렌즈** YOUCAT 재단
**고해성사 길잡이** 홍문택
**교부들의 신앙** 제임스 C. 기본스
**구마 사제** 체사레 트루퀴, 키아라 산토미에로
**기적** 파트리크 스발키에로
**기적은 존재한다** 베르나데트 모리오
**무엇 하는 사람들인가** 박도식
**미사에 초대합니다** 도미닉 그라시·조 파프로키
**믿음의 기술** 박도식
**성숙한 신앙생활** 정진석 추기경, 서울대교구 사목국
**악마는 존재한다** 프란치스코 교황
**악령에 사로잡히다** 마시모 첸티니
**알기 쉬운 미사 해설** 이기명
**알수록 재미있는 그리스도교 이야기** 박승찬
**연옥 실화** 막심 퓌상
**예비 신자 궁금증 105가지** 줄리아 크노프
**우리는 혼자가 아닙니다** 손희송
**조선 순교자록** 아드리앙 로네, 폴 데통브
**주님을 찬양하라**(떼제의 묵상 노래) 자크 베르티어
**천주교와 개신교** 박도식
**파티마** 루시아 도스 산토스
**프란치스코 교황과 함께 준비하는 고해성사** 교황청 내사원
**하느님과 트윗을** 미헬 레메리

**침묵의 대화** 토마스 키팅
**프란치스코 교황과 함께 걷는 십자가의 길** 데이비드 나이트
**프란치스코 교황과 함께 드리는 첫 묵주 기도** 알렉산드로 사라코
**프란치스코 교황이 초대하는 이달의 묵상(전 12권)** 프란치스코 교황
**프란치스코 교황이 알려 주는 가정 성화의 길** 프란치스코 교황
**하느님과 다가올 세계** 프란치스코 교황
**함께 기도하는 밤** 이영제

## 영성, 심리

**겨자씨 자라나서 큰 나무 되듯이** 손희송
**결정을 앞둔 당신에게** 마이클 스캔란
**기쁨, 영혼의 빛** 안셀름 그륀
**나는 생각보다 괜찮은 사람** 홍성남
**내 마음의 주치의** 안셀름 그륀
**내적인 삶으로 초대** 추교윤
**모든 것 안에서 하느님 발견하기** 제임스 마틴
**모든 일에는 때가 있다** 조앤 치티스터
**십자가의 성 요한 영적 권고** 십자가의 성 요한
**안셀름 그륀의 기적** 안셀름 그륀
**언플랜드** 애비 존슨, 신디 램버트
**영성, 하느님을 바라보다** 윤주현
**오리게네스에게 영성을 묻다** 윤주현
**위안이 된다는 것** 안셀름 그륀
**조앤 수녀님의 동물 친구들** 조앤 치티스터
**주님, 나이 드는 것도 좋군요** 베르나데트 맥카버 스나이더
**지친 하루의 깨달음** 안셀름 그륀
**침략할 수 없는 성채** 기 에마뉘엘 카리오
**하느님도 쉬셨습니다** 페터 아벨
**혼자서 마음을 치유하는 법** 홍성남

# 신학 도서

### 기도의 세계
아드리엔 폰 슈파이어 지음
값 35,000원

### 사랑, 신과의 만남
아드리엔 폰 슈파이어 지음
값 22,000원

### 발타사르, 예수를 읽다
한스 우르스 폰 발타사르 지음
값 16,000원

### 세계의 심장
한스 우르스 폰 발타사르 지음
값 24,000원

### 교부들의 그리스도론
알로이스 그릴마이어 지음
값 90,000원

### 그리스도교 신학의 역사
윤주현 지음
값 38,000원

### 신학, 하느님과 이성
미하엘 제발트 지음
값 28,000원

### 그리스도론
올레가리오 곤잘레스 지음
값 55,000원

## 추천 도서

**준주성범**
토마스 아 켐피스 지음
값 18,000원

**신심 생활 입문**
프란치스코 살레시오 성인 지음
값 20,000원

**성녀 소화 데레사 자서전**
성녀 소화 데레사 지음
값 20,000원

**이름 없는 순례자**
최익철, 강태용 옮김
값 18,000원

**단테의 신곡 (상, 하)**
단테 알리기에리 지음
값 각 22,000원

**성체 조배**
알폰소 리구오리 성인 지음
값 13,000원

**365일의 잠언**
프란치스코 살레시오 성인 지음
값 13,000원

 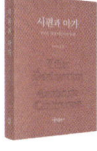

**하느님의 현존 연습**
콩라 드 메스테르 엮음
값 15,000원

**시편과 아가**
최민순 옮김
값 18,000원

## 기도, 묵상, 성경

**God is Young** 프란치스코 교황, 토마스 레온치니
**YOUCAT 성경** YOUCAT 재단
**가시를 빼내시는 성모님** 베르나르 마리
**가시 속의 장미** 프란치스코 살레시오 성인
**구약의 역사 설화** 안소근
**그래도 희망** 프란치스코 교황
**기쁨이 가득한 매일 성모님 묵상** 찰스 G. 페렌바흐
**깊은 곳의 빛** 루이지 마리아 에피코코
**내 마음의 대림 시기** 마르쿠스 C. 라이트슈, 케르스틴 헬트
**내 안에 숨어 계신 하느님** 토마스 키팅
**마리아의 비밀** 산티아고 마르틴
**마음을 열고 가슴을 열고** 토마스 키팅
**묵주 기도** 로버트 데 그란디스, 유진 피터 코세니나
**믿는 이들의 어머니 성모 마리아** 김종수
**믿음이 깊어지는 매일 시편 묵상** 앤서니 치카르디
**별이 빛난다** 자카리아스 하이에스
**부르심받은 이들의 부르짖음** 정태현
**사람에게 비는 하느님** 루이 에블리
**사랑에 취하여라** 안소근
**성경 속 궁금증** 허영엽
**성경 속 상징** 허영엽
**성모님과 함께하는 묵주의 9일 기도** 우원명, 유재용
**성심의 메시지** 이재현
**세례 준비 9일 기도** 이병문
**세상을 읽는 눈, 지혜** 안소근
**쉼, 주님을 만나는 시간** 카를로 마리아 마르티니
**오늘처럼 하느님이 필요한 날은 없었다** 프란치스코 교황
**주요 기도문 풀이** 박도식

항상 기도하십시오
# Priez Toujours

프리에르는 모든 신자들이
일상 속에서 신앙을 기억하고 끊임없이
기도함으로써 주님과 가까워지기를 바라는
마음을 담고 있습니다.
신앙 안에서 빛나는 모든 순간과
믿음의 좋은 생각들을 간직할 수 있도록
기도가 있는 곳에
항상 함께 하겠습니다.

기쁨과 위안을 주는
## 미니 성상 컬렉션

귀여운 모습에 바라만 보아도 미소가 지어지는 사랑스러운 미니 성상으로
나와 주변의 소중한 이들과 함께 신앙의 기쁨을 나눠보세요.

### PRIÈRE

가톨릭출판사에서 선보이는 '프리에르'는 '기도'를 뜻하는 프랑스어로 정성을
다하여 기도를 바치고자 하는 신자들에게 품격 있는 성물을 선사합니다.

www.CatholicBook.kr  coupang
문의 02)6365-1910, 6365-1869  catholic_priere

**가톨릭출판사 직영점**
프리에르(중림동) 02)6365-1910 │ 명동대성당 02)776-3601 │ 가톨릭회관 02)777-2521
서울성모병원 02)534-1886 │ 절두산순교성지 02)3141-1886 │ 부천성모병원 032)343-1886
서초동성당 02)313-1886 │ 춘천점 033)255-1886

## www.catholicbook.kr

# 모바일로 더 편하게 이용하는
# 가톨릭출판사 인터넷쇼핑몰!

- ☑ **매월 쏟아지는 할인, 이벤트!**
  (도서, 성물, 금제품)

- ☑ **신간, 베스트셀러, 이벤트 도서 무료배송!** (도서산간/제주 제외)

- ☑ 언제 어디서나 **간편 결제 가능!**
  (네이버, 카카오페이 외)

## ▶ YouTube

# 유튜브에서 만나는 가톨릭 콘텐츠

10분 북리뷰

저자와의 만남

북토크

오디오북

을 간략하게나마 소개해 보았다. 이제 우리는 이를 바탕으로 역사 안에서 그리고 역사를 통해 실현되는 구원의 신비로서의 교회의 신비에 대해 고찰해 보기로 하겠다. 사실, 교회는 그리스도의 신비와 갖는 연속성 안에서 하느님의 구원의 신비를 실현해 나간다. 바로 여기가 성사 개념이 접목되는 부분이다.

제2차 바티칸 공의회는 교회를 그리스도의 성사로 묘사하고자 했다. 이에 대해 「교회 헌장」 1항은 이렇게 언급하고 있다. "교회는 그리스도 안에서 성사와 같다. 교회는 곧 하느님과 이루는 깊은 결합과 온 인류가 이루는 일치의 표징이며 도구이다." 또한 「교회 헌장」 8항은 다음과 같이 말한다. "교계 조직으로 이루어진 단체인 동시에 그리스도의 신비체, 가시적 집단인 동시에 영적인 공동체, 지상의 교회인 동시에 천상의 보화로 가득 찬 이 교회는 두 개가 아니라 인간적 요소와 신적 요소로 합성된 하나의 복합체를 이룬다고 보아야 한다. 그러기에 훌륭한 유비로 교회는 강생하신 말씀의 신비에 비겨지는 것이다. 하느님의 말씀께서 받아들이신 본성도 구원의 생명체로서 말씀과 떨어질 수 없도록 결합되어 말씀에 봉사하듯이, 다르지 않은 모양으로 교회의 사회적 조직도 교회에 생명을 주시는 그리스도의 성령께 봉사하여 그 몸을 자라게 한다(에페 4,16 참조)." 마지막으로 「교회 헌장」 48항은 교회를 구원의 보편적 성사로 제시하고 있다.

교도권이 공포한 문서들 가운데 교회를 인간과 하느님, 인간과 인간 사이의 효과적인 일치의 징표로 언급하는 것은 처음이다. 성사로서의 교회는 제2차 바티칸 공의회가 원했던 이미지로서 드 뤼박 같은 몇몇 신학자들이 이미 강조했던 것이기도 하다. "만일 그리스도가 하느님의 성사라면, 교회는 우리에게 있어서 그리스도의 성사가 되어야 한다. 교회는 충만하고도 오래된 의미에서 이 용어를 잘 대변하고 있고 이를 실재적으로 현재화하고 있다. 교회는 이러한 작업을 통해 나아가고 있을 뿐 아니라 창립자의 연속성을 드러내는 모든 형태의 인간적인 제도에 대해 말할 수 있는 것 훨씬 이상으로 실재적인 의미에서 더욱더 연속적이다."[323]

이 '성사(聖事, sacramentum)'라는 개념은 셈멜롯(O. Semmelroth), 스킬레벡스(E. Schillebeeckx), 스멀더스(P. Smulders)[바라우나(G. Baraúna)의 전집에서 소개한 훌륭한 연구서와 함께], 콩가르(Y. Congar), 그루트(J. Groot) 그리고 마르텔레(G. Martelet) 같은 신학자들이 발전시켰다.[324]

그러나 이러한 교회의 조건은 강생의 신비가 연장된 것 이외에 다른 것이 아니다. 만일 그리스도가 우리 가운데 계신 하느님이라면, 교회는 우리 가운데 현존하는 그리스도이다. 또한 그리스도가 성부의 성사라면, 교회는 그리스도를 계시하고 현존케 하는 성사이다. 만일 교회가 보편성(普遍性)에 대한 요청을 갖고 있다면, 그것은 무엇보다도 교회가 이 땅에서 그리스도의 성사성(聖事性)을 연장하고 있기 때문이다. 그러므로 교회를 험담하는 사람은 그리스도를 험담할 수밖에 없다. 그렇다고 어떤 스캔들도 교회와 더불어 정당화될 수 있다고 하면서 보복하지는 않기로 하자. 그리스도는 어떠한 죄도 없으시지만 교회 안에는 죄가 있다. 엄밀히 말해 그것은 교회 안에 거룩한 사람들이 있지만 그들의 말을 듣지 않았기 때문이다. 근본적으로 바리사이들이 그리스도를 대항해 제기했던 반론은 그분 안에 죄가 없다는 것이 아니라 당신 자신을 구세주로 주장했기 때문이다. "좋은 일을 하였기 때문이 아니라 하느님을 모독하였기 때문에 당신에게 돌을 던지려는 것이오. 당신은 사람이면서 하느님으로 자처하고 있소"(요한 10,33).

문제는 이렇다. 하느님이 존재하는 것을 받아들여야 한다. 하지만 역사적인 존재자가 보편성에 대해 주장하고 자기 행동의 방향을 남기려고 주장하는 것은 참을 수가 없다. 많은 경우 하느님을 믿는 사람이 자신에게 선과 악을 규정지어주는 자신과는 먼 어떤 존재자를 선호한다. 따라서 교회가 갖고 있는 죄 때문이 아니라 하느님에 대한 이런 편리한 관념을 부수고 인간으로 하여금 그 자신이 선과 악을 규정짓는 것을 막기 위해 교회가 거부되는 것이다.

그러나 교회는 구원의 성사이다. 왜냐하면 하느님 친히 그리스도의 인성(人性) 안에서 가시적이고 인간적인 성사가 되셨기 때문이다. 우리의 하느님, 즉 그리스도교적인 계시의 하느님은 육화 강생하신 하느님이고 사랑 때문에 스스로 낮아지신 하느님이시다. 하지만 이는 인간을 괴롭히는 점이기도 하다. 그 하느님은 너무도 가깝고 겸손하신 분이다. 왜냐하면 그런 하느님은 인간의 나약함과 교만을 문책하실 것 같기 때문이다. 아니, 인간은 언제나 자기 스스로를 구원하려고 했다. 이상한 점은, 만일 하느님이 부재했다면, 인간은 그분이 고통과 죽음 바깥에 계시다고 비난했을 것이라는 점이다. 하지만 그분께서 강생하신 이후에는 오히려 그분이 점점 더 자신에게 가까이 다가오시고 겸손한 사랑을 베푸신다는 점에 대해 인간은 괴로워한다.

하지만 이것이 바로 교회의 신비이자 그리스도 신비의 연장이요 그분 강생의 신비이기도 하다. 제2차 바티칸 공의회는 교회가

"그리스도 안에서 성사와 같다. 교회는 하느님과 이루는 깊은 결합과 온 인류가 이루는 일치의 표징이며 도구이다"(LG 1)라고 말한다. 인간 본성이 말씀(Verbum)과 결코 풀릴 수 없게 결합된 구원의 도구로서 이 말씀에 의해 취해졌듯이, 이와 유사하게 교회의 사회적 조직은 구원의 도구로서 그리스도에게 필요했다.

공의회는 교회가 마치 성사와 '같다(como)'라고 말한다. 사실, 공의회는 교회가 여덟 번째 성사로 이해되기를 바라지 않았다. 교회는 칠성사에 대해 유비적(類比的)인 의미에서 성사이다. 교회는 그리스도 안에서 성사적인 구조에 참여한다. 다시 말해, 교회는 그리스도 안에서 우리에게 주어진 효과적이고 가시적인 구원의 징표이다. 성부를 계시하신 그리스도께서는 원성사(原聖事)이시며, 교회는 이 세상에서 그리스도의 성사성(聖事性)을 연장하고 이에 참여한다.

코얀테스(Collantes)는, 하느님께서는 분명 이 모든 것을 다른 방식으로 이루실 수도 있었다고 말한다. 그러나 그분은 그리스도 안에서 시작된 새로운 인류를 이루기 위해 사회적이고 가시적이며 인간적인 조직을 이용하면서 그리스도의 구원 업적을 지속하길 원하셨다. 구원하시는 하느님의 은총, 이 세상의 모습을 새롭게 해주시는 성령의 힘은 인간적인 도구들이 갖는 나약함을 이용하셨다. 다시 말해, 그리스도의 인성이 필요했던 것처럼 제반 징표들이 감지(感知)될 수 있는 가능성을 염두에 두셨다.

사실 우리는 라칭거(Ratzinger)와 함께 이렇게 말할 수 있다. 즉 "교회는 인간에 대한 하느님의 구원적인 결합이 이루어지는 결정적인 최고의 장소이다. 이러한 의미에서 인간은 교회 위에 또는 교회 밖에서 또 다른 장소를 마련할 수 없다. 그는 교회 안에서 하느님에 대한 자신의 증거를 실현해야 하며, 이러한 증거 안에는 '교회에 대한 믿음(credo eclesiam)'도 포함된다. 하느님은 이 교회를 통해서 이 세상 안에서 영원한 구원을 이루신다고 나는 믿는다."[325]

게다가 인간의 구조 자체는 성사적(聖事的)이다. 즉 모든 인간적인 생각과 애정은 징표의 중개, 육체의 중개를 필요로 한다. 선물, 미소, 입맞춤 등은 한 사람이 간직하고 있는 내적이고 비가시적인 사랑의 징표들이다. 인간 육체는 보다 고양된 추상적 관념을 형상화하고 가시화할 필요를 가질 만큼 중개를 필요로 한다. 인간적인 언어는 상징과 통교의 언어이다.[326] 그것은 그 밖의 다른 형태도 아니며 그럴 수도 없다. 그렇다면 왜 하느님이 인간적인 구조 안에 적응하신 것에 대해 우리는 걸려 넘어지는 것일까? 흔히 우리는 하느님이 신비로운 분이라고, 그분은 기도 속에서 대면할 수 있는 어떤 인간적인 모습도 갖고 계시지 않는다고 불평하곤 한다. 반면, 하느님이 그리스도 안에서 인간적인 모습을 취하셨을 때는 마치 바리사이파 사람들처럼 옷을 마구 찢어 댄다. "좋은 일을 하였기 때문이 아니라 하느님을 모독하였기 때문에 당신에게 돌을 던지려는 것이오. 당신은 사람이면서 하느님으로 자처하고 있소."

하지만 바로 이런 분이 우리의 하느님이시다. 죄 이외에는 모든 면에서 인간이 되신 하느님(히브 4,15). 우리와 같은 삶의 체험을 공유하셨던 인간: 슬피 우셨고 고통받으셨으며 십자가를 짊어지셨고 고통과 죽음의 무게를 감내하셨던 분. 인간적인 우정을 즐길 줄 아셨고 쓰디 쓴 고독의 맛도 느끼셨던 분. 그리스도 안에서 이 모든 것을 인정하기까지 얼마나 힘들었던가! 인간 이성은 고통받는 하느님을 받아들임에 있어서 얼마나 걸려 넘어지는가! 교회 안에는 끊임없이 단성론(單性論, monofisismo), 즉 그리스도의 인성을 신성 안에 흡수시킴으로써 주님의 나약한 인성을 무시하려는 유혹이 있어 왔다. 하지만 이런 유혹은 승리하지 못했는데 이는 복음과 들어맞지 않았기 때문이다. 이 점에 대해 교부들은 분명하고도 확고한 입장을 견지했다. 그들은 "지극히 거룩한 삼위이며 한 분이신 하느님께서 고통받으셨다"고 말한다. 진정 멋진 표현이 아닐 수 없다. 이보다 더 좋은 표현은 없을 듯싶다. 냉랭한 하느님, 개인적으로 어떤 죄도 영향을 주지 못하는 하느님, 인간 안에서 당신 사랑에 상응하는 사랑을 찾지 않으시는 하느님, 그런 분은 그리스도교 신자의 하느님이 아니다.

그렇다면, 우리는 어떤 의미에서 그리스도를 원성사(原聖事)라고 말할 수 있을까? 적어도 이를 두 가지 의미에서 말할 수 있다.

a) 그리스도의 인성(人性)은 인간 구원을 드러내는 징표이다. 그리스도 안에서 "우리 구원자이신 하느님의 호의와 인간애가 드러났다"(티토 3,4). 성 바오로는 계시를 언급함에 있어서 '신비(misterium)'라는 용어를 사용한다. 이 말은 인간 정신에 받아들여질 수 없는 그 무엇이 아니라 하느님의 구원 계획으로 이해되는 것이다. 이 신비는 영원으로부터 하느님 안에 숨겨져 있었지만 그리스도 안에서 우리에게 계시되었으며(티토 2,11; 3,4) 교회 안에서 이어지고 있다.

b) 그리스도의 인성은 우리 구원을 위한 도구이다. 우리는 이 인성을 통해서 구원에 이를 수 있다. 말씀(Verbum)께서 육이 되셨으며 이는 온 인류 안에서 구원을 실현할 능력을 가진 도구가 된다.

그리스도의 총체적인 인성, 아니 그리스도는 당신 인성을 통해서 사도들에게 성령과 죄를 사할 능력을 통교하신다(요한 20,23).

그래서 콩가르가 지적하는 것처럼[327] '성사(聖事, sacramentum)'라는 말은 그리스도와 교회에 동일한 의미로 적용될 수 없다. 그리스도는 머리이자 원천으로서 '중개자(仲介者, mediator)'이시며, 교회는 이러한 그리스도의 중개 직무를 제공한다. 그러나 분명 성사 개념과 더불어 교회에 대한 교계적 개념은 극복된다. 교회는 자기 자신만으로는 충분하지 않다. 교회는 오직 그리스도의 행위에 힘입어 비로소 구원의 성사가 된다.

그러므로 바로 이 교회 안에 구원이 있다. 교회는 그리스도의 성사적인 구조를 연장하며 여기에 참여한다. 따라서 교회 안에는 그리스도의 구원 그 자체가 현존하며 이를 가시화한다. 이로 인해 교회는 그리스도께서 그러하신 것처럼 하느님과의 친밀한 통교에 대한 징표이자 도구 또는 구원의 보편적 성사가 된다. 만일 성사들을 하느님의 은총에 대한 가시적이고 효과적인 징표라고 정의 내린다면, 그리스도의 인성(人性)은 하느님의 원성사(原聖事)이자 교회는 이러한 그리스도의 성사성(聖事性)에 참여하고 이를 자신의 것으로 만든다고 말해야 할 것이다.

교회의 성사성은 교회가 여덟 번째 성사라고 하는 데 있지 않다. 그것은 무엇보다도 그리스도의 성사성에 참여하고 이를 연장하는 데 있으며 자신을 칠성사 안에서 실현하는 데 있다. 이 칠성사는 교회가 자신의 성사성 안에서 이루는 자기실현(自己實現)이라고 할 수 있다. 성찬례, 사제직, 세례가 없다면 교회 역시 있을 수 없다.

따라서 셈멜롯(O. Semmelroth)의 비유에 따르면, 성사들은 손에서 뻗어 나간 손가락으로서 손에서 합치게 되지만 이 손을 연장시키며 이를 유효하게 해준다.328 그러므로 교회는 성사들의 모태(母胎)이다. 성사들이 없다면 교회도 존재할 수 없지만 교회가 없다면 성사들도 있을 수 없다. 성사가 실현되는 바로 그곳에 교회의 성사성이 실행된다.

물론 이러한 교회의 성사성은 그 품 안에서 읽혀지는 하느님 말씀, 구체적으로 실현되는 자비의 행동들 그리고 진리와 정의를 위한 봉사 안에도 존재한다. 교회의 성사성은 칠성사 안에서 탁월한 형태로 실현된다. 그러나 동시에 이 성사의 범위를 넘어 훨씬 멀리까지 나아간다.

우리는 이를 바탕으로 교회의 존재를 이해할 수 있다. 루소(Rousseau)는 교회의 중개에 대해 불평하면서 흔히 이렇게 말하곤 했다. 하느님과 인간 사이에 도대체 얼마나 많은 중개자가 있는가! 이는 루터가 가진 유혹이기도 했다. 순수한 복음의 물에 이르기 위해 모든 중개를 제거하는 것. 하지만 인간이 있는 곳에는 언제나 중개가 있다는 것을 잊지 말아야 한다. 적어도 인간 지성과 감성의 중개 그리고 죄의 중개가 있다. 직접적이며 즉각적인 방식으로 순수한 물을 만나고자 하는 주장은 무익할 뿐이다. 왜냐하면 루터는 사실상 모든 하느님 말씀의 중개를 제거하는 가운데 결국 각 개인의 자유의지를 제거하고 있기 때문이다. 이로 인한 결과는 지극히 당연한 것이었다. 즉 하느님의 말씀에 대해 해석을 할 수 있는 그만큼의 수많은 교파들이 생겨나게 되었다.

따라서 하느님의 말씀은 각 사람의 개별적이고 주관적인 해석에 종속될 수밖에 없게 됐다. 프로테스탄티즘에서는 우선 전승과 교도권의 중개가 폐지되었다. 그러나 그들이 주장하는 원칙들이 제시하는 논리 그 자체로 인해 자유적인 경향은 마침내 계시와의 모든 결속을 파괴하고 말았다. 랑(A. Lang)이 말하듯이,329 결국에는 믿음의 바탕 그 자체도 파괴하고 마는 돌을 굴려 버린 것이다. 따라서 하르낙(A. von Harnack) 같은 사람은 "그렇지만 우리는 다른 식으로 이루어지는 것을 원치 않는다. 오히려 우리는 표현과 가르침에 있어서 더욱더 자유와 개인주의를 원한다"330고 말할 수밖에 없게 된 상황에 대해 인지해야 할 것이다.

사실 그리스도 친히 세우신 중개는 당신 영(Spiritus)의 보장과 더불어 모든 시대를 통해 참된 당신의 말씀이 우리에게 전해지도록 해주는 일이다. 만일 교도권의 중개를 없애 버린다면 우리는 하느님의 말씀을 각 개인의 임의성(任意性)과 주관주의에 맡겨 버리고 마는 꼴이 된다. 바로 이 중개, 즉 그리스도와 교회 그리고 교도권의 중개야말로 우리로 하여금 하느님 말씀의 순수한 물에 이를 수 있게 해준다. 이는 사실이다. 즉 우리는 이천 년 동안 그리스도교를 이어 왔으며 비록 보다 더 발전되고 보다 더 심화되긴 했지만 변함없이 초대 교회와 동일한 믿음을 갖고 있다. 이는 실로 기적이 아닐 수 없다. 이는 그리스도께서 당신 교회를 통해 보장하신 기적이다. 심지어는 슐리어(H. Schlier)나 포겔(C. D. Vogel) 같은 신학자는 오늘날 가톨릭 교회의 신앙이 초대 교회의 교부들이 견지했던 신앙과 동일하다고 입증하기도 했다. 이 두 사람은 교부들의 서적을 탐독했으며, 결국 교부들은 그들을 가톨릭 신앙으로 인도해주었다.

그러므로 영적 교회로부터 제도 교회를 분리하는 것은 불가능하다. 일종의 교회론적인 네스토리아니즘을 통해 두 개의 교회를 만들려는 주장은 헛된 노력에 불과할 뿐이다. 2세기경의 영지주의자들은 다음과 같은 주장을 했다. 그들은 자신을 성직자들의 교회, 무지한 가난뱅이들의 교회와는 다른 순수하고 영적인 교회로 간주했다. 리옹의 성 이레네오는 자신의 『이단 반박(Adversus haereses)』에서 영지주의의 모든 가르침을 일일이 열거하면서 그들을 반박했다.

이 같은 영적주의(espiritualismo)의 주장은 중세의 여러 교파들, 예를 들면 카타리파 같은 이단의 주장과 다를 바 없다. 그리고 프로테스탄트 종교개혁은 의심할 바 없이 교회 안에 아무런 흠도 없던 시대에 탄생했으며 그들은 근본적으로 모든 인간적인 중개를 거부하는 가운데 잘못된 쇄신의 열쇠를 갖다 놓았을 뿐이다. 만일 인간이 원죄로 인해 부패했다면 어떠한 인간적인 중개도 신적인 은총과 구원에 대한 참된 연결 고리가 될 수는 없다. 따라서 그들은 교회라는 제도를 거부했다. 물론 그들이 마지막까지 자신들의 원칙을 고수해야 했다면 성경까지도 거부했어야 했다. 왜냐하면 하느님의 말씀은 이미 성경 안에도 순수한 형태로 남아 있지 않고 일련의 사람들이 살았던 나름대로 정해진 문화와 양식의 중개 아래 있기 때문이다. 중개적인 교회 앞에서 드러나는 이 모든 스캔들의 이면에는 결국 강생 앞에서 드러나는 스캔들이 있다.

그러므로 가톨릭 영성은 강생의 영성이다. 이 영성은 그리스도 안에서 하느님을 보고 교회 안에서 그리스도를 보는 기쁨을 느끼는 영성이다. 반면, 이단은 분열의 영성을 가질 뿐이다. '이단'이란 말은 '선택'을 뜻하는 그리스어에 그 뿌리를 두고 있다. 사실 이단자는 이렇게 말한다. 그리스도는 하느님 또는 인간이시다. 반면, 가톨릭은 이렇게 말한다. 그리스도는 하느님이며 동시에 인간이시다. 가톨릭은 결코 이성적인 교만함 때문에 그리스도의 신비가 갖는 어떤 요소들을 제거하면서 이 신비를 없애지 않는다. 가톨릭 신자는 총체적인 인간으로서 강생의 인간이자 통합적인 사람이다.

강생의 영성은 궁극적으로 우리로 하여금 성사들 안에서 그리스도의 구원에 대한 실재적이고 효과적인 징표들을 보게 해주는 영성이다. 그리스도는 가시적인 징표의 중개 아래 우리와 더불어 계속 길을 가신다. 그러한 그분의 현존은 숨겨져 있지만 실재적이며 효과적이다. 이 영성은 결코 징표를 평가절하 하지 않으며 작은 것을 그리 보지도 않는다. 왜냐하면 신앙은 근본적으로 눈을 통해서 들어오며 늘 육체를 필요로 한다는 것을 알기 때문이다.

마지막으로, 성찬례 안에서 교회의 성사적인 구조가 보다 잘 관통되어 드러난다. 무엇보다도 교회는 성찬례 가운데 현존하는 그리스도와의 일치이다. 따라서 교회는 그리스도의 신비체로 성장한다. 그리스도와의 일치는 그리스도의 신비체인 교회에 있어서 내적, 외적 일치를 갖게 해준다. 왜냐하면 그것은 성찬례와 더불어 그리스도의 몸을 이루는 구성원들을 위한 봉사를 지향하며, 그리스도의 은총의 삶 안에서 그들을 양육하는 교회의 교계적인 직무가 탄생하기 때문이다.

## V. 친교로서의 교회[331]

성사의 이미지가 그리스도와 강생의 신비에 대해 직접 언급하고 있다면, '친교(*communio*)'의 이미지는 그리스도에 대한 언급을 상실하지 않으면서도 특히 '영의 작용(*actio Spiriti*)'에 대해 강조하고 있다.

하머(J. Hamer)는 이미 고전이 된 자신의 작품에서 친교 개념을 교회론의 중심적 측면으로 다루기 시작했다. 그는 여기서 "교회는 친교"임을 분명히 제시하고 있다.332 그는 교회가 갖는 사회적인 측면들을 두드러지게 보여주는 차원을 벨라르미노의 정의에 전가했으며, 더 나아가 제도 안에서 어떤 부적합한 것을 보고 있는 솜(R. Sohm)과 브루너(E. Brunner)의 정의에도 이를 전가하고 있다. 하머는 제도적인 측면과 친교 개념을 통해서 교회 안에서 이루어지는 사람들 간의 일치를 조화시키려 했다. 그래서 하머는 다음과 같이 언급한다. "그리스도의 신비체는 비가시적이며 동시에 외적인 친교이다. 또한 그것은 신앙의 고백, 규율 그리고 성사 생활 안에서 이루어지는 외적인 친교와 더불어 발생되고 의미를 갖는 심오한 영성 생활(믿음, 소망, 사랑)의 친교이다."333 이러한 교회의 친교는 삼위일체, 특히 이 친교에 있어서 보다 진정한 창시자인 성령 안에 그 기원을 갖는다.

하머는 말씀에 대한 사회적인 의미라는 차원에서 교회를 공동체 그 이상의 것으로 이해했다. 그는 친교 안에서 수평적인 차원과 수직적인 차원을 구별했다. 교회를 구별하게 해주는 것은 무엇보다도 수직적인 차원으로서, 이는 그리스도 안에서 우리에게 통교되고 성령을 통해서 전수되는 신적인 생활을 뜻한다. 달리 말해, 교회적인 사회의 가시적인 결합들은 보다 심오한 은총과 애덕의 친교 위에서 유지된다.

제2차 바티칸 공의회에서 친교 개념이 교회 영역을 위해 실효를 갖는 개념으로 드러나고 있음은 분명하다. 이러한 전망은 1985년 주교 시노드에서 와서야 보다 공식적인 형태로 발전되는 가운데 비로소 친교 개념이 교회론을 쇄신하기 위한 해석의 열쇠로 부각되었다. 시노드는 이 점에 대해 다음과 같이 언급한다. "친교의 교회론은 공의회의 가르침에 있어서 핵심적, 근본적 개념이다."334 시노드는 이런 언급을 하기 위해 분명 제2차 바티칸 공의회로부터 주어진 개념이지만 하느님 백성, 그리스도의 몸, 성사 같은 개념들처럼 설명될 수 있는 기회를 갖지 못했던 이 개념을 충만히 발전시켰다.

물론 안톤(P. Antón)은 이미 1969년 시노드에서 이 친교 주제가 명백하게 다뤄지기 시작했다고 보고 있다(여기서 잊지 말아야 할 것은 안톤이 1969년 시노드의 교리 도입을 위한 특별 비서였다는 사실이다).335 그래서 그는 다음과 같이 언급한다. "교회론과 교회 생활을 위한 제2차 바티칸 공의회의 중대한 개혁은 친교 개념에 관한 교회의 신비를 논하는 신학을 다뤘다는 점이다."336 그러나 무엇보다도 안톤 자신도 인정하는 것처럼, 1985년의 시노드는 교회적인 친교의 주기 전체를 제대로 다뤘다. 이 시노드는 성부로부터 출발해서 성령에 의해 믿음과 성사들 그리고 사목자들의 인도를 통해 이 세상에서의 순례가 끝남으로써 다시 성부께로 되돌아가는 일련의 주기를 다뤘다.

앞서 언급한 바와 같이, 비록 친교의 주기 전체가 1985년 시노드에 와서야 확연히 드러나긴 했지만, 이러한 친교 교회론은 이미 제2차 바티칸 공의회에서 분명하게 드러나기 시작했다. 사실, 공의회는 교회를 하느님과의 내밀한 성사이자 전 인류를 일치시켜주는 성사로 규정하기 위해 친교 교회론을 향한 문을 열어젖혔다. 여기서 의심할 바 없이 명백히 드러나는 점은 공의회가 성찬례 거행, 그리고 다른 여러 교회들, 특히 로마교회와의 유대 관계로부터 출발해서 개별 교회에 대한 의식을 다시 취하고 있다는 점이다. 라칭거(Ratzinger)는 친교 교회론이 교회에 대한 제2차 바티칸 공의회의 가르침에 있어서 새로운 개념이자 그 기원과 연관시켜주는 고유하면서도 진정한 핵심이라고 지적한다.337 드노(A. Denaux)가 말하듯이,338 여러 세기 동안 교회는 스스로를 교계적이며 완벽한 사회라고 반복해서 말했다. 그러나 이제 교회가 갖는 친교의 이미지는 인간 자신의 깊은 열망에 부응하는 새로운 형태를 표현하고 있다. 마찬가지로 블라스케스(R. Blázquez)에게 있어서도 친교 개념은 부분적인 측면이 아닌 교회 존재 전체를 포괄하는 교회의 구성적인 차원으로 드러난다.339

## 1. 개념의 발전

의심할 나위 없이 친교로서의 교회 개념은 삼위일체의 신비 안에 그 뿌리를 두고 있다. 이미 살펴본 것처럼 교회는 성부와 성령의 파견으로 이어지는 삼위일체 하느님으로부터 유래한다. 또한 교회는 삼위일체 하느님을 향해 예정되어 있으며 이 세상에서 그분의 이미지를 통해 자신을 형성한다. 그래서 제2차 바티칸 공의회는 다음과 같이 언급한다. "이것이 그리스도 안에서 그리스도를 통하여, 다양한 임무를 주시는 성령의 활동으로 이루어지는 교회 일치의 거룩한 신비이다. 이 신비의 최고 표본과 최고 원리는 삼위의 일치, 곧 성령 안에서 아버지와 아들이 하나가 되는 한 분이신 하느님의 일치이다"(UR 2). 공의회는, 전체 교회는 성부, 성자, 성령의 일치 안에서 모인 백성으로 드러나고 있다고 말한다(LG 4). 일찍이 테르툴리아노는 다음과 같이 말한 바 있다. "성부, 성자, 성령 이 세 분이 계신 곳에 이 세 분의 몸인 교회가 있다."340 교회는 삼위로부터 출발해서 이 삼위의 일치를 탄생시키고 반영한다는 의미에서 이 삼위의 이콘이다.341

신약성경이 증거하고 있듯이 가톨릭 교회의 일치를 이뤄주시는 분은 성령이시다. 즉 성령의 친교가 그것이다(2코린 13,13). 성령께서는 삼위의 품 안에서 성부와 성자를 이어주는 일치이시며, 우리를 그리스도 안에 뿌리내리게 하고 성부의 유일한 성자 안에서 그분의 자녀적인 품위에 참여함으로써 성부 하느님의 자녀가 되게 하는 가운데 교회적인 친교를 실현해주는 분이시다. 블라스케스는, 인간과 하느님 사이의 만남은 믿음과 소망 그리고 사랑 안에서 실현된다고 지적한다. 정확히 말해 교회는 이런 존재 형태를 통해 각인된 사람들의 친교이다. 교회적인 덕(德)들은 이런 교회적인 친교의 바탕 안에 있다.342

그러므로 이것이 삼위일체 하느님과의 친교라고 할 수 있는 '친교의 수직적인 차원'이다. 그러나 그리스도에 의해 세워지고 성사들을 통해 통교되는 인간과 하느님 사이의 새로운 관계는 사람들과의 새로운 관계 안에서 확장되고 변모한다(수평적인 차원). 우리는 이를 '신자들의 친교(*communio fidelium*)'라고 부를 수 있는데, 이 친교는 그리스도교의 입문 성사들을 통해 이루어진다. 세례 받은 모든 이들은 세례와 더불어 갖게 되는 이러한 공통적인 품위 — 이는 교계적인 차이에 선행하는 것으로 이보다 훨씬 더 중요하다 — 에 힘입어 교회 안에서 주체가 된다. 따라서 모든 이는 자신들이 받은 은

사와 직무에 따라 교회의 친교와 사명에 참여하며 그들 사이에는 동일한 교회를 통해 공동 책임이 생겨난다.

사람들이 하느님과 더불어 갖는 이러한 친교는 성사 생활 안에서 실현된다. 우선, 우리는 세례를 통해서 그리스도의 몸의 구성원으로서 그리스도와 합체(合體)된다. 그리고 그리스도의 몸과 사람들 사이의 이러한 친교는 성찬례 안에서 완성된다. "우리가 떼는 빵은 그리스도의 몸에 동참하는 것이 아닙니까? 빵이 하나이므로 우리는 여럿일지라도 한 몸입니다. 우리 모두 한 빵을 함께 나누기 때문입니다"(1코린 10,17). 그래서 제2차 바티칸 공의회는 이렇게 설명하고 있다. "그리스도의 몸과 피를 나누어 받는다는 것은 다름이 아니라 바로 우리가 받아 모시는 그것으로 우리가 변화되는 것이다"(LG 26). 우리는 신비체라는 개념이 성찬례와의 관계 속에서 탄생했다는 것을 역사적인 고찰을 통해 이미 살펴본 바 있다.

그러므로 교회는 성찬례를 통해 '친교(communio)'로서 실현된다. 개별 교회들은 초기에 주교의 성찬례 거행을 중심으로 형성된다. 특히 공의회는 「교회 헌장」 56항에서 이러한 개념을 취하는 가운데 신자들의 모든 적법한 지역 모임 안에는 비록 그것이 작은 공동체이고 흩어져 산다 할지라도 거기에 참되고 유일한 그리스도의 교회가 현존한다고 말한다. 한 사람이 지역 교회에 속하며 성찬례, 주교와의 친교 안에 참여할 때 그는 가톨릭 교회에 속한다고 말한다. 만일 이렇게 체험된 각 개별 교회가 다른 교회들, 특히 로마교회와의 친교를 유지한다면, 이 교회 안에는 하나이고 거룩하며 공번되고 사도로부터 이어오는 전체 교회가 실현되는 것이다.

그러므로 이러한 교회적인 친교는 비가시적이면서 동시에 가시적인 시간을 갖는다. 비가시적인 차원이란 은총을 통해 누리는 성부, 성자, 성령과의 친교를 뜻한다. 가시적인 차원이란 믿음, 성사들(특히 성찬례) 안에서 이루어지는 개별 교회를 주관하는 주교와의 친교를 의미한다. 세례가 우리를 그리스도와 합체하게 하는 한에서 이 성사는 그분의 몸을 구성하는 지체가 되게 해준다. 그러나 무엇보다도 성찬례는 교회적인 친교의 성사이자 교회 구성원들 간의 친교(여기 이 세상에서)의 완성이다. 모든 민족들 안에 현존하는 교회는 성체가 하나이자 그리스도 또한 한 분이신 것처럼 언제나 하나이다. 이미 우리는 고대 교회 안에서 가톨릭 교회와의 친교의 기준이 로마 주교와의 친교라는 점을 살펴보았다. 이러한 관계를 갖지 못한다면 그 누구도 교회의 일치에 속하지 않는다.

성령께서는 이 백성을 교회로 만드는 가운데 그들이 하나의 백성으로 형성될 수 있도록 그들을 가시적, 비가시적인 모든 측면에서 일치하게 하는 저자(著者)이시다. 그래서 「교회 헌장」 13항은 이렇게 언급한다. "이를 위하여 하느님께서는 마침내 당신 성자의 성령, 주님이시며 생명을 주시는 성령을 보내주셨다. 성령께서는 온 교회를 위하여 또 개인과 모든 신자를 위하여 사도들의 가르침과 친교에서 그리고 빵의 나눔과 기도에서 모임과 일치의 근원이 되신다(사도 2,42 참조). [⋯] 실제로 온 세계에 흩어져 있는 모든 신자가 성령 안에서 다른 이들과 친교를 이룬다."

구원을 위한 유익들과 더불어 이루어지는 이러한 친교를 통해 4세기부터 사도신경 안에서 기도하는 전통적 표현에 따라 거룩한 이들의 통공이 생겨나게 되었다. 이러한 친교는 교회 구성원들이 그리스도의 몸의 지체들인 한에서 그들 간의 결속을 가져다준다.

그래서 새 교리서는 이렇게 말한다. "모든 신자가 한 몸을 이루기 때문에 각자의 선은 모두에게 전달된다. […] 그러므로 교회 안에는 선의 공유가 존재한다고 믿어야 한다. 그러나 가장 중요한 지체는 머리이신 그리스도이시다. 따라서 모든 선이 지체들에게 전달되며, 이러한 전달은 교회의 성사들을 통하여 이루어진다. 이 교회를 다스리시는 '하나'이신 성령께서 교회가 받은 모든 것을 공동의 자산이 되게 하신다"(CEC 947).

그러므로 거룩한 이들의 통공은 거룩한 것들, 거룩한 사람들과의 친교를 의미한다. 구체적으로 그것은 믿음, 성사들, 은사들, 물질적인 재화들 그리고 애덕 안에서의 친교를 내포한다.

이러한 거룩한 이들의 통공은 순례하는 교회 구성원들에게만 한정되지 않고 하느님의 은총 가운데 이 세상을 떠난 천상 교회 또는 연옥에서 정화 중인 교회를 구성하는 모든 이를 포괄한다. 이렇게 해서 천상의 성인들은 우리를 위해 중재 기도를 올리며 우리 역시 아직 연옥에 있는 이들을 위해 기도하도록 해주는 생기 가득한 친교가 모든 이들 사이에 생겨난다.

## 2. 개별 교회와 친교

친교로서의 교회 실현에 있어서 특별히 중요한 것은 보편 교회가 여러 교회들 간의 친교적 차원을 갖는 것이다. 보편 교회 전체는 로마 주교와의 친교 안에 있는 주교의 주재하에 성찬례를 거행하는 각 개별 교회들을 통해 실현된다.

노인호이저(B. Neunheuser)는 제2차 바티칸 공의회가 이러한 전

망과 더불어 언제나 교회를 구성했던 바로 그 교회론적인 전망으로 우리를 안착시켰음을 잘 알고 있었다.343

사실 그리스도께서 창립하신 교회는 성령강림 이후부터 늘 공번된 교회였지만 먼저 예루살렘에서 탄생했고 이후 안티오키아나 로마 같은 다른 교회들이 뒤를 이었다. 어떻게 해서 각 교회마다 자신들의 공동체가 그리스도에 의해 설립된 공번되고 보편적인 교회를 실현한다고 주장할 수 있었을까?

제2차 바티칸 공의회는 이 문제에 대한 뛰어난 종합을 우리에게 제공해주고 있다. 하느님의 교회는 하나이며 공번되다. 그러나 그것은 그리스도께서 당신 교회에 선사하신 구원의 수단들을 충만하게 유지하고 있는 각 개별 교회들 안에서 실현되며 참으로 그 안에서 현존한다. 이러한 수단들 가운데 다른 개별 교회들과 맺는 결속이 있으며 특히 로마교회와 맺는 관계가 있다.

그리스도의 이 교회는 신자들의 모든 합법적 지역 집회에 존재하며, 자기 목자들과 결합되어 있는 이 회중을 신약성경에서 교회라고 부른다. 이 회중은 성령 안에서 굳은 확신으로(1테살 1,5 참조) 하느님께 부르심을 받아 자기 지역에서 새로운 백성이 되기 때문이다. 그 안에서 그리스도의 복음 선포로 신자들이 모이고, 주님 몸의 살과 피를 통하여 모든 형제애가 두터워지도록 주님 만찬의 신비가 거행된다. 주교의 거룩한 직무 아래에 있는 어떠한 제단의 공동체에서든 신비체의 저 사랑과 일치의 상징이 드러난다. 신비체의 일치가 없으면 구원도 있을 수 없다. 이 공동체들이 가끔 작고 가난하거나 흩어져 살더라도 그 안에 그리스도께서 현존하시며, 그분의 힘으로 하나이고 거룩하고 보편되며 사도로부터 이어 오는 교회가 이루어진다. 사실, 그리스도의 몸과 피를 나누어 받는다는 것은 다름이 아니라 바로 우리가 받아 모시는 그것으로 우리가 변화되는 것이다 (LG 26).

의심할 바 없이 교황은 교회적인 친교의 실현에 있어서 필수 불가결한 요소이다. 그래서 공의회는 또한 「교회 헌장」 23항에서 이렇게 말한다. "베드로의 후계자인 교황은 주교들의 일치는 물론 신자 대중이 이루는 일치의 영구적이고 가시적인 근원이며 토대이다. 그리고 개별 주교들은 자기 개별 교회 안에서 일치의 가시적인 근원과 토대가 된다. 보편 교회의 모습대로 이루어진 개별 교회들 안에 또 거기에서부터 유일하고 단일한 가톨릭 교회가 존재한다. 그러한 까닭에 개별 주교들은 자기 교회를 대표하고 모든 주교는 교황과 더불어 평화와 사랑과 일치의 유대 안에서 온 교회를 대표한다."

드 뤼박(De Lubac)은 자주 개별 교회(교구)와 지역 교회(언어, 지리 또는 역사적인 이유로 인해 서로 비슷한 동질성을 이루는 개별 교회들의 총체)를 구별하곤 했다.344 주교에 의해 통치되는 각 개별 교회 안에는 보편 교회가 현존한다. 보편 교회는 개별 교회들이 모인 일종의 연합체(聯合體)라는 식의, 그래서 이 모든 개별 교회 위에 군림하는 최상의 교회 같은 것이 아니다. 그렇다고 이 보편 교회가 개별 교회들 위에 실현되는 초교회(超敎會)라거나 이들의 총합(總合)을 의미하지도 않는다. 개별 교회들이 구원을 실현하기 위한 총체적인 수단들을 갖는 한에서 그리고 그러한 수단들 가운데 특히 로마교회와의 결속이 강조되는 한에서 보편 교회는 각 개별 교회 안에서 실현된다. 그러므로 개별 교회(Iglesia particular)가 모든 교회를 뜻하는 것은 아니지만 총체적인 교회(Iglesia toda)라고는 말할 수 있다. 이러한 의미에서 개별 교회는 개별 교회들에 의해 형성되고 바로 그 개별 교회들 안에 존재한다.345

콩가르는 상기하듯이, 주교는 개별 교회에 대한 봉사를 위해 축성됐으면서도 동시에 주교단의 구성원으로 축성되었다. 또한 그는 주교단 또는 주교 공동체를 대표하는 다른 주교들에 의해 축성되었다. 축성된 주교는 개별 교회 앞에 대면해 있지만, 이 개별 교회는 로마 주교에 의해 통치되는 여타 교회들과의 결속을 통해 자신 안에서 보편 교회를 실현하고 상징화한다.

이러한 조건들과 더불어 이제 우리는 다음과 같이 말할 수 있다. 즉 보편 교회는 예를 들어 아프리카의 앙골라에도 현존한다. 각 개별 교회의 중심에는 원칙적으로 보편적인 전체 교회가 현존한다. 왜냐하면 각 개별 교회는 교회의 신비체가 내포하는 모든 활기찬 신비를 현재화하는 가운데 드러내주는 하나의 생활한 세포이기 때문이다. 이렇듯 개별 교회는 교회의 보편성을 실현한다.

따라서 우리는 아이만스(W. Aymans)와 함께 다음과 같이 말할 수 있다. "교회들의 친교(communio ecclesiarum)는 유일한 하나의 교회를 형성시켜주는 법칙이다."346

지역 교회 내에서 실현되는 친교는 신자들이 자기 주교 그리고 사제들과 함께 누리는 친교를 말한다. 평신도들은 자신의 신앙생활, 성사 생활만이 아니라 교구 사목 평의회 같은 조직을 통해(교회법 511-514) 또는 예외적으로 교구 대의원회의(교회법 460-468)를 통해 그 지역 교회의 일부를 구성한다. 주교는 모든 카리스마가 유일한 하나의 영(Spiritus) 안에서 자랄 수 있도록 교회를 주재하며 통치한다. 그는 아버지이자 목자로서 그리스도교적인 삶 안에서 자신에게 맡겨진 양 떼를 이루고 양육해야 한다. 주교와 공동체 간에는 오랜 전승이 이 둘 사이를 혼인의 이미지(주교 반지가 의미하는 바)로 상기하는 것과 같은 일치의 신비가 존재한다. 그리고 이러한 일치의 신비는 성찬례 거행 안에서 보다 특별하게 드러난다. 성 치프리아노는 "주교는 교회 안에 그리고 교회는 주교 안에 있다"고 말한다.

하지만 주교가 공동체의 대표로서 이 공동체를 주재하는 것은 아니다. 그는 무엇보다도 '사도 계승(successio apostolica)'의 보장이자 이에 대한 참여로서 공동체를 주재한다. 따라서 오직 주교만이 그리고 그와의 친교 안에 있는 사제만이 성찬례를 집전할 수 있다. 사제들은 주교와 더불어 유일한 사제를 이루며(LG 28), 또한 그들은 이 유일한 사제직 안에서 주교에게 순명해야 한다. 이들은 오로지 주교와의 친교 안에서만 자신의 직무를 수행할 수 있다(PO 7; LG 29). 한편, 교구라고 불리는 지역 교회는 여러 공동체들, 본당들 간의 친교로서, 사제는 각자 자신의 본당에서 다양한 형태, 특히 사목평의회(교회법 529)를 통해서 신자들이 협력할 수 있도록 보장해야 한다.

개별 교회들과 지역 교회들은 교회가 지닌 공번된 특징을 드러내고 가시화한다. 단일한 것은 공번되다. 따라서 개별 교회 또는 지역 교회는 그것이 로마와의 결속 안에 있을 때 공번되다 말할 수 있다. 사실 각 개별 교회는 보편 교회의 모습을 향해 구성되었으며 구원의 수단들을 충만하게 갖고 로마교회와의 친교를 유지한다.

그러기에 로마교회로부터 떨어져 나가거나 어떤 구원의 수단들을 상실한 지역 교회는 더 이상 보편 교회를 구현하는 세포가 아니다. 예를 들어 프로테스탄트, 영국 성공회 그리고 동방정교회의 경우 그들은 공번된 특징을 잃어버렸다. 비록 이러한 교회들이 구원에 관한 몇 가지 긍정적인 요소들(하느님의 말씀, 몇 가지 유효한 성사들 등)을 보존하고는 있지만 그 안에서 교회가 갖는 총체적인 신비가 실현되고 있지는 못하다. 그래서 콩가르는 다음과 같이 말한다. "가톨릭 교회 밖에서는 보편 교회가 갖는 고유한 교회적인 구조가 드러나지 않는다."347

따라서 '공번됨(catolicidad)'을 친교들 가운데 친교로 그리고 단순한 교회들 간의 연합체로 해석하는 교회론은 설 자리를 잃을 수밖에 없다고 그는 계속해서 말하고 있다. 여기에는 보편성을 주재하는 로마와의 특별한 결속이 통합되어 드러나지 않는다. 이러한 로마와의 결속이나 통합이 없는 공번됨을 유지한다는 것은 교회론에 있어서 퇴보를 뜻한다.348 이 점에 대해 신앙교리성은 다음과 같이 말한다. "가톨릭 신자들은 이를 고백해야 한다. 즉 자신들이 하느님 자비의 선물을 통해 그리스도께서 설립하고 베드로와 그 밖에 여러 사도의 후계자들을 통해 인도된 바로 그 교회에 속한다는 것을 고백해야 한다. 그럼으로써 이분들의 권한 아래 사도 공동체 본래의 제도와 가르침이 교회의 진리와 영원한 성성의 유산으로서 온전히 남아 있음을 고백해야 한다."349 그래서 신앙교리성은 계속해서, 그리스도의 교회가 여러 교회와 교회적인 공동체들을 아우르는 일종의 총합이라고 생각하는 것은 도저히 이해할 수 없으며, 그리스도의 교회가 오늘날 그 어디에도 존재하지 않고 따라서 모든 교회와 공동체를 찾아야 하는 마치 마지막으로 이해되어야 한다고 진실로 견지해서도 안 된다고 지적한다.

또한 공의회는 여러 지방과 지역 교회들의 범위 내에서 개별 교회들에 대해 언급해야 할 필요성을 절감했다. 이렇게 해서 국가별 또는 지방별 주교회의들이 생겨나게 됐다(LG 23; CD 36-41; 교회법 431-459). 일련의 주교회의는 주교들 간의 협력을 표현하고 발전시키기 위해 보다 깊이 숙고해 갔다. 이런 맥락에서 라틴아메리카 주교회의, 유럽 주교회의 같은 대륙별 조직들이 생겨났다. 그리고 이 모든 것은 교회적인 친교를 심화하는 방향으로 인도되었다. 그렇지만 공의회는 전체적으로 주교단이 갖는 단체로서의 성격에 제한을 두고 있다(LG 22-23; CD 4-6).

## 3. 교회적인 친교, 분리된 교회와의 친교는?

공의회는 「교회 헌장」 8항에서 다음과 같이 언급한다. "이것이 바로 그리스도의 유일한 교회이며, 우리는 신경에서 하나이고 거룩하고 보편되며 사도로부터 이어 오는 교회라고 고백한다. […] 이 교회는 이 세상에 설립되고 조직된 사회로서 베드로의 후계자와 그와 친교를 이루는 주교들이 다스리고 있는 가톨릭 교회 안에 존재한다. 그 조직 밖에서도 성화와 진리의 많은 요소가 발견되지만, 그 요소들은 그리스도 교회의 고유한 선물로서 보편적 일치를 재촉하고 있다." 한편, 공의회 이후 적지 않은 수의 신학자들이, 이러한 공의회의 언급에 대한 귀결로, 그리스도의 교회는 여러 친교들 간의 친교— 이 친교 안에는 비록 충만하게 친교를 실현하고 있지는 않지만 동방정교회와 여러 프로테스탄트 교회들도 포함된다고 보았다 — 를 통해 이루어진다고 주장하기 시작했다. 이로 인해 몇몇 신학자들은, 사실상 교회의 단일함이 깨졌으며 이는 단지 도달해야 할 목표로서만 언급될 수 있을 뿐이라고 지적하고 있다.

물론 제2차 바티칸 공의회는「교회 헌장」 8항에서 그리스도의 교회는 "가톨릭 교회이다(*est*)"라는 언명을 피하고 "가톨릭 교회로 존재한다(*subsistit*)"는 형식을 선호했다. 이러한 언명에는 가톨릭 교회 밖에도 성화와 진리의 요소들이 있음을 언급하려는 분명한 의도가 담겨져 있다. 필립(G. Philip)은 '존재한다(subsistit)'라는 형식이 많은 논란을 유발할 수 있다고 보았으며 그 후 그 문제는 실제로 그렇게 되었다.

사실 'subsistit'에 대해 몇몇 신학자들이 제시하는 해석은 통상 교도권이 가르치는 것과는 다른 친교 교회론이다. 이 미묘한 주제를 연구하기 위해 우리는 먼저 간단하게나마「교회 헌장」 8항의 편집 역사와 'est(~이다)' 대신 'subsistit(존재한다)'를 넣도록 공의회를 움직였던 궁극적인 동기들에 대해 살펴볼 것이다. 이어서 이 주제에 관한 우리의 견해 그리고 이에 대한 고찰을 맺기 위해 최근 제기되고 있는 몇 가지 해석들에 대해 살펴보기로 하겠다.

### 3.1.「교회 헌장」 8항의 편집에 대한 역사적인 기억들

'Subsistit' 문제를 둘러싼「교회 헌장」 8항의 편집에 관한 뛰어난 연구는『그리스도의 교회와 가톨릭 교회. *Lumen Gentium*의 표현에 관하여』란 제하에 베티(U. Betti)에 의해 이루어졌다.350

가톨릭 교회와 그리스도의 교회 간의 관계에 대한 공의회 내에서의 취급은 그리스도의 신비체를 가톨릭 교회와 동일시하고 있는 회칙 *Mystici Corporis*의 언급을 잊을 수 없다. 이 회칙은 갈라져 나간 형제들을 교회적인 지위로 인정하지 않은 채 단지 구세주의 몸을 향해 질서 지어져 있는 이들로만 언급하고 있다. 베티는 이 회칙의 입장이 공의회 내에서 다뤄져야 했던 교회론을 위한 성청의 선거에서 그대로 유지된 사실에 주목했다.

신학 준비 위원회는 이 표현 안에서 *Mystici Corporis*의 입장에 대한 평가에 있어서 여러 견해들 간의 명백한 불일치를 보았다. 왜냐하면 일련의 신학자들이 이 회칙에 대한 절대적인 충실함을 요구한 반면, 다른 측에서는 분명한 에큐메니즘적 노선을 따르는 가운데 이를 완화해줄 것을 요구하면서 비록 유비적인 의미에서이긴 하나 갈라져 나간 형제들 역시 그리스도 몸의 지체임을 허용하도록 청했다. 그렇다면, 세례 받은 분리된 형제들은 이 몸에 합체되지 않는 것일까? 그들이 어떤 식으로든 그분의 교회에 속하지 않는 것일까?

그러나 표현된 다양한 뉘앙스에도 불구하고 준비 위원회는 *Mystici Corporis*가 가르치는 그리스도의 몸과 가톨릭 교회 간의 완전한 일치만을 견지했다.[351] 공의회는 교회에 관한 교의 헌장의 스케마 1장, 특히 "로마 가톨릭 교회는 그리스도의 신비체의 몸(Ecclesia catholica romana est Mystici Corporis Christi Corpus)"이라는 제목이 붙여진 항목에서 *Mystici Corporis*의 주장을 견지하면서 풀어 나가고 있다. 공의회는 이러한 전망에서 오직 교황에 의해 인도되는 가시적인 조직 안에서 가톨릭 신앙을 고백하는 세례 받은 이들만이 참되고 고유한 의미에서 교회 구성원들이라고 언급한다. 그러나 에큐메니즘 — 후에 교회에 관한 교의 헌장에서 분리된다 — 에 대해 다루고 있는 11장에서는 갈라진 형제들 안에서 드러나고 있는 고유한 교회적 요소들을 인정하고 있다.

그리스도교적인 윤곽 아래 비가톨릭적인 공동체에 주어졌던 이러한 관심은 'est'에서 'subsistit'로의 이행(移行)에 영향을 줄 만큼 결정적인 것이었다.

1962년 12월 교의 헌장에 대한 스케마를 통해 시도했던 첫 번째 접근에서 공의회 교부들은 *Mystici Corporis*와의 동일성을 유지하는 것이 중대한 문제를 일으킨다는 사실을 알게 되었다. 가톨릭 교회가 그리스도의 몸이지만 모든 면에서 그것을 고갈시키려는 요구를 없이한 채 그러한 사실을 견지해야만 했다. 더 나아가, 세례 받은 모든 이는 그리스도와 합체되었으며 어떤 면에서는 교회의 자녀들이라고 말해야 했다. 한편, 가톨릭 신자가 아닌 이들이 비록 교회와 결합되어 있음에도 불구하고, 여전히 교회로부터 분리되어 있음 또한 사실이다. 이러한 선상에서 7장에서는 "로마 가톨릭 교회(Ecclesia catholica romana)"라는 제목이 붙은 스케마가 언급되어야 했다.

하지만 이렇게 삽입된 장에 대해 여러 가지 비판들이 제기됐으며, 결국 이 스케마는 포기되고 말았다. 그리고 몬시뇰 필립(Philips)에 의해 준비된 텍스트를 바탕으로 완전히 새로운 스케마로 대체되었다. 이 스케마는 성령께서 단지 가톨릭 교회만이 아니라 비가톨릭 신자들 안에서도 일하신다고 언급한다. 그래서 모든 그리스도의 제자들은 교회와의 결속 안에 있기 위한 그 나름대로의 칭호를 갖는다고 한다. 이처럼 "이 세상에서 순례하는 교회에 대해(De Ecclesia in terris peregrinante)"라는 제목으로 이름 붙여진 7장에서는, 비록 그 제목 다음에 그리스도에 의해 설립된 교회가 가톨릭 교회'이다(est)'라고 언급함에도 불구하고, 이미 가톨릭 교회 밖에 존재하는 수

많은 성화(聖化)의 요소들을 인정하고 있다.352

1963년 4월 공의회 교부들은 그것이 성화와 진리의 요소들에 관계된다는 점을 강조하면서도 "가톨릭 교회가 그리스도의 교회"라는 사실이 보다 더 균형 잡히면서도 덜 배타적인 방식으로 재고되는 가운데 표현되어야 한다고 요구했다.353 비가톨릭 공동체는 자신들이 지닌 성화의 수단들— 비록 불완전한 방식이긴 하지만— 로 인해 성화의 도구가 된다.

이처럼 가톨릭 교회 밖에도 여러 가지 성화 요소들이 존재한다는 사실을 고려하는 보다 완화된 에큐메니즘적 형태가 요구됐다. 이에 교리 위원회는 1963년 10월 25일 이루어진 텍스트 편집에서 그리스도의 교회가 가톨릭 교회 안에 '현존한다(adest)'고 언급했으며 26일에는 '~안에 존재한다(subsistit in)'라는 표현을 통해 최종 편집을 마무리 지었다. 결국 여기서 표현하고자 했던 것은 그리스도의 교회가 다른 교회들과는 부분적인 관계만을 갖는 데 반해 가톨릭 교회와는 총체적인 관계를 갖고 있다는 점이라고 베티(Betti)는 설명한다.354 이렇게 해서 공의회 의사록은 이를 수용하게 된다.355

베티는 설명하길, 여기서 'subsistit in'이란 말은 '영속하다(perdura)' 또는 '지속적으로 존재한다(continúa existiendo)'라는 말로 번역해야 한다고 지적한다. 여러 교회들 또는 교회 공동체들은 자신의 구성원들을 위한 구원의 도구이다. 왜냐하면 유일한 그리스도의 교회가 갖는 요소들을 보존하고 있기 때문이다. 가톨릭 교회는 그리스도 교회의 유일하고 완전한 실현이다.

## 3.2. 상이한 해석들

한편, 신학자들은 'subsistit'에 대한 공의회의 진행 과정을 고려하면서 교회 공동체에 대한 상이한 두 가지 해석을 제시하고 있다.

a) 이에 대한 전통적인 해석은 베티(Betti)로 대표되는데, 그에 의하면, 만일 그리스도께서 창설한 교회가 가톨릭 교회 안에 계속 존재한다고 언급한다면 "이러한 존재의 연속성은 본질적으로 실질적인 동일성을 가져온다."356 그는 지적하길, 사실상 갈라져 나간 여러 교회들 안에서는 그리스도의 근원적인 존속(存續, subsistencia)에 대해 말할 수 없다. 만일 그렇지 않다면 그리스도의 교회는 무수한 교회가 될 것이기 때문이다. 그리스도의 교회가 유일하지 않다거나 또는 그 교회의 단일함이 현존하는 상이한 여러 교회들 속에 흩어져 버렸다고는 도저히 상상할 수 없다.357

b) 다른 한편으로, 우리는 설리번(Sullivan)을 지목할 수 있다. 그는 그리스도의 교회가 가톨릭 교회의 한계를 넘어서고 있으며 이러한 그리스도의 교회를 분리된 형제들도 포괄하는 친교들 중의 친교로 이해해야 한다고 주장한다. 그는 가톨릭 교회 밖에는 단지 진리의 요소들이 존재할 뿐 아니라 분리되어 나간 교회들 또한 구원의 도구라는 점을 고려할 수 있다고 보았다(UR 3). 물론, 떨어져 나간 형제들이 다시 태어나는 이들을 위해 그리스도께서 원하신 일치를 여러 공동체들 안에서 누리고 있는 것은 아니다. 오직 가톨릭 교회만 구원을 위한 수단들을 충만하게 갖는다(UR 3). 더 나아가, 제2차 바티칸 공의회는 동방정교회들을 개별 교회 — 그들에게는 교황과

의 친교가 결여되어 있기 때문에 가톨릭 교회와 관련된 의미로 그리 언급한 것은 아니나— 로 부르고 있다.358

한편, 설리번에 의하면, 유일한 그리스도의 교회는 이 모든 그리스도교 교회들 간의 친교이다.359 그는 계속해서 말하길, 오늘날 존재하고 있는바 교회는 그리스도께서 원하셨던 총체적인 일치를 갖고 있지 못하다. 다른 여러 신학자들이 그와 비슷한 노선을 취했다.360

### 3.3. 교도권의 개입

이렇게 해서 신앙교리성은 1992년 5월 28일자로 문서를 공포하기에 이른다. 이 문서는 '친교(*communio*)'를 유효하고 풍요로운 개념으로 허용하면서 몇몇 신학자들이 이 개념에 대해 제시하고 있는 잘못된 해석들에 대해 자세히 묘사하고 있다. 이 문서의 제목은 다음과 같다. "친교로 간주되는 교회의 몇 가지 측면들에 대해."

이 문헌은 개별 교회가 보편 교회를 실현하기 위해서는 개별 교회들 간의 상호 인식만으로는 부족하며 무엇보다도 로마교회와의 결속이 있어야 한다고 말한다.361 보편 교회와 개별 교회는 서로를 내포한다. 보편 교회는 각 개별 교회 안에서 실현되지만 그렇다고 보편 교회가 개별 교회들의 총합(總合)에서 생겨나는 것은 아니다. 그것은 무엇보다도 존재론적인 실재이며 구체적인 개별 교회에 시간적으로 선행(先行)한다. 유일한 그리스도의 교회는 개별 교회들의 어머니이다. 그것은 결코 개별 교회들에 의해 만들어지는 것이 아니다.

성찬례 거행이 개별 교회의 실현을 위한 조건이긴 하지만 그렇다고 이를 가능케 하는 유일한 요소는 아니다.362 따라서 이 문헌은 '로마와의 친교'가 개별 교회의 실현을 위한 본질적 요소라고 지적한다.

주교는 그의 사목 직무에 위임된 개별 교회에서 드러나는 일치의 가시적인 원리이자 바탕이다. 그러나 각 개별 교회가 충만하게 교회가 되기 위해서, 즉 자신의 모든 본질적인 요소와 더불어 보편 교회의 개별적인 현존이 됨으로써 보편 교회의 모상으로 형성되기 위해서는 자신 안에 고유한 요소로서 교회의 최고 권위가 현존해야 한다. 로마교황을 머리로 하는 전체 주교단이 바로 그 권위로서, 이 최고 권위 없이는 결코 개별 교회가 실현될 수 없다. 로마 주교의 수위성과 주교단은 여러 교회들의 개별성으로부터 유래하지 않은 보편 교회의 고유한 요소들이다. 하지만 그것들은 각 개별 교회 내에 있다. 그러므로 '밖에서부터' 모든 개별 교회에 이르는 '전체적인' 봉사로서만이 아니라 '안으로부터' 각 개별 교회의 본질에 속하는 것으로서의 베드로의 후계자의 직무를 보아야 한다. 사실, 수위성의 직무는 본질적으로 최고의, 충만된, 보편적 참된 주교적 권한을 가져다줄 뿐 아니라 무엇보다도 사목자들과 그 밖의 여타 신자들에 대한 직접적인 권한을 행사하게 한다. 베드로의 후계자의 직무가 각 개별 교회에 내재하는 것은 보편 교회와 개별 교회 사이의 근본적인 상호 내재성에 대한 필수적인 표현이다.363

### 3.4. 제안에 대한 방식

지금까지 살펴보면서 아마도 독자는 교회에 대한 해석을 설리번이나 그 밖의 몇몇 신학자들이 제안한 '친교들 가운데 친교'로서 해석하는 것이 진정한 친교 개념을 위협하는 것은 아닌가 하고 추론할지도 모르겠다. 로마와의 일치는 친교의 가시적인 순수 요소는 아니지만 이 친교의 내적이면서 필요 불가결한 요소이다.

그러므로 우리는 '*subsistit in*(~안에 존재한다)'이란 표현을 베티가 제안한 전망 안에서 해석해야 할 것이다. 즉 *subsistit*란 말은 가톨릭 교회 밖에서도 성화와 진리의 요소들이 있긴 하지만, 근본적으로는 가톨릭 교회야말로 그리스도께서 창설하신 바로 그 교회라는 것을 의미한다. 그렇지 않다면 이러한 교회의 일치는 깨지고 말 것이다. 그래서 단도직입적으로 말해 앞의 언명이 의미하는 것은 이러한 일치가 다양한 수준에서 실현된다는 것을 뜻한다.

하지만 무엇보다도 공의회가 '*est*(~이다)'를 '*subsistit*(~안에 존재한다)'로 대체하고자 할 때 운이 좋지 않았나 — 이는 단지 내 견해일 뿐이다 — 사료된다. 공의회 교부들은 그리스도의 교회가 가톨릭 교회와 총체적인 관계를 견지하고 다른 교회들과는 부분적인 관계를 유지한다고 납득시키면서 이와 더불어 '*est*'를 좀 더 부드러우면서도 보다 더 에큐메니즘적인 의미를 내포하는 또 다른 표현으로 대체할 것을 청했다고 베티는 지적하고 있다. 그렇다면 그것은 결국 원치 않는 결과들을 초래할 수 있는 실제적이지만 양적인 차원에서만의 창설은 아닌가? 이에 대해 설명해 보기로 하겠다. 하지 않았다고 사려된다.

문제는 그리스도의 교회를 구성하는 요소들이 종합될 수 있거나 또는 나눠서 헤아려질 수 있는 그런 단순한 요소가 아니라 그들 상호간에 긴밀한 관련을 갖는다는 데 있다. 그러므로 그 요소들 가운데 어느 하나의 본질적인 요소가 부족하다 함은 전체의 균형과 밀도를 변질시키는 요인이 될 수밖에 없다. 그러기에 단순한 양적인 형태의 설립은 결코 유효하지 못하다. 하나의 본질적인 요소가 부족하기만 해도 모든 것이 변해 버리기 때문이다. 만일 수위성을 통해 받게 되는 일치가 없다면 교회는 자신의 공번된 특징을 포기하는 것이며 결국 자신이 갖는 사도적 특성도 감소될 수밖에 없다. 로마와의 친교 없이 거행된 성찬례는 일치와 공번된 특성을 갖는 성사적 특징을 변질시킬 수밖에 없다. 다시 말해, 하나의 본질적인 요소가 없다면 모든 것은 변질된다.

그래서 "그리스도의 교회가 가톨릭적이다(est)"라고 한다면 그것은 다른 교회에는 간직되어 있는 제반 요소들이 충분히 통합되어 있지 못하며 거기에는 본질적인 요소가 부족하고 그들 자신이 그 깊은 의미에 있어서 변질되었기 때문에 그러하다고 말해야 한다. 따라서 비록 갈라져 나간 여러 교회에 그리스도의 교회가 갖는 유효한 요소들이 있다 할지라도, 그것들을 그리스도께서 설립하신 교회라고 말할 수는 없다. 반면, 가톨릭 교회에는 모든 요소들이 총체적으로 현존하기에 우리는 그 교회를 "그리스도께서 설립한 바로 그 교회다(est)"라고 말할 수 있다.

그러므로 갈라져 나간 여러 교회에는 세례 행위와 성찬례 행위 전체를 통해 천상에 계신 그리스도와 실제적으로 합체(合體)하게 해주는 성화의 요소들이 있음을 인정할 수 있다. 즉 동방정교회들과 여러 프로테스탄트 교회들은 유효하게 주어진 성사들을 가짐으로써 그리스도와 합체되어 있다. 이는 부인할 수 없는 사실이다. 그러기에 그들 안에는 그리스도의 신비체가 갖는 요소들이 있다. 즉 은총, 성사들. 이것 역시 부인할 수 없는 것이다. 하지만 이 교회들이 그리스도가 설립한 바로 그 교회는 아니며 따라서 엄밀한 의미에서 그분의 신비체가 아니라는 것도 부인할 수 없는 사실이다. 비록 그들이 유효한 요소들을 가질 수는 있지만 그리스도께서 베드로라는 반석과 성찬례 위에 창립하신 바로 그 교회가 될 수는 없다. 따라서 결코 본질적으로 설정된 것을 포기할 수도 없으며 양적인 차원에 준해서만 교회를 이해해서도 안 된다. 만일 그렇게 된다면 우리는 로마와의 친교 같은 본질적 요소의 결핍이 교회의 본질 자체를 변질시킨다는 것을 곧 알 수 있기 때문이다. 오직 가톨릭 교회만이 그리스도께서 창설하신 바로 그 교회이다.

한편, 설리번과 그 밖의 여러 신학자들이 시도했던 것에는 교회의 단일함 자체가 긴밀하게 남아 있다. 그러나 만일 이 친교가 독자적인 교회들 간의 친교라면, 이로 인해 교회적인 친교가 단순히 교회들 간의 연합(聯合)이나 총합(總合)으로 축소되지 않을까? 제2차 바티칸 공의회는 그리스도께서 당신 교회를 위해 원하셨던 그 단일함이 가톨릭 교회 안에서 쇠퇴함 없이 존속한다는 점을 분명히 견지했다(UR 4).

가톨릭 교회가 그리스도의 정체성(그리스도는 하느님'이다'), 성찬례 안에서 축성된 빵과 포도주의 정체성(그것은 그리스도의 몸과 피'이다') 그리고 가톨릭 교회의 정체성(그것은 그리스도께서 창설한 교회'이다')을 규정하기 위해 'esse(~이다)' 동사를 사용한 것은 사실이다. 이는 교회가 현존하는 교회들 가운데 어떤 교회가 그리스도께서 창설하신 바로 그 교회인지에 대해 늘 스스로 묻는 데서도 잘 드러난다. 교회는 언제나 자신의 본질에 대해 자문했다. 왜냐하면 교회 안에는 즉각적으로 생겨나는 자발적이고 통상적인 다음과 같은 물음이 언제나 존재했기 때문이다. 현재 존재하고 있는 교회들 가운데 어떤 교회가 그리스도께서 창설하신 바로 그 교회일까? 이는 호교론적인 시도로부터 결코 분리되어서는 안 되는 에큐메니즘적인 시도이다.

### 2장 요약

참된 교회를 식별하기 위한 식별 기준으로 교회가 지녀야 할 특징은 다음과 같다.

우선, 교회는 하나이다. 그리스도께서는 하나의 교회를 창설하셨다. 성령께서는 친교와 일치의 원리로서 각 지역 교회가 로마교회와 일치하도록 작용하시며 다양한 카리스마와 선물들을 신자들과 개별 교회에 허락하는 가운데 합당한 다양성도 이루어주신다. 이러한 일치는 '성찬례'를 통해 탄생하며 로마교회와 친교를 유지하는 각 개별 교회 안에 있다.

교회는 거룩하다. 이는 성성(聖性)을 향한 그리스도인의 소명 아래 이해되어야 한다. 교회가 거룩한 것은 그가 자신의 정배이신 그리스도와 해소될 수 없게 결합되어 있으며, 그분께서 자신의 신부에게 영속적으로 현존할 성령의 선물을 선사해주시고 이를 통해 끊임없이 성화하시기 때문이다. 또한, 교회는 성화 수단들을 갖고 있으며 이 성화의 당사자로 자신의 자녀들을 성화시키기 때문에 거룩하다. 교회는 자신의 품에 죄인들을 품고 있을 때에도 여전히 거룩하다. 왜냐하면, 교회는 그들의 정화를 위해 필요한 수단들을 갖고 그들을 정화하고 성화하기 때문이다.

교회는 공번되다. 교회가 공번된 것은 그리스도께서 그 안에 현존하시며 교회는 그분과 더불어 충만한 일치를 누리고 있기 때문이다. 또한, 이로써 교회는 그분으로부터 구원의 수단들을 충만히 받기 때문에 공번되다. 교회가 공번되다고 하는 것은 또한 그것이 모든 사람에게 파견되었음을 의미한다. 공번됨은 모든 지역 교회를 그리스도께서 당신 교회에 원하셨던 구원의 수단들 안에서 충만하게 통합시키는 과제를 내포한다. 그러므로 공번됨은 에큐메니즘적인 배려와 과제를 내포한다.

교회는 사도적이다. 교회가 사도적인 기원과의 친교를 누리고 있다는 것은 교회가 그리스도에 의해 계시되고 사도들에 의해 전수된 가르침에 충실하다는 것을 의미한다. 교회는 사도들로부터 물려받은 사명과 가르침 그리고 직무를 하느님의 은총을 통해 충실히 보존하기 때문에 '사도적'이라 한다. 사도적 계승에 있어서 어떤 개별 주교가 사도를 계승하는 것이 아니라 주교단이 사도단을 계승한다. 이 사도성의 우선적인 조건은 동일한 신앙으로서, 이는 교황에 의해 주재되는 전체 교회와의 친교를 내포한다.

# 2 | 교회의 특징들

지금까지 우리는 그리스도께서 베드로와 사도들의 기초 위에, 특히 성찬례에서 새로운 하느님 백성을 창조하는 새 계약을 체결하는 순간에, 그리고 그 백성에게 그리스도와의 친교와 내적 결합에 대한 보장으로서 성령이 부어지는 순간에 교회를 세우셨다는 사실을 살펴보았다. 하지만 오늘날 영국 성공회, 루터파, 동방정교회 등 다양한 교회들이 존재하는 것이 사실이다. 그리고 공개적으로 언급되든 그렇지 않든, 어느 누군가는 이미 정해진 일정한 교회 내에 존재한다. 왜냐하면 각자는 그 안에 그리스도께서 설립한 교회가 있다고 생각하기 때문이다. 따라서 다음과 같은 물음은 필연적일 수밖에 없다. 우리는 참된 교회를 식별하기 위해 어떤 기준을 갖고 있는가? 사실, 그러한 기준들은 시초부터 존재해 왔다. 리옹의 성 이레네오가 2세기경 영지주의 이단을 대항해서 진리의 보증으로서 사도 계승(successio apostolica)을 요구했을 때, 이는 그가 근본적인 식별 기준을 견지하고 있음을 잘 보여주는 사례였다. 물론 이 점에 대한 기준론(criteriología)이 체계적이었던 것은 아니다. 그러나 성 아우구스티노가 다음과 같이 언급한 이후로 이러한 기준은 사실상 존재해 왔다.

　수많은 것들이 온전한 정의로 나를 잡아 두고 있다. 백성들과 민족들의 동의가 나를 붙잡고 있다. 의심할 수 없는 그분의 권위가 나를 붙잡고 있다. 이 권위는 기적처럼 시작했으며 희망과 더불어 유지되었고 사랑과 더불어 강화되었으며 이미 오래전에 세워진 것이다. 주님께서 부활 후 양떼를 돌볼 책임을 맡겨준 사도 베드로좌(座)로부터 현재의 주교직까지 이어오는 사도 계승이 나를 붙잡고 있다. 마지막으로 가톨릭이라는 이름 자체가 나를 붙잡고 있다. 비록 모든 이단들이 자신을 가톨릭이라 부르려 할지라도, 어떤 이방인이 가톨릭 신자들의 교회가 어디 있는가 하고 묻는다면 감히 어떤 이단자도 자신의 성전이나 집을 가리키지는 못한다. 이러한 것들이 신자를 교회 내에 붙잡아 두는 일련의 중요한 결속들이다.[364]

　살펴본 바와 같이, 이는 교회와 마찬가지로 아주 오래된 문제이다. 교회의 분열은 이미 시초부터 있어 왔다. 그리고 시초부터 그리스도께서 지옥의 권세도 거스를 수 없다고 약속하신 바로 그 교회를 알아내기 위한 기준들이 있었다.
　이미 콘스탄티노폴리스 신경은 교회를 "하나이며, 거룩하고, 공번되며, 사도적"(D 86, 150)이라고 가르쳤다. 하지만 프로테스탄트 종교개혁을 발단으로 우리가 그리스도에 의해 창설된 참된 교회가 과연 어떤 것인지에 대해 우리 스스로 식별할 수 있도록 도와주는 이런 기준들 또는 징표들에 대한 체계적인 작업이 비로소 시작되었다. 17세기 말까지 호교론자들이 사용한 용어들은 상당히 다양했다. '질적인 것들, 성질들, 징표, 특징' 등. 이 특징들은 우리로 하여금 참된 교회를 알 수 있게 해주는 고유한 것들을 의미한다. 비록 호교론자들이 이에 대한 숫자에 동의하지 않는다 — 예를 들어, 보시오(Bosio)는 100가지를 열거하고 있다 — 할지라도, 그러한 특징들은 17세기를 기점으로 단일함, 거룩함, 공번됨 그리고 사도성과 동일시되는 것으로 받아들여져 갔다.

물론, 가끔은 이런 특징들을 호교론적으로 이용하는 것이 이를 다루는 데 있어서 허술하게 만들었으며, 이러한 빈약함은 오늘날 이 특징들을 적용함에 있어서 일종의 묵설법(默說法)으로 이끌기도 했다. 물론, 제2차 바티칸 공의회가 한참 지난 지금에 와서도 이를 정확하게 과거와 똑같이 사용할 수는 없다. 하지만 그것들은 필요불가결한 교정 작업들이 이루어진 상태에서 아직까지도 유용하며 식별 기준으로서는 필수적이라 하겠다. 새 교리서는 교회를 드러내는 특징들에 관한 주제를 다시금 취했다.

그리고 제2차 바티칸 공의회는 "이것이 바로 그리스도의 유일한 교회이며, 우리는 신경에서 하나이고 거룩하고 보편되며 사도로부터 이어 오는 교회라고 고백한다"(LG 8)고 말하면서 이를 천명하고 있다. 공의회는 계속해서 이 교회가 "베드로의 후계자와 그와 친교를 이루는 주교들이 다스리고 있는 가톨릭 교회 안에 존재한다"(*Ibid.*)고 말한다.

앞서 우리는 공의회가 'est(~이다)'가 아닌 'subsistit(~안에 존재하다)' 동사를 사용하고자 했음을 보았다. 이는 절대적이고도 배타적인 동등함 — 그것은 무엇보다 가톨릭 교회 밖에 있는 다른 교회들 안에서는 그리스도에 의해 창설된 교회를 구성하는 요소들이 발견되지 않는다는 의미에서 — 이 그리스도께서 창설하신 교회와 가톨릭 교회 사이에 존재한다는 것을 피하고자 함이었다. 물론, 공의회는 가톨릭 교회 밖에도 그리스도의 교회 자체에 고유한 선물로서 가톨릭적인 일치로 밀어주는 성화의 요소들이 있다고 말한다(LG 8). 따라서 가톨릭 교회 안에는 그리스도께서 당신 교회를 풍요롭게 하기 위한 구원의 수단들이 충만하게 존재한다.

따라서 만일 그리스도께서 창설하신 유일한 교회가 가톨릭 교회 안에 충만하게 존재한다는 것이 어떤 식으로든 인식될 수 없다면, 공의회는 결코 그렇게 언급할 수 없었을 것이다. 다시 말해, 만일 이것을 보여줄 수 있는 가능성이 없었다면 이에 대해 그토록 장엄하게 말할 수는 없었다는 말이다. 페이넬(P. Faynel)이 지적하듯이,[365] "여기 이 세상에서 확실히 인식될 수 없는 교회는 이미 그 자신이 아니다. 왜냐하면 그것은 사람들 사이에서 효과적인 그리스도의 징표인 성사가 될 수 없으므로 그분을 통해 주어진 사명 또한 완성에 이르게 할 수 없기 때문이다. 이러한 의미에서 교회의 특징들은 교회가 지니고 있는 초본성적인 본질에 따른 귀결이자 동시에 그의 사명에 있어서 'sine qua non(그것 없이는 할 수 없는)' 조건이기도 하다. 교회가 견지하는 변함없는 태도는 그 교회가 언제나 하느님의 뜻에 의해 인식될 수 있음을 분명하게 전제한다."

물론, 과거에 늘 견지되지는 못했던 다음의 세 가지 측면들을 언제나 염두에 둔다면 이에 대한 증명은 계속 가능하다.

a) 모든 진리가 가톨릭 교회 안에만 있으며 그 바깥에는 어떠한 진리의 요소도 존재하지 않는다는 생각은 잘못된 것이다. 우리는 공의회가 다른 교회들 안에서도 실현되고 있는 진리와 성화의 요소들에 대한 인식의 여정을 시작했음을 보았다.[366] 그래서 예를 들면

프리스(H. Fries)는 다양한 특징들에 호소하고 있다.367 또한 콩가르(Y. Congar)의 훌륭한 작업도 여기에 초점이 맞춰져 있다.368

b) 여기서 피해야 할 또 다른 오류는 가톨릭 교회가 완벽함에 도달했다고 하는 생각이다. 예를 들면 단일함과 거룩함에 관한 특징들이 가톨릭 교회 안에서는 마치 완결된 실재로서 간주되는 가운데 이 교회는 그리스도께서 교회에 허락하신 이상향을 향한 항구한 긴장에 더 이상 속하지 않는 것으로 간주될 수 있다.

c) 무엇보다도 다른 특징들을 떠받쳐주는 '사도성'이야말로 근본적인 것임을 의식하면서 바로 이 특징으로부터 시작해야 한다. 이러한 선상에서 일종의 교육적인 동기들을 통해 교회의 특징들을 설명하는 고전적인 질서를 따르게 될 것이다.369 이러한 수정 작업이 이루어진 연후에야 비로소 특징들에 대한 여정이 유효하고 필수적임을 알게 될 것이다. 그러나 교회를 그리스도 안에서 하나요 거룩하고 공번되며 사도적이게 하시는 분은 다름 아닌 성령이심을 우리는 잊지 말아야 한다.

## I. 교회는 하나이다

### 1. 그리스도의 의도

우선, 교회의 단일함에 대해 언급하면서 이 주제를 시작하기로 하자.370 이를 언급함에 있어서 우리가 적잖이 기억해야 할 그리스도의 말씀들이 있다. 그것은 그분의 염려이자 — 만일 이를 그리스도에게 있어서 일종의 강박관념이라고 말할 수 있다면 ― 강박관념이기도 하다.

사실, 그 누구도 그리스도께서 여러 교회들을 창립하셨다고 일관성 있게 말할 수는 없다. 성 요한은 그리스도가 흩어져 있던 하느님의 자녀들을 하나로 모으기 위해 돌아가셨음을 상기한다. 예수께서는 모든 양 떼를 하나의 우리 안에 모으려는 희망을 피력하셨다. "나에게는 이 우리 안에 들지 않은 양들도 있다. 나는 그들도 데려와야 한다. 그들도 내 목소리를 알아듣고 마침내 한 목자 아래 한 양 떼가 될 것이다"(요한 10,16). 그러나 이는 무엇보다도 그리스도께서 당신 교회의 일치를 위해 성부께 청했던 사제적 기도 안에서 찾아볼 수 있다.

"그들이 모두 하나가 되게 해주십시오. 아버지, 아버지께서 제 안에 계시고 제가 아버지 안에 있듯이, 그들도 우리 안에 있게 해주십시오"(요한 17,21). 그분은 이를 위해서 당신 제자들에게 영광, 즉 당신의 영원한 사랑의 광채와 권능을 선사하셨다. "아버지께서 저에게 주신 영광을 저도 그들에게 주었습니다. 우리가 하나인 것처럼 그들도 하나가 되게 하려는 것입니다. 저는 그들 안에 있고 아버지께서는 제 안에 계십니다. 이는 그들이 완전히 하나가 되게 하려는 것입니다"(요한 17,22-23). 이처럼 교회의 일치는 세상 앞에서 믿음을 위한 하나의 표징으로 드러나고 있다.

이러한 일치는 세 위격 간의 일치 안에 그리고 하느님의 단일함과 유일함 안에 그 원천적인 기원을 갖는다고 콩가르는 말한다.[371] 즉 한 분이시며 동시에 세 분이신 하느님으로부터 교회의 일치가 생겨난다. "이 신비의 최고 표본과 최고 원리는 삼위의 일치,

곧 성령 안에서 아버지와 아들이 하나가 되는 한 분이신 하느님의 일치이다"(UR 2).

앞서 살펴본 것처럼, 교회는 성부의 구원 계획과 관련이 있다. 또한 이를 설립하신 분과도 관련된다. "강생하신 성자께서는 평화의 임금님으로서 당신 십자가를 통하여 모든 사람을 하느님과 화해시키시고 한 백성, 한 몸 안에서 모든 사람의 일치를 회복시키셨다"(GS 78).

사실, 당신 생명에 참여하도록 하느님에 의해 창조된 인류의 일치는 죄로 인해 깨지고 말았다. 그래서 그리스도는 무엇보다도 그들을 구원함에 있어서 이렇듯 잃어버린 일치를 회복시키기 위해 오셨다. 죄는 인류를 분열시킨다. 그런데 그리스도께서 가능하게 해 주신 이 일치는 다름 아닌 교회의 일치를 말한다. 그래서 공의회는 교회가 "하느님과 이루는 깊은 결합과 온 인류가 이루는 일치의 표징이며 도구"(LG 1)라는 점을 잘 알고 있었다. 이미 시초부터 그리스도 안에서 준비된 하느님의 창조 계획으로 인해 인류 전체 안에는 일치의 소명이 있었다. 그러기에 죄로 인해 깨져 버린 이 일치는 교회 안에서 이 일치의 도구를 발견한다. 인류는 결코 자신의 힘만으로는 이 일치에 이를 수 없다.

이 일치의 실현에 있어서 주요 작용인(causa efficiens)은 성령이시다. 그래서 제2차 바티칸 공의회는 다음과 같이 언급한다. "믿는 이들 안에 살아 계시는 성령께서는 온 교회를 가득 채우시고 다스리시어 신자들의 저 놀라운 친교를 이루시고 모든 이를 그리스도 안에서 깊이 결합시키시어, 교회 일치의 원리가 되신다"(UR 2). 이러한 이유로 성령은 교회의 '영혼'이라고 불린다.

테르툴리아노의 다음 명제를 상기하기로 하자. "성부, 성자, 성령 이 세 분이 계시는 곳에 이 세 분의 몸인 교회가 있다."[372] 하지만, 성령은 삼위일체의 품 안에서 일치를 주관하는 분이시며, 또한 그분은 교회를 통해 하나의 몸 — 이는 그리스도의 몸을 뜻한다 — 안에서 세례 받은 모든 이들을 하나로 모으시는 형언할 수 없는 성부의 선물을 이루신다. 알렉산드리아의 치릴로는 다음과 같이 말한다. "우리 모두는 유일하면서도 같은 영(Spiritus), 즉 성령을 받았기에, 우리는 모두 서로 서로 그리고 하느님과 함께 섞이게 되었다. 사실, 비록 우리가 수 없이 많고 또한 우리들 사이가 서로 갈라져 있을지라도, 그리고 그리스도께서 우리 각자 안에 성부의 영과 당신의 영을 살게 해주실지라도 이 영은 한 분이시며 나뉨이 없으시다. 이처럼 그분은 친히 각 사람들이 지닌 영들을 일치로 이끄시며 이 영들을 마치 당신과 더불어 하나인 것처럼 드러내신다. 거룩한 그리스도의 인성이 이 영들 — 이 안에 그리스도께서 계신다 — 을 형상화시켜주는 것처럼, 모든 이들 안에 거하시는 나누임 없으신 하느님의 영께서는 모든 이들을 영적인 일치로 인도해주신다."[373]

이 영은 친교의 원리이시다. 그분은 우리를 그리스도 안으로 인도해주시며, 우리가 그분 안에 들어간 이후 성부와 더불어 친교 가운데 있게 해주신다. 그럼으로써 우리가 신적인 자녀 됨에 참여하게 해주신다. 우리는 그리스도 안에서 하나이며 영의 활동을 통해 성부의 자녀가 된다.

또한 이 영께서는 각 지역 교회가 로마교회와 연결되도록 작용하신다. 성령께서는 단지 그들 사이의 일치를 실현해주실 뿐 아니라 다양한 카리스마와 선물들을 신자들과 개별 교회들에게 허락하는 가운데 합당한 다양성도 이루어주신다(LG 13).

그리스도께서 당신 교회에 선사해주는 이 일치는 이러한 일치로 이끌어주고 이를 살게 해주는 수단들을 갖고 있다. 그것은 하느님의 말씀, 성사들 그리고 사목적인 권위라고 하는 수단들이다.374

콩가르가 언급하듯이, 하느님의 말씀은 친교의 첫 번째 원리인 신앙을 낳는다.375 사실, 신앙은 단순히 외적인 형식들을 받아들일 뿐 아니라 근본적으로는 그리스도를 개인적으로 받아들이는 것이다. 그러기에 우리 모두는 그분을 통해 그분 안에 모이게 된다. 더 나아가, 신자는 결코 혼자 믿지 않는다는 한에서 신앙은 단순한 개인적 사실이 아니라 교회적 사실이다. 그래서 성 치프리아노는 다음과 같이 말한다. "혼자인 그리스도인은 그리스도인이 아니다(unus christianus, nullus christianus)." 교회가 자신의 품 안에서 우리를 낳았고 우리는 같은 신경을 고백하면서 '한마음과 한 목소리로(*unum cor, una vox*)' 친교를 실현하기 때문에 신앙으로 태어난다. 우리는 신앙으로 인한 '아델포이(*adelfoi*)', 즉 형제들이다. 이 말은 유다인들에게 적용되었던 것인데, 같은 신앙으로 긴밀히 일치되어 있다는 점에서 그리스도교 신자들에게도 적용되었다.

성 바오로는 하나의 복음 이외에 더 이상 아무것도 없다고 말한다. "그리스도의 은총 안에서 여러분을 불러주신 분을 여러분이 그토록 빨리 버리고 다른 복음으로 돌아서다니, 나는 놀라지 않을 수 없습니다. 실제로 다른 복음은 있지도 않습니다. 그런데도 여러분을 교란시켜 그리스도의 복음을 왜곡하려는 자들이 있습니다. 우리는 물론이고 하늘에서 온 천사라도 우리가 여러분에게 전한 것과 다른 복음을 전한다면, 저주를 받아 마땅합니다"(갈라 1,6-8).

바오로에게 있어서 그리스도께 대한 믿음은 인류를 구원하게 하는 핵심이다. 따라서 할례에 대한 중요성이나 유다적인 예배 원칙들을 마치 구원을 위한 수단이라고 주장하는 것은 우리가 구원되는 데 있어서 그리스도의 희생만으로 충분하다고 하는 사실을 부인하는 것과 다를 바 없다. 그래서 바오로는 교회의 기둥인 야고보, 케파 그리고 요한을 방문하기 위해 예루살렘으로 올라갔다. 이는 자신의 복음을 그들과 비교해 보기 위해서였다. 이로써 그는 자신의 오른 손에 친교의 징표를 받는다(갈라 2,1-10).

또한 우리는 하느님께 드리는 찬미의 희생인 한에서 하나의 전례(필리 2,17)이며 하나의 예배이다. 그러나 콩가르가 상기하는 것처럼, 여러 성사를 통해 실현되는 그리스도인의 예배는 하느님을 향한 우리의 움직임이기 이전에 우리를 향한 하느님의 움직임이다. 하느님의 강생 신비는 여러 성사 안에서 지속된다. 따라서 우리는 이러한 성사들을 통해서 유일한 구원 사건인 그리스도와의 만남 안으로 들어가게 된다. 이것이 바로 예배, 특히 그리스도의 신비체가 지닌 일치를 상징적으로 드러내고 실현하는 성체 성사 안에서 지속되는 일치이다.376 『디다케』는 성찬례에 대해 다음과 같이 말한다. "여러 산들 위에 흩어진 그리고 하나로 모인 이 빵 조각처럼, 여러 언덕들과 땅에 흩어진 당신 교회는 하느님 나라 안에서 다시 모입니다."377

성찬례로부터 탄생하는 이러한 일치는 성찬례로부터 탄생하고 로마교회와 친교를 유지하는 각 개별 교회 안에 있다. 우리가 익히 아는 바와 같이, 교회의 친교는 연합을 통해 생겨나는 것이 아니다. 무엇보다도 먼저 유일한 그리스도의 교회에 속한다고 하는 의식이 있었다. 그래서 성 바오로가 로마, 테살로니카 또는 코린토에 편지를 쓸 당시, 그는 이 교회들 안에 유일하고 참된 교회가 현존한다는 의식을 갖고 편지를 작성했다. 예를 들어, 유일한 하나의 하느님 교회는 코린토에 있다. 모든 교회는 유다인이나 이방인이라는 서로 다른 기원에도 불구하고 유일한 그리스도의 교회이다. "하느님께서 여러분을 부르실 때에 하나의 희망을 주신 것처럼, 그리스도의 몸도 하나이고 성령도 한 분이십니다. 주님도 한 분이시고 믿음도 하나이며 세례도 하나이고, 만물의 아버지이신 하느님도 한 분이십니다"(에페 4,4-6).

그러나 특별한 결실로서 하느님 백성의 일치를 갖는 성찬례는 분명 우리가 총체적으로 그리스도와 일치할 수 있도록 그런 일치를 실현한다. 성 바오로는 이미 다음과 같은 표현을 빌려 이를 언급하고 있다. "빵이 하나이므로 우리는 여럿일지라도 한 몸입니다. 우리 모두 한 빵을 함께 나누기 때문입니다"(1코린 10,17).

또한 직무는 일치의 원천이다. 이는 세례나 성찬례가 드러내는 것처럼 사제들이 그리스도와의 일치를 통교한다는 의미에서가 아니라, 그들이 성부께서 일치의 원리로 세우신 그리스도를 대리한다는 의미에서 그러하다. 그래서 제2차 바티칸 공의회는 다음과 같이 말한다. "그리스도께서는 복된 베드로를 다른 사도들 앞에 세우시고 베드로 안에 신앙의 일치와 친교의 영속적이고 가시적인 근원과 토대를 마련하셨다"(LG 18). 또한 이 헌장은 다음과 같이 언급하고 있다. "베드로의 후계자인 교황은 주교들의 일치는 물론 신자 대중이 이루는 일치의 영구적이고 가시적인 근원이며 토대이다. 그리고 개별 주교들은 자기 개별 교회 안에서 일치의 가시적인 근원과 토대가 된다"(LG 23).

그럼에도 교회의 일치가 이런 외적인 수단들로 축소되어서는 안 되며 무엇보다도 애덕 안에서 실현되어야 한다. 이 애덕은 완전하게 일치를 이루어주는 것이자 제반 사물들에 대한 순전히 인간적인 비전을 넘어 모든 사람들이 그리스도 안에서 참된 형제가 되게 해준다.

성 바오로는 예루살렘에서 교회의 기둥들과의 만남에 대해 설명하면서 "우리가 가난한 이들을 기억할 것을 청했으며 나는 이에 대해 걱정했다"고 상기한다. 그리고 그는 여러 이방 교회들에게 유다의 가난한 교회들과 더불어 재화를 나누도록 청했다. 바오로는 이런 목적을 갖고 직접 모금을 했으며 이 돈을 개인적으로 가져가기로 결정한 것을 친교의 표징으로 볼 정도로 애덕 안에서의 일치를 중요시했다.

## 2. 성취된 하나 됨인가?

하지만 우리가 지금까지 언급하고 설명한 것은 시초부터 교회 안에 있었던 분리와 분열들이라고 하는 어려운 실재, 일치와 분열 사이에 흐르는 긴장이라는 실재, 여러 교회와 공동체 안에서 이미 이루어진 분열이라는 서글픈 실재와 충돌하는 것처럼 보인다.

그럼에도 무엇보다도 먼저 우리는 교회의 일치가 교회 안에서 정당한 차이를 배제하지는 않는다는 점을 언급해야 할 것이다. 이에 대해 제2차 바티칸 공의회는 다음과 같이 언급하고 있다. "교회의 친교 안에는 고유한 전통을 지니는 개별 교회들이 당연히 존재한다. 그러나 베드로 교좌의 수위권은 온전히 보존된다. 사랑의 모든 공동체를 다스리는 베드로 교좌는 정당한 다양성을 보호하고 또 동시에 개별 요소들이 일치에 해를 끼치지 않고 오히려 일치에 이바지하도록 감독한다"(LG 13). 예를 들어, 동방 가톨릭 교회의 전례를 보면, 그들은 문화적으로나 신비신학적으로 다른 감성을 갖고 우리와 같은 성찬례를 거행한다.

하지만 시초부터 교회 내에는 여러 가지 분쟁들이 있었고 교회적인 친교의 단절들이 있어 왔음을 부인할 수 없다. 신적인 그리고 가톨릭적인 신앙으로 믿어야 할 진리를 부인하는 실재인 이단(異端, haeresis)이 존재했고 지금도 존재하고 있다. 또한 그리스도교 신앙에 대한 총체적인 거부로서의 배교(背敎, apostasia)가 있었고 지금도 있다. 그리고 교황 성하께 대한 또는 그분께 순종하는 교회 구성원들의 친교에 대한 순종을 거부하는 이교(離敎, schisma)도 있어 왔다.

그렇다면 과연 우리는 그리스도께서 창설하신 교회에 있어서 계속해서 일치를 말할 수 있을까? 물론, 교회 안에 이교가 있었다는 것을 부인할 수는 없다. 최근의 경우 르페브르(Lefevre) 대주교를 꼽을 수 있다. 또한 신앙에 관한 여러 주제들에 대해 어떤 사제들은 이것을 가르치는 반면 다른 사제들이 이와는 다른 것을 가르치는 경우가 있음을 볼 때마다, 가끔 신자들로 하여금 나아가야 할 방향을 잃어버리게 만드는 여러 긴장들이 교회 내에 있음도 부인할 수 없다. 이는 하나의 몸 안에서 우리 모두를 고통스럽게 하는 상황이 아닐 수 없다. 그렇다면 이러한 상황 속에서도 과연 계속해서 교회 일치에 대해 말할 수 있을까?

이에 대한 대답은 '그렇다'라고 말할 수 있다. 분명 그 대답은 긍정적이다. 왜냐하면 교회의 일치를 발견할 수 있게 해주는 수단이 있기 때문이다. 그것은 다름 아닌 교황과의 친교 안에서 주교들에 의해 설교된 신앙이다. 만일 누군가 신앙의 일치를 만나고 싶다면 바로 그곳에서 발견할 수 있다. 사실, 이러한 일치를 포기한 사람들이 있었음을 입증할 수 있다. 교황과의 일치 하에 있는 주교들의 교도권을 통해 참되게 해석된 전체 하느님 백성의 신앙과 함께 하지 않는 사제, 신학자, 주교들이 있음도 입증할 수 있다. 그러나 교회의 일치가 깨졌다고 입증할 수는 없다. 그래서 제2차 바티칸 공의회는 용기 있게 다음과 같이 말할 수 있었다. "그리스도께서 처음부터 당신 교회에 주신 일치, 결코 잃어버릴 수 없는 그 일치가 가톨릭 교회 안에 있다고 우리는 믿으며 세상 종말까지 그 일치가 날로 자라나기를 바란다"(UR 4). 달리 말하면, 교황과 주교들이 기원들과의 연속성을 가시적으로 보존하고 있는 그곳에 유일한 그리스도의 교회는 존재한다. 이미 앞서 언급한 것처럼, 일치에 대한 특징은 다른 것들처럼 사도성(使徒性) 안에서 지탱된다. 즉 교황과 주교들이 있는 그곳에 흠 없는 교회의 일치성이 존재한다.

그래서 교회는 수많은 위기들을 겪고 난 후에도 여전히 같은 신앙을 유지하고 있으며, 비록 고통과 여러 가지 긴장을 겪고 있음에도 불구하고 궁극적으로는 같은 신앙을 견지한다. 이는 실로 기적이 아닐 수 없다. 그리스도교는 이천 년간 지속되어 왔고 가톨릭 교회는 시초에 지녔던 동일한 신앙을 유지하고 있다 말할 수 있다. 바로 여기에 1992년 5월 28일 공포된 문서를 통해 드러난 가톨릭 교회의 가르침이 자리 잡고 있다. 이는 참으로 기적이 아닐 수 없다. 베드로와 사도들의 계승자들이 있는 곳에 신앙의 일치가 보장된다.

나는 이 점에 대해 의미심장한 일화 한 가지를 언급하지 않을 수 없다. 열린 마음과 대화의 정신을 지녔던 바오로 6세 — 그에게는 공의회를 진행시켜야 할 책무가 주어졌으며 몸소 교회의 분열, 사제들의 세속화, 긴장과 투쟁을 그 누구보다도 겪으면서 고통받았다 — 는 돌아가시기 며칠 전 성 베드로 축일에 성 베드로 성당의 제대 앞에서 다음과 같이 감동적인 고백을 하였다. "저는 거룩한 진리를 결코 배반하지 않았다는 확고한 확신을 갖고 있습니다." 여기에 이를 확언하는 교황의 감동적인 교도권이 있다. 대화와 개방성을 간직한 이분은 홀로 남아 이해받지 못하게 되었을 때에도[예를 들어, 「인간 생명(Humanae Vitae)」을 기억하자], 여전히 물려받은 진리에 충실해야 할 때를 잘 알고 있었다. 결국 진리는 앞으로 나아간다.

물론 현재 교회 내에 있는 이러한 일치는 동시에 과제이기도 하다. 우선, 그것은 내적인 과제인데, 이는 아직까지 교회 내에 적지 않은 분쟁이 있기 때문이다. 또한 그것은 외적인 과제이기도 한데, 이는 그리스도께서 설립하신 교회의 진리와 성화 요소들을 보존하고 있는 다른 여러 교회들, 공동체들과 더불어 실현해 나가야 할 에큐메니즘적인 작업이기 때문이다. 그들은 성경을 갖고 있으며 세례 또는 성찬례(동방정교회의 경우) 같은 몇 가지 유효한 성사들을 갖고 있다. 그리스도께서 설립하신 유일한 교회로부터 탄생한 이런 요소들은 그 자체로 그리스도께서 염두에 두신 충만함 가운데 통합되려는 경향을 갖고 있다. 왜냐하면 "그 요소들은 그리스도 교회의 고유한 선물로서 보편적 일치를 재촉하고 있기"(LG 8) 때문이다.

## II. 교회는 거룩하다[378]

아마도 교회가 거룩하다고 언급하는 것이 오늘날만큼 걸림돌이 된 적은 없었던 듯싶다. 하지만 이것은 초대 교회 당시 훨씬 더 적용되었던 특징이다. 안티오키아의 성 이냐시오는 트랄리아 교회에 보내는 서간에서 일찍부터 교회를 그렇게 제시했으며 따라서 이 특징은 교회의 상징들로 이어졌다.

제2차 바티칸 공의회는 교회가 흠 없이 거룩하다고 언급한다 (LG 39). 하지만, 우리 모두가 교회와 그 구성원들의 결점을 익히 알고 있는데 어떻게 그런 언급을 할 수 있을까? 교회가 거룩하다고 하는 언명을 오늘날도 여전히 유지할 수 있을까? 이는 우리가 적절한 전망 안에 있는지의 여부에 달려 있다.

교회의 거룩함을 언급함에 있어서 우리는 이를 성성(聖性)을 향한 그리스도인의 소명으로 말하고자 한다. 성경에 따르면, 이 거룩함은 유일하게 거룩하신 한 분 하느님께만 속한다. "나 주님이 거룩하니 너희도 나에게 거룩한 사람이 되어야 한다"(레위 20,26). 그러므로 바로 그 하느님의 거룩함에 참여해야 한다. 성경은 거룩한 성전, 거룩한 땅, 거룩한 모임에 대해 말하고 있다. 왜냐하면 하느님이 당신의 현존과 더불어 이 모두를 거룩하게 하시며 이 모든 것이 그분을 위한 봉사를 향해 축성되기 때문이다. 그러므로 성경에서 제시되고 있는 거룩함은 하느님의 선물로서 인간은 계명 하나조차 오직 그분의 은총을 통해서만 완수할 수 있다. 신약성경에서 드러나는 이러한 신적 거룩함의 선물은 성령의 활동을 통해 그리스도 안에서 하느님의 자녀가 되는 가운데 시작한다. 이는 곧 하느님의 삼위일체적인 삶 안에 참여하는 것이기도 하다. 또한 이는 그리스도의 희생의 결실이자 성령의 활동으로 맺어지는 열매로 우리에게 주어지는 것이다.

교회는 다음과 같은 이유들로 인해 거룩한 백성이 되는 것을 결코 멈추지 않을 것이다. 즉 그리스도는 당신의 신부인 교회와 해소될 수 없게 결합되어 있으며, 그리스도는 바로 그 교회에 영속적으로 현존할 성령의 선물을 선사해주셨기 때문이다. 하느님의 거룩한 본성은 성령의 선물을 통해서 사람들에게 전해진다. 이 성령께서는 성부, 성자와의 친교인 동시에 우리로 하여금 그리스도의 자녀 됨에 참여하게 하면서 그리스도 안으로 들어가게 하는 한에서 그리스도와 사람들 사이의 친교이기도 하다. 하느님과 사람들 간의 일치는 성령의 선물을 통해 실현된다. 그래서 바오로는 에페소인들에게 보내는 서간에서 다음과 같이 말한다. "그분을 통하여 우리 양쪽이 한 성령 안에서 아버지께 나아가게 되었습니다. 그러므로 여러분은 이제 더 이상 외국인도 아니고 이방인도 아닙니다. 성도들과 함께 한 시민이며 하느님의 한 가족입니다. 여러분은 사도들과 예언자들의 기초 위에 세워진 건물이고, 그리스도 예수님께서는 바로 모퉁잇돌이십니다. 그리스도 안에서 전체가 잘 결합된 이 건물이 주님 안에서 거룩한 성전으로 자라납니다. 여러분도 그리스도 안에서 성령을 통하여 하느님의 거처로 함께 지어지고 있습니다"(에페 2,18-22).

그리스도는 당신 교회를 위해 자신을 내어주셨으며 성령의 선물을 통해 지속적으로 교회를 성화하신다. "성부와 성령과 더불어 '홀로 거룩하시다'고 칭송받으시는 하느님의 아들 그리스도께서는 교회를 당신의 신부로 삼아 사랑하시고 교회를 거룩하게 하시려고 당신 자신을 내어주셨으며(에페 5,25-26 참조), 교회를 당신과 결합시켜 당신 몸이 되게 하시고 하느님의 영광을 위하여 성령의 선물로 가득 채워주셨기 때문이다"(LG 39). 이로 인해 교회 구성원들은 신약성경 안에서 '거룩한 이들'로 불린다(사도 9,13; 1코린 6,1; 16,1).

그렇다면 이러한 거룩함이 단지 만물이 그리스도께 굴복하게 된 다음 그리스도께서 이를 성부께 결정적으로 내어주실 최종적인 또는 종말적인 상태만을 가리키는 것일까(1코린 15,28), 아니면 현재의 교회도 역시 거룩하다고 말할 수 있을까?

유일한 하느님의 교회는 거룩하다. 교회는 신비로서 신적·인간적 수단들로 구성된 복합적인 실재이자 믿음, 희망, 사랑의 친교요 동시에 교계적으로 구성된 사회이다. 그래서 마치 다음과 같은 두 개의 교회가 따로 존재하는 것처럼 말해서는 안 된다. 즉 한편에는 신비체로서의 교회가, 다른 한편에는 인간적인 구성원들로 이루어진 교계적인 사회가 있는 것처럼 언급돼서는 안 된다. 설리번(F. A. Sullivan)이 말하듯이,[379] 하느님의 거룩함을 드러내는 신비이기도 한 교회의 신비는 바로 여기에 있다. 즉 거룩한 실재로서의 교회는 신비체이면서 동시에 죄인들의 백성이다. 만일 현재의 교회가 자기 자녀들을 성화시킨다고 말할 수 있다면, 또한 우리는 이 교회가 거룩하다고 말해야 한다. 왜냐하면 교회는 성화의 수단들을 갖고 있으며 이 성화의 당사자이기 때문이다. 성령께서 교회 안에서 성성(聖性)을 일으키지 않으신다면 우리는 교회에게 그러한 수단들이 부족하다고 말해야 한다. 그러기에 교회는 여전히 거룩하다. 왜냐하면 교회는 그리스도를 통해 거룩하게 되었으며 또한 거룩함을 창출하기 때문이다. 우리는 결코 이를 부인할 수 없다. 그러나 교회의 모든 구성원들이 거룩하다는 것은 이와는 별개의 문제이다.

그리스도교 신앙, 성사들 그리고 교계적·카리스마적 선물들은 그리스도께서 허락하신 선물들이며 그분 자신의 거룩함에서 유래한다. 설리번은 이러한 선물들이 객관적으로 거룩하다고 말한다.380 왜냐하면 이 거룩함은 말씀을 설교하고 성사들을 집전하는 사람들의 주관적인 거룩함에 달려 있지 않기 때문이다. 이러한 선물들은 교회를 구성하는 중추적인 요소들이다. 그것은 우리를 위해 그리스도 안에서 실현된 것이자 세례로부터 시작해서 성령을 통해 우리에게 선사된 것으로서 이와 더불어 신자들은 거룩한 민족, 성별된 백성이 되며 그런 한에서 영적인 희생 제물들을 맞갖게 봉헌할 수 있다. 왜냐하면 그들은 하느님의 백성을 형성하기 때문이다(1베드 2,4-10). 신자들은 세례적인 특징과 더불어 그리스도를 위해 성별된 가운데 그리스도의 성사에 참여한다.

그러므로 우리는 이러한 교회를 거룩하다고 말해야 한다. 즉 이 교회는 성령의 힘을 통해 교회의 품 안에서 생활하게 보존된 하느님의 말씀으로 인해 거룩하다. 그리고 교회는 신앙의 성사들과 교계적인 직무들로 인해 거룩하다.381 또한 성화의 동인(動因)이시며 교회의 영혼이 되시는 성령께서 이 교회 안에 거하시기 때문에 교회는 거룩하다. 그렇다고 이것이 성령께서 교회적인 제도와 더불어 그 구성 안에 들어가신다는 것을 뜻하는 것은 아니다. 오히려 그것은 성령께서 계약의 결합처럼 교회와 긴밀하게 결합되어 있다는 것을 의미한다.382 더 나아가, 성령은 역사적이면서 구체적인 몸과 결합하는데, 이 몸의 구성원들은 나약함과 죄의 주체들이기도 하다.

그래서 콩가르는 모든 교회 제도의 행위들이 저절로 성령의 행위가 되는 것은 아니라고 상기하고 있다.[383] "몸으로서의 교회와 초월적인 그의 영혼 사이에는 일정한 긴장이 지속되고 있다. 교회는 총체적인 충실함을 향해 나아가야 하며 성령께서는 이를 자극하고 도와주신다. 엄밀히 말해 성령께서 교회 제도의 구성 안으로 들어오는 것은 아니지만, 그 안에 거하시고 거기에 혼을 불어넣어주신다. 성령은 실재적으로 교회의 존재 원리이자 행위 원리로서, 세상의 일반적인 실재들— 비록 그 안에서 작용한다 할지라도— 을 위해서 어떤 방식으로든 작용하는 그런 원리와는 다르다."[384]

그래서 성인들의 교회는 성인들과 거룩함의 열매들을 끊임없이 만들어 낸다. 거룩한 교부들은 흔히 다음과 같이 말하곤 했다. "성령강림 때부터 교회에는 거룩한 이들로 충만했다." 그리고 예루살렘의 치릴로는 다음과 같이 언급한다. "영(Spiritus)께서는 폭풍우 속에서 영혼들의 안내자이자 인류의 조타수로서 그리고 방랑하는 이들을 인도하는 빛이요 전쟁들을 주재하고 승자들에게 관을 씌워주는 심판으로서 교회를 보호하고 성화하기 위해 천상으로부터 내려오셨다."[385]

이것이 바로 그분이 오신 목적이다. 성인(聖人)들을 일으키는 것. 교회 안에는 사실상 수많은 성인들이 주어졌다. 그들은 끊임없이 교회에 대한 신뢰의 동기가 되어주었다. 이에 대해 콩가르는 다음과 같이 말한다. "교회는 자신의 고유한 행동들을 통해 무수한 성인들을 일으키고 교육하고 양육하는 것을 결코 멈추지 않았으며 앞으로도 멈추지 않을 것이다. 가톨릭적인 거룩함은 끊임없이 교회를 신뢰하게 하는 여러 동기들 가운데 하나이자 보다 강력한 호교론적

주제들 가운데 하나로서 훌륭한 형태이다."386 아우구스티노, 베네딕토, 토마스, 시에나의 카타리나, 아시시의 프란치스코, 도미니코, 데레사, 십자가의 요한, 이냐시오, 프란치스코 하비에르, 아기 예수의 데레사, 이분들은 수많은 성인들 중 대표적인 분들로서 자신의 삶과 가르침에 있어서 단순히 본성적인 이유들만으로는 설명될 수 없는 탁월한 분들이다. 그렇다고 이것이 교회의 담 밖에서는 성성(聖性)의 표징들이 주어지지 않는다는 것을 뜻하지는 않는다. 하지만 우리는 이와 더불어 그리스도교가 가톨릭 교회 안에서 성화시켜주시는 하느님 현존의 충만함으로 드러나고 있다고 말할 수 있다.387

우리는 여기서 진리에 대한 인식을 포기하지 않는 랑(A. Lang)의 말을 상기할 수 있다. "가톨릭 교회는 관습들의 난폭함, 가정 파괴, 정치·종교적 무질서에 대한 방파제를 놓았다. 그것은 많은 측면에서 볼 때 근대적인 불멸을 반대하는 유일한 브레이크였다. 그것은 결혼의 거룩함과 불가 해소성 그리고 생명의 불가침성을 옹호한다. 또한 그것은 사랑, 자발적으로 수용하는 고통, 차별 없는 봉사, 혼인적 그리고 동정적인 정결의 윤리를 창출해 냈다. 그리고 이 윤리를 따르는 수많은 이들이 확실히 있다."388

그러나 교회는 또한 죄인들의 교회가 아니던가? 이 교회에는 수많은 죄인들도 속하며 그의 품 안에 있지 않은가? 그렇다면 이런 사실이 거룩함을 주장하는 것과 모순되지는 않는가?

콩가르는 처음부터 우리에게 교회의 품 안에는 엘리트 운동, 엄격주의자들의 운동이 있었다고 상기시키고 있다.389 그들은 죄인들을 배제하는 가운데 교회를 성인들과 학자들로 이루어진 일종의 엘리트 집단으로 만들고자 했다. 테르툴리아노가 속했던 몬타니즘 운동도 그 가운데 하나였다. 성 아우구스티노는 교회가 오직 성인들만을 포함한다고 주장했던 도나티즘 추종자들을 대항해서 현재 교회는 아직 추수할 시기에 있지 않고 성장기에 있음을 상기하고 있다. 그래서 그는 교회가 자신의 품 안에 죄인들을 품고 있다고 말한다. 하지만 동시에 이 죄인들은 회심을 향해 부름받았다는 점도 언급하고 있다. 왜냐하면 교회는 그들의 참회와 구원을 위한 수단을 갖고 있는 어머니이기 때문이다. 그래서 교회는 자기 품 안에 죄인들을 품고 있음을 결코 부끄러워하지 않으며 언제나 그들을 격려하고 끊임없이 성성(聖性)으로 부르고 있다. 이 교회는 자기 품 안에 죄인들을 받아들이는 교회이자 그들로 인해 고통받고 보속하는 교회이다. 그래서 바오로 6세는 이렇게 말한다. "비록 교회의 품 안에 죄인들이 살고 있지만 그 교회는 거룩하다. 왜냐하면 교회는 은총의 생명 이외에 다른 어떤 생명도 갖고 있지 않기 때문이다. 교회가 이 생명을 살아가면서 그 구성원들은 성화된다. 반면, 이 생명이 제거될 때 그들은 죄에 떨어지고 교회의 빛나는 성성을 방해하는 무질서 속으로 떨어진다. 그래서 교회는 이런 잘못들로 인해 고통당하고 보속한다. 교회는 그리스도의 피와 성령의 선물에 힘입어 자신의 자녀들을 치유할 수 있는 능력을 갖고 있다."390

이 점은 드 뤼박에 의해서 다음과 같이 정확히 표현되었다. 즉 교회는 '소집된(congregata)' 것이 아니라 '소집하는(congregans)' 한에서 거룩하다.391 다시 말해, 신자들을 모이게 하는 주체로서의 교회를 구성하는 요소들을 바라본다면 교회는 거룩하다는 말이다. 반면, 품 안에 죄인들을 품고 있는 한에서 교회는 그렇지 못하다.392 하지만 우리는 교회가 자신의 품 안에 죄인들을 품고 있을 때에도 역시 거룩하다고 말할 수 있다. 왜냐하면, 교회가 그렇게 하는 것은 죄와 동맹을 맺으려는 것이 아니라 그들의 정화를 위해 필요한 수단들을 갖고 그렇게 하는 것이기 때문이다. 교회는 죄인들과 더불어 고통당하며 그들과 더불어 보속한다.

이 모든 것으로부터 이제 우리는 다음과 같이 추론할 수 있다. 즉 교회 안에서 성성(聖性)은 하나의 과제로서, 이를 위해 교회는 모든 이들을 쉼 없이 성성으로 부른다. "이렇게 크고 많은 구원의 수단을 갖춘 모든 그리스도인은, 어떠한 생활 신분이나 처지에서든, 하느님 아버지께서 완전하신 것처럼 완전한 성덕에 이르도록 저마다 자기 길에서 주님께 부르심을 받는다"(LG 11).

한편, 교회가 이 세상에서 순례하고 있는 동안 그의 거룩함에는 흠이 없지만 불완전하다. 그래서 교회는 자신의 모델로서 마리아를 바라본다. "교회는 지극히 복되신 동정녀 안에서 이미 완덕에 이르러 어떠한 티나 주름도 없이 서 있다"(LG 65).

## III. 교회는 공번되다[393]

'공번되다', 즉 '가톨릭'이란 형용사는 '전체에 따른' 또는 '일반적인'이라는 의미를 가진 '카톨론(kath'olon)'이라는 말에서 유래한다. 이 용어를 2세기 초에 교회에 처음으로 적용한 사람은 안티오키아의 이냐시오였다. "그리스도께서 계신 곳에 공번된(catholica) 교회가 있는 것처럼, 주교가 있는 곳에 공동체가 있다."

스미르나의 주교였던 성 폴리카르포의 『순교 열전』 — 160년경에 그의 교회에 속한 사제들이 쓴—에는 교회를 언급하는 이 '가톨릭'(공번된)이란 용어가 다양한 의미들을 통해 드러나고 있다. 이 순교전은 서간 형식을 빌려 다른 여러 교회들을 위해 쓰였으며, "모든 곳에서 순례하고 있는 모든 공번된 거룩한 교회 공동체들에게"라는 인사말로 시작하고 있다. 이 작품은 보편적이라는 의미에서 온 세상에 퍼져 있는 가톨릭 교회에 대해 말한다. 그러나 폴리카르포를 스미르나 교회에 있는 가톨릭 교회의 주교로 소개하고 있다.[394] 실제적으로 가톨릭(공번된) 교회는 개별 교회들이 그리스도께서 당신 교회에 선사해주신 모든 요소들(신앙, 성사들, 로마와의 친교)을 가질 때 이 개별 교회들 안에서 실현된다.

그러므로 '가톨릭'이란 형용사는 처음부터 다음과 같은 두 가지 의미를 지니고 있었다. 하나는 온 세상에 퍼진 교회에 적용되는 '보편적(universa)'이란 의미고, 다른 하나는 '참된(vera)'이라는 의미였다.

콩가르는 설명하길,[395] 시초부터 가톨릭 신자들은 흔히 흩어져 있던 일단의 작은 그룹 정도만을 형성했음에도 불구하고 자신들이 보편적으로 퍼져 있는 유일한 단체에 속한다는 확신을 갖고 있었다고 한다. 이런 의미에서 이레네오는 다음과 같이 쓰고 있다. "이러한 사도들의 설교와 신앙은 교회가 받은 것이다. 그리고 비록 교회가 온 세상에 퍼져 있음에도 불구하고, 이 교회는 마치 유일한 하나의 집 안에 사는 것처럼 조심스럽게 보존되어 있으며, 그 안에는 마치 '하나의 영혼과 하나의 심장만 있는 것처럼' 그리고 마치 온 세상의 각 지역마다 언어들은 다르지만 전승의 힘이 하나요 동일한 것처럼 그 안에서 만장일치로 성장한다. 게르만 지역에 세워진 교회들이 다른 신앙이나 전승을 가진 것이 아니며, 이베리아인들 또는 셀틱인들 간에 설립된 교회들 그리고 동방 또는 이집트, 리비아, 그 밖의 다른 지역에 설립된 교회들이 다른 신앙이나 전승을 가지지 않았다. […]."396 그러므로 비록 교회가 그토록 다양한 백성들에게 속해 있음에도 불구하고, 이 교회는 시초부터 유일하고 똑같은 하나의 가족이라는 의식을 갖고 있었다.

따라서 교회는 온 세상에 널리 퍼져 있다. 하지만 이러한 공번됨이 결코 지리적인 확장을 의미하는 것은 아니다. 그것은 무엇보다도 '이 교회를 구성하는 각 개별 교회들이 그리스도께서 당신 교회에 주신 구원의 수단들 — 그 가운데에는 특히 개별 교회들과 로마교회 사이의 친교가 있다 — 을 충만히 갖고 있는 한에서 보편 교회의 동일한 본질을 실현한다는 것을 의미한다.' 이 '공번됨'(가톨릭)이라는 특징은 '유일함'이라는 특징과도 일치한다. 교회는 공번되므로 또한 각 개별 교회들 안에서 하나이다.

동시에, 교회를 공번된 교회로서 고려함에 있어서 우리는 이를 그리스도에 의해 세워진 참된 교회로 간주한다. 알렉산드리아의 클레멘스는 이단자들에 대해 다음과 같이 말하고 있다. "음모하는 이 사람들이 공번된 교회가 생겨난 이후에 탄생했다는 것을 입증하기 위해 많은 말이 필요치 않다. […] 분명한 것은, 참되고 오래된 교회에 비해 그 이후에 온 이 모든 이단들은 변질되고 오류의 길로 들어서게 되었다."397 한편, 예루살렘의 치릴로는 말한다. "여러 도시에 가까이 갈 때, 당신은 주님의 집을 묻지 마시오. 왜냐하면 불경한 이들의 파벌들은 감히 자신의 선술집에다 '주님의 집'이라는 이름을 붙이길 주저하지 않기 때문이오. 또한 단순히 교회를 묻지 말고 공번된 교회를 물으시오. 왜냐하면 이것이 바로 우리 모두의 어머니이신 거룩한 교회의 고유한 이름이기 때문이오."398

이러한 교회의 공번됨은 근본적으로 하느님의 구원 계획이 보편적이라는 사실에 상응한다.399 유일한 하느님이 되기 위해, 그리고 바로 그 분이 모든 것 위에 유일한 최고의 근거가 되기 위해, 그분의 계획은 보편적이어야 한다고 콩가르는 상기하고 있다. 만일 하느님께서 당신의 모상으로 무엇인가를 만드신다면, 그분은 그것을 유일한 것이자 동시에 보편적인 것으로 만드실 것이다. 그러나 이러한 하느님의 구원 계획은 "우리가 구원받는 데에 필요한 이 이름"(사도 4,12) 안에 현존한다. "하느님은 한 분이시고 하느님과 사람 사이의 중개자도 한 분이시니 사람이신 그리스도 예수님이십니다"(1티모 2,5). 그리고 베드로는 산헤드린 앞에서 이렇게 말한다. "그분 말고는 다른 누구에게도 구원이 없습니다. 사실, 사람들에게 주어진 이름 가운데에서 우리가 구원받는 데에 필요한 이름은 이 이름밖에 없습니다"(사도 4,12). 바오로는 모든 피조물 위에 군림하는 그리스도의 수위성(primatus)에 기초하는 가운데 그리스도의 보편성을 표현하고 있다. "하느님께서는 기꺼이 그분 안에 온갖 충만함이 머무르게 하셨습니다. 그분 십자가의 피를 통하여 평화를 이룩하시어 땅에 있는 것이든 하늘에 있는 것이든 그분을 통하여 그분을 향하여 만물을 기꺼이 화해시키셨습니다"(콜로 1,19-20). "만물을 그리스도의 발아래 굴복시키시고, 만물 위에 계신 그분을 교회에 머리로 주셨습니다. 교회는 그리스도의 몸으로서, 모든 면에서 만물을 충만케 하시는 그리스도로 충만해 있습니다"(에페 1,22).

그러므로 그리스도는 모든 사람들의 유일한 구세주이시다. 그리고 이러한 공번됨은 성령을 통해서 교회에 퍼져 나간다. 이미 교회는 성령강림 때 공번됐기 때문에, 이 공번됨은 단순한 숫자의 문제가 아니다(CEC 830). 왜냐하면 당시 교회는 이미 인류를 위한 모든 구원의 수단들을 갖고 있었으며 모든 사람들에게 도달하기 위해 성령의 자극을 받았기 때문이다. 교회가 온 세상에 퍼져 나가는 것을 보장해주는 분은 다름 아닌 성령이시다. 고백자 막시모가 언급하듯이, "남자와 여자, 아이들, 종족과 사회적 계층, 직업, 지식, 품위, 재산으로 철저히 나뉜 이들… 교회는 이들을 영(Spiritus) 안에서 새롭게 창조한다. 교회는 이 모든 사람들에게 똑같이 신적인 힘을 새겨 넣는다. 모든 사람들은 이 교회로부터 결코 파괴되지 않을 본성, 수많은 차이를 허락하지 않는 하나의 본성을 받는다. 바로 여기에서부터 우리 모두가 참으로 공번된 방식으로 일치되어 있다는 사실이 유래한다. 교회 안에는 그 누구도 친교로부터 떨어져 있지 않다. 말하자면, 모든 이들은 나뉘지 않는 신앙의 힘을 통해 서로의 곁에 있다. 이렇게 해서 그리스도는 당신의 무한한 힘에 따라 당신 안에 모든 것을 취하고 모든 이들에게 당신의 선함을 전해주면서 모든 이들 안에 계신다. 그분은 모든 전망들이 모여드는 중심과도 같다. 이처럼 유일한 하느님의 피조물들은 단지 그분의 우정과 평화를 드러낼 수 있는 공통 장소의 부족함으로 인해 결코 서로가 서로에게 이상하거나 수수께끼 같지는 않다."[400]

그러기에 교회는 공번되다. 왜냐하면 그리스도께서 그 안에 현존하시며 그리스도의 몸인 교회는 자신의 머리이신 그분과 더불어 충만한 일치를 누리고 있기 때문이다(에페 1,22-23). 또한 이로써 교회는 그분으로부터 구원의 수단들을 충만히 받기 때문에 공번되다.

그러므로 교회는 모든 사람들을 그리스도 안에 다시 모아들여야 할 과제를 안고 있다. 바로 여기에서 교회의 공번됨이 탄생한다. 그것은 단순한 숫자의 문제가 아니다. 왜냐하면 교회는 이미 성령 강림 때 공번됐고,[401] 비록 적은 수의 신자들만이 있을지라도, 언제나 그럴 것이기 때문이다. 사실 교회는 모든 이들이 그리스도 안에서 하나 되도록 부름받았다는 의식을 갖고 있다. 그래서 제2차 바티칸 공의회는 다음과 같이 언급한다. "모든 사람은 하느님의 새로운 백성을 이루도록 불린다. 그러므로 언제나 하나이고 유일한 이 백성은 모든 세대를 통하여 온 세상에 퍼져 나가, 처음에 인간 본성을 하나로 만드시고 흩어진 당신 자녀들을 마침내 하나로 모으고자 하신 하느님의 뜻의 계획을(요한 11,52 참조) 성취시켜야 한다. 이를 위하여 하느님께서는 당신 아들을 보내시어, 만물의 상속자로 삼으시고(히브 1,2 참조), 모든 사람의 스승이요 왕이며 사제가 되고 하느님 자녀들 곧 새롭고 보편적인 백성의 머리가 되게 하셨다. 이를 위하여 하느님께서는 마침내 당신 성자의 성령, 주님이시며 생명을 주시는 성령을 보내주셨다"(LG 13).

교회가 공번되다고 하는 것은 또한 그것이 모든 사람들에게 파견되었다는 것을 의미한다. 즉 모든 피조물의 풍요로움은 그리스도 안에서 모아져야 함을 뜻한다. 교회는 각각의 민족들을 그들이 지닌 오류로부터 정화하고 진정한 가치들을 식별하는 가운데 그들 안에 있는 고귀한 것, 아름다운 것, 의로운 것을 취한다(LG 13). 그래서 공의회는 이렇게 말한다. "교회 곧 하느님의 백성은 어떠한 민족이든 그 현세적 선을 결코 없애지 않으며, 오히려 정반대로 민족들의 역량과 자산과 관습을 좋은 것이라면 촉진하고 받아들이며, 받아들임으로써 실제로 정화하고 강화하며 승화시킨다"(LG 13).

그러므로 교회는 각각의 문화로부터 인간적인 것을 취하고 정화한다. 예를 들어 교회의 품 안에는 그리스철학이나 그 밖의 다른 철학에 적지 않게 빚진 일종의 철학이 발전한 것이 사실이지만, 이런 민족들을 통해서 알려지지 않은 기준점들을 정화하고 고양시켜 주었다.[402] 또한 가톨릭 교회 안에는 인간에 대한 모든 사회적 염려들의 반향도 있다. 그렇다고 교회가 정치적인 활동을 자신의 사명으로 갖는다는 것을 뜻하지는 않는다. 교회 구성원들은 정치가 인간의 권리와 진리에 조화를 이루는 가운데 수행될 수 있도록 이 정치에 접근해야 한다. 바로 여기에 교회의 사회적 가르침이 있다. 가톨릭 교회는 자연 윤리가 염두에 두고 있는 선하고 확고한 모든 것을 취하는 것 또한 사실이다. 비록 교회의 사명이 사람들로 하여금 하느님의 자녀가 되게 하고 죄로부터 해방시켜주는 것이 최우선적인 목적이지만, 거기에 교회를 이상하게 변질시킬 수 있는 인간적인 그 무엇은 없다.

또한 공번됨은 각 지역 교회가 견지하고 있는 문화적, 전례적, 규율적, 영성적인 차원에서 합당한 다양성을 교회가 보호해야 한다는 것을 의미한다.

그래서 우리는 제2차 바티칸 공의회와 더불어 다음과 같이 말할 수 있다. "교회 안에서 모든 이는 각자에게 주어진 임무에 따라, 필요한 일에서 일치를 보존하며, 여러 가지 영성 생활과 규율에서, 다양한 전례 예법에서, 또한 계시 진리의 신학적 탐구에서 마땅한 자유를 지켜야 하고, 모든 일에서 사랑을 닦아야 한다. 이러한 행동 방식으로 신자들은 교회의 진정한 보편성과 더불어 사도 전래성을 날로 더욱 온전하게 드러낼 것이다"(UR 4).

그럼에도 불구하고, 분명 공번됨은 모든 지역 교회들을 그리스도께서 당신 교회에 원하셨던 구원의 수단들—특히 그 가운데 베드로와의 결속이 있다—안에서 충만하게 통합시키는 과제를 내포한다. 그러므로 공번됨은 에큐메니즘적인 배려와 과제를 내포하고 있다. 그래서 제2차 바티칸 공의회는 에큐메니즘적인 노력이 주님께서 당신의 몸이 완전해지길 바라시는 그 충만함에 이르기까지 지속되어야 한다(UR 24)고 역설하고 있다. 다른 교회들이 가지고 있는 긍정적인 요소들은 "그리스도 교회의 고유한 선물로서 보편적 일치를 재촉하고 있다"(LG 8). 계속해서 공의회는 교회가 온 세상이 주님의 몸이자 성령의 성전인 하느님 백성 안에 통합되도록 일하고 노력해야 한다(LG 17)고 말한다. '그러므로 공번됨은 선물이자 동시에 과제이다. 교회는 이미 그것을 지니고 있지만 또한 그것은 아직 끝나지 않은 그래서 그것을 완성하기 위해 지향해야 할 과제이기도 하다.'

## IV. 교회는 사도적이다[403]

이미 우리는 '사도 계승(successio apostolica)'에 대해, 초대 교회가 사도들로부터 물려받은 사명과 가르침 그리고 직무들을 보존하는 가운데 그들과의 친교 안에 머물고자 했던 의식에 대해 언급한 바 있다. 특히 이레네오는 영지주의가 위협하는 위기 상황 속에서 진리의 기준으로서의 사도 계승을 요청한 바 있다. 그는 이를 위해 각 개별 교회 안에서 드러나는 주교들의 목록을 작성하면서 사도들까지 거슬러 올라가고 있다. 헤게시포와 테르툴리아노 역시 그렇게 했다. 사도 계승이란 사도들까지 접목되어 들어가는 주교들의 계승으로서 그들은 사도들로부터 여러 교회들을 통치하고 스승이 될 수 있는 사도적인 직무를 부여받았다.

215년경 히폴리토에 의해 쓰인 『사도전승』은 한 명의 주교가 수품될 때에는 이웃 여러 교회의 주교들이 그를 주교단 안에 새로운 후보자로 가입시키고 그를 안수함으로써 수품되어야 한다고 우리에게 전하고 있다. 하지만 이것만으로는 부족하다. 왜냐하면 정확히 말해 지역 교회를 주재하는 주교는 로마교회와의 친교 가운데 있어야 하기 때문이다. 이처럼 로마와의 친교는 공번됨(catholicus)의 기준이었다.

'사도적인 기원들과의 친교는 교회가 그리스도에 의해 계시되고 사도들에 의해 전수된 가르침에 충실하다는 것을 의미한다.' 이러한 충실함을 보증하는 분은 다름 아닌 성령으로서, 외적으로는 로마와 친교를 이루는 기준이, 내적으로는 그리스도께서 말씀하신 것처럼(요한 14,26: "보호자, 곧 아버지께서 내 이름으로 보내실 성령께서 너희에게 모든 것을 가르치시고 내가 너희에게 말한 모든 것을 기억하게 해주실 것이다") 끊임없는 은총의 도움이 이 충실함을 보증해준다. 성령께서는 주교들로 하여금 변화하는 역사의 환경 속에서도 그리스도의 메시지가 변함없이 견지하고 있는 지속성과 동일성을 보증하면서 그것이 내포하는 정확한 의미를 이해할 수 있도록 도와주신다. 또한 성령께서는 사도들이 자신의 스승으로부터 전해들은 진리가 언제나 교회 안에서 지속되게 해주신다(DV 3; 4).

사도성(*apostolicitas*)은 무엇보다도 사도들의 계승자들과 베드로의 후계자가 그 기원이 되는 이들과의 친교를 갖는 곳에 교회가 있다는 것을 의미한다. 그래서 콩가르는 이렇게 말하고 있다. "사도성이란 교회가 사도들의 인격 안에서 그리스도로부터 전해 받은 동시에 시대를 통해 보존되고 있는 일치의 원리들과 똑같은 것으로서 고유한 선물이다."404 교회는 단지 일종의 사상적인 단체일 뿐 아니라 그 기원을 그리스도까지 거슬러 올라가는 조직 사회이다. 그리스도는 당신 교회를 사도들의 초석 위에 세우셨으며 이러한 사도적 바탕을 통해 계속 교회를 통치하신다.

교회는 사도들로부터 물려받은 사명과 가르침 그리고 직무를 하느님의 은총을 통해 충실히 보존하기 때문에 '사도적(*apostolica*)'이라 한다. 주교들이 받은 성사의 유효함을 통해 이루어지는 주교 계승 이상으로, 그들이 물려받은 신앙에 대한 충실함과 사도들의 사명에 대한 지속성으로 인해 그들은 사도적이라고 할 수 있다.

사실 성 바오로는 이렇게 말한다. "여러분은 이제 더 이상 외국인도 아니고 이방인도 아닙니다. 성도들과 함께 한 시민이며 하느님의 한 가족입니다. 여러분은 사도들과 예언자들의 기초 위에 세워진 건물이고, 그리스도 예수님께서는 바로 모퉁잇돌이십니다. 그리스도 안에서 전체가 잘 결합된 이 건물이 주님 안에서 거룩한 성전으로 자라납니다"(에페 2,19-21).

분명 사도는 그리스도의 목격 증인이지만 그의 계승자인 주교는 그렇지 못하다. 따라서 엄밀한 의미에서 사도 직무는 유일하며 결코 양도될 수 없는 것이다. 그것이 양도될 수 없다는 말은 교회의 토대는 오직 사도에게만 속한다는 것을 의미한다. 그의 계승자들은 이 토대 위에 건설해야 한다. 한편, 사도들과는 달리 주교들은 이미 존재하는 교회 안에 있다. 정확히 말해 그들은 사도들이 설립한 교회 안에 있다.

콩가르는 상기하길,405 주교들은 사도들에 의해 세워진 교회를 통치하도록 그 사도들에 의해 임명된 사람들이다. 주교들은 사도들에게 허락되었던 '규범적 전승(Traditio normalis)'을 만드는 계시 은사를 가질 수는 없다. 사실, 계시는 그리스도의 목격 증인이었던 마지막 사도의 증언과 더불어 종결됐다. 이제 여기서부터 시작해서 사도들이 세운 규범적 전승에 바탕을 둔 '해설적 전승(Traditio explicativa)'이 이어진다. 전승은 동일하고 유일한 것이지만 그것이 근본 토대인지 아니면 후에 이어지는 설명인지에 따라 차이가 난다.

그러나 이러한 사도와 주교 간의 차이에도 불구하고 그들이 그리스도로부터 받은 사명은 동일하다. 그것은 무엇보다도 사도적인 사명의 동질성이 보존된다는 것을 의미한다. 코얀테스(Collantes)는 유다적인 '샬리아(Schaliach)'의 직무는 자신이 책임진 사명의 실현과 더불어 끝나는 데 반해, 그리스도의 사명은 세상 종말까지 지속된다406는 점을 상기하고 있다. 사도들의 사명은 그리스도의 사명을 지속하는 것으로서, 이는 어떤 환경적인 것과 전혀 상관없이 단 한 사람만이 구원의 메시지를 받아들일 수 있을지라도 여전히 세상 속에서 지속되어야 한다. 그래서 사도직과 주교직은 동일한 그리스도의 사명을 지칭하고 있으며, 콩가르에 따르면,407 이 둘은 모두 그리스도의 첫 번째 오심과 최종적인 오심 사이에 존재하는 중간 시대를 채워준다. 왜냐하면 이 둘은 그리스도께서 부재하시는 동안 그분을 현존케 하는 사명을 띠고 있기 때문이다.

그러므로 그것은 단순한 연대기적인 계승도 임시적인 계승도 아니다. 그것은 그리스도께서 성부로부터 받은 동일한 권세들과 더불어, 그리고 직무들이 지속적으로 발전할 수 있도록 성령의 선물을 보증하는 축성과 더불어, 그리고 모든 사람들에게 도달하는 책무와 더불어 동일한 그리스도의 사명이 지속되는 한에서 엄밀한 의미의 공식적인 계승이다.[408]

이러한 계승에 있어서 어떤 개별 주교가 사도를 계승하는 것이 아니라 주교단(collegium episcoporum)이 사도단(collegium apostolicum)을 계승한다. 오직 로마교회의 주교만이 개인적으로 베드로를 계승할 뿐이다. 근본적으로 단체적인 계승이라 할 이 계승에서 개별 주교는 자신의 주교 직무를 베드로에 의해 통치되는 여타 개별 교회들과의 친교를 통해 수행하는 한에서의 이 직무를 실현한다. 비록 어느 한 주교가 유효하게 수품되었다 할지라도 다른 교회들로부터 떨어져 나갔다면 그는 결코 진리의 보증이 될 수 없다. 그래서 콩가르는 이렇게 말한다. "사실, 주교들의 가르침은 신자들을 위해 분명한 규범을 형성하지만, 또한 그것은 다른 규범에 귀속되어 있다. 이 직무는 권위를 수반하지만 그것이 그 자체로 자신의 기준은 아니다. 그것은 무엇보다도 성령을 통해 전례 안에서 살아 움직이고 구체화되는 사도들의 전승에 대한 충실함에 의해 조건 지어져 있다. 신자들은 참된 계승으로부터 빗겨 나간 사목자들로부터 멀어져야 한다. 그렇다면, 정통성의 기준은 무엇인가? 직접적으로 그리고 지역적인 차원에서 '교부의 승인에 따른 확실한 진리의 은사(charisma veritatis certum secundum placitum Patris)를 받은 주교가 바로 이 정통성의 기준이다. 반면, 최종적인 기준은 여타 교회들과의 조화이며 근본적으로는 로마교회와의 조화가 있어야 한다.' 모든 공번됨은 이 로마교회로 흘러 들어오며 이 교회 안에서 구체화된다."409

그래서 사도성이 단순한 질료적인 계승도 그렇다고 계승이 중단되지 않게 하기 위해 단순히 자리를 채우는 것도 아님을 정확히 이해해야 한다. 반면, 몇몇 교회들이 사도 계승이 중단되지 않는 상태에서 대략 어느 정도의 기간 동안 주교 없이 유지되는 일이 일어날 수 있다. 이 경우 사도 계승은 주교단 안에 존재하며, 단지 구체적인 주체만 없는 이 장소에 이 사도 계승은 다시 현실화될 수 있다.410

사도성은 단지 성사적인 유효성에 대한 사실만이 아니다. 분명 사도 계승은 이러한 성사적 유효성을 내포하지만 동시에 그 이상을 의미한다. 그것은 과제에 있어서의 계승이며 이러한 계승은 근본적으로 직무의 동일함 속에 있다. 이 사도성의 첫 번째 조건은 동일한 신앙으로서, 이는 교황에 의해 주재되는 전체 교회와의 친교를 내포한다. 교황권의 신비는 지역적으로 각 개별 공동체 안에서 실현된다.411 그러나 유효하게 수품된 주교에 의해 통치되는 개별 교회일지라도(예를 들어, 르페브르 주교의 경우), 신앙으로부터 그리고 베드로에 의해 주재되는 여타 교회들과의 친교로부터 떨어져 나갔다면 그 교회는 그 자체로 이미 공번됨의 특징을 상실하게 된다. 공번되지 않은 사도성은 감소된 사도성이며 질료적인 사도성일 뿐이다. 비록 이 사도성이 성사들의 수행에 있어서 유효하고 성화의 요소들을 견지한다 할지라도 그것은 이미 그 자체로 진리의 보증이 되는 것을 포기하는 것이다.

신앙에 대한 사도성에 관해 설리번(F. A. Sullivan)은 설명하길, 지역 교회는 어느 주교의 신앙을 검증한 후에야 비로소 그를 주교로 선별한다고 한다. 그러나 지역 교회는 이러한 자기 주교의 선별에 있어서 신앙의 결핍을 감지할 수 있기 전까지 신앙을 잃어버릴 수 있는 일이 발생할 수도 있다. 여기서 보듯이 주교의 선별은 여타 교회의 주교들에 의해 승인될 필요가 있다.412 한편, 주교 후보자는 사도적 사명에 참여하기 위해 이 사명을 전수할 수 있는 이들에 의해 수품되어야 한다. 그리고 이들은 사도들로부터 이 사명을 받은 사람들이어야 한다.

물론 사도 계승은 주교에게 주어지는 가르치고 통치하며 성화하는 삼중적인 과제를 위해 성령의 선물을 선사하는 축성과 안수를 통해 이루어진다. 성령은 주교들을 통해 교회에 사도성을 선사한다. 이는 정확히 말해 주교들의 카리스마가 단순한 교계적 행위를 통해 주어진 것이 아니라 '사도성(*apostolicitas*)'의 성사, 다시 말해 '사도직(*apostolatus*)'의 성사를 통해 주어지기 때문이다(LG 21).

루터의 세계에는 이 사도성이 결핍되어 있다. 왜냐하면 그는 십자가 위에서 이루어진 그리스도의 희생에 대한 기념으로서의 성찬례를 단절시켰기 때문이다. 그는 십자가 위에서의 그리스도의 희생이 전체를 위해서 오직 한 번만 실현되었다고 거듭해서 언급하고 있다. 따라서 그에 의하면 그리스도의 희생은 이미 이루어졌고 교회의 시대에는 더 이상 지속되지 않는다.413 이러한 전망에서는 인간이 하느님께 아무것도 봉헌해 드릴 수 없다. 따라서 미사는 더 이상 그리스도의 희생에 대한 기념이 될 수 없다. 그 결과, 성찬례에 대한 사도들의 직무도 사도적 직무 계승도 지속될 수 없는 것이다. 프로테스탄트 신자들에게 있어서 교회의 사도성은 교계적으로 이해된 사도 계승에 달려 있는 것이 아니라, 무엇보다도 구체적이고 역사적인 교회의 증언이 사도들의 가르침과 일치하는지의 여부에 달려 있다.[414] 루터적인 세계에서 직무는 공동체에 의해 뽑힌 대표자가 바로 그 공동체의 이름으로 수행하는 직무 대행일 뿐이다. 왜냐하면 그들 가운데 어느 누군가는 말씀과 성사 직무를 책임져야 하기 때문이다. 그들에게 있어서 사도 시대는 — 마치 그리스도의 희생이 단 한 번뿐인 것처럼 — 교회 내에서 이미 지나가 버린 유일한 시대일 뿐이다. 따라서 그들은 사도직의 영속성을 부인한다.

## 3장 요약

교계 구조는 '거룩한 권한'으로서 말씀의 직무와 성사 생활 그리고 생활의 지도를 통해 공동체를 위해 봉사하도록 신비체의 머리인 그리스도의 인격을 대리하는 가운데 공동체 앞에 세워진 이들에게 그리스도로부터 직접 전해 오는 권한이다. 이는 구체적으로 가르치고 성화하며 통치하는 삼중 직무를 통해 구현되며, 일정하게 결정된 사람들에게 주어진다. 그들이 바로 사도들과 그 계승자들이다. 그 계승자들은 공동체에 대한 봉사를 위해 이 직무들을 성품성사를 통해 그리스도로부터 받았다.

교회에서 최고의 책임을 수행하는 두 주체는 교황 그리고 이 교황에 의해 주재(主宰)되는 주교단이다. 주교단은 결코 교황 없이 이 권한을 수행하지 않으며 오직 그와 일치하는 가운데 이를 수행한다. 교회의 권위는 그리스도께서 섬김을 받기 위해 오신 것이 아니라 많은 이들을 섬기고 그들의 구원을 위해 생명을 내어주신 것처럼 봉사하는 권위이다. 주교단은 단장 없이 존재할 수 없으며, 이 주교단은 또한 공의회를 통해 전체 교회에 대해 충만한 최상의 권한을 갖는 주체로 선언된다. 주교들은 단순히 교황의 자문이 아니라 자신의 단장으로서의 교황과 조직적으로 결합한 가운데 전체 교회에 대해 고유한 책임을 갖는다는 의미에서 주교단 내에서 교유한 권위를 갖는다. 보편 공의회는 주교단의 실현이다.

로마교회의 주교이자 보편 교회의 최고 목자인 교황은 무류성을 누린다. 무류성은 교황좌(ex cathedra) 선언일 때 교황의 특권이다. 그는 사도 헌장, 회칙, 자의 교서, 훈화 등을 통해 보편 교회에 대한 교도권을 행사한다. 주교는 설교, 교리 교수, 사목 서한 등을 통해 자신의 통상적인 교도권을 수행한다. 그는 자기 교구 내에서 그리스도의 교의에 대한 가르침과 관련된 책임과 권위를 갖는다. 교도권의 대상은 신앙과 관습들에 관계된 교의이다.

사제들은 그리스도 안에서 축성된 이들로서, '그리스도의 인격 안에서' 그분의 이름으로 수행하기 위해 그분을 닮은 이들이다. 그들은 성품성사와 더불어 사제이신 그리스도와 동화되어, 그리스도의 몸 전체, 곧 교회를 확장하고 건설하도록 머리이신 그리스도의 봉사자가 되고 또 주교품의 협력자가 된다. 사제들은 주교들과의 관계 안에서 종속된 형태로 그리스도의 사제직에 참여한다.

## 3 | 교계 제도의 구조

　　교회가 무엇인지 그리고 이에 대한 신학적인 고찰을 염두에 두면서 이제 우리는 이 교회의 교계적인 구조에 대해 언급하고자 한다. 이 구조는 교회 안에서 일종의 민주적인 대표 선출과 같은 방식으로 생겨난 것이 아니라 그리스도께서 원하신 사도적인 구조의 지속성에서 생겨난 것이다. 우리는 이를 성경과 전승을 살펴보는 가운데 잘 알 수 있다.

　　더욱이, 교계 제도에 대한 연구는 교회의 틀 안에서 이루어진다. 그리고 이 교회는 무엇보다도 하느님의 백성이자 그리스도의 신비체로 이해되는 것을 전제로 한다. 왜냐하면 교회의 존재 이유는 하느님 백성 안에 그리고 이 백성을 향한 봉사 안에 있기 때문이다. 교회에 있어서 으뜸가는 그리고 가장 근본적인 것은 신비체의 일부분으로 그리고 하느님 백성의 구성원을 형성하는 가운데 그리스도와 합체됨으로써 이 교회의 일원이 되는 것이다. 그 후에야 비로소 우리는 그리스도에 의해 세워진 권위로서의 교계 제도 앞에서 하느님 백성에 대한 봉사라는 맥락에서 이 교계 제도에 대해 말할 수 있다.

어떤 사람들은 그리스도의 몸의 지체들이다. 반면, 다른 사람들은 '그리스도의 인격 안에서(in persona Christi)', 다시 말해 이 몸의 머리이신 그리스도를 대리하는 가운데 자신의 직무를 수행한다. 죽고 부활하신 그리스도께서는 성사들 그리고 말씀과 더불어 당신을 머리로서 대리하는 이들을 통해 구원의 신비를 실현하신다. 백성으로서의 교회는 무엇보다도 하느님으로부터 탄생한 백성이자 그리스도의 뜻에 따라 구조화되었고, 자신 앞에 백성 전체를 위해 그리스도께서 친히 세우신 다양한 직무들을 갖고 있다. 그래서 교회의 교계 제도는 다음과 같이 이해될 수 있다. "그리스도의 이름으로 하느님 백성 전체를 위해 이루어지는 봉사. 그리고 그리스도의 권능에 참여하면서 언제나 그분의 이름으로 수행되는 봉사."

이에 대해 「교회 헌장」 18항은 다음과 같이 언급하고 있다. "주님이신 그리스도께서는 하느님의 백성을 사목하고 또 언제나 증가시키도록 당신 교회 안에 온몸의 선익을 도모하는 여러 가지 봉사 직무를 마련하셨다. 실제로, 거룩한 권력을 가진 봉사자들이 자기 형제들에게 봉사하여 하느님의 백성으로서 그리스도인의 진정한 품위를 지닌 모든 사람이 자유로이 질서 정연하게 동일한 목적을 함께 추구하여 구원에 이르게 하는 것이다."

여기서 우리가 상기해야 할 것은, 그리스도께서 사도들을 선택하고 믿음 가운데 그들을 굳건하게 할 목적으로 그들 앞에 베드로를 세우셨다고 하는 사실이다. 그리고 사도들은 자신의 협력자들을 선택했고 자신들에게 맡겨진 사명이 자신들의 죽음 이후에도 계속될 수 있도록 그들을 안수했다. 그들은 자신의 직접적인 협력자들에게 자신들을 통해 맡겨진 일이 완성되고 견고해질 수 있도록 이에 대한 책임을 전해주었다(1티모 5,22; 2티모 2,2; 6,4 이하; 티토 1,5). 그럼으로써 자신들의 직무가 지속될 수 있게 했다. 그래서 제2차 바티칸 공의회는 다음과 같은 말로 이를 설명한다.

"영원한 목자이신 예수 그리스도께서 거룩한 교회를 세우시고 당신 친히 성부에게서 파견되신 것처럼 사도들을 파견하셨으며(요한 20,21 참조), 그들의 후계자들 곧 주교들이 당신 교회 안에서 세상 끝 날 까지 목자가 되기를 바라셨다고 가르치며 선언한다. 참으로 주교직 자체가 하나로서 갈라지지 않도록, 그리스도께서는 복된 베드로를 다른 사도들 앞에 세우시고 베드로 안에 신앙의 일치와 친교의 영속적이고 가시적인 근원과 토대를 마련하셨다"(LG 18).

"처음부터 이어 내려오는 계승을 통하여 주교직에 세워져, 사도의 씨앗에서 나온 포도 가지를 간직하고 있는 이들의 임무가 으뜸 자리를 차지하고 있다"(LG 20). 주교들은 사제들로 하여금 하위의 단계에서 자신의 사명에 참여하게 한다. 이 사제들은 주교들에 의존되어 있고 "주교들과 함께 결합되어 있으며, 성품성사의 힘으로 영원한 대사제이신 그리스도의 모습을 따라 신약의 참 사제로서 복음을 선포하고 신자들을 사목하며 하느님께 예배를 드리도록 축성된다"(LG 28). 교회의 교계 제도 내에서 또한 우리는 부제들에 대해서 언급해야 한다. 그들은 사제직을 위해 안수된 것이 아니라 직무 자체를 위해 안수되었다(LG 29).

교계 구조는 '거룩한 권한' — 이는 *hierarchia*라는 용어 자체가 의미하는 바이기도 하다 — 으로서 말씀의 직무와 성사 생활 그리고 생활의 지도를 통해 공동체를 위해 봉사하도록 신비체의 머리인 그리스도의 인격을 대리하는 가운데 공동체 앞에 세워진 이들에게 그리스도로부터 직접 전해 오는 권한이다. 우리는 가르치고 성화하며 통치하는 이 삼중 직무가 그리스도를 통해 사도들에게 선사된 것임을 알 수 있다.

이는 그리스도에 의해 규정된 권한으로서 일정하게 결정된 사람들에게 주어진다. 그들은 다름 아닌 사도들과 그 계승자들이다. 그러므로 이는 단순한 공동체의 대표가 아니다. 민주 사회에서 시행되는 것처럼 공동체는 자기 마음대로 이 권한을 확대하거나 축소할 수 없다. 사도들과 그 계승자들은 공동체에 대한 봉사를 위해 그리스도로부터 유래하는 여러 가지 직무들을 성품성사를 통해 그리스도로부터 받았다.

이러한 교회의 교계적인 구성은 교회 내의 세례 받은 모든 신자들의 공통 책임에 전혀 반대되지 않는다. 비록 이 책임이 교회 내에서 각 구성원들이 갖는 직무에 따라 다양하지만, 그들은 모두 교회 내에서 책임을 진 사람들이다.

교회의 품 안에서 최고의 책임을 수행하는 두 주체 — 부적절하게(inadecuadamente) 구별된 — 는 교황 그리고 이 교황에 의해 주재되는 주교단이다.

한편으로 이러한 교회의 최고 책임은 그리스도께서 당신 교회 앞에서 하늘나라의 열쇠를 맡겨주시고(마태 16,18-19) 전체 교회의 목자로 세워주신 베드로에게 주어졌다. 더욱이 그리스도께서는 친히 묶고 푸는 권한을 머리와 일치하는 사도단 전체에게도 주셨다(마태 18,18; 28,16-20). 주교단은 결코 교황 없이 이 권한을 수행하지 않으며 오직 그와 일치하는 가운데 이를 수행한다. 왜냐하면 그에게 자기 형제들의 믿음을 굳건하게 할 책임이 주어졌기 때문이다(루카

22,32).

이러한 베드로와 그 밖에 다른 사도들의 사목직은 교황의 교계적인 수위성과 주교들의 사목적인 통치를 통해 교회 안에서 지속된다. 그래서 공의회는 다음과 같이 언급한다. "주님께서 제정하신 대로, 거룩한 베드로와 다른 사도들이 하나의 사도단을 이루듯이, 비슷한 이치로 베드로의 후계자인 교황과 사도들의 후계자인 주교들도 서로 결합되어 있다"(LG 22). 계속해서 공의회는 이렇게 말한다. "주교들의 단체인 주교단은 동시에 그 단장으로서 베드로의 후계자인 교황과 더불어 이해되지 않을 때에는 권위를 가지지 못한다. 목자들이든 신자들이든 모든 이에 대한 교황의 수위권은 온전히 유지된다. 교황은 자기 임무의 힘으로 곧 그리스도의 대리이며 온 교회의 목자로서 교회에 대하여 완전한 최고의 보편 권력을 가지며 이를 언제나 자유로이 행사할 수 있다"(LG 22).

교회의 권위는 그리스도께서 섬김을 받기 위해 오신 것이 아니라 많은 이들을 섬기고 그들의 구원을 위해 생명을 내어주신 것처럼 봉사하는 권위이다(마태 10,45; 요한 13,20; 마태 23,8-11). "그것은 이 세상의 권위처럼 다스리는 그런 권위가 아니다. 그것은 예수 그리스도에 의해 맡겨진 사명에서 그리고 성령의 지속적인 활동에서 유래하는 권위이다. 이 권위는 형제애 그리고 사람들을 위한 봉사 가운데 구현된다. 그것은 교회가 처한 임시성(臨時性)과 순례하는 상태에 의해 각인된 권위이기도 하다."[415]

봉사란 자신의 이익이나 인간적인 영광을 추구하는 가운데 수행하는 것이 아니며 그렇다고 백성의 변덕스러움에 굴복한다는 것을 뜻하는 것도 아니다. 그것은 무엇보다도 하느님의 말씀을 충실하게 전하고, 자기 자신 그리고 자신에게 맡겨진 백성을 성화하며, 그들이 올바르도록 교정하고 권고하며 명령하면서 전체 백성의 일치를 바라보는 것이다.416

## I. 성사성과 주교직417

제2차 바티칸 공의회는 교회 내에서 교계 제도라는 주제를 다룸에 있어서 무엇보다도 성사적이고 단체적인 차원에서 주교직을 연구하고자 했다. 이 공의회는 제1차 바티칸 공의회의 가르침을 견지하는 가운데 이를 자신의 것으로 만들고 나아가 모든 이들이 이를 확고히 믿을 수 있도록 제시하고자 했다. 이는 "그리스도의 대리자이며 온 교회의 볼 수 있는 으뜸인 베드로의 후계자와 더불어 살아 계신 하느님의 집을 다스리는, 사도들의 후계자인 주교들에 관한 교리를 모든 사람 앞에 천명"(LG 18)하기 위해 제시된 것이었다.

실제로 제1차 바티칸 공의회는 주교들에 관한 여러 주제들을 연구하고자 했지만 1870년에 일어난 전쟁으로 인해 조기에 해산되는 바람에 이러한 계획을 끝맺지 못했다. 그래서 이는 제2차 바티칸 공의회에서 다루는 과제가 되었다.

여기서 이미 앞서 언급한 그리스도에 의해 세워진 '열둘(dodeka)'의 설립에 대해 반복하려는 것도 그렇다고 제2차 바티칸 공의회가 「교회 헌장」 19, 20항에서 설명하는 사도 계승을 반복하려는 것도 아니다. 무엇보다도 우리는 여기서 공의회가 특별한 주제로서 시도하고자 했던 '주교직의 성사성'에 대해 살펴보고자 한다.

여기서 우리가 잊지 말아야 할 것은, 스콜라 신학 안에서는 주교직의 성사성이 부인되고 있다는 점이다. 성 토마스는 성찬례에 관한 주교의 권능이 사제가 지닌 그것보다 우월하지 않으며, 따라서 주교직이 허용하는 것은 신비체에 대한 '권능(potestas)'으로서 보다 광범위한 권능이라고 언급한 바 있다. 여기에 근거해서 주교직은 성사적인 품위를 내포하지 않으며 단지 광범위한 의미에서의 품급(品級)으로 불릴 수 있다고 생각하게 되었다.418

이미 베드로 롬바르도(Petrus Lombardus)는 성 아우구스티노로부터 개념을 취하는 가운데 '인호(印號, character)' 개념을 신학 내에 도입한 바 있다.419 이 개념은 12세기 중반에 받아들여지기 시작했으며 교황 인노첸시오 3세에 의해 세례에 관한 공식적인 가르침에 도입되었다. 그리고 이러한 인호 개념은 충실하지 못한 신자들과 신비체 구성원들 사이를 구별하게 해주는 근본적인 교회론적 원리가 되었다. 이렇게 해서 이 개념은 성사적인 권능으로 정의된 직무적인 사제직과 연결되었다. 이러한 신학은 생빅토르의 후고(Hugo de San Victor)와 베드로 롬바르도에 의해 발전되었다.

이처럼 인호 개념은 무엇보다도 그 자체로 신비체 전체에 대한 권능을 의미하는 성찬례(참된 그리스도의 몸)를 축성하는 권능, 능력(설교, 열쇠들) 개념과 연결되었다. 콩가르가 상기하는 것처럼,420 이렇게 해서 사제직은 사실 그 자체 이상으로 성찬례를 축성하기 위해 개인적으로 소유한 권능으로 이해됐다. 아직까지는 직무적인 봉사라는 관념이 드러나지 않았다.

그러나 사제직이 성찬례와의 관계에 의해 규정됨으로써 주교직은 성사의 전망 안에서 볼 때 사제직보다 우월한 그 무엇으로 드러나지는 못했다. 단지 품위의 차원에서 그리고 사목적, 사명의 차원에서 우월할 뿐이었다. 생빅토르의 후고[421]와 베드로 롬바르도[422]는 주교직을 그렇게 이해했다. 이처럼 스콜라 신학에는 주교직에 관한 발전된 신학이 부족했다고 콩가르는 지적했다.[423] 이러한 전망은 제2차 바티칸 공의회까지 이어졌다. 그래서 공의회는 이를 위해 오래된 전례적인 원천들과 비오 12세의 가르침에 근거해서 주교직의 신학을 발전시켰다.

사실, 제2차 바티칸 공의회는 주교들의 인격 안에 현재화되는 그리스도께서 친히 계시며 말씀의 선포와 성사들 그리고 통치를 통해 그들과 더불어 이를 구현한다고 가르친다. 그는 자신의 부성적인 직무를 통해 성사적인 재생과 더불어 새로운 구성원들을 그리스도의 몸에 합체시킨다. 이미 성 이냐시오가 주교는 성부의 모상(typos Patris)을 드러낸다고 강조한 것처럼, 주교직은 부성의 측면을 드러내고 있다. 주교는 분명 하느님의 부성을 반영한다. 이와 동일한 선상에서 사목자들은 그리스도를 섬기는 이들이자 하느님의 신비들을 관리하는 사람들이다.

공의회는 가르치길, 이처럼 고귀한 임무들을 완수하기 위해 사도들은 그리스도에 의해 이루어지는 특별한 성령의 주입으로 풍요롭게 되며, 또한 안수를 통해(1티모 4,14; 2티모 1,6-7) 자신들이 받은 영적인 선물을 자신의 협력자들에게 전수해준다. 그래서 공의회는 다음과 같이 덧붙이고 있다.

> 거룩한 공의회는 주교 축성으로 충만한 성품성사가 수여된다고 가르친다. 이를 교회의 전례 관습과 교부들은 분명히 대사제직, 거룩한 봉사 직

무의 정점이라고 하였다. 그리고 주교 축성은 거룩하게 하는 임무와 함께 가르치는 임무와 다스리는 임무도 부여한다. 그러나 이 임무는 그 본질상 오로지 주교단의 단장과 단원들과 이루는 교계적 친교 안에서만 행사될 수 있다. 특히 전례 예법과 동서방 교회의 관습으로 드러난 전통에서 분명한 것은, 안수와 축성의 말씀으로 성령의 은총이 부여되고, 거룩한 인호가 새겨져, 주교들은 탁월하고 가시적인 방법으로 바로 스승이시고 목자이시며 대사제이신 그리스도의 역할을 하고 그리스도를 대신하여 행동한다는 것이다. 성품성사를 통하여 새로 뽑힌 이들을 주교단에 받아들이는 것은 주교들의 소임이다(LG 21).

공의회의 가르침은 중요하다. 왜냐하면 모든 원로들을 통해 주어지고(1티모 4,4) 특히 바오로를 통해 보다 명백히 드러나는(2티모 1,6-7) 안수 예식을 통해 수여된 주교직의 성사성을 분명하게 결정짓고 있기 때문이다. 트리엔트 공의회는 이 사목 서간들 안에서 특별한 은총을 수여하는 가시적인 표징으로서의 서품의 성사성을 재인식하고 있으며, 제2차 바티칸 공의회 역시 이러한 주교적 성사성을 재인식하고 있다. 필립(G. Philips)은 이러한 전망에서 드러나고 있는 거룩한 교부들, 예를 들어 아타나시오(Athanasius), 요한 크리소스토모(Joannes Chrysostomus), 몹수에스티아의 테오도로(Teodorus de Mopsuestia), 암브로시오(Ambrosius) 그리고 그 밖의 여러 교부들이 제시하는 일련의 증언들을 우리에게 보여주고 있다.[424] 이미 살펴본 바와 같이, 이미 사목 서간들은, 원로들을 안수하는 것처럼, 사도의 권한들을 충만하게 완수하는 사도의 계승자를 염두에 두고 있다.

하지만, 공의회는 주교적 성사성이 서품이 내포한 성사성의 충만함과 최고 사제직 — 히폴리토의 『사도전승』에 나오는 표현으로는 primatus sacerdotii(사제들 중 제일 첫째)[425]라고 할 수 있다—을 수여해준다고 가르친다.

필립(G. Philips)은 가끔 역사 안에서 사제직을 갖지 않았던 신자들에게 이 성사성이 주어진 사실을 지적하면서 주교직의 성사성을 다루고 있다. 부제직에서 최고 직책으로 직접 올라갔던 교황들도 있었다. 예를 들어, 요한 13세(965-972)는 부제직에서 직접 주교직으로 옮아갔다.

그러므로 성사성(sacramentalitas)은 사제직에 충만함을 부여해주는 것인데, 그렇다면 여기에는 관할권 또는 통치 권한도 주어지는 것인가? 아니면 교황의 임명 칙서에 의해 이것을 받는 것인가? 앞서 언급한 바와 같이, 스콜라 신학에서는 성사적인 그리고 교계적인 두 가지 권한에 대해 언급하고 있다. 그러나 필립이 상기하는 것처럼,[426] 이는 고대에는 전혀 알려지지 않았던 구별이다. 고대 사람들이 보기에 주교의 모든 권위는 근본적으로 성사적이었다. 전반기 천년 동안 이와 반대되는 이론은 전혀 언급되지 않았다.

이러한 성사성은 「교회 헌장」 18항이 제시하는 가르침이기도 하다. 이 항목은 가르치고 통치하는 직무들이 오직 주교단 그리고 그 구성원의 단장과 더불어 교계적인 친교 안에서만 수행될 수 있다고 끊임없이 규정하는 가운데, "주교 축성은 성화하는 임무와 함께 가르치는 임무와 다스리는 임무도 부여한다"고 언급한다. 그러므로 이 축성은 삼중적인 권한을 수여한다. 그러나 가르치고 통치하는 권한은 교계적인 친교의 틀 안에만 수행될 수 있다. 이러한 친교는 이 권한들에 있어서 '필수 조건(condicio sine qua non)'으로서, 필립은 이에 대해 다음과 같이 덧붙인다. "주교직의 활동은 실질적으로 강하게 일치되고 교계적으로 구조화된 친교 안에서 수행되며 동시에 다양한 직무들과 연관을 갖는다. 이 경우 각자가 자신의 관점에서 영감을 받았다고 주장하고 자기 개인적인 목적만을 따르려 한다면, 그 결과는 혼란과 파멸일 뿐 교회는 자신의 안내자와 일치하지 못하고 적대하게 됨으로써 이교(離敎)로 인해 갈기갈기 찢어질 것이다."427

그러므로 성사는 서로 일치하는 세 가지 권한을 수여한다. 히폴리토의 『사도전승』은 한 주교의 축성이 그에게 양 떼를 돌볼 권한을 수여한다는 점을 잘 알고 있었다. 그래서 이렇게 언급한다. "주님, 당신께서 선택하신 이 종으로 하여금 최고 사제직의 직분 안에서 당신의 거룩한 양 떼를 돌보고 당신을 섬길 수 있게 하소서."428

필립은 설명하길, 주교의 통치 직무를 감소시키기 위해 주교의 역할들을 제한하는 어떤 최소한의 암시도 드러나지 않는다고 한다. 우리는 이와 동일한 언급을 레오의 성사집(聖事集, Sacramentario Leonino)에 나오는 로마 전례 안에서 볼 수 있다. "당신 사제들 안에서 당신의 신비를 완성하게 하시며, 그들을 완전한 장엄함의 장식물들로 에워싸시고 이렇듯 천상 거룩함의 반영들과 더불어 그들을 성화시켜주소서. […] 당신 교회가 온 백성을 인도할 수 있도록 그들에게 주교직의 자리를 허락하소서. 저는 당신의 권위, 당신의 권능, 당신의 견고함을 압니다. […]."429 칼데오 그리고 안티오키아 같은 비잔틴 전례 안에서도 이와 같은 전망이 드러나고 있다고 필립은 지적한다.430

「교회 헌장」 21항은 언급하길, 주교직의 성사 역시 성사적인 인호를 수여한다고 한다. 서품에 대한 성사의 충만함이 실제적으로 주어진다면, 그것이 그리스도의 직무적인 역할에 보다 완전히 동화되는 데 있어 조화를 이루는 한에서 우리는 성사적인 특성이 주어진다고 허용해야 한다. "주교들은 탁월하고 가시적인 방법으로 바로 스승이시고 목자이시며 대사제이신 그리스도의 역할을 하고 그리스도를 대신하여 행동한다."「교회 헌장」28항은 사제들이 실제로 교황권의 최고 단계를 갖지 않는다고 언급한다.

이처럼 주교는 축성을 통해 삼중적인 직무를 받는다. 주재(主宰)하지 않는 주교들을 포함해서 모든 주교들은, 비록 그가 일정한 교구 내에서 어떤 활동을 하지 않더라도, 이 축성에 힘입어 규정된 교계 형식들을 완수하기까지 일반적이고도 보편적인 그 나름대로의 관할권을 소유한다.

앞서 설명한 특징이 언급하듯이(n.2), 최상의 권위를 통해「교회 헌장」3장에 대한 진정한 선언이 이어진다. 주교 축성은 세 가지 거룩한 직무에 대한 참여를 허락한다. 여기서 권한들 대신 직무들에 대해 언급하고 있는데, 이는 실행을 위해 미리 준비된 권한이 아님을 염두에 두기 위해 그렇게 말한 것이다. "이렇게 준비된 권한이 실행되기 위해서는 적법한 권위를 통해 교계적 또는 교회법적 결정이 추가되어야 한다. 이러한 권위에 대한 결정은 개별 직무를 허가하거나 수하 사람들을 배정해줄 때 이루어질 수 있으며, 이는 승인된 규범들에 준해서 주어진다. 이러한 최종적 규범은 제반 사안들의 본성 그 자체로 인해 요청되는 것으로서, 이는 그리스도의 뜻에 의해 교계적으로 통치하는 많은 주체들을 통해서 수행되어야 하는 직무들에 관한 것이기 때문이다"(n.2).

이처럼 주교직은 이에 대한 성사성의 인식과 더불어 제2차 바티칸 공의회에서 새롭고도 풍요로운 전망을 갖게 된다. 만일 주교직이 성사가 아니라면 그것은 단순히 교계적인 직무로만 수행될 뿐이다. 그러나 주교는 수장이기 이전에 신앙 안에서 자신의 사제들과 신자들의 아버지이다.431 만일 그것이 성사가 아니라면, 다른 주교들과의 일치는 단지 이를 이용하기 위해 필요할 뿐이다. 반면, 주교는 성사가 됨으로써 주교단과 일치하며 이 주교단 안에서 다른 주교들, 특히 로마 주교와의 생활한 친교를 갖는다. 만일 주교가 성사가 아니라면 그는 단지 자기 교구에 대해서만 책임을 질 뿐이다. 하지만 그는 주교단의 구성원이 되면서 동시에 주교직이 성사라는 사실에 힘입어 전체 교회의 사명에 참여하게 된다. 성사가 아니라면 주교는 모든 것을 교황으로부터 받아 직무를 수행하는 일종의 그의 대리자일 뿐이다. 반면, 비록 관할권에 대한 구체적인 지정이 요구되지만, 성사가 될 때 그는 사도들을 통해 그리스도의 주교적인 권한을 받는다.

주교들을 축성하는 직무는 오직 주교들에게만 속한다. 일반 사제들은 주교를 축성할 수 없다. 이와 관련해, 필립의 견해에 따르면, 역사 속에서 주교 축성에 대한 진정성이 의심스러운 경우가 한 번 있었다고 한다.432 325년이 되기 얼마 전 알렉산드리아의 총대주교가 서거했을 당시, 그 교회의 사제단은 구성원들 가운데 한 사람을 계승자로 지목한 적이 있다. 그러나 이처럼 추정된 관례에 대한 역사 문헌들은 애매모호하고 그 사건에 비해 한참 후대의 것이다.

사제들을 서품하기 위한 사제들의 권한을 보면, 비록 그것이 우발적이었고 단지 서방 교회에만 있었음에도 불구하고, 오랜 역사 안에서 다양한 경우들이 있어 왔다. 어떤 경우, 몇몇 교황들 — 예를 들면 보니파시오 9세 — 은 아빠스들에게 대품(大品)을 수여하는 권한을 주기도 했다. 필립은 스킬레벡스의 설명을 자신의 것으로 취하면서 이러한 현상을 다음과 같이 설명한다. "주교직은 사제직의 충만함이다. 주교의 명령을 따르도록 부름받은 사제들은 이러한 충만함에 참여한다. 그럼으로써 그들은 자신의 사제직을 다른 이들에게 통교하도록 허용된다. 그러나 이는 예외적으로 이루어지거나 또는 교회 최고 권위의 명령을 통해서 이루어질 뿐이다."[433] 따라서 교황적인 특전만이 그들로 하여금 서품 권한을 더하게 한다. 이는 서품의 권한과 관할권 사이의 완전한 구분이 불가능하다는 것을 입증한다.

레퀴예(L. Lécuyer)가 상기하는 바와 같이, 주교에게는 서품을 통해 주어진 거룩한 권한 — 비록 이 권한에서 세 가지 직무를 구별할 수 있지만 — 만이 있다. 이 권한의 단일함은 직무들의 본성 안에 깊이 심화되는 한에서 드러나고 있으며, 이 직무들 사이에는 서로 지속적인 깊은 교감이 있다.[434]

## II. 성사성과 합의성[435]

주교직의 성사성과 더불어 공의회는 '합의성(collegialitas)'이란 주제를 발전시켰다. 이는 엄밀히 말해 '주교는 성사적인 축성에 의해, 주교단의 단장 그리고 구성원들과 더불어 갖는 교계적인 친교에 의해 주교단에 속한다'는 것을 의미한다.

"주님께서 제정하신 대로, 거룩한 베드로와 다른 사도들이 하나의 사도단을 이루듯이, 비슷한 이치로 베드로의 후계자인 교황과 사도들의 후계자인 주교들도 서로 결합되어 있다. 전 세계에 세워진 주교들이 일치와 사랑과 평화의 유대로 서로 교류하고 교황과 친교를 이루던 매우 오랜 옛 규율과 공의회 모임 자체가 주교단의 단체적 본질과 특성을 드러내준다. 공의회를 통하여 더 근본적인 문제는 무엇이든 공동으로 결정하고 많은 이의 의견을 숙고하여 판단한다. 여러 세기의 흐름 속에서 개최된 세계 공의회들이 그 합의성을 명백히 증명하고 있다. 그리고 새로 뽑힌 이를 대사제 직무로 올리는 데에 참여하도록 여러 주교들을 초대하는 오랜 권고와 관습 자체가 이미 그 합의성을 가리키고 있다. 주교는 누구나 성사적 축성의 힘으로 또 주교단의 단장과 그 단원들과 이루는 교계적 친교로 주교단의 구성원이 된다"(LG 22).

주교직의 합의성은 어떤 면에서도 결코 공의회가 창안한 것이 아니다(게다가, 라칭거가 언급하는 바와 같이, 공의회는 이를 정의하려 하지 않았다[436]). 드 뤼박(De Lubac)이 잘 지적하는 것처럼,[437] 교회는 주교직의 단일체로서 주교직의 합의성은 근본적으로 신약성경과 초대 교회의 전승에서 유래한다.

이미 제1차 바티칸 공의회는 이 합의성에 대해 언급하고자 했으며, 교계 형성을 위해 클로이트겐(Kleutgen)은 당시 교부들이 제시한 조언들에 동의하는 가운데 오늘날 '합의성(collegialitas)'이라고 이해하는 것을 처음으로 그려내려고 계획하기도 했다.

우리는 그리스도가 어떻게 작은 그룹— 그 후부터 이 그룹은 다른 그룹들과는 확연히 구별됐다— 을 선택했는지 이미 살펴본 바 있다. 마르코가 제시한 '열둘을 만드셨다'라는 형태를 기억해 보자. 여기서 마르코는 이 열둘이 그분과 더불어 머무르고 이어서 설교하도록 파견되기 위해 선택되었음을 강조하고 있다(마르 13,13-19). 이 복음에서 열둘로 이루어진 그룹은 결정된 확고한 그룹이다. 그래서 비록 유다가 빠지게 됐을지라도 계속 '열둘'로 불렸다. "케파에게, 또 이어서 열두 사도에게 나타나셨습니다"(1코린 15,5). "쌍둥이라고 불리는 토마스는 예수님께서 오셨을 때에 그들과 함께 있지 않았다"(요한 20,24). 우리는 이 점에 대해 이미 다룬 바 있으므로 여기서 더 부연하지는 않겠다.

여기서 분명히 드러나는 점은 이 '열둘(dodeka)'이 초대 교회 당시 교계적인 그룹으로 실행되고 있었다는 사실이다. 이 열둘은 마치 하나의 그룹이자 단체로서 공동체가 나아가는 과정에서 책임을 지고 있는 모습으로 사도행전에서 드러난다. 나머지 열 한명과 함께 있었던 베드로는 성령강림절 당시 교회를 공적으로 소개하고 있다(사도 2,14). 사도들은 하나의 그룹으로서 가르쳤으며(사도 2,42) 기적을 행하고(사도 2,13) 부제들을 선출하는 중요한 결정들을 내렸으며(사도 6,1-6) 복음 선포에 대해 책임감을 갖고 있었다(사도 8,14). 베드로는 다음과 같은 말로 새로운 사도에 의해 유다의 자리가 대체되어야 한다고 해석했다. "그러므로 주 예수님께서 우리와 함께 지내시는 동안 줄곧 우리와 동행한 이들 가운데에서, 곧 요한이 세례를 주던 때부터 시작하여 예수님께서 우리를 떠나 승천하신 날까지 그렇게 한 이들 가운데에서 한 사람이 우리와 함께 예수님 부활의 증인이 되어야 합니다"(사도 1,21-22).

이 열둘로 구성된 그룹 내에서는 주님에 의해 신앙 안에서 다른 형제들을 굳세게 하도록 위임받은 베드로의 직무가 늘 강조되었다(루카 22,32). 주님은 사도단에게 주신 권한과 똑같은 권한을 따로 베드로에게 주시면서(마태 18,18) 그 위에 교회를 세우고자 하셨다(마태 16,17-19). 이에 대해 우리는 앞서 충분히 다룬 바 있다. 또한 초대 교회는 단체적인 면에서 볼 때 하나였다. 이는 다음과 같은 의미에서 그러하다. 즉 개별 교회 앞에서 어느 한 주교를 축성할 때에는 주교단의 다른 구성원들이 그를 축성했으며, 이후부터 그는 이 주교단의 일부분을 구성했다. 더욱이, 어느 한 개별 교회의 공번됨이 보장받기 위한 필수적인 기준은 로마교회와의 친교였다.

드 뤼박이 상기하는 바와 같이,438 로마의 클레멘스(Clemens Romanus)와 안티오키아의 이냐시오(Ignatius Antiochiae)가 쓴 서간들은 당시 각 교회 내에서 자기 직무에 대한 사도적인 기원을 잘 의식하고 있던 주교직이 이미 수행되고 있었음을 보여주고 있다. 이러한 직무는 자기 교회에 대한 책임과 여타 교회들에 대한 염려를 내포했다. 또한 드 뤼박은 상기하길, 이 주교단이 수행했던 보다 본질적인 활동은 각 주교가 다른 주교들이 각자 자기 교회에서 가르쳤던 것을 자신의 교회에서도 가르쳤다는 사실을 통해 드러난다. 하지만 모든 지역에서 로마좌와의 일치는 특별한 중요성을 지니고 있었다. 로마좌는 논쟁이나 갈등이 일어날 경우 최종적인 결정을 내렸다.

성 치프리아노는 '*ordo*', '*collegium*', '*corpus*'라는 용어로 주교들을 언급했다. "참으로 고려할 만한 것은 주교들의 단체(corpus)로서, 이는 상호간의 조화로운 맺음과 일련의 일치에 의해 결합되어 있으며, 만일 우리 단(團, collegium)의 구성원 중 누군가가 이단(異端)을 도입하면서 그리스도의 양 떼를 흩어 버리고 파괴하려 든다면, 다른 구성원들이 우리에서 다시 주님의 양 떼를 모아들이기 위해 능력 있고 자비심 많은 목자로서 여기에 개입한다. [⋯] 왜냐하면, 비록 우리 목자들이 많다 하더라도, 우리가 돌보는 양 떼는 하나이며 우리는 그리스도께서 당신의 지극한 열정으로 얻고자 하셨던 모든 양들을 다시 모아들이고 돌봐야 하기 때문이다."439

밀레비의 옵타투스는 도나티즘 이단에 대항해서 이미 '*Episcopale collegium*(주교단)'이라는 전문적인 표현을 사용한 바 있다. "도나티즘 추종자들에 대해 말하길, 그들은 우리와 함께 공통된 주교단을 형성하길 거부한다고 한다. 그러므로 만일 진실로 우리의 동료가 되기를 원치 않는다면 그들을 그냥 놔두자. 그러나 나는 그것을 다시 반복해서 말한다. 이 모든 것에도 불구하고 그들은 계속해서 우리의 형제들로 남는다. [⋯] 사실, 그들과 우리는 동일한 하나의 영적인 탄생만을 갖는다. [⋯] 이러한 형제들의 이름은 죄의 침범으로 사라지지 않는다."440

첼레스티노(Celestinus) 교황은 네스토리오를 거슬러 에페소에서 단죄한 이후 그의 추종자들이 더 이상 우리 단(團, collegium)에 속할 수 없다고 말한 바 있다.441 레오 대교황(Leo Magnus) 역시 일리리코 지역의 주교들에게 보낸 서한에서, 마태오복음 16장 17-19절을 지적하는 가운데 제반 교회들이 갖고 있는 모든 무게를 지고 간다고 언급하면서 이 단(團)의 사랑 안에서 우리와 일치하는 모든 이들과 더불어 이 염려를 나눈다고 말한다.442

한마디로, 주교들은 신앙과 보편 교회를 위한 공동 책임을 갖고 있다는 의식이 만장일치로 받아들여지고 있었다. 드 뤼박이 언급하는 것처럼,443 고대 교회의 주교들은 전체 교회를 위한 자신들의 책임에 대해 깊이 자각하고 있었다.

초대 교회 당시 부활절 날짜를 확정짓기 위해 지역 공의회가 소집되곤 했다. 이에 교황 빅토리오(Victor)는 190년까지 모든 이들에게 동일한 날짜를 강제하는 결정을 내렸다. 테르툴리아노(Tertullianus) 시대에 공의회들은 이미 북아프리카 교회에서 익히 알려진 상황이었는데, 특히 3세기경 치프리아노(Ciprianus)에 의해 소집된 여러 공의회들은 유명했다. 그래서 325년에 개최된 첫 번째 보편 공의회인 니케아 공의회를 포함해서 당시 제반 지역 공의회의 소집을 위한 법이 확정되기에 이르렀다. 당시 보편 공의회들은 교황이 아닌 공의회 전체의 이름으로 사안들이 결정되곤 했다. 이는 무엇보다도 공의회에 있어서 공의회 교부들이 신앙의 문제에 관한한 참된 심판관들로 드러났기 때문이다.

## 1. 제2차 바티칸 공의회

그럼에도 불구하고 제2차 바티칸 공의회에서 '합의성(collegialitas)'이란 주제는 여러 가지 어려움들을 안고 있었다. 일부는 이것이 교황의 최고 권한을 손상시킬 것이라고 생각했다. 더욱이, 주교들이 갖는 관할권의 원천은 성사가 아니라 계속해서 교황이었다. 한편, 교황이 주교단에게 관할권을 허용할 때마다 이 주교단의 존재를 인식하고자 했던 이들이 있었다고 필립은 설명한다.444 이들은 이 주교단이 지속적인 형태가 아니라 단속적(斷續的)으로 존재하는 것으로 보았다. 하지만 공의회에 참석한 대부분의 교부들은 주교적인 축성이 존재론적인 방식으로 그리고 성사적으로 총체적인 의미의 사목적인 직무를 수여한다고 — 비록 그 후에 교계적인 면에서 조율되어야 하지만 — 확신했다. 이는 주교들이 교황에 의해 선별된 것과는 별개로 그들에게 전체 교회와 신앙에 대한 친교와 보편적인 책임이 주어졌다는 것을 의미한다. 이는 초반 10세기 동안에는 일어나지 않았던 전망이었다.

18세기 말 볼제니(V. Bolgeni)는 모든 주교가 두 가지 관할권을 갖는다는 사실을 알았다. 하나는 '보편적인 관할권'으로서 축성을 통해 받는다. 다른 하나는 '개별적인 관할권'으로서 로마로부터 받는다. 이 견해는 후에 그레고리오 16세가 된 카펠라리(M. Capellari)에 의해 승인되었다.[445]

공의회의 가르침 안으로 들어가면서 분명히 드러나는 것은 주교단이 마치 이를 주재하는 동일한 권위를 갖는 이들의 모임처럼 단순히 교계적인 형태로 이해돼서는 안 된다고 하는 점이다.[446] 주님께서는 이들을 단체의 형태로 세우셨다고 사전 설명 주석(n.1)은 상기하고 있다. 더욱이, 베드로와 사도들 간의 병행 관계가 교황과 주교들 간의 관계에 상응하긴 하지만 반드시 그런 것만은 아니다. 왜냐하면 사도들은 그리스도에 대한 직접 목격 증인으로서의 자신들의 지위를 전수하지 않기 때문이다. 이는 전수될 수 없는 것이다. 오히려 이 두 단체 사이에는 비례적인 관계가 있다. 한편에는 교황과 수하 사람들 사이의 관계가 있고, 다른 한편에는 교황과 주교들 사이의 관계가 있다.

그러므로 그런 한에서 주교단(collegium episcoporum)은 어느 한 주교가 특정한 어느 사도를 계승함이 없이 사도단(collegium apostolicum)을 계승한다. 오직 로마교회의 주교만이 사도 베드로를 계승한다.

따라서 새로운 주교는 주교적인 축성에 힘입어 주교단의 일부를 형성하게 되는데, 이 주교적인 축성은 그에게 세 가지 거룩한 직무를 수여한다. 그러나 이 권한이 실현되기 위해서는 합법적인 권위가 교회법적 또는 관할권적 지명을 해야만 한다. 「교회 헌장」 25항과 27항은 가르치고 통치하는 직무가 그 직무의 본성상 주교단의 단장, 구성원들과 더불어 갖는 교계적인 친교 안에서만 수행될 수 있다고 언급한다. 이는 사전 설명 주석 2에서 취하고 있다.

주교단은 단장 없이는 존재할 수 없는데, 이 주교단은 또한 공의회를 통해 전체 교회에 대해 충만한 최상의 권한을 갖는 주체로 선언되었다. "주교들의 단체인 주교단은 동시에 그 단장으로서 베드로의 후계자인 교황과 더불어 이해되지 않을 때에는 권위를 가지지 못한다. 목자들이든 신자들이든 모든 이에 대한 교황의 수위권은 온전히 유지된다. 교황은 자기 임무의 힘으로 곧 그리스도의 대리이며 온 교회의 목자로서 교회에 대하여 완전한 최고의 보편 권력을 가지며 이를 언제나 자유로이 행사할 수 있다"(LG 22).

앞으로 보게 되듯이, 이 본문의 마지막 구절은 수위권에 대한 제1차 바티칸 공의회의 가르침에 전적으로 동의하고 있다.

"주교단은 교도권과 사목 통치에서 사도단을 계승할 뿐 아니라 그 안에 사도단이 계속하여 존속하며, 그 단장인 교황과 더불어 보편 교회에 대한 완전한 최고 권력의 주체로도 존재한다. 그러나 이 단장 없이는 결코 그러하지 아니하며, 또한 그 권력은 오로지 교황의 동의가 있을 때에만 행사될 수 있다"(LG 22). 이어서 사전 설명이 이어진다. "주교단은 필연적으로 언제나 그 단장과 함께 이해되며, 그는 주교단 안에서 그리스도의 대리자로서 또 보편 교회의 목자로서 자신의 임무를 온전히 보존한다"(n.3). 사전 설명 주석은 계속해서 말한다. "달리 말하면 교황과 집단으로 여겨지는 주교들이 구별되는 것이 아니라 혼자 있는 교황과 주교들과 함께 있는 교황이 구별되는 것이다"(*Ibid.*).

주교들은 단순히 교황의 자문이 아니라 자신의 단장으로서의 교황과 조직적으로 결합한 가운데 전체 교회에 대해 고유한 책임을 갖는다는 의미에서 주교단 내에서 고유한 권위를 갖는다. 비록 주교단이 협의적인 의미에서의 단체적인 행위로 늘 구현되는 것은 아니며 자기 단장의 동의와 함께 행동하지만 그럼에도 불구하고 이 단(團)은 언제나 존재한다(n.4). 무엇보다도 이 주교단은 보편 공의회에서 활동한다(LG 22). 그래서 공의회는 다음과 같이 언급하고 있다. "베드로의 후계자가 세계 공의회로 확인하거나 적어도 그렇게 받아들이지 않으면, 세계 공의회는 결코 인정되지 아니한다. 세계 공의회를 소집하고 주재하며 확인하는 것은 교황의 특권이다"(LG 22). 사전 설명은 주교단을 소집하고 이를 이끌며 이에 대한 제반 활동 규범을 승인하는 것이 교황에게 속한다고 규정짓는다(n.3).

보편 공의회는 달리 말해 주교적 합의성의 실현이라고 할 수 있다. 니케아 공의회(325)는 이에 대한 예형을 처음으로 설정했다. 이 공의회의 틀은 오랜 동안 법률적 효력을 가졌으며 이에 대한 전통의 근간이 되었다. 니케아 공의회는 콘스탄티누스 대제에 의해 소집되었고 250-300명의 주교들이 이에 응했다. 여기에는 동방 지역, 즉 소아시아, 시리아, 팔레스티나, 이집트, 이란, 특히 대도시, 즉 사도좌(sedes apostolica) 칭호를 갖는 지역의 주교들이 참석했다. 서방 지역의 대표는 상당히 적었다. 그들 가운데 코르도바의 오시오는 마치 로마교회의 대표자처럼 참석했다. 교회적인 측면에서 본다면 오시오 주교가 공의회를 주재하는 것도 가능했다. 왜냐하면 그의 이름은 언제나 이 공의회의 여러 본문의 시작에 나오기 때문이다. 이 공의회에는 당시 큰 영향을 미쳤던 세 지역, 즉 안티오키아, 알렉산드리아, 로마의 대표자들이 모두 참석했다.

시간이 경과하면서 공의회에 대한 보편적인 조건이 로마 주교에 의해 수용되는 가운데 규정되기 시작했다. 지역 공의회인 16차 카르타고 공의회(518)는 당시 북아프리카 지역의 주교들과 더불어 성 아우구스티노에 의해 조직되었는데 서한 "Tractatoria"를 통해 교황 조시모에 의해 승인되면서 보편 공의회로 간주되었다.

「교회 헌장」 22항은 다음과 같이 끝맺고 있다. "전 세계에 살고 있는 주교들은 교황과 함께 그 동일한 합의체적 권력을 행사할 수 있으나, 그것이 진정한 합의체적 행동이 되려면, 주교단의 단장이 주교들에게 합의체적 행동을 요청하거나 적어도 흩어져 있는 주교들의 일치된 행동을 승인하거나 자유로이 수락하여야 한다." 드 뷔박이 언급하는 것처럼,447 "단지 공의회에서 취해진 결정들을 통해서만이 아니라 공간 속에 흩어져 있고 시간 속에서 차례로 배치되어 있는 구성원들의 일치된 가르침을 통해 주교단으로서 통상적으로 그리스도교 공동체의 신앙과 생활을 조절하고 이끌어 가는 것이다."

사전 설명 주석은 의심할 바 없이 '주교단(collegium episcoporum)'이란 말의 정확한 의미를 규정해주고 있다. 이는 단순한 관할권적인 단체로 작용하지 않으며 무엇보다도 사도단의 구조에서 유래한다. 공의회에서는 '합의성' 그 자체를 거슬러서가 아니라 이를 잘못 이해할 수 있는 가능성을 거슬러서 그 나름대로의 반대가 있었다. 그러나 사전 설명 주석은 제3장의 가르침을 반복하는 것처럼 보였다. 주교단 밖에서 이루어지는 수위권(primatus)에 대한 행사를 옹호하는 것은 제1차 바티칸 공의회를 통해 규정된 가르침에 상응할 뿐 아니라 — 이는 제2차 바티칸 공의회가 자신의 것으로 받아들이려 했던 것이다 —「교회 헌장」 22항에서는 다음과 같이 취해졌다. "교황은 자기 임무의 힘으로 곧 그리스도의 대리이며 온 교회의 목자로서 교회에 대하여 완전한 최고의 보편 권력을 가지며 이를 언제나 자유로이 행사할 수 있다."

제2차 바티칸 공의회를 해설했던 대부분의 사람들과 더불어 이제 우리는 다음과 같이 말할 수 있다. 즉 "교회에는 최고의 권위를 갖는 다음과 같은 두 주체가 있다. 주교단(교황 없이는 결코 존재할 수 없다), 그리고 교황."

공의회는 로마교황의 무류성(無謬性, infallibilitas)에 대해 언급하는 가운데 다음과 같이 말한다. 즉 주교단의 단장인 로마교황은 자신의 직무에 힘입어 교황의 권위적인 '교황좌(敎皇座, ex cathedra)' 선언을 통해서 모든 신자들의 사목자요 최고 교사로서 말할 때 무류성을 누린다(LG 25). 우리는 여기서 무엇보다도 '주교단의 단장'이요 '주교단의 단장인 한에서'라는 표현에 주목해야 한다. 필립은, 주교단의 단장이라는 직함은 제한적인 특성을 갖는 것이 아니라 더할 나위 없는 교황의 최고 직무에 대한 특징적인 모습을 언급하고 있다고 주목한다. 나아가, 이 표현은 주교단을 암시하는 제1차 바티칸 공의회(D 3074)의 내용을 전사(轉寫)한 것이다.[448]

이러한 맥락에서 우리는 사전 설명 주석의 본문을 기억하는 것이 좋다. "그리스도의 전체 양 떼를 돌보는 것이 맡겨져 있는 로마

교황에게 교회의 필요들에 준해서 이러한 돌봄이 적절하게 실현될 수 있는 방법, 그것이 개인적인 수단이든 아니면 합의체적인 수단이든, 그러한 방법을 판단하는 것이 귀속된다. 로마교황은 자신의 재량에 따라 교회의 유익을 지향하는 가운데 합의체적인 실행을 질서 짓고 증진하며 승인하는 것을 진행한다"(n.3).

그러므로 비록 공의회가 교회 안에서 최고 권한이 한 주체에게 주어지는지 아니면 부적절하게 구분된 두 주체에게 주어지는지에 관한 전문적인 문제를 결정하려 하지 않았음에도 불구하고, 공의회의 가르침은 두 번째 견해에 좀 더 근접해서 드러나고 있는 듯하다.[449] 교황은 언제나 주교단의 단장으로서 존재하지만 언제나 그렇게 행동하는 것은 아니다.

## III. 교회의 최고 목자인 교황[450]

교황은 실제적으로 오랜 역사를 통해 전체 교회와 각 개별 교회에 대한 직접적인 권위를 누렸다. 코린토 교회에 대한 교황 클레멘스 1세의 개입, 부활절 날짜의 결정을 둘러싼 아시아 교회에 대한 빅토리오 교황의 권위에 대한 부과 그리고 다른 여러 경우들이 있음을 우리는 상기할 수 있다. 제1차 바티칸 공의회가 베드로의 후계자가 갖는 보편적인 수위권에 대해 규정하고 제2차 바티칸 공의회가 자신의 것으로 만들고자 했던 그 가르침은 각 개별 교회가 로마 교회와의 친교야말로 자신의 본질적인 구성적 축을 이룬다는 의식 속에서 씨앗처럼 드러나고 있다. 만일 그렇다면 교황이 개별 교회에 개입할 때 그는 교회의 외적 요인이 아니라 본질적이고 내적인 요소로서 그렇게 개입하는 것이다.

행정적인 차원에서 보면 교황권은 역사상 교회만이 아니라 정치적인 면에서도 시의 적절한 환경들, 특히 중세 때 세속적인 권력에 대해 신정정치적(神政政治的) 개념과 더불어 설명되는 발전을 이룩했다. 따라서 교황권 발전에 대한 역사를 잠시 살펴보기로 하자.

## 1. 교황권의 발전에 관한 역사적인 기억들

### 1.1. 동방교회와의 결별

16세기의 종교개혁 사건과 더불어 교회 역사상 가장 고통스러운 페이지 가운데 한 장을 장식한 것은 아마도 1054년에 이루어진 동방교회의 분열일 것이다.

사도 계승을 다룬 장에서 우리는 초세기 당시 동방교회에 의해 받아들여진 로마교회의 수위권에 대해 암시한 바 있었다. 하지만 앞으로 살펴보게 되듯이 상황은 점점 바뀌어 갔다. 6세기의 서방은 새로운 왕국들과 다양한 여러 지역 교회에게 공간을 허용하면서 북방의 야만 민족들에게 동화되어야 하는 과제를 안고 있었다. 한편, 동방에서는 지상에서의 하느님의 대리자라고 하는 황제 개념이 지속되고 있었다. 그래서 콩가르는 교회가 제국의 내면적인 얼굴로 간주되었다는 점에 주목하고 있다.[451] "교회와 국가는 그리스도교 왕국이 실제적으로 두 가지 형태로 드러난 것이다." 그러기에 황제에게는 거룩하고 신적인 그 무엇이 있었으며 동방에서 제국의 일치는 교회의 일치를 위해 필수적인 것으로 간주되었다. 이렇게 해서 교회 내에서 황제의 영향은 콘스탄티노폴리스의 총대주교 임명에까지 이르렀으며, 심지어 황제는 신앙의 가르침들을 조율하는 데까지 권리 주장을 했다.

콩가르가 상기하듯이, 비록 이러한 사실이 동방에서 반로마적인 것이 아니라 교회 구조에 대한 이론이자 교회의 일치를 보증하는 형태였지만, 다섯 총대주교좌 동등설(Pentarchianismus)(역자 주: 예루살렘좌, 안티오키아좌, 알렉산드리아좌, 콘스탄티노폴리스좌, 로마좌, 이 다섯 교회의 총대주교좌가 같은 권한을 갖는다는 주의)이 확고해지고 있었다는 점에서도 잘 드러난다. 이 주장에 따르면, 다섯 명의 총대주교들 사이의 동의가 보편성의 기준이 되었다.

더욱이, 단의론(單意論)과 성상 파괴에 대항해서 거둔 승리는 상당 부분 교회 생활에 있어서 근원적이면서도 결정적인 요소가 되었던 수도승들에 기인한다. 이러한 기류에 편승해서 정통성은 특별히 비잔틴적인 전통과 더불어 동방교회와 동일시되어 갔다.

9세기경 콘스탄티노폴리스의 총대주교였던 포시오(Photius)는 황제적인 절대주의를 한정짓기 위해 특별히 교황의 수위권에 대해 부정적인 태도를 취하는 가운데 교회론에 개입했다. 그는 니콜라오 1세를 대항해서 로마의 수위권을 부정했으며 자기 주교좌가 갖는 독립성을 표현했다. 결국 그는 로마와의 친교 속에서 죽었으며, 콩가르는 상기하길,[452] 교회들 간의 친교를 주재하는 로마의 수위성과의 친교 안에서 자신의 주교좌가 갖는 행정적이고 전례적인 독자성을 연결 짓는 생활양식(modus vivendi)을 받아들였다. 그러나 불행하게도 불가리아인들에 대한 로마의 행위에 대항하는 열렬한 논쟁은 성령 신학(필리오쿼 문제)과 일종의 문화적인 문제들로 인해 증폭되는 가운데 라틴 사람들에 대한 반감을 불러일으켰다.

콩가르는 주목하길,453 많은 이들이 생각하는 것과 달리, 처음에 이 사안이 교회론 문제에 그리 많이 결부되어 있었던 것은 아니다. 이 문제는 주로 필리오퀘(filioque), 연옥 또는 에피클레시스를 둘러싼 여러 가지 양상들, 논쟁 가운데 자주 등장하는 주제들과 연관된 것들이었는데, 이와 더불어 로마 수위권이 갖는 군주제적 개념에 대해 점점 반대하기 시작했다. 그렇다고 여타 교회들이 그보다 작은 교회나 종속된 교회처럼 간주되어서는 안 된다. 로마의 수위권은 거룩한 교부들과 여러 공의회의 가르침 내에서 한계 지어져야 한다. 수위권은 그 자체로 교회의 신앙과 연결되어 있다.

분명한 사실은 동방과 서방이 점점 더 교회에 대한 상이한 이해를 갖게 되었다는 점이다. 그것은 각 교회가 적법하게 갖고 있는 것들을 아직 통합할 줄 몰랐기 때문이다. 한편으로 동방에서는 행정 기구이자 고유한 문화와 전례를 잘 갖춘 개별 교회들 간의 친교라는 교회 개념이 생겨나기 시작했다. 그래서 '어머니(*mater*)'로서의 교회, 그 자체로 전체 교회의 집약(集約)이자 인격화된 형상으로서의 로마교회 개념이 약화되어 갔다. 그러나 총대주교 다섯 명의 만장일치, 무엇보다도 로마의 동의가 아니면 어떤 사안도 결정되지 않았다.454

한편, 서방에서는 '교황권(*papatus*)'이라는 개념이 형성되어 갔으며 더불어 '어머니(*mater*)'이자 '머리(*caput*)'라는 로마교회 개념도 더해 갔다. 사실 동방교회는 12세기에 이르기까지 교황권의 권리 주장들이 확장되는 것에 대해 반응을 보이지 않았으며 인노첸시오 3세의 서한들에 대한 회신을 통해 비로소 공식적인 입장을 밝히기 시작했

다.455

다음과 같은 라칭거의 지적은 확실한 듯하다. 즉 로마는 행정적인 총대주교직과 사도적인 위임 통치를 분리할 줄 몰랐으며, 그 자체로 사도적인 수위권의 실행456을 훨씬 넘어서는 중앙집권적 통치에 대한 권리를 요구했고 서방과 동방의 주교들을 분열시킨 교황권 실행에 있어서 군주제적인 형태를 취했다. 라칭거는 모든 문제가 가진 비극은 바로 여기에 근거한다고 보았다. 두 지역 사이의 단절은 라칭거가 적절하게 지적한 일련의 요소들에 의해 이루어졌다. 첫째, 서방은 이슬람의 침입으로 인해 고유한 통치권을 갖고 있었는데 반해, 로마가 동방과 친교를 나누는 데 있어서 교량 역할을 했던 아프리카 교회는 상실되고 만다. 더욱이, 서방 교회는 카를 대제가 통치하던 프랑크 왕국과의 융합을 통해 더욱 서방화되어 갔고, 결국, 지역 교회의 부제, 본당신부, 주교들 가운데서 추기경들을 지명하기에 이르렀다. 그리고 총대주교직의 권한을 손상시키는 가운데 추기경직을 보편 직무로 만들었다.457 그래서 총대주교직은 로마 교회가 수여하는 명예 칭호로 축소되고 말았다.

로마와 비잔틴 사이의 단절이 결정적으로 이루어진 것은 1054년 7월 6일이었다. 콘스탄티노폴리스의 총대주교였던 미카엘 체룰라리오스(Michael Cerularios)는 통상 교황에게 서임(교황 레오 9세)에 관해 알려주도록 되어 있는 시노드 서한을 보내지 않고, 오히려 결별하려는 원의를 표현한 서한을 간접적인 경로를 통해서 보냈다. 그는 이 서한에서 라틴 교회가 범한 다음과 같은 일련의 오류들을 지적했다. 즉, 누룩 없는 빵의 사용, 사순절 동안 알렐루야를 생략한 것, 토요일에 단식하는 문제.

이에 교황은 홈베르토 추기경이 작성한 답신에 서명해서 총대주교에게 보냈다. 이 서한은 다음의 문제에 대해 철저히 다뤘다. 즉 로마교회의 규율과 가르침이 갖는 수위권. 홈베르토 추기경은 콘스탄티노폴리스의 체룰라리오 총대주교에게 전하는 새로운 서한 그리고 사절단과 더불어 파견되었다.

하지만 이는 총대주교의 완고함과 홈베르토의 부족한 외교 수완으로 인해 결국 파국에 이르고 말았다. 이렇게 해서 홈베르토 추기경이 성 소피아 성당의 제대 위에 총대주교를 면직시키고 파문하는 교서를 놓음으로써 두 교회 사이의 결별이 이루어졌다. 이에 대해 체룰라리오는 7월 24일 시노드 칙령으로 회신했다.

요약해 보면, 두 교회를 분열시킨 것은 교의적인 문제라기보다 사회-문화적인 문제였으며 행정에 있어서 로마의 사도적 수위권을 총대주교들의 자주적인 모습을 인정하면서 이와 통합시킬 줄 몰랐던 데 있었다.

### 1.2. 교황권에 대한 중세의 발전

중세 동안 교황권은 교황이 세속적이고 정치적인 제왕으로 변한 가운데 군주적인 모습을 취했다. 그레고리오 7세, 인노첸시오 3세, 보니파시오 8세 같은 여러 교황은 교황권이 사회에 대한 신정정치적(神政政治的) 모습으로 변모되는 데 큰 영향을 미쳤다. 이 문제는 교회와 세속 권력 사이의 관계에 대해 언급할 때 보다 상세히 다루기로 하겠다.

또한 분명한 것은 이러한 상황에 더해서 보다 광범위한 교황권의 확장을 허용하는 새로운 요소들이 생겨났으며, 이로 인해 교황권에 대한 신학적인 성찰이 이루어지고 교황 신학이 비대해져 갔다는 점이다. 이 점에 관해 라칭거는 설명하길, 당시 탁발 수도회들의 발생과 더불어 서방에서는 어떤 실재적인 새로움 일어나기 시작했다고 한다. 이들은 스스로를 수도승들의 후계자로 이해했던 사제 공동체들로서, 사도적 교계 조직 안으로 들어가기 위해 지역 교회의 주교적인 구조에 들어가지 않고 직접 로마에 속했다. 이처럼 탁발 수도회들은 교황권이 보다 뚜렷이 부각되게 하면서 교황에게 직접 의지했다.458 이처럼 탁발 수도회들(도미니코회, 프란치스코회)의 역사는 교회 내에서 교황권의 영향을 확장시키는 데 기여했다. 라칭거는 지적하길, 탁발 수도회들을 통해 야기된 교계적인 범위의 파괴는 어떠한 주교적인 선교에 대해서도 준비되지 않았던 영혼들을 위해 이루어진 모든 사목적인 차원을 통해 구체화되었으며, 이처럼 탁발 수도자들은 오직 교황 앞에서 책임감을 느꼈던 총체적인 운동의 선구자들이었다.459 콩가르가 주목하듯이, "탁발 수도자들은 교황으로부터 주어진 선교 원칙을 통해 필수적인 '관할권'을 갖고서 자신들의 활동(설교, 고해성사)이 갖는 적법성을 방어했다. 여기서 교황의 권한은 최고이자 동시에 보편적인 것이었다."460

처음에 아빠스를 포함해 제반 성직자들에게 적용됐던 '그리스도의 대리자'라는 칭호는 12세기에 들어와 직접 그리스도를 대표하는 자라는 의미에서 사실상 교황에게만 독점적으로 적용되었다. 그래서 주교들은 그리스도와 베드로의 아래에서 사도들을 대표하는 이들로 드러나게 되었다.461 이처럼 교황은 단지 수석 주교좌(sedes primaria)를 대표할 뿐 아니라 여타 주교들과 비교해서 질적으로 다른 상황을 갖게 되었다. 콩가르가 언급하는 것처럼, 그리스도의 대리자가 고유하고 독점적인 의미에서 교황의 칭호로 변화될수록 법률적인 의미는 확실한 지배력을 갖게 되었다.462

이처럼 교회은 특별한 신분 아래 고려되었으며 베드로가 특별한 형태로 하늘나라의 열쇠에 대한 권한을 받았다는 사실을 염두에 두고서 교황권에 대해 성찰했다. 마태오복음 16장 18절에 대한 숙고는 로마교회를 '머리(caput)'이자 '어머니(mater)'로 정착시키도록 이끌어주었으며, 콩가르가 말하듯이,463 비록 교회법 학자들이 총대주교에 대해 이론적으로 설명하긴 했지만 사실상 이 개념은 서방에서 상실되고 말았다. 그래서 로마교회는 "모든 교회들의 머리이자 스승(*caput et magistra omnium ecclesiarum*)"으로서 이 교회로부터 시작해서 교황의 교의적인 교도권에 대한 상당한 발전이 이루어졌다고 알렉산데르 3세는 명백히 언급했다.

더욱이, 13세기에는 인노첸시오 3세의 모습과 더불어 교황을 그리스도의 대리자로 여기는 교황권에 대한 성찰이 생겨났다. 당시까지의 교황은 그 자체로 베드로의 대리자 또는 계승자('레오 대교황의 경우')로 지칭되었다. 그러나 중세의 신정정치적(神政政治的)인 맥락에서 종종 자신을 '베드로의 후계자(*succesor Petri*)'로 칭했던 교황 인노첸시오 3세는 이제 '그리스도의 대리자(*vicarius Christi*)'라는 칭호를 창시하기에 이른다.

콩가르가 주목하듯이,464 이와 더불어 '그리스도의 대리자'라는 칭호는 단지 교황의 고유한 칭호로 바뀔 뿐 아니라 교회를 하느님과 사람 사이의 '중개자(mediator)'로 자리매김하는 직접적인 그리스도론적 성찰을 통해 일종의 자주성을 획득하게 된다. 분명한 것은, 이 '그리스도의 대리자'란 칭호는 당시의 신정정치적 개념들을 포기한 가운데 그 이후의 교회 앞에 선 베드로의 직무를 강화할 것이라는 점이다. 이후 교황은 교회 내에서 그리스도의 대리자로 드러나게 된다. 왜냐하면 그는 베드로의 후계자이기 때문이다.

성 보나벤투라는 13세기 내내 교황적 군주제의 위대한 보호자로 드러나고 있다. 로마 사도좌는 그리스도로부터 삼중적인 권한을 부여 받았다. "그분의 교회에 주어진 권위를 충만하게 갖는다는 사실로 인해 교황은 모든 지역과 모든 교회 내에 이러한 권위를 누리고 있으며 이는 로마좌에서도 똑같다. 그리고 여타의 모든 권위는 여기서부터 모든 하위 단계로 흘러 들어가며, 모든 성인들의 교회는 각각의 교회에 관계되는 정도에 따라 천상에서와 마찬가지로 온갖 선의 유일한 원천이신 예수 그리스도로부터 솟아 나온다."465

콩가르가 주목하듯이,466 성 보나벤투라는 교황의 권위에 대한 실행을 '참여(*participatio*)'라는 스케마에 준해서 이해했다. 즉 그는 주교들이 교황의 권한에 참여하는 한에서 교회 내에서 권한을 갖는다고 보았다. 비록 그가 무류적인 교황에 대해 표현한 것은 아니지만, 그럼에도 불구하고 그 실재에 대해서는 언급하고 있다.

콩가르는, 9세기경 서방에 도입된 위 디오니시오의 작품들은 12세기 들어 생빅토르의 후고와 더불어 새로운 정점에 이르게 되며 그 작품이 내포한 '참여'에 관한 플라톤적 스케마는 여타의 주교들이 참여하는 교회 내에서의 권한을 교황이 충만하게 갖는다는 사실을 적지 않게 암시하고 있다.467

한편, 성 토마스는 주교들의 관할권 — 그렇다고 이 관할권이 성사적인 사제적 권한을 의미하는 것은 아니다. 그것은 무엇보다 사람들을 임명할 수 있다는 것을 뜻한다 — 이 교황으로부터 유래한다는 것을 받아들였다. 그에 의하면, 교황은 세속적인 의미에서가 아니라 교회적인 의미에서 교회 내에서 충만한 권한을 갖는다. 그는 교의적인 사안에 대한 교황의 최고 권위를 받아들였다.

교회 내에서 이루어진 교황의 모습에 대한 이 모든 운동과 신학적인 성찰들은 동방교회와는 별개로 서방 안에서 이루어졌다. 이처럼 라틴 세계는 교황권에 대한 군주적 개념—그레고리오 7세, 인노첸시오 3세 그리고 보니파시오 8세와 같은 교황들에게서 드러나는 세속적인 주장들을 잊지 말자—을 발전시켜 갔다. 이는 분명 교황의 모습을 동방적인 감수성으로부터 멀어지게 만들었다. 당시 동방교회는 다섯 총대주교에게 교회 내에서의 최고 권위를 부여하는—따라서 이 권위는 합의를 통해 단체적으로 구현되었다—'친교 교회론(Ecclesia ut communio)'을 발전시켰다. 그래서 '머리(caput)'라고 하는 로마교회의 자격을 받아들이길 거부했다. 어쨌든, 교황은 최고의 명예를 지녔었다. 동방에서의 교회적인 질서는 성령론적인 친교의 전망에서 이해됐다. 반면, 서방에서는 그리스도론적 또는 제도적인 전망이 지배적이었다.

정확히 말해 바로 이러한 틀 안에서 동방정교회와의 일치가 시도되었다. 당시 투르크인들은 동방의 그리스도교를 황폐화시켰으며 결국 비잔틴교회의 생존을 위험으로 몰아넣었다. 이로 인해, 당시 황제인 알렉시우스 1세는 군사적인 지원을 요청하기 위해서 교황 우르바노 2세와 함께 클레르몽 공의회(1095)를 수락하기에 이른다. 이 공의회는 십자군들의 주도하에 이루어졌으며 종교적인 관점에서는 아무것도 이루어진 것이 없었다. 십자군의 손을 빌려 콘스탄티노폴리스를 재탈환한 미카엘 팔레올로고스는 십자군에 의한 새로운 위협을 보게 되고 이에 서방인들의 신뢰를 얻기 위해 로마와의 친교를 이루게 된다. 이렇게 해서 1274년 그레고리오 10세는 2차 리옹 공의회를 소집했다.

이에 미카엘 팔레올로고스는 이 공의회에 자신의 사절들을 파견했으며, 이들은 소위 "미카엘 팔레올로고스의 신앙고백"이라는 이름으로 알려진 서한을 가지고 갔다. 이 서한은 1267년 클레멘스 4세에 의해 편집된 것이다. 이 안에는 성사들, 연옥, 수위권과 같은 교의적인 문제들에 대한 접근이 시도되었다. "거룩한 로마교회는 보편 교회에 대해 겸손하고 진실되이 거룩하고 충만한 수위권과 전권을 받았음을 인정하는 가운데 이를 갖는다. 이는 사도들 가운데 첫 번째인 복되신 베드로의 인격 안에서 주님으로부터 친히 받은 충만한 권한으로서 로마교황은 그 사도의 후계자이다"(D 861).

그러나 문제는 성직자, 특히 수도승들이 1275년 1월 16일 선포된 이 일치를 거슬러서 격렬하게 반응한 것이다. 비록 당시 황제는 로마에 충실함을 표명했지만, 그의 아들인 아드로니쿠스 2세는 결국 이 일치를 깨 버리고 말았다.

좀 더 후에 페라라-피렌체 공의회에서 새로운 일치가 모색됐다. 이 공의회는 1438년 1월 8일 페라라에서 시작됐으나, 이후 전염병으로 인해 피렌체로 옮겨서 진행됐다. 이 공의회는 교황과 비잔틴의 황제인 요한 팔레올로고스 8세 그리고 동방의 여러 총대주교들이 참석한 가운데 이루어졌다. 마침내 1439년 7월 6일 피렌체에서 그리스인들과 일치하는 칙령이 선포됐다. 이 칙령은 교황좌(敎皇座, *ex cathedra*) 선언의 가치를 갖는다. 칙서 *Laetentur coeli*를 통해 선포된 이 칙령은 성령, 성찬례, 연옥, 로마의 수위권에 대한 기원을 다루고 있다. 로마의 수위권에 대한 정의를 보면 이 문서는 이 사안에 관한 제1차 바티칸 공의회의 가르침을 이미 본질적으로 담고 있다. 그러나 동방교회의 신자들과 성직자들이 이 공의회를 받아들이지 않아 결국 실패하고 말았다. 공의회는 다음같이 언급하고 있다.

> 우리는 또한 거룩한 사도좌 그리고 로마교황이 온 세상에 대해 수위권을 갖고 있다는 것, 그리고 로마교황이 사도들 가운데 머리이신 복된 베드로의 후계자이며 참된 그리스도의 대리자라는 것, 그리고 모든 교회의 머리이자 모든 그리스도 신자들의 아버지요 스승이라는 것, 그리고 주님이신 예수 그리스도를 통해 복된 베드로의 인격 안에서, 여러 보편 공의회들 안에 그리고 거룩한 교회법 안에 담겨 있는 것처럼, 그에게 모든 교회를 양육하고 통치하며 다스리는 충만한 권한이 주어졌다는 것을 규정한다(D 1307).

그러나 언급한 바와 같이, 이 공의회는 동방교회 성직자들에 의해 수용되지 못했다. 엄밀히 말해, 동방교회 세계에서는 피렌체 공의회가 겪었던 반발을 거울삼아 공의회의 무류성에 대해 말할 수 있기 위해 백성 편에서 공의회의 가르침을 반드시 수용해야 한다는 이론이 발전되었다. 이 칙령은 당시 동방교회 지도자들에 의해 서명됐지만, 백성은 자기 주교들을 따르지 않았다. 결국 주교들은 자기 교구로 돌아간 다음 자신들이 했던 말을 철회하고 말았다.

### 1.3. 공의회 우위설에 이르기까지

교회에 있어서 14세기는 격변의 시기였다. 그 이전의 세기를 지배하던 질서는 깨져 버렸으며 유명론(唯名論)으로 인해 신앙과 이

성 사이의 분열이 가속화되었고 이와 더불어 그간 유지돼 오던 인식의 질서도 깨지고 말았다. 이미 그 당시 규정지어진 질서 앞에서 창조적인 능력에 대한 느낌을 갖는 새로운 인간, 즉 르네상스의 인간에 대한 관념이 잉태되고 있었다. 평신도들은 자신들 역시 교회임을 입증했으며 영적인 운동들이 연이어 일어났다. 또한 평신도들은 세속 도시의 자주성을 요구했고 신학적인 차원에서 법과 신앙 사이의 대립을 강조했다. 여기서 잊지 말아야 할 것은, 이 세기에 위클리프(Wyclef)와 후스(Hus)로부터 교회에 대한 영적 개념이 생겨났으며 이는 궁극적으로 프로테스탄트 종교개혁을 준비했다고 하는 점이다.

사실을 말하자면 이 모든 물결의 밑바닥에서부터 고통스럽기 그지없었던 서방의 이교(離敎)(1378-1417)가 교회 내에서 발생했다고 하는 점이다. 이로 인해 두 명의 교황이 있게 되었고, 1409년부터는 세 명으로 늘어났다. 그러나 우리가 여기서 다루고자 하는 것은 이 이교에 대한 역사적인 변천 과정이 아니라 이 시대에 생겨난 '공의회 우위설(*conciliarismus*)'에 대한 개념들을 제시하는 것이다. 안톤(P. Antón)은 이 기원에 대해 아주 잘 설명하고 있다.468

사실, 당시 서방 이교에 대한 해결책은 공의회를 통해 찾아야 한다고 생각했었다. 그래서 콘스탄츠 공의회의 개념이 탄생하게 된다. 요한 23세는 1409년에 있었던 피사 시노드의 지침들에 준해서 교회의 일치와 평화를 이루기 위해 이 콘스탄츠 공의회를 소집했다. 하지만 공의회가 그를 적법한 교황으로 인정할 것이라고 확신했던 교황은 1415년 3월 2일 공의회를 포기한 채 실망하면서 그렇게 진행되어서는 안 된다는 것을 입증하기 위해 떠나고 말았다. 그는 공의회 교부들이 수장(首長)이 없는 것을 보고서 공황 상태에 이를 것이라고 확신했던 것이다. 이 점에 대해 코얀테스는[469] 당시에 일어났던 이 요한 23세의 행동이 결국에는 공의회 우위주의자들의 입지를 강화시켜주었다고 지적하고 있다.

그러나 공의회 우위설에 대한 개념들은 이미 1380년을 기점으로 형성되기 시작했다. 이는 무엇보다도 교황의 무소불위의 권력에 한계를 두기 위한 탈출구를 마련하고, 주교들의 권한이 교황으로부터 유래한다는 사실을 부인하기 위한 것이었다. 더욱이, 중세 당시에는 교황이 신앙에 있어서 오류를 범할 수도 있고 이단에 빠질 수도 있는 반면, 교회에는 무류성의 권한이 주어졌다고 하는 가정이 옹호되는 상황이었다. 따라서 교황은 교회, 즉 보편 공의회에 의해 재판을 받을 수도 있다고 보았다. 여기서 우리가 간과해서는 안 될 또 다른 사실은, 당시 교황이 행사하던 세속 권력에 대한 이의 제기가 진행되고 있었다는 점이다. 사실, 교황권의 실행 자체는 자연법의 한계 그리고 계시를 통해 받은 신앙의 한계를 갖고 있었다. 마지막으로, 교황의 권한에 대한 실행은 독재적인 형태로 실현되어서는 안 되며 무엇보다도 수하 사람들의 권리와 보조성의 원리를 고려해야 했다.

이렇게 해서 '공의회 우위설(conciliarismus)'이 탄생하게 되는데, 이 이론은 공의회가 교회에 대한 최고 권한을 가지며 교황은 이 공의회의 대행자일 뿐이라고 보았다. 사실, 요한 23세가 떠나간 후에 있었던 콘스탄츠 공의회에 대한 제르송의 일련의 개입은 분명히 공의회 우위설 주장에 대한 표명이었으며, 다섯 번째 회기(1415년 4월 6일)에서는 비록 상당수의 추기경이 불참했고 승인에 반대했던 이들이 많았음에도 불구하고 공의회 우위설에 대한 다섯 가지 조항들을 담고 있는 교령 *Haec sancta*가 승인되었다. 다음은 콘스탄츠 공의회의 핵심이다.

> 이 모임은, 우선, 보편 공의회를 형성하는 가운데 가톨릭 교회를 대표하며 성령 안에서 이루어진 적법한 모임은 그리스도로부터 직접 권한을 받는다고 선언한다. 어떤 지위나 품위를 막론하고 교황을 포함해서 머리에서부터 구성원들 모두는 신앙 그리고 그러한 이교(離敎)에 대한 근절 그리고 그러한 교회의 개혁에 속하는 것들에 관해 이 권한에 복종해야 한다(FIC 664).
>
> 더 나아가, 신분과 지위에 따른 품위가 어떠하든 이 거룩한 시노드 또는 적법하게 모인 여타의 보편 공의회들이 제시하는 명령들, 결정들, 규정들, 또는 교훈들에 대해 완고하게 거부하는 모든 이는 교황을 포함해서 만일 이것이 이루어진 것 또는 미래에 이루어져야 할 것과 관련해서 정당하지 못하다면 합당한 속죄를 해야 하며 그에 합당한 벌도 주어져야 한다. 그리고 만일 필요하다면 법이 제공하는 다른 수단들에도 호소할 것이다(FIC 665).

그러나 이 조항들은 어떠한 경우에도 규정된 것이 아님을 상기하는 것이 좋다. 코얀테스는 이 공의회가 수장(首長)이 없는 공의회로서 요한 23세 이외의 다른 두 교황을 대리하는 주교들이 부재했으며 4회기와 5회기에는 로마교회의 이탈리아 주교들과 추기경들이 참석하지 않았고 어떤 규정하는 형식도 사용하지 않은 사실을 지적하고 있다.470

또한 콩가르는 콘스탄츠 공의회가 어떠한 교의적인 규정도 제시하지 않았다고 언급하고 있다.471 그에 대한 일련의 기록들은 당시 공의회 교부들의 생각이 제르송이 제시했던 개념들 또는 파리 신학자들의 체계적인 공의회 우위설 개념에도 부합하지 않았다는 점을 생각하게 한다고 그는 지적한다.

공의회가 끝날 무렵, 새로 선출된 교황인 마르티노 5세는 공의회가 신앙의 사안에 대해 '공의회적으로(conciliariter)' 결정한 것을 총체적으로 받아들였다. 그러나 여기서 상당히 의심스러운 것은 이러한 형식과 함께 다섯 가지 조항이 승인되었다는 점인데, 이는 신앙에 관한 것처럼 결정되지도 않았고 앞서 언급한 이들의 불참으로 인해 '공의회적(conciliariter)'이지도 못했다. 사실 마르티노 5세는 공의회 폐회에 즈음해서 교의적인 공의회 우위설을 거부했다. "그 누구도 최종적인 심판관, 즉 사도좌 또는 이 세상에서의 그리스도의 대리자인 로마교황의 판결에 불복해서 상소하는 것 또는 신앙의 사정들에 있어서 그의 판결로부터 빗나가는 것을 요구하는 것은 정당하지 않다."472 콩가르가 설명하듯이, 공의회를 총체적으로 승인하는 마르티노 5세의 묵설법(默說法)은 이러한 의미에서 분명하게 드러난다.473

반면, 바젤 공의회(1431)는 콘스탄츠의 공의회 우위주의자들의 주장을 신앙에 관한 도그마로 인준했다. 이 공의회에 의하면, 교황은 단지 공의회에 종속될 뿐 아니라 자신의 고유한 권한도 갖지 못한다. 이에 교황 에우제니오 4세는 적법한 공의회를 페라라(1437)로 이전하고 그 이전에 부과된 모든 것으로부터 자유로워졌다. 이어서 '거룩하게 승인된 공의회'는 피렌체(1439)에서 바젤 공의회가 콘스탄츠 공의회의 가르침에 대해 행했던 해석을 최종적으로 단죄하기에 이른다(D 1307).

이렇게 해서 한때 중세를 풍미했던 공의회 우위설은 막을 내렸다. 이 이론은 이교(離敎)가 일어났던 당시에 탄생했으며, 비록 주교들은 자신의 권한이 교황의 권한에 대한 참여가 아니며 아직 주교직의 성사성과 합의성에 대해 발전시켜야 할 점이 남아 있음을 적법하게 방어했음에도 불구하고 승리하지는 못했다. 이렇게 해서 '교회에 대한 논의(de Ecclesia)'는 다른 논의들과 마찬가지로 역사 속으로 사라져 갔다. 하지만 이는 교회 내의 모든 분야에 있어서 적법한 권리들을 회복시켜주었고 이러한 권리들 사이에 반드시 있어야 할 균형 감각에 대해서도 일깨워주었다.

그러나 공의회 우위설은 17세기와 18세기에 갈리아주의(Gallicanismus)와 주교 중심주의(Episcopalismus)로 인해 다시금 생겨나게 된다.

갈리아주의의 역사는 의심할 바 없이 그 이전의 중세에 있었던 역사적 사건들, 특히 프랑스의 역사[보니파시오 8세 교황에 대항했던 프랑스의 미왕(美王) 필립의 반란, 서방 대이교(大離敎)를 해결하기 위해 파리 대학이 제시한 방안들 등] 안에서 그 기원을 찾아야 한다. 하지만 여기서 우리가 간과하지 말아야 할 것은, 우리는 이미 민주주의 시대에 살고 있다는 점이다. 교회의 민주주의는 1611년 에드문트 리허(Edmund Richer)에 의해 옹호된 바 있다. 이 갈리아주의는 독일에도 도입되었는데, 왜냐하면 갈리아주의가 페브로니우스(Justinus Febronius)라는 가명으로 서명된 트리어의 보좌 주교에 의해 옹호되었기 때문이다. 나아가, 우리는 이 모든 것의 배후에서 과감한 얀세니즘 그룹들이 강력하게 후원하고 있었음을 보게 된다.

여기서 잊지 말아야 할 것은, 에드문트 리허가 베드로 데일리(Pedro d'Ailly)와 제르송(Gerson)의 작품들을 출간했으며 그는 18세기 당시 갈리아주의적 얀세니즘 추종자들 사이에 상당한 지지를 받고 있었다는 점이다. 그에게 있어서 하늘나라의 열쇠에 대한 권한은 교회에 양도되어 있었다. 따라서 교회가 교황을 선임하고 그에게 권한을 준다는 의미에서 교황은 단지 교회의 '직무적인 수장(caput)'에 불과했다.

한편, 보쉬에(J. B. Bossuet)는 교회를 한 분이자 동시에 세 분이신 하느님 안에 그 기원을 갖는 신비이자 친교와 일치의 신비로 감지했다. 교회는 그리스도의 신부이자 몸이다. 보쉬에는 마치 베드로가 그리스도로부터 직접 권한을 받은 것처럼 주교들 역시 베드로와 같은 권한을 갖는다고 하면서 주교들이 갖는 근원적인 권한에 대해 옹호했다. 그렇지만 이러한 권한은 주교단의 머리인 베드로에게 우선적으로 주어졌다. 따라서 주교들이 자기 교구 내에서 사목자로 수행하기 위해 받는 제한되고 종속된 형태의 권한을 교황은 개인적으로 충만하게 갖는다고 보았다. 그러므로 주교들이 갖는 권한은 교황으로부터 직접 유래하지 않는다. 그리고 그들 사이의 합의는 교황의 결정이 보편 교회로 하여금 이를 따르도록 강제하기 위해 필수적인 것이다.

콩가르는 설명하길,[474] 이처럼 보쉬에는 파리 신학부의 전통 안으로 들어가게 되는데, 여기서는 이미 1663년 5월 여섯 가지 명제들을 통해 형태가 지어진 바 있다. 이 명제들은 보쉬에가 제시한 네 가지 조항의 바탕이 됐다. 이 이 네 가지 조항들은 1682년 3월 19일 프랑스의 성직자 모임을 통해 선언되었다.

신앙의 문제들에 있어서 교황은 수위권을 갖지만, 교회가 그에게 동의하지 않는다고 해서 철회될 수 없는 것은 아니다.

이탈리아에서 얀세니즘적 개념들은 피스토이아의 주교였던 리치(E. Ricci, 1741-1810)에 의해 취해졌다. 피스토이아 시노드는 얀세니즘적인 색채가 분명한 시노드로서 당시의 최신 신학적 진보를 배제하고 바이오, 얀센 그리고 케넬(Quesnel)과 왕권 보호파의 원칙들로 회귀하고자 했다. 이러한 피스토이아 시노드를 거슬러 공포된 비오 6세의 헌장 *Auctorem Fidei*(1794)는 그 시노드에서 논쟁됐던 문제들에 대한 입장을 분명히 밝히고 있다. 이 공의회에 대한 단죄는 첫 열다섯 명제를 통해서 리치와 페브로니우스의 영감을 받은 교회론적인 주장들을 따로 모으고 있다(D 2600-2615). 이에 따르면, 권한은 공동체의 고유한 주체와 같이 공동체 안에도 상존하며, 사제들은 교구 내 심의에 있어서 심판관들이자 이 심의에서 증인 조사를 수행한다. 그리고 교황은 주교들에 대해 우월한 권한을 갖지 않는다.

## 2. 제1차 바티칸 공의회[475]

의심할 바 없이, 교회는 공의회 우위주의자들과 갈리아주의자들의 주장에 대해 응답해야만 했다. 그래서 이루어진 것이 1870년 7월 18일 제1차 바티칸 공의회에 의해 공포된 헌장 *Pastor aeternus*였다. 이 헌장은 특히 페브로니우스(Febronius), 에이벨(Eybel) 그리고 탐부리니(Tamburini)의 주장을 염두에 둔 것으로서, 1870년 1월 21일 공의회 교부들에게 제시된 교회에 관해 시작했던 프로젝트의 최소한의 부분을 검토한 것이었다. 이 헌장은 첫 번째 프로젝트의 11

장을 발전시킨 것으로 베드로의 수위권 설립, 이 수위권의 영속성과 그것이 갖는 본성에 대해 다루고 있다.

이 헌장의 11장은 로마교황이 전체 보편 교회에 대해 충만하고 통상적이며 직접적인 관할권을 갖고 있음을 언급하고 있다. 그리고 공의회가 어떤 새로운 가르침을 알리는 것이 아님을 보여주기 위해서, 보편 교회를 양육하고 통치하며 다스리기 위한 로마교황의 충만한 권한을 규정한 피렌체 공의회를 암시하는 구절들을 헌장의 본문에 삽입했다.[476]

그러나 앞서 언급한 바와 같이, 교회를 그리스도의 몸으로 제시했던 첫 번째 스케마는 호의적으로 수용되지 못했다. 여기서는 주교들에 대해 언급하지 않았고 따라서 공의회 교부들은 이를 비난했으며, 결국 그들에 대해서는 두 번째 헌장에서 다뤄질 것이었다. 비록 여기서는 교회와 주교직으로부터 고립될 위험에 직면한 교황에 대해서만 다뤘지만, 두 번째 헌장은 이 모든 것에 대해 다루고 있다. 당시 일어났던 사건들의 긴박함으로 유일하게 첫 번째 헌장만 공포되고 말았다. 당시 주교들 가운데 상당수는 관할권과 무류성에 관해서 교황을 교회와 주교들로부터 분리시키지 말도록 요구했다. 왜냐하면 그것은 주교들을 단순한 교황의 대리인으로 축소시켜 버리기 때문으로써 주교들은 이 점을 두려워했기 때문이다. 당시 기록관이었던 치넬리(Zinelli)는 이 점에 대한 적절한 설명들을 제시했으며 이에 이 점에 관한 첨가 조항들을 덧붙게 된다.

또한 공의회 교부들은 무류성(infallibilitas)이 교회에 고유한 것인지 주교직에 고유한 것인지 아니면 특별한 카리스마가 문제 되는지에 대해 자문했다. 상당수의 교부들과 신앙 위원회는 교회 내의 어떠한 권한에 의해서도 제한되지 않는 교황의 무류성에 대해 언급할 것을 제시했다.

콩가르는 상기하길, 절대적인 무류성에 대한 위험을 피하고자 하는 의미에서 귀디(Guidi) 추기경은 1870년 6월 18일 중요한 개입을 하게 된다.477 이에 대해 가서(Gasser)는 정확히 지적하길, 교황은 단지 신앙이나 관습들에 관한 사안을 장엄한 판결로 규정할 때 무류적이라고 한다. 귀디는 보다 구체적으로 교황이 전승에 호소한다는 필수적 조건에 의해서만 무류적이라고 규정했다. 한편, 그는 교황이 법적인 의존을 통해 자기 권위의 일부를 주교들로부터 받아야 한다는 것을 거부했다. 하지만 교회의 동의와는 독립적으로 행하는 교황의 활동에 대해서도 거부했다.

사실, 분명 교황은 성사와 전승 안에 이미 있는 것만을 규정할 수 있을 뿐이다. 이런 의미에서 그의 권위는 절대적이지 않다. 교황은 계시된 신앙에 순종하는 첫 번째 사람이다. 그렇지만, 공의회가 분명하게 하고자 했던 바는 '교회 안에는 교황으로 하여금 강제로 자문하게 할 수 있는 어떤 법적 심급(審級)이 없다는 점'이었다. 이에 교황이 내린 결정들은 '*ex sese et non ex consensu Ecclesiae*(교회의 동의가 아니라 그 자신에 의해서)' 철회될 수 없다는 구절이 갈리아주의의 입장을 거슬러서 도입되기에 이른다. 가서는 신앙 위원회의 대표로서 자신에게 허락된 권위를 갖고, 이 구절은 무엇보다도 "로마교황의 어떠한 형태의 무류적인 교의적 판단에 있어서 주교들이 하는 충고와 도움이 갖는 엄격하고도 절대적인 필요성"478을 거부하는 것이라고 설명했다. 가서에 따르면, 비록 교황이 조언을 청해야 할 적절한 기회라고 여길 수 있는 경우가 있다 할지라도, 그는 이에 대한 절대적인 의무를 갖지 않는다. 조언을 청할 수 있는 적절한 기회로 간주될 경우라 하더라도 이는 통상적으로 해야 할 것으로 여겨질 수는 없다는 말이다. 당시 대부분의 주교들은 교황이 자문하는 것이 의무라는 점을 받아들이길 거부했다. 왜냐하면 그들은 모든 갈리아주의적인 색채를 배제하고자 했기 때문이다.

치넬리(Zinelli)와 클로이트겐(Kleutgen)에 따르면, 교황이 어떠한 인간적 심급(審級)을 통해서도 제재받지 않는 권위를 수행한다고 할 때, 이는 교회의 무류성으로부터 교황의 무류성을 분리시키지 않고자 함이라고 그들은 주장했다.[479]

## 3. 제1차 바티칸 공의회의 가르침에 대한 요약

헌장 *Pastor aeternus*는 주교직을 통해 교회의 일치를 유지하려는 목적을 수위권에 할당하고 있다. 수위권은 후계자들에게 전해질 수 있기 위해 베드로에게 수여된 참된 관할권이다(D 3053-3055). 헌장은 계속해서 이렇게 가르친다. "로마교회는 주님께서 준비해 주심으로 인해 모든 교회에 대한 통상적인 권한으로서의 수위권을 가지며 로마교황의 관할권은 참으로 주교적이며 직접적이다. 모든 사목자들과 신자들은 그가 어떠한 품격에 속하든 교계적인 종속의 의무와 참된 순명을 통해 개인적으로나 단체적으로 이 권위에 연결되어 있다. 또한 신앙과 관습에 속한 것들 그리고 규율과 온 세상에 퍼져 있는 교회 체제에 관련된 것들도 그러하다"(D 3060).

여기서 '통상적(*ordinaria*)'이란 표현은 이 권한이 교황 자신의 직무에 힘입어 교황에게 상응하며 이것이 다른 이름으로 수행되는 것을 배제한다는 것을 의미한다. 그리고 '직접적(immediata)'이란 말은 어느 교구에 개입하기 위해 주교의 권한을 필요로 하지 않는다는 것을 뜻한다. '주교적(episcopal)'이란 주교들과 마찬가지로 동일한 본성임을 의미한다. 교황은 이러한 권한을 전체 교회와 모든 교구에 대해 갖는 반면, 주교는 단지 자신의 교구 내에서만 권한을 갖는다.

계속해서 공의회는 이렇게 말한다. "하지만 최고 사제가 갖는 이러한 권한은 통상적이고 직접적인 주교적 관할권을 전혀 경감시키지 않는다. 주교들은 참된 목자로서 이러한 관할권을 통해 자신에게 맡겨진 양들을 하나하나 양육하고 통치한다. 그러므로 성령에 의해 세워진(사도 20,28) 이 주교들은 사도들의 자리를 계승한다."[480]

교황의 무류성(infallibilitas)에 대해 공의회는 이렇게 언급한다.

"로마교황이 모든 그리스도 신자들의 사목자이자 스승의 직무로 교황좌에서(ex cathedra) 권위적인 신조 결정을 함에 있어서 보편 교회를 통해 유지되어야 할 신앙 또는 관습에 대한 가르침을 성 베드로의 인격 안에서 그에게 약속된 신적인 도움에 힘입어 최고 권위로서 결정할 때, 교황은 신적 구원자께서 당신 교회에 신앙과 관습들에 대한 가르침을 규정함에 있어서 미리 준비해주신 무류성을 누리게 된다. 따라서 이러한 로마교황의 결정들은 교회의 승인에 의해서가 아니라 그 자체로 철회될 수 없다"(D 3073).

코얀테스(Collantes)는 설명하길, 만일 무류성에 대한 공의회의 결정을 주의 깊게 읽는다면 '교황 지상주의(ultramontanismus)' 지지자들의 승리와는 거리가 멀고 오히려 많은 부분에서 극히 소수에 지나지 않은 편집임을 보게 될 것이다. 뉴먼(Newman) 추기경은 이를 하느님 섭리의 승리로 불렀는데, 왜냐하면 교황 비오 9세는 이보다 훨씬 엄격한 언명을 원했기 때문이다.

공의회는 주교들의 기원이나 관할권을 결정하지도 그렇다고 주교단의 무류성에 대해서도 결정하지 않았다. 그러나 콩가르가 상기하듯이, 이 공의회는 후일 제2차 바티칸 공의회가 '주교단'이라고 부르게 될 것에 대한 많은 이정표를 놓았다.

이미 살펴본 바와 같이, 제2차 바티칸 공의회는 주교들의 성사성과 합의성이란 주제를 연구하고 동시에 교황의 최고 권한에 대한 제1차 바티칸 공의회의 가르침을 견지하는 가운데 교회의 교계 제도 기구를 완성하면서 끝맺고 있다. "교황은 자기 임무의 힘으로 곧 그리스도의 대리이며 온 교회의 목자로서 교회에 대하여 완전한 최고의 보편 권력을 가지며 이를 언제나 자유로이 행사할 수 있다"(LG 22).

## IV. 교황과 에큐메니즘

교황 요한 바오로 2세는 회칙 *Ut unum sint*에서 무엇이 철회될 수 없는 교황권의 본질이며 무엇이 동방정교회와의 일치를 위해서 고려해야 할 부수적인 요소들인가를 소개하고 있다.[481]

오늘날 이미 극복된 것이긴 하지만 교황권의 모습은 적어도 중세의 어느 정도의 기간 동안은 명확한 정치적 함축성을 띠고 있었다. 여기서 언급하고자 하는 것은 그레고리오 7세, 인노첸시오 3세,

보니파시오 8세 같은 교황들로서 그들이 지녔던 세속 권력에 대한 신정정치적 개념이다. 또한 분명한 것은, 오히려 동방정교회 세계의 행정, 전례, 영성에 속하는 것은 그 자주성을 견지할 수 있었다고 하는 점이다. 더욱이, 그들은 여러 시노드들을 통해서 주교들을 선택했으며, 의심할 바 없이 자신의 전승을 지속시킬 수 있었다. 이와 더불어 우리가 잊지 말아야 할 것은, 서방에서는 전반기 천년 동안 교황에 의한 주교들의 선택이 이루어지지 않았다는 점이다. 그렇다고 이 사실이 현재의 선택 방식은 합당하지 않다는 것을 의미하지는 않는다.

물론, 드 뤼박이 언급하는 것처럼, 중앙으로부터 유래하는 중대한 개입의 필요성을 축소하는 가운데, 많은 규율 문제의 경우 보조성의 원리를 적용해야 한다. 그래서 드 뤼박은 이 점을 다음과 같이 좋은 의미에서 언급하고 있다.

> 사목자들이 함께 대담한 열정을 갖고 가르침의 스승이자 신앙의 수호자로서 자신의 직무를 수행할 때, 지역적인 주도권들이 필수적인 적응들을 보장받고 그리스도교적인 생동감을 보존하기 위해 끊임없이 다양화하는 존재의 조건들을 통해서 실재에 적응함에 있어서, 보편 사목자는 이에 개입하기 위한 재료들을 그리 많이 갖고 있지 못하다. 여기에 더해서, 현재의 행정적인 중앙집권화 과정이 교회들의 내적인 삶을 다시금 생기 있게 하는데 기여할 수 있다는 점이다. 하지만, 여기에는 국가적인 척도를 갖고 너무 과도한 새로운 중심화를 도입하지 않는 것을 전제해야 한다. 그러나 그것으로 역사와 지리에 기인하는 모든 상황들을 반전시킬 수 있는 것은 아니다. 어떠한 형태의 살아 있는 제도도 이용하기 쉬운 것은 아니며 진화의 강물을 총체적으로 거슬러 올라갈 수 있다고 생각하는 것도

공상에 불과하다. 그것은 마치 떡갈나무를 지면과 같은 수준에서 톱으로 썰면서 도토리의 효능이 회복될 것이라고 믿는 것처럼 잘못된 것이다. 그러므로 만일 그리스도교적인 일치에 대해 걱정한다면 그리고 언젠가는 마침내 그것이 실현되기를 희망한다면, 미래의 일치된 교회를 위해서는 충분히 고려되면서도 역사상 서방 이교(離敎)에 선행했던 상당수의 다양한 체제들이 준비되어야 한다.482

그러나 교도권의 단체적인 수행을 위해 보편 공의회가 자주 소집되도록 자격을 요구하는 이들이 있지만, 필립이 잘 언급하고 있듯이, 이를 요구하는 신학자들이 속을 수도 있다. 왜냐하면 보편 공의회는 제도가 아니라 하나의 사건이기 때문이다. 나아가, 잦은 보편 공의회 거행을 통해서 세상을 뒤집을 수도 없다.

또한 드 뤼박은 다음같이 좋은 의미로 이에 대해 언급하고 있다.

모든 분야에서 기준들과 의견들을 퍼뜨릴 수 있도록 기여하는 현재의 통신 수단들은 보편 교회의 수장으로 하여금, 말하자면, 매일 전체 신자들과 더불어 현재의 필요들에 대해 적절하면서도 구체적인 가르침을 조화롭게 적응시켜 나갈 수 있게 해준다. 이와 마찬가지로, 처음으로 일치가 실현되는 세상 안에서(그러나 이 일치는 광활한 혼란일 뿐이다) 보편 사목자의 증대된 활동은 어떤 식으로든 가톨릭 세계의 영적 애덕을 각인시켜주고, 바오로 6세가 유엔에서 한 담화 또는 회칙「민족들의 발전 (*Populorum Progressio*)」에서 초대하는 것처럼, 세계적인 척도의 차원에서 부과해주는 새로운 과제들에 이를 수 있도록 그쪽으로 신자들을 방향 지어 준다.483

제2차 바티칸 공의회는 교회의 최고 사목자에게 보다 효과적인 도움을 제공해주기 위해 주교 시노드를 설립했다(CD 5). 많은 주교들은 이 시노드 안에서 여러 가지 결정을 하는 가운데 참여의 가능성을 보게 되었다. 익히 아는 바와 같이, 이 시노드는 교황에게 있어서는 자문의 기능을 갖는다.484 따라서 시노드 그 자체만으로는 논쟁이 되는 문제들에 대한 보편적인 주교적 판결을 요청하기 위해 이를 교회에 제시할 수 없다. 이 시노드의 결정들은 교황을 향하지만 그가 이를 자신의 것으로 취할지 말지는 교황의 소관이다.

문제는, 만일 시노드가 주교단의 조직이라면, 그런 한에서 이 시노드가 단체적인 본성으로부터 유래하는 행동 그 자체의 이름으로 실현하기 위해 적절한가 하는 점이다. 이에 대해 공의회 위원회의 비서는 주교들의 교령을 편집하면서 다음과 같이 쓰고 있다.

> 엄밀히 말해, 이 시노드는 단체적인 본성의 행위를 단체의 이름하에 실현하기 적합한 주교단 조직은 아니다. […] 그럼에도 불구하고, 보편 수교직 가운데 선택된 주교들로 구성된 이 시노드는 전체 교회에 대한 모든 주교들의 부인할 수 없는 배려와 보편 교회 앞에서 그들이 갖는 책임을 드러내는 징표가 된다.485

그러므로 시노드는 단순한 단체적인 조직이 아니라 전체 교회를 위해 주교들의 배려를 드러내는 징표인 셈이다. 사실, 교회 내에서 이루어지는 시노드의 기능을 한 국가 내에서 국회가 수행하는 기능과 비교할 수는 없는 노릇이다. 시민 사회의 경우, 권력은 국민들에게 있으며 바로 그들이 국회를 위한 자신들의 대표를 뽑을 수 있다. 반면, 주교들은 자신의 '고유한(propia)' 권위를 갖고 있는데, 이는 그들의 권위가 다른 사람의 이름으로는 실현되지 않는다는 것을 의미한다. 또한 그 권위가 '통상적(ordinaria)'이라 함은 그들이 위임을 통해서 이 권위를 갖는 것이 아님을 뜻한다. 그리고 '직접적(inmediata)'이라 함은 중간에 개입된 모든 사람을 배제한다는 것을 뜻한다. 사도 계승을 통해 그리스도로부터 받은 주교의 권위는 국민의 권위가 국회 대표자들에게서 드러나듯이 그런 식으로 선임될 수 있는 것이 아니다. 주교들은 교황과 더불어서만 주교단을 구성한다. 반면, 시노드는 이를 구성할 수 없다.[486]

하지만, 동방정교회와의 임시적인 일치에 있어서 — 수위권 문제는 에큐메니즘적 대화에 있어서 가장 어려운 문제이자 중요한 문제임을 잊지 말아야 한다 — 결코 철회될 수 없는 것으로 되돌아가서 우리는 다음과 같이 말할 수 있다.

— 모든 그리고 개별 교회와 신자들에 있어서 교황에 의한 직접적이고 통상적인 주교 관할권에 대한 승인.

— 주교단의 단장으로서의 교황에 대한 승인, 그리고 보편 공의회들을 소집하고 승인할 그의 권한에 대한 승인.

— 전체 교회 안에서 교황의 통상적 교도권에 대한 승인, 그리고 '교황좌에서(ex cathedra)' 권위적인 신조 결정을 하는 그의 무류적 교도권에 대한 승인, 그리고 주교들의 통상적 보편적 교도권 안에서 이 단체의 단장으로서의 교황의 현존에 대한 승인.

이러한 조항들은 에큐메니즘 대화에서 결코 철회될 수 없는 요소들이다. 총대주교들은 행정의 중심으로서 그에 적합한 자주성, 즉 전례적이고 영성적인 자주성을 가지며, 보조성의 원리에 근거해서 규율과 문화적 차원에서 그의 수중에 상당히 많은 것들을 맡길 수 있다. 그러나, 앞서 살펴본 바와 같이, 가톨릭 신앙 안에서 결코 철회될 수 없는 핵심적인 사안이 있다.487

드 뤼박은 성 아우구스티노 시대의 아프리카 교회는 그의 가르침과 권위를 통해 궁지에서 벗어날 수 있었다고 상기한다. 그의 작품들은 교회 전체에 빛을 전해주었다. 그는 카르타고 공의회와 밀레비 공의회를 소집했다. 하지만 결국 그가 잘 깨닫게 된 것은, 베드로좌에 자신의 가르침에 대한 추인(追認)을 요청했을 때 마지막 말은 언제나 로마가 갖고 있다는 것이었다. 보조성의 원리는 지혜와 거룩함, 동시에 최고의 사목적인 근면함을 갖고 있었던 이 사람을 통해 더없이 잘 실현될 수 있었을 것이다. 그러나 로마와의 친교, 그가 소집했던 여러 공의회들이 로마에 의해 수용되는 것이야말로 그의 교회적인 삶에 있어서 '필수 조건(condicio sine qua non)'이었다.

교황의 선거에 관해서는 모든 주교들의 참여를 통한 민주적인 형태로 이루어지거나 아니면 전 세계 주교의 대표들을 통해 이루어지는 것이 요구되었다. 그러나 이런 보편적 선거 기준이 교황 선거에서 적용된 적은 결코 없었다. 교황은 로마의 주교로서 로마교회에 의해 뽑혔다. 그는 오직 로마교회라고 하는 개별 교회의 주교로 뽑혔으며, 그런 의미에서 보편 교회의 사목자 역할과 더불어 베드로를 계승했다. 로마 주교가 서거하게 되면 후계자는 '추기경들(cardines)'에 의해 뽑혔다. 그들은 로마 교구 주변의 부제들, 본당 주임신부들 그리고 주교들로 구성되었다. 물론, 드 뤼박이 주목하듯이,488 현재 추기경단은 허울뿐인 로마교회의 대표들이다. 그러나

이 프랑스 신학자가 설명하듯이, "이 추기경단은 비록 그 직함이 허구적인 것으로 변화되긴 했지만, 오늘날에도 여전히 로마교회 주변 교구들의 주교들로 이해되고 있다. 그리고 그 직함은 실재적인 것이 될 수도 있다. 한편, 이 단체가 전 세계 주교들로 확장되는 것은 교황 선거에 대한 원칙 문제를 따지지 않고도 실천에 있어서 더욱 편하게 받아들여질 수 있도록 보장해주는 이익을 가져다준다."[489]

사도적 헌장 *Romano Pontifice eligendo*[490]는 교황이 로마교회의 구성원들을 통해 로마교회의 주교로 선임됨으로써 교회의 보편적 사목자가 되는 전통이 유지되길 원했다. 로마교회는 로마 성직자 가운데 자격을 갖춘 몇몇 구성원들을 통해 그를 선임했다. 그들이 다름 아닌 로마교회의 추기경들(cardines)이다.

## V. 세 가지 직무

지금까지 우리는 교회의 교계적인 권한의 주체들에 대해 살펴보았다. 이제 우리는 이를 바탕으로 그들이 교회 내에서 수행하는 직무에 대해 다뤄 보기로 하자. 이는 다름 아닌 교황과 주교들—후에 살펴보게 되겠지만, 여기에는 사제들이 사제직에 하위 단계로 참여한다는 의미에서 그들도 포함된다—이 실행하는 세 가지 사목적인 직무들을 의미한다.

모든 이들이 신앙, 세례 그리고 계명의 준수를 통해(마태 28,18; 마르 16,15-16; 사도 26,17 이하) 구원에 이르게 하기 위해 그리스도께서 사도들과 그의 계승자들에게 맡겨주신 사명은 그리스도께서 오순절에 당신 제자들에게 보내신 성령의 약속과 더불어 보장된다(사도 1,8; 2,1 이하; 9,15). 이 사명은 가르치고 성화하며 통치하는 세 가지 직무를 포함한다. 우선 성화 직무부터 고찰해 보기로 하자.

1. 성화하는 직무

성화(聖化)하는 직무는 주교에게 속한다. 왜냐하면, 제2차 바티칸 공의회가 언급한 것처럼, 그는 특히 그가 주재하는 개별 교회의 중심인 성찬례 안에서 최고 사제의 은총을 관리하는 사람이기 때문이다. 이에 대해 공의회는 다음과 같이 언급한다. "이렇게 주교들은 백성을 위하여 기도하고 일하며 그리스도의 충만한 성성을 여러 가지 모양으로 풍부히 쏟아준다. 말씀의 교역을 통하여 구원을 가져다주시는 하느님의 힘을(로마 1,16 참조) 신자들에게 전달해주며, 자기 권위로 정규적이고 효과적인 분배를 규정한 성사들을 통하여 신사들을 거룩하게 한다"(LG 26).

사실, 베드로는 사도들이 우선적으로 기도와 말씀의 직무에 헌신해야 한다고 사도행전 6장 4절에서 선언하고 있다. 양 떼를 위해 기도하는 의무는 무엇보다도 주교에게 속한다. 설교는 그 효과를 보장해주는 기도의 도움이 있어야 한다. 그러기에 주교는 기도의 사람이 되어야 한다. 왜냐하면 그는 자기 신자들의 구원에 대해 책임이 있기 때문이다. 기도, 사도직, 말씀의 설교, 이것이 바로 주교로 하여금 성화 직무를 수행하게 해주는 것들이다.

전승은 주교가 집전하는 성찬례 거행이 그리스도인의 생활에 있어서 으뜸가는 원천을 구성한다고 우리에게 가르쳐준다. 그러나

단 한 번의 성찬례 거행만으로는 지역 교회를 위해 충분하지 못하므로 그는 사제들의 도움에 호소한다. 이미 살펴본 것처럼, 적법한 회중들 사이에 성찬례가 확장될수록 교회 역시 확장된다. 따라서 다음과 같은 안티오키아의 성 이냐시오의 말을 상기하기로 하자. 그는, 하나의 교회를 일치 가운데 생기 있게 보존하기 위해서는 한 명의 주교, 하나의 제대, 하나의 성찬례가 있어야 한다고 말한다.491

한편, 성찬례 거행은 신앙 안에서의 친교를 전제로 한다. 그래서 제2차 바티칸 공의회는 이렇게 말한다. "성찬례의 모든 합법적 거행은 주교에게 지도를 받는다. 주님의 명령과 교회의 법에 따라, 구체적인 판단으로 자기 교구를 위하여 제정한 더 자세한 규정에 따라, 존엄하신 하느님께 그리스도교 예배를 드리고 돌보아야 할 직무가 주교들에게 맡겨져 있다"(LG 26).

세례와 관련해서, 이에 대한 관리를 감독하는 것은 주교에게 속한다. 또한 공의회는 주교가 견진성사의 최종 관리자임을 상기시키고 있다. 동방교회 사제는 통상 세례 후에 바로 견진성사를 집전한다. 하지만 교회는 언제나 세례의 완성이라는 측면에서 견진성사를 고려해 왔다. 그래서 어떤 형태로든 견진성사를 공동체 내의 새로운 구성원들에 대해 책임을 진 주교 직무와 연결시키고 있다고 필립은 상기한다.492 그러므로 주교는 이 성사의 첫 번째 집행자이며 모든 경우에 있어서 성유(聖油) 축복은 그에게 속한다.

주교는 성품(聖品)들을 허락하는 주체이며 동시에 고행에 관한 규율을 조절하는 당사자다. 나아가 죄를 용서하고 신자들이 하느님 그리고 교회와 화해할 수 있도록 자기 사제들에게 자격을 부여해주는 것도 우선적으로 주교에게 속한다. 또한 자기 교구 내에서 공동체 차원에서 죄를 풀어주어야 할지에 대한 식별도 그에게 속한다. 물론 그는 이 점에 관해 교황으로부터 유래하는 가르침과 새 교리서(CEC 1482-1483)에서 정확히 드러나고 있는 가르침을 염두에 두어야 한다.

공의회는 다음과 같이 언급하면서 이러한 주교 직무에 대해 설명을 끝맺고 있다. "주교들은 자기가 다스리는 이들에게 삶의 모범으로 도움을 주고 자기 품행에서 온갖 악을 끊어 버려야 하며, 할 수 있는 대로, 주님의 도우심으로 악을 선으로 바꾸어 자기에게 맡겨진 양 떼와 함께 영원한 생명에 이르러야 할 것이다"(LG 26).

## 2. 통치하는 직무

"주교들은 그리스도의 대리자이며 사절로서 자기에게 맡겨진 개별 교회들을 다스린다. 조언과 권고와 모범으로 또한 권위와 거룩한 권력으로 다스린다"(LG 27). 주교들이 갖는 이 권력은 참되다. 즉 그들은 그리스도의 이름으로 이를 수행한다. 그래서 공의회는 이렇게 말한다. "주교들이 그리스도의 이름으로 직접 행사하는 이 권력은 고유한 직접적 직권이다. 비록 그 권력의 행사가 궁극적으로는 교회의 최고 권위로 다스려지고 교회와 신자들의 선익을 고려하여 일정한 한계에 제한될 수 있다 하더라도 그러하다"(LG 27). 주교들은 이 권한에 힘입어 하느님 앞에서 자기에게 맡겨진 이들에 대해 예배와 사도직에 관한 법을 제정할 수 있는 권리와 의무를 갖는다.

주교들의 권위는 사실상 고유하고 통상적이며 직접적이다. 그렇다고 이것이 교황의 권위를 대리하거나 대표하는 것은 아니다. 그것은 사도 계승을 통해 그리스도로부터 유래하는 권위이다. '고유한(propia)'이라 함은 다른 어떤 사람의 이름으로 이 권위를 사용하지 않는다는 것을 뜻하며, '통상적(ordinaria)'이라 함은 그것이 단순한 권력의 대표자가 되어서는 안 됨을 뜻한다. 그리고 '직접적(inmediata)'이라 함은 그 권위가 '중간에 개입된 사람 없이'(sine persona interposita)' 수행된다는 것을 뜻한다. 그러므로 주교들은 교황의 관리자나 대리자가 아니다. 하지만 그의 권위는 다른 모든 주교들과의 친교, 특히 교황과의 친교 안에서만 수행될 수 있다(LG 23). 주교들은 로마 교황과의 친교 안에서 가르칠 때 존중될 수 있다(LG 25). 그의 가르침을 따르기 위한 기준은 신앙교리성에서 나온 문서인 「신학자의 교회 성소(La vocación eclesial del teólogo)」[493]가 분명하게 언급하는 것처럼 그가 로마교황의 가르침에 동의하는 것이다.

신자들의 연약함에 대해 잘 알고 있는 공의회는 주교가 자기 신자들을 위해 끊임없이 기도하고 사랑하면서 그들을 들을 줄 알아야 한다고 말한다(LG 27). 한편, 신자들은 교회가 그리스도와 일치하듯이 그렇게 자기 주교들과 더불어 일치해야 한다.

## 3. 가르치는 직무[494]

교회의 교계 조직이 하느님 백성을 위한 봉사에 있어 갖는 세 가지 직무 가운데 하나인 교도권은 가끔 많은 이들에게 걸림돌이 될 때가 있다. 교회, 교계 조직이 어떻게 무류적일 수 있다는 주장을 할 수 있을까? 왜 우리는 사목자들의 목소리에 순명해야 할 의무를 갖는가? 왜 진리의 말씀은 전체 하느님 백성의 동의 없이 이루어지는가? 그러나 제2차 바티칸 공의회는 이러한 질문에 대해 다음과 같이 말하면서 직접적인 대답을 제시하지 않는다.

"하느님께서는 온 인류의 구원을 위하여 계시하신 모든 것이 영구히 온전하게 보존되고 모든 세대에 전해지도록 매우 자비로이 배려하셨다"(DV 7). 최근 신앙교리성에서 나온 문헌이 신학자의 직무에 대해 언급하는 것처럼, "교도권은 그리스도교 진리에 있어서 비본질적인 그 무엇이 아니며 그렇다고 신앙에 첨가된 그 무엇도 아니다. 오히려 그것은 신앙 그 자체의 경륜에서부터 유래하는 것으로서 하느님 말씀에 대한 봉사이자 교회의 구성적 요소로서 그리스도에 의해 긍정적으로 원해진 해석이다. 교도권이 그리스도교 진리를 위해 하는 봉사는 그리스도 안에서 우리에게 계시된 진리의 자유 안으로 들어가도록 부름받은 하느님 백성 전체를 위해 실현된다."[495] 다시 말해, 성령의 도움을 받은 교도권은 그리스도께서 당신 교회가 언제나 충실히 당신의 말씀을 보존할 수 있도록 이 교회를 위해 준비하신 보증이다.

그러나 무엇보다도 먼저 '무류성(*infallibilitas*)'과 '무결함성(*indefectibilitas*)'을 구별하기로 하자. 이 둘은 서로 다르다. 무결함성은 교회가 역사의 마지막에 주님이 오시기까지 건전하게 지속될 것을 의미한다. 성경의 많은 텍스트들은 그리스도께서 이 점을 염두에 두셨던 사실을 드러내주고 있다. 예를 들어, 주님께서 당신 제자들이 세상 종말까지 설교하고 세례를 베풀 수 있도록 파견하실 때 그러하다(마태 28,18-20). 그리고 당신께서 다시 오실 때까지 성찬례를 거행하도록 명하실 때 그러하며(1코린 11,26), 지옥의 문이 이 교회를 이기지 못할 것이라고 약속하실 때 그러하다(마태 16,18), 그리고 사도들과 더불어 영원히 머물 수 있도록 당신의 영을 파견하실 때 그러하다(요한 14,16).

반면, 무류성은 이와 다르다. 모든 형태의 교도권이 모두 무류적인 것은 아니다. 우선 다양한 형태의 교도권에 대해 언급해 보기로 하자.

### 3.1. 교도권의 주체들

| 교도권 | 통상적인 교도권 | 주교가 자기 교구 내에서 행사하는 교도권(유권적) |
|---|---|---|
| | | 교황이 자기 교구 또는 전체 교회 내에서 행사하는 교도권(유권적) |
| | | 세상에 널리 퍼져 있는 주교들이 행사하는 교도권(무류적) |
| | 특별 교도권 | '교황좌에서(ex cathedra)' 교황이 행사하는 교도권(무류적) |
| | | 주교들이 공의회에서 행사하는 교도권(무류적) |

#### 3.1.1. 통상적인 교도권

##### 3.1.1.1. 주교가 자기 교구 내에서 행사하는 교도권

주교는 설교, 교리 교수, 사목 서한 등을 통해 자신의 통상적인 교도권을 수행한다. 주교는 자기 교구 내에서 그리스도교 교의에 대한 가르침과 관련된 책임과 권위를 갖는다. 제2차 바티칸 공의회가 언급하듯이, 주교들은 참된 교사들이다. 즉 자신들에게 맡겨진 백성에게 신앙을 설교하고 사상과 관습들을 올바르게 해야 할 그리스도의 권위를 선사받은 진정한 교회 박사들이다(LG 25).

진정한 교도권이란 그리스도의 권위와 더불어 수행되는 것을 뜻한다. 따라서 신자들은 주교를 받아들이고 그의 가르침을 수용해야 할 의무를 갖는다. 이에 대해 제2차 바티칸 공의회는 이렇게 말하고 있다. "교황과 친교를 이루며 가르치는 주교들은 하느님의 보편 진리에 대한 증인으로서 모든 사람에게 존경받아야 한다. 신자들은 신앙과 도덕에 관하여 그리스도의 이름으로 내린 자기 주교의 판단에 일치하여야 하고, 마음의 종교적 순종으로 그를 따라야 한다. 교황의 유권적 교도권에 대하여는, 비록 교좌에서 말하지 않을 때에도, 특별한 이유로 의지와 지성의 이 종교적 순종을 드러내어야 한다"(LG 25).

이처럼 신자들은 주교가 자신의 사도적 사명에 대한 수행 중에 말할 때, 그에게 순명해야 하며 그의 가르침에 대해 존경심을 갖고 받아들여야 한다. 주교는 그리스도의 이름으로 신자들에게 신앙과 윤리에 대한 가르침을 부과할 권리와 의무를 갖는다. 이는 주교가 신앙에 대한 권위 있는 증인으로서 전하는 가르침이다. 이러한 순명의 동기는 종교적이다. 왜냐하면 이렇게 함으로써 그리스도에 의해 세워진 질서에 대한 순종이 요청되기 때문이다.[496]

하지만 주교가 진리에 대한 충만한 보증을 갖는 것도 아니며 그의 교도권이 무류적인 것도 아니다. 따라서 그의 가르침을 따르기 위한 기준은 "보편 교회의 사목자인 로마교황 그리고 세상에 널리 퍼져 있는 주교들 또는 보편 공의회에 모인 주교들과의 관계 안에서 표현되는 가르침이어야 한다. 이러한 친교는 그 가르침의 참됨을 위한 조건이다."[497]

오늘날 주교회의(conferentia episcoporum)의 교도권적인 가치에 대한 논의가 한창이다. 이 문제에 대해 간단히 살펴보기로 하자.[498] "주교회의는 각국 또는 어느 영토의 주교들이 모여서 자신들의 사목적 책임을 수행하는 모임으로서 이는 교회가 시대의 환경들에 적절하게 적응하는 가운데 특히 사도직의 형태와 방법들을 통해서 사람들에게 적합한 최상의 선을 달성할 수 있기 위해서이다"(CD 38). 그렇다면 주교회의는 교도권적인 권위를 가질까?

제2차 바티칸 공의회는 주교회의의 설립을 열렬히 권고하고 있으며(CD 37) 바오로 6세는 이 설립을 의무화시켰다.[499] 사실 많은 주교회의들이 다양한 주제들에 대해 가르치는 문헌들을 출판했다. 새 교회법이 언급하는 것처럼, 주교들은 자신들에게 맡겨진 신자들을 유권적으로 가르치는 교사들이다(CIC 753).

한편, 교황은 1998년 5월 21일 이 문제에 관해 *Apostolos suos*라는 자의 교서를 발표했다. 여기서 그는 주교회의의 유익함과 필요성에 대해 인정하면서 이것이 내포하고 있는 교도권적 가치에 대해 묻고 있다. 주교회의는 그 이면에 개별적 지역적인 공의회의 역사를 갖고 있다.

그러나 교황은 분명히 언급하길, 주교회의가 결코 주교단의 실현은 아니며 주교적인 호의와 친교의 영의 실현이라고 말한다(*Apos. suos*). 한편, 교황은 이 주교회의들의 존재가 자기 교구 내에서 개별 주교들의 책임을 경감시키는 것은 아니라고 지적한다(n.7).

사실, 모든 주교들이 자신의 머리인 교황과 일치함으로써 주교단을 형성하게 되며, 그런 한에서 교회 내에서 충만한 최고 권력의 주체를 이룬다. 또한 교황은 교회 내에서 최고 권력의 주체이다.

교구 주교는 개별 교회에 대해 단체적이 아닌 개인적인 책임을 가지며(n.10), 개별 교회들 또는 그룹으로 모인 교회들의 범위 안에는 단체적 행위를 위한 공간이 없다. 그러므로 개별 교회들의 모임에 있어서 단체적 영(靈)에 대해 말할 수 있을지는 몰라도(n.12) 합의성에 대해서는 언급할 수는 없다. 한편, 보편 교회는 개별 교회들의 연합체로 이해되어서는 안 되며 개별 교회에 선행하는 실재로 이해되어야 한다. 이와 마찬가지로 주교단은 개별 교회들에 대해 주교들이 갖는 권한들의 종합으로부터 생겨나는 것이 아니라 그 권한 이전에 각각의 주교들이 참여하는 실재로서, 주교들이 단체적으로 그리고 교황을 머리로 해서 일치되지 않는다면 전체 교회에 대해 이 권한을 행사할 수 없다. 엄밀한 의미의 합의성은 오직 주교단(collegium episcoporum)에만 해당된다(n.12).

그래서 사도좌(Sedes Apostolica)와의 친교 안에서 이루어지는 주교회의들 사이의 효과적인 결속은 무엇보다도 이 사도좌가 바로 그러한 조직들을 세웠다는 사실에서부터 유래하며 "각각의 주교들이 갖는 거룩한 권력의 바탕에 명확한 자격들을 주었다는 사실에서 유래한다." 만일 우리가 주의 깊게 살펴본다면, 이 문헌은 제반 주교회의가 그 자체만으로는 통상 교도권의 주체라고는 언급하지 않는다는 것을 알게 된다. 하지만 주교들이 유권적인 교도권 직무를 갖고 있으며 만일 주교회의에서 선언된 문헌들이 전체 주교들에 의해 만장일치로 승인되었거나 또는 이러한 만장일치가 이루어지지 않았다 하더라도 적어도 상당수의 동의를 얻고 성좌(Sancta Sedes)의 승인을 받는다면 그 문헌은 구속력을 갖는다. "물론 주교들의 유권적 교도권, 즉 그리스도의 권위를 갖고 실현하는 교도권은 언제나 주교단의 단장 그리고 그 구성원들과의 친교 안에 머물러야 한다. 만일 주교회의들의 교의적인 선언들이 만장일치로 승인됐다면, 그것은 의심할 바 없이 주교회의의 이름으로 출판될 수 있다. 그리고 신자들은 생활한 신심 감각을 갖고서 자기 주교들의 유권적 교도권을 받아들여야 한다"(n.22).

만일 주교들이 교황의 가르침과 친교 가운데 있다면, 신자들이 주교들에 의해 만장일치로 승인된 것을 자기 주교의 참된 가르침으로 받아들여야 함은 당연하다. 주교회의들이 그 자체만으로 개별 주교에게 강제할 수 있는 주교적 합의성의 실현은 아니다.500 그러나 하나로 일치하는 주교들의 목소리는 로마와의 친교 안에서 서로 함께 보편적 진리를 선포하게 해주며 그럼으로써 자기 지역에 보편적 가르침을 가져다주고 분열을 피하게 해준다(n.21-22).

「교회 헌장」이 주교회의들을 달래기 위해 주교회의를 교도권의 주체로 언급할 수 있었음에도 불구하고 사실 그러지는 않았다. 여기서 다뤄진 근본 주제는 주교가 사도들의 계승자(따라서 그는 교도권의 참된 주체이다)인 반면, 비록 주교회의가 '합의체적 정신'(LG 23)을 누리고 있음에도 불구하고 사도단을 계승하지는 않는다고 하는 점이다.

드 뤼박이 언급하듯이, "단어 자체가 갖는 엄밀한 의미에 따른 합의성, 즉 성경 안에서 충만히 수용되고 거기에 기초를 둔 의미의 합의성, 열둘의 단체를 계승하는 주교단은 보편적이다. 한편, 집단적인 행위가 절대로 단체적인 행위는 아니다. 또한 그것이 주교들이 합의체 안에서 자기 직무를 단체적으로 행한다는 것을 의미하지도 않는다. 그것은 단지 함께 이 직무를 수행한다는 것을 뜻한다."501

그래서 옹클랭(W. Onclin)은 다음과 같이 언급한다.

개별 공의회들 또는 주교회의들에 모인 주교들은 주교단의 대표들이 아니다. 이 경우 그들은 절대로 주교단에 모인 모든 이들이 보편 교회에 관해 보여주는 권한과 권위를 행사하는 것이 아니라 상응하는 개별 교회들의 수장으로서 자신들이 부여받은 권한을 행사할 뿐이다. 물론, 개별 공의회들의 교령들과 주교회의들의 결정 사항들은 직접적으로나 간접적으로 주교단으로부터 유래하는 행위들이 아니다. 그것은 상응하는 개별 교회들의 수장들인 주교들 자신에게 속한 권한들에 대해 그들이 집단적으로 행사함으로써 이루어지는 결정들일 뿐이다.502

그렇지만 그 누구도 주교회의들의 가르침이 갖는 권위와 유익함에 대해 이론을 제기하지 않는다는 사실을 상기해야 한다. 주교회의들은 실천적인 관심으로 인해 탄생했으며, 드 뤼박이 상기하는 바와 같이,503 제2차 바티칸 공의회 교부들 가운데 몇몇은 분명 주교회의들과 합의성 간의 긴밀한 연결을 원했다. 그러나 공의회는 이를 지나쳤다. 이에 대해 드 뤼박은 이렇게 언급한다. "사실, 이 제도와 합의성 사이에 적절히 부를 수 있는 연계점이 확실히 있다 하더라도 엄밀히 말해 교의적인 연계점은 존재하지 않는다."504 드 뤼박은 상기하길, 교의적인 차원에서 보면 「교회 헌장」은 개별 교회와 보편 교회 사이에 어떠한 중간 지점도 알지 못한다고 한다. 주교회의들이 최고이자 적절한 조직임을 부인하는 사람은 아무도 없다. 그러나 이것을 합의성과 혼동한다면, 그 결과 지역 교회 내에서 관료주의가 기승을 부리고 주교의 교도권은 약화되고 말 것이다. 결국 지역 주교는 자기 교회의 직접적인 책임자이다.

### 3.1.1.2. 교황의 교도권

통상 교도권의 또 다른 주체는 교황으로서, 그는 로마 교구 내에서 주교로서의 직무를 수행한다. 그래서 종종 이 교구를 향하거나 아니면 그리스도의 대리자로서 사도 헌장, 회칙, 자의 교서, 훈화를 통해서 보편 교회를 향하게 된다.

회칙(encyclica)은 보편 교회에 대한 교황의 통상 교도권에 있어서 매우 중요한 수단이다. 이러한 회칙 반포는 그레고리오 16세부터 시작되었는데 오늘날에는 흔히 사용되는 수단이 되었다. 레오 13세가 반포한 「새로운 사태(Rerum Novarum)」에서 시작한 일련의 회칙들이 우리에게 가르치는 교회의 모든 사회적 가르침을 상기하는 것만으로도 충분하리라 본다. 콩가르가 언급하듯이, 이는 교회의 가르치는 본질을 만장일치로 실현하는 수단이다.505

물론 회칙이란 수단이 유권적 교도권이긴 하지만 무류적인 것은 아니며 교황이 어떤 교의를 가르치기 위해 갖는 의도는 무엇이며 그 안에 있는 주장은 무엇인지 그리고 이를 제시하기 위한 방법은 무엇인지 등을 연구해야 한다. "신자들은 신앙과 도덕에 관해 그리스도의 이름으로 내린 자기 주교의 판단에 일치하여야 하고, 마음의 종교적 순종으로 그를 따라야 한다. 교황의 유권적 교도권에 대하여는, 비록 교좌에서 말하지 않을 때에도, 특별한 이유로 의지와 지성의 이 종교적 순종을 드러내어야 한다. 이렇게 하여 곧 교황의 최고 교도권을 공손하게 인정하여야 하고, 주로 문서의 성격이나 동일한 교리의 빈번한 제시나 표현 방법 등에서 드러나는 교황의 생각과 의향대로, 교황이 내린 판단을 성실히 따라야 한다"(LG 25).

제한된 경우 어떤 사안에 대해서는 전문적인 신학자가 교황의 가르침을 거슬러서 공적으로 표현하지 않은 채 이를 내적으로 식별하고 계속해서 심사하도록 교황이 허락할 수는 있다.506

회칙들이 공의회적인 또는 교황이 가르치는 정의들을 제시하는 한에서 가끔 무류적인 가르침도 포함하고 있다는 사실을 우리는 잊어버리곤 한다. 그 예로 바오로 6세가 1965년에 반포한 「신앙의 신비(*Mysterium Fidei*)」가 있는데, 이 회칙은 성찬례 안에서 그리스도의 실재적인 현존에 대해 언급하고 있다. 또한 하나의 회칙이 그 자체로 어떤 사안에 대해 결정하지는 않더라도 교회의 영구적인 유산에 속하는 가르침을 포함할 수도 있다. 예를 들어 피임 주제를 다루고 있는 「인간 생명(*Humanae Vitae*)」이 그것이다. "피임에 관해 교회가 가르치는 것은 신학자들에 의해 자유롭게 논의된 사안에 속하지 않는다고 교황은 말한다. 이를 반대해서 가르치는 것은 부부들의 윤리적인 양심을 오류로 이끄는 것이다."507 「인간 생명」이 제시하는 가르침은 교회가 결코 토론될 수 없는 명확한 진리를 다루는 가운데 끊임없이 제시하는 교회의 윤리적 가르침의 유산에 속한다.508 교회는 오랜 전승을 통해 피임을 위한 방법으로서의 오나니즘을 거부해 왔음을 잊지 말아야 한다. 교황이 상기하고 있듯이, 비록 규정된 것은 아니지만, 그러나 그것은 무엇보다도 결정적인 교리와 관련된 것이다.

교황은 또한 신앙교리성에서 나온 문헌들을 공식적으로 승인하는 가운데 자신의 통상 교도권을 간접적으로 제시할 수 있다.

### 3.1.1.3. 주교들의 통상적 보편적 교도권

세상에 퍼져 있는 주교들의 통상적 보편적 교도권은 "전 세계에 흩어져 있으면서도 상호간에 또 베드로의 후계자와 친교의 유대를 보전하면서 신앙과 도덕의 사항들을 유권적으로 가르치는 주교들이 하나의 의견을 확정적으로 고수하여야 할 것으로 합의할 때"(LG 25) 무류적일 수 있다.

1950년 교황에 의해 선포되기 전에 있었던 성모 승천 교리가 이 경우에 해당된다. 또한 낙태나 안락사에 관한 윤리적 가르침의 경우[「생명의 복음(Evangelium Vitae)」은 이를 상기하고 있다]도 그러하다. 그리고 여성에게 사제직을 허용하는 문제에 관한 가르침의 경우도 그렇다. 요한 바오로 2세는 1994년 5월 30일 서한에서 상기하길, 교회는 여성들을 서품할 권한을 갖고 있지 않으며 이러한 선언은 교회의 모든 신자들에 의해 결정적인 형태로 유지되어야 한다고 말한다.[509] 좀 더 후인 1995년 신앙교리성의 해설은 그것이 주교들의 통상적이며 보편적인 교도권에 의해 견지되는 한에서 무류적인 가르침임을 드러내고 있다.[510]

그렇다고 이것이 결정적인 사안(교의)이라는 말은 아니다. 하지만 그것은 무류적이다. 몬시뇰 베르토네(Bertone)는 정확히 지적하길,[511] 어떤 사안이 통상적이고 보편적인 교도권에 힘입어 무류적이 되기 위해서는 주교들에 의해 제안된 조언이 필요하지 않으며 교황이 이를 장엄한 교도권 행위로 선언할 것도 아니라고 한다. 이는 통상 교도권의 행위를 통해 할 수 있으며 이 경우 이러한 선포는 통상적이고 보편적인 교도권에 의해 가르쳐진 교리가 갖는 동일한 무류성에 참여한다. 왜냐하면 교황은 단지 한 사람의 주교로서 이를 행사하는 것이 아니라 무엇보다도 주교단의 단장으로서 이를 행하기 때문이다. 이것이 동시적이며 통시적인 형태를 견지하고 교회의 모든 시대 동안 고백되어 온 가르침에 대한 교회의 무류성이 보여주는 보다 정상적인 형태이다. 이는 후대에 발생할 수 있는 의견 차이로 인해서도 결코 감소되지 않는 만장일치를 의미한다.

이러한 가르침은 교황의 교도권 행사가 아니라 교황이 무류적인 가르침을 식별하는 가운데 무류적이 되기 시작한다.

### 3.1.2. 특별 교도권

#### 3.1.2.1. 무류성은 교황좌 선언일 때 교황의 특권이다

교황은 "참으로 신앙 안에서 자기 형제들의 힘을 북돋워주는 사람이므로, 모든 그리스도인의 최고 목자이며 스승으로서 신앙과 도덕에 관한 교리를 확정적 행위로 선언하는 때에, 교황은 자기 임무에 따라"(LG 25) 교황좌에서(ex cathedra) 말한다. 교황에 대한 이러한 정의들은 교회의 동의 때문이 아니라 이미 그 자체로 철회될 수 없다(LG 25).

또한 교황은 시성식의 장엄한 교령들 안에서 자신의 교도권에 대한 무류성을 책임진다. 왜냐하면 그는 이 교령들과 더불어 서거한 한 신자가 천상에 있으며 신자들이 그에게 경의를 표해야 한다는 것을 장엄하고 결정적인 방식으로 언급하기 때문이다. 또한 그는 교의적인 사실들, 즉 계시된 것은 아니지만 그것이 지닌 확실한 보증이 계시를 드러내기 위해 필요한 사실들에 대해 무류성을 수행한다(예를 들어, 공의회의 보편적 성격).

#### 3.1.2.2. 공의회에서의 주교들

교회 내에서 또 다른 최고 권력의 주체로서 무류성을 누리는 이는 공의회에 모인 주교단이다(LG 25). 이는 예를 들어 거슬러 싸우고자 하는 오류들에 대해 결정하려는 의도를 가질 때 일어난다. 이는 공의회 기록들에 대한 연구와 더불어 잘 볼 수 있다. 공의회는 오직 교황에 의해 소집되었을 때 그리고 교황 또는 그에 의해 승인된 사절들에 의해 주재되었을 때에만 보편적이다.

### 3.2. 무류성의 범위와 한계들

우리는 무류성과 더불어 교회가 그리스도의 말씀에 충실하고 진리의 영께서 그에게 허락하신 약속에 힘입어(요한 14,26; 마태 10,20) 왜곡됨이 없이 그리고 아무런 오류 없이 이 말씀을 전할 것이라는 보장을 갖는다. 만일 교회가 그리스도의 말씀을 충실하게 전하지 못한다면 그는 자기 사명을 완수할 수 없을 것이다.

그리스도는 사도들의 증언을 받아들일 사람들을 필요로 한다. 그들은 확고한 신앙을 갖고 이를 하느님의 참된 말씀으로 받아들여야 한다. 만일 그렇지 못하다면 그들은 단죄될 것이다. "믿고 세례를 받는 이는 구원을 받고 믿지 않는 자는 단죄를 받을 것이다"(마르 16,16). 그러므로 오류를 범하는 교도권은 교회로 하여금 길을 잃어버리게 한다. 페이넬(P. Faynel)이 말하듯이, "본질적이고 중대한 사안들에 관한 최종적인 결정들에 있어서 무류적이 아닌 교회는 이미 그리스도의 교회라는 이름에 합당한 자격을 가질 수 없고 사람들 사이에 현존하는 '그리스도-진리'로 존재할 수도 없다."[512]

사실, 교회는 예루살렘 공의회에서 "성령과 우리에게 그러한 것"(사도 15,28)이라고 전하는 바와 같이, 이미 시초부터 이러한 의식을 갖고 있었다. 교회는 사실상 무류성을 형식화하기 훨씬 이전부터 이 교의를 살았고 분명히 요청해 왔다. 처음부터 확실한 권위를 갖고 이에 대해 언급했으며 실행해 왔다. 초세기 동안 교회의 사목적이면서도 가르치는 직무와 지속적으로 발생했던 여러 이단들을 거슬러 투쟁하는 가운데 조금은 혼란스러웠음에도 불구하고 그 와중에 확립된 이 무류성에 대한 의식이 없었다면 이 모든 것들은 아무런 의미가 없었을 것이다.513

물론 그리스도의 말씀만이 무류적이다. "하늘과 땅은 사라질지라도 내 말은 결코 사라지지 않는다"(마태 24,35). 그러나 만일 교회가 성령의 약속에 힘입어 이 특전을 누린다면, 이는 교회가 오직 모든 시대와 상황들을 위해 그리스도의 말씀을 보존하는 사명을 갖고 있기 때문이다. 무류성은 교회로부터 생겨나지 않으며 그 산물이나 특전으로서 거기서부터 유래하지도 않는다. 결국 무류성이란 교회 안에 현존하시는 그리스도 그리고 그 안에 충실히 보존된 그분의 말씀 이외에 아무것도 아니다.

이러한 무류성은 믿는 데 있어서 전체 교회가 누리는 특권이다. 왜냐하면 성령으로 지탱되는 전체 교회는 믿을 때에 잘못하거나 오류를 범할 수 없기 때문이다. 그래서 제2차 바티칸 공의회는 이렇게 말한다. "성령께 도유를 받는 신자 전체는(1요한 2,20.27 참조) 믿음에서 오류를 범할 수 없으며, '주교부터 마지막 평신도에 이르기까지' 신앙과 도덕 문제에 관하여 보편적인 동의를 보일 때에, 온 백성의 초자연적 신앙 감각의 중개로 이 고유한 특성을 드러낸다. 실제로 진리의 성령께서 일깨워주시고 지탱해주시는 저 신앙 감각으로 하느님의 백성은 거룩한 교도권의 인도를 받는다. 교도권에 충실히 따르는 백성은 그 가르침을 이미 사람의 말이 아니라 사실 그대로 하느님의 말씀으로 받아들인다"(LG 12).

이처럼 우리는 무류성을 전체 교회 내에서 가르칠 때 행사하는 봉사로 이해할 수 있으며 교회는 믿을 때에 무류적이다. 이러한 무류적인 교도권이 없다면 교회는 믿을 때에 무류적이 될 수 없다.

더욱이, 교황의 무류성에 대해 말할 때에는 일련의 선입견을 배제해야 한다. 이 무류성이 마치 교황이 주머니에서 교의적 가르침들을 손쉽게 꺼낼 수 있다는 식의 표현을 뜻하는 것은 아니다. 교황은 오직 교회의 믿음에 이미 속하는 것, 그리고 성경이나 전승에 있는 것만을 정의할 수 있다. 예를 들어, 만일 무염시태 교리가 그 이전에 이미 교회의 믿음에 속하지 않았다면, 교황은 결코 이를 규정할 수 없었을 것이다.[514]

신앙에 속하는 것이 규정된 것보다 훨씬 더 광범위하다는 것이 자주 잊히곤 한다. 예를 들어, 그리스도의 부활 같은 신앙 조항이 엄밀히 말해 교의는 아니다. 왜냐하면 이를 결정적인 형태로 확정할 필요가 없었으며 이는 예수께서 부활하셨다고 하는 계시(규정된 교의)에 이미 속하는 것으로 간주되었기 때문이다.

신앙이나 윤리에 속하지 않는 주제들에 대해 언급하는 것은 교도권에 적합하지 않다. 이러한 주제들에 대해서는 어떠한 성령의 도움도 없다.

한편, 무류성은 공식화한 진리를 보증해주지만, 그렇다고 이러한 공리가 보다 가능한 완벽함이나 아주 철저한 것임을 뜻하지는 않는다. 이 공리와 더불어 선언된 진리의 의미가 단순하게 얼버무려져서는 안 되며 언제나 더욱 깊은 심화와 규명을 필요로 한다. 더욱이, 교황의 무류성이 교황은 개인적으로 결점이나 허물이 없다는 것을 의미하는 것은 아니다. 개인으로서의 교황은 잘못과 인간적인 비참함의 주체로서의 인간이다.

만일 우리가 이 무류성을 올바로 이해한다면, 그것은 '일종의 봉사, 즉 그리스도께서 당신 교회가 진리로부터 빗나가지 않도록 그를 위해 마련해주신 필수적인 봉사' 이외에 아무것도 아님을 이해하게 될 것이다. 흥미로운 것은, 제1차 바티칸 공의회에서 교황의 무류성을 규정함에 있어서 찬성하지 않았던 뉴먼 추기경이 이 공리를 인정함에 있어서 하느님의 섭리가 승리했다고 고백했다는 점이다.

결국, 교황의 무류성은 교회의 무류성으로서 이 교회의 최고 책임자인 베드로가 교회 안에서 진리를 유지하기 위해 필요로 하는 것이다. 베드로는 믿을 때에 교회의 무류성을 유지하기 위해 개인적으로 이 무류성(또한 주교단도 이를 소유한다)을 소유한다.515 만일 믿을 때에 교회의 무류성이 존재한다면, 교도권은 가르칠 때에도 이를 소유한다. 믿는 교회의 무류성을 가르치는 교도권으로부터 이 무류성을 분리할 수는 없다. 페이넬이 언급하듯이, "'믿음에 있어서(*in credendo*)'의 무류성과 '가르침에 있어서(*in docendo*)'의 무류성 사이에 존재하는 연관성을 잘 이해하는 것이 중요하다. 믿음에 있어서의 무류성은 첫 번째 무류성에 첨가된 부차적인 무류성이 아니며 첫 번째 무류성으로부터 나오는 단순한 귀결도 아니다. 이 둘은 교회에 맡겨진 초본성적 진리의 신비, 즉 동일하고도 유일한 이 신비에 있어서 상호 보완하는 두 가지 측면을 형성한다."516

무류성 문제에 관한 뉴먼 추기경의 행적(行蹟)은 흥미롭다. 그는 사도성이 로마교회 안에 뿌리를 내리고 있다는 확신에 점점 더 가까이 다가갔다. 하지만 그에게는 문제가 있었다. 즉 그는 가톨릭 교회 안에는 성경 안에서는 드러나지 않는 일련의 발전된 교의들이 있다고 생각했다. 후에야 그는 살아 있는 어떤 교리가, 특히 그것이 보편적이라면, 진화되어야 한다는 사실을 깨달았다. 왜냐하면 이 교리는 그 자체 안에 암묵적으로 내포되어 있는 것을 차치하고라도 시대마다 다가오는 도전들에 대해 응답해야 하기 때문이다.

그렇지만 이 모든 발전이 참된 것임을 그 누가 보장해줄 수 있을까? 이에 뉴먼은 "선행(先行)하는 개연성(蓋然性)"이라고 부르는 것에서부터 출발해서 무류성이라는 귀결에 도달한다. 즉 만일 모든 시대의 모든 사람들에게 제시되어야 할 객관적인 계시가 주어졌다면, 이 계시가 그 기원에 충실할 수 있도록 하기 위한 수단과 보증이 있어야 한다는 것이다. "만일 그리스도교가 모든 시대를 위해 사회적이며 동시에 교의적이고 고유하다면, 인간적으로 말해, 전혀 오류를 범할 수 없는 해설자가 있어야 한다."

실제로 뉴먼은 제1차 바티칸 공의회에서 교황의 무류성이 정의되는 것을 두려워했지만(왜냐하면 그는 이것이 이해 가능한 정당한 범위 그 이상을 넘어서고 있다고 생각했으며 바로 이 점을 두려워했다), 이 공리를 알게 되었을 때는 기뻐했다.517

그러나 무류성(infallibilitas)은 무결함성(indefectibilitas)과 다르다. 무결함성은 교회가 언제나 성령에 대한 충실함에 바탕을 둔 종말적 구원 공동체로서의 자기 자신에 대해 동일한 상태로 지속된다는 것을 뜻한다. 의심할 바 없이, 이 개념은 무류성 개념보다 훨씬 더 광범위하다. 하지만 분명 무류성을 내포한다. 왜냐하면 이 무결함성의 은사가 없다면 교회는 자신에게 동일한 상태로 계속 유지될 수 없기 때문이다.

### 3.3. 교도권의 대상

교도권의 대상은 신앙과 관습들에 관계된 교의이다. 전통적으로는 우선적인 교도권의 대상과 이차적인 대상이 구별되어 왔다. 우선적인 대상은 정의 그 자체로 보면 성경 또는 전승 안에 정식으로 드러나는 진리들과 관련된 것이다. 정식으로 계시된 것은 외적인 형태("그리스도는 사람이시다") 또는 암묵적인 형태("그리스도는 발을 갖고 있다")로 있을 수 있다.

사실상 계시된 진리들, 즉 공식적으로는 계시되지 않았지만 공식적인 계시에서 유래하는 필수적인 귀결들이거나 이를 위한 필수적 전제들이 교도권의 이차적인 대상을 구성한다. 예를 들어, 그리스도교 계시를 설명하는 데 필수 불가결한 몇 가지 철학적 원리들이 그러하다.

제1차 바티칸 공의회가 교도권의 고유한 대상 그리고 이에 대한 가능한 정의라는 주제를 다뤘을 때 공의회는 신앙과 관례들에 관한 내용과 관련된 것으로만 한계를 두었다. 하지만 이러한 형식을 갖고서 사실상 계시된 것을 배제하려 하지는 않았다. 헌장 *Pastor Aeternus*의 4장 표결에 앞서 가서(Gasser)는 네 시간 동안 연설을 진행했는데, 여기서 그는 "*De fide et moribus*(신앙과 관례들에 대해서)"란 표현은 공리가 포함하는 모든 것을 열거하지 않는 일반적인 표현이라고 언급하고 있다. 그리고 다음과 같이 덧붙인다.

> 하지만, 앞서 말한 것처럼, 이전 진리들과 대략 긴밀하게 연관된 또 다른 진리들이 있는데, 이는 (비록 계시된 것이 아니지만) 계시의 보관소를 총체적으로 수호하고 적절하게 설명하며 효과적으로 규정하기 위해 필요

한 것들이다. […] 이러한 진리들이 그 자체로 계시의 창고에 속하는 것은 아니지만 이를 수호하기 위해 필수적인 것들이다. 모든 가톨릭 신학자들은 교회가 이러한 진리들을 규정함에 있어서 무류적이며 따라서 이러한 무류성을 부인하는 것이 중대한 오류라는 점에 대해 동의한다. 그러나 이러한 진리들과 관련해서 교회의 무류성을 견지하기 위한 확실함의 단계에 대한 평가에 있어서는 차이를 보인다. 몇몇 신학자들은 이러한 무류성이 신앙의 진리라는 견해를 보이는 반면, 다른 이들은 그것이 단지 계시의 보관소를 수호하기 위한 필요로부터 추론된 신학적 귀결일 뿐이라고 생각한다. 공의회는 이 문제를 해결하지 않았다.[518]

따라서 "*De fide et moribus*(신앙과 관례들에 대해서)"란 형식에는 계시 진리들이 포함된다. 그리고 이는 제1차 바티칸 공의회에서 규정된 신앙 교리이다. 또한 이러한 형식에는 계시의 보관소를 수호하기 위한 필수적인 진리들(비록 계시된 것은 아니지만)도 들어간다. 이렇게 포함된 것이 제1차 바티칸 공의회에 의해 신앙에 대해서처럼 규정된 것은 아니지만 적어도 확실한 귀결로 받아들여졌다.[519]

이에 대해 랑(A. Lang)은 다음과 같이 말한다.

신학적인 결론들은 상당히 중요하다. 왜냐하면 인간의 본성적인 세계 속에서 계시된 진리에 대한 결과들을 드러내기 때문이다. 만일 이것들을 배제한다면 계시된 진리는 고립된 채 세상, 삶, 문화와 아무런 접촉도 없이 어떠한 결실도 맺을 수 없게 될 것이다. 나아가, 이러한 영역에서 드러나는 오류와 불확실함은 신앙의 불확실성에 이르게 할 것이다. 따라서 교회가 신학적인 결론들에 대해 결정을 내릴 수 있다면, 신앙의 순수함을 지켜 낼 수 있을 것이다.[520]

이 주제와 관련해서 우리는 자연법과 이에 대한 규정 가능성에 대해 말할 수 있다. 물론 자연법을 그 우선적인 원칙들(선을 행하고 악을 피함) 안에서 또는 이차적인 원리로 불리는 것들(왜냐하면 십계명, 즉 "사람을 살해하는 것은 악을 행하는 것이다"처럼 구체적인 사례들 안에서 우선적인 원칙들을 적용한 것들이기 때문이다) 안에서 계시에 속하는 것들, 따라서 교회 교도권에 의해 규정될 수 있는 것들을 일반적인 형태로 받아들일 수 있다.

문제는 상당한 추론을 요구하거나 어떤 특정한 어려움을 내포하는 자연법의 사안들이 피임이나 시험관 아기에 대한 가르침의 경우처럼 규정될 수 있다고 하는 것이다.

이 두 경우 문제가 되는 것은 자연법으로서 그 누구도 구원을 위한 필수적인 진리에 관련된 것이라는 데 대해 이론을 제기할 수 없다. 자연법을 포함해서 다루는 가운데 반드시 언급해야 할 것은, 그것들이 바탕을 두고 있는 원칙은 인간 인격이 거룩한 존엄성을 갖고 있다는 점이다. 왜냐하면 시초부터 하느님의 창조 행위는 인간에게 불멸하는 영적 영혼을 선사해주셨기 때문이다(*Evang. Vitae*, 43). 어떻게 해서 이런 원칙 위에 시험관 아기 그리고 더 나아가 피임에 관해 언급하고 있는 「진리의 광채(*Veritatis Splendor*)」, 「생명의 선물(*Donum Vitae*)」[521]의 윤리가 바탕을 두고 있는지 입증할 수 있다. 물론 시험관 아기의 문제가 계시 안에 있는 것은 아니다. 왜냐하면 이는 역사 안에서 새롭게 등장한 문제이기 때문이다. 이것은 통상적 교도권의 대상이 될 수 있다. 다시 말하지만, 이것이 바탕을 두고 있는 원칙은 계시에 속하며 여기서는 마치 자연법의 진리처럼 인간 구원과 관련된 진리가 문제 되고 있다.

그러나 이 문제는 「인간 생명」의 경우처럼 단지 이것만이 아니라 오랜 역사 동안 피임(오나니즘)을 거부했던 전승에도 의지한다. 이러한 전승은 보편성과 사도성을 누렸으며 오랜 시대를 통해서 동시적이며 통시적으로 발전했다. 우리가 상기해야 할 것은, 1968년 이 「인간 생명」이 등장한 다음, 같은 해 11월 드 뤼박이 강의하기 위해 로마에 갔다는 점이다. 당시 그는 진보적인 신학자로서 명성을 떨치고 있었다. 많은 사람들이 그가 교황에게 피임이란 주제를 건넬 줄 알았다. 하지만 그는 다음과 같이 말했다. "교황에게는 교회의 전체 역사에 속하는 윤리적 전승을 바꿀 자유가 없다." 이러한 그의 말이 야기했던 인상 깊은 침묵을 나는 아직도 기억하고 있다.

그러므로 「인간 생명」의 가르침은 전승에 속하지만 시험관 아기의 경우처럼 처음으로 시도되어야 하는 경우 가운데 하나는 아니다. 그러므로 이는 요구되는 상황들 안에서 통상적이고 보편적인 교도권에 의해 무류적으로 선언될 수 있다.[522]

## VI. 그 밖의 다른 직무들

### 1. 사제[523]

#### 1.1. 사제란 누구인가?

교회의 교계 제도에 대해 언급하면서, 비록 짧게나마 사제에 대해 말하지 않을 수 없다. 「교회 헌장」 28항은 「사제의 생활과 교역에 관한 교령(*Presbyterorum Ordinis*)」과 마찬가지로 사제들을 위해 쓰였다. 왜냐하면 시초부터 사제 서품은 주교들에게 쏠렸던 관심과 평신도들에 대한 강조 사이에서 뚜렷한 윤곽을 갖지 못한 채 남아 있었기 때문이다. 「교회 헌장」 28항은 주교들을 다룬 논술 이후에 나오며 1964년에 이르기까지 여러 번의 편집 과정을 거쳤다. 그 이후 사제들을 위한 교령은 「교회 헌장」 28항의 신학적 해설의 발전으로 나오게 됐다. 여기서는 사제의 생활과 사도직으로서의 다양한 측면들에 대한 설명을 시도했다. 다음은 「교회 헌장」 28항 텍스트이다.

성부께서 축성하시어 세상에 파견하신 그리스도께서는(요한 10,36 참조) 당신 사도들을 통하여 그 후계자들, 곧 주교들을 당신의 축성과 사명에 참여하게 하셨다. 주교들은 자기 봉사직의 임무를 여러 단계로 교회 안의 여러 아랫사람들에게 합법적으로 전수해주었다. 이렇게 하여, 하느님께서 제정하신 교회 직무는 이미 옛날부터 주교, 신부, 부제라고 불리는 이들이 여러 품계로 수행하고 있다. 신부들은 비록 대사제직의 정점에는 이르지 못하고 권력의 행사에서 주교들에게 의존하고 있지만, 사제의 영예로는 주교들과 함께 결합되어 있으며, 성품성사의 힘으로 영원한 대사제이신 그리스도의 모습을 따라(히브 5,1-10; 7,24; 9,11-28 참조) 신약의 참 사제로서 복음을 선포하고 신자들을 사목하며 하느님께 예배를 드리도록 축성된다. 자기 봉사 직무의 단계에서 유일한 중개자이신 그리스도의(1티모 2,5 참조) 임무에 참여하며, 모든 사람에게 하느님의 말씀을 전한다. 성찬의 예배 또는 집회에서 자기의 거룩한 임무를 최대한으로 수행한다. 거기에서 그리스도를 대신하여 행동하고, 그리스도의 신비를 선포하며, 신자들의 예물을 그들의 머리이신 그리스도의 희생 제물과 결합시키고, 신약의 유일한 희생 제사를, 곧 그리스도께서 당신 자신을 깨끗한 제물로 성부께 단 한 번 바치신 희생 제사(히브 9,11-28 참조)를 주님께서 다시 오실 때까지(1코린 11,26 참조) 미사의 희생 제사 안에서 재현하고 봉헌한다. 참회하는 신자들이나 병든 신자들을 위하여 화해와 위안의 직무를 각별히 수행하며, 신자들의 요청과 기도를 하느님 아버지께 바친다(히브 5,1-3). 목자이시며 머리이신 그리스도의 임무를 자기가 받은 권위에 따라 수행하며, 형제애로 한 마음을 이룬 하느님의 가족을 모아, 그리스도를 통하여 성령 안에서 하느님 아버지께 인도한다. 무리 한가운데에서 하느님을 영과 진리 안에서 흠숭한다(요한 4,24 참조). 끝으로, 말씀을 전하고 가르치는 일에 수고하며(1티모 5,17 참조), 주님의 법 안에서 묵상하며 읽은 것을 믿고, 믿은 것을 가르치며, 가르친 것을 실천한다. 신부들은 주교 품계에 섭리된 협력자들이며 주교 품계에 도움이 되는 기관으로서 하느님의 백성에게 봉사하도록 부름받아, 맡겨진 직무는 다르지만, 자기 주교와 더불어 한 사제단을 구성한다. 주교를 신뢰하며 넓은 마음으로 주교와 결합되어 있는 신부들은 각 지역 신자들의 회중 안에 주교를 어느 모로든 현존하게 하며, 주교의 임무와 관심사를 일부분 받아들여 일상 사목을 수행한다. 그들은 주교의 권위 아래에서 자기에게 맡겨진 부분의 주님 양 떼를 거룩하게 하고 다스리며, 보편 교회를 자기 자리에서 볼 수 있게 만들고, 그리스도의 온몸이 자라나도록(에페 4,12 참조) 힘찬 도움을 가져다준다(LG 28).

공의회는 특별한 관심을 갖고 사제가 그리스도와 갖는 관계를 지적한다. 성부로부터 파견된 첫 번째 분은 그리스도로서 그분은 사도들과 그 후계자인 주교들에게 당신의 사목적인 사명을 통교하셨다. 그리고 사도들과 그 후계자들은 그분의 직무가 갖는 지위를 교회의 여러 주체들에게 다양한 단계에서 적법하게 전수해주었다.

이처럼 사제들은 교회 내에서 주교들로부터 받는 성품(聖品)과 사명을 통해서 유일한 스승이요 사제이시며 왕이신 그리스도의 직무에 참여한다(PO 1). 이렇듯 사제들은 사람이 되신 하느님의 아드님의 축성과 사명에 참여한다.

신자들은 공통 사제직과 더불어 예수 그리스도를 통해 영적인 희생 제물을 하느님 아버지께 봉헌하며 그들을 어둠에서 놀라운 빛으로 불러주시는 권능을 선포한다(1베드 2,5). 그러나 그들 가운데 몇몇은 성자, 사도들 그리고 그 후계자들의 축성과 사명에 참여한다. 이들은 사제들에게 하위 단계에서 이러한 축성과 사명을 전해 주는데, 이 사제들은 하느님 백성에게 설교하고 그들을 성화하며 통치하는 주교적인 질서의 협력자들이다(PO 2).

그러므로 이는 그리스도께서 성부로부터 받았고 천상으로부터 오는 축성과 사명이다. 어떤 경우에도 그리스도교의 사제가 백성의 대표로 이해될 수는 없다. 그들은 그리스도와 같은 축성과 사명을 받은 이들이다. "사제 직무는 주교품과 결합되어 있기 때문에 바로 그리스도께서 당신 몸을 세우시고 거룩하게 하시고 다스리시는 권위에 참여한다. 그러므로 사제들의 사제직은 그리스도교 입교 성사들을 전제하지만 개별 성사로 수여된다. 이 성사로써 사제는 성령의 도유로 특별한 인호가 새겨지고 사제이신 그리스도와 동화되어 머리이신 그리스도를 대신하여 행동할 수 있다"(PO 2).

이는 사제이신 그리스도께서 수품된 이의 가능한 불충실함에도 불구하고 철회될 수 없는 현존의 약속 안에서 봉사하시고 당신의 직무를 구체화하신다는 것을 의미한다.[524] 따라서 사제적인 효력의 기준은 직무의 거룩함 이전에 그리스도의 충실성에 있다. 이는 매우 중요하다. 이처럼 사제는 교회를 위해 온전히 준비된 자세 속에서 그리스도를 닮아 간다. 왜냐하면 그는 교회에 맡겨진 주님의 유산을 관리하기 때문이다. "그래서 실제적인 그의 직무에 있어서 원천이자 샘인 그리스도와의 일치는 언제나 모든 사제 영성의 중심이자 출발점을 구성한다."[525]

이처럼 하느님께서는 사제들에게 그리스도의 관리자가 되는 은총을 선사해주신다. 사제는 그리스도의 희생 제물과 더불어 신자들의 영적 희생 제물을 성찬례로 가져와 현존케 한다. 이 모든 것은 "그리스도 안에서 아버지 하느님께 영광을 드리는 것이다. 그 영광은 그리스도 안에서 완성된 하느님의 업적을 사람들이 의식적으로 자유로이 감사하게 받아들이고 자신의 온 삶으로 이를 드러내는 데"(PO 2) 그 목적이 있다.

여기에 교황 요한 바오로 2세가 회칙 *Pastores dabo vobis*에서 언급한 바가 있다. "사제들 없이 교회는 자기 존재와 역사 속에서 자신의 사명의 중심에 놓여 있는 그 근본적인 순명을 살아 낼 수 없다. 이는 다음과 같은 예수의 명령에 대한 순명이다. '너희는 가서 모든 민족들을 제자로 삼아라'(마태 28,19). '너희는 나를 기억하여 이를 행하여라'(루카 22,19; 1코린 11,24)"(PDV 1).

그러므로 사제들은 그리스도 안에서 축성된 이들로서, '그리스도의 인격 안에서(in persona Christi)' 그분의 이름으로 수행하기 위해 그분을 닮은 이들이다. 그들은 그리스도의 몸의 머리이신 그분을 대리하며 하느님 백성에게 설교하고 그들을 성화하며 통치하는 그리스도의 사명을 직무적으로 실현한다. 여기서 우리는 신자들의 사제직 그리고 직무적 또는 교계적 사제직이 서로를 향해 질서 지어져 있으며 서로 구별되는 형태— 이러한 차이는 등급의 차이일 뿐 아니라 본질적인 차이이기도 하다— 로 그리스도의 유일한 사제직에 참여한다는 것을 이해할 수 있다(LG 10). 신자들은 자신의 실제적인 사제직에 힘입어 성찬례 봉헌에 참여하며 오직 사제만이 머리이신 그리스도를 대리하는 가운데 현존케 할 수 있는 성찬례적인 희생을 봉헌한다(LG 10). 신자들은 세례를 통해 그리스도의 몸의 구성원으로서 그분과 합체된다. 한편, 사제들은 신비체의 머리이신 그리스도를 대리한다. "성품성사로 사제들은 사제이신 그리스도와 동화되어, 그리스도의 몸 전체, 곧 교회를 확장하고 건설하도록 머리이신 그리스도의 봉사자가 되고, 주교품의 협력자가 된다"(PO 12).

이러한 의미에서 우리가 상기해야 할 것은, 사제는 그리스도를 대리하지만 결코 그분을 대신할 수 없다고 하는 점이다. 왜냐하면 그의 직무적인 행위들 안에서 이 행위를 통해 현존하시는 분은 오직 그리스도 자신이시기 때문이다. 그래서 요한 바오로 2세는 이렇게 말하고 있다. "사제는 새롭고 영원한 계약의 최고이자 영원한 사제이신 그리스도 자신으로부터 유래했고 특별히 그분께 참여하며 그분의 연장으로서의 존재라는 사실 안에서 진정한 자신의 정체성을 발견한다. 그는 사제이신 그리스도의 생활하고 투명한 모상이다. 그리스도의 사제는 구원 역사에서 그분이 보여주시는 절대적인 '새로움'의 표현으로서 무엇과도 대체될 수 없는 그리스도인, 특히 사제의 사제직의 전형이자 유일한 원천을 구성한다. 그러므로 그리스도를 언급하는 것은 사제적인 실재들에 대한 이해를 위해 절대적으로 필수적인 열쇠이다"(PDV 12).

또한 사제는 백성을 대표한다. 그러나 비오 12세가 *Mediator Dei*

에서 언급한 것처럼, 사제는 "유일하게 백성을 대표한다. 왜냐하면 그는 모든 구성원들의 머리이자 그들을 위해 당신 자신을 봉헌하시는 우리의 주님 예수 그리스도를 대표하기 때문이다. 따라서 그가 제대 위에 올라갈 때에는 그리스도의 직무자로서 올라가며 그리스도보다는 아래며 백성보다는 위에 있다."526 요한 바오로 2세가 언급한 것처럼, 사제는 머리이신 그리스도를 대표하는 한에서 교회 안에 있으며 동시에 교회를 대면하고 있다(PDV 16).

사제들은 주교들과의 관계 안에서 종속된 형태로 그리스도의 사제직에 참여한다. 왜냐하면 주교는 그리스도의 직무적인 사제직을 충만하게 지닌 사람이기 때문이다. 우리는 사도들이 자신의 협력자들을 세운 사실을 이미 신약성경에서 살펴보았다. 여기서는 이에 대해 더욱 구체적으로 살펴보기로 하겠다.

트리엔트 공의회는 신적인 배려와 더불어 주교들, 사제들 그리고 부제들에 의해 구성되는 교계 제도가 교회 안에 존재한다는 점을 규정하고 있다(서품에 관한 교령: D 1776). 7조는 주교들이 사제들보다 훨씬 높은 지위에 있다고 규정한다. 하지만 둘 사이의 차이가 관할권인지 또는 서품에 관련된 것인지 명기하지는 않았다.

이보다 한걸음 더 나아가 제2차 바티칸 공의회는 주교가 서품 권한에 있어서 충만함을 가지며 사제들은 이보다 하위 단계에서 그 권한에 참여한다고 언급한다.

어쨌든, 필립이 잘 지적하는 것처럼,527 직무적인 사제직의 원천은 그리스도이지 주교가 아니다. 주교는 그리스도의 사제직에 대한 참여를 전수해줄 뿐이다. 직무 사제직 안에서는 어떤 인간적인 유산이나 계급적 사제직[신약성경은 그리스도교적 사제직이 구약적인 연속선상 안에서 이해되는 것을 피하기 위해 히브리 서간에서 그리스도를 '히에레우스(hiéreus)'로 말하고 있다.]이 문제가 아니라 그리스도의 사제직에 참여하는 것이 중요하다. 사제는 수품을 통해서 주님을 위해 그리고 주님께서 그에게 불러주신 일을 위해 성별된다(PO 3). 이는 단순히 사람들로부터 분리하는 것으로 해석되는 일종의 격리가 아니라 무엇보다도 증거자가 되고 세상을 위한 봉사에 있어서 신적인 생명을 분배해주기 위해 축성되는 것을 뜻한다(PO 3). "지상 생활과는 다른 삶의 증인과 관리자가 되지 않고서는 그리스도의 봉사자가 될 수 없지만, 그렇다고 사람들의 실생활과 그 생활 조건에서 멀리 떨어져 산다면 사람들에게 봉사할 수도 없다"(PO 3).

두 번째 단계의 사제들인 그들은 이 사제직을 주교로부터 받은 한에서 자신의 사제직을 갖는다. 그리고 이 주교에 의존하고 그에게 순종하는 가운데 이 사제직을 수행할 수 있다. 사제들은 자신의 주교와 사제적 품위를 나누어 갖는다. 이미 성 치프리아노는 이 점에 대해 잘 지적한 바 있다.[528] 그들은 주교와 더불어 공동 사제들(copresbíteros)이다.[529] 그것은 안티오키아의 이냐시오가 표현했던 종속 관계의 범위 안에서 그러하다. 이에 대해 그는 다음과 같이 말한다. "사제들과 부제들은 주교 없이 아무것도 하지 못한다. 왜냐하면 여기서 관건이 되는 것은 하느님 백성이기 때문이다. 주교는 자신이 책임진 영혼들을 염두에 두어야 한다."[530] 성 대 레오는 주교야말로 사제들 가운데 수장이며 사제들은 그와 함께 공동 집전을 해야 한다고 말한다.[531]

## 1.2. 사제의 직무들

주교의 협력자인 사제는 그리스도로부터 받은 사명 안에서 그리스도의 이름으로 말씀, 성화, 통치의 직무들을 수행한다. 그는 이를 통해서 유일한 중개자이신 분의 업적에 참여한다. 트렌트 공의회에서 사제가 희생 제물, 죄인들에 대한 용서와 연관되어 언급되었음은 익히 알려진 사실이다. 종교개혁가들은 이 희생 제물을 부인했으며 사제를 단지 말씀의 직무자로만 소개했다. 이러한 맥락에서 트리엔트 공의회는 종교개혁가들에 의해 거부된 것을 강조해서 드러내고자 했다. 그러나 또한 공의회는 종교개혁에 대한 교령들을 통해 주교들의 주요 직무는 복음을 설교하는 것이라고 언급하면서 (23회기, 종교개혁에 대한 교령들, canon 14) 주교들과 사제들이 하느님의 말씀을 선포함에 있어서 갖는 필요성을 자주 상기했다. 제2차 바티칸 공의회는 말씀, 성사, 통치 이 세 가지 사제 직무에 대한 완벽한 균형을 잡았다.

사제는 설교 안에서 그리스도의 말씀을 통교하기 위해 그분의 권능을 덧입고서 그분의 이름으로 실행한다. 하느님 말씀 앞에서 일어나는 믿음을 통해 신자들의 모임이 발전하게 된다. 그가 해야 할 의무는 모든 이를 회개와 성성(聖性)으로 초대하면서(PO 4) 자신의 지혜가 아닌 하느님의 말씀을 가르치는 것이다. 사제는 복음의 메시지를 설교하면서 자기 신자들이 처한 다양하고도 구체적인 삶의 상황 속에 하느님의 말씀을 적용시켜주어야 하며 믿지 않는 이들을 데려오도록 시도해야 한다. 그리고 신자들의 신앙을 북돋워주는 말씀을 통해서 그들이 여러 성사에 참여할 수 있도록 격려해주어야 한다.

그래서 요한 바오로 2세는 이렇게 말한다.

무엇보다도 사제는 하느님 말씀의 직무자이다. 그는 각각의 사람들이 신앙에 순종하도록 부르고 신자들을 그리스도 안에서 우리에게 계시되고 통교된 하느님의 신비에 대해 보다 깊이 알고 이 통교에 참여할 수 있도록 인도해주는 가운데 모든 이에게 하느님 나라의 복음을 선포하기 위해 도유됐고 파견된 사람이다. 그래서 사제 자신은 하느님의 말씀과 더불어 개인적으로 아주 친숙해야 하는 첫 번째 사람이 되어야 한다. 단지 언어적인 또는 주석학적인 측면에 대한 앎만으로는 부족하다. 물론 이것도 필요하긴 하다. 하지만 무엇보다도 온순한 마음, 기도하는 마음을 갖고서 이 말씀에 다가서는 것이 필요하다. 그래서 이 말씀이 그의 생각과 감각을 관통하고 그럼으로써 그 안에 새로운 사고방식, 즉 '그리스도의 사고방식'(1코린 2,16)이 생겨나도록 해야 한다. 이렇게 해서 그의 말, 선택, 태도 이 모두가 점점 더 투명해지고 복음에 대한 선포이자 증거가 되게 해야 한다. 오직 말씀 안에 '머무르는 가운데' 사제는 주님의 완전한 사제가 될 것이다. 그리고 그러할 때 진리를 알게 될 것이고 참으로 자유로울 것이며 복음에 반대되거나 또는 복음과는 낯선 모든 제약들을 넘어서게 될 것이다(요한 8,31-32 참조). 사제는 자기 직무에서 언급되는 말들이 '자신의 것'이 아니라 자신을 보내신 분의 말임을 온전히 의식하면서 말씀(Verbum)을 믿는 첫 번째 '신자'가 되어야 한다. 그는 이 말씀의 주인이 아니다. 그는 단지 봉사자일 뿐이다. 그는 이 말씀을 간직한 유일한 소유자가 아니다. 그는 하느님 백성 앞에서 빚을 진 사람이다. 정확히 말해 복음화하고 복음화할 수 있기 위해 사제는 교회와 마찬가지로 먼저 복음화되어야 하는 자신의 지속적인 필요성을 의식하는 가운데 성장해야 하기 때문이다(PDV 26).

사제는 말씀이 자신의 전 생애를 변모시켜야 하는 한에서 말씀의 증거자가 되어야 한다. 만일 그가 복음을 통해 변모되는 가운데 이를 살아 내지 않는다면 결코 이 복음을 설교할 수 없다.

또한 사제는 여러 가지 성사들, 특히 성찬례의 집전자이다. 왜냐하면 그는 자신의 직무를 통해서 이 성찬례 가운데 그리스도의 구원적인 희생을 재현하기 때문이다. 그럼으로써 그는 신자들을 포함한 전체 교회가 이 희생 제사를 자신의 것으로 삼고 동시에 이를 성부께 봉헌함으로써 인류의 구원을 이루게 한다. 이는 세속의 평신도들로 하여금 자신의 희생 제물들을 성찬례에 가져오게 해준다. 그럼으로써 그들의 전체 삶을 이 성찬례에 질서 지어주고 여기서부터 그들이 필요한 은총을 받게 해준다. 이처럼 성찬례는 사제들의 생활에 대한 교령이 언급하듯이, 그리스도인의 생활의 중심으로 변화한다.

> 교회의 모든 교역이나 사도직 활동과 마찬가지로 다른 여러 성사들은 성찬례와 연결되어 있고 성찬례를 지향하고 있다. 실제로, 지극히 거룩한 성체성사 안에 교회의 모든 영적 선이 내포되어 있다. 곧 우리의 '파스카'이시며 살아 있는 빵이신 그리스도께서 바로 그 안에 계신다. 그리스도께서는 성령으로 생명을 얻고 또 생명을 주는 당신 살을 통하여 사람들이 자기 자신과 자신의 노동과 모든 피조물을 당신과 하나 되어 봉헌하도록 부르시고 이끄신다. 성찬례는 분명히 모든 복음화의 원천이며 정점이다(PO 5).

사제는 신자들을 기도의 정신으로 인도해주는 가운데 그들이 성찬례 안에서 자신의 삶을 봉헌하도록 가르쳐주어야 한다. 기도의 집은 성찬례를 기리고 보존하는 곳이다. 왜냐하면 그 안에 우리의 구원이신 하느님의 아드님께서 바로 지금 현존하고 계시기 때문이다. 사제는 자기 백성의 필요들을 성부 앞에 내어 놓는 가운데 그들을 위해 기도해야 한다(히브 5,1-4).

마지막으로, 사목자들은 하느님 백성을 인도하는 장상(長上)들이다. 그들은 머리이신 그리스도의 이름으로 모든 백성을 모은다. 사제는 말씀으로 공동체를 소집하고 성사들, 특히 근본적으로는 성찬례를 통해 이를 모아들이며 사목적인 통치를 통해 인도한다. 그는 각각의 신자가 하느님으로부터 받은 자신의 소명을 따르는 가운데 모든 신자들이 참된 공동체에 이를 수 있도록 일하고 더 가난한 이들 그리고 소외된 이들의 무게를 덜어주며 젊은이들을 교육시키고 자신의 신앙과 기도를 통해 여러 가정들을 지원하면서 그리스도 공동체를 실현할 책임을 지고 있다. 이 모든 것은 양성, 그리스도적 애덕, 사목적 배려를 전제로 한다. 우리는 그것을 그리스도의 사제가 지녀야 할 사목적 애덕이라고 부른다.

> "머리이자 유일한 목자이신 그리스도를 닮는 한에서 사제의 영성 생활을 고무시켜주고 인도해주는 내적 원리이자 덕은 예수 그리스도의 동일한 애덕에 대한 참여로서의 '사목적 애덕'이다. 그것은 성령의 무상적인 선물이며 동시에 사제 편에서의 자유로우면서도 책임 있는 응답을 향한 의무이자 부름이다"(PDV 23).

### 1.3. 사제들과 그 밖의 사람들과의 관계

사제가 자기 주교와 갖는 관계는 당연히 사랑과 감사 그리고 순명의 관계여야 한다. 사제는 주교를 통해서 그리스도의 사제직을 받으며 그와의 친교 안에서 그에게 의존하는 가운데 이 사제직을 발전시켜야 한다. 사제는 자신의 사목 생활 가운데 주교로부터 받은 사명을 완수하는 한에서 지역적인 여러 그룹 안에서 주교를 현존시킨다. 이는 각각의 사제들이 교구 전체 그리고 전체 교회와의 관계 안에서 자신의 사목 활동을 염두에 두고 조직해야 한다는 것을 의미한다.

주교는 사제들과 개인적인 접촉을 유지하고 그들이 갖고 있는 문제들 그리고 그들의 양성에 대해 염려하면서 그들을 자신의 협력자이자 아들이요 벗으로 여겨야 한다. 바오로 6세는 주교가 늘 사제들 곁에 있어야 한다고 1965년 12월 5일 이탈리아 주교회의에서 권고하고 있다.532

또한 주교는 사목 생활에 있어서 필요한 것들이나 위급한 것들에 대해 사제들의 의견을 받아들이고 그들에게 자문해야 한다. 그래서 공의회는 교령에서 사제적 조언에 대해 권고하고 있다(PO 7). 반면, 사제는 주교와 진실한 협력 그리고 순명의 관계를 견지해야 한다.

사제는 동일한 사명과 사도적 과제 안에서 형제들인 또 다른 사제들과 협력적 애덕적인 관계를 유지해야 한다. 여기에는 상호간 도움과 환대가 포함되어야 한다. 이는 그 자체로 사제들을 일종의 공동체적 삶으로 이끌어주며 나아가 사제적인 삶과 형제애를 강화시켜주는 연합을 설립하게 해준다(PO 8).

사제들은 세속 신자들과의 관계에서 자기 자신을 무엇보다도 아버지요 스승으로 여길 것인데, 왜냐하면 그들을 영성 생활 가운데 헛되이 낳지 않았기 때문이다. 그들 역시 같은 그리스도의 몸을 이루는 구성원이므로 그들도 형제들임을 잊어서는 안 된다(PO 9).

필립(G. Philips)은,533 세속 신자들은 사제가 자신들의 손이 미치는 형제임을 포기하지 않은 채 그 선함과 더불어 또한 아버지가 되어주길 바란다고 설명하고 있다.

사제는 성령께서 세속의 삶 속에서 신자들에게 선사해주실 수 있는 다양한 카리스마들을 식별할 수 있도록 노력하는 가운데 그들의 정당한 자유를 존중해주어야 한다. 또한 그는 참된 삶의 모범이 되도록 열심을 기울여야 한다. 왜냐하면 하느님 백성은 자신 앞에 있는 증인을 보기 때문이다. 또한 필립이 지적하듯이,534 사제는 늘 자기 신자들을 위해 기도해야 한다. 한편, 신자들은 기도로써 사제를 도와주어야 하는데, 만일 필요하다면 노동과 물질적인 도움을 통해 그를 도와주면서 자녀적인 사랑으로 사제를 사랑해야 한다.

사제 영성은 그리스도를 향한 사랑으로 틀이 잡혀야 한다. 그는 그분의 사랑에 참여하며 개인적인 기도, 특히 성찬례와 더불어 힘차게 살고 자기 신자들과 함께 사목적 애덕을 수행해야 한다. 이러한 균형 속에서 그는 고유한 자기 삶의 양식을 발견하게 될 것이다.

## 2. 부제535

「교회 헌장」은 부제에 대해 다음과 같이 말하고 있다.

교계의 더 낮은 품계에 부제들이 있다. 그들은 "사제직을 위해서가 아니라 오로지 봉사 직무를 위하여" 안수를 받는다. 사실, 그들은 성사의 은총으로 힘을 얻고, 주교와 그의 사제단과 친교를 이루어, 전례와 말씀과 사랑의 봉사로 하느님 백성을 섬기고 있다. 부제의 소임은 관할 권위가 그에게 맡겨준 대로, 성대하게 세례를 집전하고, 성체를 보존하고 분배하며, 교회의 이름으로 혼인을 주례하고 축복하며, 죽음에 임박한 이들에게 노자 성체를 모셔 가고, 신자들에게 성경을 봉독하여주며, 백성을 가르치고 권고하며, 신자들의 예배와 기도를 지도하고, 준성사를 집전하며, 장례식을 주재하는 것이다. 자선과 관리의 직무를 부여받은 부제들은 복된 폴리카르포의 권고를 명심하여야 한다. "자비롭고 부지런하여야 하며, 모든 사람의 봉사자가 되신 주님의 진리에 따라 살아가야 한다."

교회 생활에 대단히 필요한 이러한 임무는 오늘날 라틴 교회의 현행 규율대로는 많은 지역에서 그 이행이 어려울 수 있으므로, 부제직은 앞으로 교계의 고유하고 영구적인 품계로서 복구될 수 있을 것이다. 영혼들의 사목을 위하여 이러한 형태의 부제들을 임명하는 것이 적절한지 또 어디에 임명하는 것이 적절한지는 여러 가지 관할 지역 주교회의들이 바로 교황의 승인을 받아 결정할 일이다. 이 부제직은 교황의 동의를 얻어 나이 많은 기혼자들에게 수여할 수 있고 또한 적합한 젊은이들에게도 수여할 수 있지만, 젊은이들에게는 독신제 법이 확고히 존속되어야 한다(LG 29).

교계 제도에 대해 다루는 3장에서 부제에 관한 이 단락이 추가되었는데, 이는 의심할 바 없이 부제가 교계 제도에 속하는 직무이자 성품성사를 통해 그 일부분을 구성하기 때문이다. 부제들은 평신도가 아니라 교회적인 제도에 속한다.

사실, 우리는 주교들과 함께 부제들을 보게 된다(필리 1,1). 티모테오1서 3장 8-13절은 부제의 삶을 장식해야 하는 자격들에 대해 묘사하고 있다. 특히 사도행전 6장 1-6절은 과부들을 돌보기 위해 안수받은 일곱 명의 남자들에 대해 언급하고 있다. 그리고 비록 이 텍스트가 이와 비슷한 이름을 부여하고 있지는 않지만 전승은 이를 부제들과 관련된 그 무엇으로 이해했다.

『디다케』와 교황 클레멘스 1세는 주교들과 더불어 부제들이라는 이름을 사용하고 있으며 안티오키아의 성 이냐시오는 마치 시노드처럼 사제들과 부제들로 둘러싸인 주교의 지도하에 있는 교회를 소개하고 있다.536 성 이냐시오에 따르면, 그들은 공동체를 염려할 뿐 아니라 하느님의 영광에 대해서도 몰두하고 있다고 말한다.

히폴리토의 『사도전승』에서 부제들은 안수를 통해 축성된 이들로 드러나고 있다. 비록 그들이 사제의 품위를 갖는 것은 아니지만, 그들은 분명 평신도가 아니라 교계 질서에 속한다. 히폴리토의 『사도전승』에서 볼 수 있는 것처럼, 그들이 안수를 받는 것은 희생 제사를 위해서가 아니라 직무, 즉 주교 직무를 위해서 받는 것이다. 사실, 사제가 주교의 손으로부터 받은 그리스도의 희생 제사에 참여하는 가운데 그리스도의 이름으로 이 희생 제사를 봉헌하고 성사들을 분배한다면, 부제들은 주교와 사제의 보조자로 드러나고 있는 셈이다. 특히 『사도전승』에서 부제는 보조 직무를 수행하는 것으로 드러난다.

부제가 수행하는 첫 번째 직무는 의심할 바 없이 제대에 대한 봉사이다. 성 유스티노는 부제들이 제대의 빵과 포도주를 분배하며 성찬례에 참석하지 못한 이들에게 이를 전해준다는 사실을 상기하고 있다.537 단지 이것만이 아니다. 왜냐하면, 필립(G. Philips)이 상기하듯이,538 부제들은 신자들이 성찬례에 가지고 온 봉헌물들을 모으는 책임을 지고 있으며 이것들이 후에 가난한 이들에게 분배될 수 있도록 성찬례 중에 축복을 받기 때문이다. 이처럼 애덕에 대한 부제의 직무는 제대 안에서 시작했었다. 이렇듯 성찬례적인 공동체는 애덕의 공동체로 변화한다.

부제는 또한 설교 직무와 더불어 말씀에 대한 봉사를 수행한다. 또한 그는 장엄한 세례에 있어서 특별한 구성원이 되며 일종의 관리적인 형태의 활동을 수행한다. 그는 혼인을 돕고 교회의 이름으로 이를 축복한다. 그리고 백성을 가르치고 권고하며 신자들의 예배와 기도를 주재하고 성사, 장례식 그리고 묘소를 관리한다.

공의회는 종신 부제직의 도입을 교황의 승인과 더불어 주교회의의 손에 맡기는 가운데 이를 교계 제도의 고유한 품계로 설정할 수 있는 가능성을 미래를 위해 열어주었다. 그럼으로써 부제직은 사제직을 위한 단순한 계급으로 전락하는 것을 방지할 수 있으며 동시에 지속적이고도 확고한 교계 신분으로 변화될 수 있다. 이 부제직은 아직 혼인을 살고 있는 성숙한 나이의 남자들에게 주어질 수 있으며 그 직분에 적합한 젊은이들에게도 주어질 수 있다. 하지만 이 젊은이들에게는 독신법이 엄격하게 유지되어야 한다. 이러한 부제직은 자신의 가정 체험을 통해 나이 든 사람들에게 주어지며, 복음화의 무게를 짊어진 교리 교사들에게도 ─ 예를 들어 아프리카를 생각해보자 ─ 필수적으로 사제가 될 필요 없이 자신의 교회적 과제를 축성하게 될 성품(聖品)을 허용한다. 주교회의는 모든 경우에 있어서 부제직 제정에 대한 적절함을 판단한다.

부제직은 무엇보다도 사제들이 부재중일 때 효과적인 직무를 수행할 수 있다. 그들은 신자들의 유익을 위해 일정한 성사를 집행할 수 있으며 그리스도교적 양성을 마련하고 예배와 기도를 지도할 수 있다. 교회의 품 안에서 애덕과 가르침을 위해 봉헌된 많은 사람들은 이러한 형태와 더불어 이 성사의 은총을 통해 풍요로워질 수 있다.

성좌(Sancta Sedes)는 부제직을 올바로 유지하기 위해 도움을 주려는 노력의 일환으로 다음과 같은 두 개의 문서를 출판했다. 「종신 부제들의 양성을 위한 근본 규범들」, 「종신 부제들의 직무와 생활을 위한 성무 안내」(Vaticano 1998). 이 둘은 종신 부제직 설정을 위해 로마가 견지하고 있는 배려를 드러내고 있다. 본서가 필요 이상으로 장황해질 수도 있기에 이 점을 상세히 다루지는 않겠다.

## 4장 요약

평신도는 세례를 통해 그리스도와 합체되어 하느님 백성의 일부를 형성하는 그리스도교 신자로 규정된다. 그는 성품(聖品)을 받지 않았으며 그렇다고 수도자 신분에 속한 것도 아니다. 그러나 그는 고유한 방식으로 그리스도의 사제직, 예언직, 왕직에 실제로 참여한다. 그리고 하느님 나라를 추구하고 복음의 정신에 따라 세속적인 사안들을 질서 지으며 이러한 직무를 고유하고 독특하게 세상 한가운데서 수행한다. 그리스도의 정신에 따라 세속적인 사안들을 비추고 질서 짓는 것은 평신도에게 해당되는 몫이다.

평신도의 사명은 세례와 견진성사에 근거해서 받은 교회의 사명에 참여함으로써 교회를 세상 안에 현존케 하는 데 있다. 무엇보다도, 평신도는 세상의 중심에서 복음의 누룩으로 세상을 변화시키는 가운데 이를 하느님께 봉헌하기 위해 부름받았다. 그는 자기 삶의 증거를 통해 예언적인 사명을 완수해야 한다. 또한, 그는 그리스도의 가르침에 따라 인간적인 실재들을 마련하고 세상을 질서 지어야 한다.

평신도는 결코 세상 속에서 마치 일종의 수도승처럼 살아서는 안 된다. 그는 그리스도의 영으로 온전히 세상에 침투되어야 한다. 이는 그가 피조물을 그 자신이 지닌 고유한 목적들을 배제하지 않은 채 그리스도의 영을 스며들게 해주는 피조물의 사제임을 의미한다. 그는 자신의 삶과 더불어 모범을 보이는 것에 한계를 두어서는 안 되며 증거자로서 그리스도를 선포해야 한다. 이처럼 그는 가족, 직업, 경제, 정치를 성화시켜 나아가야 한다.

2차 바티칸 공의회는 평신도들이 세례를 통해서 말씀과 성사들을 도울 수 있는 권리를 갖고 있으며 세례 그 자체로 이미 자신들의 필요와 원의를 성직자에게 표현할 수 있음을 언급한다. 또한, 그들은 자신의 인식 정도에 따라 교회의 유익을 지향하는 가운데 자신의 견해를 표현할 수 있으며, 사목자들이 스승이자 통치자로서 설정한 것을 순명의 정신으로 존중하고 동시에 그들을 위해 기도해야 한다. 반면, 사목자들은 교회 내에서 평신도들의 품위와 책임을 장려해야 한다. 마지막으로, 평신도 영성은 궁극적으로 성성(聖性)을 지향하는 영성이 되어야 한다.

# 4 | 평신도

제2차 바티칸 공의회의 「교회 헌장」은 교계 제도의 직무에 대해 다루고 난 후 그리스도교 신자들 또는 평신도들의 신분에 대해 다루기 시작한다. 어느 한 공의회가 특별한 장(章)을 평신도를 위해 할애하고 이를 연구 대상으로 삼은 것은 역사상 처음이다.

## I. 평신도는 누구인가?

신약성경은 그리스도인들을 지칭함에 있어서 '평신도들(laicos)'이란 말을 사용하지 않는다.539 그리스도교 공동체의 구성원들은 '성도(聖徒)들', '선택된 이들', '제자들' 그리고 특히 '형제들'이라고 불렸다.540 분명한 것은, 성경에서 '에즈네(ézne, 이방인)'에 반대해서 하느님 백성을 지칭하기 위해 자주 '라오스(laos, 백성)'라는 용어를 사용하고 있다는 점이다. 이에 따르면 '라이코(laico)'란 말은 더 이상의 어떤 상세한 서술 없이 단지 이 하느님 백성의 구성원을 지칭한다고 할 수 있다. 그러나 고전 그리스어의 '라오스(laos)'란 말은 오히려 지도자급에 반대되는 백성을 의미했다. 이제 여기서부터 그리스도교 세계로 의미가 이전되어 이 말은 교계 제도와 구별되는 한에서의 백성을 뜻하게 되었다. 로마의 클레멘스는 이미 이러한 의미에서 이 용어를 사용한 첫 번째 그리스도교 저자였다. "대사제에게는 특별한 직무들이 주어졌다. 사제들에게는 구체적인 장소들이 할당되었다. 평신도들은 평신도들에게 고유한 규율들로 연결되어 있다."541

그래서 제2차 바티칸 공의회는 이렇게 말하고 있다.

> 여기에서는 성품(聖品)의 구성원과 교회가 인정한 수도 신분의 구성원이 아닌 모든 그리스도인이 평신도라는 이름으로 이해된다. 곧 세례로 그리스도와 한 몸이 되어 하느님 백성으로 구성되고, 그리스도의 사제직과 예언자직과 왕직에 자기 나름대로 참여하는 자들이 되어, 그리스도교 백성 전체의 사명 가운데에서 자기 몫을 교회와 세상 안에서 실천하는 그리스도인들을 말한다(LG 31).

보는 바와 같이, 제2차 바티칸 공의회는 평신도가 누구인지를 묘사함에 있어 통상적이면서도 구체적인 어휘를 사용하고 있다. 그리고 이를 단순히 부정적인 형태가 아니라 오히려 긍정적인 형태로 사용하고 있다. 즉 평신도는 세례를 통해 그리스도와 합체되어 하느님 백성의 일부를 형성하는 그리스도교 신자로 규정한다. 그는 성품(聖品)을 받지 않았으며 그렇다고 수도자 신분에 속한 것도 아니다. 하지만 고유한 방식으로 그리스도의 사제직, 예언자직, 왕직에 실제적으로 참여한다. 그리고 하느님 나라를 추구하고 복음의 정신에 따라 세속적인 사안들을 질서 지으면서 이러한 직무를 고유하고 독특하게 세상 한가운데서 수행한다. 그리스도의 정신에 따라 세속적인 사안들을 비추고 질서 짓는 것은 평신도에게 해당되는 몫이다.

평신도들에게는 세속적 성격이 고유하고 독특하다. 성품의 구성원들은 어떤 때에 세속에 살며 세속 직업까지 가질 수 있다 하더라도 그들의 특수한 성소 때문에 주로 직무상 거룩한 교역에 임명되고, 수도자들은 참 행복의 정신이 아니고서는 세상을 변혁시킬 수도 없고 하느님께 봉헌할 수도 없다는 사실을 자기 신분으로 빛나는 뛰어난 증거로 보여주는 것이다. 평신도들의 임무는 자기 소명에 따라 현세의 일을 하고 하느님의 뜻대로 관리하며 하느님의 나라를 추구하는 것이다. 평신도들은 세속 안에서, 곧 각각의 온갖 세상 직무와 일 가운데에서, 마치 그들의 삶이 짜여지는 것 같은 일상의 가정생활과 사회 상황 속에서 살아가고 있다. 거기에서 하느님께 부르심을 받아, 자기의 고유한 임무를 수행하며 복음 정신을 실천하고 누룩처럼 내부로부터 세상의 성화에 이바지하며, 또 그렇게 하여 무엇보다도 자기 삶의 증거로써 믿음과 바람과 사랑으로 빛을 밝혀 다른 사람들에게 그리스도를 분명하게 보여준다. 그러므로 평신도들이 특별히 하여야 할 일은 자신들과 긴밀히 연결되어 있는 모든 현세 사물을 조명하고 관리하는 것이며, 그렇게 함으로써 모든 일이 언제나 그리스도의 뜻에 따라 이루어지고 발전하여 창조주와 구세주께 찬미가 되도록 하여야 한다(LG 31).

그러므로 교회는 교회 자신과 세상 안에서 평신도들의 독특한 삶의 신분을 본다. 단지 임기응변식으로 또는 공백을 메우기 위해 그들에 대해 이렇게 말하려는 것이 아니다. 물론 과거에는 그렇게 언급하기도 했다. 그러나 여기서 말하고자 하는 것은, 사도들만이 교회의 전체 구원 사명을 구성하지는 않는다는 확신, 특히 세상 안에서의 현존과 관련해서 드러나는 확신에 관한 것이다. 그래서 제2차 바티칸 공의회는 이렇게 말하고 있다.

> 진정한 의미의 평신도단이 교계와 함께 존재하고 활동하지 않는다면, 교회는 참으로 세워진 것이 아니고 온전히 살아가는 것이 아니며 사람들 사이에서 완전한 그리스도의 표지가 되지도 못한다. 실제로 평신도들의 적극적인 활동이 없다면 복음은 다른 어떠한 민족의 정신과 생활과 활동 속에 깊이 파고들 수 없다. 그러므로 교회의 설립 때부터 성숙한 그리스도인 평신도단이 이루어지도록 커다란 관심을 기울여야 한다(AG 21).

사실상, 초대 교회에서 평신도는 분명 소중한 직무를 행사했다. 초기에는 사제들과 평신도들 사이의 엄격한 구분이 강조되지 않았다. 교회는 이방인 세계 속에 살고 있었고 많은 경우 박해 가운데 있었으며 순교자들의 피 덕분에 천상의 희망에 대한 살아 있는 감각을 유지하고 있었다. 그래서 포르테(B. Forte)는 강조하길,[542] 교회 내에서 드러나는 여러 가지 면들을 구별하거나 대비시키기보다는 보다 더 그리스도교적인 새로움을 강조해야 한다고 말한다. 그럼에도 불구하고 우리가 잊지 말아야 할 사실은, 정확히 말해 평신도들과 상인들 그리고 군인들이 부패했던 당시 세계에 그리스도교 신앙을 확장시켰다는 점이다.

교회 내에서 교계 제도와 평신도 간에 구별이 이루어지지 않은 것은 아니지만, 당시에는 구별보다는 일치가 더 강조되었으며 평신도들에게 있어서 다양한 카리스마들에 대한 생활한 의식이 견지되었다.

　얼마 후 이어지는 그리스도교의 상황으로 인해 교회 내에서는 교계적인 요소가 우세하게 되었다. 한편에는 영적(靈的)이라고 할 수 있는 성직자와 수도승들이 있었고, 다른 한편에는 육적(肉的)이라고 할 수 있는 평신도들이 있었다. 첫 그룹의 사람들에게는 복음적인 모델의 실현이 속했다. 반면, 두 번째 그룹의 사람들은 세속적인 실재에 대한 책임을 졌다. 나아가, 세속적인 질서는 교회와 국가 사이에 일어났던 긴장들과 더불어 영적인 것에 종속되는 것으로 이해되었다. 교회적인 직무는 거의 독점적으로 오직 성직자들과 수도승들로 대표되었다. 그래서 1150년경 그라치아노(Graciano)는 그리스도인에게는 다음과 같은 두 질서가 있다고 언급한 바 있다. "두 종류의 신자가 있는데, 하나는 신적(神的)인 봉사에 연결되어 있고 관상과 기도에 몰두해 있으며 세속적인 실재에 대한 모든 복잡함에 대해 고행을 한다. 이들은 성직자들로 구성되어 있다. […] 다른 하나는 평신도들에 속하는 신자들의 부류이다. 사실상, '라오스(laos)'는 백성을 뜻한다. 이들에게는 세속적인 재화를 소유하는 것이 허용되어 있다. 하지만 그것은 그들의 필요들을 위해서이다. 사실, 돈 때문에 하느님을 멸시하는 것처럼 비참한 일은 없다. 이들에게는 결혼하고, 땅을 경작하며 여러 판결들에 대한 심판 역할을 하도록, 그리고 자신의 소송을 보호하고 제대에 봉헌물을 맡기고 1할의 세금을 내는 것이 허용되었다. 이처럼 그들은 악습들을 피하고 선을 행하는 가운데 구원될 수 있다."[543]

　이렇듯 평신도는 순명에 종속된 사람으로 마치 후견인 아래 있는 미성년자로 드러난다. 물론 중세 때는 평신도들의 운동이 여러 번 있었다. 예를 들어 '영적인 사람들'로 불렸던 이들은, 비록 그들 가운데 적지 않은 이들이 극단적인 형태로 나아가긴 했지만, 자신들의 양성과 책임 있는 영성 생활에 대한 주도권을 갖고 있었다. 또한 중세에는 신도단(cofradía)들과 제삼회들이 건전한 영성 생활의 리듬을 이어나갔으며 세속의 삶 속에서 책임 있는 모습을 보여주었다. 그러나 평신도는 중세의 과도한 교계적인 틀 안에서 늘 수동적인 구성원으로 간주되었다.

중세 당시 세속적인 실재에 대한 발견이 거듭될수록 종교적-정치적 종합의 해체가 진행됐고 이와 더불어 종교개혁, 여러 나라들의 탄생으로 평신도들은 그 어느 때보다도 예술, 경제, 학문, 정치의 수행에 대한 권리를 점점 요구하기 시작했다. 이처럼 세상은 르네상스로부터 시작해서 교회에 대해 스스로를 자주적인 형태로 긍정하기에 이르렀다. 결국 이 모든 것은 평신도에 대한 자각을 촉발했으며 이는 '하느님 사랑의 형제회', '경건한 산들', '성 필립보 네리의 오라토리오회' 등 다양한 조직들 안에서 형태를 갖추기 시작했다.

19세기에는 애덕의 실천을 특징으로 하는 평신도 조직들이 번성했다. 예를 들어, 오자남(F. Ozanam)에 의해 설립된 모임인 '성 뱅상 드 폴의 모임들', 또는 저지대 나라들 그리고 프랑스와 이탈리아에서 이루어진 정치적, 사도적 형태의 그룹들이 그것이다. 교황 레오 13세는 사회적인 배려를 첫 번째 위치에 놓았는데, 그를 기점으로 사회적인 문제가 평신도 사도직의 우선적인 관심으로 자리 잡게 됐다. 비오 10세는 전례에 있어서 평신도들이 많이 참여할 것을 장려했으며 비오 11세는 교계적인 사도직 안에서 평신도들의 참여 형태로서의 '가톨릭 활동(Actio Catholica)'을 세상에 내어 놓는 책임을 졌다. 성직자의 불충분함을 채워주기 위해 평신도들을 모아들이는 것은 정말이지 필요했다. 그러나 필립(G. Philips)이 설명하듯이544 아직 평신도들은 보완하는 또는 보조적인 용어로만 드러났다. 사실, 교도권의 입장에서 그 누구도 평신도의 지위에 대한 심도 있는 신학적 성찰을 시도하지는 않았다. 스킬레벡스는 설명하길, "엄밀히 말해 아직까지 하느님 백성에 있어서 비성직자 구성원으로서의 평신도 그리고 그가 세속 세계와 갖는 건설적인 관계가 충분히 인식되지 못했다. 이러한 관계는 교회의 우선적인 비전에 대한 참여를 관통하는 것이다. 따라서 복음화에 있어서 평신도가 할 수 있는 차별화된 공헌은 막히게 되었으며, 그것이 사실상 어떤 능동적인 공헌일 때에는 흔히 '성직자적인' 형태를 취하곤 했다. 하지만 이것은 전형적인 그의 평신도적 특징을 막는 것이다"545라고 한다.

물론, 제2차 바티칸 공의회는 거창하게 역사 앞에 선 평신도들이라는 식의 주제를 다룬 것이 아니라 무엇보다도 현실적인 형태로 이 주제를 다뤘다. 공의회는 성직자들이 교회의 모든 사명을 완수할 수는 없으며 평신도들에게 세속적인 과제가 적합하다는 점에 대한 확신을 갖고 있었다. "거룩한 목자들은 평신도들이 얼마나 교회 전체의 선익에 이바지하는지를 잘 알고 있다. 목자들은 그리스도께서 세상을 향한 교회의 구원 사명 전체를 자기들이 독점하도록 세우신 것이 아니며 오로지 모든 이가 나름대로 공동 활동에 한 마음으로 협력하도록 신자들을 사목하고 그들의 봉사 직무와 은사를 인정하는 것이 자신들의 빛나는 임무임을 안다"(LG 30).

하느님의 피조물이란 의미에서 이해된 세상은 평신도의 특별한 장(場)이다. 정치, 가정, 직업, 학문, 통신 수단들…. 평신도는 세상

한가운데 사는 그리스도인이다. 사제들은 전례와 사목 활동을 위해 온전히 축성된 이들이며, 수도자들은 아무런 조건 없이 진복팔단의 정신을 살아감으로써 종말적인 하느님 나라가 내포하는 궁극적인 가치를 선포하는 가운데 세상과 거리를 두는 이들이다. 반면, 평신도들에게는 그리스도에 준해서 이 세상의 제반 사물들을 질서 짓고 이 세상 한가운데서 자신의 성화를 추구하는 소명이 맡겨졌다. 이러한 평신도들의 고유한 소명은 그들이 하느님에 준해서 세속적인 것들을 관리하며 질서 짓는 가운데 하느님 나라를 찾는 데 있다.

그러므로 그리스도의 신비체를 이루는 모든 구성원들 가운데는 공통된 품위가 있다. 즉 오직 하나의 신앙과 오직 하나의 세례로서(에페 4,5), 이는 교회 내에서 어떤 형태의 불평등이나 차별을 넘어서게 해준다. 근본적으로 우리 모두는 평등하며 자신의 고유한 신분 안에서 성성(聖性)을 향해 부름받았다. 그러나 교회인 유일한 몸의 일치에 기여함에 있어서 각자는 직무가 다르다.

어떤 이들은 그리스도의 뜻에 따라 남을 위하여 교사나 신비 관리자나 목자로 세워졌지만, 모든 신자가 그리스도의 몸을 이루는 공통된 품위와 활동에서는 참으로 모두 평등하다. 주님께서 거룩한 교역자들과 나머지 하느님 백성을 구별하셨지만 그 구별은 동시에 결합을 가져온다. 목자들과 다른 신자들이 공통의 필연 관계로 서로 묶여지기 때문이다. 교회의 목자들은 주님의 모범에 따라 서로 자기들과 다른 신자들에게 봉사하여야 하며, 신자들도 목자들과 교사들에게 기꺼이 협력하여야 한다. 이렇게 다양성 안에서 모든 이가 그리스도의 몸에서 이루어지는 놀라운 일치에 대한 증거를 보여주고 있다. 실제로 은총과 봉사와 활동의 다양성 그 자체가 하느님의 자녀들을 하나로 모은다. "이 모든 것은 한 분이신 같은 성령께서 하시는 일"(1코린 12,11)이기 때문이다(LG 32).

 그리스도의 인격 안에서(in persona Christi) 활동하며 그리스도를 신비체의 머리로 드러내는 사제들은 자신의 신분을 영광스런 상태나 자신의 이익을 위한 신분으로 만들어서는 안 된다. 무엇보다도 사제는 평신도들에 대한 봉사를 위해 자신의 직무를 수행해야 한다. 이 봉사는 그리스도께서 사제들에게 허락하신 사명에 대한 충실함을 내포하며 바로 이 충실함에 뿌리내려야 한다. 또한 이 봉사는 신자들을 향해 지녀야 하는 사랑과 존중도 포함한다. 그래서 신자들은 사제들을 형제들로 여겨야 한다. "여러분을 위하여 내가 있다는 사실이 나를 두렵게 하는 바로 그 자리에서 내가 여러분과 함께 있다는 사실이 나를 위로하여 줍니다. 실제로 여러분에게 나는 주교이지만 여러분과 함께 그리스도인입니다. 전자는 직무의 이름이며, 후자는 은총의 이름입니다. 전자는 위험한 이름이지만 후자는 구원받을 이름입니다"(LG 32).

## II. 재속인들의 사명

 재속인들의 사명은 세례와 견진성사에 근거해서 받은 교회의 사명에 참여함으로써 교회를 세상 안에 현존케 하는 것이다. 그래서 공의회는 이렇게 말한다.

 평신도 사도직은 바로 교회의 구원 사명에 대한 참여이며, 모든 이는 세례와 견진을 통하여 바로 주님께 그 사도직에 임명된다. 그리고 여러 가지 성사로, 특히 성체성사로 하느님과 사람에 대한 저 사랑이 전해지고 자라난다. 그 사랑이야말로 모든 사도직의 혼이다. 그리고 평신도들은 특별히 교회가 오로지 평신도들을 통해서만 세상의 소금이 될 수 있는 그러한 장소와 환경 안에서 교회를 현존하게 하고 활동하게 하도록 부름받고 있다. 이렇게 모든 평신도는 "그리스도께서 알맞게 나누어주신 대로"(에페 4,7) 자기에게 주어진 그 은혜로써 교회의 사명을 수행하는 살아 있는 도구이며 증인이다(LG 33).

그러므로 세례와 견진성사에 힘입어 그리스도의 몸을 이루는 구성원이 되었다는 단순한 사실로 인해 평신도에게는 사도적인 사명이 주어졌다. 이 두 성사는 그로 하여금 교회의 사도적 사명에 대해 책임을 지게 해준다. 이러한 개인적 사도직은 평신도에게 있어서 의무이다. "개인이 수행하여야 할 사도직은 참된 그리스도인 생활의 샘에서 흘러나오는 것으로서(요한 4,14 참조) 단체 활동을 포함한 모든 평신도 사도직의 근원이고 조건이며 그 무엇이든 이를 대신할 수 없다. 개인 사도직은 언제나 어디서나 유익한 것이지만, 어떤 환경에서는 오로지 개인 사도직만이 적절하고 가능하다. 비록 단체 활동에 협력할 기회와 가능성이 없다 하더라도 모든 평신도는 어떠한 상황에서도 개인 사도직에 부름받았으며 이 사도직을 수행할 의무가 있다"(AA 16).

이를 출발점으로 이제 평신도는 가톨릭 활동(Actio Catholica)에서 일어나는 것처럼 교계 제도의 사도직 안에 참여할 수 있다. 예를 들어, 성 바오로는 복음을 위해 투쟁하고 이 복음을 온 세상에 확장시키면서 주님을 열렬히 봉사하기 위해 성별된 세속 보조자들에 대해 말하고 있다(필리 4,3; 로마 16,3 이하). 사도직에 있어서 평신도들이 교권과 이루는 이러한 협력에서 우리가 기억해야 할 것은, 가톨릭 활동의 창시자인 비오 11세는 교권이 평신도에게 전하는 '명령'으로서의 평신도의 사명에 대해 말하고 있다. 반면, 비오 12세와 요한 23세는 교권과 평신도 간의 협력에 대해 말하는 것을 선호하고 있다.

교계적인 협력이라는 이러한 사도직과 함께 오늘날 우리가 사는 이 시대에는 여러 평신도 운동들이 생겨났다. 이 운동들은 자신의 고유한 카리스마와 그에 적합한 독자성을 갖고 있으며 현재 우리가 사는 이 세상을 새롭게 복음화하기 위해 교회를 위한 봉사에 자신을 봉헌하고 있다. 이러한 운동들 가운데 몇몇은 최근 60-70년 동안 이루어진 세속화된 정신에 대항하는 가운데 세상으로부터 그리스도교 정신이 사라지는 것에 반대해서 일어났다. 이러한 운동들은 제2차 바티칸 공의회의 발자취를 뒤따르는 가운데 하느님의 말씀 안에서 심화되거나 당대의 문화와 문명을 그리스도교화 하려 노력하면서 그리스도교적인 차원에서 세상에 침투하려고 시도했다. 공의회는 "어떠한 인간 행위든 현세의 일에서도 하느님의 지배를 벗어날 수는 없다"(LG 36)는 언명을 통해 이 모두를 자신의 것으로 만들었다. 비록 이러한 운동들은 전통주의자들로부터 수없이 비난당했지만 공의회에 충실하려 하면서도 세상과 교회의 세속화를 완화시키려는 이들에 비해 훨씬 더 공의회를 이해할 줄 알았다.

새로운 운동들이 교회를 형성함에 있어서 일종의 새로움을 대변하고 있는 것은 사실이다. 과거에 평신도 단체들은 자기 창립자의 카리스마를 살기 위해 연합한 그룹들이거나 이미 존재하는 수도회들의 제삼회였다. 그러나 무엇인가 자신의 고유한 것이 준비된 이 새로운 운동들은 새로운 방식으로 교회를 느끼는 것을 전제로 한다.

이러한 운동은 많은 경우 그리스도적인 주도권의 장소이자 재속인의 교회적 삶의 경험에 대한 일종의 새로운 형태가 되려는 의식을 갖고 있다. 이러한 운동들이 개최한 첫 번째 회의(로마, 1981년 11월 23-27일)[546]에는 그들의 차별화된 자의식(自意識)이 드러나 있다.

이러한 운동들 주변에서 보게 되는 문제 가운데 하나는 그들이 갖고 있는 교회성(敎會性)에 관한 것이다. 요한 바오로 2세는 교회가 이미 그 자체로 하나의 운동이라는 점에 호소하면서[547] 이 운동들을 카리스마의 질서 안에 자리매김하고 있다. 이러한 운동들은 의심할 바 없이 로마교회의 수위권 그리고 주교들에 의해 인도되는 개별 교회들과의 친교와 더불어 지속되는 교회의 근본 구조로부터 분리될 수 없다. 그러한 운동들이 어떤 식으로든 기존의 교회와 병행하는 또 다른 교회를 형성하려고 주장하는 것은 아니다. 이 운동이 지향하는 교회성은, 「평신도 그리스도인(CFL)」 29-30항이 인정하듯이, 언제나 성성(聖性)의 우위성, 교도권에 대한 충실, 교황 그리고 개별 교회 주교와의 친교, 교회가 지향하는 사도직 목표에 대한 참여 등을 그 기준으로 갖고 있다.

최근 들어, 라칭거(Ratzinger)는 이러한 운동들 그리고 이와 유사한 그룹들이 기여한 흥미로운 점들과 교회 내에서 이 운동들이 점하는 신학적 지위에 대해 소개한 바 있다(Doc. Cath. 1999. 1. 17.). 이 주장에 따르면, 교회는 지역 교회들의 구조에만 제한될 수 없다.

왜냐하면 교황권은 세상의 복음화를 완수해야 할 보편적인 직무를 지니고 있기 때문이다. 수도승 운동은 복음적인 철저함의 직무를 발전시켰으며 대 그레고리오 교황 시대부터는 선교적인 역할도 했다. 이러한 의미에서 교회 역사에는 복음적인 철저함과 동시에 보편적인 선교를 추구했던 수많은 운동들이 있었다. 그래서 교회 안에는 시대에 따라 형태를 달리하긴 하지만 교황의 보편적인 사도적 선교를 통해 변함없이 교황을 돕는 지속적인 운동들이 생겨난다.

평신도는 그리스도 신비체의 구성원이라는 지위 덕분에 전체 하느님 백성의 구성원과 함께 그리스도의 사제직, 왕직, 예언자직을 나누어 받으며 이에 참여한다. 이를 언급함에 있어서 앞의 두 직무들을 다루는데 까지는 나아가지 않고, 평신도를 구성하는 독특한 점, 즉 세상 안에서 그의 현존이라는 점을 다루기 위해 공의회가 이 직무들에 대해 반복해서 언급하고 있는 점을 간단히 제시하는 것으로 국한하고자 한다. 평신도의 사제직과 예언자직에 대해 공의회는 다음과 같이 요약하고 있다. "그리스도께서는 당신의 생명과 사명에 밀접히 결합시키신 평신도들에게 당신 사제직의 일부도 맡기시어, 하느님의 영광과 인류 구원을 위하여 영신적인 예배를 드리게 하셨다. 그러한 까닭에 평신도들은 그리스도께 봉헌되고 성령으로 도유된 사람들로서 놀랍게도 언제나 그들 안에서 성령의 더욱 풍부한 열매를 맺도록 부름을 받고 또 가르침을 받는다. 그들의 모든 일, 기도, 사도직 활동, 부부 생활, 가정생활, 일상 노동, 심신의 휴식은, 성령 안에서 그 모든 일을 하고 더욱이 삶의 괴로움을 꿋꿋이 견뎌 낸다면, 예수 그리스도를 통하여 하느님께서 기쁘게 받으실 영적인 제물이 되고(1베드 2,5 참조), 성찬례 거행 때에 주님의 몸과 함께 정성되이 하느님 아버지께 봉헌된다. 또한 이와 같이 평신도들은 어디에서나 거룩하게 살아가는 경배자로서 바로 이 세상을 하느님께 봉헌한다"(LG 34).

"이 세상을 하느님께 봉헌한다." 즉, 평신도는 세상을 봉헌하기(*consecratio mundi*) 위해 부름받았다. 물론 사제 역시 성찬례를 통해서 세상을 하느님께 봉헌한다. 그러나 평신도는 세상 바로 거기서부터 성찬례를 이 세상에 가져다준다.

물론 몇몇 사람들은 이 '봉헌(*consecratio*)'이란 말을 일종의 세상을 거룩하게 만드는 것으로 이해하고 있다. 이로 인해 그들은 세상이 갖고 있는 고유함을 상실하는 데 대한 두려움을 갖고 있다는 점 또한 부인할 수 없는 사실이다. 이 점에 대해 필립은 다음과 같이 대답하고 있다. "이 모든 것과 더불어 우리는 다음과 같이 고백해야 한다. 즉 이러한 전망은 바탕이 없는 것처럼 보인다. 왜냐하면 결국 하느님과의 모든 관계로부터 해방된 '세속인'은 아무런 의미도 갖지 않기 때문이다. 반대로 그는 하느님께서 이 현세의 삶을 위해 선사해주신 선물이자 종국에는 구원 — 이 구원의 효력은 우주 자체로 확장된다 — 에 힘입어 영원한 삶 가운데 그분께로 되돌아가야 한다."[548]

이미 살펴본 바와 같이, 평신도들은 또한 그리스도의 예언자직에 참여한다. 이에 대해 공의회는 다음과 같이 언급하고 있다.

> 신약의 성사들이 신자들의 생활과 사도직을 길러주며 새 하늘과 새 땅을 미리 보여주듯이(묵시 21,1 참조), 그렇게 평신도들도 신앙생활과 신앙고백을 확고히 결합시킨다면 바라는 것들에 대한 믿음을(히브 11,1 참조)

알리는 힘찬 선포자들이 될 것이다. 이러한 복음화, 곧 생활의 증거와 말씀으로 전하는 그리스도 선포는 세속의 일반 환경에서 이루어진다는 바로 이 점에서 어떤 특별한 징표와 독특한 효력을 얻는다(LG 35).

확실히 평신도들은 우선적으로 자기 삶의 증거를 통해서 예언적인 사명을 완수해야 한다. 이러한 증거 없이는 그 어떤 말도 효과를 가질 수 없다. 삶의 증거는 말 그 자체보다도 훨씬 더 설득력을 갖는다. 따라서 평신도가 행하는 삶의 행동은 투명해야 한다. 또한 의심할 바 없이 평신도에게는 삶의 의미를 표현하고 알리는 말씀의 증언도 필요하다.

흔히 평신도는 말해야 할 때 벙어리처럼 남아 있곤 한다. 왜냐하면 많은 경우 말은 커다란 용기를 필요로 한 반면 그것이 내포하는 책임으로부터 도피하기는 쉽기 때문이다. 선한 그리스도인으로 살아갈 수는 있지만 어려운 상황 속에서 침묵할 경우 세속화된 이 세상의 삶이 그를 용서할지는 모르지만 진정한 예언지는 될 수 없다. 하느님은 순교를 두려워하지 않는 예언자들을 통해서 말씀하신다. 하느님의 이름으로 발설되는 용기 있는 말은 우리가 몸담고 사는 이 세상이 결코 견뎌 낼 수 없는 양날을 가진 칼이다. 더욱이 순교는 단지 피의 순교만이 아니라 고통스럽고 듣기 싫은 메시지들과 더불어 이루어지는 소외이기도 하다. 많은 경우 교회 내에서 신자들로부터 소외될 뿐 아니라 권력을 갖고 침묵 속에 행하는 그룹들의 압력을 통해서도 소외가 이루어진다.

그래서 증거가 수반되지 않는 말은 소용이 없다. 또한 말이 수반되지 않는 삶은 망각 속에서 사라져 버리고 말 것이다. 삶의 증거를 드러내지 않는 태도나 자신의 희망을 알리고자 하지 않는 태도는 쓸모없을 뿐이다.

더욱이, 오늘과 같은 세상에서 신앙을 증거하는 것은 신앙이 거슬러 싸우는 실재에 대해 이성과 능력이라는 무기를 갖고 이를 물리칠 줄 아는 적절한 양성이 요구된다. 그러기에 무엇보다도 호교론이 필요하다. 그리스도교는 시초부터 호교론자들을 지니고 있었다. 그들은 다름 아닌 성 유스티노, 성 이레네오, 테르툴리아노, 성 토마스 그리고 뉴먼 같은 이들이다.

마지막으로, 공의회는 평신도가 갖는 보다 독특한 차원으로 들어간다. 그것은 바로 이 세상에 하느님 나라를 건설하는 일이다. 그래서 우리는 이러한 그의 역할에 대해 좀 더 살펴보기로 하겠다. 왜냐하면 이는 하느님 백성을 언급하면서 다루지 않은 부분이기 때문이다. 이 점에 대해 공의회는 다음과 같이 언급하고 있다.

> 주님께서는 실제로 당신의 나라를 평신도들을 통해서도 확장하기를 바라신다. 그 나라는 곧 "진리와 생명의 나라요 거룩함과 은총의 나라이며 정의와 사랑과 평화의 나라이다." 그 나라에서는 바로 피조물이 멸망의 사슬에서 풀려나 하느님 자녀들의 영광스러운 자유를 누릴 것이다(로마 8,21 참조). 참으로 큰 약속과 큰 계명이 제자들에게 주어진다. "모든 것이 다 너희의 것이고, 너희는 그리스도의 것이고, 그리스도는 하느님의 것이다"(1코린 3,23).
>
> 그러므로 신자들은 하느님 찬미를 지향하는 모든 피조물의 가장 깊은 본질과 가치와 목적을 인식하고 세속 활동을 통해서도 서로 더 거룩한 생활을 하도록 도와주어야 한다. 그렇게 하여 세상이 그리스도의 정신에 젖어 들어 정의와 사랑과 평화 속에서 그 목적을 더욱 효과적으로 달성하게

하여야 한다. 그러한 의무의 수행에서 일반적으로 평신도들이 첫째가는 자리를 차지한다. 그러므로 평신도들은 세속 분야의 자기 역량으로 또 그리스도의 은총을 받아 내면에서 승화된 자기 활동으로 힘차게 일하여, 창조주의 섭리와 그분 말씀의 비추심에 따라 인간 노동과 기술과 시민 문화로써 참으로 모든 사람의 이익을 위하여 창조된 재화를 계발하고 더욱 적절하게 모든 사람에게 분배하며, 인간적이고 그리스도교적인 자유 안에서 자기 나름대로 세계의 진보에 기여한다. 이렇게 그리스도께서는 교회의 지체들을 통하여 온 인류 사회를 당신 구원의 빛으로 갈수록 더욱더 밝게 비추어주실 것이다.

평신도들은 또한 힘을 합쳐 그 풍습을 죄악으로 몰아가는 세상의 제도들과 조건들을 바로잡아, 이 모든 것이 정의의 규범에 부합하고 또 덕의 실천을 방해하기보다는 오히려 도와주게 하여야 한다. 이렇게 함으로써 인간 활동과 문화에 '도덕 가치'가 스며들게 할 것이다. 또한 이러한 방법으로 하느님 말씀의 씨앗을 받아들이는 더 좋은 세상의 밭이 마련되고, 교회의 문도 더 넓게 열려, 거기에서 평화의 선포가 세상으로 퍼져 들어가야 하다.

바로 구원 계획 때문에, 신자들은 교회에 결합되어 자기의 본분이 된 권리와 의무 그리고 인간 사회 구성원이 되어 자기에게 딸린 권리와 의무를 구별하도록 열심히 배워야 한다. 이 두 가지를 서로 조화롭게 결합시키도록 노력할 것이며, 현세의 어떠한 일에서나 그리스도인의 양심을 따라야 한다는 것을 명심하여야 한다. 어떠한 인간 행위든 현세의 일에서도 하느님의 지배를 벗어날 수는 없기 때문이다. 그리고 현대에는 이러한 구별과 동시에 조화가 신자들의 행동 방식에서 최대한 명백히 드러나야 한다. 그래야만 교회의 사명이 현대 세계의 구체적인 상황에 더욱 충만히 부응할 수 있다. 세속의 관심사를 정당하게 돌보는 지상 국가가 고유한 원리로 통치된다는 것을 인정하여야 하듯이, 종교를 전혀 도외시한 사회 건설을 추구하며 국민의 종교 자유를 탄압하고 근절하려는 위험한 주장은 당연히 배척된다(LG 36).

이것이 평신도의 삶이 갖는 고유한 면이다. 즉 그리스도에 준해서 인간적인 구조들을 갖추고 세상을 질서 짓는 것. 그러나 어떻게 이 목표에 이를 수 있을까? 그리스도의 복음을 들여오기 위한 수단이나 도구로서 세속적인 것을 이용해야 하는가? 단지 그리스도를 괄호 안에 남겨둔 채 직접적인 목적들에만 준해서 세상을 발전시킬까? 여기서 문제가 되는 것은 '세상을 봉헌(consecratio mundi)'하는 것으로서, 이는 정확히 말해, 근본적인 그 무엇인가를 반드시 상실하게 된다 함이요 그 결과 건전한 사도직의 방향을 상실한다는 것이다. 이는 본성-초본성 문제 그 이상의 것을 내포한다.

가톨릭적인 공리(公理)에 의하면, 초본성(supernatura)은 본성(natura)을 취하지만 결코 이를 배제하지 않으며 본성이 갖는 고유한 항구함과 내면 본질적인 가치를 존중한다. 그리스도인의 초본성적 삶은 세속의 정당한 자주성을 배제해서는 안 된다. 세속은 자신의 고유한 목적들을 실현하기 위한 구체적인 실재와 그 본성이 갖는 자주성을 보존하고 있다. 가족, 시민으로서 갖는 직업, 경제, 정치는 창조주 하느님께서 여기에 부여하신 법칙들에 따라 존중해야 할 고유한 내재적인 목적들을 갖고 있다. 만일 사람에게 기쁨을 가져다 주고 생명이라는 선물을 열어주는 인간적이고 관대한 사랑으로서의 가족의 본성적 농도가 갖는 모든 차원을 소중하게 여기지 못한다면 이를 그리스도교적인 차원에서도 살아 낼 수 없다. 은총은 결코 본성을 굴복시키지 않으며 오히려 이를 완성시킨다.

신자는 세상 속에서 마치 일종의 수도승처럼 되어서는 안 된다. 특별한 성소를 통해서 축성된 이들이 재속회(institutos seculares) 회원으로 살아가는 것처럼 세상 한가운데서 하느님을 위해 축성된 삶을 살아가는 것은 다른 문제다. 물론 그들은 결혼을 포기하고 세상 속에서 가난과 순명을 살아간다. 그러나 평신도들 역시 세상의 실재들 — 이것이 지닌 내면 본질적인 가치들을 높이 평가하고 이를 받아들여야 한다 — 예를 들어 시민으로서 갖는 직업 속에서 이를 살아간다.

그러므로 평신도는 세상의 내면 본질적인 가치들을 그것이 갖는 고유한 밀도와 더불어 취해야 하며 단지 초본성적인 목적을 위한 단순한 수단으로만 이용해서는 안 된다. 공의회는 이러한 세속적인 가치들에 대해 다음과 같이 언급하고 있다. "이 모든 것은 인간을 그 궁극 목적으로 이끄는 수단일 뿐 아니라, 그 자체로 보든지 현세 질서 전체의 한 부분으로 보든지, 하느님께 받은 고유 가치를 지니고 있다"(AA 7). 셰뉘(Chenu)가 말하듯이, "세속 실재들이 갖는 좋은 질서, 모든 수준에서(가족, 기업, 국가, 인류) 인간 그룹들이 갖는 좋은 친교는 최종 목적에 종속되는 이차적인 목적으로서의 가치를 갖는다. 그러나 그것은 단순한 수단이 아닌 목적이다."[549] 그는 계속해서 이렇게 말한다.

> 이 성화 은총 안에서 개인과 공동체(교회 내에서)의 모든 실재는 그리스도 안에서 그분을 머리로 하여 다시 모이는 최고의 목적으로 인해 취해지고 이끌리며 본성 그리고 세속적인 운명이 갖는 모든 내용을 넘어서 있다. 그렇다. 하지만 이런 종말적 목적이 제반 사물들을 영원한 차원들을 위해 임시적인 발판을 만들려는 단순한 수단으로 축소되는 것은 아니다.

여러 가지 세속적인 활동들, 우선적으로 학문, 경제, 정치는 이를 완성으로 이끄는 최종 목적의 명령 아래 자신이 갖는 고유한 에너지를 전혀 상실하지 않는다. 창조된 제반 사물들이 갖는 질서는 구원 계획에 종속된 목적들이면서, 그것들이 갖는 동질의 목적들로 인해 통치되고 있다. 희망이 세상에 결코 이상한 것은 아니다.550

이 모든 것은 다음과 같은 두 가지 사실을 전제로 한다. 1) 세상의 다양한 활동들을 발전시키기 위한 기술적인 능력. 세상은 평신도 영성에 있어서 일종의 요청이다. 2) 세상의 구조들을 보존하는 가운데 윤리적인 의미를 바로 그 세상에 침투시키는 것. 세상은 결코 죄를 통해서 자신의 이차적인 목적들을 실현시킬 수 없다. 죄와 부패가 지배하는 곳에 세상도 해체되고 말 것이다.

그러나 그리스도인은 단지 이것만으로 만족할 수 없다. 그가 지향하는 목적은 단순히 인간적인 것만을 실현하는 차원에 국한될 수 없다. 그가 지향하는 목적은 단순한 '인간'이 되는 것이 아니다. 그것은 무엇보다도 만일 그리스도의 은총이 아니라면 그는 인간을 파괴하는 죄를 완전히 극복할 수 없을 것이기 때문이다. 더욱이, 그리스도 안으로 모아지지 않는 모든 인간적인 실재는 오직 선물로서만 받을 수 있는 의미의 충만함을 발견할 가능성을 상실하게 될 것이다. 이처럼 인간은 그리스도를 통해서만 비로소 자기 존재의 충만함 — 인간은 궁극적으로 이것을 염원한다. 왜냐하면 그 어떤 인간적인 것도 그를 완전히 만족시켜줄 수 없다는 한에서 인간은 무한을 추구하기 때문이다 — 에 이를 수 있으며 오직 그분과 더불어서만 모든 형태의 죄를 극복할 수 있는 가능성을 가질 수 있다는 한에서 그리스도는 인간을 이해하는 열쇠가 아닐 수 없다. 바로 여기에 은총의 고양적인(elevante) 차원과 치유하는(sanante) 차원이 함께 있다.

따라서 공의회는 "어떠한 인간 행위든 현세의 일에서도 하느님의 지배를 벗어날 수는 없다"(LG 36)고 말한다. 하느님을 제거한 채 세상이 건설하고자 하는 모습은 '위험할'(LG 36) 수밖에 없다.

셰뉘는 언급하길, 세속적인 실재들이 갖는 견고함을 보존하고자 하는 공의회는 이것들을 모든 인간적인 실재를 모아들이는 분인 그리스도의 신비 안에 삽입하는 가운데 내면으로부터 구원하고자 한다. 이러한 전망에서부터 '세상을 봉헌(consecratio mundi)'한다는 말이 이해될 수 있다. 그것은 단지 세상으로부터 그 자신의 내면 본질적인 가치를 박탈하는 식의 신성화(sacralización)가 아니라 그 자신의 고유한 가치 안에서 세상을 실현함이요 이 세상을 그리스도의 구원적인 수렴(recapitulación) 안에 두는 것을 의미한다.[551]

'*Consecratio mundi*'[552]라는 개념을 실제로는 사용하지 않는 「사목헌장(*Gaudium et Spes*)」 역시 모든 인간 역사의 열쇠이자 중심 그리고 목적은 자신의 주님이자 스승에게 있다고 언급했는데, 이는 사실이 세상의 가치들이 내포하고 있는 고유한 견고함을 지속적으로 견지하고 있다. 따라서 이 언명은 그러한 개념을 전제한다고 말할 수 있다(GS 10). 이 헌장은 보다 분명히 이렇게 고백하고 있다.

하느님의 말씀을 통하여 모든 것이 생겨났고 그 말씀이 사람이 되신 것은 완전한 인간으로서 모든 사람을 구원하시고 우주를 새롭게 재창조하시려는 것이었다. 주님께서는 인류 역사의 목적이시고 역사와 문명이 열망하는 초점이시며 인류의 중심이시고, 모든 마음의 기쁨이시며 그 갈망의 충족이시다. 성부께서는 그분을 죽은 이들 가운데에서 부활시키시고 들어 높이시어 당신 오른편에 앉히시고 산 이와 죽은 이의 심판관으로 세우셨다. 그분의 성령 안에서 생명을 얻고 하나로 모인 우리는 인류 역사의 완성을 향하여 순례하고 있다. 이는 그분의 사랑과 계획과 완전히 일치하는 것이다. 하늘과 땅에 있는 모든 것이 그리스도 안에서 새로워질 것이다(에페 1,10 참조)(GS 45).

그러므로 평신도는 자신의 영성 생활에서 가졌던 이원론(교회 안에 신자가 있고 세상 속에 세속인이 있다는 식의)을 잊어버려야 한다. 평신도는 그리스도적 영으로 온전히 세상에 침투되어야 한다. 이는 무엇을 의미할까? 그것은 평신도가 피조물로 하여금 그 자신이 지닌 고유한 목적을 배제하지 않은 채 그리스도의 영으로 스며들게 하는 '피조물의 사제'임을 뜻한다. 따라서 그를 단지 세상 속에서 본성적인 덕들만을 사는 존재로 국한해서는 안 된다. 분명 그는 세상 안에 살면서 바로 그 세상 속에서 그리스도를 향한 자신의 신앙을 고백한다. 그것은 그로 하여금 절대적이 아닌 것을 상대화시키게 하고 언제나 희망을 갖고 궁극적인 것을 향해 나아가게 하면서 세상에 대한 보다 심오하고 완전한 비전을 갖게 해준다. 또한 그로 하여금 인간적인 희망이 소멸되거나 죄로 인해 부패되는 곳에서도 빛을 가질 수 있게 해준다. 그러므로 그는 또한 희망을 살아 내야 하는데, 이는 궁극적으로 그가 그리스도의 승리에 의지하며 결코 좌절하지 않고 언제나 실패 또는 죄로부터 일어날 수 있기 때문이다. 그리스도인은 인간적인 힘이 쇠진하는 그곳에서 다시 태어난다. 그리스도의 사랑은 그로 하여금 행동이 드러내는 무례함이나 눈길이 드러내는 천박함으로 인해 그분의 사랑을 받을 값어치가 없는 이들마저 사랑하게 해준다. 이는 그로 하여금 선으로 악을 쳐 이기게 해주고 언제나 새롭게 시작하게 해준다. 이것이 그리스도인이 이루는 성화(聖化)가 이 세상에 전해주는 것으로서 기도 없이는 그리고 성찬례 안에서 그리스도와의 지속적인 만남 없이는 결코 진전(進展)될 수 없다.

결국, 그리스도적 영으로 세상을 가득 채우는 것은 인간적 활동 그 자체만으로는 결코 도달될 수 없는 충만함을 인간적 활동에 부여해주는 것이다. 왜냐하면 그리스도인은 이미 매 순간 자신의 인간적인 삶을 그리스도 안에서의 자신의 자녀적인 지위에 준해서 사는 가운데 영원이라는 전망 안에 자신의 활동을 두고 있기 때문이다. 인간 실재는 아담의 죄로 인해 손상되었으며 인간의 죄는 보다 고귀한 희망들을 파괴할 수도 있다는 점을 잘 알기에 그리스도가 아니라면 결코 죄와 악을 물리쳐 이길 수 없음을 그는 잘 안다. 왜냐하면 인간은 자신의 힘만으로 윤리 질서가 요구하는 모든 것을 완수할 수 있는 능력을 갖고 있지 않기 때문이다. 바로 여기가 죄를 거슬러 승리하고 인간을 죄의 종살이에서부터 구원하기 위해 그리스도의 은총이 도달하는 지점이다.

그러므로 그리스도인은 그 어떤 인간적인 것을 배제하지 않고서도, 오히려 그것에 그리스도의 충만함을 전해주는 가운데 자신의 비참함으로부터 이를 해방시켜준다. 이처럼 세상 안에서의 그리스도인의 존재 방식은 그리스도 안에서 신화(神化)되고 구원된 인간의 존재 방식이다. 그는 내적이면서도 총체적이고 완전한 자유와 더불어 사랑하기 위해 자유로우며 의미로 충만한 사람이다.

이미 살펴본 바와 같이, 그리스도인은 자신의 삶과 더불어 모범을 보이는 것에 한계를 두어서는 안 되며 증거자로서 그리스도를 선포해야 한다. 이처럼 그리스도인은 가족, 직업, 경제, 정치를 성화시켜 나아간다.

그리스도적 축성의 첫 번째 범위는 가정이 되어야 한다. 그래서 요한 바오로 2세는 「평신도 그리스도인(Christifideles laici)」에서 다음과 같이 말한다.

> 혼인과 가정은 사회에 대한 평신도의 의무가 시작되는 최초의 장소이다. 이 의무는 가정이 사회와 교회 자체의 발전에서 유일무이한 가치를 지니고 있다는 확신을 가지고서야 비로소 적절하게 수행될 수 있는 것이다. 가정은 '사회의 기본 세포이다.' 가정은 생명과 사랑의 요람이며 인간이 '태어나고 자라나는' 자리다. 그러므로 이 공동체는 특별히 인간의 이기주의, 출산 반대 운동, 전체주의 정치, 빈곤 상황, 물질적 문화적 도덕적 비참, 쾌락주의, 소비주의 풍조 등이 바로 이 생명의 샘을 말려 버리려고 위협할 때에 최우선적인 배려를 받아야 한다. 더 나아가 여러 이념과 체제는 무관심과 무차별의 형태로 가정 고유의 교육 역할을 빼앗으려 들고 있다(CFL 40).

또한 정치는 평신도에 의해 그리스도적 정신으로 충만히 채워져야 한다.

인간과 사회에 봉사한다는 의미에서, 현세 질서에 그리스도 정신을 불어넣어야 할 자신의 의무를 성취하기 위하여 평신도들은 '정치' 참여를 결코 거절하지 말아야 한다. […] 흔히 정부, 의회, 지배 계층이나 정당의 인사들에게 가해지는 출세 제일주의, 권력에 대한 우상숭배, 이기주의, 부패 등에 관한 비난이 있다고 하여, 그리고 정치 참여는 의심할 여지없이 도덕적으로 위험하다는 일반적인 견해가 있다고 하여, 적어도 정치 생활에서 그리스도인의 역할에 대한 회의주의나 포기는 결코 정당화될 수 없다(CFL 42).

다음은 교황이 사회·경제적인 세계에 대해 언급한 것이다.

경제와 노동의 세계에서 일어나는 우려할 만한 변화의 상황 속에서, 평신도들은 매우 심각한 여러 가지 문제들을 해결해 내는 일에 앞장서야 할 책임이 있다. 증가하고 있는 심각한 실업 문제를 해결하는 일, 고유의 목적이 결여된 노동 조직으로부터 파생되는 무수한 불의를 시의 적절하게 극복하기 위하여 투쟁하는 일, 일터를 인간의 유일성과 참여권이 존중되는 인간 공동체로 만드는 일, 공동 노력에 참여하는 사람들 사이에서 새로운 연대성을 발진시키는 일, 새로운 형태의 기업 정신을 창출하고 교역과 금융, 기술 교류 체제의 재검토를 촉구하는 일에 언제나 앞장서야 하는 것이다(CFL 43).

마지막으로, 「평신도 그리스도인」은 신앙과 문화 간의 관계에 대해 이렇게 언급한다.

문화 발전이 그리스도교 신앙에서뿐 아니라 인간적인 제 가치에서 유리되어 가는 환경에서, 또한 과학 기술이 사람들의 가슴속에서 불타오르는 진리와 행복의 절박한 문제에 대하여 적절한 해답을 제시할 힘이 없는 상황에서, 문화에 대하여 아주 특별한 관심을 기울여야 할 사목적 긴급성을 교회는 잘 알고 있다(CFL 44).

그러므로 모든 인간적인 실재는 그리스도의 정신으로 흠뻑 젖어 들어야 한다. 즉 그 내면 본질적인 가치 안에서 그리고 고유한 견고함의 입장에서 존중되고 그 가치가 올바로 평가되어야 한다. 모든 인간 실재는 창조주께서 그 실재에 선사하신 법칙들과의 조화 안에서 오직 그리스도 안에서만 무한한 충만함에 도달할 수 있으며, 오직 그분에 의해서만 죄로부터 물듦이 없이 깨끗하게 살 수 있다는 의미에서 그리스도에 준해서 살아져야 한다.


## III. 교계 제도와의 관계

공의회는 평신도와 교계 제도와의 관계에 대해 언급하면서 끝을 맺고 있다. 여기서 우리가 기억해야 할 것은, 평신도들이 세례를 통해서 말씀과 성사들을 도울 수 있는 권리를 갖고 있으며 세례 그 자체로 이미 자신들의 필요들과 원의들을 성직자에게 표현할 수 있다는 점이다. 또한 그들은 자신의 인식 정도에 따라 교회의 유익을 지향하는 실재나 사람들과의 관계 안에서 자신의 견해를 표현할 수 있으며 사목자들이 스승이자 통치자로서 설정한 것을 순명의 정신을 갖고 존중하고 동시에 그들을 위해 기도해야 한다. 그리고 사목자들은 교회 내에서 평신도들의 품위와 책임을 장려해야 한다.
이미 언급한 것처럼, 평신도 사도직은 평신도들이 세례를 통해서 그리스도께 합체되는 것에서부터 유래되는 요청으로서, 그 자체만으로 교계적인 사도직에 대한 참여를 요구하는 것은 아니지만 적어도 개인적인 사도직의 실현은 요구한다(AA 16). 이미 가톨릭 활동(Actio Catholica) 내에서뿐 아니라 그 밖에서도 평신도에게 열려 있는 이와 연결된 다양한 사도직의 가능성들을 볼 수 있다.

마지막으로, 평신도 영성은 성성(聖性) — 성성을 지향하지 않는 영성은 그 자체로 있을 수 없다 — 을 지향하는 영성이 되어야 한다. 왜냐하면 이는 평신도 자신의 뿌리를 세례 안에 깊이 두는 요청이기 때문이다. 분명, 삶은 기도 밖에서, 특히 성찬례 그리고 필수적인 고행 밖에서는 실현될 수 없다. 평신도 영성 그 자체가 요청하는 것은 평신도 자신의 직업적인 범위 내에서 필요한 능력이다. 왜냐하면, 이미 언급한 것처럼, '세상을 봉헌(consecratio mundi)'하는 것은 필연적으로 이 현세 실재가 제시하는 이차적인 목적들에 대한 완전한 실현을 통해 이루어지기 때문이다. 결국, 평신도 영성은 우리가 사는 이 세상에서 그리스도를 분명하게 그리고 예언적으로 선포하는 것을 우리 눈앞에서 잃어버리지 말 것을 요청한다. 비록 그러한 선포가 우리를 순교에 이르게 할지라도. 세례 받은 모든 신자는 그리스도인이라는 그 사실 자체로 이미 순교에 대한 성소를 갖고 있다.

2세기경 작성된 「디오녜토에게 보내는 편지」는 초대 그리스도인들의 삶이 어떠했는지 잘 설명해주고 있다. 이 편지는 언급하길, 그들은 규율을 엄하게 지켰지만 동시에 자신의 삶의 방식과 더불어 이를 넘어섰다고 말한다. 또한 다른 이들을 자녀들처럼 받아들였지만 그들로부터 벗어나지는 않았다. 그리고 다른 이들과 더불어 공동으로 식사를 했지만 함께 잠을 자지는 않았다. 편지는 또한 이렇게 말한다.

> 그들은 모든 이를 사랑하며, 모든 이들 역시 그들을 따른다. 사람들은 그들을 모른 채 단죄한다. 그들에게 죽음을 주지만 그들은 이와 더불어 생명을 받는다. 그들은 가난하면서도 수많은 이들을 풍요롭게 해준다. 모든 것이 결핍되어 있지만 모든 것 안에서 차고 넘친다. 불명예로 인해 고통을 겪지만 이는 영광을 위해 그들에게 필요하다. 평판에 타격을 받아 고통을 겪지만 이는 그의 의로움을 입증해준다. 그들은 저주받았지만 축복해준다. 그들은 모욕을 받지만 반대로 명예를 되돌려준다. 그들은 선을 행하지만 악행을 한 사람들처럼 형벌을 받는다. 죽음의 형벌을 받으면서도 마치 생명을 받는 것처럼 기뻐한다. 사람들은 유다인들을 이상한 사람으로 대적하고 이방인을 박해하지만, 그들을 증오하는 이들 자신은 자신이 가진 적대감의 동기를 설명할 줄 모른다(Cap. 5-6).

이런 식으로 모든 이방인의 땅은 그들에게 있어서 조국이다. 하지만 모든 조국 안에서 그들은 마치 이방인의 땅에 있는 것 같다. 그리스도인들은 세상 안에 있지만, 그것은 궁극적으로 영혼이 육체 안에 있는 것과도 같다.

## IV. 사제들의 직무 안에서 신자들의 협력

### 1. 현실적인 문제

오늘날 논의 중인 문제를 다루지 않은 상태에서 그리고 이에 관해 로마에서 열린 여덟 번의 회의에 대한 교도권의 문헌이 결정되기까지의 기본적인 윤곽을 소개하지 않은 상태에서 평신도들에 대해 다루는 이 장을 마칠 수는 없을 듯싶다. 여기서 언급하고자 하는 것은, 사제들의 직무 안에서 평신도들의 협력에 관한 것이다.

오늘날, 사제들이 부족한 상태에서 유럽뿐 아니라 아메리카, 아프리카 같은 다른 여러 대륙에서는 새로운 평신도들의 모습이 생겨나고 있다. 즉 그들은 사제들의 고유한 직무 가운데 몇 가지를 자신의 것으로 만드는 가운데 그리스도교 공동체를 주재하거나 말씀을 설교하는 직무를 수행하고 몇 가지 성사들을 집전하며 지도적인 역할을 수행한다. 오늘날 많은 곳에서는 사제 없이 주일 모임들이 자주 집전되며 이러한 모임들은 사제들의 필요성이 긴급한 곳에서의 성찬례 집전을 대체하고 있는 상황이다. 이러한 영역에서 드러나는 체험은 이미 오래되었으며 이를 통해 긍정적인 결실들이 맺어졌음은 말할 나위 없다. 하지만 이와 더불어 진정한 신학적인 틀 짜기에 대한 문제가 생겨나게 되었다.

최근에 세스부에(B. Sesboüé)는 『두려워하지 마시오. 오늘의 교회 안에서의 직무들』(Santander 1998)이라는 자신의 작품 가운데 이에 관한 모든 문제점들을 수집한 바 있다. 이 책은 이미 1996년 불어판으로 나온 바 있다. 문제는 거기에 있었으며, 익히 아는 바와 같이, 최근에 와서는 근원이 되는 질문으로부터 한걸음 나오는 가운데 「사제들의 성무에 있어서 평신도들의 협력에 관한 몇 가지 문제점들」(1997. 8. 15.)[553]이라는 제하의 바티칸 문서가 출간되었다.

언급한 바와 같이, 이 문제는 상당한 중요성을 갖고 있다. 왜냐하면 평신도가 직무적인 사제직의 고유한 과제들을 취하고 있기 때문이다. 그래서 그들은 심지어 죄의 사함과 성찬례의 거행을 수행할 수 있도록 서품을 청원하기도 했다. 이렇게 서품하는 것은 거의 전 유럽과 다른 여러 대륙에서 보이는 사제 부족 현상이라는 긴급한 문제에 대한 해결책일 수도 있다. 의심할 바 없이, 여기서 문제가 되는 것은 결혼한 평신도 그리고 앞서 언급한 직무들을 사실상 수행하고 있는 여성의 서품에 관한 것이다.

현실적인 문제를 인식하기 위해 우리는 우선 세스부에의 작품을 따르기로 하자. 이 프랑스 신학자의 견해에 의하면,554 교회는 이 문제를 중대하게 다뤄야 한다는 것을 어느 정도 의식하고 있다고 한다. "젊은이들의 사제성소 증가를 고려하면, 서품에 접근할 수 있는 현실적인 가능성이 제공하는 유일한 수단들만으로는 주일 성찬례에 대한 통상적인 필요들 앞에서 이를 충족할 수 없음이 명백히 드러난다. 그러므로 젊은이들만이 아니라 나이 든 이들도 고려하는 또 다른 가능성도 생각해야 한다."555 이는 필연적으로 결혼한 평신도의 수품을 내포하는데, 이는 물론 교회의 전통적 규율을 파기하는 것이다. 그렇다고 그것이 교의적인 문제에 관한 것은 아니다. 저자는 언급하길, 사제적인 독신의 요구를 그리스도 공동체의 필요들 위에 놓을 수는 없다는 것이다. 그것은 무엇보다도 결혼한 평신도의 사제직 허용이 이루어지면서 동시에 이미 수품된 이들에 대한 그 이후의 결혼은 거부되는 식으로 이루어진다.556

한편(계속해서 세스부에의 견해를 따르기로 하자), 평신도는 세례와 견진에서 유래하는 사도직의 수행과는 별도로, 사제직에 고유한 직무들, 예를 들어 설교, 성체 분배, 사목 위원회 참여 등, 이러한 직무들을 발전시키는 가운데 본당 사목구의 사목 수행에 참여하도록 부름받았다(CIC 517,2). 그러므로 그들에게는 세례 받은 이들의 지위로부터 나오는 직무들과 사제 서품을 필요로 하지 않은 직무들(독서직, 시종직 등)이 주어진다.

전에는 소품(小品)으로 불리던 직무들이 바오로 6세의 *Ministeria quaedam*(1972)을 통한 교황 성하의 의지와 더불어 수품된 직무와는 구별되지만 역시 제정된 직무들로서 고려할 만한 것으로 간주되고 있다. 그래서 「현대의 복음 선교(*Evangelii Nuntiandi*)」는 이러한 직무자들을 언급하는 가운데 "성품(聖品) 없는 직무자들"(교리교사, 기도 고무자, 사도직 운동들에 대한 책임자 등)에 대해 말하고 있다. 이는 그리스도 공동체의 틀 안에서 수행되는 평신도 직무자들을 의미한다. 그럼에도 불구하고, 평신도들에게 이 '직무자(*ministerio*)'란 용어의 사용을 적용함에 있어서 1987년에 개최된 시노드에서는 이것이 수품된 직무자들과 혼동을 일으킬 수 있다는 의구심을 불러일으켰다.557 어쨌든, 그들은 진정한 책임을 내포하는 구체적인 봉사자들로서 지역 교회에 의해 인정된 사람들이자 직무에 있어서 일정한 지속성을 전제로 한다. 비록 사목자들이 그들을 식별해야 하는 의무를 갖고 있기는 하지만, 이는 어떤 대표를 필요로 하지 않는 직무자들을 뜻한다. 어떤 경우에는 주교들에 의해 공식적으로 수여된 직무들이 될 수도 있다. 세례적인 직무는 제정되고 주어지거나 단순히 알려질 수도 있다.

그러나 앞서 언급한 것처럼, 여기에는 세례로부터 유래하는 직무들의 수행과 더불어, 평신도들이 환경에 떠밀려서 설교, 공동체 고무(鼓舞), 성사 집전과 같은 직무들을 떠맡게 되면서 사목직에 대한 참여가 이루어진다. 오늘의 교회 안에서는 점점 더 사제 없이 주일 모임들이 이루어지고 있다. 어떤 경우 (라틴아메리카, 아프리카) 평신도들은 세례를 집전하거나 혼인을 거행하기 위해 도와주는 대표자를 받아들이고 있다. 또한 어떤 경우에는 평신도들이, 죄 사함을 줄 수 있는 것은 아니지만, 죄 고백을 듣고 신자들에게 조언이나 적절한 방향을 제시해주어야 하는 상황도 있다.

세스부에는 이런 방식과 더불어 교회 내에서 새로운 그리스도적 정체성이 솟아나고 있다고 지적한다. 그것은 근본적으로는 공동체로부터 유래하지만 수품된 사도직단의 일부를 구성하지는 않는 평신도들을 일컫는다. 그들은 사실상 사목적인 권위와 책임을 공식적으로 덧입은 이들이다. 그들은 예수 그리스도께서 당신 신자들에게 선사해주신 선물로서의 직무자들로서 이러한 의미에서 받아들여진 직무자이자, 세스부에가 언급하듯이,558 신학적이라고 할 수 있다. 따라서 그들은 제한되고 임시적인 형태이긴 하지만 교회의 사제 직무에 참여한다.559 그들은 말씀과 몇 가지 성사들을 집전하는 직무자로서 공동체를 책임진 이들이다. 그들은 비록 의장인 사제에게 종속되어 있지만 지역 공동체를 주재한다. 이처럼 그들은 백성을 위한 교회적인 사명에 참여함으로써560 파견된 자로서의 자신의 지위와 더불어 사도들 또는 성경의 샬리아(shaliach)처럼 위임된다.

이러한 직무를 바탕 짓기 위해서는 세례만으로는 충분하지 않다. 그들에게는 단지 수품이 부족할 뿐이다. 하지만, 세스부에가 말하듯이, 우리는 일종의 새로운 모습 앞에 있다. 왜냐하면 직무적인 역할에 참여하는 평신도들은 어떤 식으로든 예수에게 그 기원을 두는 사명의 계승 안에 들어가 있기 때문이다.561 이 사명은 단지 관할권적인 가치를 가질 뿐 아니라 신학적인 가치도 갖는다. 비록 그 사명이 총체적인 사목 직무를 수반하는 것은 아니지만 거기에는 고유한 사목적 책임이 주어진다.562 그러므로 이는 이미 획득한 범주들을 넘어서는 실재로서 그것은 한편으로 사회적 교회법적 차원에서 ― 신학적인 차원에서는 아니다 ― 평신도로 계속 남아 있지만 직무적인 과제에 참여하기 때문이다. 그러므로 어느 정도는 그들이 성직자로 세워졌으며 교계 제도에 속한다고 할 수 있다.563 이는 단순한 대행 직무라고 말할 수 없다. 왜냐하면, 오히려 그것은 일종의 제도화의 형태가 요구되는 그 무엇이라고 말해야 할 것이다.564

보는 바와 같이, 현행 직무 실천으로부터 끌어내고자 하는 신학적인 귀결들은 중요하기 그지없다. 따라서 로마에서 이루어진 여덟 개 회의의 도움으로 이 문제에 대한 접근을 시도하는 앞서 언급한 법적 문서가 생겨나게 되었다.

## 2. 로마의 대답

앞서 언급한 문헌에는 이 모든 문제에 대한 반향이 드러나고 있으며 평신도들이 몇 가지 사목적 과제들에 협력하면서 맺은 긍정적인 결실들에 대한 참여를 반영하고 있다. 그러나 동시에 이 문헌은 이를 통해 생겨났을 뿐 아니라 정확한 해명을 요구하는 애매모호함에 대해서도 잘 알고 있다. 문헌 전제에서 잘 드러나듯이, "이것은 교회 전체의 친교에 있어서 극히 부정적인 결과들을 야기할 수 있는 실천 사안들이다."

이 문헌은 유일한 그리스도의 사제직에 대해 본질적으로 서로 구별되는 두 가지 참여 방식을 지적하는 가운데, 분명히 직무 사제직과 신자들의 공통 사제직, 이 두 사제직 간의 구별을 정확히 규정하고 있다.

세례로부터 나오는 공통 사제직은 세례 받은 이로 하여금 자신의 전 생애를 하느님께 드리는 영적인 희생 제물로 봉헌할 수 있는 거룩한 품위를 부여해주며 또한 모든 신자들에게 교회의 품 안에서 공통되면서도 근본적인 품위를 부여해준다.

직무 사제직은 사도 계승에 그 뿌리를 두고 있으며 '그리스도의 인격 안에서(in persona Christi)' 수행하는 직무이기에 거룩한 권한을 부여해준다. 따라서 그것은 직무자들을 말씀, 성사, 통치의 직무 안에서 그리스도와 교회의 봉사자들로 변화시켜주는 사제직이다. 그러한 직무들은 나누임 없는 일치를 형성한다. 따라서 서로 나누어서 이해될 수 있는 것이 아니다.

교회 내에서 사목 직무들을 수행하는 평신도가 사목자로 세워진 것도 아니며 신비체의 머리요 교회의 사목자인 그리스도의 직무에 참여하는 것도 아니다. 그가 수행하는 직무는 단순히 교회 대표로서 행하는 것이다. 그래서 문헌은 이렇게 말한다.

> 이 과제들의 수행이 평신도를 사목자로 만드는 것은 아니다. 사실, 그것은 직무를 구성하는 과제가 아니라 성사적인 안수이다. 오직 성품성사만이 주교들과 사제들의 서품 직무에 머리이자 사목자이신 그리스도의 직무와 그분의 영원한 사제직에 고유하게 참여하게 해준다. 보완하는 자격으로 수행되는 이 직무는 사목자들에 의해 주어진 직무적 대표라는 정당성을 직접적이자 공식적으로 획득하며 이 직무의 구체적인 실현에 있어서는 교회 권위자에 의해 인도된다.

이러한 가르침을 재확인하는 것이 필요한데, 이는 공동체 내에서 서품 받은 직무자들의 부족함을 대체하고자 하는 몇 가지 실천 사안들이 오히려 몇몇의 경우 사제직 지원자의 감소를 부추기고 서품 직무자의 양성을 위한 전형적 장소인 신학교의 고유함을 흐리게 만들면서 사제직의 고유한 본질과 의미를 얼버무리는 신자들의 공통 사제직이라는 개념에 대해 영향을 미칠 수 있었다. 이는 서로 깊이 연관된 현상들로서, 이러한 상호의존성은 효과적이고 지혜로운 결론에 도달하기 위해 적절히 숙고되어야 한다(n.2).

교회에 사도적인 직무를 선사해준 이는 다름 아닌 그리스도이시다. 따라서 그 어떤 공동체도 스스로 이를 줄 권한을 갖고 있지 않다. 그러므로 직무 사제직은 교회로서의 공동체 존재를 위해 필수적이다. 그것은 교회 이후에 오는 것이 아니다.

사실, 만일 공동체에 사제가 부족하다면 공동체에는 교회 공동체의 삶에 있어서 본질적인 부분인 머리이자 목자이신 그리스도의 현존과 성사적인 역할이 없어지게 된다. 따라서 직무적인 서품은 절대적으로 제도적인 것이어야 한다. 그러므로 우리는 부지런한 성소 사목의 필요성이라는 결론에 직접 이르게 되며, 신학교에서 사제직을 받기 위해 준비하는 이들에게 주의 깊은 양성을 유지할 필요성과 마찬가지로 필수적인 직무자들을 교회에 전해주기 위해 이를 잘 조직하고 항구해야 한다. 거룩한 직무자들의 부족에서 유래하는 문제들을 직면하기 위한 그 밖의 다른 해결책은 불안정하다(n.3).

또한 이 문헌은 직무 사제직과 공통 사제직 간의 서로 다른 본성을 상기한 다음, 이 점에 관해 우리 사이에 통용되는 용어를 정확히 정리하고자 했다. 평신도들에게 있어서 그들이 지닌 공통 사제직에 힘입어 우리는 수행을 위한 직무를 말할 수 있다. 왜냐하면 그것은 그리스도의 사제직 그 자체에 대한 참여이기 때문이다. 그것이 없다면 이 직무는 수품된 직무자에 대한 부당한 열망을 전제해야 한다. 그러나 사목 직무와 평신도 직무 간의 관계를 살펴보면, 오직 사목 직무자만이 수품에 힘입어 전승이 그에게 전해주는 충만한 의미를 소유한다(Art. 1,2). 수품된 사제의 고유한 일에 참여하는 신자는 이를 보완하는 방식으로 직무를 수행할 뿐이다. 따라서 그는 사목자 또는 전속 사제라고 불릴 수 없다.

문헌은 보다 구체적인 문제들을 다루면서 수품되지 않은 신자들이 설교로 부름받을 수 있는 있지만 그것은 고유한 권리로서가 아니라 사실의 예외성이 분명히 드러나는 특수한 경우들에 있어서만 그러하다고 말한다(Art. 2,3).

"어느 지역에서 성품자(聖品者)들이 부족한 환경에서는 객관적으로 필요한 또는 유익한 지속적인 상황들이 드러나는 경우들이 있을 수 있다. 그러한 경우 수품되지 않은 신자들이 설교할 수 있는 허락을 줄 수 있다"(Art. 2,4).

어떠한 경우든, 설교의 분명한 형태인 강론은 전례 자체의 일부분이며 따라서 수품된 직무자에게 유보된다(Art. 3,1). 강론에 대한 대화의 가능성은 사제 편에서 신중하게 허용될 수 있다. 하지만 그것이 설교 의무를 다른 사람들에게 위임하는 것을 뜻하는 것은 아니다(Art. 3,3).

교회법 517조 2항은 사제가 부족한 경우 수품되지 않은 사람이 본당 사목구에 참여하는 것을 허용하고 있다. 그러나 그러한 경우에도 본당신부로서의 권한이 주어진 사제를 이 사목구의 책임자로 두어야 한다. 문헌은 이러한 평신도 직무는 사목구 수행에 대한 단순한 참여일 뿐이지 어떠한 경우에도 본당신부의 직무, 즉 본당을 지도하고 조정하며 통치하는 직무를 수행하는 것은 아니라고 지적한다(Art. 4,1). 그러므로 그것이 본당의 고유한 사목자인 본당신부의 직무가 될 수는 없다(Art. 4,1).

또한 문헌은 상기하길, 오직 사제들만이 사제 평의회에 속하며 평신도는 단순히 자문의 성격을 띤 투표권과 함께 경제적인 사안들을 위해 사목 평의회와 본당 평의회에 참여할 수 있다고 한다. 본당 평의회를 주재하는 것은 본당신부의 고유한 권한으로서 만일 이 평의회가 본당신부 없이 이루어졌다면 그것은 유효하지 못하다.

평신도는 성찬례에서 사제에게만 유보된 기도문들을 말할 수 없으며 사제에게만 고유한 행위들도 할 수 없다. 또한 평신도는 성찬례의 유효함을 보증하기 위해 사제에게 최소한의 것만을 맡긴 채 이 성찬례를 주례할 수 없다. 그리고 그는 전례 거행에 있어서 사제 또는 부제에게만 유보된 예복들(제의, 영대, 달마티카)도 입을 수 없다. 한편, 사제 없이 거행되는 주일 전례 거행에서는 희생 제사 전례, 특히 성찬 기도문이 삽입될 수 없다. 그러한 전례 거행은 어떠한 경우에도 성찬례 거행을 대신할 수 없다.

이 문헌은 또한 친교에 대한 예외적인 직무에 대해 익히 알고 있는 주제를 다뤘다(Art. 8). 이에 대해 문헌은 무엇보다도 평신도들이 병자들을 돕는 주제를 다루고 있다. 그들은 병자들이 여러 성사들(고해성사, 병자성사, 그 밖에 사제들에게 유보된 성사)에 대한 원의를 가질 수 있도록 배려해주어야 한다. 사제나 부제가 부재 시에는 수품되지 않은 신자가 혼인성사를 도와줄 수 있다. 그러나 그것은 자기 교구에서 이러한 직무 수행을 위해 주교회의와 성좌의 찬성표를 획득한 이후라야 가능하다. 필요한 경우, 신자들은 세례에 대한 관리를 위임받을 수 있다. 또한 통상 직무자가 없는 경우 수품되지 않은 신자는 세례에 있어서 예외적인 직무자가 될 수도 있다. 그러나 문헌은 상기하길, 장례의 경우 사제나 부제가 이를 직접 주례하는 것이 바람직하다고 지적한다. 수품되지 않은 신자들은 통상 직무자가 전적으로 부재할 경우에만 전례 규범을 준수하면서 교회적인 장례를 치를 수 있다.

## V. 결론

만일 이 모든 문제에 대한 개인적인 견해를 피력해야 한다면 본인은 무엇보다도 이렇게 말하고 싶다. 물론 결혼한 평신도의 수품이 교의적인 가르침을 거스르는 것은 아니다. 그것은 단지 교회의 실천 규범을 거스를 뿐이다. 이러한 실천 규범은 중대한 동기들로 인해 유지되고자 한다. 이에 대해서는 오늘날까지도 조치를 취할 수 없다(여성의 수품 문제는 이와는 다른 경우다).

여기에는 의심할 바 없이 성소에 대한 문제도 연관되어 있다. 이 문제는 보다 철저한 연구가 요구된다. 왜냐하면 이는 흔히 말하는 것 이상으로 상당히 복잡한 사안이기 때문이다. 그것은 단지 흔히 빗대어 말하는 것처럼 우리가 몸담고 사는 이 세상에 팽배해 있는 물질 만능주의만이 문제는 아니기 때문이다. 사실, 우리는 이렇게 자문해 보아야 한다. 이 문제는 근본적으로 교회 내부에서 일어나는 세속화, 영성의 결핍, 그리스도적 정체성과 사제의 정체성의 상실로 인한 것은 아닌가? 지금 이 문제를 다룰 것은 아니나 한 가지 잊지 말아야 할 것은, 한 나라 안에는 많은 성소 장려 운동들, 한창 번창하고 있는 신학교들도 있지만 텅 비어 있는 곳도 적잖이 많다는 사실이다.565 적지 않은 곳의 교회가 세속화에 오염되어 있고 영성의 부재를 심하게 앓고 있다. 오늘날 수많은 곳에서 하느님은 더 이상 성소를 축복하지 않으신다고 하는 진부함이 팽배해 있다. 가끔 사제들의 설교는 더 이상 아무것도 말하지 못하곤 한다. 왜냐하면 가르침에 일관성이 없고 영성적인 철저함도 부족하기 때문이다. 물론 이를 일반화시켜서 말할 수 없다. 또한 교회 내에는 아직도 수많은 건전한 환경이 유지되고 있다. 그러나 한편으로 우리는 교회 내부에서 일어나고 있는 세속화 현상에 대해 전반적인 연구를 해야 할 것이다. 그러므로 이는 단순히 성소의 문제만이 아니라 신앙의 문제인 셈이다.

그러므로 교회의 구조적인 변화 이전에 사제 생활 자체에 대한 분석이 이루어져야 한다. 성소 문제는 신학자들에 의해서가 아니라 성인들 그리고 하느님의 사람들에 의해 해결될 수 있다.

다시금 사제의 직무들에 대한 평신도들의 참여라는 주제로 되돌아와서, 위임에 의해 몇 가지 직무들을 소유한 평신도는 여전히 평신도로 남는다. 수품 직무와 세례 직무 사이에 어떤 중간적인 가능성은 없다.

그래서 요한 바오로 2세는 이렇게 표현하고 있다.

그러나 그러한 임무 수행이 평신도를 사목자로 만들어주는 것은 아니다. 사실, 누구든 단순히 임무의 수행으로써 성직자가 되는 것이 아니라 오직 성품성사를 통하여 성직자가 되는 것이다. 오로지 성품성사만이 서품 받은 성직자에게 목자시며 머리이신 그리스도의 직무와 영원한 사제직에 대한 특별한 참여를 부여한다. 보충적으로 행사되는 임무는 사목자들의 공식적 위임이 있어야 즉시 형식적 합법성을 지니게 되며, 그 임무의 구체적인 행사는 교회 권위의 지도를 받아야 한다(CFL 23).

## 5장 요약

봉헌 생활은 교회의 삶을 완전하게 한다. 그것은 교회의 바로 핵심에 자리하고 있다. 왜냐하면, 봉헌 생활은 그리스도인의 소명의 내적 본질을 나타내고 신부로서 한 분이신 그 신랑과 일치하려는 교회 전체의 노력을 드러내기 때문이다. 한마디로, 봉헌 생활은 교회의 생명과 성덕에 속한다. 이러한 삶은 예수께서 사셨던 삶의 방식을 따르는 가운데 세례 축성을 완성하는 데 있다.

봉헌 생활의 본질은 그리스도와의 완전한 동일화(同一化)에 그 뿌리를 두고 있다. 이는 오직 특별한 성소 그리고 성령의 특별한 부르심을 통해서만 가능하다. 수도자는 애정적인 자유에 더해 실제적인 자유를 지녀야 한다. 즉, 그는 모든 것으로부터 해방을 추구한다. 그는 자기 자신을 철저히 그리스도께 내어드리기 위해 모든 인간적인 염려를 내려놓는 사람이다.

수도자는 정결을 통해 하느님 앞에서 나누임 없는 마음을 갖고 사람들을 위한 봉사에 더욱 자유롭게 자신을 내어줄 수 있기 위해 결혼 생활을 포기한다. 또한, 그는 가난을 통해 보다 완전히 자신을 내어주기 위해 인간적인 애착들로부터 해방되어야 한다. 복음적 청빈의 근본적인 의미는 인간의 진정한 부(富)는 바로 하느님이심을 증언하는 데 있다. 더 나아가, 수도자는 그리스도께서 순명을 통해 성부의 뜻을 실현하셨던 것처럼 우리를 사랑하신 분의 뜻을 실현하기 위해 자기 의지의 변덕스러움을 포기한다.

수도자는 복음적인 가치들을 살아감으로써 그리스도께 자신의 사랑을 증거한다. 봉헌 생활은 그 자체로 종말론적인 표징을 형성한다. 즉, 봉헌 생활은 그것이 갖는 존재와 삶의 형태로 인해 궁극적인 삶이 천상에서 그리스도와의 직접적이고 즉각적인 만남에 있음을 선포한다. 또한, 봉헌 생활은 교회론적인 가치를 갖는다. 수도자가 사는 모든 봉헌, 그의 모든 내적 자유와 희망은 교회를 위해 그리고 가난한 이들을 향한 사랑을 위해 있기 때문이다. 봉헌 생활의 사명은 인간적인 책임 이전에 복음의 근본적인 가치들을 증언하는 데 있다. 수도자의 삶은 오직 성성(聖性)을 향한 지속적인 경향과 더불어 이해될 수 있다. 수도자의 사명은 개인적인 증거를 통해서 세상 안에 그리스도를 현존케 하는 데 있다. 그는 '창조적 충실성'을 통해 자기 창립자의 카리스마를 오늘날 새롭게 구현해야 한다.

# 5 | 수도자

공의회가 교회 내에서 결코 배제할 수 없었던 또 하나의 신분이자 삶의 형태는 수도자였다.566 그것은 교회 역사를 보건대 이 장에서 다루지 않을 수 없는 주제이다. 왜냐하면 이미 수도 생활은 사도행전이 묘사하고 있는 초기 공동체 내에서 탄생했으며("신자들의 공동체는 한마음 한뜻이 되어, 아무도 자기 소유를 자기 것이라 하지 않고 모든 것을 공동으로 소유하였다": 사도 4,32 이하), 4세기경에는 수도승 생활의 형태와 너불어 사막 교부들의 모습이 드러나고 있기 때문이다. 우리는 이러한 수도승 생활을 그 생활이 지닌 본질적인 요소와 더불어 수도 생활의 기원이라고 말할 수 있을 것이다. 여기서 잊지 말아야 할 점은, 그 이전에 이미 고독과 기도에 전념했던 은수자들이 있었다는 사실이다. 동방에서의 공주 생활은 파코미오와 바실리오 같은 위대한 창립자들에 의해 시작되었으며, 서방에서는 아우구스티노, 베네딕토에 의해 본격적으로 시작되었다. 그 이후 수도자들의 현존은 교회 생활에 있어서 항존하는 요소로 자리를 잡았다.

동방의 수도승 생활은 무엇보다도 내적인 회개, 내적 평화 그리고 끊임없는 기도에 중점을 두고 있다. 반면, 서방 수도승 생활의 아버지라 할 수 있는 성 베네딕토는 하느님에 대한 사랑 앞에 아무 것도 놓지 않는 것을 모토로 삼았다.

 오늘날 수도승들 역시 내적 생활과 노동 사이의 조화를 이루고자 노력하고 있으며 렉시오 디비나를 하고 전례를 거행하며 그들 영성의 핵심 열쇠로서 기도에 집중한다. 온전히 기도에만 봉헌된 수도회들이 있는데, 「봉헌 생활(VC)」 8항이 언급하는 것처럼, 이 수도회들은 교회 내에서 천상 영광과 은총의 근거가 된다. 그들은 고독과 침묵 속에서 하느님의 말씀을 묵상하고 기도와 고행 속에서 자기 온 생애의 지향을 두는 이들이다. 하지만 서방에서는 좀 더 사도직 활동을 위해 봉헌된 수도 생활 형태가 생겨났다. 그들은 복음적 권고들에 대한 서원을 하느님께 대한 철저한 봉헌의 방식으로 삼았다. 또한 오늘날에는 축성과 재속성을 조화시키는 재속회가 탄생했다. 그들은 세상과 사회 직업의 한가운데서 수도서원을 살아간다. 또한 교구 주교에 의해 오래전에 설립된 축성된 동정녀회가 쇄신되기도 했다.

 결국, 봉헌 생활은 매우 다양한 형태로 교회의 삶 안에서 항존하는 사실로 드러나고 있다. 따라서 우리가 이 생활에 대해 언급할 때면, 수도자들을 위해 소집된 시노드에서 시노드 주교들이 언급하듯이 "봉헌 생활은 우리 모두에게 관련된 일(de re nostra agitur)"이다. 엄밀히 말해 봉헌 생활이 교회 본질의 일부분을 형성하는 것은 아니지만(교회는 단지 사목자들과 신자들만으로 존재할 수 있으며, 사실 처음에는 그렇게 존재했다), 그것은 결코 고립된 또는 주변부적인 실재가 아니라 교회의 삶을 완전하게 하는 부분이다(VC 3). "실제로 교회 사명의 결정적 요소인 '봉헌 생활은 교회의 바로 핵심에 자리하고 있습니다. 왜냐하면 봉헌 생활은 그리스도인의 소명의 내적 본질을 나타내고 신부로서 한 분이신 그 신랑과 일치하려는 교회 전체의 노력을 드러내기 때문입니다'"(VC 3). 복음적 권고들에 대한 서원은 분명 교회의 생명과 신성함에 속한다(VC 29). 따라서 이 생활이 결코 교회 안에서 부족해서는 안 된다. 왜냐하면 그것은 결코 포기할 수 없는 요소들 중 하나이기 때문이다. 그래서 봉헌 생활에 관한 요한 바오로 2세의 교황 권고는 다음과 같이 언급하고 있다.

> 이는 복음 권고의 선서가 그리스도의 신비와 밀접하게 연관되어 있으며, 이는 예수님께서 절대적인 종말론적 가치로 선택하여 가리켜주신 삶의 길을 힘을 다해서 드러내야 할 의무를 가지고 있다는 사실에서 분명히 알 수 있습니다. 예수님께서 몇몇 사람들을 친히 부르시어 모든 것을 버리고 그분을 따르도록 하심으로써 이러한 삶의 유형을 제정하셨고, 그것은 여러 세기를 거치는 동안 성령의 인도 아래 점차 다양한 봉헌 생활 형태로 발전하게 되었습니다. 그러므로 성직자와 평신도로만 이루어진 교회는, 신약성경의 복음서와 서한들을 통해서도 알 수 있듯이, 교회의 창립자이신 하느님의 뜻에 맞는 것이 아닙니다(VC 29).

이러한 생활은 근본적으로 세례 축성을 심화시키는 것으로서 모든 그리스도인이 살아 내야 하는 그리스도 안에서의 삶을 예수께서 사셨던 삶의 방식을 따르는 가운데 이를 철저한 형태로 살아 내고자 하는 것이다.

제2차 바티칸 공의회는 어떤 의미에서 교회의 선봉(先鋒)을 대표하는 이러한 삶의 형태에 대해 언급하지 않을 수 없었다. 그러나 수도자들을 위해 할애된 「교회 헌장」의 6장이 처음부터 별개의 장으로 고려된 것은 아니었다. 당시 공의회에 흘렸던 강한 기류는 수도 생활이 갖는 중요성으로 인해 이 주제가 별개의 장에서 다뤄지길 원했다. 이렇게 해서 1,505표를 얻은 공의회 교부들이 698표를 거슬러서 이를 청원하기에 이른다. 비록 수도 생활이 교회의 신적 구조에 속하는 것은 아니지만 그것은 교회의 생활을 완성시키는 일부분을 구성한다. 더욱이 그 누구도 복음적 권고들이 갖는 신적 기원에 대해 의심할 수 없다. 또한 수도자들에 대해 다룬 이 장은 성성을 향한 보편적인 소명을 위해 할애된 장 다음에 나오는 공의회의 전체적인 구조 안에 있으며 교회의 중요한 목적과 특별한 형태로 연결되어 있다. 그 목적이란 바로 성성(聖性)이다.

## I. 수도 생활의 본질

수도 생활의 본질 또는 토대를 다루는 데 있어서 우리는 무엇보다도 요한 바오로 2세의 교황 권고에서 언급되는 다음의 구절을 우리 것으로 삼아야 할 것이다. "봉헌 생활의 복음적 토대는 예수님께서 지상 생활 동안 일부 제자들과 맺으신 특별한 관계에서 찾아볼 수 있습니다. 예수님께서 제자들을 부르신 것은 그들이 각자의 삶 안에 하느님의 나라를 맞아들이게 할 뿐만 아니라, 모든 것을 버리고 그분 자신의 생활 방식을 열심히 본받음으로써, 그들의 삶을 하느님 나라에 봉사하게 하려는 것이었습니다"(VC 14).

'수도 생활의 본질은 그리스도와의 완전한 동일화(同一化)'에 그 뿌리를 두는데, 이는 오직 특별한 성소 그리고 성령의 특별한 부르심을 통해서만 가능하다(VC 14). 사정이 그러하다면, 우리는 수도 성소가 삼위일체라고 하는 유일한 틀 안에서만 비로소 실현될 수 있다고 말해야 한다. 이러한 부르심의 주도권은 창조주이시자 온갖 선의 분배자요 모든 이를 당신께로 이끌어 들이시는 성부로부터 유래한다(요한 6,44 참조). 그래서 교황은 이렇게 언급하고 있다. "하느님의 이 은혜로운 사랑에 대한 체험은 매우 깊고 강력하여 부름을 받은 사람은 현재와 미래의 모든 것을 하느님께 봉헌하고 그분의 손에 자신을 맡기며 자기 삶을 조건 없이 바침으로써 응답하여야 할 요구를 깨닫게 됩니다"(VC 17).

이러한 성부의 부르심은 당신 성자와 동일화되는 것에 대한 부르심으로서, 교황이 언급하듯이, 이는 예수의 눈길 안에서 인간 존재의 뿌리들을 건드리는 영원하고도 무한하신 사랑의 심오함을 감지하기 때문이다. 그분에 의해 매혹되도록 자신을 내어놓는 사람은 (마르 1,16-20; 2,14; 10,21.28 참조) 바오로 사도처럼 그리스도의 사랑과 비교해서 모든 것을 쓰레기처럼 여기게 된다(필리 3,8). 바로 여기서부터 이러한 느낌들을 그리고 그리스도께서 사셨던 똑같은 삶의 방식을 따르고자 하는 열망이 솟아난다. 바로 이것이 복음적 권고들에 상응하는 것이다. "정결, 청빈, 순명으로 요약되는 예수님의 생활 방식은 이 땅에서 복음을 가장 철저하게 실천하는 길로 드러납니다. 하느님이시며 사람이신 그리스도께서 받아들이신 길이므로, 이 길은 외아들로서 하느님 아버지와 성령과 이루는 관계를 드러내는 하느님의 길이라 할 수 있습니다. 따라서 그리스도교 전통은 언제나 봉헌 생활의 객관적 우월성을 이야기해 왔습니다"(VC 18).

하지만 성령의 움직임을 통해서가 아니라면 그리스도 안에서의 삶이란 있을 수 없다. 이 성령께서는 그토록 모험적인 선택을 매력으로 느끼게 해주는 분이시다. "부르심에 완전한 응답을 하고자 하는 열망을 일으키시는 분은 바로 성령이십니다. 또한 이 열망이 자라도록 이끌어주시고, 마침내 '예' 하고 응답하도록 도와주시며, 그 열망을 충실히 행동에 옮기도록 뒷받침해주시는 분도 성령이십니다. 부름받은 사람들의 마음을 지어주시고, 정결, 청빈, 순명의 그리스도를 닮게 하시며, 그분의 사명을 그들 자신의 사명으로 삼도록 촉구하시는 분도 성령이십니다. 끝없는 정화의 여정에 있는 그들은 성령의 이끄심에 자신을 맡김으로써 날마다 그리스도께 동화되어 역사 안에서 부활하신 주님의 특별한 현존을 연장시켜 나아갑니다"(VC 19).

이처럼 복음적 권고의 생활은 지극히 거룩하신 삼위일체 하느님의 선물로서 모든 피조물에 대해 하느님 나라의 우위를 계시하는 생활 방식이다. 이러한 생활은 복음적 권고들을 실천함에 있어서 수도자로 하여금 전체 그리스도인의 생활을 간직한 삼위일체적 그리스도적 내면성을 철저한 형태로 살아가게 해준다.

수도 생활의 본질은 그리스도를 특별히 따르고 복음적인 권고들에 대한 실천과 더불어 하느님께 특별히 봉헌하는 것에 뿌리를 두고 있다. 이는 모든 그리스도인이 세례를 통해 간직하고 있는 봉헌을 완성하고 이를 보다 철저하게 해주는 봉헌이다. 공의회는 이렇게 언급하고 있다. "세례를 통하여 죄에 대하여 죽고 하느님께 봉헌되었으나, 세례 은총의 더욱 풍성한 열매를 얻을 수 있도록 교회 안에서 복음적 권고들을 서원하여 사랑의 열정과 완전한 하느님 예배를 가로막을 수 있는 장애에서 해방되고자 하며, 하느님 섬김에 더욱 깊이 봉헌되는 것이다"(LG 44).

사실, 수도자는 세례적인 봉헌을 더욱 충만하게 보장해주는 것들과 더불어 새로운 결속으로 연결되고 다시 맺어진다. 세례에서부터 솟아나는 성성(聖性)을 향한 성소는 그리스도인이 그리스도를 만유 위에 온전히 사랑하는 가운데 자기 생애의 궁극적인 근거로 삼아야 한다는 것을 의미한다. 복음이 주는 영의 자유, 우리가 우상에 전혀 얽매이지 않고 온전히 그분을 사랑하게 해주는 내적 자유와 더불어 창조된 가치들을 향한 사랑을 살아 내지 않는다면 그리스도적인 성성(聖性)은 있을 수 없다. 그리스도인의 마음은 그리스도께 대한 사랑으로 인해 모든 죄와 무질서한 애정으로부터 해방된 마음으로 그분을 사랑할 수 있게 되면서 이 세상의 헛된 우상으로부터 해방된다. 또한 그리스도인은 혼인과 세상의 한가운데서 모든 애착과 우상으로부터 자유로운 마음을 지녀야 한다. 왜냐하면 그는 그리스도의 사랑으로 인해 해방되었기 때문이다. 사실, 모든 그리스도인은 그리스도를 유일한 궁극적인 그리고 충만한 가치로 받아들이고 그렇게 그분께 마음을 두어야 한다.

하지만 수도자는 이러한 애정적인 자유에 더해서 실제적인 자유를 지녀야 한다. 즉 비록 인간적인 모든 실재들이 그 자체로는 좋은 것(예를 들어, 부, 독립 등)이라 할지라도 그리스도를 향해 온전히 그리고 철저하게 자신을 내어주는 성소를 방해할 수 있기에 그 모든 것으로부터의 해방을 추구한다. 수도자는 자기 자신을 철저히 그리스도께 내어드리기 위해 모든 인간적인 염려를 내려놓는 사람이다. 하지만 이것이 결코 하느님에 의해 창조된 가치들을 경멸한다는 것을 의미하지는 않는다. 창조주 하느님을 믿는 이는 하느님께서 창조하신 것이 악하다는 것을 결코 견지할 수 없다. 모든 그리스도인은, 성 바오로가 말한 것처럼, 이 세상의 모습은 지나간다는 것을 잘 알고 있다. 따라서 수도자는 이미 여기서부터 그리스도를 모든 인간적인 가치의 충만함으로 살아 내고 이를 실재적인 형태로 살기 위해 특별한 부르심을 느끼는 사람들이다.

어떠한 창조된 가치도 인간이 자기 마음속에 무한히 지니고 있는 원의에 준할 정도로 만들어진 것은 없음을 잊지 말아야 한다. 모든 인간적인 가치는, 그것이 좋고 견고하다 할지라도, 인간의 마음이 지니고 있는 무한한 갈증을 궁극적으로 채워줄 수는 없기에 유한하다. 인간은 언제나 이 세상에서 도달할 수 있는 그 모든 것을 훨씬 넘어서는 궁극적인 실재를 추구하며, 어떤 형태의 인간적 목표든 여기에서 그것을 차지하고 난 후에는 늘 새롭게 시작해야 한다는 것을 보게 된다. 인간의 마음은 무한한 행복을 위해 만들어졌다. 그의 마음은 언제나 이 행복을 열망하며 이 세상에서는 결코 거기에 도달할 수 없다. 따라서 인간적인 가치들이 비록 그 자체로 좋다 할지라도 궁극적인 평화와 기쁨을 인간에게 전해줄 수는 없다.

이처럼 수도자는 자신의 삶을 궁극적인 분, 그리스도, 바로 이 하느님의 말씀 안에 정박하고자 하는 사람이다. 그는 자신이 받은 특별한 성소와 더불어 믿음, 소망, 사랑을 통해 이미 여기에서 아주 좋은 몫을 선택했다는 것(루카 18,22; 10,42)을 체험하게 해주는 철저한 삶의 형태와 더불어 그분을 살아간다. 그들이 아직 궁극적인 실재에 대한 비전을 지닌 것은 아니지만 하느님의 부르심은 이미 여기에서 오직 그리스도만이 인간의 마음에 장엄하게 주실 수 있는 평화와 기쁨을 안정된 형태로 체험하게 해준다. 그러므로 이 삶은 결코 사회를 경멸하지도 인간적인 삶을 멸시하지도 않는다. 그렇다고 그 혼자서만 마치 선구자처럼 궁극적인 삶을 향해 앞서가는 것도 아니다. 이처럼 수도자는 복음적인 권고들을 따르면서 서원을 통해 교회 앞에서 의무로 받는 것들을 살아감으로써, 그리스도께서 당신 자신을 위해 원하셨던 삶의 모델을 따르는 가운데 그리스도를 철저히 따르려는 신분을 실제적으로 원한다.

그는 정결을 통해 하느님 앞에서 나누임 없는 마음을 갖기 위해 그리고 사람들을 위한 봉사에 보다 자유롭게 자신을 내어줄 수 있기 위해 결혼 생활을 포기한다. 그는 정결 서원을 통해 성적인 차원으로서의 사랑의 측면을 포기한다. 그러나 어떠한 경우에도 사랑을 포기하는 것은 아니다. 나아가, 구체적인 인간적 사랑을 포기함으로써 자신의 가장 소중한 부분을 그리스도께 봉헌하고 그리스도 안에서 다른 사람들을 사랑하는 능력을 넓혀 나간다. 정결 서원이 결코 그에게 사랑을 포기하도록 요구하는 것은 아니다. 인간은 성(性) 없이 살아갈 순 있지만 사랑 없이는 그럴 수 없다. 수도자가 정결 서원을 통해 하는 것은 그리스도를 향한 사랑을 넓히는 일이며 그리스도와 같은 사랑과 준비된 마음을 갖고서 다른 사람들을 사랑하는 가운데 그분 안에서 그리고 그분을 통해 그들을 향한 사랑을 넓히는 일이다. 이처럼 혼인에 대한 포기를 전제로 하는 이 봉헌은 그리스도 안에서 그 의미를 찾을 수 있으며 나아가 인간의 마음이 그리스도를 추구하는 애정적인 반향이기도 하다. 그렇다고 그것이 이 봉헌 생활에서 고통이나 메마름은 없다는 것을 뜻하지는 않는다. 오히려 그것은 결국 그리스도께서 친히 당신의 은총과 애정으로 그러한 큰 희생에 대해 보상해주실 것임을 의미한다.

요한 바오로 2세는 완전한 정결에 대한 체험이 수도자로 하여금 우리가 살아가는 이 시대의 향락적인 문화의 자극에 대해 근본적인 형태로 응답할 수 있게 한다고 말한다.

첫째 도전은 향락 문화의 도전입니다. 그것은 성(性)을 모든 객관적 윤리 규범과 분리시키고, 흔히 단순한 기분 전환이나 소비 상품으로 여기며, 사회 홍보 수단과 공모하여 성적 본능에 대한 일종의 우상숭배를 정당화시킵니다. 그 결과는 누구나 다 아는 것으로서 온갖 타락과 그 때문에 개인과 가정이 당하는 정신적, 윤리적 고통입니다. 봉헌 생활의 응답은 무엇보다도 완전한 정결을 기쁘게 사는 것입니다. 그것은 곧 나약한 인간의 모습에 나타나는 하느님 사랑의 능력에 대한 증거입니다. 많은 이들이 불가능하다고 여겨 온 것이 주님의 은총으로 가능하게 되고 참으로 자유롭게 하는 것임을 봉헌된 사람은 증언합니다. 그렇습니다. 그리스도 안에 있을 때 인간은 비로소 전심으로 만유 위에 하느님을 사랑할 수 있고 하느님의 자유로써 피조물을 사랑할 수 있습니다! 이러한 진실을 거의 깨닫지 못하는 오늘의 사회이기에 이 증거는 그 어느 때보다 더욱 절실히 요청됩니다. 젊은이, 약혼한 남녀, 남편과 아내, 그리스도인 가정 등 모든 사람에게 이러한 증거를 보임으로써, 바로 인간적 사랑의 맥락 안에서 하느님 사랑의 능력이 위대한 일을 이룰 수 있음을 보여주어야 합니다. 이것은 또한 인간관계에서 증대되고 있는 내면적 정직의 요구를 충족시켜 주는 증거이기도 합니다.

봉헌 생활은 오늘날의 세계에 조화, 자제, 진취성, 심리적, 정서적 성숙을 보여주는 사람들이 구현한 정결의 모범을 제시해야 합니다. 이러한 증거 덕분에 인간의 사랑이 신뢰할 수 있는 준거를 가지게 됩니다. 그것은 곧 봉헌된 사람들은 바로 이러한 신비에 잠겨 있기 때문에, 완전하고 보편적인 사랑을 할 수 있다고 느끼며, 여기서 감각과 충동에 좌우되지 않기 위해 필요한 절제와 자제의 힘을 얻습니다. 그러므로 봉헌된 정결은 기쁨과 자유의 체험으로 나타납니다. 부활하신 주님께 대한 신앙과 새 하늘과 새 땅(묵시 21,1 참조)에 대한 전망으로 비추어지는 봉헌 생활은 다른 생활 신분에도 부합하는 정결 교육에 대한 임무에 귀중한 동기를 부여합니다(VC 88).

수도자는 가난을 통해서 보다 완전히 자신을 내어주기 위해 인간적인 애착들로부터 해방되어야 한다. 살기 위해 필수적인 것들에 만족하지만 그는 더 이상 돈에 대한 염려나 야망 같은 것을 갖지 않는다. 그는 부요함이라는 우상을 묻어 버렸는데, 이는 오직 그에게 하느님 나라와 성성(聖性)만이 염려되기 때문이다. 그는 그리스도께서 염려하신 것을 특별한 형태로 살아 낸다. "너희는 먼저 하느님의 나라와 그분의 의로움을 찾아라. 그러면 이 모든 것도 곁들여 받게 될 것이다"(마태 6,36). 그래서 그는 이 현세의 삶에서 어떻게 하느님의 섭리가 자신의 발걸음을 인도해주며 자신을 먹여 살리는지 체험하게 된다. 이는 그로 하여금 온 마음을 다해 진리를 추구하고 가난한 사람들을 향한 애덕과 보다 직접적이고 총체적인 사도직 그리고 머나먼 타향에서 복음적인 사명을 위해 자기 자신을 내어놓을 수 있게 해준다. 수도 생활은 복음적인 자유를 실현할 수 있는 최상의 형태이다.

그래서 요한 바오로 2세는 이렇게 말한다. "가난한 사람들을 위한 봉사이기 이전에 복음적 청빈은 그것 자체가 하나의 가치입니다. 왜냐하면 그것은 가난한 그리스도를 본받음으로써 참 행복의 첫째 정신을 상기시키기 때문입니다. 사실 복음적 청빈의 근본적인 의미는 인간의 신정한 부요는 바로 하느님이심을 증언하는 것입니다. 바로 이러한 까닭에 복음적 청빈은 금전에 대한 우상숭배에 강력히 도전합니다. 말하자면 균형 감각과 사물에 대한 참뜻을 거의 잃어 가고 있는 선진국의 여러 사회에 예언자적 호소를 하는 것입니다"(VC 90).

수도자는 그리스도께서 순명을 통해 성부의 뜻을 실현하셨던 것처럼 우리를 사랑하신 분의 뜻을 실현하기 위해 자기 의지의 변덕스러움을 포기한다. 만일 아담의 죄가 하느님을 향한 불순명의 행위에 있었다고 한다면, 그리스도께서는 당신의 뜻을 포기하면서(마태 29,39; 6,10; 요한 4,34) 성부께 대한 순명을 통해 인간을 구원하고자 했다. 그리스도께서는 성자이심에도 불구하고 고통을 통해서 순명이 무엇인지를 배우셨다(히브 5,8). 그리고 그것을 통해 우리를 구원하셨다. 이렇듯 수도자는 자신의 순명과 더불어 자신의 장상들을 통해 그리스도께 순명하고 있음을 잘 안다. 그리고 이것이 그의 순명을 다른 사람들을 위한 구원으로 변화시켜준다. 모든 것 안에서 총체적인 독립을 찾고 있는 오늘의 세상 앞에서 교황 성하는 이렇게 가르친다.

이러한 상황에 대한 효과적인 응답은 봉헌 생활을 특징짓는 순명입니다. 이 순명은 아주 단호한 방법으로 성부께 대한 그리스도의 순명을 거듭 제시하며, 이 신비를 출발점으로 삼아 순명과 자유는 서로 모순되지 않음을 증언합니다. 사실 성자의 자세는 인간 자유의 신비가 성부의 뜻에 순명하는 길임을, 그리고 순명의 신비가 점진적으로 진정한 자유에 이르게 하는 길임을 보여줍니다. 봉헌된 사람들이 이 독특한 순명 서원을 통하여 천명하려는 것은 바로 이러한 신비입니다. 그들은 순명을 통하여 자신이 성부의 자녀들임을 알고 있다는 것을 보여주고자 합니다. 아버지의 자녀들이기에 그분의 뜻을 일용할 양식(요한 4,34 참조), 그들의 반석, 그들의 방패, 그들의 요새(시편 18,2 참조)로 삼고자 합니다. 이렇게 그들은 자신들에 관한 충만한 진리 안에서 자신이 성장하고 있음을 보여주고, 그들 존재의 근원이신 분 안에 머물면서, 다음과 같은 커다란 위로의 메시지를 전합니다. "당신의 법을 사랑하는 이에게는 만사가 순조롭고 무엇 하나 꺼릴 것이 없사옵니다"(시편 119,165)(VC 91).

이는 단순히 고통받기 위한 고통이 아니라 구원과 죄에 대한 승리는 십자가를 통해 이루어진다는 진리를 아는 것이다.

의심할 바 없이, 수도자가 이처럼 복음적인 가치들을 살아갈 때 그는 무엇보다도 먼저 그리스도께 자신의 사랑을 증거하게 된다. 무엇보다도 수도 생활은 그리스도를 모든 인간적인 가치들을 충만함으로 이끄는 궁극적 가치로 살아 내며 이를 자신이 받은 은총과 성소를 통해서 직접 살아 낸다. 따라서 이 생활은 그리스도론적인 의미를 갖는다. 그러나 이러한 봉헌 생활이 성사는 아니다. 왜냐하면 이 생활은 어떠한 중재도 없이 직접 그리스도를 살아 내는 것이기 때문이다. 혼인은 교회에 대한 그리스도의 사랑을 드러내는 이미지이자 표징이며 이러한 신비에 대한 참여이기도 하다. 따라서 이러한 징표에서부터 부부들을 위한 은총이 유래한다. 반대로, 봉헌 생활에는 그리스도와 그분의 신부 사이의 합일에 대한 징표나 이미지가 없을뿐더러 오히려 그리스도와의 직접적인 혼인이 관건이다. 봉헌 생활에는 이를 대변하는 어떤 상징도 없는데 이는 수도자가 사랑하는 분과의 직접적 관계를 살고 있기 때문이다.

봉헌 생활은 그 자체로 종말론적인 표징을 형성한나. 봉헌 생활은 그것이 갖는 존재와 삶의 형태로 인해 궁극적인 삶이 천상에서 그리스도와의 직접적이고 즉각적인 만남에 있음을 선포한다. 이 세상의 형상은 지나가며(1코린 7,31) 우리는 여기에 영원히 머무를 집을 갖고 있지 않다. 그래서 봉헌 생활은 순례하는 교회 그리고 그리스도를 향한 자신의 순례를 통해 정당화되는 교회 내에서 우선적인 가치를 갖는다. 이처럼 수도자들은 이 세상의 헛된 바탕을 만들려는 모든 시도를 파괴하면서 자신의 자유와 준비된 자세를 갖고서 교회의 선봉(先鋒)이 된다.

그래서 공의회는 친히 이렇게 언급하고 있다.

> 복음적 권고의 서원은 교회의 모든 지체가 그리스도인 소명의 의무를 꾸준히 이행하도록 효과적으로 이끌 수 있고 또 이끌어야 할 표지로 드러난다. 하느님의 백성은 여기에 영속하는 나라가 없어 미래의 나라를 찾아야 하므로, 수행자들을 현세 걱정에서 더 잘 해방시켜주는 수도자 신분은 또한 이미 이 세상에 있는 천상 보화를 모든 신자에게 보여주고, 그리스도의 구원으로 얻은 새롭고 영원한 생명의 증거를 드러내며, 미래의 부활과 하늘나라의 영광을 예고하여준다(LG 44).

> 그리스도께 자신의 인생을 바치는 사람들은 그분을 만나 그분과 영원히 살리라는 희망 안에서 삽니다. 곧 "그들 안에서 타오르는 불, 곧 성령이신 사랑의 불로 뛰어드는" 열렬한 기대와 열망, 그리고 천상 것을 추구하는(콜로 3,1 참조) 사람들에게 주님께서 아낌없이 부어주시는 은혜로 고무되는 기대와 열망을 안고 살아갑니다.

> 봉헌된 사람들은 주님의 일에 몰두하며, "우리는 하늘나라의 시민이므로"(필리 3,20) "이 땅 위에는 우리가 차지할 영원한 도성이 없다"(히브

13,14)는 것을 기억합니다. 오직 필요한 한 가지 일은 주님께서 다시 오시기를 끊임없이 기도하며, 하느님의 "나라와 하느님께서 의롭게 여기시는 것"(마태 6,33)을 추구하는 것입니다(VC 26).

그렇다고 수도 생활은 아직 소유하지 않거나 오직 상상이나 바람을 통해서만 열망할 수 있는 것 이상을 살아간다는 것을 뜻하지는 않는다. 결코 그렇지 않다. 영원한 생명은 이미 여기에 있다. 왜냐하면 그것은 이미 그리스도 안에서 우리에게 주어졌기 때문이다. 바로 여기에 수도 생활에서 기도와 관상이 갖는 의미가 있다. 그리스도와 홀로 있기 위한 시간을 발견하지 못하는 사람은 수도 생활이 무엇인지에 대한 개념을 가질 수 없다. 그리스도는 이 모든 것을 설명해 주시며 우리 가운데 계시고 성찬례 안에 계신다.

그러므로 수도 생활은 세상의 염려들에 대한 비인격화나 소외에 있지 않다. 이 점에 대해 공의회는 이렇게 말한다.

> 복음적 권고의 서원은 분명히 크게 존중하여야 할 선의 포기를 가져온다 하더라도 인격의 발전에 지장이 되지 않을뿐더러 오히려 그 본질상 크게 도움이 된다는 사실을 모든 이가 분명히 알아야 한다. 사실 각자의 개인적 성소에 따라 자발적으로 받아들인 복음적 권고는 마음의 정화와 정신적 자유에 적지 않은 도움을 주고 사랑의 열정을 끊임없이 불러일으키며, 수많은 성인 설립자들의 모범으로 증명되듯이 특별히 주님이신 그리스도께서 스스로 선택하시고 그분의 동정 성모님께서 받아들이신 순수한 동정과 청빈의 생활양식에 그리스도인을 더욱더 동화시켜줄 수 있다. 또한 그 누구든 수도자들이 자신의 봉헌으로 사람들에게서 소외되거나 지상 국가에서 무익한 존재가 된다고 여겨서는 결코 아니 된다. 왜냐하면

수도자들이 때로는 자기 동시대인들을 직접 도와주지 않는다 하더라도 그리스도의 마음 안에서 더욱 깊이 함께하며 그들과 정신적으로 협력하여, 지상 국가를 세우는 사람들이 헛되이 수고하지 않도록, 지상 국가 건설이 주님 안에 토대를 두고 또 주님을 향하여 나아가게 하기 때문이다(LG 46).

마지막으로 수도 생활의 교회론적 가치에 대해 언급해야 한다. 왜냐하면 수도자가 사는 모든 봉헌, 그의 모든 내적 자유와 희망은 교회를 위해 그리고 보다 가난한 이들을 향한 사랑을 위해 있어야 하기 때문이다. 그리고 그것은 또한 진리에 대한 보다 풍요로운 탐구와 가르침, 그 자체가 갖는 특징으로 인해 보다 깊은 투신이 요구되는 교회와 세상의 아주 긴급한 과제들에 대한 봉헌을 위한 것이다. 수도자들이 없는 교회의 삶은 어떤 것일까? 선교와 관상, 애덕, 침묵 속에서의 삶 가운데 얼마나 많은 영웅적 행위들이 있는가!

당연히 수도 생활은 교계 제도와의 결속에 있어서 변두리에 있을 수 없다. 분명한 것은, 수도자들이 주교들의 관할권으로부터 면제될 수 있고 어떠한 봉헌 생활회이든 오직 로마교황의 권위에만 복종할 수 있게 해주는 특별한 결속을 그들이 교황과 맺고 있다는 점이다. 그럼에도 불구하고 공의회는 수도자들이 교회법에 따라 주교들에게 마땅한 존경과 순명을 드려야 한다고 언급한다(LG 45). 면속(免屬)은 중심주의에 대한 노력만으로 정당화될 수 없고 주교를 거슬러 나아가서도 안 된다. 공의회는 언급하길, 그것은 오직 그리스도의 양 떼에 대한 보다 커다란 섭리를 바라볼 때 정당화될 수 있다고 말한다(LG 45). 한편, 수도사제들은 지역 사도직의 장려자라는 지위를 누리는 주교들의 지도하에 자신들의 직무를 수행해야 할 의무가 있다. 또한 분명한 것은, 그들은 사도직의 영역에서 교회적인 친교와 더불어 주교와 협력해야 한다는 것이다.

복음적인 권고 생활은 특히 교회가 무상으로 받은 하느님의 선물이다. 하지만 이 선물이 단순히 존재하는 것만으로는 아직 수도 생활의 지위를 구성하지 않으며 친교 안에서의 생활도 구성하지 않는다. 사막의 교부들 역시 수도자들이었다. 복음적인 권고의 생활이 수도자의 신분을 구성하게 해주는 요소는 이러한 생활이 교회에 의해 승인되고 법제화되는 데 있다. 교회는 복음적 권고들을 해석하고 이를 실천함에 있어서 조정하며 이를 살아 내는 데 있어서 안정된 형태들을 결정짓기 위해 염려한다(LG 43).

계속해서 공의회는 언급하길, 수도 생활은 성직자와 평신도 신분 사이에서 일종의 중간 신분을 구성하지 않는다고 말한다. 왜냐하면 그들은 사제와 평신도 이 양쪽의 신분에 속한 사람들 가운데 수도 생활이라고 할 이러한 봉헌의 형태를 살고자 하느님으로부터 부르심을 느낀 사람들이기 때문이다. 수도 생활은 이런 형태로 교회의 친교 생활 안에 통합된다. 그래서 요한 바오로 2세는 이렇게 말한다.

"현세적 일에 종사하며 이를 하느님의 뜻대로 관리함으로써 하느님 나라를 추구하는" 것을 고유의 임무로 하는 평신도의 사명에서는, 하느님의 모든 백성에게 공통된 세례와 견진을 통한 봉헌이 그 충분한 토대가 됩니다. 이러한 기본적인 봉헌에 더하여 성직자들은 사도직 수행을 위한 성품을 받는 반면, 복음 권고의 길을 선택하는 봉헌된 사람들은, 정결, 청빈,

순명을 통하여, 예수님께서 직접 실천하시고 열두 제자에게 권고하셨던 생활 방식을 자신들의 것으로 삼아 투신하는 — 성사가 아닌 — 새롭고 특별한 봉헌을 합니다. 이러한 서로 다른 신분들은 하나인 그리스도 신비의 표현입니다. 그 신비체 안에서 평신도들은 배타적인 것은 아니지만 그들 고유의 특성으로 세상 안에서 활동을 하며, 성직자들은 직무를 수행하고, 봉헌된 사람들은 정결, 청빈, 순명의 그리스도와 특별한 일치를 이룹니다(VC 31).

그러므로 수도자는 교회, 구체적으로는 개별 교회와의 친교 속에 산다. 교회는 친교의 신비로서 봉헌 생활은 이 신비로부터 떨어질 수 없다. 수도자들은 정당한 자주성에 대한 권리를 가지며 이에 힘입어 자기 고유의 규율을 갖고 자신의 영적 유산을 온전히 보존한다. 이러한 자주성을 지키고 보존하는 것은 교구 직권자의 통상적 과제에 속한다(VC 48). 그러나 수도자들이 교권과의 실질적인 단절을 유지하기 위해 이러한 면속(免屬)을 이용해서는 안 된다(VC 49).

사실, 수도자들에게 고유한 친교적 삶은 삼위일체적 삶에 대한 참여를 지향하는 가운데 이루어져야 한다. 요한 바오로 2세는 이렇게 말한다.

교회는 본질적으로 친교의 신비, 곧 "성부와 성자와 성령의 일치에 바탕을 두고 모인 백성"입니다. 형제 생활은 이 신비의 심오함과 부요를 반영하고자 노력합니다. 이 생활은 또한 성삼위의 고유한 친교의 은혜들을 역사 안에 이어가기 위하여 삼위일체 하느님께서 머무르시는 인간 공동체로 구체화됩니다. 교회 생활에서 형제적 친교를 표현하는 환경과 방법은 많이 있습니다. 그 가운데서 봉헌 생활은 삼위일체를 증언하는 삶의 형태로서 형제애의 의무를 교회 안에서 생생하게 간직하는 데 효과적으로 기여해 왔습니다. 봉헌 생활은, 공동생활의 형태를 통하여, 형제적 사랑을 끊임없이 촉진함으로써 삼위일체적 친교의 나눔이 인간관계를 변화시키고 새로운 유형의 연대성을 창조할 수 있음을 증언하여 왔습니다. 그럼으로써 봉헌 생활은 형제적 친교의 아름다움뿐만 아니라 거기에 이르는 구체적 방법들을 사람들에게 제시하여 줍니다. 봉헌된 사람들은 하느님'에게서' 나와 하느님을 '위하여' 사는 사람들입니다. 바로 이러한 이유에서 그들은 인간의 마음과 사회 안에 내재하는 분열의 경향을 극복할 수 있는 화해를 이루는 은총의 힘을 증언합니다(VC 41).

## II. 봉헌된 이들의 사명

봉헌 생활의 사명은 인간적인 책임 이전에 복음의 근본적인 가치들을 증언하는 데 있다. 무엇보다도 봉헌 생활은 궁극적인 실재에 대한 예언적인 증거이다. 그래서 요한 바오로 2세는 이렇게 말한다. "봉헌 생활의 특별한 임무는 '참 행복의 정신이 아니고서는 세상을 변형시킬 수도 없고 하느님께 봉사할 수도 없다는 사실을 그 신분으로써 탁월하게 증명'함으로써 세례 받은 사람들에게 복음의 근본 가치를 일깨워주는 것입니다. 이리하여 봉헌 생활은 세례성사, 견진성사 또는 성품성사를 통하여 하느님의 능력이 이루시는 성사적 봉헌을 반영하는 행위로써, 성령께서 그들의 마음속에 부어주시는 하느님의 사랑에 성덕 생활로 응답해야 한다는 인식을 하느님의 백성들에게 끊임없이 불어넣어줍니다(로마 5,5 참조). 사실 성사들을 통하여 받은 성덕은 일상생활의 성덕으로 이어져야 합니다.

봉헌 생활은, 교회 안에 존재하는 실존 그 자체로써, 성직자와 평신도를 막론하고 모든 신자들의 봉헌에 봉사하려는 것입니다"(VC 33).

봉헌 생활에 있어서 고유한 예언적 정신은 무엇보다 하느님과 미래적인 선들을 우위에 두며 사는 것이다. 그래서 교황은 이렇게 말한다.

진정한 예언은 하느님에게서 태어납니다. 곧 하느님과 우정을 맺고, 여러 가지 역사적 상황에서 그분의 말씀에 주의 깊게 귀 기울이는 데서 비롯됩니다. 예언자들은 가슴속에서 하느님의 거룩하심에 대한 불타는 열망을 느낍니다. 또한 그들은 기도의 대화를 통하여 그분의 말씀을 듣고, 그 말씀을 그들의 생활과 입술과 행동으로 선포하며, 죄악에 맞서 하느님을 대변하는 백성이 됩니다. 예언자적 증거는 하느님의 뜻, 자기 봉헌, 교회 안에 신뢰에 찬 친교, 영적 식별과 진리에 대한 사랑의 실천을 꾸준한 열정으로 추구하도록 요구합니다. 예언자적 증거는 또한 하느님의 뜻에 어긋나는 모든 것을 고발하고, 하느님 나라의 도래를 기다리며, 복음을 역사에 적용시키는 새로운 방법들을 개발하는 데서 나타납니다.

봉헌된 사람들의 설득력 있는 예언자적 증거는 하느님 현존의 표징들이 인간의 시야에서 멀어진 듯한 현대 세계에서 그 어느 때보다 요청되고 있습니다. 이것은 하느님의 탁월성과 영원한 생명에 대한 확인을 필요로 하며, 하느님의 영광과 그분의 백성에 대한 사랑을 위하여 자신을 완전히 봉헌하신 정결과 청빈과 순명의 그리스도를 따르고 본받음으로써 입증됩니다. 때때로 부지불식간에, 경계선 없는 형제애를 깊이 갈망하는 사회 안에서, 형제 생활은 그 자체로써 예언자적 역할을 합니다. 봉헌된 사람들은 자기 목숨까지도 걸기를 두려워하지 않는 예언자의 용기를 가지고 어디에서나 진리를 증언하라는 요청을 받고 있습니다(VC 84-85).

많은 경우 이는 순교에까지 이르게 할 수 있는 이 세상의 어려움들 한가운데서 영웅적인 삶을 살도록 인도해준다. 수도자들의 삶은 오직 성성(聖性)을 향한 지속적인 경향과 더불어 이해될 수 있다. 요한 바오로 2세는 이렇게 말한다. "시노드에서 자주 언급되었던 관심사 가운데 하나는 봉헌 생활이 건전하고 깊은 영성의 원천에서 자양분을 얻어야 한다는 것이었습니다. 이는 봉헌 생활의 핵심 바로 그 안에 새겨져 있는 첫째 요구입니다. 실제로 복음 권고를 선서하는 사람들은 세례 받은 다른 모든 사람들처럼, 사실 그들보다 훨씬 더, 온 힘을 다하여 정결의 완덕을 추구하여야 합니다. 이러한 투신은 거룩한 창립자들과 봉헌된 수많은 사람들의 허다한 모범에 분명히 드러나 있습니다. 그들은 순교를 당하기까지 그리스도를 충실히 증언하였습니다. 성덕을 지향하는 것, 그것은 한마디로 모든 봉헌 생활의 계획이며, 특히 제삼천년기의 문턱에서 본 쇄신의 전망에서 더욱 그렇습니다. 그러한 계획의 출발점은 그리스도를 위하여 모든 것을 버리는 데 있습니다(마태 4,18-22; 19,21.27; 루카 5,11 참조). 그럼으로써 만유 위에 주님을 사랑하고, 그분의 파스카 신비에 온전히 동참할 수 있는 것입니다"(VC 93).

이러한 의미에서 수도자들은 창립자의 카리스마에 충실하고 성인들이 언제나 교회를 위한 쇄신의 원천임을 기억하면서 자기 창립자의 카리스마를 평가해야 한다. 의심할 여지없이, 그것은 새로운 상황들을 위해 다양한 형태들을 찾아야 하는 '창조적 충실성(創造的 忠實性)'을 뜻한다. 그러나 성성을 향한 지향이나 교도권에 대한 순명이 결코 감소돼서는 안 된다. "봉헌된 사람들이 교회 안에서 갖는 특별한 위치 때문에 주교에 대한 그들의 태도는 하느님의 모든 백성에게 대단히 중요합니다. 그들의 자녀다운 사랑의 증거는, 세례 받은 모든 사람들의 예언자 사명의 맥락 안에서, 대체로 교계와 협력하는 특별한 형태로 구별되는 그들의 사도적 활동에 능력과 힘을 더하여줄 것입니다"(VC 46).

그리스도를 향한 충실성에 뿌리박고 있는 봉헌 생활은, 수도자에게는 어떤 성공보다는 충실성에 대한 책임이 더 요구된다는 것을 인지하면서 침착하게 제반 상황들을 바라보아야 한다(VC 63). 무엇보다도 그의 사명은 개인적인 증거를 통해서 세상 안에 그리스도를 현존케 하는 것이다(VC 62). 그래서 수도자는 자신의 봉헌 그 자체에 힘입어 사명을 수행하고 있다고 말할 수 있다(VC 62). 하느님과 인간에 대한 봉사를 위해 있는 봉헌 생활은 우선적으로 시대의 징표들을 식별하기 위한 깊이 있는 하느님 체험을 필요로 한다(VC 73).

그리고 이러한 체험은 하느님의 말씀, 렉시오 디비나, 성경에 대한 끊임없는 묵상 그리고 특별히 성찬례를 통해 배양되어야 한다.

> 복음 권고의 선서를 통하여 그리스도를 그들 삶의 유일한 의미로 선택하도록 부름을 받은 사람들은 날마다 성찬례에 참여함으로써 그분과 깊은 친교를 이루기를 소망합니다. 해골산의 사랑의 봉헌을 재현하는 희생 제사 안에 그리스도를 현존하게 하는 성찬례는 순례하는 하느님 백성에게 양식과 힘을 주는 잔치이며 본질상 모든 개인과 공동체의 봉헌 생활의 중심에 자리합니다. 모든 개인과 수도회에서 성찬례는 매일매일의 노자(路資)이며 영성 생활의 원천입니다. 봉헌된 모든 사람들은 성찬례 안에서 성령을 통하여 아버지께 그들 자신의 삶을 봉헌함으로써 그리스도와 일치를 이루며, 그분의 파스카 신비를 살도록 부름받았습니다. 성체성사 안에 현존하시는 그리스도를 자주 오래도록 흠숭할 때, 우리는 그리스도의 변모를 보고 "저희가 여기에서 지내면 얼마나 좋겠습니까!" 하고 외친 베

드로의 체험을 어떤 모양으로든 다시 체험하게 됩니다. 주님의 몸과 피의 신비를 거행함으로써 하느님께 자신들의 삶을 봉헌한 사람들의 일치와 사랑이 강화되고 증대됩니다(VC 95).

수도자는 또한 시간경, 고해성사 그리고 영적 지도를 통해 자신의 영성 생활에 자양분을 준다(VC 95).

그러나 봉헌 생활은 무엇보다도 봉헌 생활 그 자체를 통해 평가되어야 한다. 그리스도를 바라보는 봉헌 생활은 또한 교회와 세상을 향한 봉사를 구성한다. 그래서 교육 분야, 문화의 복음화, 신학의 영역, 사회 통교 수단들의 세계, 젊은이들 그리고 가족에 대한 장려를 통해 풍요로운 결실들을 실현한다. 또한 이 봉헌 생활의 결실들은 특별히 보다 가난한 이들 그리고 사회적인 약자들을 돕는 분야에서 풍요롭게 맺어지고 있다. 그래서 요한 바오로 2세는 이렇게 말한다. "물론 이 증거는 가난한 이들을 위한 우선적 사랑을 수반하며, 특히 가장 소외된 사람들의 생활 조건에 동참하는 데서 드러날 것입니다. 가난하고 소외된 사람들 가운데 살며 활동하는 많은 공동체들이 있습니다. 그들 공동체들은 없는 이들의 생활 조건을 받아들이고 그들의 고통과 문제와 위기를 함께 나눕니다"(VC 90).

이처럼 사람들을 위해 하느님께 봉헌된 삶의 과제는 참으로 크지 않을 수 없다. 그래서 교회는 봉헌 생활이라는 주님을 따르는 삶의 형태 없이 교회 자신이 될 수 없다고 분명히 말할 수 있다.

# 3부

## 교회의 사명

우리는 지금까지 교회가 무엇인지에 대해 살펴보았다. 여기에 더해서 우리는 이 교회가 어떤 사명을 수행하는지 고찰해 보기로 하겠다. 여기서 우리가 다루고자 하는 바는 과연 교회가 구원을 위해 필수적인가 하는 점이다. 다른 제반 종교 역시 인간을 구원하는가? 이러한 고찰에서 우리가 알아보고자 하는 바는 영원한 구원에 이르기 위해 교회의 사명이 필수적인 것인가 하는 점이다.

우리는 후에 부록의 형태로나마 교회와 세속 권력 간의 관계에 대해서도 다루게 될 것이다. 사실 이는 난해한 주제였지만 오래전부터 교도권 입장에서 분명하고도 구체적으로 다뤄지지는 않았다.

우리는 이 주제에 이어 어머니이자 교회의 모델이신 그리고 동시에 교회 내에서 가장 완전한 분으로 드러나는 마리아에 대해 다루게 될 것이다.

## 1장 요약

교회는 자신의 설립자인 그리스도로부터 사명을 위임받았다. 교회의 사명은 본질적으로 그리스도의 구원 업적을 이 세상에 영속시키는 데 토대를 두고 있으며, 성령의 자극 아래 이러한 사명을 실현할 수 있는 내적인 힘이 자라나게 된다. 교회의 사명은 하느님 나라를 확장하는 데 있다. 이 왕국은 그리스도 안에서 하느님의 부성(父性)이 선물로 주어지는 것을 내포한다. 또한, 이 왕국은 죄와 악마의 지배로부터의 해방을 전제로 한다. 그러나 이러한 해방은 또한 그 귀결로 궁극적으로는 정치적-사회적 질서 안에서 일어나고 있는 죄로부터 유래하는 불의로부터의 해방도 내포한다.

교회는 우리로 하여금 하느님의 자녀가 되게 하고 죄로부터 해방될 수 있게 해주는 유일한 성사이다. 그래서 교회는 구원을 위해 필수적이다. "교회 밖에는 구원이 없다"(extra ecclesiam nulla salus)는 원칙이 말하고자 하는 바는 유일하고 나누임 없는 가톨릭교회 이외에 더 이상 어떤 구원의 체계도 없음을 의미한다. 그러나 이는 교회 밖에서도 구원될 수 있는 선한 의지를 갖는 이교인들이 있음을 부인하지 않는다. 제2차 바티칸 공의회는 제반 종교 안에서 긍정적이고 좋은 요소들이 주어져 있다고 말한다.

라너는 인간을 '초본성적 실존'으로 보았다. 이는 자신을 통교하시는 하느님을 향한 인간의 초월적, 무상적 지향성을 말한다. 또한, 그것은 지복직관을 향한 영속적인 방향성을 말한다. 이러한 방향성은 하느님 스스로 인간 의식의 지평 안에 새로운 형식적 대상으로서 비주제적으로 개입하는 것을 전제한다. 이렇듯 모든 사람들에 의해 '익명적으로' 체험되는 초본성적 생활은 복음적인 설교에 대한 설명을 통해 주제화된다. 따라서 라너는 모든 사람이 이미 구원에 대한 가능성을 복음에 대한 설교 이전에 이미 지니고 있으며, 교회는 이미 존재하는 익명의 그리스도인을 명시화하는 것일 뿐이라고 보았다. 그러나 이러한 그의 이론은 몇 가지 관점에서 비판적으로 수용되어야 한다.

마지막으로, 교회는 종말의 완성을 향해 순례한다. 영원한 구원이 우리로 하여금 여기 이 땅에서 사랑과 정의에 대한 요구를 망각하게 해서는 안 된다. 그러나 또한 상기해야 할 것은, 만일 우리가 죄 중에 사는 가운데 영원한 구원을 잃어버린다면, 이 땅에서 얻은 인간적인 성취들은 아무 쓸모가 없다는 것이다.

# 1 | 교회의 사명

교회의 사명은 성부 편에서 그리스도와 성령의 사명으로부터 나온다. 교회의 존재 자체가 이미 사명적인 존재이다.567 그가 존재하는 것은 완수해야 할 어떤 사명과의 관계 안에서 파견되었기 때문이다. 그러므로 그의 사명은 삼위일체 자체의 사명으로부터 오며 이를 이 지상에서 연장한다. 그래서 포르테(B. Forte)는 이렇게 말한다. "교회가 삼위일체로부터 유래한다는 사실은 교회로 하여금 자신의 사명에 대한 건설적인 요청을 갖게 해준다. '삼위일체의 교회(*Ecclesia de Trinitate*)'는 사명 가운데 있는 교회이다. 성자와 성령의 신적인 사명들로부터 탄생한 교회는 시간 속에서 자신을 현실화하며 하느님의 거룩한 백성이 결코 오류에 빠지지 않게 하시는 위로자 성령의 능력을 통해 '여기' 그리고 '지금' 자신의 구원 사명을 완수하기 위해 그리스도를 현재화(現在化)한다."568

사실, 성부의 사명을 받은 예수는 이를 당신 제자들에게 전해 주신다. "아버지께서 나를 보내신 것처럼 나도 너희를 보낸다"(요한 20,21). 예수는 성부로부터 파견된 분으로서 제자들은 이와 동일한 사명을 지속할 임무를 받았다. 하느님께서는 이 세상에 당신 성자를 보내셨다. 그래서 초대 교회는 부활 체험 이후에 이렇게 고백했다. "사람들에게 주어진 이름 가운데에서 우리가 구원받는 데에 필요한 이름은 이 이름밖에 없습니다"(사도 4,12). 그래서 교회는 복음을 설교하고 당신 이름으로 모든 사람들에게 세례를 줄 임무를 그리스도로부터 친히 받았다(마태 28,19). 이와 더불어 교회는 사람들 사이에 그리스도의 십자가와 부활과 더불어 드러나는 그분의 구원 신비를 성체성사 안에서 현재화해야 할 임무를 받았다(1코린 11,26).

그러나 이러한 교회의 사명은 본질적으로 그리스도의 구원 업적을 이 세상 안에 영속시키는 데 토대를 두고 있으며, 또한 성령의 자극 아래 이러한 사명을 실현할 수 있는 내적인 힘이 자라나게 된다. 이 성령께서는 교회로 하여금 그리스도의 말씀을 보다 잘 배우고 이해할 수 있게 해주며 다양한 카리스마를 통해 자극한다. 그러므로 교회의 사명에는 성자와 성령께서 현존해 계신다. 이 두 분은 인류 구원을 위해 성부에 의해 파견되신 분들이며 이 구원을 진행시켜 가면서 교회의 품 안에 계신다. 성령은 교회와 각 개별 신자들 안에 거하시며(1코린 3,16; 1베드 2,5) 사도직의 선물을 주시는 분도 그분이시다(1코린 12,1 이하). 성령께서는 교회 공동체를 건설하기 위해 그리스도의 파스카 신비로부터 주어진 선물이다(1코린 10,8; 12,19; 에페 4,12).

그래서 제2차 바티칸 공의회는 다음과 같이 말할 수 있었다. "순례하는 교회는 그 본성상 선교하는 교회다. 교회는 성부의 계획에 따라 성자의 파견과 성령의 파견에 그 기원을 두고 있기 때문이다"(AG 2). "교회의 사명은 그리스도의 명령에 순종하며 성령의 은총과 사랑으로 움직여 모든 사람과 민족에게 교회가 온전히 현존하게 하는 활동으로 이행된다. 교회는 생활의 모범, 설교, 성사와 또 은총의 다른 방법으로 그리스도의 신앙과 자유와 평화로 모든 사람을 이끌며, 이렇게 하여 그리스도의 신비에 온전히 참여하는 자유롭고 탄탄한 길이 그들에게 열리는 것이다"(AG 5).

물론, 교회가 만일 구원을 이루는 그리스도의 성사라면 그가 해야 할 사명은 이 세상에서 그와 똑같은 구원을 영속시키는 것 이외에 다른 것이 아니다. 그의 사명은 그 자신의 존재됨과 일치한다. 비록 교회를 이루는 구성원 각자가 교회 안에서 그 나름의 고유한 사명(평신도들, 교권)을 갖고 있지만, 그들 모두는 동일하고 유일한 교회의 사명을 구체화시켜야 한다. 그것은 그리스도 안에서 그리스도를 통해서 성령의 선물과 더불어 세상을 구원하는 것이다. 이러한 사명은 교권만 독점하는 것이 아니라 상이한 형태와 단계들 안에서 교회의 모든 구성원들에게도 상응하는 것이다. 다시 말해, 교회 자신이 바로 사명이라고 말할 수 있다. 왜냐하면 교회의 모든 존재 이유는 자기 것과 똑같은 그리스도의 사명을 실현하는 데 뿌리박고 있기 때문이다. 교회는 그 자체로 목적이 아니며 그리스도의 사명을 위한 것이자 바로 이 사명의 도구로 이해될 수 있다.

사명으로서의 교회를 정의하는 것은 정확히 말해 교회를 그리스도의 도구로 정의하는 것을 말한다. 교회는 자신 안에 자기 존재의 근거를 갖고 있지 않으며 그리스도의 구원을 위한 수단일 뿐이다. 그래서 자신이 획득한 것에 정착할 수도 없고 그것에 만족해서도 안 된다. 교회를 하나의 사명으로 정의하는 것은 그로 하여금 자기 전 존재를 세상에서 모든 사람들에게 그리스도를 선포하기 위해 이루는 순수한 봉사이자 온전히 준비된 자세로 규정짓는 것을 뜻한다.

그러므로 교회의 사명은 그리스도의 사명 이외에 다름이 아니며 그것은 성령의 능력에 힘입어 그리스도에 의해 이 세상 안에 세워졌다. 이러한 교회의 사명은 세상을 위한 구원의 열쇠이자 구원을 위한 보편적 성사이다(LG 48). 교회는 자기 존재를 이 세상의 구원을 위해 방향 지어야 한다. 따라서 그리스도의 구원이 온 세상에 이르는 것은 이 교회에 달려 있다. 이것이 바로 그가 지닌 위대함이자 동시에 그가 짊어지고 있는 막중한 책임인 것이다. 바로 여기에 그의 영광이 있으며 동시에 그의 철저한 겸손이 있다. 왜냐하면 그는 자신이 이 사명을 완수할 수 있는 것은 자기 자신의 힘이 아니라 오직 그리스도의 말씀에 대한 절대적인 충실과 성령의 능력을 통해서만 가능하다는 점을 잘 알고 있기 때문이다. 이러한 의미에서 제2차 바티칸 공의회는 순례하는 교회는 구원을 위해 필수적이라고 가르친다(LG 14).

그래서 제2차 바티칸 공의회는 여러 가지 사명보다는 단수로서의 하나의 사명에 대해 언급하는 것을 선호했다. 즉 공의회는 근본적이고 본질적인 과제로서의 사명에 대해 언급하고자 했다. 그러한 교회의 사명은 그리스도의 명령에 상응하는 것이며 자신의 존재 근거와 일치하는 것이다. 하느님 나라는 그리스도의 인격 안에서 성취되었는데 바로 이것이 그분의 사명이며 정확히 말해 교회의 사명은 이러한 그리스도의 왕국을 확장하는 것이다.

## I. 하느님 나라[569]

이미 우리는 앞에서 하느님 나라에 대해 광범위하게 다루었으므로 여기서는 그것이 내포하는 본질적인 차원에 대해서만 요약하기로 하겠다.

하느님 나라는 무엇인가? 하느님 나라는 그리스도 안에서 도달한 하느님의 궁극적인 구원이며 그리스도의 인격에 상응한다. 이것은 인간에게 있어서 그리스도 안에서 주어지는 하느님의 부성(父性)을 내포하며 죄와 죽음으로부터의 해방(解放)을 의미한다. 하느님 나라는 은총과 더불어 실현되며 이 은총과 일치한다. 그것은 성부의 주도권과 더불어 그리스도 안에서 실현된 하느님의 사랑이자 자비이며 인간의 신화(神化) 그리고 죄·고통·죽음으로부터의 해방(解放)이라고 하는 두 가지 차원을 갖고 있다.

그리스도는 이 하느님 나라가 천상으로부터 유래하며 인간적인 노력에 의하지 않는다는 사실을 이해시키기 위해 하느님 나라가 지닌 초월적인 기원에 대해 강조했다. 이를 받아들이기 위해 요구되는 준비 자세들은 이 왕국의 종교적인 특징을 강조하고 있으며 또한 인간의 보다 내밀한 태도들에 대한 하느님의 주권, 회심과 죄에 대한 포기, 하느님에 대한 순명과 신앙 등을 강조하고 있다(마르 1,15).

이 왕국은 유다인들이 상상했던 것처럼 어떤 스펙터클한 기원을 갖지는 않는다. 그것은 비가시적이며 숨은 형태로 도달한다. "하느님의 나라는 눈에 보이는 모습으로 오지 않는다. 또 '보라, 여기에 있다', 또는 '저기에 있다' 하고 사람들이 말하지도 않을 것이다"(루카 17,20-21). 물론 그리스도에 의해 선포된 이 왕국은 일종의 긴장을 내포하고 있으며 미래의 충만함을 지향하는 실재이기도 하다. 그리스도에 따르면, 이렇게 시작된 왕국은 영원에서 완성되는 것을 지향한다. "내가 너희에게 말한다. 나는 이제부터 하느님의 나라가 올 때까지 포도나무 열매로 빚은 것은 결코 마시지 않겠다"(루카 22,18). 그럼에도 불구하고 이 왕국이 갖는 역동성은 유다 백성이 고대했던 것은 아니었다. 그들은 이를 정치적인 회복이자 국가적인 보상으로서 이해했다.

그러면, 엄밀히 말해 이 왕국은 어떻게 이루어질까? 예수의 설명에 따르면, 이 왕국은 성부의 구원과 사랑이 도달하는 것이다. 그것은 근본적으로 지배나 권력보다는 인간에 대한 하느님의 통교, 인간적인 승리보다는 하느님의 부성(父性)을 전제로 한다. 물론 그것은 바리사이파 사람들이 지녔던 관념과는 분명히 대립되는 하느님에 대한 새로운 관념을 내포한다. 그들은 공로(meritus)에 관한 자신들만의 독특한 신학을 갖고 있었다. 그들은 율법을 완수하는 노력을 바탕으로 하느님 앞에서 어떤 권리를 갖는다고 생각했다. 결국, 그들이 규정하고 통제하며 한정했던 하느님은 죄인들, 세리들, 그리고 자신들처럼 율법을 완수하지는 못하는 모든 이들을 사랑할 수 없는 하느님이었다.

반면, 그리스도의 설교가 갖는 근본적인 면은 정확히 말해 자비로운 아버지로서의 하느님에 대한 소개에 있었다. 그 하느님은 놀랍게도 인간의 모든 공로를 넘어서 무상(無償)으로 인간을 사랑하시는 분이다. 그분은 '암하레스(amhaares)', 즉 세리들 그리고 행실이 나쁜 여인들을 다음과 같은 유일한 조건을 갖고 사랑하신다. 그 조건이란 그분의 자비에 대한 분에 넘친 놀라움을 믿을 것과 회심하는 것이다.

용서와 사랑을 위한 유일한 조건인 뉘우침만을 바라는 성부의 철저한 자비를 이해하지 못한다면 예수께서 표방하신 근본주의를 결코 이해할 수 없다(루카 15,11-31). 하느님 나라는 모든 공로 그리고 모든 종족, 언어 또는 사회적 지위와는 별개로 이제 모든 인간에게 무상적으로 주어진 성부의 자비 이외에 다른 것이 아니다. 모든 이들, 특히 바리사이파 사람들이 생각하듯이, 하느님의 사랑을 받기에 부당하다고 간주된 사람들, 즉 세리들, 나쁜 행실을 하던 여인들, 인간적인 관념으로 봤을 때 경멸할 만한 모든 사람들이 이 왕국으로 부름받았다. 이 왕국에 들어가기 위해 유다인이 될 필요는 없다. "내가 너희에게 말한다. 많은 사람이 동쪽과 서쪽에서 모여 와, 하늘나라에서 아브라함과 이사악과 야곱과 함께 잔칫상에 자리 잡을 것이다. 그러나 하느님 나라의 상속자들은 바깥 어둠 속으로 쫓겨나, 거기에서 울며 이를 갈 것이다"(마태 8,11-12). 다음은 그리스도께서 하신 이 말씀이 갖는 의미이다. "보라, 지금은 꼴찌지만 첫째가 되는 이들이 있고, 지금은 첫째지만 꼴찌가 되는 이들이 있을 것이다"(루카 13,30).

한편, 이 왕국은 그리스도 안에서 '하느님의 부성(父性)이 선물로 주어지는 것'을 내포한다. 여기에는 우리를 자녀적인 삶으로 인도해주는 고양적(高揚的) 차원이 있다. "내가 진실로 진실로 너에게 말한다. 누구든지 위로부터 태어나지 않으면 하느님의 나라를 볼 수 없다"(요한 3,3-5). 예수 그리스도는 당신이 사용하신 '아빠(Abba)'라는 이름으로 성부께 나아갈 것을 가르치셨다. 그 후에 사도 바오로는 이렇게 말한다. "여러분은 사람을 다시 두려움에 빠뜨리는 종살이의 영을 받은 것이 아니라, 여러분을 자녀로 삼도록 해주시는 영을 받았습니다. 이 성령의 힘으로 우리가 '아빠, 아버지!' 하고 외치는 것입니다"(로마 8,15).

그러나 다른 한편 이 왕국은 '죄와 악마의 지배로부터의 해방'을 전제로 한다. 그래서 그리스도는 이렇게 말씀하신다. "내가 하느님의 영으로 마귀들을 쫓아내는 것이면, 하느님의 나라가 이미 너희에게 와 있는 것이다"(마태 12,28). 그리스도께서 보여주신 마귀를 쫓는 것과 병자들을 치유해주는 것은 하느님 나라가 이미 도달했다고 하는 사실을 드러내는 징표로서 이제 이 왕국은 죄, 고통, 죽음의 왕국을 지배한다.

하느님 나라는 죄의 지배와는 상반된 은총의 나라를 뜻한다. 여기서부터 회개에 대한 필요성, 즉 인간의 내적 태도에 대한 변화의 필요성이 나온다. 예수는 회심에 대한 필요성을 주장했다(마태 4,17; 11,20-21; 12,41).

그분은 당신이 죄인들을 회심으로 부르기 위해 오셨다고 말씀하셨다(루카 5,3). 마르코는 복음의 첫 부분에서 그분의 입에서 직접 나온 말씀으로 예수께서 하신 설교 내용을 요약하고 있다. "때가 차서 하느님의 나라가 가까이 왔다. 회개하고 복음을 믿어라"(마르 1,15).

더욱이, 이 왕국은 그리스도의 인격과 일치한다. 따라서 그분을 받아들이고 그분께서 선포하신 메시지를 향해 회심하는 것이야말로 이 왕국으로 들어가는 것을 의미한다. 하느님 나라를 위해 모든 것을 포기하는 것은 그분을 위해(마르 10,29) 또는 그분의 이름을 위해

(마태 19,29) 모든 것을 포기하는 것과 진배없다. 하늘나라는 예수로 인해 박해받는 이들에게 속한다(마태 5,10-11).

이 왕국은 그리스도의 말씀과 업적에서 잘 드러난다. 특히 그분이 보여주시는 기적들은 이 왕국의 징표들로 드러나며 그분이 죄인들과 더불어 나누셨던 식사 역시 그러하다. 이러한 식사는 예수에게 있어서 잃어버린 이를 찾는 하느님 나라의 의미를 갖는다.

## II. 하느님 나라와 사회정의

이제 이 시점에서 우리가 질문해야 할 것은 절대적으로 무상적이며 인간은 오직 선물로서만 받을 수 있는 이 왕국이 과연 인간의 사회적인 해방과 관련되는가 하는 점이다.

만일 이 왕국과 복음이 지니고 있는 역동성 그 자체를 분석한다면 우리는 어떻게 해서 내적 회개가 그 결과로서 정의의 실현을 갖게 되는지 보게 될 것이다. 회심한 자캐오는 이렇게 말한다. "주님, 제 재산의 반을 가난한 이들에게 주겠습니다. 그리고 제가 다른 사람 것을 횡령하였다면 네 곱절로 갚겠습니다"(루카 19,8).

부유한 미식가의 비유 역시 우리로 하여금 조바심을 나게 하는 비유가 아닐 수 없다(루카 16,19-31). 우리는 그리스도가 이 비유를 어떤 상황에서 언급하셨는지 알 수 없다. 하지만 그것은 물론 아브라함의 후손이라는 이유로 인해 구원될 것이라 희망하며 자신들의 부를 사용하고자 했던 유다인들을 겨냥하고 있다. 여기서 주목할 것은, 이 비유가 부자 입장에서의 가난한 한 사람에 대한 착취를 말하는 것도 그렇다고 불의하게 돈을 강탈하는 것을 말하지도 않는다는 점이다. 이 비유는 가난한 이들을 도와주길 거부하고 자신의 부를 오직 자기 자신만을 위해 보전하고 있는 어느 부자를 보여준다. 이는 언제나 현실적인 상황에 대한 단죄로서 가난과 함께 있는 막대한 부의 상황을 지적하는 것이다. 저세상에서 주어지는 징벌은 부자가 범한 죄의 중대함을 강조하고 있다. 다른 한편, 이 비유는 심판이 하느님께 속하며 그것이 어떤 지상적인 권리를 되찾는 것은 아니라는 점을 전제로 한다. 이 세상에서 가난은 최종적인 상황이 아니며 영원한 행복을 통해 보상될 것이다.

마지막으로, 공심판(마태 25)은 사회적 행동의 중요성에 대해 강조하고 있다. 마지막 심판의 유일한 주제가 애덕이라고 말하는 것은 좀 과장되긴 하지만, 마태오복음의 본문이 가리키는 것은 분명하다. "내가 진실로 너희에게 말한다. 너희가 내 형제들인 이 가장 작은 이들 가운데 한 사람에게 해준 것이 바로 나에게 해준 것이다"(마태 25,40).

우리는 이런 정의에 대한 요청들을 이미 구약성경, 특히 예언자들의 설교 안에서 찾아볼 수 있다. 예언자들은 이스라엘 백성에게 계약의 요구들을 상기시켜주었다. 이 점에 대해 신앙교리성은 다음과 같이 설명한다. "그들은 인간의 굳은 마음이 반복되는 율법 위반의 근원이라고 고발한다."[570]

어쨌든, 복음서에는 분명 죄로부터의 해방이 우선적인 해방으로 드러나고 있다. 이미 구약성경 안에서 이집트 탈출의 정치-사회적 해방은 사막에서 하느님과의 계약을 실현하기 위해 이루어지고 있으며 "이는 그것이 통합되어 있는 종교적 본성의 전망 아래서"[571]

고려되어야 한다. 복음서에 나오는 가난한 이들은 박해, 죽음, 모욕을 견뎌 내면서 "야훼는 가장 소중한 선물로서 인간은 이 선물 안에서 자신의 진정한 자유를 발견"572할 수 있음을 깨닫는 이들로서 이 야훼의 가난한 자들로 받아들여지는 이들이다. 이어서 신앙교리성은 두 번째 훈령을 통해서 계속해서 이렇게 언급한다. "그러므로 불의를 대항한 싸움은 죄의 노예 상태로부터의 해방을 향한 원의에 있어서 보다 깊고 실제적인 의미를 획득한다."573

이처럼 복음은 죄와 죽음의 권세로부터의 해방으로 제시되고 있다. "여기서 드러나는 우선적이면서도 근본적인 해방의 의미는 구원론적이다. 인간은 죄와 악의 종살이로부터 해방되었다."574 그러나 이러한 해방은 또한 그 귀결로 궁극적으로는 정치적-사회적 질서 안에서 일어나고 있는 죄로부터 유래하는 불의들로부터의 해방을 내포한다. 이에 대해 신앙교리성이 발표한 첫 번째 훈령이 지적하는 바와 같이, "해방은 무엇보다도 죄의 근본적인 종살이로부터의 해방이다. 이 해방이 지향하는 목적과 종착점은 은총의 선물인 하느님의 자녀들이 누리는 자유에 있다. 그것은 죄로부터 유래하며 인간으로 하여금 자신의 품위에 따라 살아가는 것을 방해하는 수많은 장애물들을 이루는 수많은 문화적, 경제적, 사회적 그리고 정치적 질서의 종살이로부터 해방되는 것을 당연히 요청한다. 근본적인 것 그리고 이러한 귀결들에 속하는 것을 분명히 식별하는 것은 해방에 대한 신학적 성찰을 위해 필수적인 조건이다."575

초본성(supernatura)이 언제나 본성(natura)을 내포하듯이, 인간은 오직 죄로부터의 회심을 통해서만 하느님 나라 그리고 무상적이고 초본성적인 삼위일체의 선물을 향해 나아갈 수 있다. 또한 이러한 하느님 나라는 인간 본성이 갖는 품위에 대한 존중과 이러한 품위를 손상시키는 종살이에 대한 극복을 내포한다.

이러한 의미에서 하느님 나라와 사회적인 진보 또는 해방 사이의 관계는 구별되지만 그렇다고 분리되는 것은 아니다. 그래서 두 번째 훈령은 이렇게 말한다. "지상적인 진보와 하느님 나라의 성장 사이를 잘 구별하는 것은 물론 적절하다. 왜냐하면 이 둘은 동일한 질서에 속하지 않기 때문이다. 그러나 이러한 구별이 분리를 전제하는 것은 아니다. 왜냐하면 영원한 생명을 향한 인간의 소명은 자신의 세속적인 삶을 발전시키기 위해 창조주로부터 받은 에너지들과 수단들을 실천하는 그의 의무를 제거하지 않으며 오히려 이를 더욱 확고히 하기 때문이다."576

하느님의 자녀로서의 지위, 죄로부터의 해방이 우리에게 가져다준 구원 질서 그리고 그리스도의 왕국은 모든 자연적 창조를 품으며 따라서 사회적인 불의들로 인해 손상된 인간의 품위에 대한 회복을 내포한다. 한마디로, 구원은 창조와 인간의 품위를 품고 또 내포한다. 그러므로 하느님 나라는 사회적인 해방과 다른 그 무엇이 아니며 이것을 향해 인도되어야 한다.

하느님 나라와 정의의 실현은 어떤 식으로든 서로 다른 것이 될 수 없다. 하나는 다른 하나를 내포하며 그 결과 서로를 향해 인도된다. 왜냐하면 인간의 품위를 손상시킨 불의들은 사실 죄로 인해 형성된 것이자 그 결과이기 때문이다. 그러므로 하느님 나라는 인간의 회심과 더불어 그 안에 있는 모든 죄의 흔적들을 넘어서야 한다. 더 나아가, 초본성적인 질서는 언제나 피조물의 본성을 내포하며 이 피조물이 갖는 가치들, 요청들과 다를 수 없다.

은총은 창조의 본성적 질서와 인간의 품위를 취하며, 인간의 품위를 파괴하지 않는 가운데 죄로 인해 받은 상처들을 회복시키고, 고양시켜주는 것을 사명으로 한다. 그러므로 하느님 나라는 인간의 품위에 대한 회복이라는 과제와 결코 다르지 않다. 우리는 하느님으로부터 받은 선물이자 우리를 죄로부터 해방시켜주는 은총과 함께 모든 인간적 불의를 극복하고 그리스도 안에서 그리스도를 통해서 그리고 그리스도와 함께 세상을 축성하기 위해 노력해야 한다.

그러므로 하느님 나라에는 인간의 품위에 대한 이중적인 차원이 있다. 한편으로, 이 왕국은 '죄로 인해 겪은 상처들로부터 인간의 품위를 회복시켜주며, 다른 한편으로, 이러한 품위를 취하고 존중하면서 양자(養子)로서의 하느님의 자녀라고 하는 지위로 고양시켜준다.' 초본성적인 왕국은 인간의 품위를 고양시켜주고 죄로 인한 모든 상처들로부터 치유해주기 위해 이를 취한다. 이것이 하느님 나라가 내포하는 것이다.

하지만 하느님 나라와 인간적인 정의의 실현은 서로 다른 차원으로서 서로가 서로를 내포하지만 일치하는 것은 아니다. 그것은 하느님의 초본성적 은총 없이 사회, 정치 안에서 인간적인 성공을 이룰 수 있는 것처럼, 초본성적 질서가 본성적 질서를 내포하긴 하지만 서로 구별되는 것과도 같다. 이는 매우 중요한 열쇠이다. 여기서 잊지 말아야 할 것은, 인간이 원죄로 인해 완전히 부패한 것은 아니며 따라서 그는 은총 없이도 — 비록 은총이 아니라면 자연법이 요구하는 모든 것을 다 완수할 수는 없지만 — 사회, 윤리적 영역 안에서 그 나름대로의 인간적인 성취를 획득할 능력을 갖고 있다는 점이다.

따라서 은총 없이도 그 나름대로의 사회적인 질서 — 그러나 결코 완전할 수는 없는 — 를 구현할 수는 있다. 예를 들어, 우리는 일정한 사회적 질서를 성취한 여러 나라들을 찾아볼 수 있다(스칸디나비아 반도의 나라들). 하지만 이것만 갖고서 그런 나라들이 하느님 나라를 실현했다고 말할 수는 없다. 하느님 나라는 오직 은총 그리고 죄에 대한 용서로부터 출발해서 윤리적 사회적 요청들을 완수할 때 실현된다.

이처럼 초본성적인 사랑을 정의로부터 분리할 수는 없지만 사랑과 은총 밖에서 일정한 정의를 실현할 수는 있다. 그래서 하느님 나라와 인간적인 발전 또는 정의의 실현이 일치하는 것은 아니다.

그래서 제2차 바티칸 공의회는 이 두 질서 간의 상호 내포와 동시에 구별을 분명하게 견지했다. "현세 진보는 그리스도 왕국의 발전과 신중하게 구별되어야 하지만, 그 진보가 인간 사회의 더 나은 개선에 이바지할 수 있는 그만큼, 하느님 나라에 커다란 중요성을 지닌다."[577] 마찬가지로, 신앙교리성의 첫 번째 훈령은 결론에서 「하느님 백성의 신경」의 한 단락을 취하는 가운데 이렇게 언급한다. "여기 이 아래 그리스도의 교회 안에서 시작한 하느님 나라는 지나가는 이 세상에 속하지 않는다. 이 나라의 성장은 인간 문명, 과학 또는 기술의 진보와 혼동될 수 없다. 그것은 헤아릴 수 없는 그리스도의 풍요로움을 매번 깊이 알아 가는 가운데, 매번 영원한 선들을 힘껏 희망하는 가운데, 사람들 가운데 매번 은총과 거룩함을 보다 풍요롭게 분배하는 가운데 있다. 그것은 교회로 하여금 인간의 진정한 세속적 선에 대해 지속적으로 염려하도록 자극한다."[578]

은총 없이도 그 나름대로의 인간적인 가치들이 있을 수 있다.

하지만 하느님 나라를 세속적인 진보와 분명히 구별하고 있는 제2차 바티칸 공의회는 인간의 품위 그리고 형제적인 일치 같은 진정한 인간적인 가치들이 만일 은총에 의해 가득 채워져 있고 그것으로 형성되어 있다면 모든 얼룩으로부터 깨끗한 상태로 그리스도 안에서 변모되는 가운데 천상에서 영속할 것이라고 말한다.579 은총 없이 죽은 사람들의 인간적인 가치들은 최종적인 구원과 더불어 통합될 수 없다.

이러한 의미에서 「현대의 복음 선교」는 31항에서 다음과 같이 말한다. "복음 선교와 인류 발전(개발 또는 해방), 이 두 가지 사이에는 밀접한 인연이 있다. 인간학적 측면에서 볼 때, 복음화되어야 할 인간은 추상적 존재가 아니고 사회적 경제적 문제와 관련된 존재이다. 신학적인 면에 있어서는 창조 계획을 부정과 싸우고 정의를 구체적으로 수립해야 하는 구원의 계획과 분리시킬 수 없다. 복음적인 측면에서 본다면 이것은 애덕의 관계라고 하겠지만 만일 정의와 평화로써 참된 인간 발전을 증진시키지 못한다면 어떻게 사랑의 새 계명을 선포할 수 있겠는가? '복음 선교에 있어서는 현대 세계에서 논의되고 있는 정의, 해방, 개발과 평화의 여러 문제들의 중요성을 무시할 수 있거나 무시해야 한다'는 주장은 본인으로서는 절대로 받아들일 수 없다. '만일 그래야 한다면, 고통과 궁핍 중에 있는 이웃에 대한 복음적 사랑의 교리를 무시하는 것이 되고 말 것이다.'"

하지만 바오로 6세는 계속해서 복음화가 축소주의와 애매모호함으로 변질될 위험을 안고 있다고 덧붙이고 있다. 결코 순전한 사회적 해방으로 낮춰질 수 없는 복음의 메시지를 그것으로 축소하려는 위험이 존재한다는 말이다. 여기서 교황은 인간적인 해방이 결코 종교적인 해방과 동일시될 수 없으며 인간적인 해방이 사랑을 동반하지 않는다면 노예 상태로 변질된다고 덧붙이면서 그러기 위해서는 종교적인 차원이 우선되어야 한다고 분명히 언급하고 있다. "교회는 인간 해방과 예수 그리스도에 의한 구원을 결합시켜 생각하고 있으나 결코 양자를 동일시하지 않는다. 왜냐하면 하느님의 계시, 역사적 체험, 신앙적 고찰을 통해서 볼 때, 어떠한 해방의 내용도 필연적으로 인간과 사물과 세상사에 대한 복음적 견해와는 일치하지 않는다고 교회는 확신한다. 그뿐 아니라 인간 해방의 실시나 번영과 개발의 건설이 하느님 나라의 내림을 위해 충분하지 못하다는 것을 교회는 잘 알고 있다.

더욱이 교회가 확신하고 있는 바로서는, 현세 사물의 해방이든 정치적 해방이든 어떠한 형태의 해방이라도 비록 그것이 여기저기 흩어져 있는 신·구약성경의 구절에 근거를 두었고, 또는 신학적 원리에 입각한 행동 규범의 요청이라 할지라도, 또는 신학적 결론과 더불어 권위를 내세울 수 있고, 심지어는 그것이 현대의 새로운 신학이라고 자신을 말한다 할지라도, 만일 그것이 동기에 있어서 사랑에 입각한 정의가 아니라면, 그리고 그 열성과 노력이 영성적 차원과 연결되어 있지 않다면, 그리고 그 최종 목적이 하느님 안에서 누리는 구원과 행복이 아니라면, 해방 자체 안에 이미 부정의 싹이 내포된 것이기에, 표방하고 있는 목표에서 탈선하는 것이라고 교회는 확신하는 바이다."[580]

하느님 나라와 인간적인 정의, 죄로부터의 해방과 인간적인 해방 사이에 존재하는 이러한 구별에 있어서 우선권은 언제나 죄로부터의 해방과 마음의 회개에 있다. 그래서 첫 번째 훈령은 이렇게 말한다. "신약성경의 계시는 죄가 그의 인격의 보다 깊은 내면에 도달한 깊은 악이라고 가르친다. 다른 모든 것보다도 먼저 언급되어야 하는 해방은 죄로부터의 해방이다."[581] 사실, 구조적인 죄들은 개인적인 죄의 결과이다. 그것은 "오직 유래된 그리고 이차적인 의미에서 여러 구조들에 적용될 수 있으며 우리는 이러한 전망에서 사회적인 죄에 대해서도 말할 수 있다."[582] 그래서 첫 번째 훈령은 이렇게 언급한다. "이는 보다 근본적인 종살이가 죄의 종살이임을 뜻한다. 그러므로 다른 형태의 종살이들은 그 궁극적인 뿌리를 죄의 종살이 안에 두고 있다."[583] 따라서 사회적인 질서를 회복하는 데 있어서 가장 필요한 것은 개인적인 죄로부터의 해방이다. 이것 없이 불의한 구조들에 대한 변혁은 있을 수 없다.

죄로부터의 해방 그리고 복음화가 갖는 이러한 우선권을 염두에 두지 않는 것은 첫 번째 훈령이 상기하는 것처럼 '치명적인 오류'이다. "이처럼, 빵을 나누는 긴급함 앞에서 어떤 이들은 이를 괄호 안에 넣어 두거나 복음화를 내일로 미루는 유혹을 보는 이들이 있다. 먼저 빵이고 말씀은 훨씬 뒤로 미뤄진다. 이 두 가지를 분리하는 것, 심지어는 대립되는 것으로 여기는 것은 치명적인 오류이다. 한편, 그리스도적인 전망은 두 가지 의미 모두를 일궈 내야 한다는 것을 자발적으로 제안한다."[584]

또한 인간적인 해방을 초본성과 동일시할 때 "구원의 복음을 인간의 복음으로 축소하려는" 축소주의에 대한 유혹이 있다. 그러나 그것은 그렇지 않다. 죄로부터의 해방과 하느님의 자녀 됨은 단순히 덧붙는 것, 즉 인간적인 해방의 질서에 덧붙는 어떤 국면이 아니다. 그것은 인간적인 해방 과정에서 그것이 이루어진 후에야 비로소 도달할 수 있고 도달되어야 하는 어떤 상태가 아니라 모든 인간적인 해방에 있어서 우선적이고 필요 불가결한 조건이다.

우리는 이를 바탕으로 해방신학에 의해 많이 사용된 '오르토프락시스'(ortopraxis, 올바른 실천) 개념에 대해 식별해야 한다. 이 '오르토프락시스'는 초본성적인 수준 또는 윤리적인 수준에서 이해될 수 있다. 무엇보다도 신앙에 대한 모든 고백은 정의에 대한 실천과 책임으로 흘러 나와야 함이 분명하다. 하지만 앞서 지적한 것처럼 정의에 대한 모든 실현이 그 자체로 하느님 나라라고 말할 수는 없다. 의지적으로 정의의 실현에 이르고자 하지 않을 때 하느님 나라는 없다. 하지만 이것만으로 정의에 대한 어떤 실현을 하느님 나라와 동일시할 수는 없다는 말이다. 왜냐하면 그것은 죄와 양립할 수 있기 때문이다.

더욱이, 윤리적인 수준에서 모든 인간적인 행위는 윤리 규범, 도덕규범, 객관적인 진리와 더불어 실현되어야 한다. 만일 그렇지 못하다면 그것은 필시 인간을 새로운 종살이로 인도할 것이기 때문이다.

신앙교리성에서 나온 두 개의 훈령은 이 점에 대해 끊임없이 주의를 기울이고 있다. "진리를 통해 시작된 구원에 대한 진리는 신앙의 중심적 신비로서 이렇듯 자유의 뿌리와 규범을 구성하며 모든 자유로운 행위의 토대이자 기준이 된다."[585] 이러한 의미에서 인간의 행동은 하느님의 모상으로 창조된 인간에 대한 진리를 수호해야 한다.[586] "진리와 사랑이 부족한 곳에서 해방의 과정은 모든 버팀목을 상실한 진리를 죽음으로 이끌어 갈 뿐이다."[587]

## III. 구원을 위한 교회의 필요성

만일 교회가 이 세상에서 그리스도의 구원 사명을 지속한다면 구원을 위한 자신의 필요성을 이해하게 된다.

교회는 우리로 하여금 하느님의 자녀가 되도록 하고 죄로부터 해방될 수 있도록 해주는 유일한 성사이다. 그리스도는 유일한 구원의 원천이며 그리스도와 교회는 하나의 실재를 형성한다. 그리스도를 유일한 구원의 중재자로 말할 수 있는 것을 우리는 자신의 몸 안에서 자기 머리의 신비를 연장하고 완성하는 교회에도 적용할 수 있다.[588]

그래서 제2차 바티칸 공의회는 "이 순례하는 교회가 구원에 필요하다고 가르친다. 왜냐하면, 그리스도 한 분만이 중개자요 구원의 길이시며, 당신 몸인 교회 안에서 우리와 함께 계시기 때문이다"(LG 14). 여기서 공의회는 가톨릭 교회를 인간을 구원하기 위해 그리스도께서 세우신 도구로 받아들이도록 언급하고 있다. 이러한 구원에 이르는 것을 거부하는 것은 결국 자기 자신의 구원을 위태롭게 하는 것이다(LG 14).

교회는 구원을 위해 필수적이다. 왜냐하면 그리스도 이외에 그 어떤 중재자도 없으며, 그리스도는 당신의 몸 안에서처럼 이 교회 안에서도 현존하기 때문이다. 주님은 구원을 위한 믿음과 세례의 필요성에 대해 그리고 이를 위해 우리가 교회에 나아가야 할 필요성에 대해 분명히 선언하셨다. 그래서 주님은 이렇게 말씀하신다. "믿고 세례를 받는 이는 구원을 받고 믿지 않는 자는 단죄를 받을 것이다"(마르 16,16). 그리고 또 이렇게 말씀하신다. "누구든지 물과 성령으로 태어나지 않으면, 하느님 나라에 들어갈 수 없다"(요한 3,5). 여기서부터 분명히 추론되는 것은, 자신의 탓으로 인해 교회 밖에 머무는 사람은 자신의 처벌에 대해 책임을 져야 한다는 점이다. 이 점에 대해 제2차 바티칸 공의회는 다음과 같이 명백히 말한다. "하느님께서 예수 그리스도를 통하여 가톨릭 교회를 필요한 것으로 세우신 사실을 모르지 않으면서도 교회로 들어오기를 싫어하거나 그 안에 머물러 있기를 거부하는 저 사람들은 구원받을 수 없을 것이다"(LG 14).

교회는 그리스도께서 구원을 위한 목적과 더불어 세우셨으며 구원의 성사로 만드셨기에 구원을 위한 필수적인 수단이다.

그래서 "extra ecclesiam nulla salus(교회 밖에는 구원이 없다)." 이 명제는 다양한 양상으로 이해된다.

물론 교부들도 이를 사용하고 있다. 예를 들어, 성 이레네오는 교회를 괴롭히는 이들의 임종에 대해 이렇게 말한다. "교회를 받아들이지 않은 이들은 성령의 활동에 있어서 어떤 부분도 갖지 않는다. 자신들의 나쁜 가르침과 증오할 만한 행위들로 인해 그들 자신은 생명으로부터 배제된다. 왜냐하면 교회가 있는 곳에 하느님의 영도 계시며, 하느님의 영이 있는 곳에 교회와 그분의 모든 은총도 있기 때문이다."[589] 여기서 성 이레네오는 교회 밖에 있는 선한 의지를 가진 사람들이 아니라 교회를 괴롭히는 그룹들을 지칭하고 있다.

"Extra ecclesiam nulla salus"라는 명제는 공동체 내에서 일어나고 있는 분열을 일으키는 운동들을 거슬러서 싸웠던 성 치프리아노에게서 드러난다.[590] 그는 분열이 구원의 길이 아니라 상실의 길이라고 말한다. 우리는 이러한 의미에서 성 치프리아노의 명제를 이해할 수 있다. 그는 결코 다양한 환경 속에 있는 모든 사람들의 상황에 이 구절을 적용한 것이 아니다. 다음과 같은 성 아우구스티노(물론, 그는 이 "extra ecclesiam nulla salus"라는 구절을 중세에 전해준 사람이다)의 말로부터 추정할 수 있듯이, 그 구절의 의미는 다음과 같다. "잘못되고 왜곡된 것일지라도 그의 의견을 방어하는 이, 어떤 고집스런 원한 없이, 특히 이 의견이 자신의 대담한 추측의 결과가 아니라 잘못으로 인해 처참한 생활을 하는 현혹된 선조들의 유산일 때, 만일 그들이 용의주도하게 진리를 찾는다면, 그들이 이 진리를 인식하는 한에서 이를 곧 끌어안게 될 것이며 이단자로 분류되지 않을 것이다."591

그러므로 성 아우구스티노가 "extra ecclesiam nulla salus"를 사용할 때, 이는 도나티즘이 가톨릭으로부터 결별할 때 성사들을 자기 것으로 만들었던 바로 그 도나티즘 운동을 지칭하는 것이다. 성 아우구스티노는 오직 하나의 왜곡된 지향만으로도 그들을 반란으로 이끌어준다고 확신하며 교회를 이탈한 그룹들을 일컫고자 했다. 그래서 필립(G. Philips)은 다음과 같이 신중하게 설명한다. "교부들은 건전한 신앙에 눈을 감는 충실한 고립을 가끔 암시한다. 구원을 위해서는 분명 가톨릭 교회 이외에 그 어떤 제도도 없으며 앞으로도 없을 것이다. 이것이 바로 다음의 금언이 의미하는 바이다. '교회 밖에는 구원이 없다.' 그러나 그런 비슷한 태도만으로는 본의 아닌 실수나 단순한 오류 문제가 해결되지 않는다."592

예를 들어, 덕스러웠지만 세례 받지 않고 죽은 발렌티니아노가 의화에 대한 원의로 인해 구원에 이른다는 점을 성 암브로시오(St. Ambrosius)는 받아들였다.593 통상, 교부들은 교회 밖에 있는 덕스러운 이들이 구원될 수 있다는 점을 수용했다. 물론 루스페의 풀젠시오(Fulgentius Ruspae)는 이 점에 대해 엄격하게 표현하면서 구체적으로 베드로라 불린 신자를 제시하고 있다. 그는 성지 순례 가운데 교회를 이탈한 이들의 그룹들을 만나고 거기에 들어간다. 그래서 풀젠시오는 이 이교(離敎)들을 시작한 이들이 죽기 전에 가톨릭 교회로 들어오지 않는다면 그들은 길을 잃어버릴 위험에 있다고 말한다.

제4차 라테라노 공의회가 믿는 이들의 교회는 유일하며 "그 교회 밖에서는 그 누구도 절대 구원되지 못한다"(D 802)고 말할 때 (1215), 이는 고의적으로 일치를 깨뜨린 그룹으로 간주한 알비파와 카타리파를 염두에 둔 말이다. 하지만 페이넬(P. Faynel)이 언급하듯이,594 "이 공리에 내포된 단죄가 결코 사람들 그 자체를 지칭하는 것은 아니다. 비록 이 원칙이 다른 종교 사회들에 대한 상대적인 텍스트들 안에서 절대적으로 형성되긴 했지만, 그럼에도 불구하고 교회와의 가시적이고 제도적인 접촉 안에 있지 않은 사람들에 대한 실제적 구원에 관한 상대적인 텍스트들에 관한 것일 때에는 정확하면서도 점진적으로 증가하는 양상을 보이고 있다."

피렌체 공의회에서 공포된 교령 *pro jacobitis*에는 의심할 바 없이 *Enchiridion symbolorum*(D 1351)에 나오는 아주 엄격한 표현이 발견되고 있다. 그러나 이 교령에 대한 강독을 통해서는 오직 가톨릭 교회의 일치를 의식적으로 찢어 놓는 사람들만을 염두에 둔 결론에 이르게 된다.595

사실, "extra ecclesiam nulla salus" 원칙이 말하고자 하는 바는 유일하고 나누임 없는 가톨릭 교회 이외에는 더 이상 구원의 체계가 없다는 것이다. 즉 구원의 방주가 되는 그 밖의 다른 교회는 없다는 것이다. 교회는 모든 이들의 구원을 이루기 위해 그리스도에 의해 설립된 유일한 구원 제도로서 이를 획득할 수 있기에 필요한 수단들을 갖고 있다. 더 나아가, 은총은 교회 안에 현존하는 그리스도의 파스카 신비로부터 나오므로, 모든 은총은 교회로부터 나오며 이 은총의 고유한 역동성을 통해 다시금 이 교회를 지향한다고 말할 수 있다. 그러므로 모든 은총은 교회와 일치 — 그 일치가 비록 불완전하고 시작의 형태로 이루어지긴 하지만 — 한다.

교회 전승에서 "extra ecclesiam nulla salus"란 공리는 유일하고 비가시적인 가톨릭 교회 이외에는 더 이상 어떤 구원의 체계도 없다는 것을 의미한다. 그러나 이는 교회론적인 명제이지 구원론적인 명제는 아니다. 다시 말해 교회 밖에서도 구원될 수 있는 선한 의지를 갖는 이교인(異敎人)들이 있음을 부인하지 않는다는 말이다. 사실, 얀세니즘(Jansenismus)은 케넬(Quesnel)이 원했던 의미 — 교회 밖에는 은총이 없다 — 에서 이 명제를 엄격한 형태로 받아들였으며 결국 이 얀세니즘은 1713년 교도권에 의해 단죄됐다(D 2429).

비오 9세는 회칙 *Quanto conficiamur moerore*에서, 만일 어느 누군가가 고의적으로 죄를 지은 것이 아니라면 하느님은 그를 영원한 벌로 단죄하지 않으신다고 말한다(D 2869). 자신의 탓이 아닌 무지로 인해 비록 참된 신앙에 대해서는 모르더라도 올바른 삶을 살고자 노력하는 사람은 은총의 도움으로 영원한 생명에 이를 수 있다. "우리와 당신들은 우리의 거룩한 종교에 대해 극복될 수 없는 무지를 아파하는 이들이 있으며, 그들이 모든 이들의 마음 안에 새겨진 자연법과 규율들을 준수하고 하느님께 순명하기 위해 준비된 상태에서 정직하고 올바른 삶을 살아간다면 신적 빛과 은총에 힘입어 영원한 생명에 이를 수 있음을 안다. 왜냐하면 모든 이들의 정신과 마음 그리고 생각들을 아시는 하느님께서는 당신이 지니신 최고의 선하심과 지혜로 인해 고의적인 죄에 묶이지 않는 이가 영원한 형벌로 단죄되는 것을 허락하실 수 없기 때문이다"(D 2866).

한편, 성좌(1949)는 다음과 같은 공리, 즉 "교회의 가시적 일치에 명백히 속하지 않는 모든 이들은 단죄된다"(D 3879)고 주장했던 보스턴 이단이라고 불린 피네이(P. Feeney)를 거슬러서 단죄했다.

그래서 제2차 바티칸 공의회는 이렇게 말한다. "'사실, 자기 탓 없이 그리스도의 복음과 그분의 교회를 모르지만 진실한 마음으로 하느님을 찾고 양심의 명령을 통하여 알게 된 하느님의 뜻을 은총의 영향 아래에서 실천하려고 노력하는 사람은 영원한 구원을 얻을 수 있다. 또한 하느님의 섭리는 자기 탓 없이 아직 하느님을 분명하게 알지 못하지만 하느님의 은총으로 바른 생활을 하려고 노력하는 사람들에게는 구원에 필요한 도움을 거절하지 않으신다.' 사실 그들이 지닌 좋은 것, 참된 것은 무엇이든지 다 교회는 복음의 준비로 여기며, 모든 사람이 마침내 생명을 얻도록 빛을 비추시는 분께서 주신 것이라고 생각한다"(LG 16).

「사목 헌장」 22항 역시 이 점을 상기하면서 다음과 같이 언급하고 있다. "그리스도께서는 모든 사람을 위하여 돌아가셨고 또 인간의 궁극 소명도 참으로 하나 곧 신적인 소명이므로, 우리는 성령께서 하느님만이 아시는 방법으로 모든 사람에게 이 파스카 신비에 동참할 가능성을 주신다고 믿어야 한다." 또한 바오로 6세 교황은 *Evangelii nuntiandi*(n° 80)에서, 하느님은 선의를 지닌 모든 사람들에게 이르기 위한 예외적인 길들을 지니고 계시다고 말한다.

더 나아가, 주르네(C. Journet) 추기경이 잘 언급하고 있듯이, 이 세상에 존재하는 모든 은총은 교회에서 나오는 은총이며 교회에서 나오는 모든 은총은 성찬례 가운데 현존하는 그리스도의 파스카 신비에서 나오는 은총이다.596 그래서 하느님의 섭리로부터 유래하는 길들을 통해 이방인들에게 도달될 수 있는 모든 은총은 결국 교회로부터 유래하며 그 자신의 고유한 역동성을 통해서 이 교회를 지향한다.

마지막으로, 교황은 회칙 「교회의 선교 사명(*Redemptoris Missio*)」을 선교 주제를 다루기 위해 할애하고 있다. 여기서 교황은 유일한 구원자(redemptor)이자 중개자(mediator)이신 그리스도께 대한 신앙에 대해 힘주어 말하고 있다. 또한 다른 종교들 안에서 드러나는 몇 가지 중개의 유형에 대해 언급하고 있다. 그러나 이 회칙은 오직 그리스도의 중개를 통해서만 의미와 가치를 획득한다고 말한다. 따라서 여타의 다른 중개들은 이와 병행하거나 이를 보완하는 것으로 이해될 수 없다.597 그리스도는 우리를 하느님의 자녀가 되게 하고 죄와 죽음으로부터 해방시켜주셨다. 여타의 어떠한 종교도 이러한 깊이까지 도달할 수는 없다. 그리스도는 단지 중개자일 뿐 아니라 하느님께 이르기 위해 그분 자신에 의해 세워진 길이기도 하다. 그러므로 사람들은 그리스도를 통해서 그리고 그분 영의 작용 아래서가 아니면 하느님과의 친교에 들어갈 수 없다.598

그리스도에 의해 설립된 교회의 신비는 구원에 대한 그분의 고유한 신비를 연장하는 것이다. 여기서 문제가 되는 것은 근본적으로 동일하고 유일한 신비로서 이러한 선상에서 교회는 보편적인 구원의 성사(聖事)로 이해될 수 있다. 오직 교회만이 구원을 위한 수단들을 충만하게 갖고 있으며, 그리스도는 이 수단들과 더불어 교회를 풍요롭게 한다. 그럼으로써 교회는 "구원을 위한 통상적인 유일한 길"599을 구성한다. 바로 여기에 교회가 선교에 정초해야 할 필요성이 드러나는데, 이는 그리스도가 당신 몸의 머리로서 모든 인류를 구원하고자 하기 때문이다.

    교황은 이를 언급하면서 교회를 확장해야 할 필요성과 선한 의지를 갖는 사람들을 위해 교회의 경계 밖에서도 구원이 있을 수 있다는 신념 사이에 훌륭한 균형을 유지한다. 그리스도의 영께서는 당신이 원하시는 곳에 부시며 오직 하느님만이 아시는 길들을 통해서 이교인(異敎人)들을 그리스도의 파스카 신비에 결합시키는 가운데 그들에게 작용하실 수 있다. 또한 여러 민족들, 문화들 그리고 종교들에도 작용하실 수 있다. 그것은 교부들이 '말씀(Verbum)의 씨앗들'이라고 부른 것이다.

    그러나 선한 의지를 지닌 사람들 안에서 일어나는 이러한 성령의 활동은 단지 복음적인 준비일 뿐으로,600 가톨릭 교회 안에서 주어지는 구원과 이를 위한 수단들의 충만함을 향하는 한에서만 의미를 갖는다. 어느 이교인이 받을 수 있는 은총은 근본적으로 교회 안에 현존하는 그리스도의 파스카 신비로부터 유래한다. 그러므로 그것은 교회로부터 나오며 자신의 고유한 역동성과 더불어 이 교회를 지향한다. 여기서 우리가 잊지 말아야 할 점은, 비록 선한 의지를 갖는 이교인이 교회 밖에서 구원될 수 있다 할지라도 구원의 수단들이라는 면에서 보면 불안정함과 결핍의 상황 속에 살고 있다는 것이다. 즉 거기에는 하느님의 말씀과 여러 성사들이 없다. 세례 받은 이는 성사적인 특징으로 인해 그리스도를 닮으며 이로써 은총

― 이는 그리스도께서 세례 받는 이에게 약속하신 것이다 ― 에 대한 나름대로의 '권리'를 갖는다. 그래서 교황은 다음과 같은 성 바오로의 말씀을 잊을 수 없다. "내가 복음을 선포하지 않는다면 나는 참으로 불행할 것입니다"(1코린 9,16).

그럼에도 불구하고, 오늘날 익명의 그리스도인 이론을 갖고서 이 세상의 모든 사람들은 강생에 힘입어 그리스도와 존재론적으로 닮는 가운데 그를 그리스도인으로 만들어주는 초본성적 실존(超本性的實存)으로 태어난다고 말하고자 한다는 점을 잊지 말아야 한다. 이와 병행해서 다른 비그리스도교 종교들 역시 계시적이며 구원적이라고 언급되고 있다. 그리스도의 은총이 하느님께서 아시는 길들을 통해서 선한 의지를 갖는 모든 사람에게 이를 수 있다는 올바른 언명으로부터 이제 교회 전승과 복음이 언급하고 가르치는 것에는 들어맞지 않는 언명으로 전이됐다. 이 주제에 대해 좀 더 자세히 살펴보기로 하자.

## IV. 다른 종교들은 구원적인가?

성령께서 선한 의지를 가지면서 다른 종교를 믿는 모든 사람에게 작용하시고 당신의 은총을 전해주실 수 있다는 것을 부인할 수는 없다(LG 16). 제2차 바티칸 공의회는 심지어 제반 종교들 안에서 긍정적이고 좋은 요소들이 주어진다고 말한다. "가톨릭 교회는 이들 종교에서 발견되는 옳고 거룩한 것은 아무것도 배척하지 않는다. 그들의 생활양식과 행동 방식뿐 아니라 그 계율과 교리도 진심으로 존중한다. 그것이 비록 가톨릭 교회에서 주장하고 가르치는 것과는 여러 가지로 다르더라도, 모든 사람을 비추는 참 진리의 빛을 반영하는 일도 드물지 않다"(NA 2).

또한 제2차 바티칸 공의회는 모든 사람들이 갖는 종교 자유에 대한 권리 선언을 자신의 것으로 만든다(DH 2). 그래서 공의회는 종교 자유에 대한 권리는 인간 인격 그 자체의 품위에 바탕을 두고 있다고 언급하면서 인간이 갖는 본성적인 종교성은 긍정적으로 평가해야 할 그 무엇이라고 인정하고 있다.

더 나아가, 공의회는 「사목 헌장」 22항에서 하느님의 아들이신 바로 그분께서 인성을 취하심으로써 모든 이들의 구원자가 되셨기에 "당신의 강생으로 당신을 모든 사람과 어느 모로 결합시키셨다"고 말한다. 그래서 성령께서는 모든 이에게 구원의 가능성을 열어 주셨다. 하느님은 오직 당신만이 아시는 길들을 통해서 당신의 은총이 모든 이에게 이를 수 있게 하신다(AG 7).

하지만 우리는 더 나아가서 이렇게 물을 수 있다. 다른 종교들이 하느님에 대한 중개로서 갖고 있는 경전들(코란, 베다 등), 전례들은 하느님에 의해 객관적으로 설정된 중개로 간주될 수 있으며 이로써 비록 궁극적인 계시가 그리스도 안에서 주어졌음에도 불구하고 그러한 종교들을 계시된 것으로 간주할 수 있는가 하는 것이다.

공의회는 다른 종교들이 구원의 길이라고 언급하지 않고 어떤 경우든 복음을 향한 준비라고 말하면서 더 나아가 그것들은 건전하게 정화되어야 한다고 지적한다(AG 9).

그 이유는 이러한 중개들은 인간의 주도권으로부터 나오며 그러한 경전들이 하느님에 의해 친히 객관적으로 설정된 것은 아니므로 그 종교들이 제시하는 메시지가 하느님에 의해 보증된 것이 아니기 때문이다. 그래서 그것들은 공식적인 하느님의 계시가 아니며 따라서 그리스도적인 계시에 병행하거나 이를 보완하는 계시들로서 제시될 수 없다(Redem. Missio 5). 비록 하느님께서는 당신 은총으로 통상적이지 않은 길들을 통해서 이러한 사람들 안에서 작용하실 수 있긴 하지만, 그 종교들이 하느님에 의해 세워진 특별한 길들은 아니라는 말이다. 그래서 「교회의 선교 사명(Redemptoris Missio)」(n° 29)은 제2차 바티칸 공의회와 더불어(LG 16) 이러한 종교들을 '복음적인 준비'로 평가하고 있다.

이 점에 대해, 예를 들어 이슬람교의 마호메트에게 전해졌다고 추측되는 계시가 하느님에 의해 보증되었다고 믿을 수는 없다. 하느님으로부터 받은 그의 계시를 정당화해주는 징표들(기적들)을 청하는 이들에게 마호메트는 이를 늘 회피하는 식으로 대응하곤 했다.601 예를 들어, 마호메트로 하여금 불이 내려와 제물을 불사르게 함으로써 그가 하느님으로부터 파견된 이로 받아들여질 수 있도록 청하는 유다인들에게(1열왕 18,24 이하와 분명한 관련을 갖는다. 야훼께서는 바알 예언자들 앞에서 엘리야가 준비한 제물 위에 불을 내리셨다) 그는 전형적인 회피로 일관하고 있다. "만일 예언자들이 입증했다면, 도대체 왜 그것들을 거부했는가?"602

## 1. 여러 종교들에 대한 상이한 입장들

엘로이 부에노(E. Bueno)는 오늘날 그리스도교가 비그리스도교 종교들 앞에 직면해서 갖게 되는 다양한 입장들을 체계화했다.603

우선, 그리스도교 밖에서는 이교의 종교성에 대해 긍정적인 고려가 이루어질 수 없다고 과장되게 언급하는 이들이 있다. 이는 카를 바르트(K. Barth)의 입장으로서 그는 자연 종교가 그 자체로 나쁘다고 말한다. 왜냐하면 하느님과 관계를 맺고자 하는 모든 인간적인 시도가 나쁘고 무효하게 만들기 때문이다. 따라서 그리스도교 이외의 여타 종교들은 하느님께 도달함에 있어서 무익하다고 말한다. 그래서 그는 가톨릭 교회가 적어도 복음적인 준비라고 옹호하고 있는 자연 종교를 나쁜 것으로 치부하며 거부한다.

두 번째 그룹에는, 제2차 바티칸 공의회가 그랬듯이, 그리스도는 인간 구원을 위해 하느님에 의해 세워진 유일한 수단이며 이러한 사명은 이 구원을 영속시키기 위해 그리스도에 의해 설립된 수단인 교회 안에서 연장되고 있다는 입장을 견지하는 이들이 있다. 그러나 그들은 그리스도의 은총(모든 은총은 그리스도적이다)이 선한 의지를 갖는 모든 사람들에게 도달할 수 있음을 허용한다.

세 번째 입장은 그리스도를 단지 이상 또는 모델로 제시하는 가운데 여기서부터 출발해서 다른 종교들 안에 드러나는 여타의 중개들을 수정하고 평가할 수 있으며 이로써 다른 종교들 안에서 유효한 것이 그리스도에게는 그렇지 않다는 점을 견지함으로써 그리스도 중심주의를 상실한 입장이다. 따라서 이 전망에서는 중개자로서의 그리스도의 가치가 다른 것들과 비교하는 방법을 통해서 획득되어야 한다. 교회는 어떤 면에서 구원에 있어서 구성적이거나 중개적일 수 있다. 그리고 다른 종교들이 구원에 이르는 통상적인 길로 간주되는 반면, 교회는 구원을 위한 특별한 길로 간주될 수 있다.

마지막으로, 우리는 종교 다원주의 개념을 만나게 된다. 이에 따르면, 기준은 그리스도가 아니라 오직 하느님이시다. 이는 일종의 자연신론(自然神論)으로의 회귀를 뜻한다. 여기서는 구원에 있어서 어떠한 길도 특권을 갖지 않는다. 따라서 그리스도 중심주의에 대한 요청은 근본주의와 편협함으로 떨어지는 일종의 우상숭배로 간주될 수밖에 없다. 이러한 전망에 의하면 예수는 하느님 나라를 선포했지 그리스도론을 선포한 것이 아니라고 한다. 그러므로 다른 종교들에 대한 인정은 그리스도교의 상대화를 내포할 수밖에 없다.

이미 살펴본 바와 같이, 제2차 바티칸 공의회는 자신을 두 번째 그룹과 동일시하고 있다. 국제 신학 위원회는 그리스도의 영(Spiritus)의 활동이 제반 민족들의 전례와 관습 안에도 작용될 수 있다고 말한다.604 하지만 그들 안에 있는 악과 죄의 현존에 대해서도 잊지 말아야 한다고 지적한다. 이처럼 가톨릭 교회는 교회 안에서 이루어지는 구원 역할과 비교할 바는 아니지만 그럼에도 불구하고 제반 종교들 안에서도 그 나름의 구원 역할이 이루어지고 있다고 말한다.

## 2. 카를 라너의 익명의 그리스도인 이론

이제 여기서 우리는 라너(K. Rahner)의 초월적인 계시에 대해 언급하고자 한다. 라너는 세례 받지 않은 사람들에게는 초월적인 계시가 될 수 있는 '초본성적 실존'(은총과는 구별되는)이 있다고 말한다. 이는 그리스도 안에서 명백하게 실현된 것과는 구별되는 일종의 계시로서 그리스도 안에서 자신의 해명(解明)을 만나게 된다는 것이다.

라너는 하느님께서 당신의 보편적인 구원 의지에 힘입어 모든 인간에게 그 자신의 고유한 인격적인 내밀함 안에서 당신을 내어주신다고 언급하면서 그러한 그분의 보편적 구원 의지에 기초해서 설명하고 있다. 이 전망에서 은총은 그리스도의 강생에 힘입어 모든 이들에게 주어진다.

이제 인간을 향한 이러한 하느님의 자기 증여(自己贈與)에 힘입어 인간 안에는 계시로 이해될 수 있는 '초본성적 실존(超本性的實存)'이 창조된다.605 따라서 우리는 은총의 선물이자 동시에 인간으로 하여금 직접 지복직관으로 나아갈 수 있게 해주는 인간 인격의 본성적인 초월적 역동성의 무상적 고양(無償的高揚)인 이 초본성적 실존이 도대체 무엇인가를 살펴보아야 하겠다. 무엇보다도 초본성적 실존은 단지 은총 — 그것은 인간의 초월적인 본성적 개방이나 은총을 향한 순명 능력(potentia oboedientialis)이 아니다 — 일 뿐 아니라 이 은총을 향해 방향 지어지는 능력 그 자체를 의미한다. 하느님은 자기 통교(自己通交)를 통해 당신을 향해 초월적으로 정향될 수 있는 능력을 인간에게 선사해주신다. 그것은 당신 자신을 통교하시는 하느님을 향한 초월적이면서도 무상적인 지향성(指向性)이다.606

라너는 역사적으로 *Orientierung*607이라는 잡지에 소개된 익명의 저자('D'라는 문자로 서명된)에 대항하는 입장을 취하면서 초본성(supernatura) 문제에 개입했다. 이 익명의 저자는 순수 본성(natura pura)의 가능성을 부인하면서 어느 정도 드 뤼박(De Lubac)의 입장을 옹호했다608. 즉 그는 인간이 하느님과의 우정을 향해 부름받지 않은 채 순수 인간으로 창조될 수도 있었다는 점을 부인했다. 이 전망에서 인간은 은총을 향한 무조건적인 방향성을 갖게 된다. 그러나 만일 이처럼 은총을 향한 무조건적인 방향성을 허용하게 된다면 은총이 갖는 무상성(無償性)을 견지할 수 없다고 라너는 주장한다.609

따라서, 라너는 초본성적인 질서 자체가 인간 안에 은총을 향한 질서 — 이 또한 무상적이다 — 를 창조하며, 이러한 질서는 의식적이면서도 자유로운 인간 영역에 속한다고 말한다. 이것이 바로 초본성적 실존(超本性的實存)이다. "이렇듯 우리는 인간 안에 '초본성적 실존'을 허용하기로 하자. 이는 지복직관을 향한 영속적인 방향성(方向性)을 말한다. 지복직관은 진실로 인간에게 있어서 실제적으로 '초본성적(超本性的)'이며 따라서 타고난 욕구의 대상이 될 수 없다. 그렇지만 현실적인 구원 경륜에 합체된 역사적인 인간 안에는 그의 실체(초본성적 실존)에 영향을 주는 일종의 '성질(性質, qualitas)'이 허용될 수 있다. 인간은 이 실체로 인해 참으로 자신의 초본성적 목적을 향해 나아간다."610

그러므로 지복직관을 향한 이러한 지향성(指向性)은 순명하는 능력의 결실이자 존재하는 초본성적 질서 그 자체로 인해 창조된 결실이다. 그래서 만일 인간이 이 목적을 갖지 않는다면, 그는 언제나 어느 곳에서나 자신의 내면적인 구조가 드러내는 자기 존재와 다를 수 있다.611 이렇게 선사받은 이 능력은 "보다 참다운 자신의 것이자 자기 존재의 중심이요 근본적인 근거이다."612 "당신 자신을 내어주시는 인격적인 사랑의 하느님을 향한 이러한 능력은 구체적인 인간 실재에 있어서 영속적인 그의 실존적 중심이다."613

이렇게 해서 지복직관에 대한 초본성성(超本性性)을 보존할 수 있다. 왜냐하면 이 지복직관을 향한 지향성 자체는 의무적이 아니며 무상적이기 때문이다. 라너는 이러한 전망을 견지했다.

이처럼 하느님을 지복직관하려는 초월적이고 무상적인 새로운 방향성은 인간이 이 지복직관에 대해 숙고하는 주제적(主題的) 인식을 가질 수 있음을 전제하지 않는다. 반대로 그것은 하느님 스스로 인간 의식의 지평 안에 새로운 형식적 대상으로서 비주제적(非主題的)으로 개입하는 것을 전제한다. 이처럼 인간의 모든 영성 생활은 은총을 통해서 고양된다.

이렇듯 모든 사람들에 의해 '익명적으로' 체험되는 초본성적 생활은 복음적인 설교에 대한 설명을 통해 주제화된다. "따라서 가시적인 교회의 신앙 메시지가 인간에게 전하는 부름은 이 부름을 통해 — 따라서 그에 대한 개념적인 인식을 통해 — 처음으로 설교된 실재와의 영적 접촉으로 들어가는 사람에게는 도달하지 않는다. 오히려 객관화되는 이 부름은 그의 영적 실존의 요소인 이미 해명된 실재의 형상 안에 있는 것을 숙고한다(그리고 이는 충만하게 발전된 것과의 접촉을 위해서 본성적으로 필요 불가결하다). 이 설교는 이미 인간 본질의 심연 안에 있는 것을 본성이 아닌 은총을 통해서 명백하게 일깨워준다. 그러나 그것은 언제나 그의 실존에 있어서 불가피한 영역으로서 인간 — 또한 죄인 또는 비신자도 — 을 에워싸는 은총과도 같다.[614]

이렇게 해서 우리는 카를 라너의 '익명의 그리스도인' 이론으로 들어가게 된다.[615] 만일 우리가 한편으로 신앙에 대한 필요성을 그리고 다른 한편으로는 하느님의 보편적인 구원 의지를 염두에 둔다면, 충만하고 명백한 그리스도교로부터 실재적이긴 하지만 암묵적(暗默的)인 그리스도교에 이르기까지 교회에 속하는 일련의 단계가 존재해야 한다는 것을 상정해야만 한다. 그러므로 이러한 전망에서 볼 때 이교인은 이미 하느님의 구원을 향해 움직이는 그 누군가로서 익명의 그리스도인이다. 그리스도 사건은 인간 편에서 자신의 입장을 취하기 이전에 그에게 존재론적으로 영향을 주는 그 무엇이다. "모든 이들에게 주어졌으며 그리스도 안에서 최고의 방식으로 완성된 하느님의 자기 통교(自己通交)는 오히려 창조의 목적을 의미한다. 이는 인간 본성이 자유롭게 자신의 입장을 취하기 이전에 그에 선행해서 — 왜냐하면 하느님의 말씀과 의지는 선포한 것을 실행하기 때문이다 — 이 본성에 '초본성적 실존'이라고 부를 수 있는 특성을 부여하는 가운데 이를 규정한다."[616]

그러므로 외부로부터 도달하는 이 메시지는 이미 은총을 통해 영원으로부터 늘 우리의 존재됨을 명시화(明示化)하는 것이며 우리는 적어도 비주제적으로나마 우리의 초월성이 지닌 무한함을 경험하게 된다고 라너는 말한다. 이교인이 자기 자신을 온전히 받아들일 때, 그는 곧 계시를 받아들이는 것이다. 왜냐하면 이 계시는 그 안에서 말하기 때문이다. 누군가가 매일의 조용한 성실함 속에서 자기 자신을 받아들이면, 그는 암묵적인 형태로 그리스도교적인 계시를 받아들인다고 라너는 말한다. 그는 이를 위해서 명시적으로 하느님을 받아들일 필요는 없다고 한다. 마음속에서 "하느님은 없다"고 말하는 것을 선언하는 것과는 별개로 실존에 대한 철저한 수용을 통해서 이 하느님을 증거하는 이는 신자이다. 그래서 데 라 피엔다(De la Pienda)는 다음과 같이 설명하고 있다.

> 그러므로 모든 사람은 자기 자신을 온전히 수용하는 가운데 암묵적으로 자신의 초본성적인 또는 비주제적인 차원을 받아들인다. 또한 인간 안

에는 이 계시에 대한 비주제적인 수용이자 초월성 안에서 일어나는 신적인 봉헌 능력이 주어진다. 이러한 비주제적인 수용에 대해 라너는 '범주적인' 신앙과 구별되는 한에서 '비주제적인 신앙' 또는 더 자주 '암묵적인 신앙'이라고 불렀다.617

따라서 그리스도교는 이교인에게 구원의 가능성을 가져다주는 것이 아니다. 그는 이미 이 가능성을 복음에 대한 설교 이전에 지니고 있다.618 교회의 역할은 이미 존재하는 익명의 그리스도교를 명시화(明示化)하는 것이자 이러한 그리스도교를 역사적 사회적인 충만에 이르게 하는 것이다. "비그리스도인들에게 구원을 가져다주는 것이 선교의 특별한 역할은 아니다."619

이런 의미에서 구원 역사는 계시의 역사이며, "이는 세상의 그리고 모든 구원 역사와 공존한다."620 모든 인류 역사에는 하느님의 초본성적 계시가 구현되고 있다.621 그리스도의 역사적 계시와 만나기 이전에도 우리는 계시라고 말할 수 있다.622 만일 하느님의 구원 역사가 역사의 어느 곳에서나 실현된다면 이는 신앙 없이 이루어질 수 없으며 계시가 없다면 신앙도 이루어지지 않는다고 라너는 끝맺고 있다.623

이러한 라너의 입장에 대해 우리는 근본적으로는 다음과 같은 두 가지 이의를 제기할 수 있다. 우선, 초본성적 실존이라는 학설을 거슬러서 보다 더 많이 제기된 이의는 그것이 '순명하는 능력과 은총 사이에 절대적으로 형식적이며 쓸데없는 매개체'라는 것이다. 초본성적 질서의 무상성을 보존하려는 라너의 의도를 이해할 수는 있지만, 순명하는 능력의 역할을 완전히 부인하는 가정적인 중간적 차원을 요청하는 것은 이해할 수 없는 일이다. 그래서 드 뤼박(De Lubac)은 이렇게 말한다. "사실, 이 실존이 일종의 '중간층(medium)' 또는 '일치의 실재'로 간주되는 한에서 아주 무용한 전제라고 반론을 제기할 수 있다. 왜냐하면 본성과 초본성 간의 관계 문제는 이렇게 해서는 해결되지 않을뿐더러 문제를 이전(移轉)시킬 뿐이기 때문이다."624 스킬레벡스(Schillebeeckx) 역시 이렇게 해서는 문제가 이전되기만 한다고 지적하면서 이와 유사하게 언급하고 있다.625 데 라 피엔다 역시 이같이 말한다.626

사실, 만일 순명하는 능력이 은총에 대해 순전히 수동적이지도 무관심하지도 않고, 오히려 이 '은총을 향한 개방성이라고 한다면, 그러한 작용을 할 또 다른 실재를 요청할 필요가 없다.' 단지 초본성적 질서가 갖는 절대적인 비의무적 특징을 견지하는 가운데 이 질서의 무상성을 잘 보존하는 것만으로도 충분하다. 더욱이, 초본성적 실존을 은총의 대화자로 자리매김함에 있어서, 순명하는 능력은 은총으로 이전되며 이렇게 해서 '은총이 은총(초본성적 실존)과 대화하게 된다. 그러나 그것은 은총과 인간 사이의 대화는 아니다.'

또한 우리는 은총이 오직 하느님만 아시는 특별한 수단들을 통해서 선한 의지를 가진 모든 사람들에게 도달할 수 있다는 점에 동의한다. 그러나 여기서 모든 이교인들로 하여금 은총에 대한 능력을 갖게 하고 이 은총에 대한 나름대로의 권리를 부여해주는 '존재론적인 실재'를 소유하게 해준다는 의미에서 '구성적으로' 그리스도인 존재로 만듦에 있어서 심연에 이르는 것 이외에는 드러나는 것이 없다.627 여기서 우리가 자문해야 할 점은, 초본성적 실존이 은총과 일치하는 것은 아니지만 인간에게 이 은총에 대한 자격을 주고 일정한 권리를 부여해주는 존재론적인 실재인 한에서 세례적인 특성을 갖는 대용품이 되는 것은 아닌가 하는 점이다. 더욱이, 설교와 성사들을 이교인에게 이미 주어진 구원을 명확하게 하기 위해 보완하는 것으로 여기는 것은 그것들이 갖는 은총의 원인적 중개(mediatio causalis)라는 특성을 놔둔 채 교회의 역할을 이미 주어진 것에 대한 단순한 명시화(明示化)로 축소하는 듯한 느낌을 준다. 이렇게 해서 교회와 성사들은 윤곽이 흐려지게 된다. 그렇다고 라너가 선교의 중요성을 축소하려 했던 것은 아니다. 그러나 그에 의하면 선교는 이교인 안에 이미 주어져 있는 구원을 단순히 분명히 하는 데 있을 뿐이다.

라너의 이론에 대해 이의를 제기할 수 있는 또 다른 점은, 라투렐(R. Latourelle)이 잘 상기하고 있는 것처럼, 구원을 계시와 동일시할 수는 없다는 것이다.

문제는 두 개의 계시란 있을 수 없으며 은총 작용은 그 자체로 비주제적(非主題的)이고 불분명하다는 것이다. 즉 계시에 대한 주제적인 명확함이 제시되지 않고 있다. 우리는 오직 그리스도께서 가르치는 것을 통해서만 계시에 대해 알 수 있다(요한 6,44). 그래서 라투렐은 이렇게 말한다. "내적 은총은 주어졌지만 그렇다고 그것이 구원과 동일시되는 것은 아니다. 하느님의 구원 행위는 오직 역사적이며 범주적인 계시를 통해서만 인간적인 범주 안에 알려지고 통보된다. 모든 사람들을 위해 준비된 구원 수단들처럼, 우리는 오직 복음을 통해서만 하느님의 보편적인 구원 의지를 알 수 있다. 그러므로 그것은 예수 그리스도 안에서 알려지고 통보되었으며 제반 민족들의 인식을 위해 고양된 하느님의 계획으로서의 구원 경륜에 속한다. 또한 그것은 신앙의 선택 — 인간은 이 선택과 함께 자신의 전 생애를 약속한다 — 이 이 선택의 중대함과 올바름에 대해 충만하게 조명된 의식의 내부 안에서 일어나는 이성적 피조물인 인간 본성에 속한다."[628] 사실, 다른 종교들 안에서 신앙에 대한 고백과 올바름은 자주 오류들을 내포한다. 많은 경우 문제가 되는 것은 범신론적인 종교들이다(예를 들어, 불교).

한편, 인간은 단지 내적 체험일 뿐 아니라 이성적·숙고적 인식이다. 이런 의미에서 메시지가 분명히 드러나는 것은 은총의 내면적인 체험 — 그 자체만으로는 불분명하고 비주제적이며 따라서 교의적인 일탈에 노출되어 있는 — 을 야기하며 이를 올바로 방향 지어준다. 이러한 일탈은 그 자체로 인간 행동으로 하여금 방향을 상실하게 할 수 있다. 하느님은 내적으로 끌어당기는 길을 통해서뿐 아니라 동시에 외적인 설교를 통해서도 작용하신다.

그래서 라투렐은 이렇게 말한다. "신학적인 차원에서 볼 때 구원 역사와 구원 은총 그리고 계시의 역사를 단순히 혼동하는 것은 모순이다."[629] 따라서 그리스도적 계시는 보편적 계시 안에 아주 큰 강렬함을 가져온다. 그것은 일종의 초월적 계시에서 파생된 계시일 것이다.

진정한 초본성적 계시는 익명적이 아니라 그리스도 안에서 실현되는 바로 그 계시이다. "전망들을 뒤집는 것은 빛을 끄는 것이며 성찬례에서도 교도권에서도 어떠한 버팀목을 발견할 수 없는 일종의 혼란을 연장할 뿐이다. 계시는 이것들을 통해 마치 우리 안에 다가오는 하느님의 역사적인 쇄도로 드러난다. 인간이 이러한 하느님의 쇄도를 의식하지 못한 채 자신에게 침투해 들어오는 구원적 익명적 그리고 보편적 은총과 혼동하는 것은 신학을 괴롭히는 애매모호함들을 과도하게 더하는 것일 뿐이다."630

그래서 우리는 은총의 도움으로 단순히 하느님을 믿는 이가 그리스도적 신앙을 갖는다고 말할 수는 없다. 그가 그리스도를 우리를 구원할 수 있는 유일한 이름으로 고백하지 않는 한, 그것은 명확한 그리스도적 신앙이 아니다. 신앙을 고백하는 것은 이차적인 요소가 아니다. 여기서 우리가 잊어서는 안 될 것은, 은총이 숙고되지 않은 비주제적인 형태로 작용하고 있으며 인간은 자신이 믿는 것에 대해 숙고하고 의식하는 가운데 온전히 자신의 삶을 결정한다는 점이다. 하느님을 향한 추구와 다른 이들을 향한 사랑에 있어서 자신의 삶 속에서 최선을 다하는 사람은 하느님에 대한 신앙을 갖지 않는다 하더라도 그리스도의 은총을 받는다. 신앙은 언제나 인식과 고백을 본질적인 요소로서 내포한다. 은총의 내적 작용은 구원적이지만 이것만으로 신앙과 동일시될 수 없다. 라너가 구원적인 은총과 신앙을 동일시한 것은 일종의 남용이다.

이제 익명의 그리스도인 이론으로 다시 돌아가서 이 부분을 마무리 짓기로 하자. 만일 모든 사람이 강생에 힘입어 그리스도와의 존재론적인 닮음을 갖고 태어난다면, 과연 원죄에 관한 가톨릭의 가르침은 어디서 찾아볼 수 있을까? 이 모든 이론들은 원죄를 구석에 처박아 놓으면서 끝을 맺는다. 따라서 모든 인간이 갖는 구원의 필요성도 결국에는 그렇게 구석으로 몰아 버리고 말 뿐이다.

정말이지 놀라운 사실은, 우리는 교회의 제도권 밖에서 하느님의 은총을 통해 거의 대부분 구원된 세상 가운데 있기에 교회의 선교는 어떤 새로운 구성원들을 획득하거나 사람들의 구원을 추구하는 것, 그래서 만일 그렇지 못하면 그들은 구원받지 못한 채 남게 될 것이라는 식이 되어서는 안 되며, 이미 이 세상 속에 있는 하느님의 은총을 모든 이들에게 드러내는 증거자들을 얻는 것이 되어야 한다고, 라너 같은 사람이 이를 명백히 언급하고 있다는 점이다. 그보다 교회의 선교는 오히려 정의와 자유를 통해 책임을 수행하는 가운데 소외된 백성들을 향한 봉사가 되어야 한다.631

분명한 것은, 이 이론이 선교를 중대하게 손상시켰다는 점이다. 그러나 그리스도는 모든 민족들을 사회적으로 진흥시키는 것 이상으로 그들에게 세례를 베풀면서 구원하게 하기 위해 온 세상으로 나아갈 것을 명령하셨다(마태 28,19-20).

그러므로 라너의 전망에서 이해된 복음화는 단지 인간적인 장려로 축소되기 위해 고유한 자신의 그리스도적 색채 모두를 상실하고 말았다. 라너는 구원을 위해 필요한 통상적 수단들을 보관하는 주체인 교회가 구원의 성사로서 필수적이라는 점을 잊어버리고 있다. 만일 교회가 세상 가운데 존재하지 않는다면, 사람들은 구원을 위한 수단들이 없는 것에 대해 따라서 우리가 교회 내에서 향유하고 있는 풍요로운 은총이 없는 것에 대해 만족해야만 한다. 구원의 수단들이라는 관점에서 보면, 모든 사람들에게 그리스도를 전해주지 않는 것은 그들을 결핍 상태 속에 방치해 두는 것과 다를 바 없다.

## V. 교회의 종말론적 차원

교회의 사명은 이 세상에서 끝나는 것이 아니라 오히려 모든 사람들을 영원한 구원으로 인도하는 우선적인 목적과 함께 이 세상 안에서 발전한다. 바로 이것이 교회의 근본적인 목적으로서 이 목적은 사람들이 하느님의 자녀로서 죄로부터 해방된 가운데 그분의 은총 속에서 살아갈 때 비로소 이루어진다.

이 세상의 모습이 지나가는 것처럼, 교회는 말씀과 성사들이 갖는 외적인 형태라는 면에서 볼 때 결국에는 사라지도록 예정되어 있다. 그러나 교회는 또한 그리스도 안에서 구원된 공동체로 드러나는 날부터 자신의 근본적인 본질 속에서 영원히 지속되도록 예정되었다.

공의회는 루카복음 9장 25절에 나오는 말씀, 즉 만일 자기 자신을 잃어버리면 온 세상을 얻어도 아무 소용이 없다는 그리스도의 말씀을 자신의 것으로 취했다. 동시에 공의회는 새 하늘과 새 땅에 대한 기다림이 결코 이 세상에서의 우리의 책임을 경감시켜서는 안 된다는 점을 주의 깊이 강조하고 있다. 왜냐하면 "현세 진보는 그리스도 왕국의 발전과 신중하게 구별되어야 하지만, 그 진보가 인간 사회의 더 나은 개선에 이바지할 수 있는 그만큼, 하느님 나라에 커다란 중요성을 지니기"(GS 39) 때문이다.

여기서 우리는 다시금 본성-초본성 문제에 대한 보다 다양한 모습 앞에 서게 되었다. 이미 언급했듯이, 초본성적인 하느님의 왕국은 하느님의 구원이 그리스도 안에서 결정적으로 도달하는 데 있다. 그것은 다음과 같은 이중적인 차원에서 그러하다. 우리에게 하느님의 자녀라는 자격을 허락하는 한에서 '고양적(*elevante*)'이며, 우리를 죄와 죽음에서 해방시켜주는 한에서 '치유적(*sanante*)'이다. 인간은 내적인 회심을 통해 이 왕국에 들어간다. 언급한 바와 같이,

이 왕국은 인간적인 정의의 실현을 내포하는데, 이는 죄로부터의 해방과 마찬가지로 사회적인 질서에 있어서 궁극적으로는 죄로부터 유래하는 온갖 불의들로부터의 해방도 포함하기 때문이다.

본성이 본성을 취하듯 마찬가지로 하느님 나라는 인간의 인격적인 품위에 대한 존중을 내포한다. 다시 말해 모든 피조물을 포함하는 하느님 나라는 그 귀결로 사회적인 불의들로 인해 상처받은 인간의 품위에 대한 회복을 내포한다. 그렇지만 그것이 하느님 나라와 인간적인 정의가 일치한다는 것을 의미하지는 않는다. 왜냐하면 죄 중에서도 그 나름대로의 정의의 실현이 이루어질 수 있으며, 그것은 결국 우리를 하느님 나라로부터 빗나가게 하기 때문이다.

그러므로 영원한 구원이 우리로 하여금 여기 이 땅에서 사랑과 정의에 대한 요구들을 잊어버리게 할 수는 없다. 하지만 또한 상기해야 할 점은, 만일 우리가 죄 중에 사는 가운데 영원한 구원을 잃어버린다면, 이 땅에서 얻은 인간적인 성취들은 아무런 쓸모가 없다는 것이다.

언급한 것처럼, 영원한 구원 그리고 천상 왕국의 완전한 실현은 인간이 창조된 우선적 목적이자 실현될 수 있는 최종 목적이요 여타의 이차적인 목적들에 의미를 주는 궁극적인 목적이다. 이 세상에서의 인간적인 성공들(문화, 자유, 진보, 정의 등)은 긍정적이며 필수적이다. 그러나 그것들이 은총의 삶 속에서 실현되기 전까지는 그 자체만으로 우리에게 영원한 구원을 보장해주지 못한다. 그것들이 오직 하느님 은총의 틀 안에서 살아지고 유지될 때에만 비로소 그리스도의 은총에 의해 변모되면서 천상까지 우리를 동반해줄 수 있다. "인간의 존엄과 형제적 친교와 자유의 가치들, 곧 우리 본성과 노력의 훌륭한 열매인 이 모든 것을 우리가 주님의 성령 안에서 주님의 명령에 따라 지상에 널리 전파한 다음, 그리스도께서 성부께 보편되고 영원한 나라, '진리와 생명의 나라, 거룩함과 은총의 나라, 정의와 사랑과 평화의 나라'를 돌려드릴 때에, 모든 때를 씻어 버리고 찬란하게 변모된 그 가치들을 다시 찾게 될 것이다. 이 지상에 그 나라는 이미 신비로이 현존하며, 주님께서 오실 때에 완성될 것이다"(GS 39).

제2차 바티칸 공의회는 「교회 헌장」에서 교회의 종말론적 차원에 대해 언급하기 위해 그리스도와 함께 시간이 충만함에 이르렀다고 말한다. 그러나 동시에 공의회는 하느님 나라가 아직 충만함에 이르지 못했으며 이로 인해 교회는 천상 왕국에 대한 희망으로 비추임받는 가운데 아직 순례하고 있다고 말한다.

> 그리스도께서는 땅에서 높이 들려지시어 모든 사람을 당신께 이끌어 들이셨고(요한 12,32 참조), 죽은 이들 가운데에서 부활하시어(로마 6,9 참조) 생명을 주시는 당신 성령을 제자들에게 보내주시고 성령을 통하여 당신 몸인 교회를 구원의 보편 성사로 세우셨다. 성부 오른편에 앉아 계시면서도 끊임없이 이 세상에서 활동하시어 사람들을 교회로 이끌어 들이시고 교회를 통하여 당신과 더욱 긴밀히 결합시키시며 당신의 몸과 피로 기르시어 당신의 영광스러운 생명에 참여하게 하신다. 그러므로 우리가 기다리고 있는 약속된 재건은 이미 그리스도 안에서 시작되어 성령의 파견으로 추진되고 성령을 통하여 교회 안에서 계속된다. 교회 안에서 우리는 신앙을 통하여 우리 현세 생활의 의미도 배우며, 하느님 아버지께서 이 세상에서 우리에게 맡기신 일을 미래의 좋은 것에 대한 희망으로 그 목적을 향하여 이끌어 나가며 우리의 구원을 위하여 힘쓴다(필리 2,12 참조).

그러므로 이미 세기들의 종말이 우리에게 다가왔으며(1코린 10,11 참조) 세상의 쇄신도 되돌이킬 수 없이 결정되어 이 현세에서 어느 모로 미리 이루어지고 있다. 교회가 이미 지상에서 참된 성덕으로 불완전하게나마 드러나고 있기 때문이다. 그러나 정의가 깃드는 새 하늘과 새 땅이 이루어질 때까지(2베드 3,13 참조), 순례하는 교회는 자신의 성사들 안에서 그리고 이 시대에 딸린 제도 안에서 지나갈 이 현세의 모습을 지니고, 아직까지 신음하고 진통을 겪으며 하느님의 자녀들이 나타나기를 기다리는 피조물들 사이에서 살고 있다(로마 8,19-22 참조).

그러므로 교회 안에서 그리스도와 결합되고 "우리가 받을 상속을 보증해주시는"(에페 1,14) 성령의 인호를 받은 우리는 참으로 하느님의 자녀라 불리며, 실제로 하느님의 자녀들이다(1요한 3,1 참조). 그러나 아직은 그리스도와 함께 영광 속에 나타난 것은 아니다(콜로 3,4 참조). 그 영광 속에서는 우리가 하느님의 참모습을 뵈올 것이므로 우리도 하느님과 비슷하게 될 것이다(1요한 3,2 참조). 그러므로 "육체에 머물러 있는 동안에는 우리가 주님에게서 멀리 떠나 있는 것이며"(2코린 5,6) 성령의 첫 열매를 지니고 있으면서도 속으로 신음하며(로마 8,23 참조) 그리스도와 함께 살기를 갈망하는 것이다(필리 1,23 참조)(LG 48).

교회는 천상에서 완전한 충만함에 이르겠지만, 각각의 것들이 하느님의 정의와 더불어 이루어져야 한다는 점을 교회는 또한 잘 알고 있다. 우리는 이 지상에서의 우리 삶을 끝내면서 우리가 행한 행업들을 이 점에 비추어 숙고해야 한다. 세상 종말에 그리스도의 최종적인 오심과 더불어 우리 몸의 부활도 이루어질 것이다(LG 48).

이렇게 해서 어떤 이들은 이 지상에서 순례하고, 다른 이들은 연옥 속에서 정화되며, 또 다른 이들은 영광 중에 하느님을 관상하고 있다. 이들 모두는 성인들의 친교를 형성한다.

그러므로 주님께서 당신 위엄을 갖추시고 모든 천사를 거느리고 오실 때까지(마태 25,31 참조), 또 죽음을 물리치시고 모든 것을 당신께 굴복시키실 때까지(1코린 15,26-27 참조), 주님의 제자들 가운데에서 어떤 이는 지상에서 나그넷길을 걷고 있고, 어떤 이는 이 삶을 마치고 정화를 받으며, 또 어떤 이는 '바로 삼위이시며 한 분이신 하느님을 계시는 그대로 분명하게' 뵈옵는 영광을 누리고 있다. 그러나 우리는 모두 하느님과 이웃에 대한 같은 사랑 안에서 참으로 여러 단계와 방법으로 친교를 이루고 있으며 우리 하느님께 영광의 같은 찬미가를 노래하고 있다. 그리스도께 딸린 모든 사람은 그분의 성령을 모시고 하나인 교회로 뭉쳐서 그리스도 안에서 서로 결합되어 있기 때문이다(에페 4,16 참조). 그러므로 그리스도의 평화 속에 잠든 형제들과 나그네들의 결합은 조금도 중단되지 않으며, 더욱이 교회의 변함없는 신앙에 따르면, 영신적 선익의 교류로 더욱 튼튼해진다(LG 49).

천상의 지복자들은 자신들이 누리는 하느님과의 완전한 일치로 인해 유일한 중재자이신 그리스도를 통해 이 지상에 도달한 자신들의 공로들을 제시하면서 순례하는 교회를 위해 중재한다. 한편, 순례하는 교회는 연옥 가운데 있는 죽은 신자들을 위해 중재하며 이 여정 속에서 성인들을 통해 구원에 이르기 위한 빛을 구한다. 교회는 성인들 속에서 천상 왕국의 징표를 만나며 그들에게 전구를 청한다. 마지막으로 교회 구성원들, 즉 천상, 순례, 연옥 교회의 구성원들은 전례 가운데 하느님께 영광을 드리면서 같은 찬미가 속에서 함께 모인다.

천상 교회와 우리의 결합은 특히 성령의 능력이 성사적 표지를 통하여 우리 위에 작용하는 거룩한 전례 안에서 우리가 함께 기뻐하며 하느님의 위엄을 함께 찬미할 때에 가장 고귀한 방법으로 이루어진다. 그 전례 안에서 모든 민족과 언어와 백성과 나라에서 그리스도의 피로 구원받은(묵시 5,9 참조) 우리 모든 사람이 하나인 교회로 모여 하나의 찬미가로 한 분이시며 삼위이신 하느님을 찬양한다. 그러므로 성찬의 희생 제사를 거행하는 우리는 천상 교회의 예배와 밀접히 결합되고 일치되어, 영광스러운 평생 동정이신 마리아를 비롯하여 성 요셉과 복된 사도들과 순교자들과 모든 성인을 기억하고 공경한다(LG 50).

오직 하느님께 자신들의 지은 죄에 대한 용서를 청하면서 그분을 향한 사랑으로 회심하는 것을 거부한 이들만이 이 교회에 속하지 않는다.

## 2장 요약

성모님은 교회의 어머니이면서 이 교회의 구성원이시다. 또한, 믿음 안에서 우리의 자매가 되신다. 그분은 교회 안에서 이미 완덕에 이른 분이다. 그래서 교회는 성모님 안에서 자신이 도달해야 할 모습을 보며 그 뒤를 따른다. 하느님은 성모님이라는 모델에 따라 교회를 만드셨다.

'시온의 딸'로서의 성모님은 자신의 '예'를 통해 이스라엘을 향한 하느님의 약속을 실현하는 결정적 인물로 드러난다. 성모님은 자신 안에서 자기 백성을 대표하는 훌륭한 인물들을 종합하며 이 백성의 열망과 기대를 실현하셨다. 성모님은 하느님의 계획에 '예'라고 응답하심으로써 이스라엘의 가장 훌륭한 믿음을 대표하는 이가 되었다. 이스라엘은 성모님을 향해 그분의 계획에 자신을 내어 맡기게 된다.

그러나 그분은 단지 이스라엘을 대표하는 전형일 뿐만 아니라 첫 번째요 으뜸가는 교회의 구성원이기도 하다. 그분은 탁월한 방식으로 그리스도에 의해 구원된 교회 구성원이자 신앙 안에서 우리의 지메이며 동시에 어머니가 되신다. 성모님은 신비체의 머리이신 그리스도의 어머니가 되심으로써 우리의 어머니가 되신다. 그분은 은총을 통해 그리스도와 합체된 모든 이들의 어머니이시다. 성모님은 우리가 은총을 향해 태어날 수 있도록 결정적으로 협력하셨고, 특별히 성령께서 우리를 그리스도 안으로 들어가게 하는 한에서 그분과 짝을 잘 이루게 해주시며, 그리스도의 몸에 속한 구성원으로서 그분 안에서 우리를 사랑하시기에 우리의 어머니이시다. 성모님은 은총으로 당신 아드님과 짝을 이루고 있는 이들을 끊임없이 모성적인 사랑으로 사랑하신다.

성모님은 우리가 복음을 잘 이해하도록 도와주신다. 그분은 어려운 환경에서도 자신의 모든 희망과 미래를 하느님 손에 맡겼던 '아나빈'의 영을 지니고 계시기 때문이다. 성모님은 신자들에게 있어서 아브라함보다도 더 큰 신앙의 어머니가 되신다. 아브라함의 신앙은 이스라엘의 신앙에 있어서 시작이지만, 성모님의 신앙은 이 신앙의 완성이기 때문이다. 그러므로 성모님은 교회의 선봉(先鋒)이시다. 교회는 성모님과 함께 이 현세의 순례를 걷는다. 교회는 그분 안에서 하느님을 향한 가장 훌륭한 동정성과 충실함의 모델을 보기 때문이다.

## 2 | 마리아와 교회

　　제2차 바티칸 공의회가 자주 배타적으로 그리스도론적 전망만을 갖고서 제시했던 것에 대해서 균형을 맞추면서 「교회 헌장」에 마리아를 포함하고자 했던 것은 익히 잘 알려진 사실이다. 이처럼 공의회는 교회론과 마찬가지로 마리아론에 대해 상당한 호의를 갖는 전망을 취했다. 사실, 교회의 신비는 추상적인 개념이 아니라 그리스도인의 영성 생활의 원천이다. 무엇보다도 교회는 그리스도인의 어머니이다. 왜냐하면 말씀과 세례를 통해 신자들을 은총의 삶을 위해 출산하기 때문이다(LG 64). 또한 교회는 동정인데 이는 신랑을 향한 자신의 믿음과 충실함을 온전히 그리고 순수하게 유지하기 때문이다. 그렇다면 교회의 역할을 우리 모두의 어머니이자 충실한 동정녀 그리고 신앙과 순명으로 당신 성자의 뜻에 자신을 봉헌하신 마리아의 역할과 어찌 비교하지 않을 수 있겠는가?

　　더 나아가, 마리아는 교회의 어머니이면서 이 교회의 구성원임을 포기하지 않고 믿음 안에서 우리 자매가 되는 것도 포기하지 않으신다. 정확히 말해 그분은 교회 안에서 이미 완덕에 이른 분이시다(LG 65). 그분 안에서 교회가 자기 자녀들에게 부어주고자 하는 모든 완덕들이 탁월한 모습으로 실현되었다. 그래서 교회는 마리아 안에서 전초(前哨)의 모델을 보며 뒤따라야 할 길을 본다. 마리아는 교회가 자신의 의식 속에서 자신을 바라보게 하는 거울이다. 또한 마리아는 원형이자 모델로서 하느님은 이 모델에 따라 교회를 만드셨다. 동시에 마리아는 교회가 지향하는 빛나는 완덕의 완성이다.

## I. 시온의 딸

'시온의 딸'이란 표현은 공의회가 마리아 안에서 인정한 칭호이다. "약속의 오랜 기다림 뒤에, 마침내 빼어난 시온의 딸인 이 여인과 더불어 때가 차고 새로운 계획이 시작되었으며, 그때에 하느님의 아들이 이 여인에게서 인성을 받아들이시어 당신 육신의 신비로 인간을 죄에서 해방시키셨다"(LG 55).

무엇보다도 '시온의 딸'은 구약성경의 신탁들(소포 3,14-17; 요엘 2,21-27; 즈카 9,9 이하; 미카 4,10; 예레 2,31) 그리고 야훼가 당신 백성에게 하신 구원 약속 안에서 이스라엘을 지칭하기 위해 예언자들이 사용했던 칭호였다.[632] 그래서 리요네(S. Lyonnet)는 마리아에 대한 천사의 인사 속에서 이스라엘을 향한 이러한 구원의 신탁(神託)들을 보았다. 이 신탁들은 후에 '이스라엘의 남은 자들'로 집중되었으며 이는 결국 이스라엘의 남은 자이자 하느님의 구원 계획에 이스라엘을 대표해서 '예'라는 응답을 드린 마리아에게 이른다. 마리아는 하느님께 '예'라고 응답한 이스라엘로서 의심할 바 없이 가장 훌륭한 이스라엘 사람을 대표한다.

마리아는 자신 안에서 자기 백성을 대표하는 훌륭한 인물들을 종합하며 이 백성의 열망과 기대를 실현한다. "마리아의 모습은 구약의 여러 여인들(하와, 유다, 에스텔, 레베카, 벳사베 등)의 그늘 속에서 그리고 계약의 궤, 장막, 기드온의 양털 같은 실재들 안에서 어슴푸레 보이는 열쇠와도 같다. 마리아는 최종적인 순간에 드러나는 실재로서 오랜 구원 역사 가운데 메시아의 어머니 모습을 그려 온 열망과 기대 그리고 소묘에 응답해주는 선취(先取)이다. 그러나 이 동정녀가 그 위대한 날의 여명을 자신 안에 예감하게 해주는 이 모든 광채들을 모아들이는 데 있어서 그분 자신은 그리스도의 모든 놀라운 업적들 가운데 가장 완전한 업적인 교회의 모습으로 그리고 그 전형으로 변화하신다."633

마리아는 이스라엘의 '예'를 말씀하시면서 민족적 또는 정치적인 회복을 요구한 것이 아니라 하느님 편에서 당신 백성에 대한 영적인 구원을 향한 희망을 표현했다. 그리스도가 살던 시대에는 정치적 또는 민족적인 왕으로서의 메시아에 대한 기대가 완전히 성숙해 있었다. 이 메시아는 인간적인 메시아로서 다윗 가문에서 나오며 그의 왕국은 모든 민족으로 뻗어 나갈 정도로 영화롭고 야훼께서 이스라엘을 통해서 온 세상을 통치하실 정도로 진정 거룩할 것이다. 이러한 메시아는 또한 '다윗의 아들', '이스라엘의 왕'이라고 불린다. 이는 당시 이스라엘 백성과 바리사이파 사람들 그리고 예수의 제자들 사이에 있었던 아주 공통된 기대였다. 그래서 예수의 제자들은 이 왕국에서 차지할 첫 번째 자리를 놓고 다퉜다(마르 9,33-37). 이는 또한 제베대오의 두 아들이 주장했던 것이기도 했다(마르 10,35-41).

당시 내적 생활은 온건한 경건주의자들 안에 보다 깊이 뿌리를 내렸으며 이스라엘 사람들은 자기 민족을 근본적으로 종교적 공동체로 만드는 가운데 민족의 평화를 보장하고 정의와 거룩함을 세워줄 이상적인 메시아를 고대했다. 이스라엘의 쇄신 속에는 예언자적인 메시아의 모습에 따라 종교적인 희망의 징표들이 드러나 있다. 예수의 어머니 마리아 안에서(루카 1,32.46-55), 즈카르야 안에서(루카 1,67-69), 그리고 시메온과 안나 안에서(루카 2,35-38). 비록 이것이 왕으로서의 민족적인 메시아에 대한 해석을 완전히 극복했음을 의미하지는 않지만, 우리는 그들 안에서 이러한 징표들을 찾아볼 수 있다. 어쨌든 분명한 것은 메시아에 대한 정치적-민족적인 기대가 지배적이었다는 점이다.

그러므로 마리아는 하느님의 계획에 '예'라고 말했으며 이 순간 이스라엘의 가장 훌륭한 믿음을 대표하는 이가 되었다. 이스라엘은 마리아를 통해 구원자의 계획에 자신을 내어 맡기게 된다.

## II. 교회의 어머니이신 마리아

그러나 마리아는 단지 '예'라고 응답한 이스라엘을 대표하는 사람일 뿐 아니라 첫 번째요 으뜸가는 교회의 구성원이기도 하다. 마리아는 탁월한 방식으로 그리스도에 의해 구원된 교회 구성원이자 신앙 안에서 우리의 자매이며 동시에 어머니이시다.

마리아를 '우리의 어머니'로 부르는 것이 과연 은유인가 아니면 실재로 그러한가? 교회는 십자가 위의 그리스도께서 하신 말씀, "여인이시여, 이 사람이 어머니의 아들입니다"(요한 19,26) 안에서 당신이 사랑하시던 제자를 통해 대표되는 신자들과 관련해서 마리아의 영적 모성(靈的母性), 새로운 하와에 대한 선포를 보았다.

마리아는 신비체의 머리이신 그리스도의 어머니가 되심으로써 우리의 어머니가 되신다. 그분은 그리스도의 어머니시면서 그 지체들의 어머니, 즉 은총을 통해 그리스도와 합체된 이들의 어머니가 되신다. "신적인 모성이 마리아와 그리스도의 특별한 관계에 있어서 근본이며 예수 그리스도에 의해 이룩된 구원 계획 안에서 그분 현존의 근본이듯이, 그분은 또한 당신의 동정적인 품 안에서 이루어진 강생의 첫 번째 순간부터 계셨던 분 그리고 신비체인 교회의 머리이신 분과 일치하는 어머니가 되심으로써 마리아와 교회 사이의 관계들에 있어서 중요한 토대를 형성한다."[634]

제2차 바티칸 공의회는 성 아우구스티노를 따르는 가운데 분명히 마리아가 머리이신 분의 어머니이실 뿐 아니라 그리스도 신비체 구성원들의 어머니이시라고 말한다. "왜냐하면 저 머리의 지체인 신자들이 교회 안에서 태어나도록 사랑으로 협력하셨기 때문이다"(LG 53). 그분은 강생 안에서 협력하셨고 또한 십자가 가운데 협력하셨으며 관통된 그리스도의 심장에서부터 구원된 이들의 가족이 탄생하는 바로 그 순간에도 협력하셨다. "거기에 하느님의 계획대로 서 계시어(요한 19,25 참조), 성모님께서는 당신 외아드님과 함께 극도의 고통을 겪으시며 당신에게서 나신 희생 제물에 사랑으로 일치하시어 아드님의 희생 제사에 어머니의 마음으로 당신을 결합시키셨다"(LG 58).

"당신 아들의 죽음 앞에서 고통스러워하신 태도는 어머니의 태도가 아니다. 그분은 이 희생에 결합하시고 적극적으로 일치하는 태도를 지니셨다. 이는 희생 제물이 당신의 아들일 뿐 아니라 강생의 때의 그러셨던 것처럼 그분의 사랑이 아들의 희생에 대해 '예'와 더불어 응답하도록 인도해주었기 때문이다."635

마리아는 우리가 은총을 향해 태어날 수 있도록 결정적으로 협력하셨고, 특별히 성령께서 우리를 그리스도 안으로 들어가게 하는 한에서 그분과 짝을 잘 이루게 해주시며, 그리스도의 몸에 속한 구성원으로서 그분 안에서 우리를 사랑하시기에 우리의 어머니이시다. 마리아는 은총으로 당신 아드님과 짝을 이루고 있는 이들을 끊임없이 모성적인 사랑으로 사랑하신다.

만일 그리스도가 천상의 성부 그리고 지상의 어머니에 대한 두 가지 자녀적인 감정을 갖고 계셨다면, 우리는 이와 동일한 그리스도의 감정들을 지녀야 한다. 즉 성부 하느님에 대해 그리고 우리 안에서 하느님에 대한 부성을 가능하게 해주신 마리아에 대해.

이처럼 마리아의 모성(母性)은 하느님의 부성(父性)을 흐리지 않을뿐더러 오히려 우리 안에서 자녀적인 신뢰를 일으키는 한에서 이를 더 확고히 해주고 우리가 하느님을 통해서 태어날 수 있게 해준다. 그분은 당신의 모성적인 섬세함과 섭리로서 가능한 한 가장 좋은 방식으로 여정을 준비해주신다. 이처럼 마리아의 모성은 우리에게 있어서 순수한 하느님의 선물이다. 이러한 의미에서 공의회는 마리아의 중재가 우리 구원에 있어서 그리스도 중심적 특성을 전혀 흐리지 않으며 나아가 마리아는 그리스도의 중개를 신자들에게 확장시키기 위해 유일하고도 철회될 수 없는 그분의 중개에 참여한다는 점을 강조했다(LG 60 참조).

더 나아가 마리아를 어머니로 갖는다는 것은 천상에서의 그분의 전구를 신뢰한다는 것을 뜻한다.

이 세상에서 마리아의 생애는 기도의 삶이었다. 복자 안젤리코의 작품 「수태고지」는 어린 시절부터 천사의 알림 앞에서 기도하는 겸손한 마리아의 이미지를 우리에게 각인시키고 있다. 마리아의 기도는 마니피캇에서 영광의 찬가로 드러나며 가나의 혼인 잔치에서는 신뢰에 찬 청원으로 그리고 다락방에서는 교회와 함께 끈기 있게 기다리는 모습으로 드러난다.

그분은 그때부터 오늘에 이르기까지 모든 시대에 걸쳐 그리스도 신비체의 모든 구성원들을 위한 전구자가 되신다. "하늘에 올림을 받으신 성모님께서는 이 구원 임무를 그치지 않고 계속하시어 당신의 수많은 전구로 우리에게 영원한 구원의 은혜를 얻어주신다. 당신의 모성애로 아직도 나그넷길을 걸으며 위험과 고통을 겪고 있는 당신 아드님의 형제들을 돌보시며 행복한 고향으로 이끌어주신다. 그 때문에 복되신 동정녀께서는 교회 안에서 변호자, 원조자, 협조자, 중개자라는 칭호로 불리신다"(LG 62).

마리아는 천상에서 계속 우리의 어머니이시며 우리를 위해 모성적으로 전구하신다. 마리아의 전구는 "섬세하고 우아하며 인내와 배려가 가득하고 어머니처럼 빈틈없이 개입하심으로써 당신의 수많은 개입과 함께 필수적인 은총들을 눈물로 간청해주신다. […] 하느님의 어머니로서 그분의 전구는 전능하며 우리의 어머니로서 그분의 전구는 확실하다."[636]

샤를 페기(C. Péguy)는 마리아에 대해 이렇게 말한다. "나는 확신을 갖고, '당신의 뜻이 이루어지소서'라고 말할 수 없다. […] 동정 마리아의 기도들은 유보된 기도들이다. […] 모든 전례 안에서 그러한 기도들 가운데 하나도, 반복하지만, 그 어느 하나도 죄인들 가운데 가장 가련한 죄인을 위해 사용되지 않는 것이 없다. 구원 경륜에서 성모송은 마지막 구제(救濟)이다. 이것과 함께라면 결코 그 무엇도 잃어버리지 않을 것이다."[637]

## III. 교회의 모델이신 마리아

우리가 마리아의 신비 속으로 들어가 우선적으로 깨닫게 되는 것은 그 신비야말로 복음을 이해하는 중요한 열쇠라고 하는 점이다. 라칭거 추기경은 자신이 젊은 신학자 시절 동정 성모께 대한 과도한 신심을 드러내는 것이 아닌가 하고 여겼는데 지금은 "마리아께서 오늘을 살아가는 사람들을 위해 더욱더 복음을 교육하는 분이 되어야 한다"[638]고 고백한다.

마리아는 우리가 복음을 잘 이해하도록 도와주신다. 왜냐하면 그분은 구약성경에 나오는 바로 그 사람들, 즉 이스라엘 백성에게 있어 어려운 환경 속에서도 자신의 모든 희망과 미래를 하느님 손에 맡겼던 '아나빈(anawin)'의 영을 지니고 계시기 때문이다. 그들은 야훼의 가난한 자들이었다. 그들은 똑똑한 사람도 아니었고 그렇다고 교양이 있거나 부자도 아니었다. 그들은 단순히 비천한 사람들로서 자신의 무능함을 고백하면서 온전히 하느님만을 신뢰하던 사람들이었다.

그러나 그리스도께서 오셨을 때 이스라엘은 커다란 위기의 순간을 맞는다. 그것은 이스라엘이 자신의 메시아가 십자가 위에서 죽는다는 것과 그가 그 어떤 정치적인 승리도 가져다주지 않는다는 것을 받아들이지 못했던 커다란 변절의 순간이었다. 온 이스라엘 가운데 오직 한 여인만 깨어 있었다. 그는 다름 아닌 나자렛의 가난한 여인, 마리아였다. "그분은 무한히 여왕이시다. 왜냐하면 그분은 피조물 가운데 가장 겸손한 분이며 가난한 여인, 비천한 여인, 가난한 유다 여인이기 때문이다."[639]

이제 이스라엘의 모든 신앙은 쓰지도 읽을지도 모르는 그러나 자신의 백성이 신앙을 잃어버린 바로 그곳에서 여전히 충실함을 이어가는 한 여인, 자신의 작음과 비천함과 함께 홀로 충실함을 견지하는 이 가난한 나자렛 여인에게 달려 있었다. 마리아의 사촌 엘리사벳은 그녀에게 이렇게 말한다. "행복하십니다. 주님께서 하신 말씀이 이루어지리라고 믿으신 분"(루카 1,45). 왜냐하면 이스라엘 백성은 믿지 않았기 때문이다.

마리아는 요셉의 몰이해와 함께 자신의 충실함과 고독을 살 준비가 되어 있었다(마태 1,18 이하 참조). 그러나 그녀는 이것을 잘 알고 있었다. 하느님은 권세 있는 자들, 힘 있는 자들이 아니라 작은 이들과 더불어 계약을 맺으신다는 것을(루카 1,52 참조). 다시 말해, 하느님은 구원에 대한 인간적인 가능성들을 신뢰하지 않고 이 모든 것을 오직 당신께만 희망하는 이들과 더불어 계약을 맺으신다. 이는 하느님께 구원의 판결을 맡기는 이의 지혜, 가난한 이의 지혜이다. 그리고 자신이 작다고 느끼는 이, 하지만 하느님의 능력으로 인해 구원되고 선택되었다고 느끼는 이의 지혜이기도 하다.

그러나 마리아의 신앙은 쉽지 않았다. 공의회는 그분에 대해

"믿음 안에서 순례하셨다"(LG 58)라고 하며 이를 잘 이해하고 있었다. 마리아는 하느님이자 인간이신 그리스도를 갖게 될 하느님의 계획에 대해 전혀 알지 못했다. 그녀는 오직 믿음만을 지녔었다. 그래서 그녀는 어두움과 당혹스러움에 대해 잘 알고 있었다. 그녀의 아들이 이스라엘에게는 반대를 받는 표징이 될 것이라고 나이 든 시메온이 말했을 때 그녀는 당혹스러웠고 슬펐다. 그리고 그녀의 마음은 칼로 꿰찔렸다(루카 2,34-35 참조).

마리아는 십자가를 거치고 십자가 위에서 정점에 이르는 당신 아들의 메시아성을 점차 발견해 가야만 했다. 어떠한 어머니도 아들의 고통을 보고 고통스러워하지 않을 수 없는 것처럼, 이 역시 마리아를 아프게 했다. 그러나 오직 마리아만이 이것을 알고 있었다. 즉 그녀는 성자의 인격과 행적을 위해 주님의 여종으로서 자신을 봉헌했다는 것이다(LG 56). 그녀는 결코 의심하지도 흔들리지도 않았다. 심지어는 굳어 버린 자기 아들의 시신을 무릎 위에 올려놓았을 때 그래서 모든 것이 무너져 버렸다고 생각했을 때에도 결코 흔들림이 없었다. 그래서 마리아는 신자들에게 있어서는 아브라함보다도 더 큰 신앙의 어머니가 되신다. 왜냐하면 아브라함의 신앙은 이스라엘의 신앙에 있어서 시작이지만 마리아의 신앙은 이 신앙의 완성이기 때문이다.

마리아는 교회의 선봉(先鋒)이시다. 그리스도의 제자들은 성 토요일에 십자가의 스캔들을 보면서 모두 떠나갔다. 오직 마리아만이 그곳을 지켰다. 그분만 이 성금요일에도 여전히 십자가 곁을 지켰으며 그 후에도 계속 그리스도를 희망했다. 그분은 하느님께서 아브라함에게 약속의 아들을 봉헌하라고 청하셨을 때마저도 여전히 희망했던 바로 그 아브라함보다도 더 희망했다. 그래서 교회는 토요일을 마리아의 날로 기념한다. 왜냐하면 성금요일과 부활을 기념하는 주일 사이에 있는 이날 교회에는 마리아의 믿음 이외에 더 이상 다른 믿음을 찾아볼 수 없었기 때문이다. 이 순간 마리아는 존재했던 교회 전체였다.

또한 마리아는 성령강림 때에 당신의 믿음 안에서 탄생하는 교회를 떠받치면서 교회의 중심에 서 있었다(사도 1,14 참조). 그래서 마리아와 교회는 함께 걷는다. 우리는 "우리와 함께 걷기 위해 오소서"라고 노래한다.

교회는 마리아와 함께 걷는다. 왜냐하면 그분 안에서 하느님을 향한 가장 훌륭한 동정성과 충실함의 모델을 보기 때문이다. 교회가 이 세상의 유행과 원의에 자신을 내맡기고 싶은 유혹을 느낄 때, 하느님에 대한 충실함 그리고 사람들을 애정을 다해 사랑하기 위한 힘과 모델을 마리아로부터 발견하게 된다.

그러나 마리아의 믿음은 단순히 우리가 닮아 가야 할 모델 그 이상이다. 그리스도인들은 이미 에페소에서부터 그분을 '모든 이단들의 적'으로 불렀다. 그분의 충실함은 천상에서부터 교회의 신앙을 계속 떠받치고 계시다. 그분은 신앙의 수호자이시다.

성체적인 믿음도 마리아에게 적절한 유비를 두고 있다. 그분은 이 세상에서 첫 번째 가는 그리스도의 감실(龕室)이시다. 이처럼 마리아에 대한 신앙과 성체에 대한 신앙 사이에는 특별한 관계가 있다. 마리아 안에서 육(肉)을 취한 강생은 성체 안에서 계속 이어진다.

네덜란드의 개혁 교회가 가톨릭 교회를 거스르는 반감으로부터 자신들을 예방하기 위해 1950년 3월 23일 (그 당시) 자기 신자들에게 보낸 교서에서 마리아에 대한 가톨릭의 가르침을 제시하는 가운데 글을 시작하는 것은 흥미로운 일이 아닐 수 없다. 왜냐하면 그것은 단순히 두 교회의 같은 출발점이기 때문이 아니라 오히려 교회의 원천이자 완성이기 때문이다. 네덜란드의 개혁 교회는 이 서한에서 언급하길, 가톨릭 교회는 마리아 안에서 하느님의 은총에 대한 인간의 모든 협력 행위를 보여주는 모델을 관상한다고 한다. 교회는 그분 안에서 인간이 하느님의 은총과 더불어 협력할 수 있는 것을 고려한다.640

더욱이 분명한 것은 신앙에 대한 충실함, 단순한 이들의 겸손함 그리고 하느님 계획에 대한 순명을 잃어버린 곳에 남는 우선적인 것은 동정 마리아께 대한 신심이다. 이렇듯 마리아는 복음 그리고 교회에 대한 해석의 열쇠가 된다.

## 3장 요약

　　이번 장은 교회와 세속 권력 사이의 관계를 이해하게 해주는 역사적 고찰과 교도권의 가르침을 우리에게 제시해 준다. 그리스도교는 313년 밀라노 칙령과 더불어 로마 제국에 의해 승인되고, 더 나아가 392년 테오도시우스 1세 황제에 의해 국교가 되면서 제국으로부터 많은 세속적 편의를 제공 받았다. 또한, 이와 더불어 교회를 이끄는 교황의 권위는 점차 영적인 차원을 넘어 세속적인 차원으로 확장되어 갔다. 성 아우구스티노가 제시한 두 개의 교회 이론은 중세에 상당한 영향력을 행사했으며, 이는 교회적인 권위가 수행해야 할 결정들을 완수하기 위한 정치 권력의 개입을 허용하게 했다. 교황을 중심으로 한 교회의 권력은 중세에 그레고리오 7세와 인노첸시오 3세 그리고 보니파시오 8세에 정점에 이르렀다. 그러나 근대로 넘어오면서 세상은 점점 교권으로부터 분리되어 갔으며 이는 특히 르네상스와 개신교 종교개혁 그리고 계몽주의를 통해 급속도로 이루어졌다.

　　교회와 국가 간의 관계에 대한 인식에서 이정표를 마련한 것은

19세기 말 레오 13세의 가르침을 통해서였다. 교회 사상과 관련된 이 가르침은 전통적인 주장과 민주적인 원리에 대한 수용 사이에 놓여 있으며 이는 그의 회칙 *Diuturnum illud*와 *Immortale Dei*에서 잘 드러난다. 그에 따르면, 교회와 정치 이 두 사회가 동일한 사람에 관여될수록 이 둘은 완전한 조화를 추구하고 상호 간에 모순되는 규율들을 피하는 가운데 서로 협력해야 한다. 그 후, 비오 10세는 *Vehementer nos*, 비오 11세는 *Quas Primas*를 통해 이러한 비오 13세의 가르침을 계승, 발전시켰다.

현대로 들어와 교회의 정치사상은 비오 12세의 공헌 덕분에 더욱 발전했다. 그는 시민 권력의 주체가 본래 민중이라고 보았으며, 이는 가톨릭교회의 가르침에 있어 분명 진보한 것이다. 그에 따르면, 국가는 본성적 권리로부터 유래하며, 반면 교회는 역사 속에서 하느님의 능동적이고 무상적인 개입에서 유래한다. 이러한 가르침은 1963년 요한 23세의 회칙 *Pacem in Terris*와 제2차 바티칸 공의회를 통해 비약적으로 발전했다. 공의회는 정치 공동체와 교회 모두가 동일한 인간의 유익을 위해 있지만, 이 둘 모두 각자 자신의 영역에서 독립적이고 자주적이라고 천명했으며, 동시에 둘 사이에는 건전한 협력이 필요하다고 보았다.

## 3 | 교회와 세속 권력

교회론의 역사에서 늘 등장하는 주제 가운데 하나는 교회와 세속 권력 사이의 관계이다. 이는 오랜 역사 속에서 늘 논쟁거리가 됐던 주제였다. 하지만 오늘날은 이 주제에 대해 충분히 할애해서 다뤄지지 않고 있다. 앞으로 보게 되겠지만, 제2차 바티칸 공의회는 교회와 시민 사회가 자신들의 지도 조직들과 더불어 서로 구별되는 두 개의 자주적인 사회이긴 하지만, 교회는 인간 인격의 초월성과 윤리적인 가치들을 보호하기 위해 당연히 공공 생활 속에 개입하는 자격을 자신에게 유보한다는 의미에서 보다 더 실천적인 해결책을 선택한다(GS 76).

그러나 이 문제는 다양한 측면에서 소란을 일으키며 아직껏 계속되고 있다. 이 세상에서 그리스도인의 현존은 분명하게 드러나야 하는가, 아니면 그리스도인들은 공공 생활에서 그리스도에 대한 자신의 신앙을 분명하게 밝히지 않은 채 본성적인 권리들에 대한 보호에 주목하고 이를 요청하는 선에서 만족하며 살아야 하는가? 인간의 자주성은 어느 선까지 이를 수 있을까? 그리스도인은 정치에서 그리스도를 제외시켜야 하는가? 그리스도인들은 공공 생활에서 자신의 신앙을 드러내야 하는가, 아니면 그렇지 않은가?

이는 분명 역사적인 모델에 대한 인식과 함께 적절한 신학적 성찰을 요구하는 상당히 논란의 소지가 있는 문제들이다. 오늘날 적지 않은 사람들이 사회와 공공 세계에서 그리스도인의 생활이 명백하게 그리스도적이어야 한다는 어떤 특별한 이유를 갖지 못한다고 하며 이의를 제기하고 있다. 그들에 의하면, 그리스도적인 생활은 각자의 사적인 세계에 속하며 공공의 사회적인 삶은 민주적 다원주의적 생활로부터 나오는 여러 기준들을 수용하면서 세속성에 의해 지배되어야 한다고 본다. 더 나아가, 오늘날의 민주적인 세상 안에서 분명하게 신앙을 드러내야 한다는 주장은 근본주의나 독재적인 강압이라는 누명을 쓰지 않은 채 어떻게 유지될 수 있을까? 그로치오(Grocio)는 언급하길, 공공 생활을 언급함에 있어서 본성적인 권리는 마치 하느님이 존재하지 않는 것처럼 실행되고 보호되어야 할 정도로 아주 명백하다고 지적한다. 적지 않은 사람들이 정치 생활은 그리스도교 생활과 분리되어야 하며 심지어는 전혀 신앙을 드러내지 않는 어떤 중립적인 형태의 사회생활에 대한 창설을 주장하기도 한다.

## I. 교회와 세속 권력에 대한 역사적인 기억들

### 1. 신정(神政) 개념: 그레고리오 7세에서 보니파시오 8세까지[641]

중세 동안 교황권이 여러 기회를 통해 심지어는 세속적인 정치적 군주로 드러나는 군주제적인 형태를 취했던 것은 의심할 여지가 없다.

박해받고 세상으로부터 추방됐던 교회는 콘스탄티누스 대제의 회심과 함께 추방당한 이들의 공동체로부터 나오게 되는 새로운 상황을 맞이하게 된다. 이제 신앙과 은총에 대한 사안을 다루는 공식적인 종교로 변화하게 된 교회는 세상과 사회 안에서 중요한 요소로 탈바꿈하게 된다. 부이에(L. Bouyer)의 견해에 의하면,642 이렇게 해서 교회는 고백 교회에서 대중 교회로 이행하게 된다고 한다. 따라서 교회는 공식적인 종교로서의 특전을 알게 되었고 국가로부터 광범위한 호의를 받게 되었다. 한편, 국가 역시 자신의 안착과 보장을 위한 수단으로 교회를 필요로 했다. 이렇게 해서 교회는 어떤 면에서 제국과 동일시됐다.

콘스탄티누스 대제가 그리스도교로 회심한 사건은 그 자체로 그 이전에 성행했던 여러 종교들이 불법과 박해 — 특히 테오도시우스 황제 치하에서 — 로 인해 쇠퇴하는 현상을 가져왔다. 당시 교회는 이교인들의 성전들을 취합해서 여기에 다른 목적을 부여했으며 이교인들의 왕궁 건축물들을 기초로 자신들만의 고유한 그리스도교적인 성전들을 건설했다. 이제 주교들은 국가의 최고위 공무원이 되었고 교황은 황제의 반열에 오르게 되었다. 한편, 황제는 여러 공의회들을 소집할 정도로 자기 자신에게 다양한 종교적인 역할을 부여했다.

이제 그리스도교 백성은 문화적 사회적 개념으로 자리 잡아 갔으며 이와 더불어 비그리스도인은 정치적인 적으로 간주되었다. 그리고 십자가는 왕국의 권력을 상징하는 표징으로 바뀌었다. 야만인들은 로마의 적일 뿐 아니라 교회의 적으로 간주되었으며, 따라서 그들을 문명화시켜야 할 뿐 아니라 그리스도교화해야 한다고 생각했다. 황제가 부재 시 주교들은 시민적인 형태의 제반 문제들과 어려움들을 주재해야 했으며 동시에 황제는 교회의 위대한 보호자로 등장하기에 이르렀다.

성 아우구스티노는 교회를 이해함에 있어서 은총 안에서의 친교라는 측면을 강조하면서 두 개의 교회라는 관념을 피하고자 했다. 그는 참된 교회는 사랑 안에서 실현되는 교회라고 보았다. 이러한 그의 교회론적인 개념은 중세에 상당한 영향력을 행사했으며, 이는 교회적인 권위가 수행해야 할 결정들을 완수하기 위한 정치권력의 개입을 허용하게 해주었다. 이처럼 중세 교회는 자신의 영적 목적들을 달성하기 위해 검에 의존할 수 있었다.

반면, 5세기 말 젤라시오 교황은 두 개의 권력을 분명하게 구별했다. 하지만 이것이 결코 서로 구별되는 각각의 고유한 두 가지 목적이 이 두 권력에 상응한다는 전제 아래 이 둘을 절대적으로 독립시킨다는 것을 의미하지는 않았다.[643] 그러나 적어도 젤라시오는 교황의 권력이 세속 권력의 원천이 된다는 식으로 이 세상에 대한 권위를 요청한 것은 아니었다. 그가 근본적으로 추구했던 것은 교회가 자신을 통치함에 있어서 가져야 할 절대적인 독립이었으며 양심에 있어서뿐 아니라 군주의 종교적인 행위에 관한 사안에 있어서도 지켜져야 할 그의 필수적인 복종이었다.

그러나 중세에는 소위 세속적인 사안들에 있어서 교회의 직접적인 권력 이론이라 불리는 것이 이루어졌다. 그것은 영적 권력이 세속 권력을 내포한다는 것을 옹호하는 이론이었다. 이는 그레고리오 7세, 인노첸시오 3세 그리고 보니파시오 8세에 의해 옹호되었다.

### 1.1. 그레고리오 7세

힐데브란트는 클뤼니에서 양성을 받은 수도승으로서 교회의 개혁과 안녕은 사제직과 교황직에 달려 있다는 확신을 갖고 있었다. 콩가르가 언급하듯이, 그의 행동은 가톨릭적 교회론이 전혀 몰랐던 커다란 변화를 가져왔다. 그의 법적-군주적 개념은 단순하면서도 거대한 종교적 신비적 전망에 의해 인도되었다. 그레고리오는 하느님께 열렬히 순명한 사람이었다. 그는 사회에 대한 신정정치적(神政政治的, teocrática) 개념에 처음으로 구실을 제공해주었다.

이 개념은 1059년 로마에서 니콜라오 2세에 의해 주재된 가운데 개최된 공의회에서 그 윤곽을 드러냈다. 당시 교황은 이 공의회에서 모든 형태의 속인(俗人)에 의한 성직 서임(聖職敍任)을 금했다. 그리고 그레고리오 7세는 1075년 로마 공의회에서 이 법령을 강제하고자 했다. 그는 독일과 이탈리아의 주교직들을 부당하게 처리하던 하인리히 4세의 권리 주장들에 반대해야만 했다. 이 황제는 심지어 1076년 1월 24일 보름스에서 개최된 주교회의에서 교황을 폐위하고자 했다. 이에 교황은 황제를 파문할 것을 결정하기에 이른다. 황제는 1077년 1월 26일 카노사에서 고행을 한 후에야 사죄(赦罪)를 받을 수 있었다. 이러한 일련의 사건을 통해 그레고리오 7세가 추구했던 것은 다름 아닌 속인에 의한 성직 서임, 즉 주교들을 임명함에 있어서 황제가 획득한 권리들로부터 해방되는 것이었다.

이렇게 해서 교황은 일련의 사건 경과에 따라 정치적인 활동을 포함한 모든 인간 활동에 있어서 초본성적인 목적을 보장하고 교회의 영적 안녕과 사회의 공동선을 보장해주는 교황의 최고 책임권에 바탕을 둔 신정정치적 이론을 발전시키고자 했다. 이를 위해 교황은 그리스도께서 베드로에게 주신 묶고 푸는 권한에 호소했다. 그래서 교황은 세속에 대한 직접적인 권력을 요구할 수 있게 되었다. 이제 영적인 것을 구원하기 위해 세속적인 것에 복종하면서 끝을 맺기에 이른다.

한편, 콩가르는 하느님께서 교황에게 주신 묶고 푸는 권한이 전혀 제거되지 않았다고 설명한다.644 그레고리오 교황이 두 가지 권력에 대한 젤라시오 교황의 원칙을 허용하지 않았던 것은 아니지만, 그는 이 두 개의 권력이 하나의 목적을 위해 봉사해야 한다는 목적의 단일성에 대한 느낌으로 완전히 젖어 있었다. 그가 이러한 느낌을 법률적인 범주 안에서 생각하고 표현했듯이 그는 교황의 권력을 위한 일원적 목적을 염두에 두고 최고 권위를 일원론으로 변모시켰다.645 이러한 의미에서 우리는 그에게 있어서 교계 정치(敎界政治, hierocracia)를 말할 수 있다. 그러나 그것은 엄밀한 의미에서 세속적인 실재들이라고 언급되는 것에 대한 통치를 주장하는 것은 아니었다.

### 1.2. 인노첸시오 3세

12세기의 교회법 학자들은 분명 세속 실재들이 갖는 자주성에 대해 상당히 민감했으며 그들은 이 시기에 두 가지 권력에 대한 구별을 지었다. 이런 맥락에서 그라치아노의 교령(1150)은 전승에 관한 자료들을 모으고 있으며 후에 알렉산데르 3세가 될 롤랑 반디넬리 덕분에 준공식적인 범위에 이르게 되었다. 그라치아노의 교령은 하느님에 의해 분리해서 세워진 두 개의 권력에 대한 젤라시오 교황의 이원론적 노선을 따르고 있다. 당시 군주들은 영적인 면에서 교회 관할권에 종속되어 있었는데 이 점이 세속 영역에서 충돌을 일으킬 소지를 안고 있었다. 그러나 원칙적으로 세속 권력은 독립적이며 따라서 사제적 권한과는 독립적으로 구현된다. 콩가르는 이것이 12세기 전반 당시 교회법 학자들에 의해 견지된 입장이었다고 말한다.646

그러나 이러한 상황은 13세기 들어 인노첸시오 3세와 함께 변하기 시작했다.

콩가르가 지적하듯이,647 인노첸시오 3세(1198-1216)는 영성적이고 지적인 12세기의 사람이었다. 그는 신비(神秘)를 법(法)과 합체시키는 총체적인 종합을 추구하고자 했다. 그는 무엇보다도 인간의 비참함에 대한 인식에서부터 출발했다. 이는 곧 이러한 인간의 비참함이 하느님에 의해 설립된 제도적인 구제책에 복종해야 할 필요성을 내포한다는 사실을 의미했다. 한마디로 말해, 그리스도론적인 수직적 이상이 이 교황의 사고를 지배하고 있었다. *Universalis ecclesia*는 동시에 사제직과 왕권을 통합했지만, 여기서는 사제직이 우선하고 왕권보다 우위에 있었다.

이미 살펴보았듯이, 교황은 그리스도와 마찬가지로 사제이자 왕으로 간주되었다. 인노첸시오 3세는 교황을 그리스도의 대리자로 여겼다. 그에 의하면, 교황은 그리스도께서 그에게 허락하신 묶고 푸는 충만한 권한에서 유래하는 세속에 대한 권력을 갖는다.

이처럼 교황은 두 개의 권력을 구별했지만 이 둘은 모두 세상의 영적 일치를 실현하기 위해 있다. 이 두 가지 권력은 멜키세덱처럼 사제이자 왕이신 그리스도를 원천이자 모델로 본다. 이것이 바로 대부분의 신하들에 대한 성좌(聖座)의 봉건주의적 확장이 갖는 정치적 의미였다. 그래서 교황은 이렇게 말한다. "로마교회가 세속적인 그리고 영적인 권력을 충만하게 소유한 어떤 부분에서는 교회의 자유가 아주 잘 보장되었다. 모든 교회의 어머니이자 스승인 이 사도좌는 교회와 성직자들을 위협하는 불의에 맞서 자신의 세속적인 관할권에 복종하는 백성들을 보호함에 있어 아주 큰 열정을 드러낸다. 여러 교회들이 자신의 유산에 대한 합당한 자유를 보존함에 있어서 게으른 것은 성좌 그리고 그 밖의 다른 모든 교회에 큰 타격을 준다."648

그래서 교황은 세상의 영적 일치를 위해 유리하게 판단된 실제적인 상황이 있을 수 있다고 이론적으로 정당화한다. 이것이 그가 궁극적으로 주장하는 것이다. "비록 교황의 권위와 황제의 권력이 서로 다른 책무를 갖는다 할지라도, 그리고 왕과 사제의 역할이 서로 다르다 할지라도, 로마교황은 이 세상에서 왕 중의 왕이자 군주 중의 군주이다. 그는 멜키세덱의 질서에 따른 영원한 사제로서 그가 주님으로부터 직접 받은 권한은 영적인 질서에서 최고일 뿐 아니라 세속적인 질서에 있어서도 중요하다. 이제, 이 교황에게 의지함으로써 이 확고한 최상의 주교직은 영적인 것에서나 세속적인 것에서 어떠한 중개도 갖지 않는다. 우리는 사도적인 권위와 더불어 적절한 사람을 선택하고 그에게 깃발을 보내면서 왕적인 권리들을 부여한 사실에 대해 주의 깊이 추인한다. […] 이렇듯 여러분에게 명하는 바는… 영적인 것에서 그리고 세속적인 것에서 그에게 합당한 순명과 세심한 존경심을 드러내라는 것이오."649

이렇게 해서 인노첸시오 3세는 아주 명백한 신정정치의 형태를 만들었다.

### 1.3. 보니파시오 8세

익히 아는 바와 같이, 보니파시오 8세는 이 점에 있어서 프랑스의 필립 미왕(美王)과의 그 유명한 충돌을 일으켰다. 이 드라마의 출발점은 영국의 에드워드 1세와 프랑스의 필립 미왕 간의 전쟁에 있었다. 그들은 이 전쟁의 재정을 확보하기 위해 교회 재산들에 도움을 호소했다. 그러나 전쟁을 원치 않았던 교황은 교회적인 면책권을 방어하고자 했고 1296년 2월 24일 *Clericis laicos*라는 칙서(勅書)를 반포하기에 이른다. 그는 평화를 위해 노력했으며 그들 간의 휴전을 제시하면서 이 전쟁에 개입했다. 하지만 이어지는 논쟁 속에서 프랑스의 왕은 일련의 선언들을 선포했다. 이 선언에 따르면, 영적인 것에서는 성좌의 권한에 대한 복종을 인정하지만 세속적인 통치는 오직 그에게만 속하는 것으로 간주되었다. 이 낭독은 자신의 세속적인 활동에 있어서 개입될 수 있는 어떠한 통제 가능성도 거부하면서 자만하게 이루어졌다. 페이넬(P. Faynel)이 설명하듯이[650] 그의 태도는 절대주의적이고 항소 불가능한 것이었다.

문제는 당시 유럽은 이미 신앙과 규율 간의 일치가 깨진 상태였으며 사회생활을 지탱하던 여러 구조들과 윤리가 엉망이 되어 가던 상황이었다. 페이넬은 설명하길,[651] 보니파시오 8세는 한편으로 철회될 수 없는 최고 규범들을 방어하면서 진일보했지만, 다른 한편 이미 새로운 정치 질서와는 양립할 수 없었던 권위를 주장했다고 한다. 이렇게 해서 1302년 10월 18일 칙서 *Unam Sanctam*이 나오게 된다. 이 칙서의 근본 요지는 다음의 네 가지로 종합할 수 있다.

    a) 교회는 하나이며 거룩하고 공번되고 사도적이다. 이 교회 밖에는 구원이 있을 수 없다. 교회는 그리스도의 '신비체'로서 그리스도를 머리로 하며 그분의 대리자는 베드로의 후계자이다.
    b) 이 교회에는 두 개의 검(劍)이 있다. 하나는 영적인 검으로서 교회 스스로 이를 사용한다. 그리고 다른 하나는 세속적인 검으로서 이는 국가와 왕들의 중개를 통해 사용한다.
    c) 그러나 교회적 권력과 구별되는 국가 권력은 이 교회 권력에 종속된다. 왜냐하면 이 교회 권력이 국가 권력의 기원이기 때문이다. 그것은 정의에 순응해야 하며 정의에 따라 실행되어야 하기 때문이다.
    d) 모든 사람이 구원을 위해 로마교황에게 순종해야 함이 필수적이라고 장엄하게 규정한다.652

여기서 유일하게 규정된 것은 네 번째 조항으로서 모든 사람이 구원되기 위해 교회 안에 들어가야 한다는 필요성의 귀결로 모든 사람은 로마교황에게 순종해야 할 필요성이 제시되고 있다.
    이 교서에는 교회 권력에 대한 세속 권력의 분명한 종속이 드러나고 있다. 왜냐하면 교회 권력은 세속 권력을 설정하고 수행해야 할 책임을 갖고 있다고 보았기 때문이다. 그렇지 않으면 교황의 권력은 이 세상에서 전혀 수행될 수 없다. 이 점에 대해 페이넬은 다음과 같이 설명한다. "정치와 그리스도성이 영적으로 떨어져 나가는 순간, 교서는 수정될 수 없는 이 성명을 통해 인간 행위 안에서 종교적인 일치라는 거대한 그리스도적 법을 구성했다. 이에 따르면, 윤리와 은총 속에서 이해된 군주들은 인간의 행위들과 관련된 모든 것 가운데 그 무엇으로부터도 벗어날 수 없다. 국가의 행위들, 인간의 행위들 모두 하느님과 그분의 교회 그리고 그분의 권위를 드러내는 군주적인 기관들에 예속된다. 여기에는 어떠한 주권이나 범위도 제외될 수 없다. 윤리가 제외된 어떠한 정치적인 정의도 있을 수 없다. 정치 질서는 하느님의 구원에 관련된 것에서나 공동선의 증진에 관련된 것에서 모두 인간에 대한 봉사를 위해 있다."[653]

## 2. 권력들에 대한 구별

### 2.1. 성 토마스 아퀴나스[654]

성 토마스는 두 개의 권력 간의 관계 문제에 머물지도 그렇다고 다른 어떤 문제나 갈등에 관해서도 응답하지 않았다. 사실 그는 세속에 고유한 권력에 근거한 세속 권력의 자주성에서부터 출발한 학설을 견지했다. 이에 대해 콩가르는 다음과 같이 지적한다. "성 토마스는 제반 사물들에 대한 자연 철학적 개념을 갖고 있었으므로 세속 질서에 내재하는 어떤 견고함을 알 수 있었으며 따라서 이 질서 내에서 세속 질서가 갖는 자주성도 인정했다."[655]

세속적 권위에 대한 영적 권위의 우위성에도 불구하고 전자는 후자에 대해 어떤 식으로든 의존돼서는 안 된다. 이 둘 사이에는 마치 군주와 신하 사이에 있는 그런 종속 관계가 존재하지 않는다. 아무튼 인간 운명의 구체적인 단일함 덕분에 하나가 다른 하나를 향한 방향성은 있다. 또한 콩가르는 상기하길, 성 토마스에게 있어서 인간 삶의 목적은 계속해서 유일하고 초본성적(지복직관)이므로 왕권(regnum)은 사제직(sacerdotium)에 대해 어떤 종속 관계를 갖는다.

성 토마스는 언급하길, 세속 권력이 자기 마음 내키는 대로 하도록 버려두지 않듯이 세속 권력이 영적인 권력에 귀속된 세속적인 사안들에 있어서 권력의 권리 침해를 말할 수 없다(II-II, 60, 6, 3).

페이넬이 설명하듯,656 첫 번째 경우는 분명하지만, 두 번째 경우는 그 적용을 규정하는 조건에 있어서 아직 애매모호하다. 성 토마스는 은총이 아니라 본성에 기초하고 있음에도 불구하고 교회에 권위를 부여하는 예들을 제시하면서 영적 권력의 우선권에 힘입어 세속 권력을 무시하면서 교회에 권위를 부여하는 예들을 제시하고 있다. 그러므로 성 토마스에게는 서로 조화를 이루기 힘든 두 가지 사고의 흐름이 들어서 있다고 페이넬은 말한다.657 그에게는 세속 권력의 자주성에 대한 옹호와 다른 한편으론 최종 목적, 영적 권력에 대한 의존성 사이에 일종의 변증법이 있는 듯하다. 왜냐하면 성 토마스는 세속 권력이 마지막 순간 판결을 하는 데 있어서 영적 권력에 책임을 부여하고 있기 때문이다.

그렇다면 이러한 '하나로의 축소(reductio ad unum)'는 세속 권력의 자주성에 대한 부인을 의미하는 것은 아닐까? 페이넬은 설명한다.658 그렇다면 성 토마스가 이런 흐름에 자신을 맡기는 가운데 영적 지도자들이 고집 센 지도자들의 과제를 수행하기 위해 이들을 대체하도록 옹호하는 것인가? 그러나 실행에 있어서 영적 권위는 그러한 질서에 대한 고유한 개입을 위한 수단들을 포기하면서 동시에 자기 행위에 대한 순수함과 세속 권력의 자주성을 배려해야만 한다. 이를 사용하는 것은 세속 권력의 자주성에 있어서 시민적인 권위에 대한 경쟁을 야기하게 될 것이다. 하지만 페이넬은 성 토마스가 영적 권위가 지향하는 목적들을 진전시키기 위해 세속적인 힘에 도움을 요청하는 것을 정당화하고 있다고 지적한다.659

한마디로 말해, 페이넬이 설명하듯이,660 성 토마스의 입장은 나무랄 데 없지만 적어도 세속 권력의 자주성 안에 정치권력을 기초 짓기 위해 두 질서 사이에 대한 보다 명백한 구별을 허용했다. 그는 정치권력을 은총이 아닌 본성 안에 정초하고 있다.

### 2.2. 파리의 요한661

콩가르의 견해에 따르면, 파리의 요한은 교회의 '지도적 권력(*poder directivo*)' 이론을 대변한다. 즉 오직 교회만이 자신의 교도권에 대한 영적 권력을 가지며 자기 권위에 대한 인식을 요청하는 가운데 이 영적 권력을 통해서 세속적인 생활 안에 영향을 미친다. 그러나 엄밀히 말해 교회는 세속 권력에 대한 어떠한 관할권도 갖고 있지 않다.

1302년 파리의 요한은 *De potestate regia et papali*(왕과 교황의 권력에 대해)를 작성했다. 그는 성 토마스의 견해에 바탕으로 시민 권력을 본성적 권리 안에 정초하면서 두 개의 권력, 즉 교회 권력과 시민 권력에 대한 구별을 분명히 했다.

이에 대해 콩가르는 다음과 같이 설명한다. "본성과 초본성 간의 구별이 세속적인 것과 영적인 것 사이의 구별에 적용된다. 이에 힘입어 두 가지 역할뿐만 아니라 두 가지 주권도 구별된다. '왕권(*regnum*)'은 본성적 권리에 의해 하느님으로부터 직접 유래하는 고유한 자신의 질서를 갖는다. 그것은 죄의 결실도 아니며 오직 육체에만 관여한다. […] 반면, 교회는 강생에 의존된 자신의 질서인 초본성을 지닌다. 그리고 구조적으로 세속적 질서 밖에 위치해 있다."662

최종 목적은 영적 또는 성사적 질서, 즉 그리스도의 행위를 연장하며 우리로 하여금 신적인 생활 안에서 입양(入養)으로 하느님의 자녀들이 되도록 인도하는 권력의 우위성을 기초 짓는다. 그렇지만 영적 권력이 본성적 권리에 기초한 시민 권력의 확고함을 박탈하는 것은 아니다. 이 시민 권력은 본질적으로 영적 권력에 의존하지 않는다. 그러므로 시민 권력이 영적 권력에 종속되는 것도 아니다. 성 바오로가 로마서 13장 4절에서 언급하듯이, 군주는 하느님의 대행자이지만 교황은 아니다. 교황이 지닌 권력이 더 높다고 하는 것이 시민적 권력자가 그보다 하위의 권력을 지니고 있음을 뜻하지는 않는다. 물론 본성적 차원에서 보면 시민 사회의 공동선은 육체적인 삶뿐만 아니라 입법자가 장려해야 하는 덕스러운 삶에도 관여해야 한다. 사회생활에는 우정이나 덕스러운 삶처럼 최종 목적으로 방향 지어져야 하는 본성적인 선들이 있으며 그 안에 인간 사회의 공동선이 뿌리내려야 한다. 그러나 이러한 선들은 이차적인 목적들로서 단지 이런 공동선 때문이 아닌 최종 목적을 위한 순수한 수단들이나 도구들로 변화되어야 한다. 그러므로 그것들은 초본성에 이르기 위한 순수한 수단들로 간주되는 것을 방해하는 나름대로의 자주성을 갖고 있다.

한편, 콩가르는 이 두 권력이 서로 독립적이지만 그럼에도 서로 협력해야 한다고 말한다.663 교회는 말씀과 성사 직무를 수행하면서 세속 권력자의 수하 사람들과 여러 왕들을 그리스도인으로 변화시키는 가운데 이 세속 권력 안에서 구현된다.

더욱이, 교황이 가르침을 통해서 세속 권력에 대해 의무들을 규정할 수는 있지만, 그렇다고 해서 그리스도가 친히 교회에게 세속 권력을 전수해주었다고 하는 것은 절대 잘못된 것이다.

페이넬이 주목하는 것처럼,664 비록 파리의 요한에게 있어서 본성과 은총 사이에 어떤 이분법적 구별이 이루어지고 있는 것은 아닌지 그래서 둘 사이의 구별에 대한 바람이 일치에 대한 바람을 경감시키고 있는 것은 아닌지 물어볼 수는 있지만, 한마디로 그의 입장은 본성과 은총에 대한 토마스적인 구별에 근거를 두고 있다고 할 수 있다. 성 토마스가 은총이 없는 본성적인 덕들은 불완전하다고 본 반면, 파리의 요한은 은총 없이도 이러한 덕들이 완전하다고 옹호하는 듯하다. 그렇지만, 페이넬의 견해에 따르면, 그에게 있어서 적어도 다음과 같은 점은 확실하다. 즉 그는 두 가지 질서의 분리를 종용하고 있지 않으며, 교회 권력이 그리스도인들의 양심에 부합하는 가르침을 통해 유일하게 국가 권력에 대해 개입하는 것을 허용한다는 점이다.

'지도적 권력(*poder directivo*)'으로 명명된 이 이론은 '간접적 권력(*poder indirecto*)'으로 알려진 이론과는 구별된다. 콩가르의 판단에 따르면, 이 간접적 권력은 지도적 권력 이론을 제한한 것이다. 그에 따르면, 교회 권력은 영적이지만 이 영적 권력의 수행이 요청될 때에는 세속적인 사안들에 개입할 수 있다. 토르케마다의 요한, 빅토리아의 프란치스코, 벨라르미노 그리고 수아레스는 이러한 노선을 견지했다. 벨라르미노는 이를 영적인 선에 대한 필요성들을 위한 실행이라는 차원에서 제한된 권력이라 말한다. 이는 교회가 자신의 영적 책무에 근거해서 제한적으로 수행하는 권력이다. 세속적인 사안들에 대한 개입은 오직 영적인 이유를 통해서만 가능하다.

3. 계몽주의

르네상스는 예술, 문학, 학문의 차원에서 인간과 모든 인간적인 것에 대한 가치를 전제하고 있으며, 16세기의 루터주의는 근대적인 주체성의 원리 — 이와 관련된 정치적인 사상은 18세기의 계몽주의로서 이 사상은 혁명을 전제로 했다 — 를 도입시켰다. 우리는 발베르데(Valverde)[665]와 더불어 계몽주의의 근본 원리들을 다음과 같이 요약할 수 있다. 다음은 자유 실증주의의 원리들이다.

− 자유 실증주의는 경험적인 것 이외에는 다른 어떠한 인식 원리도 받아들이지 않는다. 여기서는 인간 인식의 영역으로서의 형이상학과 신앙이 배제된다.

− 원죄의 존재를 부인하며 이로 인해 인간 마음 안에서 일어나는 악을 향한 경향도 부인한다. 그 예로 루소(J. J. Rousseau)를 들어보기로 하자. 루소가 제시하는 인간상은 어떠한 흠도 없이 본성적으로 좋은 인간이다.

− 이 사상이 지향하는 목적은 여기 이 세상에 파라다이스를 세우는 것이다.

− 하느님의 존재를 부인하지는 않지만 그들이 말하는 하느님은 범신론적인 하느님으로서, 올림포스의 하느님이요 인간의 삶 속에 개입하지 않는 하느님이며 영적인 가치들을 근거 짓는 분도 아니시다.

— 따라서 윤리는 칸트가 자신의 『실천이성 비판』에서 설정한 것처럼 절대적으로 자주적이다. 윤리적인 삶 안에는 긍정적으로 설정된 한계들 이외에 그 무엇도 없다.

프리스(H. Fries)는 범신론적인 개념이 어떻게 생겨났는지에 대해 잘 설명해주고 있다.666 유럽의 종교 전쟁들은 고갈과 피로를 남겼고 결국 종교개혁을 따르는 이들의 분열에 종지부를 찍지 못했다. 그래서 일치를 달성하기 위한 유일한 형태는 오직 본질만을 포괄하는 일치의 제대에서 상호간의 차이점들과 교의들을 잊어버리는 것이었다. 그래서 단순히 다음과 같은 원칙들로 제한된 '자연적' 종교가 형성된다. 하느님, 불멸, 자유, 덕에 대한 보상, 행복. 이렇게 해서 칸트는 순수이성의 경계 안에서 종교를 쓰게 된다. 여기서 교의들은 단지 윤리적인 유용성에 준해서 그 가치가 평가됐으며 신비적인 것들은 거부됐다. 덕(德)만이 참다운 예배로서 이것 이외에 더 이상 다른 어떤 종교적인 차원이나 하느님과의 특별한 관계는 필요 없었다. 오직 윤리적인 행동을 통해서만 하느님은 존경받으시며 예수 그리스도는 인류의 윤리 교사로 축소됐다. 비신화화(非神話化)되고 탈신성화(脫神聖化)된 교회는 사회적 차원으로 그리고 여타의 다른 인간 사회 조직처럼 국민들의 권리에 속하는 윤리적 제도로 이해되고 존중될 뿐이었다.

이제 이런 새로운 윤리에서 관용(tolerancia)이란 개념이 등장한다. 하지만 이 개념은 본질적으로 자유 실증주의에 기초한 개념일 뿐이었다. 이에 따르면 모든 것은 존중되어야 한다. 왜냐하면 결국 아무것도 진실이 아니기 때문이다.

익히 잘 아는 것처럼, 프랑스 혁명은 이 모든 원칙들을 거리로 가져왔으며, 이와 더불어 성직자의 특권들을 종식시키고 교회에 엄청난 적대감을 표출하는 가운데 새로운 정치 생활을 만들어 갔다. 결국 근대의 시작은 '앙시앵 레짐(*ancien régime*, 舊體制)'의 총체적인 붕괴와 함께 시작됐다고 할 수 있다.

## 4. 레오 13세의 가르침[667]

이 시점에서 우리는 그레고리오 16세의 *Mirari vos*와 비오 9세의 *Quanta cura*를 다루면서 시작해야 하겠지만, 이보다는 바로 레오 13세의 가르침으로 넘어가기로 하자.

교회와 국가 간의 관계에 대한 인식에 있어서 두드러진 이정표는 의심할 바 없이 레오 13세의 가르침이다. 교회 사상과 관련된 이 가르침은 전통적인 주장과 민주적인 원리에 대한 수용 사이에 놓여 있다.

레오 13세는 자신의 정치사상을 표현하기 위해 그리고 자신이 살았던 역사의 시점에서 그토록 문제가 됐던 정치권력의 기원에 대한 숙고를 표현하기 위해 자신의 초기 10년간의 교황권을 할애했다. 당시는 러시아의 알렉산더 2세 같은 유럽의 군주들을 대항해서 무정부주의적인 폭력 사태들이 판을 치던 시대였다. 이러한 상황 속에서 교황이 염려했던 것은 루소의 사상을 거슬러서 싸우는 것으로서 그의 교조적인 자유주의는 당시 사상에 깊이 침투해 들어가고 있었다.

레오 13세의 정치사상을 떠받치는 근본 개념은 회칙 *Diuturnum*

*illud*(1881)과 *Immortale Dei*(1885) 안에서 잘 드러난다. 이 개념은 정치 권력, 국가 권력이 하느님에게서 오는 것이지 마치 백성으로부터 위임되거나 그들의 대표로 뽑혔다는 식의 백성으로부터 오는 것이 아님을 보여주고 있다. 그래서 레오 13세는 자신의 첫 번째 회칙에서 이렇게 말한다.

> 동시대를 살아가는 우리들 가운데 상당수가 지난 세기에 자기 스스로 철학자라는 이름을 부여한 사람들의 발자취를 따르면서 말하길, 모든 권력은 백성으로부터 온다고 한다. 그래서 이 권력을 수행하는 이들은 자신의 것이 아니라 백성으로부터 위임된 자로서 또는 대표자로서 이 권력을 수행하며, 따라서 권력을 양도한 백성의 뜻 자체가 자신의 의향대로 이를 철회할 수 있음을 긍정하는 법적 지위를 갖는다고 말한다. 이 점에서 보면 그들의 견해는 정치권력의 본성적 원리나 필요성에 있어서 그리고 그 기원에 있어서 이 모두를 하느님 안에 두고 있는 가톨릭적 가르침과는 아주 다르다(DI 3).

그렇다고 레오 13세가 백성의 의지 편에서 이루어지는 선출 형태에 대해 반대하거나 권력에 대한 시민들의 적절한 정치 참여를 부인하는 것은 아니다. 그러나 그는 이 점에 대해 다음과 같이 분명히 말한다. "이러한 선출과 함께 정부를 지명하지만 그것으로 권력에 대한 권리들을 주는 것은 아니다. 위임으로서의 권력을 양도하는 것이 아니라 이 권력을 수행해야 하는 사람을 세우는 것일 뿐이다"(DI 4). 다시 말해, 민주적인 선출은 권력을 수행해야 하는 이를 선출하는 것으로 제한되고 있다. 그러나 마치 권력이 민중의 주권으로부터 생겨나는 것처럼 그 사람을 대표로 선출한다는 의미는 아니다.

레오 13세에 의하면, 권력은 다음과 같은 두 가지 이유로 인해 하느님에게서 유래한다. a) 왜냐하면 하느님은 사회적으로 만들어진 인간 본성의 창시자(創始者)이시기 때문이다. 사람들은 하느님에 의해 창조된 이러한 사회적 본성에 힘입어 자신을 통치하는 권위에 대한 필요성을 갖는다. 그래서 통치자는 궁극적으로 하느님으로부터 오는 자신의 권위를 갖게 된다(DI 7). b) 다른 한편, 명령을 내리는 통치자는 양심 안에서 자기 수하 사람들을 의무 지운다. 그러므로 그에게 복종하지 않는 것은 죄를 구성한다. 그래서 "어떤 사람도 이러한 세력에 대한 결속과 함께 자신 안에 또는 자기 스스로 다른 이들의 자유로운 의지를 속박할 수 있는 권리를 갖지 않는다. 이 권력을 수행하는 이들은 이 권력이 마치 하느님에 의해 통교된 것처럼 수행해야 한다"(DI 7).

무엇보다도 레오 13세가 당시의 무질서에 직면해서 추구했던 것은 질서, 권위 그리고 순명을 보존하는 것이었다. 그는 생각하길, 만일 권력이 이를 위임하는 백성에게 뿌리내리도록 허용된다면, 이로 인해 이 권력은 탈신성화되며 참된 권위와 순명의 바탕은 부서지고 말 것이라고 보았다(DI 8). 권력은 오직 하느님께로부터 오며 하느님께 마땅히 드려야 할 존경과 함께 이 권력에 순종해야 한다는 의식을 통치자가 갖게 될 때, 비로소 권력과 순종을 확고하게 할 수 있다. 이처럼 교회는 오랜 역사 동안 정치 질서를 강화해 왔으며 부인할 수 없는 결실들을 만들어 왔다고 교황은 지적한다.

1885년에 선포된 회칙 *Immortale Dei*는 바로 이전 회칙의 두 번째 부분으로서 이를 완성하고 있다. 이 회칙은 정치권력의 기원에 대한 이전 회칙의 주장을 그대로 옹호한다. "어떠한 사회도 사회를 공동선으로 나아가게 하면서 모든 이들과 각각의 사람들을 효과적으로 자극시켜서 움직이게 하는 최고의 수장 없이는 보존될 수 없다. 따라서 모든 인간 사회에는 이를 인도할 권위가 필요하다. 이는 사회 그 자체와 마찬가지로 자연에서부터 생겨나 바로 그 자연에서 유래하는 권위로서 이 자연의 창시자(創始者)인 하느님으로부터 유래한다. 따라서 공공 권력 그 자체만을 고려하면 그것은 그 자신의 창시자인 하느님으로부터 유래한다. 오직 하느님만이 모든 만물의 참된 최고 주인이시다. 존재하는 모든 것은 반드시 하느님께 부복하고 순명해야 한다. 명령하는 권리를 갖는 모든 이들이 그러해야 하는데, 그들은 모든 만물의 주인이신 하느님이 아니면 다른 어떤 방식으로도 이 권리를 받을 수 없기 때문이다. 오직 하느님을 통해서만 권위는 존재한다"(ID 2).

통치자의 선출에는 다양한 방식들이 있지만 마치 민중 속에 통치자의 통치권이 뿌리박고 있는 것처럼 그런 식으로 백성에 의해 권력 위임이 이루어진다는 의미는 아니다. 통치자는 하느님 그리고 공동선을 바라보면서 통치해야 한다. 그는 하느님으로부터 받은 권위를 갖는다. 여기서부터 이제 하느님께 드리는 예배의 자세를 지녀야 하는 의무가 생겨난다. "이러한 원리들을 바탕으로 형성된 국가는 공공 예배를 통해서 이를 하느님과 일치하게 하는 수많은 중요한 의무들을 완수해야 함이 분명하다. 각 사람이 하느님께 예배를 드리게 하는 본성적 근거는 경건하고 거룩하다. 왜냐하면 우리는 그분께 의존되어 있기 때문이다. 또한 이를 아는 가운데 그분께로 되돌아가는 것은 시민 사회에도 동일한 의무를 지우기 때문이다.

사람들은 격리되어 살 때보다 사회 속에 결합되어 살 때 하느님의 권력에 적지 않게 귀속된다. 사회는 하느님께 감사함에 있어서 개별 사람들보다 더 적지 않은 의미를 갖는다. 사회라는 존재와 그 체제에 대한 보존 그리고 이 사회가 포함하고 있는 수없이 많은 선들은 하느님께 기인한다. 이러한 이유로 그 누구도 하느님께 드려야 할 의무들 — 이 의무들 가운데 가장 큰 것은 마음과 행실로 신앙을 끌어안는 것이다 — 을 소홀히 함이 합당치 않은 것처럼, 그것은 각자가 선호하는 것이 아니라 하느님께서 명하시고 확실하며 철회될 수 없는 주제들을 통해 유일하고 참된 것으로 확인된다. 같은 방식으로 국가들은 죄에 빠지지 않고서는 마치 하느님이 존재하지 않는 것처럼 행동할 수 없으며, 종교를 마치 낯선 것 또는 무용한 것으로 치부하며 거부할 수도 없고, 마지막으로, 수많은 종교 가운데 차별 없이 신앙을 선택할 수도 없다. 이와는 전혀 반대이다. 국가는 하느님께서 친히 공경받길 원하신 바로 그 형태 안에서 신적인 예배를 허용해야 할 엄격한 의무를 갖는다. 그러므로 하느님의 거룩한 이름을 공경하는 것은 권위자들의 중대한 의무이다"(ID 3).

종교는 인간의 최종 목적에 관여하며 국가는 이러한 목적을 실현함에 있어서 장애물을 두어서는 안 된다. 오히려 국가는 사람들이 이 목적에 이를 수 있도록 할 수 있는 모든 것을 배려해주어야 한다. 하지만 이것이 레오 13세가 시민 권력의 자주성을 인정하지 않았다는 것을 뜻하지는 않는다. 더욱이 교회는 완전한 사회로서 정치적인 사회와는 구별되며 인간이 최종 목적에 이르는 것을 그 목적으로 지니고 있다. 즉 교회는 사람들이 천상 본향에 이르도록 안내하는 것에 관여한다. "그러므로 하느님은 두 권력 사이에 인류의 통치를 배분하셨다. 교회 권력과 시민 권력이 그것이다. 교회 권력이 신적인 관심들 앞에 놓여 있는 반면, 시민 권력은 인간적 관심들에 대한 책무를 지고 있다. 이 두 권력은 방식에 있어서 최상이며 각자의 고유한 본성과 목적에 의해 규정된다"(ID).

그래서 교회와 정치 이 두 사회가 동일한 사람에 관여될수록 이 둘은 완전한 조화를 추구하고 상호간에 모순되는 규율들을 피하는 가운데 서로 협력해야 한다. 이것이 교회가 믿는 바이며 교회는 오랜 역사 동안 이러한 원칙을 갖고 언제나 노력해 왔다. 이것이 바로 '새로운 질서'가 추구하는 바이다. 그래서 교황은 이렇게 말한다.

이 새로운 권리의 최고 원리는 다음과 같다. 모든 사람들은 같은 방식으로 고유한 자신의 본성에 있어서 유사하며 또한 실천적인 삶에 있어서 평등하다. 이렇게 해서 각 사람은 자기 자신의 주인이며 어떠한 이념에 의해서도 다른 사람의 권력에 종속되지 않는다. 그는 원하는 것을 자유롭게 생각하고 어떤 사안에서든 자신의 마음에 드는 것을 행할 수 있다. 그 누구도 다른 이들에 대해 명령할 권리를 갖지 않는다. 이러한 원칙 위에 기초한 사회에서 권력은 다름 아닌 민중의 원의로서, 민중은 자신의 유일한 주인이며 자신에 대해 명할 수 있는 유일한 주체이기도 하다. 민중은 자신이 복종할 사람들을 선출한다. 그러나 대표자에게 명령하는 권리를 양도하는 것이 아니며 이 대표자는 민중의 이름으로 이 권리를 수행한다. 마치 하느님이 존재하지 않거나 인류에 대해 관여하지 않으시는 것처럼 또는 마치 이미 격리되거나 연합된 사람들이 하느님과 아무런 연관도 없는 것처럼 또는 통치하기 위한 모든 원칙, 힘, 권위가 하느님께 의존되지 않는 듯한 정치권력을 상상할 수 있는 듯이 그렇게 하느님의 주권은 침묵 속에 남게 된다. 이렇게 해서, 분명히 드러나는 것처럼, 국가는 자기 자신에 대해 실력을 행사하는 수많은 주인이자 통치자들이다. 언급한 바와 같이, 민중 그 자체가 모든 권리와 안전의 원천이며, 따라서 국가는 어떠한 의무로 인해서도 하느님 앞에서 강압적으로 판결하지 않는다. 국가는 공적으로 어떠한 종교도 서약하지 않으며 수많은 종교 가운데 참되고 유일한 것을 추구하지도 말아야 하며 그 종교들 가운데 어느 하나도 선택하지 말고 원칙적으로 어느 한 종교를 위한 호의도 보이지 말아야 하고 이 모든 종교들로 인해 국가의 규율에 누가 되지 않도록 각 종교에게 모두 동등한 권리를 부여해줄 것이다. 또한 이러한 원칙들로부터 따라오는 것은, 종교적인 사안에 있어서 모든 것은 개별 사람들의 임의에 맡겨지며 각 개인은 자신이 선호하는 종교를 따르든지 아니면 그 가운데 아무것도 마음에 들지 않으면 이 모두를 거부함이 합당하다. 여기서부터 무제한적인 양심의 자유, 예배에 대한 절대적 자유, 총체적인 사상의 자유 그리고 충분한 표현의 자유가 나온다(ID 10).

그러므로 교회는 새로운 질서 안에서 뒷전으로 물러나고 사회적 관심에 따라 공통 권리에 예속되는 사회로 축소된다.

그러나 교황은 우리가 추구하고 증진시켜야 할 참된 종교 앞에서 냉담한 모습을 보여서는 안 된다고 반복해서 말하고 있다. 또한 시민은 참된 종교를 찾기 위해 자신의 자유를 사용해야 할 의무가 있다. 사상과 표현에 대한 무절제한 자유를 시민의 권리로 간주해서는 절대 안 된다. 이처럼 중대한 악을 피하기 위해 여러 형태의 신적 예배들을 실천함에 있어서 이를 관대하게 대할 수는 있지만, 이러한 종교들이 참된 종교가 갖는 권리를 동일하게 누릴 수는 없다(ID 18).

이는 시민 사회와 교회의 규정에 대한 레오 13세의 사상이다.

이 사상은 무엇보다도 정치권력의 대표자를 거슬러 표현되고 있다. 왜냐하면, 만일 민중이 근본적으로 권력을 갖고 있음을 허용하고 자신의 대표들에게 이를 위임하는 것이라 한다면 진정한 권력과 참된 순명을 위한 바탕을 상실하게 되기 때문이다. 민중이 자기 대표들을 선출할 수는 있지만, 이들이 수행하는 권력은 하느님으로부터 오는 것이며 무엇보다도 우리는 그 안에서 하느님을 보아야 한다. 왜냐하면 하느님이야말로 인간이 갖는 사회적 본성의 궁극적인 창시자이시기 때문이다. 그래서 시민 사회의 의무들 가운데 하느님에 대한 예배가 들어간다. 그렇다고 이것이 시민 권력의 자주성을 부인하는 것은 아니다. 오히려 두 권력 사이에는 협력이 요구된다.

비오 10세의 *Vehementer nos*와 비오 11세의 *Quas Primas*가 제시한 가르침은 바로 이 점에 관한 것이다. 하지만 이는 본 장을 상당히 연장시키는 것이기에 이에 대한 언급은 여기서 마치기로 하겠다.

## 5. 비오 12세에서 「사목 헌장」까지

교회의 정치사상은 의심할 바 없이 비오 12세의 공헌 덕분에 더욱 발전되었다. 그가 행한 성탄절 라디오 메시지(1942년 12월 24일: *Con sempre*, 1944년 12월 24일: *Benignitas et humanitas*) 그리고 1953년 12월 6일 제5회 이탈리아 전체 법률가 모임을 위한 담화(*Ci riesce*)는 상당히 유명하다. 그의 사상을 살펴보기 위한 일례로 1945년에 행한 최고 법원에서의 훈화를 들어 보기로 하자. "만일 정신에 민주주의가 선호하는 주장을 소개한다면, 하느님으로부터 유래하는 시민 권력의 주체는 본래 대중(masa)이 아닌 민중(pueblo)으로서 교회와 국가, 특히 교회와 민주적 국가 간의 차이는 점점 더 분명해질 것입니다. […] 사실, 교회 권력은 본질적으로 시민 권력과 다릅니다. […] 교회의 기원은 국가와 달리 본성적 권리로부터 유래하지 않습니다. 교회는 인간의 사회적 특성을 넘어서는 — 그렇지만 이 사회적 특성과 완전히 조화를 이루는 가운데 — 하느님의 능동적인 행위로부터 유래합니다."668

시민 권력의 주체가 본래 민중이라고 하는 그의 가르침은 가톨릭 교회의 교의(敎義)에 있어서 분명한 진보라고 할 수 있다. 그에 따르면 국가는 본성적 권리로부터 유래하며, 반면 교회는 역사 속에서 하느님의 능동적이고 무상적인 개입에서 유래한다.

우리는 또한 여기서 19세기 말에 태어나 제2차 바티칸 공의회와 동시대를 살았던 마리탱(J. Maritain)의 작품669을 살펴보고자 한다. 여기서 마리탱은 우리가 다루고 있는 문제에 대한 진보를 이루어 냈다. 그는 처음에 자신의 작품 『영적(靈的)인 것의 우위』(1927)에서 '프랑스적 활동(Action française)'의 이상들을 옹호했으며 세상과 현세적 권력들에 대한 교회의 절대적 우위성을 언급했다.

그 이전에 마리탱은 자신의 교계적-영적 입장에 대한 성찰이 담긴 작품 『현세적 제도와 자유에 대해』(1933)에서 자신이 젊은 시절 견지했던 개념으로 돌아오는 가운데 자신의 입장을 바꾸고 있다. 그는 여기서 교회 권력에 대한 현세적 제도의 자주성을 옹호했다. 이에 따르면, 사회는 직접적으로 공동선을 추구하도록 질서 지어져 있으며, 이 공동선은 시대를 넘어서는 각 개인의 선에 간접적으로 종속되어 있다. 각 사람들은 개인인 한에서 사회의 구성원들이다. 왜냐하면 그들은 사람으로서 전체이며 이러한 의미에서 정치적 사회에 속하지 않기 때문이다.

　근대 사회의 다원주의로 인해 이제는 더 이상 신앙을 일관되게 고백하는 획일성을 강요할 수 없게 되었다. 더 이상 신앙을 공개적으로 고백하는 중세적인 틀이 존속될 수 없었으며 마리탱은 세속적인 그리스도인 국가를 요청했다. 이 국가는 그리스도적인 가치들을 통해 활발한 영감을 받지만 국가적인 종교의 변두리에 있다.

　마리탱은 자신의 작품 『완전한 휴머니즘』(1936)에서 자신의 이상을 보다 더 발전시켰다. 그는 중세적인 그리스도교의 범위 내에서 세속에 거룩한 개념을 부여했으며 심지어는 현세적인 도시를 세속의 수단이나 도구로 만들기까지 했다. 그러나 실제 세상에서는 세속적인 개념이 강제될 뿐 세속에 대한 거룩한 개념은 부과되지 않았다. 세속적인 질서는 새로운 세속적인 국가 개념을 구성하는 목적(중간적)을 위한 자신의 조건에 기인하는 자주성을 갖는다. 국가는 구성원들이 그리스도적으로 활성화됨으로써 활발하게 그리스도화되지만 그렇다고 신앙을 공적으로 고백하지는 않을 것이며 교회의 책임으로부터 분리된다. 하지만 그것이 반(反)종교적이라는 말은 아니다. 왜냐하면 그러한 국가가 종교적인 조직들과 협력할 수 있기 때문이다. 그러므로 신앙을 공적으로 고백하는 국가의 존재는 근대적인 정신에 반하는 것이자 실현될 수 없다.

### 5.1. 회칙 「지상의 평화」

　1963년 요한 23세에 의해 작성된 회칙 「지상의 평화(*Pacem in Terris*)」는 근본적으로 우리가 다루고 있는 이 주제와 연관된다. 이 회칙의 근간은 지성과 의지를 갖춘 본성을 소유한 인격체로서의 모든 사람은 자신의 고유한 본성으로부터 유래하는 일련의 권리들을 누린다고 언급한다(PT 9). 이러한 권리들 가운데 정치적인 참여의 권리(PT 26) 그리고 종교 자유의 권리(PT 14)가 인정되고 있다. 이러한 권리들에는 그에 상응하는 의무들이 있으며 자연법 안에 자신의 기원, 유지, 효력을 갖는다(PT 28). "왜냐하면 인간의 모든 기본적 권리는 각 의무를 부과하는 자연법에서부터 효력을 갖는 분명한 지침을 이끌어 내기 때문이다"(PT 30). 그러나 인간 본성에 뿌리내리고 있는 이러한 보편적 원리들의 질서는 하느님 안에 자신의 최종적인 기원을 갖는다(PT 38).

이러한 맥락에서 "모든 사람들은 본성적인 품위로 인해 그 자체로 동등하다"(PT 44)는 언명이 유래하게 된다. 또한 회칙은 언급하길, 통치자들이 소유하는 권력은 하느님으로부터 오는 것인데 이는 하느님이야말로 인간에게 사회적인 본성을 주셨기 때문이다(PT 46). 따라서 이러한 권력은 합당한 자신의 근거로부터 멀어질 때 올바로 통치할 수 없다는 점을 잘 안다. "그래서 그가 행사하는 강제적인 힘은 하느님을 시작이자 최종 목적으로 갖는 윤리 질서로부터 비롯된다는 사실이 명백히 따라온다"(PT 47).

더욱이 이러한 권력은 어떤 물리적인 힘이 아니라 각 개인의 양심에 호소하는 것이어야 한다. 그런데 오직 하느님만이 사람들의 자유를 양심에 복종케 할 수 있다. 그러므로 통치자들은 자신의 권력이 하느님의 권위에 일치되어 있을 때에만 양심을 강요할 수 있다(PT 49). 결국 명령하는 권한은 하느님에게서 유래한다(PT 51).

우리는 지금까지 레오 13세의 논증을 살펴보았다. 여기서 그 이전의 가르침과 비교해 드러나는 근본적인 차이는 민주주의의 가치들에 대한 분명한 언급에 있다. "그러므로 권력이 하느님으로부터 비롯된다는 사실을 갖고 어떠한 식으로든 사람들이 국가의 통치자들을 선출할 권리를 갖지 못하며 정부의 형태를 규정하고 이 권력에 대한 처리와 이를 행사함에 있어서 갖는 제한들을 결정지을 수 있는 권리를 갖지 못한다는 식으로 추론해서는 안 된다"(PT 52).

이 권력은 "인간이 자기 자신의 완성을 더욱 충만하고 자유롭게 추구할 수 있도록 사회생활의 모든 조건들을 포함하는"(PT 58) 공동선에 대해 염려해야 한다.

비록 권력들에 대한 분리를 열렬히 권하긴 하지만(PT 68), 어떤 것이 보다 나은 정부 형태인지에 대해서는 말할 수 없다. 입법 권한은 윤리적인 규범들을 따라야 하며(PT 69) 정치 헌장에 대해 다듬는 것을 권한다(PT 76).

그리스도인들은 정치 생활에 있어서 이행해야 할 규율들에 대한 방법과 규칙을 배우는 것에 전념해야 하며 자신의 활동을 윤리 질서에 맞게 조정해야 하고 상대적인 요청들 가운데 상위의 선들에 대해 관여해야 한다(PT 149). 또한 그리스도인들은 언제나 신앙과 행동 사이의 불일치를 피해야 하며(PT 152) 정의와 평화를 추구함에 있어서 비그리스도인들과도 협력해야 한다.

그러므로 우리는 이 회칙에서 시민 권력의 민주적인 실행에 대한 보다 명확한 언급을 보게 된다. 이 시민 권력은 자신이 수행하는 권력이 하느님으로부터 온다는 언명과 양립 불가한 것이 아니다. 왜냐하면 하느님은 인간을 사회적인 본성으로 만드셨기 때문이다. 어쨌든 통치자는 인간이 갖는 모든 본성적인 권리들에 대한 인정과 본성적인 질서에 영향을 주는 결정들에 대해 응답해야 한다.

따라서 민주주의는 본성적 권리에 대한 승인에 안착하는데 사실 이는 계몽주의 사상과는 거리가 멀다. 왜냐하면 계몽주의는 본성적 권리에 대한 존재를 허용하지 않기 때문이다. 이 회칙은 인간이 갖는 권리로부터 출발해서 종교 자유에 대한 권리를 옹호한다. 그러나 이러한 권리가 인간이 언제나 추구해야 하는 진리에 대한 요청들을 잊어버릴 것을 전제하지는 않는다.

이 회칙이 교회와 국가 간의 보다 구체적인 관계, 특히 그리스도인들이 공공 생활 안에서 자신을 신자로 드러내야 하는가 하는 문제에 대해 검토한 것은 아니다. 회칙은 이 주제를 깊이 다루지는 않고 다만 신앙에 있어서 일관성을 견지하라는 몇 가지 간단한 지침들을 전해주는 데 국한하고 있다. 그렇다면 그리스도교 신앙을 괄호 안에 넣어 둔 채, 공공 생활에서 본성적 권리를 획득하는 것에 제한을 둘 수는 있을까? 회칙은 이 점에 대해 다루지 않았다.

### 5.2. 제2차 바티칸 공의회

제2차 바티칸 공의회는 정치 공동체가 공동선을 추구하기 위해 생겨났다는 점을 인정하면서 시민 생활과 정치 생활을 개인의 권리들 안에 정초하고 있다. 공의회는 회칙 「지상의 평화」가 규정했던 대로 이 공동선을 정의한다. "공동선은 개인과 가정과 단체가 더 충만하게 더욱 쉽게 자기완성을 추구할 수 있는 사회생활 조건의 총체를 포괄한다"(GS 74).

그러나 공의회는 다양한 견해로 인해 공공 생활이 사라져 없어지지 않도록 모든 이들의 의지를 공동선으로 이끌어줄 권력의 수용을 강제한다. 이 권력은 윤리적인 힘처럼 작용해야 한다. 이런 권력에 대한 요청은 하느님께서 사회적인 특성으로 만드신 인간 본성에 기초하며 따라서 하느님에 의해 예견된 질서에 기초한다(GS 74). 이 권위는 윤리 질서 내에서 실행되어야 하며 따라서 시민들이 순명해야 할 양심 속에서 강제될 때 특히 그러하다.

비록 정치 공동체의 법적 토대들과 정부에 대한 시민적인 참여의 가능성이 인간 본성과 조화를 이룸에도 불구하고 각 민족의 기질과 역사의 추이에 따라 공공 생활이 형성되는 데 있어서 다양한 형태들이 수용된다. 시민들은 공동선을 준비하기 위해 자유로이 투표해야 할 의무와 권리를 갖는다(GS 75). 또한 공공 권력들을 적절하게 나눌 수 있고 모든 이들의 권리를 보호해줄 근본적인 법적 질서가 필요하다.

공공 생활에는 정치적, 사회적, 경제적 사안들을 나름대로 바라보고 판단하는 다양한 형태들이 분명히 존재한다. 따라서 서로 다른 정당들이 존재하는 것이 적합하다(GS 75).

교회와 국가 간의 관계에 대해 공의회는 언급하길, 분리되거나 연합된 그리스도인들이 개인의 이름을 걸고서 하는 행위와 사목자들과의 일치 안에서 교회의 이름으로 실현되는 행위를 서로 구별해야 한다고 말한다. 그래서 공의회는 계속해서 이렇게 말한다.

교회는 그 임무와 권한으로 보아 어느 모로도 정치 공동체와 혼동될 수 없으며, 결코 어떠한 정치 체제에도 얽매이지 않는다. 동시에 교회는 인간 초월성의 표지이며 보루이다. 정치 공동체와 교회는 그 고유 영역에서 서로 독립적이고 자율적이다. 그러나 양자는, 자격은 다르지만, 동일한 인간들의 개인적 사회적 소명에 봉사한다. 양자가 장소와 시대의 환경을 고려하며 서로 건실한 협력을 더 잘하면 할수록, 그 봉사는 더 효과적으로 모든 사람의 행복에 이바지할 것이다. 사실, 인간은 현세 질서에만 매여 있지 않고, 인간 역사 안에서 살아가며 영원한 자기 소명을 온전히 보존하고 있다. 교회는 구세주의 사랑을 바탕으로 국가 영역에서 또 민족들 사이에서 정의와 사랑이 더 널리 펼쳐지도록 이바지한다. 교회는 또한 복음의 진리를 선포하고 그 가르침을 통하여 또 그리스도인들이 보여주는 증거를 통하여 인간 활동의 모든 분야를 비추어줌으로써 국민들의 정치적 자유와 책임도 존중하고 증진한다. […]

참으로 지상의 사물과 또 인간 조건에서 현세를 초월하는 것들은 서로 긴밀히 결합되어 있다. 그리고 바로 교회는 그 고유의 사명이 요구하는 범위 안에서 현세 사물을 활용한다. 그러나 교회는 국가 권력이 부여하는 특권을 바라지 않는다. 더 나아가서, 어떤 정당한 기득권의 사용이 교회 증언의 진실성을 의심받게 한다든지 새로운 생활 조건이 다른 규범을 요구하게 될 때에는 정당한 기득권의 행사도 포기할 것이다. 그러나 교회가 언제나 어디에서나 참된 자유를 가지고 신앙을 선포하고, 사회에 관한 교리를 가르치며, 사람들 가운데에서 자기 임무를 자유로이 수행하고, 인간의 기본권과 영혼들의 구원이 요구할 때에는 정치 질서에 관한 일에 대하여도 윤리적 판단을 내리는 것은 정당하다. 이때에 교회는 오로지 복음에 일치하고 다양한 시대와 환경에 따라 모든 사람의 행복에 부합하는 모든 방법을 사용한다(GS 76).

이처럼 공의회는 정치 공동체와 교회 모두가 동일한 인간의 유익을 위해 있지만 이 둘 모두 각자 자신의 영역에서 독립적이고 자주적이라고 천명한다. 따라서 비록 교회가 직접 정치를 할 권리를 갖는 것이 아니라 인간의 근본적인 권리들을 옹호함에 있어서 윤리적인 이유들로 인해 또는 영혼들의 구원을 위한 이유로 복음 그리고 모든 이들의 유익과 조화를 이루는 수단들을 늘 사용하면서 개입할 권리를 갖지만, 여기에는 둘 사이의 건전한 협력을 필요로 한다.

동시에 공의회는 「종교 자유에 관한 선언(*Dignitatis Humanae*)」을 발표했다. 이 문헌에서 공의회는 종교의 자유를 위한 모든 사람들의 권리를 설정하고 있다. 공의회는 이러한 자유의 바탕을 인간 인격의 품위에 두고 있는데 이는 인간 본성에서부터 유래하는 종교가 의지적이고 자유로운 행위에 기초하기 때문이다. 인간은 이러한 행위들을 통해 자신을 하느님께로 향하며, 이 행위들은 그 본성상 현세 질서를 초월한다(DH 3). 공의회는 이러한 권리를 어떠한 강압도 배제된 상태에서 종교 생활을 영위할 권리로 표현하고 있다.

> 이 바티칸 공의회는 인간이 종교 자유의 권리를 가지고 있음을 선언한다. 이 자유는, 모든 인간이 개인이나 사회단체의 강제, 온갖 인간 권력의 강제에서 벗어나는 데 있다. 곧 종교 문제에서 자기의 양심을 거슬러 행동하도록 강요받지 않아야 하고, 또한 사적으로든 공적으로든, 혼자서나 단체로, 정당한 범위 안에서 자기 양심에 따라 행동하는 데 방해받지 않아야 한다. 그 위에, 종교 자유의 권리는 참으로 인간의 존엄성 그 자체에 바탕을 두고 있음을 선언한다. 그 존엄성은 계시된 하느님 말씀과 이성 그 자체로써 인식된다. 종교 자유의 이러한 인간 권리는 사회의 법적 제도 안에서 인정을 받아 시민권이 되어야 한다(DH 2).

그러나 양심과 종교적 존재로서의 인간 본성에 기초한 이러한 개인적 권리의 승인이 모든 종교들은 객관적인 수준에서 동등하다는 것을 내포하지는 않는다. 공의회는 설명하길, 유일한 참된 종교는 공번되고 사도적인 교회에서 검증되어 드러나고 있으며(DH 1),

비록 진리가 결코 힘으로 강요되는 것이 아님에도 불구하고, 모든 사람들은 양심으로부터 종교적인 사안에 있어서 진리를 추구하도록 강요되고 있다고 한다. 더욱이 종교적인 자유의 실행이 다른 이들의 권리, 자연법, 공동선에 의해 설정된 한계들을 갖고 있음은 당연하다(DH 7).

물론 공의회는 「종교 자유에 관한 선언」 1항에서 "참 종교와 그리스도의 유일한 교회에 대한 개인과 사회의 도덕적 의무에 관한 가톨릭의 전통 교리는 온전히 보존된다"고 말하고 있지만, 신앙에 대한 공적인 고백에 대해서나 국가에 대해서 또는 그리스도인들이 신자로서 정치 생활을 영위할 수 있는가에 관한 문제에 대해서는 전혀 언급하고 있지 않다. 앞서 인용한 구절은 이러한 관점에서 공의회를 해석하려 할 때 흔히 잊혀지곤 하는 부분이다. 그렇다고 공의회가 이런 가르침으로 되돌아가고자 한 것은 아니다. 무엇보다도 공의회가 관심을 가졌던 사안은 종교의 자유에 대한 권리였다. 그러나 인용된 이 텍스트는 개인과 사회가 참된 종교에 대해 갖는 의무들과 관련해서 교회의 통상적 가르침을 암시하고 있다.

또한 우리는 공의회가 「교회 헌장」 34항에서 그리스도인들은 이 세상 — 정치 생활을 포함하는 — 을 하느님께 봉헌해야 한다고('consecratio mundi'의 개념) 언급하고 있음을 잊지 말아야 한다. 더욱이, 이미 살펴본 것처럼, 공의회는 「사목 헌장」 10항과 45항에서 그리스도를 언제나 모든 피조물과 모든 인간 활동의 시작이자 목적으로 소개하고 있다. 공의회는 「교회 헌장」 36항에서 이렇게 말한다. "어떠한 인간 행위든 현세의 일에서도 하느님의 지배를 벗어날 수는 없다." 이와 더불어 우리는 세속에 사는 그리스도인이 갖는 사제적,

예언자적 특성을 보았는데, 이를 통해서 우리는 그리스도인이 그리스도인으로서 공공 생활을 영위해야 함을 분명히 추론할 수 있다. 그리스도인은 공공 생활을 영위함에 있어서 자신의 신앙을 괄호 속에 남겨 놓아서는 안 된다. 그가 드러내야 하는 예언자적인 증거는 이미 살펴본 것처럼 단지 삶의 모범만이 아니라 말로도 표현돼야 한다. 여기서 우리는 이미 언급한 평신도 신학 전체를 다시 돌아보아야 한다.

그러나 "공적으로 신앙을 고백한다(*confesionalidad*)"고 하는 주제는 개인적인 문제를 넘어서서 국가가 이처럼 신앙을 공적으로 고백해야 하는가 그렇지 않은가 하는 문제를 제기한다. 언급한 바와 같이, 공의회는 이 문제에 개입하지 않았다. 물론 가톨릭 신앙이 백성들의 고유한 환경으로부터 유래하는 몇몇 국가에서 특별한 인정을 받을 수도 있다. 그러나 그것이 다른 신앙을 고백하는 이들의 종교적인 사안에 있어서 자유에 대한 권리를 손상시키지는 말아야 한다 (DH 6). 따라서 우리는 코얀테스(Collantes)의 사려 깊은 말을 귀 기울여 들어야 할 것이다. 그의 견해는 이 점에 있어서 공의회의 사상을 아주 잘 반영하고 있다.

「사목 헌장」은 양 극단 사이에서 철저한 신중함을 갖고 자신의 입장을 견지한다. 무엇보다도 헌장은 공적이거나 개인적인 종교의 자유로운 실행을 방해하는 국가 개념을 배제하면서 다음과 같은 두 가지를 언급하고 있다. 즉 이상적인 것은 교회와 국가 사이의 보다 건전하고 좋은 협력이다. 실천에 있어서 어떤 것이 실현 가능한 이상적인 것인지를 명확히 하기 위해 장소, 시간 같은 환경들을 염두에 두어야 한다. 그렇게 되면, 이상이

지시하는 보편적 규범을 실현할 수 없다. 그러므로 종교적 다원주의 그리고 다른 여타의 환경들이 이를 장려하는 곳에 신앙을 고백하지 않는 국가의 가능성이 들어서게 된다. 여기서는 소수의 권리들이 보존되며 종교적인 사안에 대한 시민적 자유가 보장된다.[670]

## II. 신학적인 성찰

지금까지 우리는 세속 권력의 기원, 이 권력의 적법한 자주성, 그리스도교적인 형성에 대한 가능성이란 주제들에 대해 역사적인 고찰을 시도했으며 이와 더불어 획을 긋는 중요한 이정표들을 간단히 검토해 보았다. 이렇게 해서 우리는 교회와 시민 사회가 실제적으로 독립적이며 자주적이라는 사실을 확인하면서 끝을 맺었다. 교회는 천상, 즉 그리스도 안에서 이루어지는 무상적이고 초본성적인 하느님의 개입으로부터 비롯되며, 정치권력은 본성적 권리의 좌표들 안에 새겨진 인간의 사회적 본성에서 나온다. 정치권력은 근본적으로는 민중 안에 뿌리를 둔 권력의 위임으로 이해될 수 있다. 그러나 그것은 결코 독재적인 형태로 실행돼서는 안 되며 모든 이들의 권리를 인정하고 윤리법에 순종하는 가운데 실행돼야 한다. 양심의 의무는 의심할 바 없이 인간이 윤리 규범들에 대해 지녀야 하는 존중과 양심 자체가 갖는 견고함에서부터 나온다. 그러므로 통치자가 자신의 위치로부터 일탈할 위험 없이 본성적 권리와 윤리 규범들은 언제나 존중될 수 있다. 내 생각에 이것은 종교 자유의 권리를 승인하는 것과 마찬가지로 우리 시대가 이룩한 분명한 성과라고 할 수 있다.

　또한 우리는 그리스도인들이 국가가 공개적으로 신앙을 고백하는 것과는 별개로 역사적 환경들에 의존하는 가운데 개인적 자격을 통해 신자로서 공공 생활에 참여해야 한다는 사실을 보았다. 이제 우리가 하고자 하는 것은 왜 그리스도인이 자신의 공공 생활에 있어서 하느님과 그리스도를 배제할 수 없는지 그리고 환경에 따라 국가의 공개적 신앙고백의 가능성이 있을 수 있는지에 대해 보다 더 깊이 있게 살펴보는 것이다. 한마디로 우리가 고찰하고자 하는 바는, 국가가 비록 민주적인 형태로 구성되었고 자연법에 대한 실행에 바탕을 두고 있다 할지라도 하느님을 잊어버리면서까지 통치해서는 안 된다고 하는 것이다. 왜냐하면 하느님을 배제할 수 있는 중립적인 본성적 권리란 성립될 수 없기 때문이다. 그것이 바로 문제이다.

　이 문제는 결국 하느님 밖에서도 자연법이 존재할 수 있는가 하는 문제와 같다. 비록 레오 13세가 근본적으로는 세속 권력의 대표를 받아들이지 않았지만 여기에는 그의 의도가 드러나고 있다. 「진리의 광채」는 자연법에 대한 심도 깊은 성찰을 제시하고 있다. 이는 우리가 다루고 있는 문제를 보다 잘 이해할 수 있도록 도움을 준다. 결국, 자연법과 본성적 권리는 동일한 하나의 실재가 갖는 두 가지 측면이다.

1. 본성적인 권리와 인간 인격

　정치에 관한 교도권의 가르침에 있어서 본성적 권리가 인간 인격의 초월적 품위에 기초하고 바로 그곳에 뿌리내리고 있다는 주장만큼 긴급하게 요청되는 가르침도 없다. 모두가 이 인간적 품위에 대해 말하지만 우리는 이를 근본적으로 다음과 같이 구별되는 두 가지 형태로 이해할 수 있다.

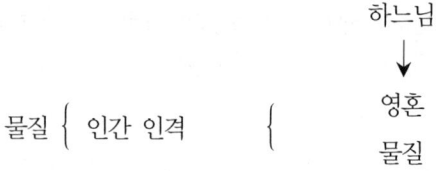

이 도식을 놓고 보면 인간 인격을 단순한 물질로 이해할 수 있지만, 그렇게 되면 인간 인격이 갖는 품위를 제대로 견지할 수 없다. 왜냐하면 물질은 우리가 지향하는 목적들을 위한 도구로 전락될 수 있기 때문이다. 만일 인간 인격이 본성적 권리들의 원천인 거룩한 품위를 지니고 있다면 의심할 바 없이 그 인격은 물질과는 별도로 영적이고 불멸하는 영혼의 소유자로서 결코 수단으로 축소될 수 없기 때문이다. 이것이 회칙 「진리의 광채」가 우리에게 가르치는 핵심이다. 십계명들과 자연법은 궁극적으로 사람의 유익과 관련된 유일한 계명을 다양하게 드러내는 표현들일 뿐이다(VS 13). 계명들과 자연법은 인간 인격의 초월적 품위로부터 비롯하는 근본적인 요청들에 대한 표현이다. 그래서 회칙은 계속해서 이렇게 말한다.

이제 우리는 자연법의 참된 의미를 이해할 수 있게 되었습니다. 자연법은 인간의 고유하고도 원초적인 본성, 곧 '인격체의 본성'에 속합니다. 그것은 영혼과 육체의 단일체인 인격 자체입니다. 그 단일성에는 그 영적이고 생물적인 경향과 함께 자신의 목적을 달성하는 데 필요한 여타의 특성들이 모두 포함됩니다. "윤리적 자연법은 인간의 영·육적인 본성에 바탕을 둔 목표와 권리와 의무를 표현하며 규정합니다. 그러므로 이 법은 단순히 생물학적 차원에 머무는 규범이라고 볼 수 없습니다. 오히려 그것은 이성적 질서에 속하는 것이며, 이로써 인간은 하느님께로부터 자신의 삶과 행위들을 이끌고 다스릴 소명, 특히 자신의 육체를 활용할 소명을 받았습니다." 예를 들자면 인간 생명에 대한 절대적 존중 의무의 원천과 기초는 인간 고유의 존엄성에서 발견되며, 단순히 자신의 육체적 삶을 보존하려는 본성적 경향 안에서만 발견되는 것은 아닙니다. 인간 생명은 그 자체가 인간의 기본선이기는 하지만, 인격체의 선에 비추어 본 윤리적 의의를 요구합니다. 인간은 항상 그 자체로 긍정되어야 합니다. 무죄한 인간 존재를 죽이는 것은 항상 윤리적으로 불법이지만, 한편 이웃 사랑을 위해서 또는 진리를 증거하기 위해서 스스로 자기 생명을 바치는 것은 칭송할 만한 것이고 꼭 해야 할 일이기도 합니다(요한 15,13 참조). '통일된 전체' 안에서 인간을 보아야만, 다시 말해, '육체 안에 자신을 나타내는 영혼으로서, 그리고 불멸의 영혼을 그 형상으로 지니고 있는 육체로서' 인간을 볼 수 있어야만 육체의 특수한 인간적 의미를 파악할 수 있습니다. 실로 본성적인 성향들은 인격체와 그 참된 완성을 고려할 때에 한해서 윤리적 효능을 갖게 됩니다. 참된 완성이란 언제나 그리고 오로지 인간 본성 안에서만 이루어질 수 있습니다. 교회는 그 인간적 의미를 변질시키는 모든 육체적 남용을 배격함으로써 인간에게 봉사하며 참 사랑의 길을, 참 하느님을 만나게 하는 유일한 길을 인간에게 보여줍니다. 이렇게 이해한 자연법은 자유와 본성 사이에 어떠한 분리도 허용하지 않습니다. 실로 이 두 실재는 조화롭게 서로 묶여 있고, 긴밀히 연결되어 있습니다(VS 50).

그러므로 우리는 이 회칙이 바탕을 두고 있는 인간학이 무엇인지 볼 수 있다. 회칙은 윤리가 인간의 진실 속에, 다시 말해 하느님으로부터 자신의 물질적 존재 됨뿐 아니라 영혼까지도 받았다는 의미에서의 하느님의 모상이라는 그의 거룩한 품위 속에 기초하고 있다. 따라서 인간의 몸은 도구화될 수 있는 순수 물질로만 간주될 수 없으며 초월적인 가치로 고려되어야 한다.

그러나 우리는 이보다 한 발 더 나아갈 수 있다. 즉 인간 영혼은 출생을 통해 자기 부모로부터 유래하는 것이 아니라 하느님에 의해 직접 창조되었다는 것이다. 이미 성 토마스는 자신이 살았던 당대에 이렇게 말한 바 있다. "영적인 실체로서의 영혼은 출생으로 인해 야기될 수 없고 오직 하느님의 창조를 통해서 생겨난다. 그러므로 그의 영적 영혼이 출생을 통해 야기되었다고 말하는 것은 있을 수 없으며 따라서 그것은 육체와 함께 부패할 것이라고 말하는 것과 같다. 그래서 영적 영혼이 씨앗과 더불어 번식된다고 말하는 것은 이단적이다."[671]

물론, 단순한 존재는 공간 속에 널리 확장된 부분들 — 오직 물질만이 부분들을 갖는다 — 을 자신에게 고유한 것으로 갖고 있지만, 그것이 결핍된 영적 영혼을 인간이 갖는다고 말한다면, 그것은 나뉠 수 없으며 따라서 출생될 수도 없다. 더욱이, 인간이 지닌 물질을 초월하는 영적 행위들(지적 인식, 상징적 언어, 자유, 진보, 예술 등)로부터 출발해서 영적 영혼의 존재를 증명하는 것은 쉽다. 이러한 활동들은 결코 동물들이 갖지 못하는 것들이다.[672]

교도권은 이처럼 하느님에 의해 직접 창조된 영혼의 진실을 1950년 비오 12세의 회칙 *Humani Generis*에서 자신의 것으로 삼았다

(D 3896). 또한 교도권은 신앙교리성의 생명 윤리에 대한 훈령 「생명의 선물(*Donum Vitae*)」에서(Intr. n° 5), 그리고 『가톨릭 교회 교리서』에서 이를 자신의 것으로 삼고 있다.673 마지막으로, 회칙 「생명의 복음(*Evangelium Vitae*)」은 43항에서 인간의 출생은 단순한 생물학적 행위로 축소될 수 없다고 명확히 언급한다. 왜냐하면 거기에는 불멸하는 영혼을 창조하는 하느님의 개입이 있기 때문이다.

이제 분명하게 드러나는 것은, 우리가 만일 하느님을 제외한다면 또한 우리는 그분에 의해 직접 창조된 인간 영혼도 배제하고 만다는 사실이다. 그렇게 되면 인간은 단순한 물질로 축소되고 말 것이다. 따라서 인간 인격의 초월적 품위도 유지할 수 없으며 결국 자연법의 토대도 무너지고 말게 될 것이다. 그러므로 하느님 밖에서 본성적 권리를 기초 지을 수는 없다. 그러기에 하느님을 믿지 않는 사람들은 쉽게 본성적 권리를 부인하고 만다. 유엔이 1948년에 공포한 인간 권리에 대한 선언은 그러한 권리에 대한 형이상학적 바탕을 배제하는 가운데 실증주의적인 과정을 통해 이루어졌다.

그렇다고 이것이 무신론자들은 모든 인간 권리나 윤리에 대한 감각을 갖지 않는다는 것을 뜻하는 것은 아니다. 더 나아가, 예를 들어 결코 낙태를 허용하지 않는 무신론자들이 있음을 우리는 알고 있다. 그들은 자신의 양성 과정, 감수성 등을 통해 받아들인 원칙들을 바탕으로 그러한 입장을 견지한다. 우리가 여기서 옹호하고자 하는 바는 창조주이신 하느님을 배제한 상태에서는 객관적이고 형이상학적인 차원에서 본성적 권리를 기초 지을 수 없다는 점이다.

이렇게 해서 우리는 인간의 사회적 본성에서부터 비롯되는 그 무엇인가에 대한 실행을 시민 권력 안에서 보았고 동시에 그러한 권력 안에서 초월적인 차원을 보았던 레오 13세의 선입견으로부터 한 발자국 더 나와야 한다. 우리는 세속 권력이 민중 안에 뿌리내리고 있으며 이것이 민중의 대표들 안에서 위임되고 있다고 말할 수 있다. 그러나 이것이 통치자와 지배자들이 민중을 자기 마음대로 휘두를 수 있다는 것을 뜻하는 것은 아니다. 그들이 양심 안에서 복종해야 할 본성적 권리의 한계가 존재하며 또한 통치자와 지배자들에게는 본성적 권리가 자신의 궁극적 바탕인 창조주 하느님 안에 있다는 의식이 존재해야 한다. 따라서 그들은 하느님 앞에서 자신의 정치 행위들에 대해 응답해야 한다. 양심은 윤리와 본성적 권리에 대한 객관적 요청들과 직접 관련되지만, 그러한 요청들은 궁극적으로는 최종적 바탕이자 창조주이신 하느님과 관련된다.

## 2. 그리스도와 인간 인격

만일 윤리에 대한 바탕을 언급함에 있어서 창조주 하느님을 인간 인격의 초월적 품위를 기초 짓는 최종적인 바탕으로 여긴다면, 우리는 여기서 그리스도를 하느님의 자리에 두는 가운데 다음과 같은 스케마를 완성해야 할 것이다. 사실, 그리스도는 신적 위격으로서 모든 만물, 특히 인간은 처음부터 그분 안에서 피조물로 이해됐다. 모든 만물은 그분 안에서 창조되었으며 그분 안에 최종적인 기반을 두고 있다. 그리고 인간은 그리스도를 통해서 신적 생명에 참여한다. 이 신적 생명은 그에게 인격이라는 새로운 품위를 부여해 준다. 그분 안에는 죄 그리고 인간이 참아내고 있는 모든 예속(隸屬)에 대한 구원이 있다.

그리스도는 인간에게 있어서 단지 창조적인 역할뿐 아니라 타락한 그리고 고양된 피조물로서의 그의 조건에 있어서 치유하고(sanante) 고양시켜주는(elevante) 역할을 수행한다. 정확히 말해 바로 여기에 은총이 갖는 치유적, 고양적 역할이 있다.

신학은 인간이 그리스도 안에서 신적 생명에 참여하도록 창조되었다고 생각하고 또 실제로 그렇다는 의미에서 점점 더 그리스도 안에서의 인간 창조 쪽으로 기우는 경향이 있다.

창조에 있어서 그리스도의 장자권(長子權)에 대한 성 바오로의 언급들은 상당한 비중을 갖는다(콜로 1,15-20; 에페 1). 이 장자권의 주체는 말씀이 아니라 그리스도로서, 모든 만물은 그분 안에서 그분을 향해 창조되었고 그분 안에 자신의 기반을 두고 있다. 이 텍스트에서는 구약에서 언급된 창조적인 지혜의 속성들이 그리스도에게 적용되고 있다. 새 교리서는 이러한 전망을 아주 잘 취했다(CEC 280).

그리스도 안에서의 이러한 인간 창조의 전망은 「교회 헌장」 2항에서 다음과 같이 언급되는 가운데 제2차 바티칸 공의회에 의해 취합되었다.

영원하신 하느님 아버지께서는 당신 지혜와 자비의 지극히 자유롭고 심오한 계획으로 온 세상을 창조하시고, 인간을 들어 높여 신적 생명에 참여하게 하셨다. 아담 안에서 타락한 인간들을 버리지 않으시고, "보이지 않는 하느님의 형상이시며 만물에 앞서 태어나신"(콜로 1,15) 구세주 그리스도를 보시어, 언제나 인간들에게 구원의 도움을 주셨다. 그리고 성부께서는 모든 뽑힌 이를 영원으로부터 "미리 아시고, 많은 형제 중에서 맏아들이 되신 당신 아들과 같은 모습을 가지도록 미리 정하셨다"(로마 8,29 참조). 또한 그리스도를 믿는 이들을 거룩한 교회 안에 불러 모으기로 결정하셨다. 이 교회는 세상이 생길 때부터 이미 예표되었고, 이스라엘 백성의 역사와 구약에서 오묘하게 준비되었고, 마지막 시대에 세워져 성령강림으로 드러났으며, 세말에 영광스러이 완성될 것이다. 그때에는, 거룩한 교부들의 기록대로, "의인 아벨부터 마지막 뽑힌 사람까지" 아담 이래의 모든 의인이 보편 교회 안에서 하느님 아버지 앞에 모이게 될 것이다(LG 2).

그러므로 인간은 성령 안에서 성부의 사랑에 참여하는 가운데 그리스도 안에서 창조된 한에서 새로운 품위와 더불어 태어난다. 이렇게 그는 하느님의 모상과 유사함으로 창조되었다. 바로 여기에 그의 소중한 품위가 뿌리내리고 있다.

물론 *Humani Generis*(D 3891)가 가르치고 있듯이, 인간은 그리스도 안에서 누리고 있는 이러한 고양(高揚) 없이도 창조될 수 있을 만큼 이 고양 은총은 절대적으로 무상적이다. 이는 초본성에 관한 문제로 여기서는 다룰 수 없고 이에 대해서는 이미 서술한 바 있다.[674]

이렇듯 초본성 질서를 향한 인간 고양이 시초부터 절대적으로 무상적이었다고는 하지만, 여기서 우리가 기억해야 할 것은, 실제적으로 인간은 그리스도 안에서 창조되었다고 하는 점이다.

이처럼 인간은 성자이신 그리스도 안에서 하느님의 자녀라는 지위를 얻게 된다. 이는 인간이 성성(聖性)의 전망 안에서 하느님의 생명에 참여하도록 부름받았다고 하는 하느님 자녀의 지위와 더불어 윤리적 약속을 살아 내야 한다는 면에서 윤리에 새로운 지평을 부여해준다.

### 2.1. 은총의 치유 작용

그러나 은총 속에서 그리고 언젠가는 강생하게 될 성자의 자녀 됨 안에서 창조된 이 첫 번째 인간이 사실상 죄와 죽음의 예속으로 떨어졌다고 하는 점을 우리는 잊지 말아야 한다(로마 5,12-21). 이렇게 해서 우리는 모든 사람에게 이르게 된 원죄라는 주제에 직면하게 된다. 이렇게 타락한 인간은 아담 안에서 잃어버리고 만 그리스도의 은총이 아니라면 결코 하느님과의 충만한 친교에 들어갈 수 없게 되었고 악마의 지배에 종속된 채 하느님으로부터 멀어지고 말았다.[675]

여기서 원죄에 관한 모든 주제를 다 다룰 수는 없지만 한 가지 상기해야 할 것은 이 원죄로 인해 인간은 악마, 탐욕, 고통 그리고 죽음의 지배에 어느 정도는 종속되고 말았다는 점이다(CEC 407). 비록 인간이 세례로 인해 이러한 죄로부터 해방되었다고는 하지만 그 안에는 아직 이 죄의 결과들이 남아 있다. 탐욕을 대항한 지속적인 싸움 그리고 고통과 죽음에 대한 복종이 그것이다. 또 한 가지 덧붙이고 싶은 것은 탐욕(concupiscentia)은 육체나 영적인 기관들에 있어서 인간에게 영향을 미치는 내적 무질서를 말한다. 인간은 세례와 더불어 악마로부터 해방되었지만(CEC 1237) 여전히 이에 대한 유혹 아래 있다.

　　인간은 이 탐욕으로 인해 율법을 온전히 완수할 수 없다. 그러나 이것이 결코 인간은 완전히 부패해서 아무런 선도 행할 수 없다는 것을 뜻하는 것은 아니다. 로마서 7장 14-25절에서 성 바오로가 지적하고 있는 인간 상황에서 출발하는 그리스도교 전통은 그리스도의 은총이 아니라면 인간은 비록 계명들을 부분적으로 완수할 수 있고 그렇게 할 수 있는 물리적인 능력도 갖고 있지만, 이 모두를 동시에 총체적으로 완수할 수는 없다고 본다. 그래서 성 토마스는 이렇게 말한다. "타락한 본성의 상태에 있는 인간은 치유하는 은총 없이 신적인 계명들을 모두 완수할 수 없다."[676] "이렇듯 인간은 타락한 본성 상태에서 모든 죄를 삼가기 위해 자기 본성이 치유할 수 있는 상습적 은총(gratia habitualis)을 필요로 한다."[677] 그렇다고 인간이 하는 모든 행위가 죄라는 말은 아니지만, 그러나 인간은 "사죄(死罪) 없이 오랜 시간(diu)을 유지할 수 없다."[678]

　　성 바오로가 로마서 7장 14-25절에서 고백하는 것처럼, 인간 안에는 거룩하고 선한 힘 대신 그로 하여금 악을 범하고 율법을 비난하며 잊어버리도록 인도하는 죄의 힘이 있다. 제2차 바티칸 공의회는 이를 다음과 같은 형식으로 표현하고 있다.

　　인간이 제 마음을 살펴볼 때, 선하신 자기 창조주에게서는 올 수 없는 악에 기울어져 있고 수많은 죄악에 빠져 있는 자신을 발견하게 된다. 인간은 흔히 하느님을 자기 자신의 근원으로 인정하기를 거부하며, 자신의 궁극 목적을 지향하는 당연한 질서마저 무너뜨리고 동시에 자기 자신은 물론 다른 사람들과 모든 피조물과 이루는 조화를 깨뜨려 버렸다.

그러므로 인간은 자신 안에서 분열되어 있었다. 이 때문에 인간의 모든 삶은 개인 생활이든 사회생활이든 참으로 선과 악, 빛과 어둠의 극적인 투쟁으로 드러난다. 더욱이 인간은 자기 자신만으로는 악의 공격을 효과적으로 이겨 낼 수 없음을 깨닫고, 또 누구든지 저마다 사슬에 묶여 있는 것처럼 느낀다. 그러나 인간을 해방하시고 그 힘을 북돋아주시려고 주님께서 친히 오시어 인간을 내적으로 새롭게 하시고, 인간을 죄의 종살이에 묶어 두었던 '이 세상의 통치자'(요한 12,31)를 밖으로 쫓아내시었다(GS 13).

이는 윤리 질서에 있어서 그리스도가 모든 건물의 열쇠임을 뜻한다. 왜냐하면 그분은 인간을 자녀적인 삶으로 인도해줄 뿐 아니라 그에게 윤리법의 요구들을 완수할 수 있는 능력을 부여해준다는 의미에서 그를 회복시켜주기 때문이다. 그러므로 그리스도야말로 인간적 행위를 포함한 모든 행위의 열쇠라는 의미에서 그리스도교 안에는 새로운 윤리가 생겨난다. 왜냐하면 내적으로 분열된 인간은 오직 그리스도 안에서만 자연법을 완수할 수 있기 때문이다.

따라서 현대 세계와 대화를 하고자 하는 신학자들이 윤리에 있어서는 그리스도를 괄호 안에 집어넣으려는 태도를 보이고 있음은 이해할 수 없는 노릇이다. 그것은 마치 인간이 스스로 자기 행위들을 완수할 수 있고 따라서 그리스도 안에서는 그가 배제할 수도 있는 어떤 충만함만을 발견할 수 있다는 것과 다름이 없다. 이는 단지 펠라지아니즘적 태도일 뿐 아니라 세속주의로서, 이러한 세속주의는 더욱 나쁘다. 왜냐하면 그것은 심지어 윤리법의 최종 근거인 창조주 하느님조차 배제하려 들기 때문이다. 그렇게 되면 아무것도 작동할 수 없게 된다. 그래서 원죄와 은총에 대해 거의 언급하지 않는 윤리학자들이 있음을 이해할 수 있다. 이처럼 그리스도는 마치 케이크의 앵두처럼 그저 케이크를 장식하기 위한 것일 뿐 그것 없이도 생각될 수 있고 만들어질 수 있는 마지막 조각과도 같은 것으로 전락하고 만다. 그러나 그리스도는 결코 그렇지 않다. 그리스도는 모든 윤리 건물의 열쇠이시다.

이제 고유한 그리스도교적 윤리가 있을 수 있는지에 대한 물음에 응답해야 한다면, 우리는 그렇다고 대답해야 한다. 왜냐하면 그리스도는 윤리를 기초 지어주는 분으로서 심지어는 분명한 규율들까지도 바꾸기 때문이다. 우리는 이 점을 핑케르(Pinckaers)가 제시하고 있는 전망 안에서 설명해 보고자 한다.

모든 계명들은 총체적으로 새로운 차원을 획득하며 그리스도교 내에서부터 변화하게 된다. 몇 가지 예를 들어 보기로 하자. 첫 번째 계명은 모든 종교들 안에 존재한다. 즉 모든 사람은 하느님을 찬미하며 그분께 기도하고 청할 의미를 갖는다. 그런데 그리스도교 안에서는 첫 번째 계명이 바뀐다. 왜냐하면 우리가 먼저 사랑해야 하는 이는 하느님으로서 우리의 사랑은 그리스도 안에서 당신을 드러내신 하느님의 전대미문의 사랑에 대한 응답일 뿐이기 때문이다 (1요한 4,10). 그리스도인은 받기에 전혀 합당하지 않은 하느님의 사랑이 일으키는 경이로움을 살아가는 사람이다. 이러한 하느님의 사랑이 맏형으로 대변되는 바리사이파 사람들에게는 스캔들이 될 정도로 의심받았다는 사실을 납득하기 위해 우리는 돌아온 탕자의 비유를 보는 것만으로도 충분하리라 생각한다.

그래서 첫 번째 계명은 하느님으로부터 사랑받도록 자신을 내어놓는 것(*dejarse amar por Dios*)으로 규정되어야 할 것이다. 이는 전혀 다른 것이다. 이는 단순히 하느님을 사랑하고 그분께 예배를 드리는 것만이 아니라 그분 손에 모든 미래를 맡기는 가운데 우리의 모든 염려를 그분께 맡겨드린다는 것을 의미한다(마태 6,25 이하). 이는 똑똑하다는 사람들이 잘 이해하지 못하는 그 무엇이다. 왜냐하면 그리스도교에 있어서 우선적인 것은 하느님에 의해 사랑받도록 자신을 맡겨드리는 것이기 때문이다. 그리스도교는 섭리(*providentia*)라는 말로 운명(*fatum*)이란 용어를 바꾸어 놓을 정도로 그러한 전망 안에 있다. 사실 그리스도교는 모든 것을 바꾸어 놓았고 심지어는 용어도 바꾸어 놓았다. 이슬람교에서는 계속해서 운명이 지배하고 있으며 삶의 열쇠는 엄밀히 말해 영(靈)이 가난한 자, 비천하고 작은 자들에게 있지 않다.

그리스도교는 율법을 변화시켰으며 이를 보편주의적인 차원으로 확장시키고 그것이 갖는 불완전한 점들을 완성시켰으며 인간이 하느님의 자녀라는 자신의 지위와 더불어 신적으로 활동할 것을 요구한다. 그래서 이웃에 대한 사랑은 그리스도교 안에서 새롭고도 지속적인 요청들을 취하게 된다. 그리스도인은 단지 살인하지 않는 것에 국한하지 않는다. 그는 미움을 털어 내고 이웃의 평판을 살려주며 결코 그를 모욕하지 않은 방법에 대해 고심해야 하고 모든 것에도 불구하고 진심으로 그에게 미소 지을 줄 알아야 한다.

그리스도께 대한 신앙은 모든 것을 내적으로 변모시켜준다. 심지어는 명확한 것까지도. 왜냐하면 이 신앙은 우리로 하여금 계명들 안에서 이성만으로는 볼 수 없는 일종의 새로운 요청들을 보게 해주기 때문이다. 그 누구도 한 성인(聖人)이 계명들에 대한 새로운 요청들을 발견함에 있어서 지식인보다 더 멀리 이를 수 있음을 부인하지 않는다. 그러므로 그리스도인은 그리스도의 거룩함에서 시작해서 윤리를 실천한다. 여기서 우리가 잊지 말아야 할 것은, 계명들은 우리가 하느님 그리고 이웃에게 내어주어야 하는 사랑에 대한 최소한의 요청들을 표현한 것이라는 점이다. 완덕을 지향하는 그리스도인의 삶은 이러한 사랑의 궁극적인 요청들을 품어야 한다.

## III. 결론

우리는 이 모든 것으로부터 다음과 같은 결론을 내릴 수 있다. 즉 그리스도인은 공공 생활에서 중립적인 윤리 생활을 주장할 수 없다. 그리스도인은 개인적인 삶의 차원이나 공적인 삶의 차원에서 모두 그리스도인이어야 한다. 그러나 그것은 결코 근본주의에 떨어지는 것을 의미하지 않는다.

윤리적인 중립을 마치 사회와 문화의 이상적인 모습으로 제시하지는 말기로 하자. 이러한 태도에는 다음과 같은 두 가지 오류가 있다. 인간 권리들을 배제하는 가운데 그리스도교를 마치 사회생활에 있어서 지도자로 간주하면서 이를 강제로 새겨 넣는 것. 또는 이러한 권리들을 존중한다는 명목으로 중립적인 사회와 문화를 주장하는 것. 하지만 이보다는 적절한 입장도 있을 수 있다. 즉 그 누구의 권리도 없애지 않고 진리의 힘 이외에는 그 어떠한 힘도 사용하지 않으면서 그리스도적인 정체성을 제시하고 인간적 권리들을 존중하면서 사회생활과 문화생활의 범위 내에서 그리스도적인 정체성을 제시하는 것이다. 인간적 권리들에 대한 옹호가 결코 사회적 문화적 영역에서 우리의 그리스도적 정체성에 대한 명시적인 철회를 강요해서는 안 된다. 모든 사람들 안에는 무한에 대한 갈증, 충만함에 대한 갈증 그리고 구원에 대한 필요성이 있다. 그리스도교 메시지는 이러한 요청에 응답한다. 결코 이 메시지가 개인적인 세상 속으로 축소돼서는 안 된다. 왜냐하면 사회와 문화에는 오직 하느님과 그리스도 안에서만 자신의 필수적인 구원과 충만함에 대한 바탕을 찾을 수 있는 윤리적인 가치들이 있기 때문이다.

분명한 것은, 그리스도인은 개인적인 차원에서 신자로서 공공 생활을 영위해야 하지만, 그들은 또한 정치 생활을 포함한 모든 공공 생활에서 그리스도교적인 인본주의의 바탕 위에 연합하거나 정당을 이루는 가운데 조직될 수 있다는 점이다.[679] 신자는 신중하고 적절하게 각 나라의 상황에 맞게 대응해야 하며 국민의 대부분이 그리스도인인 나라에서는 국가 또한 신앙을 고백해야 하고 그리스도인은 언제나 소수의 권리를 옹호해야 한다.[680]

또한 분명한 것은, 오늘날 많은 사람들이 하느님을 배제하는 가운데 공적인 그리고 정치적 차원에서의 중립성을 옹호하고 있다는 점이다. 그래서 이는 불가피하게 신앙을 단순한 개인적 영역으로 축소시켰을 뿐 아니라 본성적 권리 자체에 대한 상실로 이끌어 갔다. 그리스도인의 지위를 숨기면서 이를 단순한 사람으로 드러내는 것은 본성적 권리 자체를 파괴하고 더불어 종말을 고하고 말 삶의 세속화로 그를 인도해줄 뿐이다. 그래서 스페인 주교들은 이렇게 말한 바 있다. "사람은 자신이 누구인지를 망각할 때 하느님을 제쳐 두거나 거부하며 자신이 갖고 있는 아주 깊은 열망들이 내포한 진정한 의미를 부숴 버리고 만다. 그는 뿌리에서부터 인간의 삶과 세상에 대한 참된 해석을 변질시켜 버린다. 또한 윤리적 가치들에 대한 존중이 약화되고 무뎌지며 왜곡된다. 따라서 모든 것은 단지 일시적일 뿐이다. 몸도 잠정적이고 결혼도 잠정적이며 직업적·시민적인 약속들도 잠정적이다. 한마디로 모든 윤리 규범이 잠정적이 되어 버리고 만다."[681]

계속해서 주교들은 언급하길, 인간이 자기 존재의 바탕인 창조주 하느님을 알아듣지 못할 때, 체험이 우리에게 보여주는 것처럼 본성적 권리는 더 이상 내용을 갖지 못한 채 공허해지고 만다고 한다.[682] 오직 절대적인 하느님만이 절대적인 요청들을 기초 지을 수 있으며 오직 사랑이신 예수 그리스도 안에서 강생한 하느님 바로 그분만이 윤리, 마음의 해방 그리고 실천적인 요청들을 기초 지을 수 있다. 오늘의 인간은 자기 자신을 모든 만물이 지닌 선의 창시자이자 모든 윤리 규범을 포괄하는 창조주로 내세우며 자신을 통해서 선과 악을 규정지으려고 한다. 이렇게 해서 오히려 인간 자신을 죽음으로 끝내고 마는 윤리적 상대주의와 주관주의가 나오게 된다.[683] 이제 주체 자신은 자기 전횡(專橫)의 포로가 되어 버린다. 인간은 본성과 창조 개념을 한쪽 구석에 처박아 둔 채 삶의 목적과 궁극적 의미에 대한 전망을 잃어버리고 만다. 이렇게 된다면 이제 진리를 발견할 가능성에 대한 회의만이 지배하고 말 것이다. 그리하여 하느님은 공공 생활의 영역에서 더 이상 존재하지 않는 분으로 치부될 것이고 삶은 경험적인 근거에만 준해서 지배되어야 할 것이다. 이는 결국 객관적이고 초월적인 윤리적 의미에 대한 총체적인 상실로 이어질 것이다. 그러나 만일 하느님을 배제한다면 이는 근본을 빼

버린 채 본성적 권리만을 놔두는 형국이 될 것이며, 사회 규범은 대부분 국회의 결정으로 제한될 것이고, 실제로 일어났던 것처럼 이는 다른 약자들에 대한 살인 — 낙태 또는 안락사로 일어나고 있는 것처럼 — 을 허용할 수도 있다.

그래서 주교들은 이렇게 말한다. "우리 구대륙의 모든 사상적 조류는 공공 생활에서 하느님을 제외하고 윤리 생활의 최종적인 심판자로서의 하느님을 제외하며 다른 사람에 대한 권력 남용에 대항하게 해주는 최고의 보증인이신 하느님을 제외하는 것이 얼마나 어둡기 그지없는 전망으로 우리를 이끌어 갈 수 있는지를 고려해야 한다."[684]

그러므로 사람의 생명과 미래가 관련된 사회 정치적 분야에서 가톨릭 신자들의 현존은 참으로 중요하다. 인간 인격의 생명은 공공 생활에서 그리스도인들의 현존을 요구하는 정치적인 반향들을 갖는다. 그러므로 그리스도인들은 신자로서 공공 생활에 임해야 할 때 모든 복잡한 것들로부터 자신을 멀리해야 한다. 잊지 말아야 할 것은, 본성적 권리에 대한 인정이 프랑스 혁명에 빚을 진 것은 아니라는 점이다. 그것은 무엇보다도 그에 앞서 16세기 빅토리아의 프란치스코와 더불어 살라망카 학파에 빚을 지고 있으며 그 이전에 성 토마스 그리고 파리의 요한에게 빚을 지고 있다.

요한 바오로 2세 교황은 스페인 주교들이 제시하는 가르침과 조화를 이루는 가운데 1993년 알무데나 주교좌성당에서 마드리드의 재속 신자들에게 다음과 같이 가르치고 있다.

여러분의 사회처럼 다원화된 사회에서는 공공 생활의 다양한 영역에서 보다 더 날카로운 집단적, 개인적 그리고 연합된 현존이 필요합니다. 따라서 복음이 강조하고 있듯이, 본질적으로 공적이며 사회적인 인간 인격의 차원을 망각한 채 모순적이게도 신앙을 엄격하게 개인적인 영역으로 축소해 버리려는 의도는 받아들여질 수 없습니다. 그러므로 거리로 나가십시오! 바로 거기서 여러분의 믿음을 기쁘게 살아가십시오! 가정, 학교, 문화 그리고 정치 생활을 관통해야 하는 그리스도의 구원을 사람들에게 가져다주십시오! 이것이 바로 지금 우리가 드리는 마드리드 주교좌 봉헌 예식이 우리에게 요구하는 예배이자 신앙의 증거입니다.[685]

결론적으로, 우리는 완전히 민주적이면서도 동시에 완전히 그리스도적일 수 있다. 군주는 민중 속에 뿌리를 내리며 이들의 대표에게 위임된 세속 권력의 기원을 허용할 수 있고 동시에 이 권력의 수행은 자연법과 윤리 규범들의 한계를 갖고 있음을 받아들여야 한다. 이것들은 완벽하게 수행되기 위한 가능성이자 충만함으로서 창조주이신 하느님과 그리스도 안에 그 자신의 최종적인 바탕을 갖고 있다. 개인적인 차원에서 볼 때 신자는 그리스도인이라는 자신의 신분을 공공 생활에서 배제해서는 안 된다. 따라서 공공 생활을 영위하는 가운데 자선 단체, 교육 단체, 또는 사회 구호 단체에서 자신의 그리스도적 정체성에 대한 고백이 이루어져야 한다. 물론 그리스도교적인 영감을 모토로 하는 정당도 존재할 수 있다. 그리고 국가가 공적으로 신앙을 고백할 수 있는 것은 각국의 환경과 역사에 의존한다. 반면, 여기서 허용돼서는 안 되는 것은 마치 하느님이 현존할 수 없으며 그래서도 안 되는 것처럼 사회적 정치적 영역을 중립화하려는 가정(假定)을 용인하는 것이다. 적어도 제2차 바티칸 공의회의 가르침에 따르면 그리스도교 신앙에 대한 중립적 태도를 정당화할 수는 없다. 공의회는 이 점에 대해 다음과 같이 명백히 언급하고 있다. "어떠한 인간 행위든 현세의 일에서도 하느님의 지배를 벗어날 수는 없다"(LG 36).

콩가르가 설명하듯이,[686] 물론 우리는 과거에 그리스도적인 생활을 영위하기 위한 수많은 결실들을 우리에게 가져다주었던 그리스도교 세계의 상황들에 대해 잘 알고 있다. 하지만 우리가 잊어서는 안 될 것은, 이러한 상황은 사람들에게 하나의 '명제'로 강요하던 그 무엇이었다고 하는 점이다. 이러한 명제는 교회가 겪어야 했던 몇몇 역사적 경험들을 갖기 이전에 그들이 살았던 맥락이었다. 그러나 사실상 그러한 상황은 역사의 가정 이외에 아무것도 아니다. 더욱이 주님을 역사의 알파요 오메가 그리고 세상의 중심으로 아는 그리스도인들은 명시적인 형태로 그리스도가 이 세상을 다스리는 것에 대한 원의를 느끼고 있다. 그래서 콩가르는 다음과 같이 말한다. "그럼에도 불구하고 교회는 하느님 나라를 지향하는 것처럼 이를 지향해야 한다. 신자들이 자신의 신앙에 대한 요청들에 대해 가능한 한 더욱 유사하게 제반 사물들의 질서를 실현하고 하느님의 주권과 그리스도의 왕권을 보다 더 드러내려는 것은 당연하다. 그래서 이러한 나름대로의 '그리스도교 세계'는 언제나 그리스도인들의 바람이며 그들의 원의가 모이게 되는 극점이라고 할 수 있다."[687]

그러나 이것은 강제로 되는 것이 아니라 설교를 통해 획득될 수 있다. 교회는 단지 신자들에 대한 관할권만을 가질 뿐 사회에 대해서는 그렇지 못하다. 교회가 지닌 칼은 하느님의 말씀이라고 하는 칼이다. 따라서 직무 차원에서 볼 때 교회는 최소한의 자유, 교회와 국가 사이의 협력을 조정하는 조화로운 상황, 또는 명백히 가톨릭적인 국가적 상황으로부터 출발해서 일련의 가능적 단계들을 통해 이러한 직무들을 수행하는 가운데 사회에 대한 관할권을 간접적으로 실현할 수 있다. 이러한 궁극적인 가능성에 대한 결과는 당연히 각국의 구체적인 상황과 역사적인 환경에 달려 있다.[688] 언제나 소수의 권리를 지키는 신앙을 고백하는 국가의 가능성은 열려 있다. 한편, 그리스도인들이 다른 이들의 권리를 전혀 배제하지 않으면서도 자신의 정체성을 공공 생활에서 드러내는 가운데 국가와 교회 간의 협력을 추구하는 것도 가능하다. 그리스도인은 하느님 밖에서 사람에 대한 중립적 문화를 조성하는 가운데 자신의 목적을 두어서는 안 된다. 오히려 그는 자신과 같이 생각하지 않는 다른 사람들의 권리를 언제나 존중하고 창조주이신 하느님과 그리스도 안에 닻을 내리는 가운데 인간 개념에 대한 자신의 분명한 입장을 제시해야 한다. 인간 권리에 대한 옹호가 문화적 사회적 또는 정치적 영역에서 우리의 그리스도적 정체성에 대한 명백한 철회를 강요해서는 안 된다. 이미 언급한 바와 같이, 중립성을 사회의 이상으로 제시하지 말아야 할 것이다. 여기에는 다음과 같은 두 가지 오류가 있을 수 있다. 즉 다른 이들의 권리를 배제하는 가운데 그리스도적 정체성을 사회생활의 방향으로 강제로 부과하는 것. 또는 그러한 권리들을 존중하기 위해 중립적인 사회와 문화를 주장하는 것. 그리스도교적 질서의 이상이 달성되지 않을 때 다음과 같은 입장이 있을 수 있다(그리고 그것은 언제나 가능하다). 비그리스도인들의 어떠한 권리도 배제하지 않은 채, 그리고 진리의 힘 이외에 다른 어떠한 힘도 사용하지 않은 채, 언제나 다른 이들의 권리를 존중하면서 사회·정치 분야에서 그리스도적인 정체성을 제시하는 것이다. 나는 그것이 올바른 길이라고 생각한다.

# 인명 색인

가서(Gasser) 395, 425
곤잘레스 파우스(González Faus, J. I.) 204, 205
곤잘레스 힐(González Gil, M.) 45, 164
과르디니(Guardini, R.) 34
교황
    코르넬리오(Cornelius) 193
    그레고리오, 대(Gregorius Magnus) 461
    그레고리오 7세(Gregorius VII) 267, 380, 384, 398, 583, 589
    그레고리오 10세(Gregorius X) 385
    그레고리오 16세(Gregorius XVI, M. Capellari) 370, 416, 602
    니콜라오 1세(Nicolaus I) 377
    니콜라오 2세(Nicolaus II) 589
    레오, 대(Leo magnus) 172, 198-200, 368, 382, 435
    레오 9세(Leo IX) 379
    레오 13세(Leo XIII) 416, 454, 584, 602-608, 612, 621, 626
    마르티노 5세(Martinus V) 390
    바오로 6세(Paulus VI) 60, 325, 332, 400, 412, 417, 440, 479, 535, 544
    보니파시오 8세(Bonifatius VIII) 225, 269, 380, 384, 391, 399, 583, 586, 589, 593
    보니파시오 9세(Bonifatius IX) 363
    비오 6세(Pius VI) 393
    비오 9세(Pius IX) 256, 398, 543, 602
    비오 10세(Pius X) 454, 584, 609
    비오 11세(Pius XI) 454, 459, 584, 609
    비오 12세(Pius XII) 33, 217, 225, 247, 250, 358, 433, 459, 584, 609, 624
    빅토리오(Victor) 189, 202, 369, 375
    스테파노 1세(Stephanus I) 192, 194, 196, 202
    시리치오(Siricius) 196, 198
    알렉산데르 3세(Alexander III) 382, 590
    에우제니오 4세(Eugenius IV)

390
요한 23세(Joannes XXIII)
387-389, 459, 584, 611
요한 바오로 2세(Joannes Paulus
II) 14, 398, 418, 432-434, 437,
460, 472, 487, 493, 494, 500,
501, 507-511, 513, 637
우르바노 2세(Urbanus II) 384
인노첸시오 1세(Innocentius I)
198
인노첸시오 3세(Innocentius III)
357, 378, 380, 382, 384, 398,
583, 589-593
젤라시오(Gelasius) 588, 590-591
조시모(Zosimus) 198, 373
첼레스티노(Caelestinus) 197,
198, 368
클레멘스, 로마의(Clemens Ro-
manus) 172, 180-182, 187, 202,
208, 222, 335, 367, 375, 443,
450
클레멘스 4세(Clemens IV) 385
호르미스다스(Hormisdas) 201
귀디(Guidi) 395
그라치아노(Graciano) 453, 590
그루트(Groot, J.) 274
그릴(Grill, J.) 138, 139
기네베르트(Gignebert) 138
네스토리오(Nestorius) 197-199, 368
넬리스(Nelis, J. T.) 105
노인호이저(Neunheuser, B.) 290
노케(Nocke, F. J.) 106

뉴먼(Newman) 33, 60, 398, 423,
424, 464

덜레스(Dulles, A.) 225, 239, 240
데 라 피엔다(De la Pienda) 555, 557
데레사, 아기 예수의(Thérèse de l'en-
fant Jésus, Sta.) 331
데레사, 아빌라의(Teresa de Jesús,
Sta.) 331
도미니코(Dominicus, St.) 331
도밍게스(Domínguez, J. A.) 53,
203-204, 209
돌리비오(Dolibius) 182
돔누스(Domnus) 186
동방교회의 총대주교
   예루살렘의 총대주교
   소프로니오(Sofronius) 201
   콘스탄티노폴리스의 총대주교
   미카엘 체룰라리오스(Michael
   Cerularios) 379-380
   미카엘 팔레올로고스(Michael
   Paleologo) 384-385
   요한(Joannes) 202
   포시오(Photius) 377
   플라비아노(Flavianus) 199-200
드 뤼박(De Lubac, H.) 11, 40, 41,
44, 62, 201, 232, 233, 273, 292,
332, 365, 367, 368, 373, 399,
400, 403, 414, 415, 428, 552,
557
드 보(De Vaux) 147
드노(Denaux, A.) 262, 286

디밀(Dimiel, L.) 235
디벨리우스(Dibelius, O.) 34, 139
디오스코로(Dióscoro) 200
딕스(Dix, G.) 192

라너(Rahner, K.) 99, 520, 551-568, 560, 561
라칭거(Ratzinger, J.) 131-132, 144, 184, 194, 196, 234, 235, 239, 261, 262, 276, 286, 365, 379, 381, 460, 578
라트람노(Ratramno) 232, 233
랑(Lang, A.) 120
레만(Lehmann, H.) 141
레쉬(Resch, A.) 138, 139
레퀴예(Lécuyer, L.) 364
로핑크(Lohfink, G.) 110-112, 117-118
루소(Rousseau, J. J.) 280, 600, 602
루터(Luther, M.) 146, 247, 268-272, 280, 311, 346, 347, 600
루트비히(Ludwig, L.) 200
르페브르(Lefèvre) 323, 345
리고(Rigaux, B.) 106, 142, 147
리요네(Lyonnet, S.) 572
리젠펠트(Riesenfeld, H.) 141
리처드슨(Richardson, A.) 75
리치(Ricci, E.) 393
리허, 에드문트(Edmund Richer) 391, 392
린턴(Linton, O.) 138

마르텔레(Martelet, G.) 274

막시모, 고백자(Maximus Confessor) 201, 337
메누(Menoud, P.) 179
묄러(Möhler) 32, 234, 264
뮐렌(Mühlen, H.) 53

바라우나(Baraúna, G.) 274
바실리오(Basilius, St.) 491
바이스(Weiss, J.) 101, 140
발덴스베르거(Baldensberger) 138
발두스(Valdus, P.) 266
뱅상, 레랭의(Vincent de Lerins) 256
베네딕토(Benedictus, St.) 331, 491, 492
베드로, 브루이스의(Pedro de Bruys) 266
베드로 데일리(Pedro d'Ailly) 392
베드로 롬바르도(Petrus Lombardus) 357, 358
베르토네(Bertone) 418
베소그라소프(Bésograsoff) 133
베츠(Betz, J.) 141
베티(Betti, U.) 238, 297-301, 304
벨라르미노(Belarmino, St.) 31-32, 220, 284, 599
보나벤투라(Bonaventura, St.) 383
보쉬에(Bossuet, J. B.) 392
보이머(Beumer, J.) 235
보프(Boff, L.) 54, 263
볼제니(Bolgeni, V.) 370
부이에(Bouyer, L.) 587
불트만(Bultmann, R.) 138-141

브누아(Benoît, P.) 133
브루너(Brunner, E.) 284
블라스케스(Blázquez, R.) 286-287

설리번(Sullivan, F. A.) 191, 301, 302, 306, 328, 329, 346
세스부에(Sesboüé, B.) 477-480
셈멜롯(Semmelroth, O.) 262, 274, 280
솔로비예프(Soloview, W.) 130
솔타우(Soltau, W.) 138, 139
솜(Sohm, R.) 54, 284
수아레스(Suarez) 599
수에넨스(Suenens) 241
슈나켄부르크(Schnackenburg, R.) 162, 240
슈니처(Schnitzer) 138
슈마우스(Schmaus, M.) 264
슈미트(Schmidt, K. L.) 111, 138
슈바이처(Schweitzer, A.) 101, 102
슈타우퍼(Stauffer, E.) 140, 141
슐리어(Schlier, H.) 281
스멀더스(Smulders, P.) 274
스킬레벡스(Schillebeeckx, E.) 274, 364, 455, 557
시몬(Simón) 233
십자가의 요한(Juan de la Cruz, St.) 331

아르날도, 브레시아의(Arnaldo di Brescia) 266
아말라리코(Amalarico) 267

아브라함(Abraham) 47, 65, 67-73, 77, 78, 94, 97, 109-112, 190, 242, 527, 529, 570, 580, 581
아우구스티노(Augustinus, St.) 32, 40, 53, 60, 88, 89, 159, 169, 200, 201, 231, 256, 259, 265, 266, 311, 331, 332, 357, 373, 403, 491, 541, 575, 583, 588
아이만스(Aymans, W.) 293
아타나시오(Athanasius, St.) 359
안톤(Antón, A.) 30, 237, 268, 272, 285, 387
알타우스(Althaus, P.) 271
암브로시오(Ambrosius, St.) 359, 541
앙리, 로잔의(Henry de Lausanne) 266
에스트라다(Estrada, J. A.) 204
에우티케스(Eutyches) 199
에이벨(Eybel) 393
예레미아스(Jeremías, J.) 140
오네시모(Onésimo) 182-183, 207
오리게네스(Origenes) 87, 91, 222
오시오, 코르도바의(Osius de Cordoba) 372, 373
오자남(Ozanam, F.) 454
옵타투스, 밀레비의(Optatus Milevitanus) 368
옹클랭(Onclin, W.) 414
왕
    알렉산더 2세(Alexander II) 602
    에드워드 1세(Edward I) 593
    필립(Philips) 391, 593

외프케(Oepke) 140, 144
요아킴, 피오레의(Gioacchino da Fiore) 267-268
요한, 토르케마다의(Joannes de Torquemada) 599
요한, 파리의(Joannes de Paris) 597, 599, 637
요한 크리소스토모(Joannes Chrysostomus, St.) 359
위 디오니시오(Pseudo Dionysius) 383
위클리프(Wyclef) 268-270, 387
유스티노(Justinus, St.) 183, 222, 444, 464
이냐시오, 로욜라의(Ignatio de Loyola, St.) 331
이냐시오, 안티오키아의(Ignatius Antiochiae, St.) 179-184, 211, 326, 333, 358, 367, 406, 435, 443
이레네오(Ireneus, St.) 55, 60, 87, 168, 172, 187-189, 222, 223, 282, 311, 334, 340, 464, 540

제르송(Gerson) 388, 390, 392
주르네(Journet, C.) 261, 545

치넬리(Zinelli) 394, 396
치릴로, 알렉산드리아의(Cyrillus Alexandrinus) 50, 197, 318
치릴로, 예루살렘의(Cyrillus Hierosolymitanus) 330, 335
치프리아노(Ciprianus, St.) 62, 90, 172, 192-194, 202, 222, 294, 319, 367, 369, 435, 540

카러(Karrer, O.) 151, 152
카스퍼(Kasper, W.) 53
카타리나, 시에나의(Catarina, Sta.) 331
코얀테스(Collantes, J.) 36, 113, 115, 120, 125, 126, 143, 174, 176, 265, 276, 343, 388, 389, 397, 619
콩가르(Congar, Y.) 33, 53, 54, 89, 176, 262, 266-268, 272, 274, 279, 293, 295, 315, 316, 319, 320, 330-336, 342-344, 357, 358, 376-378, 381, 383, 389-392, 395, 398, 416, 589-591, 595-599, 639
쿠스(Kuss, O.) 141
쿨만(Cullmann, O.) 141, 150-152
케넬(Quesnel) 393, 543
큄멜(Kümmel) 140
큉(Küng, H.) 99, 203-204
클로이트겐(Kleutgen) 365, 396

탐부리니(Tamburini) 393
테르툴리아노(Tertullianus, St.) 62, 138, 187, 196, 248, 287, 318, 332, 341, 369, 464
테오도로, 몹수에스티아의(Teodorus de Mopsuestia) 359
토마스 브래드와딘(Bradwardine, T.)

269
토마스 아퀴나스(Thomas Aquinae,
　St.) 256, 259, 331, 357, 383,
　464, 595-599, 624, 630, 637
투라도(Turado, L.) 208-209
트롬프(Tromp, P.) 236, 237
티야드(Tillard, J. R. M.) 141-142

파스카리노(Pascarinus) 200
파스카시오(Pascasio) 232
파코미오(Pachomius) 491
페브로니우스(Justinus Febronius)
　391, 393
페이넬(Faynel, P.) 110, 115, 165,
　168, 314, 420, 423, 542,
　593-597, 599
포겔(Vogel, C. D.) 281
포르테(Forte, B.) 31, 32, 90-94, 452,
　521
폰 알멘(Von Allmen) 144, 155
폰 캄펜하우젠(Von Campenhausen,
　H.) 206
폰토(Ponthot, J.) 105
폴리카르포(Policarpus, St.) 182, 187,
　333, 334, 442
푀이예(Feuillet, A.) 124, 154
푁틀레(Vögtle, A.) 141
풀젠시오, 루스페의(Fulgentius de
　Ruspe) 542
프란치스코, 빅토리아의(Francesco de
　Victoria) 599, 637
프란치스코, 아시시의(Francesco d'Assisi, St.) 331
프란치스코 하비에르(Francisco Javier,
　St.) 331
프르치바라(Przywara) 235
프리스(Fries, H.) 69, 75, 99, 102,
　104, 111, 116, 130, 132, 135,
　137, 143-146, 153, 157, 175,
　177, 179, 207, 315, 601
피네이(Feeney, P.) 544
필리포스(Philipus) 198
필립(Philips, G.) 29, 43, 88-90, 114,
　224, 239, 247, 249, 254, 256,
　297, 299, 359-364, 369, 374,
　400, 406, 434, 441, 443, 455,
　462, 541
핑케르(Pinckaers) 632
하르낙(Harnack, A. von) 101, 117,
　138-140, 144, 189, 281
하머(Hamer, J.) 54, 284
헤게시포(Hegesipus) 187, 341
홀처(Holzer, O.) 235
황제
　발레리아누스(Valerianus)
　193-194
　아드로니쿠스 2세(Adronicus II)
　385
　알렉시우스 1세(Alexius I) 384
　요한 팔레올로고스 8세(Joannes
　Paleologo VIII) 385
　카를 대제(Carlos magnus) 379
　콘스탄티누스(Constantinus) 267,
　372, 587

테오도시우스(Theodosius) 197,
583, 587
하인리히 4세(Heinlich IV) 589
후고, 생빅토르의(Hugo de St. Victor)
357-358, 383
후고 스페로니(Hugo Speroni) 266

후스(Hus) 268-270, 387
훔베르토(Humbertus) 380
히메리오, 타랑고나의(Himerius
Tarangonae) 196
히폴리토(Hipolitus, St.) 56, 172, 190,
192, 341, 359, 361, 443

# 용어 색인

가정 221, 331, 439, 440, 444, 445, 451, 455, 456, 461, 472, 500, 614
가톨릭 활동(Actio Catholica) 454, 458, 459, 475
갈리아주의 391-396
감독(episkopoi) 171, 174-179, 248
강생 27, 30-33, 44-47, 50, 51, 56, 66, 89, 90, 92, 125, 163, 272-276, 282, 283, 317, 320, 547, 548, 552, 560, 575, 576, 581, 598, 629, 636
개별 공의회 414, 415
경건한 산들 454
계몽주의 254, 583, 600, 614
계시 29, 35-39, 45, 48, 51, 55, 60, 69, 73, 75, 77-79, 83, 94, 152, 218, 221, 241, 255, 274-278, 281, 310, 339, 341, 343, 388, 395, 409, 422, 424-427, 437, 496, 536, 537, 547-552, 555-559, 617
계시의 보관소 425, 426
계약
    새 계약 47, 80-81, 108, 154, 157, 241, 262, 311
    옛 계약 47, 90, 94, 108, 262
공공 생활 585-586, 614-615, 619, 621, 634-638
공동 사제들(copresbíteros) 435
공동체 32, 35, 36, 55, 83, 84, 94-101, 105, 109, 112-117, 127-137, 140-146, 153-157, 163, 166, 167, 175, 181, 185, 201-210, 219, 225, 231, 238, 241, 244-250, 255, 259, 261, 267, 271, 273, 284, 288, 291-295, 299-301, 322, 323, 325, 333, 334, 345, 347, 349, 353, 354, 366, 373, 381, 393, 406, 407, 424, 439, 443, 444, 449, 467, 472, 473, 477-480, 483, 491, 508, 512, 513, 522, 540, 562, 574, 584, 587, 614-616
공의회 우위설 386-391
공주 생활 491
관할권
    개별적인 관할권 370
    보편적인 관할권 134, 370
교계적 친교 359, 365

교계 정치 590
교계 제도 27-28, 53-54, 61, 130,
　　167, 182, 216, 218-220, 231,
　　238, 240-245, 250, 259, 271,
　　351-353, 356, 398, 428, 434,
　　442-444, 449, 450, 452, 458,
　　474, 481, 506
교구 292-294, 350, 362, 363, 386,
　　392, 393, 397, 403-406, 410,
　　412, 415, 416, 440, 486, 492,
　　508
교구 대의원회의 293
교도권
　　교도권의 대상 350, 425-427
　　교도권 직무 413
　　무류적 교도권 402, 410, 422
　　유권적 교도권 411, 413, 416
　　통상적인 교도권 350, 410
　　특별 교도권 410, 419
교황
　　교황권 141, 194, 200, 201, 345,
　　　362, 376, 378, 384, 388, 398,
　　　461, 586, 602
　　교황의 선거(교황 선거) 403-404
　　교황의 세 가지 직무
　　　　　가르치는 직무 408-428
　　　　　성화하는 직무 405-407
　　　　　통치하는 직무 407, 408
　　칭호
　　　　　그리스도의 대리자 32,
　　　　　　142, 195, 241, 251, 356,
　　　　　　371, 381-383, 386, 390,
　　　　　　407, 416, 591
　　　　　베드로의 후계자 172,
　　　　　　180, 195-198, 220, 292,
　　　　　　296, 303, 313, 321, 342,
　　　　　　355, 356, 364, 371, 372,
　　　　　　375, 382, 383, 386, 417,
　　　　　　594
　　　　　중개자 280
교황과의 친교 152, 153, 194, 302,
　　324, 408
교황 문헌(교령, 헌장, 회칙, 훈령 등)
　　Apostolos suos: 자의 교서 350,
　　　412, 416
　　Auctorem Fidei: 헌장 393
　　Benignitas et humanitas: 라디오
　　　메시지 609
　　Ci riesce: 이탈리아 전체 법률가
　　　모임을 위한 담화 609
　　Clericis laicos: 칙서 593
　　Con sempre: 라디오 메시지 609
　　Dignitatis Humanae(DH, 종교
　　　자유에 관한 선언, '인간 존엄성'):
　　　교령 617
　　Diuturnum illud: 회칙 584
　　Donum Vitae(생명의 선물): 훈령
　　　427, 625
　　Evangelii Nuntiandi(현대의 복음
　　　선교): 회칙 479
　　Evangelium Vitae(생명의 복음):
　　　회칙 418, 479, 625
　　Gaudium et Spes(GS, 사목 헌장,
　　　'기쁨과 희망'): 헌장 469, 544,

548, 609, 618-619
Haec sancta: 교령 389
Humanae Vitae(인간 생명): 회칙 325, 417, 428
Humani Generis: 회칙 43, 624, 628
Immortale Dei: 회칙 584, 603-604
Laetentur coeli: 칙서 385
Lumen Gentium(LG, 교회 헌장, '인류의 빛'): 헌장 29-31, 35, 42, 51, 89, 237, 243, 244, 257, 260, 273, 288, 289, 292, 296, 297, 352, 356, 360-362, 371, 373, 374, 414, 415, 428, 429, 441, 449, 493, 564, 571, 618, 627
Magnificate Dominum: 훈화 248
Mediator Dei: 회칙 248, 434
Ministeria quaedam: 회칙 479
Mirari vos: 회칙 602
Mysterium Fidei(신앙의 신비): 회칙 417
Mystici Corporis: 회칙 33, 225, 236-240, 298, 299
Nostra Aetate(NA, 우리 시대): 교령 94
Pacem in Terris(PT, 지상의 평화): 회칙 584, 611
Pastor aeternus: 헌장 393, 396, 425
Pastores dabo vobis(PDV): 회칙 432-434
Populorum Progressio(민족들의 발전): 회칙 400
Presbyterorum Ordinis(사제의 생활과 교역에 관한 교령, '사제품'): 교령 428
pro jacobitis: 교령 542
Quanta cura: 회칙 602
Quanto conficiamur moerore: 회칙 543
Quas Primas: 회칙 584, 609
Redemptoris Missio(교회의 선교 사명): 회칙 545, 549
Rerum Novarum(새로운 사태): 회칙 416
Romano Pontifice eligendo: 사도적 헌장 404
Unam Sanctam: 칙서 225, 593
Universalis ecclesia: 교서 591
Ut unum sint: 회칙 398
Vehementer nos: 회칙 584, 609
Veritatis Splendor(VS, 진리의 광채): 회칙 427, 621-622
교황의 무류성 374, 395-397, 422-424
교황적 군주제 383
교황좌(ex cathedra), 교좌 350, 374, 385, 397, 402, 410, 419
교황 지상주의(ultramontanismus) 397

교회
  가톨릭 교회 27, 194, 220, 236-240, 256-258, 260, 262, 281, 287-289, 292, 295-306, 313-315, 323, 324, 331, 334, 339, 389, 423, 539-543, 546-551, 581, 582, 610
  개별 교회 12, 42, 55, 110, 177, 178, 182, 184, 185, 258, 286, 288-294, 296, 301-303, 309, 318, 320-322, 334, 335, 340, 344, 345, 367, 375, 376, 378, 402, 403, 405, 407, 412, 413, 415, 460, 508
  개혁 교회 581, 582
  고백 교회 587
  교회의 다양한 모습들
    거룩한 성전 222, 230, 326, 327, 342
    달의 신비 223
    배 224
    신비체 217, 225, 227, 228, 231-241, 250-252, 261-262, 273, 283, 284, 288, 291, 293, 297, 298, 305, 306, 320, 328, 349, 351, 353, 357, 433, 456, 457, 461, 482, 508, 570, 575, 577, 594
    어머니이신 교회 222
    진리의 기둥 223
    포도밭 221
    천상 예루살렘 222
    하느님 백성 16, 47, 65, 72, 83, 84, 87, 94, 110-115, 144, 153-156, 167, 171, 204, 215, 217, 219, 237-246, 251, 254, 256-258, 260-263, 285, 311, 321, 324, 340, 351, 352, 408, 409, 431, 432, 435, 437, 439, 441, 442, 447, 449, 450, 455, 456, 461, 464, 512, 534
    하느님의 건물 221
    하느님의 집 222, 356
    하느님의 천막 222
    하느님이 거하시는 방 222
    하와 159, 223, 573, 575
    흠 없는 어린양의 신부 222
  대중 교회 587
  라틴 교회 379, 442
  로마교회 12, 172, 183, 184, 188, 189, 192-196, 198, 202, 239, 286, 288, 291, 292, 294, 302, 309, 318, 320, 335, 341, 344, 345, 350, 367, 370, 372, 375-380, 382, 384, 385, 389, 396, 403, 404, 423, 460, 592
  보편 교회 43, 55, 110, 130, 133, 182, 184-186, 189, 218, 290-295, 302, 303, 335, 350, 368, 371, 385, 392, 394, 397,

400, 401, 403, 411, 413, 415, 416, 430, 628
분리된 교회 296
순례하는 교회 48, 244, 258, 290, 299, 504, 522, 524, 539, 565, 566
연옥 교회 566
지역 교회 25, 133, 152, 171-173, 180, 182-186, 191, 202, 211, 218, 288, 292-294, 296, 309, 310, 318, 339-341, 345, 346, 376, 379, 381, 406, 415, 460, 479
천상 교회 88, 140, 290, 566, 567
초대 교회 98, 103-105, 118, 119, 135, 136, 139, 142, 152, 171, 172, 186, 205, 209, 241, 243, 281, 326, 340, 365-369, 452, 522
프로테스탄트 교회 296, 305
교회들의 친교 293
교회법 386, 412, 481, 484, 506, 590-591
교회성 184, 460
교회의 무류성 396, 418, 423, 426
교회의 성사성 264, 279, 280
교회의 신비 11, 12, 15, 32, 35, 41, 42, 94, 215, 219, 220, 224, 243, 273, 275, 285, 293, 328, 545, 571
교회의 특징
　공번 12, 28, 41, 60, 88, 183, 198, 215, 236, 239, 288, 291, 294, 295, 305, 310, 312-313, 315, 333-341, 344, 345, 367, 594, 617
　사도적 130, 132, 150-153, 169, 172, 180, 181, 183, 187, 188, 194, 208, 215, 219, 236, 239, 305, 310, 312, 315, 340-343, 346, 351, 367, 379-381, 404, 411, 440, 454, 458, 461, 483, 512, 592, 594, 617
교회적인 친교 218, 285, 287-289, 292, 296, 306, 323, 507
구원의 성사 275, 279, 540, 545, 561
구원자 69, 198, 278, 397, 545, 548, 574
국가 269, 376, 401, 453, 467, 505, 506, 583, 584, 587, 594, 595, 599, 602-608, 610, 611, 613-616, 618, 619, 620, 621, 635, 638, 640
국제 신학 위원회 100, 551
권력
　간접적 권력 599
　교회 권력 594, 597, 599, 607, 610
　국가 권력 594, 599, 603, 616
　세속 권력 16, 380, 388, 399, 517, 583, 585, 586, 588, 591, 594-599, 620, 621, 626, 638
　시민 권력 584, 597, 598,

606-610, 613, 625
영적 권력 588, 596-599
정치권력 583, 588, 597,
602-604, 607, 609, 620
지도적 권력 597, 599
권리
본성적 권리 584, 597, 598,
610, 614, 620-622, 625, 626,
635-637
정치적인 참여의 권리 612
종교 자유의 권리 612, 617, 620
그리스도
그리스도 왕국 534, 562
그리스도의 몸 12, 16, 42, 58,
59, 89, 93, 157, 161, 165-167,
215, 217, 224-240, 252, 253,
262-266, 283, 285, 288, 289,
291, 298, 299, 306, 318, 321,
336, 337, 350, 352, 357, 358,
394, 432, 433, 440, 456, 458,
570, 576
그리스도의 사고방식 437
그리스도의 성사 36, 39, 218,
264, 273, 274, 276, 279, 329,
523
그리스도의 영 46, 59, 100, 162,
258, 448, 470, 546, 551
그리스도 중심주의 550, 551
그리스도론 197, 551
그리스철학 187, 339
기도 52, 59, 118, 135, 148, 149,
165, 175, 179, 190-192, 199,
250, 277, 289, 290, 316, 405,
408, 430, 437-442, 444, 448,
453, 461, 471, 474, 475, 491,
492, 505, 510, 577, 578, 632

네스토리오 이단 197

다섯 총대주교좌 동등설(Pentarchi-
anismus) 377
다원주의 550, 611, 620
단(團, collegium) 175, 367-368, 372
단성론(單性論) 265, 278
단의론(單意論) 201, 377
대사제 66, 86, 160, 209, 246-248,
353, 358, 359, 362, 365, 429,
450
도나티즘 265, 332, 368, 541
독신제 법 442
동방교회의 분열 376
동방정교회 15, 259, 261, 295, 296,
301, 305, 311, 325, 384, 398,
399, 402
두 개의 검(劍)
세속적인 검 594
영적인 검 594
『디다케』 209, 320, 443

렉시오 디비나 492, 512
로마교회와의 조화 344
로마교회와의 친교 12, 183, 288,
294, 341, 367, 375
로마좌 172, 180, 195-197, 199, 202,

367, 377, 383
루터주의 270-271, 600
르네상스 269, 387, 454, 583, 600

마리아
    교회의 모델 30, 206, 517, 578
    동정녀 333, 571, 573, 577
    모든 이단들의 적 581
    변호자 577
    시온의 딸 569, 572
    어머니 50, 222-223, 302, 332, 336, 378, 382, 517, 569-577, 580, 592
    원조자 577
    전구자 577
    중개자 577
    협조자 577
마르크시즘 13
머리(수장) 133, 136, 144, 147, 174, 182, 193, 195, 198, 200, 211, 217, 225-229, 231, 233, 241, 244, 250, 268, 269, 279, 290, 303, 336-338, 349-354, 363, 378, 382, 384, 386-389, 392, 400, 412-413, 415, 429-435, 439, 457, 467, 482-483, 488, 539, 546, 570, 575, 594, 605
메시아니즘 65-66, 84-86
면속(免屬) 506, 508
명사(名士, presbiteroi) 174
목자(poimena) 42, 58, 68, 85, 110-112, 149, 150, 153, 161, 167, 221, 291, 294, 316, 350, 353-355, 359, 362, 368, 374-379, 397-398, 419 ,430, 439, 455, 456, 483, 488
무결함성(indefectibilitas) 409, 424
무류성(infallibilitas)
    무류성의 범위 420-424
    무류성의 한계 420-424
무염시태 256, 422
묵설법(默說法) 237, 254, 313, 390
민주주의 391, 609, 612, 614
민중 584, 603, 605, 607-610, 620, 626, 638

발두스파 운동 266
배교(apostasia) 323
베드로좌 193, 258, 312, 403
베렌가리오 이단 233
보름스 589
보스턴 이단 544
보조성의 원리 388, 399, 403
보조 직무 443
보편 공의회
    니케아 공의회 195, 369, 372
    밀레비 공의회 201, 403
    바젤 공의회 390
    사르디카 공의회 196
    4차 라테라노 공의회 49, 252, 542
    16차 카르타고 공의회 373
    에페소 공의회 51, 197
    예루살렘 공의회 134, 420

2차 리옹 공의회 385
제2차 바티칸 공의회 29, 35,
  42, 53, 67, 99, 217, 220, 221,
  237-240, 243-246, 251, 264,
  273-276, 284-291, 297, 301,
  306, 313, 317, 321-326, 338-
  340, 353, 356-359, 362, 369,
  374, 375, 398, 401, 405, 406,
  409-412, 415, 421, 434, 436,
  449-452, 455, 459, 493, 520,
  522, 524, 534, 535, 539, 540,
  544, 547-551, 564, 571, 575,
  584, 585, 610, 614, 627, 630,
  638
제1차 바티칸 공의회 235, 356,
  365, 371, 374, 375, 386, 393-
  398, 423-427
카르타고 공의회(시노드) 201,
  373, 403
칼케돈 공의회 50, 199-200
콘스탄츠 공의회 270, 387-390
콘스탄티노폴리스 공의회 201
클레르몽 공의회 384
트리엔트 공의회 12, 45, 359,
  434-436
페라라-피렌체 공의회 385
피렌체 공의회 385, 386, 394,
  542
복음적 권고 492-496, 504-507
본당 사목구 478, 484
본당신부 12, 485
본당 평의회 485

본성 50, 217, 221, 238, 241, 273,
  276, 327, 337, 338, 362, 364,
  394, 397, 401, 426, 466, 467,
  470, 483, 530-533, 548, 552-
  555, 557, 559, 562-563, 596-
  599, 604, 607, 609-613, 615,
  617, 620-625, 630, 636
봉헌 생활 489-495, 499-504, 508-
  513
부제(diakonoi) 171, 172, 178-183,
  207, 209, 215, 353, 360, 366,
  379, 403, 429, 434, 435,
  441-445, 485, 486
부제직 215, 360, 442-445
비그리스도교 94, 547, 549
비그리스도인 556, 587, 613, 640
비신화화(非神話化) 601
비잔틴 전례 361
비주제적(非主題的) 520, 550,
  554-560

사도 28, 38-39, 47, 55, 56, 60, 88,
  98, 111, 118-136, 142, 147-155,
  167, 171-181, 187-188, 191,
  198-200, 206, 210, 221, 227,
  242, 248, 250, 288, 289, 295,
  296, 310, 311, 313, 321, 324,
  327, 334, 340-349, 352-359,
  363-366, 370, 381, 385, 404,
  405, 409, 420, 431, 451, 480
사도 계승 25, 61, 171, 173, 176,
  187, 202, 204, 252, 259, 294,

311, 312, 340, 341, 345, 346, 356, 376, 402, 408, 482
사도단 98, 131, 153, 183, 310, 344, 354, 355, 364, 366, 370-371, 373, 414
사도성 28, 60, 189, 310, 313, 315, 324, 341, 342, 345, 346, 423, 428
사도좌 201, 265, 372, 383, 386, 390, 413, 592
사도직 122, 179, 254, 257, 343, 346, 347, 405, 407, 412, 429, 438, 454, 457-462, 466, 474-475, 479, 492, 501, 506-507, 522
사목 서간 172-173, 177, 203-205, 210, 359
사목자 32, 220, 231, 236, 255-256, 265, 286, 304, 344, 358, 374, 392, 396-397, 399, 401, 404, 409, 411, 439, 448, 474, 479, 482, 484-485, 488, 492, 615
사목적 애덕 439, 441
사목 평의회 293, 294, 485
사제단 133, 180, 243, 363, 430, 441
사제 서품 247, 251, 429, 479
사제 영성 432, 441
사제의 직무 436-441, 487
사제적인 백성 246
사제적 조언 440
사제직
    공통 사제직 217, 246-249, 252, 271, 431, 482-484
    직무 사제직 247, 434, 482, 483
사제 평의회 485
사회적 본성 604, 609, 620, 625
사회정의 529
살라망카 학파 637
삼위일체 16, 25-30, 33-35, 39, 42, 45, 46, 49, 56, 57, 62, 218-220, 240, 251, 284-287, 318, 495, 496, 508, 509, 521, 531
삽입 이론 137-140
샬리아(Schaliach) 123, 124, 129, 343, 480
서방 대이교 391
서품의 성사성 359
선교 208, 238, 381, 461, 506, 522, 535, 545, 546, 556, 558, 560, 561
섭리 74, 260, 398, 423, 430, 465, 501, 506, 544, 545, 576, 633
성덕 생활 509
성도들의 모임 31, 266, 271
성령강림 43, 46, 48, 57-59, 98, 100, 134, 162-165, 168, 197, 219, 292, 330, 337-338, 366, 581, 628
성령의 능력 12-13, 521, 524, 566
성령의 도유 246, 255, 431
성 뱅상 드 폴의 모임들 454
성사
    견진성사 252, 253, 406, 447, 457, 458, 509

고해성사 381, 485, 513
병자성사 485
성체성사 51, 129, 159, 272, 438, 458, 512, 522
성품성사 349-350, 353-354, 358-359, 429, 433, 442, 482, 488, 509
세례성사 51, 159, 272, 509
혼인성사 486
성사적 봉헌 509
성성(聖性) 60, 61, 295, 309, 326, 328, 331-333, 405, 436, 448, 456, 460, 475, 490, 494, 497, 501, 511, 629
성인 90, 290, 330-332, 383, 487, 505, 511, 555-567, 633
성좌(Sancta Sedes) 413, 445, 486, 544, 592-593
성직 서임(聖職敍任) 589
성직자 244-245, 248, 267, 269, 282, 381, 385, 386, 404, 448, 453, 455, 474, 481, 488
성찬례 25, 28, 47, 48, 58, 59, 94, 98, 100, 129, 130, 152-162, 165, 166, 173, 179, 183-185, 209, 218, 225-227, 232-234, 239, 241, 246, 247, 250-254, 259-262, 271, 279, 283, 285, 288-290, 294, 302, 305, 306, 309, 311, 320, 321, 323, 325, 346, 357, 385, 405, 406, 409, 417, 432, 433, 438, 439, 441, 443, 444, 461, 462, 471, 475, 477, 478, 485, 505, 512, 545, 559
성 필립보 네리의 오라토리오회 454
세상을 봉헌(consecratio mundi) 462, 466, 469, 475
세속주의 631
소명 69, 71, 73, 77, 79, 81-82, 95, 309, 317, 326, 439, 451, 456, 489, 493-494, 504, 532, 544, 615-616, 623
수도사제 506
수도 생활 491-494, 496, 501, 503, 505-507
수도승 생활 491
수도자 13, 216, 268, 381, 447, 450-451, 456, 489-494, 496-499, 500-508, 511-513
수석 주교좌 381
수위권 98, 100, 131-133, 136-143, 145, 148, 149, 172, 186, 189, 193, 195-198, 200, 202, 215, 258, 323, 355, 371, 374-380, 385, 386, 393, 394, 396, 402, 460
수품
  결혼한 평신도의 수품 478, 486
  여성의 수품 486
순교 141, 193-195, 463, 475, 510, 511
순교자 13, 88, 136, 452, 567
순명 37, 48, 51, 68, 69, 72, 83, 174, 294, 396, 408, 411, 432, 439,

440, 448, 453, 467, 474, 490, 495, 496, 502, 503, 506, 508, 510, 511, 525, 543, 552, 553, 556, 557, 571, 582, 589, 592, 604, 605, 609, 615
순명 능력 552
순수 본성 552
시노드
    피사 시노드 387
시민 사회 401, 585, 598, 605, 608, 609, 620
시민 생활 614
신도단(cofradía) 454
신앙 감각 255, 256, 421
신앙교리성 251, 252, 295, 302, 408, 409, 417, 418, 530, 531, 534, 538, 625
신정(神政), 신정정치 586-593
신정정치적 376, 380, 382, 399, 589, 590
신화(神化) 471, 525
신화(神話) 178
실존주의 13

아나빈(anawin) 570, 578
아델포이(adelfoi) 319
아빠스 363, 381
아카치아노 이교(離敎) 201
악(惡) 147, 228, 275, 407, 427, 471, 531, 537, 551, 600, 608, 630, 631, 636
안수(按手) 172, 177-181, 187, 190-192, 208, 248, 341, 346, 352, 353, 358, 359, 441-443, 482
안티오키아좌 196, 377
알렉산드리아좌 196, 377
알비파 542
암묵적인 신앙(비주제적인 신앙) 556
암하레스(amhaares) 526
앙시앵 레짐(ancien régime) 602
얀세니즘 391-393, 543
양심 260, 417, 465, 544, 588, 599, 604, 608, 612, 615, 617, 618, 620, 626
에즈네(ézne) 84, 449
에큐메니즘 142, 237, 238, 250, 298, 300, 304, 307, 310, 325, 340, 398, 402
에피클레시스 378
열둘(dodeka) 97, 98, 100, 117-124, 127, 130, 132, 134, 135, 155, 156, 356, 365, 366, 414
영의 작용 55, 168, 284, 545
영적 교회 53, 281
영적주의 282
영지주의 187, 223, 282, 311, 340
예언자직 126, 450, 461, 462
오르토프락시스(ortopraxis) 538
왕권 393, 591, 596, 597, 639
왕직 447, 450, 461
원로(presbiteroi) 171, 174-179, 183, 248, 359
원성사(原聖事) 218, 276, 278, 279
원시 불가지론 177

원인적 중개 558
유명론 269, 270, 386
육체 50, 61, 104, 116, 230-232, 277, 283, 476, 565, 597, 623, 624, 629
윤리 331, 411, 422, 427, 593, 595, 601, 624-626, 629, 631, 632, 634, 363
율법 47, 65, 77, 79-83, 121, 128, 526, 530, 630, 633
이단(異端, haeresis) 50, 171, 178, 187, 192, 194, 197, 199, 201, 233, 267, 282, 311, 312, 323, 335, 367, 368, 388, 421, 541, 544, 581, 624
이교(異敎, paganismus) 550
이교(離敎, schisma) 201, 323, 361, 387, 389, 391, 400, 542
이교인(異敎人, paganus) 87, 120, 519, 543, 546, 555-558, 587
이슬람교 549, 633
이원론 91, 266, 470,
익명의 그리스도인 520, 547, 554, 555, 560
인간 권리 617, 625, 634, 640
인간 본성 276, 338, 532, 555, 559, 604, 612, 615, 617, 623
인간 인격 51, 427, 548, 552, 585, 617, 621, 622, 625-627, 637
인간의 초월적인 본성적 개방 552
인간의 품위 532-535, 563
인간학 624

인호 357, 359, 361, 431, 565

자녀 됨 44-46, 56, 57, 113, 166, 318, 327, 537, 629
자연법 83, 388, 427, 533, 543, 612, 618, 621-625, 631, 638
자연신론 551
자유 54, 194, 206, 268, 281, 339, 409, 441, 464, 465, 471, 489, 490, 497, 500-506, 523, 531, 538, 561, 563, 592, 601, 608, 612, 616-620, 623, 624, 639
자유 실증주의 600, 601
자유주의 신학 138
자주성 16, 382, 387, 399, 402, 403, 466, 508, 585, 590, 595-598, 606, 609-611, 620
작용인 317
재림 104-106, 169, 176
재속성 492
재속회 467, 492
전속 사제 484
전승
    규범적 전승 343
    윤리적 전승 428
    해설적 전승 343
정결 331, 489, 495, 496, 499-501, 507-511
정경(正經) 152, 189, 198, 202, 210
정의 80, 81, 88, 236, 244, 263, 280, 312, 464, 465, 520, 529-538, 561-565, 574, 594, 595, 613,

616
정치 339, 448, 454, 455, 466, 468, 472, 473, 533, 584, 585, 594, 603, 607, 615, 616, 621, 626, 641
정치 공동체 584, 614-616
정치 생활 473, 586, 602, 613, 614, 618, 635, 638
정통성 178, 344, 377
제도 교회 272, 281
제삼회 454, 460
종교개혁 15, 31, 32, 220, 234, 259, 268, 282, 312, 376, 387, 436, 454, 583, 601
종교 다원주의 550
종교의 자유 465, 548, 612, 614, 617-620
종말 28, 45, 66, 101, 103, 106-108, 153, 171, 176, 343, 409, 520, 565, 635
죄(罪)
    개인적인 죄 537
    구조적인 죄 537
    사회적인 죄 537
주교
    성부의 모상(typos Patris) 183, 358
    주교단 142, 172, 191, 293, 296, 303, 310, 341, 344, 345, 349, 350, 354, 355, 359, 360, 363-375, 392, 398, 401, 402, 412-415, 418, 419, 423
    주교단의 단장 359, 364, 365, 371-375, 402, 413, 418
    주교단의 무류성 398
    주교 시노드 263, 285, 401
    주교적 성사성 359
    주교직 181, 187, 191, 215, 312, 343, 353, 356-367, 379, 391, 394, 396, 401, 589, 592
    주교 축성 358-363
    주교품 350, 431, 433
    주교 품계 430
    주교회의 296, 411-415, 440, 442, 444, 486, 589
주교적 권한 303
주교 중심주의 391
주제적(主題的) 554, 558
준성사 442
중간층 557
중개자 38, 78, 253, 258, 279, 280, 336, 382, 429, 436, 539, 545, 550, 577
지향성 520, 552, 553
직무
    서품 직무 482, 483
    세례 직무 487
직무자 434-437, 479-484, 486

창조적 충실성 490, 511
천년왕국설 268
청빈 267, 490, 495, 496, 501, 502, 505, 507, 508, 510
초교회(超敎會) 292

초대 공동체, 초기 공동체 101, 105, 131, 132, 137, 140, 142, 144, 156, 491
초본성 43, 466, 531, 537, 552, 557, 562, 597, 598, 628
초본성성(超本性性) 553
초본성적 실존 520, 547, 551-557
초월적인 계시 551
초월적 품위 622, 625, 626
총대주교 377-382, 384, 402
총대주교좌 195, 196, 377
최종 목적 467, 468, 536, 563, 596, 598, 606, 612
추기경 379, 403, 404
친교 교회론 285, 286, 297, 384
친교로서의 교회 218, 283, 286, 290
칠성사 218, 276, 279, 280

카노사 589
카리스마 203, 204, 207, 228, 293, 309, 318, 346, 394, 441, 452, 459, 460, 490, 511, 522
카타리파 266, 282, 542
코린토 교회 187, 202, 203, 206, 207, 375

탁발 수도회 381
탈신성화(脫神聖化) 601, 604
탐욕(concupiscentia) 629
통치자 448, 474, 604, 605, 608, 612, 613, 620, 626, 631

파스카 42, 91, 94, 98, 100, 141, 142, 154, 155, 157, 438
파스카 신비 40, 48, 56, 162, 511, 512, 522, 543-546
평신도
    라오스(laos, 백성) 84, 449, 453
    라이코(laico) 449
평신도단 452
평신도들의 협력 477
평신도 영성 448, 468, 475
평신도 운동 459
프랑스적 활동(Action française) 610
프랑스 혁명 602, 637
프로테스탄트 개혁 270
프로테스탄티즘 15, 31, 281
필리오퀘 문제 377, 378

하느님
    자기 증여 552
    자기 통교 552, 555
하느님 나라 51, 97, 100-106, 109-114, 117, 121, 221, 224, 263, 264, 320, 437, 447, 450, 456, 464, 494, 496, 501, 507, 510, 519, 524-536, 538, 540, 551, 562-564, 639
하느님 백성의 신경 534
하느님 사랑의 형제회 454
하느님의 구원 계획 12, 35-38, 41, 67, 220, 263, 278, 336, 572
하느님의 모상 538, 624, 628
하느님의 자녀 46, 52, 57, 166, 254,

263, 287, 316, 326, 339, 456,
　　519, 531-533, 537, 539, 545,
　　562, 565, 598, 629, 633
합의성 364, 365, 369, 372, 373,
　　391, 398, 413-415
해방
　　인간적인 해방 535-538
　　종교적인 해방 536
　　죄로부터의 해방 530, 532, 536,
　　537, 563

해방신학 263, 538
협력자(synergoi) 171, 174-177, 207,
　　210, 227, 248, 250, 350, 352,
　　358, 430-436, 440
형이상학 600, 625
형제들(fratricelli) 268
형제 생활 508, 510
형제애 35, 228, 267, 268, 291, 355,
　　430, 440, 509, 510
히에레우스(hiéreus) 435

# 역자 후기

이 책을 알게 된 것은 우연한 기회를 통해서였다. 역자는 지난 2003년부터 스페인 북부의 중세 도시 가운데 하나인 부르고스의 가르멜수도회 관구 본부에서 지낼 기회가 있었다. 그곳에 약 3년 반 동안 머물면서 스페인어를 배우고 전공에 관한 몇 가지 학술 서적들을 번역할 시간을 가졌다. 그리고 수도회 관련 서적들을 접하고 왕성하게 활동 중인 수도회 내 여러 학자 신부님들을 뵐 기회도 있었다. 로마 유학 시절 이후 또 다른 언어로 보는 학문의 세계는 내게 마치 색채가 다른 선글라스로 또 다른 세계를 보는 듯한 신선함을 가져다주었다. 예전의 이탈리아나 이곳 스페인에서 공부를 하고 자료를 구하면서 늘 받았던 인상 가운데 하나는 신학의 각 분야마다 수없이 많은 연구 서적들이 즐비해 있다는 점이었다. 교회론에 관련된 자료만 찾아보더라도 기본 교과서로 쓸 수 있는 책이 적어도 몇 십 권은 될뿐더러 그와 관련된 2차 연구 자료들도 방대했다. 도서관에서 그와 관련된 잡지를 찾을라치면 마치 망망대해를 바라보는 것처럼 헤아릴 수도 없이 많은 해당 분야의 연구 논문과 아티클들을 접할 수 있었다. 과학에 비유하자면 유럽의 교회들은 모든 응용과학의 근간이 되는 자연법칙들을 연구하는 순수 과학과도 같은 순수 신학의 토대가 깊다고 말할 수 있다.

사실 한국 교회에는 순수 신학의 토대가 상당히 부족하다. 신학의 토착화, 그리스도교 사상의 한국 문화와의 접목이 우리 시대의 화두가 된 것은 이미 오래전부터의 일이다. 그러나 우리가 쉽게 간과하고 넘어갈 수 있는 것은, 우리가 만일 교회의 근본에 대해 제대로 알지 못한다면 토착화를 논하거나 우리의 신학을 재구성하는 일 그리고 신학적으로 민감한 여러 가지 사안들에 대한 올바른 식별 작업 등 이 모든 한국적 신학을 위한 논의의 뼈대가 되는 정확한 기준을 가질 수 없다는 점이다. 교회와 교부의 가르침 그리고 교회 전승에 대한 올바른 식견을 갖지 못한다면 이미 오랜 역사를 통해 이룩된 토대를 바탕으로 자신들의 고유한 문화적 사회적 맥락의 틀로 새롭게 재구성한 현대 서양의 여러 신학적 조류들과 개별 신학자들의 사상을 마치 최첨단 진보 신학으로 받아들이거나 교회의 가르침을 대신하는 견해처럼 무비판적으로 받아들일 수 있는 어처구니없는 상황이 벌어질 수도 있다.

그러므로 건강한 신학을 전개하기 위해서는 다음과 같은 두 가지 원리를 깊이 염두에 둬야 한다. 하나는 '건축적 원리(建築的原理)'요 다른 하나는 '해석학적 원리(解釋學的原理)'이다. 건물을 세우는 데 뼈대가 되는 건물의 기초와 기둥 역할을 하는 구원 역사의 핵심 사건들, 사도들로부터 그리고 교부들로부터 이어 온 신앙의 계시 진리들이 바로 건축적 원리이다. 그것이 제대로 다져진 다음이라야 우리는 또 다른 원리인 해석학적 원리, 즉 우리 고유의 문화와 사상 그리고 시대적인 상황에 비추어 그 진리들을 해석하고 우리의 것으로 올바로 취할 수 있는 것이다. 그러한 의미에서 신학의 역사가 일천한 한국적 상황에서 올바른 토착화가 이루어지기 위해서는 무엇보다도 신앙의 계시 진리와 사도로부터 이어오는 전승, 그리고 교회와 교부들의 가르침을 잘 알아야 한다. 기본이 올바로 세워져야 그것을 바탕으로 토착화도 말할 수 있고 한국적인 토양에 바탕을 둔 우리의 신학도 논할 수 있다. 그래서 근래 몇 년 전부터 학계의 중진 학자 신부님들을 중심으로 추진되고 있는 각 출판사의 신학총서, 특히 가톨릭 문화 총서 시리즈는 참으로 고무적인 일이 아닐 수 없다. 그리고 그처럼 교회의 초석을 쌓는 일에 부족하나마 이 책을 통해 일조할 수 있다는 것이 마라톤과도 같은 지난 1년간의 힘들었던 본서의 번역 작업에 마침표를 찍을 수 있게 해준 힘이자 위안이 아니었나 싶다.

'교회론'에 관한 저서를 번역하고자 선정한 이유 가운데 하나는 그것이 그리스도교 신자로서의 우리 정체성의 근본 바탕을 이루는 틀이면서도 너무도 쉽게 잊고 지내는 실재이기 때문이다. 우리는 모두 교회의 품 안에서 세례를 통해 하느님의 자녀로 새롭게 태어남과 동시에 그리스도와 더불어 인격적인 관계를 맺고 영적 여정을 걷도록 초대받았다. 자모(慈母)이신 교회는 우리의 구원과 성화를 위해 하느님께서 준비하신 모든 수단과 더불어 일생을 통해 우리를 품어주고 천상 본향으로 인도해준다. 하느님의 빛 안에서 우리 존재의 신비를 이해하기 위해서는 육화 강생하신 하느님, 즉 그리스도와의 인격적인 관계가 필수적이다. 그러나 이러한 하느님의 자기 통교(自己通交)는 역사 안에서 교회를 통해 구현되고 이천 년이 지난 오늘까지도 바로 그 교회와 더불어 지속되고 있으며 그분의 구원 계획이 종말에 가서 완성될 때까지 계속될 것이다. 그러므로 하느님의 계획 안에서의 우리 존재의 완성은 우리가 교회와 어떤 관계를 맺고 이 여정에 임하는가 하는 조건에 달려 있다. 역사 안에서 그리스도인으로서의 우리 정체성이 시작된 곳도 교회요 하느님의 빛 안에서 우리 존재의 신비를 온전히 깨닫게 되는 것도 바로 그 교회를 통해서다. 한마디로 교회는 그리스도인으로서의 우리 존재가 뿌리내린 곳이자 삶의 장(場)이요 우리가 하느님으로부터 받은 각 개별 성소가 꽃피는 토대인 셈이다. 우리에 대한 하느님의 계획은 교회를 통해서 실현되고 완성될 것이다.

그래서 역자는 독자들이 이 책을 통해서 진심으로 교회를 사랑하는 마음을 더욱 가질 수 있는 계기가 되길 바라 마지않는다. 우리는 교회가 걸어온 역사를 통해 교회가 겪었던 아픔과 부끄러운 모습들을 적지 않게 발견할 수 있다. 가끔 우리는 혹여 교회가 시대보다 한 발 늦는 것은 아닌가 하는 답답함을 느낀다. 그리고 시대의 요구와 징표들을 제대로 읽지 못하고 세속에 안주하는 것은 아닌가 하는 걱정도 갖는다. 그러면서도 교회의 본질과 근본정신에 대해 말하고 이를 바탕으로 고민하며 교회를 쇄신하기보다는 단편적인 교회의 부족한 면만을 들춰내고 비판하는 것이 우리의 일상적인 모습은 아닌가 싶다. 그러한 비판 이면에 우리가 쉽게 간과하고 넘어갈 수 있는 것은 교회를 하나의 객체로 분리하고 일반화하면서 이를 자신과는 관계없는 조직으로 구별하고 매도하는 오류를 범할 수 있다는 점이다. 교회는 천상을 지향하지만 동시에 우리가 몸담고 사는 이 세상 한가운데 존재하며 우리 가운데, 아니 바로 내 안에서 구체적으로 역사화하고 실현되는 신적 실재이다. 그러한 하느님의 구원 도구인 교회는 그 넓은 가슴으로 의인뿐 아니라 죄인도 품고 있으며 기실 그 가운데 대부분의 사람들이 죄인이다. 사실 구세주 예수 그리스도께서는 죄인들을 품어주시고자 그리고 그들을 구원으로 이끄시고자 이 세상에 오셨고 그러기 위해 지극히 부족하기 짝이 없던 열두 사도를 구원의 도구로 쓰시어 그들 위에 교회의 초석을 놓으셨다. 교회는 처음부터 죄인들의 공동체로 시작됐으며 지금도 여전히 하느님 보시기에는 부족하고 나약하기 짝이 없는 이들로 구성된 공동체이다. 바로 거기에 나와 너 그리고 우리의 모습이 담겨 있다. 그러나 본서에서 제시하고 있듯이, 교회의 기원은 지극히 선하고 자비로우신 삼위일체 하느님께 있으며 모든 인간적인 나약함에도 불구하고 그 모든 것을 넘어 당신의 계획을 충실히 이루고자 하시는 하느님의 구원 의지에 있다. 바로 그곳이야말로 죄인의 공동체에 속한 우리가 우리의 모든 죄와 부족함에도 불구하고 구원을 희망하며 기쁘게 천상 본향을 향해 나아갈 수 있는 영적인 힘을 발견할 수 있는 장소인 것이다. 구세주 그리스도께서는 열두 사도 가운데 맏형인 베드로에게 천국의 열쇠를 주시고 그 위에 교회의 초석을 놓으셨다. 그러나 그토록 주님의 신뢰를 받았던 베드로는 그리스도의 수난 당시 세 번이나 그분을 부인했다. 그리고 나머지 사도들 역시 두려워서 모두 도망치고 말았다. 그러나 그런 제자들의 배반을 예견하면서도 십자가의 죽음 앞에서 그들의 배반까지도 온전히 품어주셨던 그리스도의 사랑, 교회는 바로 인류를 향한 그분의 그런 헤아릴 수 없는 사랑에 뿌리를 내리고 있다. 그래서 우리는 우리의 모든 나약함에도 불구하고 희망하며 교회를 신뢰하고 언제나 그 품 안으로 달려들 수 있는 것이다.

그러므로 나와는 아무런 관계없는 대상으로서의 교회를 논할 것이 아니라 그 교회의 구체적 주체인 우리가 속한 본당 공동체를 말할 것이요 수도 공동체를 말할 것이며 너와 내가 속한 본당 단체를 말할 것이요 나를 말할 것이다. 바로 우리 각자가 교회이다. 하여 교회의 쇄신과 발전을 말하기 전에 먼저 나의 회개를 마음에 둘 것이요 그리스도의 말씀을 전하는 교회의 가르침에 얼마나 충실히 머물며 교회의 정신을 나의 일상 안에서 살아 내려 노력했는가 자성할 일이다. 그것이 바로 하루가 다르게 급변하는 현시대 상황에서 교회의 쇄신과 발전을 위해 우리가 할 수 있는 실질적인 첫걸음이라고 나는 생각한다. 여기 그 작업의 일환으로 부족하나마 우리의 영적 고향이자 가정인 교회에 대한 성찰을 담은 역서를 소개한다. 역자는 독자들이 이 책을 통해서 그간 여기저기서 조각조각 수집해서 형성한 자기 식의 주관적인 교회관을 부수고 교회의 기원, 구원 역사 안에서 교회가 갖는 의미, 교회가 교회 자신에 대해 갖는 자의식과 같은 가장 근본적인 이해를 올바로 갖게 되길 바란다. 또한 역사 안에서 드러난 교회의 부족한 모습에도 불구하고 그 교회를 이끄시는 분은 성령이시며 그분께서는 바로 이 교회를 통해 인류를 최종적인 구원으로 이끌고 계신다는 분명한 확신을 다시금 갖게 되길 바란다.

본서를 번역하면서 교회와 관련된 수많은 인물들과 용어들을 한국어로 옮기는 과정에서 용어 통일에 대한 적지 않은 어려움이 있었다. 이를 위해 무엇보다도 기준으로 삼았던 것은 한국천주교중앙협의회에서 나온 『2차 바티칸 공의회 문헌』과 현재까지 번역된 각종 교황 회칙들 그리고 『외국 성인명』, 『용어 색인』, 『교황청 문헌 명칭』 등이었으며, 이와 더불어 단행본으로는 『세계 교회사』(A. 프란츤 지음, 최석우 옮김, 분도출판사, 2004²), 『세계 공의회사』(후베르트 예딘 지음, 최석우 옮김, 분도출판사, 2005), 『보편 공의회사』(클라우스 샤츠 지음, 이종한 옮김, 분도출판사, 2005), 『교부와 교회』(배승록 지음, 대전 가톨릭대학교 출판부, 2005) 등을 참조했다. 이 밖에 기존 학계에는 아직 소개되지 않은 일부 용어들에 대해서는 역자가 원어에 적합한 용어를 선별하는 시도를 해 보기도 했다. 예를 들어, 초대 교회 당시 로마좌의 수위권에 대항해서 다섯 개의 총대주교좌가 동등한 권한을 누린다고 주장했던 'Pentarchianismus'라는 용어를 '다섯 총대주교좌 동등설'로 번역해 보았다. 또한 원서에는 나와 있지 않지만 보다 편리한 본서의 강독을 위해 '인명 색인'과 '용어 색인'도 첨가했다.

이 책을 한국 교회에 소개하게 된 데에는 다음과 같은 계기가 있었다. 역자가 2006년 초 잠시 귀국했을 때 그간 스페인에서 작업한 몇 권의 역서와 저서를 출판하고자 한 적이 있다. 당시 그 분야에 대한 경험이 일천했던 상황에서 가톨릭대학교 신학대학의 이재룡 신부님을 찾아뵙고 도움을 청한 일이 있었다. 신부님께서는 아직 젊은 혈기뿐인 이 부족한 후학을 기쁘게 맞아주시며 그간의 수고가 세상에 빛을 볼 수 있도록 출판사와 인연을 맺어주셨고 아낌없는 격려와 조언도 잊지 않으셨다. 당시 나는 잠시 손을 댔다가 번역 작업을 미루고 있던 사예스 신부님의 *La Iglesia de Cristo*(Curso de Eclesiología)(교회론)에 대해 말씀드렸고 신부님께서는 그 분야의 기본을 다루는 교과서 같은 책이 거의 전무하다 하시며 이 작품이 가톨릭 문화총서 시리즈로 빛을 볼 수 있도록 적극 추천해주셨다. 그러기에 이 책은 이재룡 신부님의 격려가 아니었다면 세상에 나오지 못했을 작품이다. 신부님께 진심으로 감사드린다. 그리고 이 책이 출판되어 나오기까지 아낌없이 수고해주신 가톨릭출판사 편집국 직원들께도 진심으로 감사드린다. 그리고 바쁜 소임 중에도 번역 과정에서 이해되지 않는 용어들을 물어볼 때마다 성심껏 설명해주고 격려를 아끼지 않으신 가르멜수도회 부르고스 관구의 여러 신부님들, 특히 베드로 오르테가(Pedro Ortega) 신부님, 시로 가르시아(Ciro García) 신부님, 토마스 알바레스(Tomás Álvarez) 신부님, 그리고 지금은 다시 로마의 테레시아눔으로 돌아가서 후학들을 가르치는 데 여념이 없으실 아니아노 알바레스(Aniano Álvarez) 신부님께 진심으로 감사드린다. 또한 수도회 내의 소임으로 인해 비록 멀리 떨어져 지내지만 하느님께서 가르멜 영성의 울타리 안에서 내게 도반(道伴)의 인연을 맺어주신 한국의 가르멜수도회 수사님들, 수녀님들 모두에게 그리고 영적 여정에 늘 함께하는 여러 지인들과 부모님께 감사드리며 인류에게 구원의 원성사(原聖事)인 교회를 선사해주신 삼위일체 하느님께 그리고 그 교회의 자모(慈母)이신 성모 마리아께 이 책을 바친다. 더불어서 이 기쁨을 신비신학 대학의 동료 교수들과 함께 나누고 싶다. 이 책을 통해 오래전 나를 하느님의 자녀로 낳아주시고 사제요 수도자로 불러주신 자모이신 성교회의 큰 은혜에 조금이나마 보답할 수 있으면 좋겠다. 아이가 장성해서 첫 월급을 타 부모님의 은혜에 보답하며 첫 선물을 드리는 마음이다. 부디 이 책이 한국 교회에 올바른 교회 정신이 깃드는 데 일조할 수 있기를 하느님께 청하며, "나는 교회의 딸입니다"라고 고백하며 일생을 온전히 교회를 위해 바치신 사모(師母) 데레사 성녀의 개혁 가르멜 수도

원의 마지막 창립지인 부르고스에서 시작해 첫 개혁 수도원 창립지
이자 그분의 고향인 아빌라에서 이 작업을 마친다.

2007년 5월 10일
아빌라의 성 요한 기념일에
아빌라 신비신학 대학에서
윤주현 베네딕토 신부

# 저·역자 소개

### 지은이

**호세 안토니오 사예스 신부**는 스페인 북부의 나바라 주 페랄타에서 태어났다. 팜플로나의 신학대학에서 철학과 신학을 공부했으며 그 후 로마의 그레고리안 대학에서 교의신학을 전공하고 박사학위를 취득했다. 30여 년 동안 스페인 신학계에서 활동하는 가운데 스페인 북부의 여러 신학 대학에서 교의신학 과목들을 강의했으며 스페인 신학계의 주요 신학 총서 시리즈의 저자이기도 하다. 현재 스페인 북부 연합 신학 대학 소속 부르고스 신학대학에서 교의신학 교수로 활동하고 있으며 미국 뉴욕의 Redemptoris mater 신학대학에서도 교의신학 과목들을 강의하고 있다. 그 밖에 피정 지도와 영성 지도 그리고 젊은이들을 위한 모임 지도 등의 사도직 활동도 겸하고 있다.

저자는 그간 교의 신학 분야에서 왕성한 저작 활동을 해 왔다. 그가 출판한 저서만도 30권이 넘으며 각종 신학 잡지에 수많은 논문과 아티클을 기고했다. 저서들 가운데 대표작으로는 다음과 같은 책들이 있다.

- *El misterio eucarístico*(Madrid, BAC)

- *Antropología del hombre caído*(Madrid, BAC)

- *La gracia de Cristo*(Madrid, BAC)

- *Señor y Cristo*(Pamplona, Eunsa)

- *Ciencia, ateísmo y fe en Dios*(Pamplona, Eunsa)

- *Razones para creer*(Madrid, Ed. San Pablo)

- *Más allá de la muerte*(Madrid, Ed. San Pablo)

- *El demonio, ¿realidad o mito?*(Madrid, Ed. San Pablo)

- *Compendio de Teología fundamental*(Edicep, Madrid)

- *Antropología y moral*(Madrid, Ed. Palabra)

## 옮긴이

**윤주현(베네딕도) 신부**는 가르멜 수도회 소속 수도 사제로 1987년 수도회에 입회, 1995년 가톨릭대학교 신학대학을 졸업했으며, 1998년 사제품을 받았다. 로마 그레고리아눔에서 영성신학을, 테레시아눔에서 신학적 인간학을 전공하고 2001년 박사학위를 취득했다. 그 후, 스페인의 아빌라 신비신학 대학원에서 가르멜 영성 마스터 과정을 전공하고 2007년부터 2011년까지 동(同)대학원에서 교수로 활동했다. 2011년 귀국 후, 2012년부터 대전가톨릭대학교와 대전가톨릭교리신학원에서 교의신학을, 2015년부터 가톨릭대학교 문화영성대학원에서 영성신학을, 2016년부터 수원가톨릭대학교에서 영성신학을 가르치고 있다. 2017년부터 2019년까지 가르멜 수도회 한국 관구장을 역임했으며, 2020년 현재 인천 가르멜 수도원 소속으로 활동 중이다. 2018년 제22회 한국 가톨릭학술상(번역상)을 받앉다.

성 토마스의 『신학대전』 번역·감수위원이며, 『가르멜 총서』, 『가르멜의 향기』, 『교의신학 교과서』, 『수가대 성 토마스 신학총서』, 『가톨릭 영성 학교』 시리즈들을 기획·창간했다. 그리고 이 시리즈들을 통해 『은총론』(수원가톨릭대학출판부, 2011), 『신학적 인간학』(가톨릭대학출판부, 2004), 『창조론』(가톨릭출판사, 2015), 『종말론』(대전가톨릭대학출판부, 2016), 『삼위일체론』(가톨릭출판사, 2017), 『교회론』(가톨릭출판사, 2008), 『사제직(신학과 영성)』(기쁜소식, 2018), 『신학사 3』(가톨릭출판사, 2018), 『신학사 4』(가톨릭출판사, 2020), 『나는 성령을 믿나이다 3』(가톨릭출판사, 2018), 『영성, 하느님을 바라보다』(가톨릭출판사, 2020), 『삼위일체의 성녀 엘리사벳 전집 1-3』(기쁜소식, 2016) 등 39권의 저서와 역서를 출간했으며, 그 밖에 약 20편의 논문도 발표했다.

# 미주

1. H. de Lubac, *Paradosso e mistero della Chiesa*, Milano 1979, 2.
2. Pars I, cap. X, n. 22.
3. 나는 여기서 교회론에 관한 주요 교과서들을 요약해서 제시하고자 한다. 이 책들은 논술이 진행되는 본문에서 내내 인용될 것이다: A. Antón, *La Iglesia de Cristo. El Israel de la nueva y la vieja alianza*, Madrid 1977; R. Schnackenburg *L'Église dans le nouveau Testament*, Paris 1964; R. Blázquez, *La Iglesia del Vaticano II*, Salamanca 1991²; A. Alcalá, *La Iglesia, misterio y misión*, Madrid 1963; W. Beinert, *Die Kirche, Gottes Heil in der Welt*, Münster 1973; M. Garijo, *La comunión de los santos*, Barcelona 1991; L. Bouyer, *La Iglesia de Dios, cuerpo de Cristo y templo del Espíritu Santo*, Madrid 1973; L. Boff, *Iglesia: carisma y poder*, Santander 1982; Id., *Eclesiogénesis*, Santander 1984; J. M. Carda, *La Iglesia de Cristo*, Madrid 1987; L. Cerfaux, *La théologie de l'église selon S. Paul*, Paris 1961; J. M. Castillo, *La alternativa cristiana*, Salamanca 1987; G. Ceriani, *La vita del corpo mistico*, Milano 1955; J. Collantes, *La Iglesia de la palabra*, 2 vol., Madrid 1972; Y. Congar, *Santa Iglesia*, Barcelona 1968; Id., *Un pueblo mesiánico*, Madrid 1976; Id., *Ensayos sobre el misterio de la Iglesia*, Barcelona 1966³; S. Dianich, *Chiesa, mistero di comunione*, Torino, 1975; Id., *Iglesia en misión*, Salamanca 1988; Id., *Ecclesiologia Questioni di metodo e una proposta*, Torino 1993; P. Faynel, *La Iglesia*, 2 vol., Barcelona 1974; A. Dulles, *Modelos de la Iglesia*, Santander 1975; K. Delhaye, *Ecclesia mater*, Paris 1964; H. Fries, *L'église, questions actuelles*, Paris 1966; J. Guitton, *La Iglesia y el evangelio*, Madrid 1961; D. A. Gréa, *De l'Église et sa divine constitution*, Bruxelles 1885; L. Colomer, *La Iglesia católica*, Valencia 1933; F. Holböck - T. Sartory, *El misterio de la Iglesia desvelado*, Barcelona 1966; J. Feiner - M. Löhrer(Edit.), *La Iglesia: el*

*acontecimiento salvífico en la comunidad cristiana*: Myst. Sal. IV/1-2, Madrid 1973-1975; B. Forte, *La Iglesia de la Trinidad*, Salamanca 1996; Id., *La Iglesia, icono de la Trinidad*, Salamanca 1992; H. de Lubac, *Meditación sobre la Iglesia*, Madrid 1984; Id., *Iglesias particulares e Iglesia universal*, Salamanca 1974; C. Journet, *Teología de la Iglesia*, Bilbao 1966; Id., *L'Église du Verbe incarné*, 2 vol., Paris 1951; J. Hamer, *La Iglesia es una comunión*, Barcelona 1965; J. Moltmann, *La Iglesia, fuerza del Espíritu*, Salamanca 1978; I. de Montcheuil, *Aspectos de la Iglesia*, Madrid 1957; K. Rahner, *Elements dynamiques dans l'Église*, Brujas 1967; A. Navarro, *La Iglesia, sacramento de Cristo sacerdote*, Salamanca 1965; B. Mondin, *La Chiesa, primizia del regno*, Bologna 1987; G. Philips, *La Iglesia y su misterio en el Concilio Vaticano II*, 2 vol., Barcelona 1969; A. Quiroz Magaña, *Eclesiología en la teología de la liberación*, Salamanca 1983; E. Schillebeeckx, *La misión de la Iglesia*, Salamanca 1971; O. Semmelroth, *Yo creo en la Iglesia*, Madrid 1962; M. Legido, *La Iglesia del Señor*, Salamanca 1978; P. Tena, *La palabra Ekklesia. Estudio histórico teológico*, Barcelona 1958; H. Küng, *La Iglesia*, Barcelona 1969; F. A. Sullivan, *Noi crediamo la Chiesa*, Casale Monferrato 1990; J. Ratzinger, *El nuevo pueblo de Dios*, Barcelona 1972; Id., *La Iglesia, una comunidad siempre en camino*, Madrid 1992; S. Sabugal, *La Chiesa serva di Dio. Per una ecclesiologia di servizio*, Roma 1992; G. H. Tavard, *The Church. Community of salvation: An ecumenical ecclesiology*, Collegeville MN 1992; J. R. M. Tillard, *Iglesia de Iglesias. La eclesiología de comunión*, Salamanca 1991; B. Gherardini, *La Chiesa, mistero e servizio*, Roma 1994³; M. Kehl, *La Iglesia, eclesiología católica*, Salamanca 1996; J. Auer, *La Iglesia*, Barcelona 1986; M. Sánchez Monge, *Eclesiología La Iglesia, misterio de comunión y misión*, Madrid 1994; E. Bueno, *Eclesiología*, Madrid 1998; J. R. Pérez Arangüena, *La Iglesia*, Madrid 1998.

4. M. Philippon, *La Santísima Trinidad y la Iglesia* en: G. Haraúna(Ed.), *La Iglesia del Vaticano II*, Madrid 1966, I, pp.341-361; A. Antón, "Estructura teándrica de la Iglesia", en: *Est. Ecl.* 42(1967), pp.39-72; J. M. Alonso, "Ecclesia de Trinitate", en: AA.VV., *Comentarios a la Constitución sobre la Iglesia*, Madrid 1966, pp.138-176; J. Hamer, *La Iglesia es una comunión*, Barcelona 1965, pp.176-182; Y. Congar, "Ecclesia de Trinitate", en: *Irén.* 14(1937), pp.131-146; N. Silanes, *La Iglesia de la Trinidad. La Santísima Trinidad en el Vaticano II*, Salamanca 1981; P. Cipollone, *Studio sulla spiritualità trinitaria nei capitoli I-VII della «Lumen Gentium»*, Roma 1986; B. Forte, *La Iglesia de la Trinidad*, Salamanca 1996; Id., *La Iglesia, icono de la Trinidad*, Salamanca 1992; V. Mondello, *La Chiesa del Dio trino*, Napoli 1978; X. Pikaza, *Trinidad y comunidad cristiana. El principio social del cristianismo*, Salamanca 1990; C. Spicq, H. Paissac, Y. Congar, "L'Esprit

et l'Église", en: *Lum. Vie* 10(1953), pp.1-108; H. Stirnimann, "Die Kirche und der Geist Christi", en: *Div. Thom.* 31(1953), pp.3-17; C. Journet, "La mission visible du Saint Esprit", en: *Rev. Thom.*(1965), pp.357-397; Y. Congar, *El Espíritu Santo*, Barcelona 1983; H. Mühlen, *El Espíritu Santo y la Iglesia*, Salamanca 1998, y G. Canobbio, *Unità della chiesa, unità della Trinità*: F. Chica, S. Panizzolo, W. Wagner(Ed.) *Ecclesia Tertii milenii advenientis*(omaggio al P. Antón), Casale Monferrato 1997, pp.29-45.

5. G. Philips, *La Iglesia y su misterio en el Vaticano II*, I, Barcelona 1968, p.99.

6. J. A. Sayés, *La Gracia de Cristo*, Madrid 1993, p.265ss.

7. B. Forte, *La Iglesia de la Trinidad*, pp.51ss.

8. A. Antón, *Estructura teándrica*...

9. B. Forte, *o. c.*, 53.

10. "Nostra autem sententia est Ecclesiam unam tantum esse, non duas, et illam unam et veram esse coetum hominum ejusdem christianae fidei professione et eorundem sacramentorum communione colligatum, sun regimine legitimorum pastorum, ac praecipue unius Christi in terris vicarii romani pontificis" (*Disputationes de controversiis christianae fidei adversus huius temporis haereticos*, Controversiae 1586-1593), Ingoldstadt 1601, t II, liber III, cap II, p.75.

11. "Ut aliquis aliquo modo dici possit pars verae Ecclesiae de qua Scripturae loquuntur, non putamus requiri ullam internam virtutem, sed tantum externam professionem fidei et sacramentorum communionem, quae sensu ipso percipitur. Ecclesia enim est coetus hominum ita visibilis et palpabilis ut est coetus pupuli romani, vel regnum Galliae, aut respublica Venetorum"(*Ibid.*).

12. B. Forte, *o. c.*, 55.

13. 참조: J. R. Geiselmann, "Einheit und Liebe", en: *Die eine Kirche zum Gedenken J. A. Möhler* 1838-1938, Paderborn 1939. 튀빙겐 학파에 관한 연구는 다음을 참조하라: P. Antón, *El misterio de la Iglesia* II, Madrid-Toledo 1987, pp.218ss.

14. P. Antón, *ibid.*, pp.287ss.

15. O. Dibelius, *Das Jahrhundert der Kirche*, Berlin 1926.

16. R. Guardini, *Vom Sinn der Kirche*, Mainz 1922, p.1.

17. Y. Congar, "Crónica de treinta años de estudios eclesiológicos", en: *Santa Iglesia*, Barcelona 1968, p.460.

18. J. Collantes, *El misterio de la Iglesia*, Granada 1968; G. Philips, *La Iglesia y su misterio en el Vaticano II*, 2 vol., Barcelona 1968; Y. Congar, *Ensayos sobre el misterio de la Iglesia*, Barcelona 1966³; P. T. Camelot, "Le mystère de l'Église", en: *Vie Spir.* 102(1966), pp.185-205; H. Denis, *A la decouverte du mystère de l'Église*, Paris 1955; J. M. Le Guillou, *Le Christ et l'Église, théologie du mystère*, Paris 1963; P. Touillex, *Réflexions sur le mystère de l'Église*, Tournai 1962; A. Bandera, *La Iglesia, misterio de comunión en el corazón del concilio Vaticano II*, Salamanca 1965; O. Casel, *Mysterium der Ekklesia*, Mainz 1961; C. Journet, "Le mystère de l'Église selon le deuxième concile du Vatican", en: *Rev. Thom*(1965), pp.5-51; B. Rigaux, *El misterio de la Iglesia a la luz de la Biblia*, en: G. Baraúna Ed., Barcelona 1966, I, pp. 289-308; T. Strotmann, *La Iglesia como misterio: Ibid.*, pp.325-340.

19. J. Collantes, *La Iglesia de la palabra*, Madrid 1972, I, p.108.

20. J. Dupont, "La parole de Dieu suivant St. Paul", en: AA.VV., *La parole de Dieu en Jésus-Christ*, Paris 1961, pp.68-84; J. Coppens, "Le mystère dans la théologie paulinienne et ses parallèles qumrâniens", en: AA.VV., *Littérature et théologie pauliniennes*, Bruges 1960, pp.142-165; L. Cerfaux, *Jesucristo en San Pablo*, Bilbao 1963, pp.211-226; C. Spicq, *Les épîtres pastorales*, Paris 1947.

21. H. De Lubac, *Paradosso e mistero della Chiesa*, Milano 1979, p.15.

22. *Ibid.*, 3.

23. G. Philips, I, pp.101-102.

24. 참조: J. A. Sayés, *La gracia de Cristo*, pp.438ss.

25. 이에 대해 필립은 다음과 같이 언급한다. "공의회 헌장은 구원을 제외한 상태에서는 결코 창조에 대해 언급하지 않았다. 즉 공의회는 가능적 사실들과 미래적 사실들의 영역 속에서 모험하려 하지 않았다. 이는 신학적 논쟁들을 위해 선별된 영역이다. 따라서 그 헌장의 메시지가 갖는 중요성은 어떠한 부차적인 분리도 허용하지 않았다. 그러므로 공의회는 구세주이신 그리스도의 절대적인 우위를 설정한 것에 대해 만족해했다. 이로 인해 그 누구도 스코티즘에 대해서는 전혀 언급하지 않았다. 그것은 단순히 '~주의'를 배제한 성경인 셈이다. 그러나 토미스트들과 스코티스트들은 강생의 동기에 대한 자신들의 싸움을 기꺼이 이어갔다. 육화하신 그리스도는 계속해서 우주 창공의 열쇠였다"(*O. c.*, I, p.102).

26. *Hermas*, Vis. II, 4, 1.

27. 예를 들어, M. J. Scheeben은 아담의 은총이 그리스도의 은총은 아니라는 주장을 옹호했다(참조: *Los misterios del cristianismo*, Barcelona 1964, 238ss).

28. M. González Gil, *Cristo, misterio de Dios*, Madrid 1976, II, p.585.

29. *Ibid.*, pp.585-586.

30. J. A. Sayés, *La gracia de Cristo*, pp.265ss.

31. W. Kasper - G. Sauter, *La Chiesa, luogo dello Spirito*, Brescia 1980; W. Kasper, *El Dios de Jesucristo*, Salamanca 1985, pp.231-264.

32. J. A. Domínguez, "Las interpretaciones posconciliares", en: P. Rodríguez(Ed), *Eclesiología 30 años después de la «Lumen Gentium»*, Madrid 1994, pp.39-87.

33. H. Mühlen, *El Espíritu Santo y la Iglesia*, Salamanca 1998.

34. Y. Congar, *El Espíritu Santo*, Barcelona 1983.

35. 이와 관련해서 다음의 아티클도 참조하기 바란다: P. Antón, "El Espíritu Santo y la Iglesia. En busca de una fórmula para el misterio de la Iglesia", en *Greg* 47(1966), pp.101-113.

36. J. Hamer, *La Iglesia es una comunión*, p.181.

37. Y. Congar, *El Espíritu Santo*, p.210.

38. 참조: J. L. Leuba, *Institution und Ergebnis*, Göttingen 1957.

39. R. Sohm, *Wessen und Usprung des Katholizismus*, Leipzig $1912^2$, p.54.

40. L. Boff, *Las comunidades de base reinventan la Iglesia*, Santander 1984.

41. 이런 극단적인 입장에 대해 부에노(E. Bueno)(*O. c.*, 63)는 다음과 같이 분명히 대답하고 있다. 즉 만일 성령이 없다면 교회는 단지 권력 기구로 축소되고 말 것이며, 결국, 교회 없는 성령은 역사적인 환경들에 종속된 인간적인 이론 속에 머물 수밖에 없을 것이라고 그는 말한다.

42. *Adv. Haer.*, 5,28,4.

43. *Adv. Haer.*, 3,24.

44. *Cantar de los cant.* 13,1.

45. '창조되지 않은 은총'과 '창조된 은총'이 실제로 서로 다른 두 개의 은총을 의미하는 것은 아니다. 그것은 동일하고 유일한 하나의 은총이 갖는 두 가지 측면일 뿐이다. 하느님은 우리 안에 거하시며(창조되지 않은 은총) 이는 우리 존재의 심오한 변모(창조된 은총)를 전제로 한다.
  오늘날의 신학은 세 신적 위격에 공통이자 우리를 성부의 자녀가 아닌 삼위일체의 자녀로 만들 수 있는 능동인과 더불어 창조된 은총을 설명하지 않고 다른 형태의 원인을 갖고 설명한다. 몇몇 신학자들(De la Taille, Rahner)은 그 원인을 '거의-형 상인(cuasi-formal)'과 '목적인'으로 부른다. 왜냐하면 그것은 인간 존재의 최종 목적인 지복직관에서 실현되는 신화의 선취(先取)이기 때문이다.
사실, 인간은 지복직관에 대한 능력을 갖고 있다. 그것은 소위 지복에 대한 자연적 욕구(desiderium naturale)로서 이 세상의 그 무엇도 이 욕구를 충만하게 만족시켜 줄 수 없다. 따라서 인간은 언제나 더욱더 원하게 된다. 이런 무한한 행복에 대한 욕구는 여기 이 세상에서 그 어떤 창조된 실재를 통해 잠재울 수 없고 그렇다고 인간이 자신의 이성과 더불어 도달할 수 있는 하느님에 대한 중개적이고 유비적인 인식을 통해서도 잠재울 수 없다. 하느님께서 인간에게 직접적이고도 즉각적인 비전속에서 당신을 보여주실 때, 인간은 온전히 변모된다. 왜냐하면 그는 피조물로서의 자신의 조건을 넘어서는 가운데 하느님이 지니신 생명 그 자체에 참여하기 때문이다.
이러한 하느님과의 만남은 충만한 비전의 형태 속에서 실현되며 이미 이 세상에서도 은총을 통해 선취적인 형태로 실현된다. 인간의 인식과 사랑은 더욱더 무한하게 그리고 하느님과의 직접적인 만남을 목말라 하지만 직접적이고 즉각적인 형태로 세 분이자 동시에 한 분이신 하느님과의 인격적인 통교를 방해하므로 창조된 은총은 인간에게 있어서 심오한 변모를 전제로 한다. 인간은 이런 방식으로 피조물로서의 자신의 조건을 넘어선다. 왜냐하면 이미 유비와 중개라고 하는 피조물의 법칙을 넘어서는 직접적인 인식과 사랑을 통해 하느님을 소유하기 때문이다.
하느님은 이 만남에서 직접적이고 즉각적인 형태로 당신 자신을 인간에게 내어주신다. 이렇게 해서 하느님은 무상적인 형태로 인간의 열망을 채워주시며 나아가 당신 자신에 대해 갖고 있는 인식과 사랑의 형태로 그를 들어 올려주신다. 이는 하느님을 직접적, 즉각적인 형상적 대상으로 갖는 인간이 피조물에게 있어서 고유한 유비와 중개의 법칙을 극복하는 하는 가운데 변모되는 것을 전제로 한다. 그러나 이는 어떤 형태의 능동인을 통해 야기되는 것이 아니라 인간이 인식과 사랑의 차원에서 새로운 형상적 대상을 갖는 한에서 '거의 형상인'을 통해 이루어지는 것이다. 이제 인간은 인식과 사랑을 통해 하느님을 직접 소유한다.
이렇게 해서 은총은 능동인에 의해 야기된 어떤 우연적인 것이 아니라 당신 자신을 내어주심으로써 인식적 의지 작용적 역동성 안에서 인간을 변모시켜주시는 하느님 자신을 의미한다. 이것이야말로 인간 안에 은총을 일으키는 지복직관에 대한 선취이다. 지복직관은 이미 이 세상에서 소유하는 어떤 것에 대한 발발(勃發)이다 (참조: J. A. Sayés, *La gracia de Cristo*, pp.311-316).

46. Y. Congar, "La Iglesia es santa", en: *Myst. Sal.* IV/1, pp.479-480.

47. *De orat. Dom.* 23.

48. *De bapt.* 6,2.

49. 구약시대부터 이미 교회가 준비되었다는 사실에 대해서는 다음을 참조하라: A. Antón, *La Iglesia de Cristo. El Israel de la Nueva y de la Vieja Alianza*, Madrid

1977, pp.111-303

50. H. Fries, *Teología fundamental*, Barcelona 1987, p.301.
51. R. Latourelle, "Revelación", en: *DTF*, p.1236.
52. H. Fries, *o. c.*, p.303.
53. 참조: A. Colunga, M. García Cordero, *Biblia comentada* I, Madrid 1977, pp.424ss.
54. *Ibid*, p.463.
55. A. Richardson, *Las narraciones evangélicas de milagros*, Madrid 1974.
56. H. Fries, *o. c.*, p.303.
57. 참조: 탈출 15,10-13; 34,10; 신명 3,24; 4,31-35; 6,20-23; 7,19; 11,1-8; 여호 24,17; 시편 78,1-6; 106,7-12; 135,9.
58. R. Latourelle, *o. c.*, p.1237.
59. 참조: José Antonio Sayés, *Señor y Cristo*, Pamplona 1995, pp.164ss.
60. 참조: 시편 89; 2; 110; 72; 132.
61. 참조: 이사 11,1-5; 예레 23,5-6.
62. 참조: 이사 40,2; 43,24-28; 44,12; 47,8; 48,1-14.
63. 참조: 이사 42,7; 49,6.
64. 참조: 이사 53,4-6.11.
65. *Adv. Haer.*, 4,11; 4,38.
66. *In cant.* lib.2.
67. *Sermon* 341,9,11.
68. *Adv. Icon.* 11.
69. G. Philips, *o. c.*, I, p.108.
70. Y. Congar, "Ecclesia ab Abel", en: *Abhandlungen über Theologie und Kirche. Festschrift für K. Adam*, Düsseldorf 1952, pp.79-108.
71. I, 108.
72. *Ibid*, 103-104

73. *Ibid.*, 104.
74. *Epist.* 64,4,3.
75. B. Forte, *La Iglesia de la Trinidad*, Salamanca 1996, p.103.
76. *Ibid.*, 106-207.
77. *Ibid.*, pp.93ss.
78. *Ibid.*, p.98.
79. 그리스도 편에서의 교회 창립이라는 주제에 관해서는 미주 3번에 인용된 참고 문헌들을 보라.
80. H. Fries, *Teología fundamental*, p.472.
81. Diskussion über H. Küng *«Christ sein»*, Mainz 1976, p.106.
82. CTI, *Documenta Documenti 1969-1985*, Vaticano 1988, p.475.
83. A. Loisy, *L'Evangile et l'Église*, Paris 1902, p.111.
84. J. Weiss, *Die Predigt Iesu von Reiche Gottes*, Göttingen 1900.
85. *Ibid.*
86. A. Schweitzer, *Le sécret historique de la vie de Jésus*, Paris 1961.
87. 참조: H. Fries, *o. c.*, pp.174ss.
88. *Ibid.*, p.153.
89. 참조: "Parusia", en: *DEB*, p.1185.
90. B. Rigaux, "La seconde venue du Messie", en: AA.VV., *La venue du Messie. Messianisme et Eschatologie*, Lovaina 1962, p.190.
91. F. J. Nocke, *Escatoligía*, Barcelona 1984, p.43.
92. C. Pozo, *Teología del más allá*, Madrid 1991³, pp.212-213.
93. 통상적인 해석에 의하면, 예수는 이 담화에서 두 가지 주제를 언급하고 있다. 예루살렘의 파괴(마태 24,4-25; 마르 13,5-23) 그리고 인자의 재림 또는 최종적인 도래(마태 26,26-31; 마르 13,24-27)가 그것이다. 이 담화에서 드러나는 난해함은 이 두 사건 가운데 각각의 사건을 언급하는 구절들을 식별해 내는 데 있다. 예루살렘의 파괴와 세상의 종말은 바로 여기서 서로 섞이고 융해되는 가운데 일어난다. 비록 이 두 가지 사건들이 연대적으로는 서로 다르다 할지라도 묵시문학 장르 안에서는 두 사건 사이에 일정한 연관성을 갖고 소개되고 있다. 이 텍스트에서 예루살

렘의 파괴는 옛 계약의 종말을 드러내고 있으며 그리스도의 죽음에 이어 바로 드러나는 그분의 영광됨과 일치한다. 이와 더불어 교회의 시대로 대변되는 새로운 시대가 실현된다. 인자(人子)는 오직 이 시대의 마지막에 사람들을 심판하기 위해 권능과 영광 속에 오실 것이다.

우리는 제자들이 예수와 함께 나눴던 대화가 성전의 웅장함에 대해 가리키던 제자들의 인식과 더불어 시작되는 것에 주목해야 한다(마태 24,1). 그들의 말에 대해 예수는 돌 하나도 다른 돌 위에 남아 있지 않고 다 허물어지고 말 것이라고 말한다(마태 24,2). 이에 제자들은 그분에게 다음과 같은 두 가지 질문을 던진다. 언제 이 일들(예루살렘의 파괴)이 일어날 것이며 재림과 세상의 종말을 보여주는 징표는 무엇인가가 그것이다(마태 24,2).

이에 대한 예수의 대답은 성전의 파괴와 세상의 종말을 구별하는 것처럼 보인다. 전쟁, 지진 그리고 파국을 맞이하겠지만 그러나 아직 그것이 종말을 의미하는 것은 아니라고 말한다(마태 24,6).

세상이 끝나고 인자가 오기 전에 온 세상에 복음이 전해질 것이다(마태 24,14). 다니엘은 황폐를 부르는 혐오스러운 것에 대한 절망(마태 24,15)이라는 이미지를 통해 안티오쿠스 에피파네스가 예루살렘 성전 안에 세운 이교(異敎) 제단을 지칭했다. 이제 이러한 절망은 로마의 군대가 예루살렘과 성전을 점령하고 이를 파괴함으로서 실현될 것이었다. 하지만 그것이 메시아의 영광스러운 도래를 기다리면서 예루살렘에 남아 있어야 하는 때를 의미하는 것은 아니다. 오히려 그 반대로 산으로 피해 가야 한다(마태 24,16). 이 시기의 재난들은 선택된 이들에게는 잠시일 뿐이다(마태 24,22). 이 선택된 이들은 다름 아닌 복음을 받아들인 사람들을 말한다. 예수는 자신을 예언자나 메시아라고 하는 거짓 예언자와 메시아들의 말에 귀 기울이지 말라고 경고하신다. 메시아가 여기 또는 저기에 있다고 말하는 이들의 말에 현혹되지 말아야 한다는 것이다. 왜냐하면 인자의 오심은 번개처럼 이루어질 것이기 때문이다(마태 24,27). 그것은 아주 분명한 사건일 것이다. 그것은 마치 주검이 있는 곳에 독수리들이 날아들듯 그렇게 이루어질 것이다(마태 24,28). 이처럼 인자의 최종적인 오심은 모든 이들에게 분명히 드러날 것이다. 그리고 이 도래가 이루어지기 전에 분명한 징표들이 선행할 것이다(해와 달과 별이 어두워지고 하늘에는 인자가 오신다는 표징이 나타날 것이다: 마태 24,29-30). 이 모든 것을 보게 될 때 마지막이 도래했다고 확실히 보장할 수 있다(마태 24,33). 어쨌든 인자는 생각지도 못했던 순간에 오실 것이다.

이처럼 성전 파괴와 인자의 마지막 도래에 대한 징표 사이의 구별은 예수에 의해 주어졌다. 어떤 구절이 어느 사건에 속하며 다른 구절이 또 다른 사건에 속하는가를 규정짓는 것은 다른 문제다. 여기에는 마태오복음 24장 34절이 드러내는 것과 같은 어려움이 있다. "내가 진실로 너희에게 말한다. 이 세대가 지나기 전에 이 모든 일이 일어날 것이다." 이 문맥에서 예수는 세상의 종말에 대해 말하고 있다. 아마도 예수가 자신의 담화에서 여러 가지 전망들을 잘 구별했을 것이라고 생각할 수 있다.

그럼에도 불구하고 예수께서 언급한 말씀이 그분이 제시했던 두 가지 차원(예루살렘의 파괴와 세상의 종말)에 상응할 것이라고 생각하는 것이 잘못은 아니다. 모든 것(즉 성전의 파괴)이 그 날과 그 시간에 일어나는 가운데(즉 세상의 종말) 이 세대 내에서 이루어지겠지만(마태 24,34) 성부 이외에는 그 누구도 그것에 대해 알 수가 없다(마태 24,36). 여기서 전치사 'de'를 통해 표현되는 분명한 대조가 드러나는데 이는 예루살렘의 파괴 사건에 직면해서 그것이 오직 성부만이 아시는 세상의 종말과는 구별되는 그 무엇으로서 알려질 수 있는 것임을 암시하고 있다.

따라서 예수는 인자가 세상의 종말이 이루어지는 날과 시간에 대해 모른다고 말한다. 또한 이러한 무지는 마태오복음에서도 언급되고 있다. 구체적으로 예수께서 계속해서 말씀하신 비유들은 인자의 도래(마태 24,37-39), 주님의 오심(마태 24,42), 인자가 오는 시간(마태 24,42)에 대한 무지를 표현하고 있다. 이러한 비유들은 그 날과 시간을 모르는 예수와 더불어 앞서 언급한 사실을 더욱 굳혀주고 있다. 그에 따르면, 세상의 종말에 대한 날과 시간을 모르는 예수를 통해 분명히 표현되고 있는 언명은 예수께서 마태오복음 24장 34절("이 세대가 지나기 전에 이 모든 일이 일어날 것이다")에서 언급한 바 있는 이 종말이 갖는 긴박함을 배제시키는 것처럼 보인다.

이에 대한 다양한 연구들은 다음의 책들을 참조하기 바란다: A. Feuillet, "Le discourse de Jésus sur la ruine du temple d'après Mc 13 et Lc 21,5-36", en: *Rev. Bib.* 55(1943), pp.481-502; "La synthèse eschatologique de saint Matthieu, (24-25)", en: *Rev. Bib.* 56(1949), pp.340-364; 57(1950), pp.62-91. pp.180-211; "Parousie", en: *DBS* VI, Paris 1960, col. pp.1347-54; J. L. Mckenzie, "El evangelio según San Mateo", en: AA.VV., *Comentario bíblioco San Jerónimo*, Madrid 1972, p.268; S. del Páramo, "Evangelio de San Mateo", en: *La Sagrada Escritura. Texto y comentario. Nuevo Testamento*, Madrid 1961, I, pp.290-291; V. Taylor, "The Apocaliptic Discourse of Mark 13", en: *Exp. Tim.* 60(1948-49), pp.94-98; J. Lambrecht, "Redactio sermonis eschathologici", en: *Verb. Dom.* 43 (1965), pp.278-287; R. Pesch, *Naherwartungen Tradition und Redaktion in Mk 13*, Düsseldorf 1968. 참조: 또한 다음의 아티클은 풍부한 참고 문헌을 소개하고 있다: "Parusía", en: *DEB*, pp.1181-1186

94. 가리호(Garijo, *La comunión de los santos*, Barcelona 1991, pp.39ss)는 1942년에 가톨릭 신학자인 브라운(F. M. Braun, *Aspects mouveaux du problème de l'Église*, 1942)이 언급한 바 있는 교회 설립에 대해 프로테스탄트 세계에서의 동의가 이루어졌음에 주목한다. 카텐부쉬(F. Kattenbusch)가 입증했듯이, 교회 설립은 메시아의 업적 가운데 본질적인 부분에 속한다. 예수는 이러한 의미에서 자신의 사명을 시작했다. 그는 '열둘(*dodeka*)'을 설립함에 있어서 이스라엘을 새롭게 정초하고자 하는 자신의 의도를 드러내고 있다. 그리스도 편에서 교회를 설립했다는 사실은 그의 생에 내내 이정표가 되는 다양한 순간 속에서 드러난다. 앞서 언급한 이 '새로운 동의'는 진정한 교회 설립이 그리스도의 죽음과 부활이라고 하는

구원적인 사건들로 인한 결과라는 점을 강조하고 있다.
그러나 이러한 동의는 1941년에 출판된 불트만의 아티클인 "마태 16,17-19의 진위 문제"(*Exegetica, Aufsätze zur Erforschung des N. Testaments*, ed. por E. Dinlker, Tübingen 1967)로 인해 깨지고 말았다. 또한 이 동의는 큄멜(Kümmel, "Jesus und die Anfänge der Kirche", en: *Heilsgeschehen und Geschichte. Gesammelte Aufsätze 1933-1964*, Marbourg 1965, pp.389-409)에 의해서도 깨졌다. 큄멜은 예수가 마지막까지도 옛 하느님 백성을 향하지 않았다고 주장한다(그는 예수가 하느님의 종말론적 현재에 대한 선취(先取)로서의 이스라엘의 남은 이들이라는 관념에 대해 고려하지 않았다고 보았다). 나아가 예수는 하느님 백성과는 분리된 교회를 창립하려 하지 않았다고 그는 주장한다. 이 열둘이라고 하는 그룹은 예수가 하느님 백성을 온전히 염두에 두고 있었음을 입증하고 있다. 그분은 이 열둘에게 자신의 메시아적 활동에 협력할 책무를 허락하셨다. 그러나 예수는 이 열둘의 틀 안에서 새로운 하느님 백성에 대해 언급하고 있지 않다. 그렇다고 마태오복음 16장 17-19절에 호소할 수도 없다. 왜냐하면 이 텍스트에서는 메시아적 공동체에 대한 언급이 드러나지 않는다. 그렇다고 이를 최후의 만찬에 호소할 수도 없다.

95. P. Faynel, *La Iglesia*, Barcelona 1982², I, p.64.

96. G. Lohfink, *La Iglesia que Jesús quería*, Bilbao 1998³, p.21.

97. K. L. Schmidt, *Die Kirche des Urchristentums, Festgabe für R. Deissmann*, Tübingen 1921, pp.142-172.

98. H. Fries, *o. c.*, p.480.

99. *Ibid.*, p.7.

100. J. Schmid, "Iglesia", en: *Con. Fund. Teol.* II(1966), p.266.

101. H. Fries, *o. c.*, p.474.

102. G. Philips, I, p.122.

103. J. Schmid, "Iglesia", en: *Con. Fund. Teol.* II(1966), p.266.

104. J. Collantes, *La Iglesia*, Edapor, Madrid 1982, p.24.

105. *Id.*, *La Iglesia de la palabra* I, p.230.

106. H. Fries, *o. c.*, p.476.

107. 프로테스탄트 신학자인 카텐부쉬(F. Kattenbusch)는 다니엘서 7장 9-28절을 제2이사야서 53장과 연관 짓는 가운데 다니엘이 교회 개념의 원천이라는 확신을 피력한다. 왜냐하면 인자로부터 탄생하는 백성과의 관련 없이 인자에 대해 말할 수

는 없기 때문이다. 새로운 만찬이라는 계기와 더불어 예수의 공동체 안에는 새로운 예배가 탄생했다.

108. H. Fries, *o. c.*, p.477.

109. *Ibid.*, p.10.

110. O. Hophan, *Los apóstoles*, Barcelona 1957; W. Schmithals, *Die Kirchliche Amt. Eine historische Untersuchung*, Göttingen 1961; J. Delorme, *Le ministère et les ministères selon le N. Testament*, Paris 1974; P. Grelot, *El ministerio de la nueva alianza*, Barcelona 1969; L. Cerfaux, "Pour l'histoire du titre apóstolos dans le N. Testament", en: *Rech. Scien. Rel.* 48(1960), pp.76-92; J. Dupont, "Le nom d'apôtres a-t-il été donné aux Douze par Jésus?", en: *L'Orient Syrien* 1 (1956), pp.267-290; pp.425-444; G. Dix, *Le ministére dans l'Église ancienne*, Neuchâtel 1955; J. Roloff, "Apostel, Apostolat, Apostolizität", en: G. Krause, G. Müller(dirs.), *Theologische Realenzyklopëdie*, Berlin - New York, III, pp.430- 445; W. Trilling, "Die Entestehung des Zwölfskreises", en: *Die Kirche des Anfangs*, Freiburg B. 1978; F. Hahm, "Der Apostolat im Urchristentum. Seine Eigenart und seine Voraussetzung", en: *Ker. Dog.* 20(1974), pp.54-77; Y. Congar, *Ministère et communion ecclésiale*, Paris 1971; L. Cerfaux, "Témoins de Christ d'après le livre des Actes", en: *Ang.* 20(1943), pp.166-183; P. Anciaux, "L'Église et le ministère apostolique dans le mystère de Dieu", en: *Coll. Mechl.* 47(1962), pp.357-378; K. Rahner - J. Ratzinger, *Episcopado y Primado*, Barcelona 1965; J. Ratzinger, "Das geistliche Amt und die Einheit der Kirche", en: *Cath.* 17(1963), pp.165-179; H. Mühlen, "Das Pneuma Iesu und die Zeit. Zur Theologie des Amtes", *ibid.*, pp.249-276; M. Garijo, *o. c.*, pp.53-62; B. Gherardini, *La Chiesa. Mistero e servizio*, Roma 1994, pp.171ss.

111. 다른 숫자가 아닌 열둘이라는 숫자로 사도들을 선택한 것은 구약성경에 나오는 예언자들의 빛 안에서 이해되어야 하는 전적인 예언자적인 행위였다. 여기서 열둘은 이스라엘의 열두 지파를 암시한다. 집회서에 나오는 어느 기도는 이 열두 지파를 다시 설립하려는 희망을 피력하고 있다. "야곱의 모든 지파들을 모아들이시고 처음처럼 그들 각자에게 상속 재산을 나누어주소서"(집회 36,13).

112. *O. c.*, 20.

113. 코얀테스는 다음과 같이 말한다. "이처럼 기억을 돕는 스케마는 사도들의 이름 사이의 관계가 초기 구전 전승의 일부분을 형성한다는 점을 입증한다. 부활 바로 직후에 폐쇄된 공동체로서 구체화되기 시작한 그토록 오랜 그룹이 초대 교회의 창작물이라는 것은 상상할 수 없다"(*o. c.*, I, 463).

114. *Ibid.*, I, 465.

115. A. Lang, *Teología fundamental*, Madrid 1974, II, p.57.

116. Strack Billerbeck, *Kommentar zum N. Testament aus Talmud*, München 1928, III, p.2.

117. H. Fries, *o. c.*, p.479.

118. A. Feuillet, "Les grandes étapes de la fondation de l'Église d'après les évangiles synoptiques", en: *Scien. Eccl.* 11(1959), p.10.

119. J. Collantes, *La Iglesia*, p.78.

120. *Ibid.*, p.79.

121. Strack Billerbeck, *o. c.*, I, München, pp.138ss. 이에 대한 예로, 랍비 샴마이의 두 제자는 안식일 바로 전 저녁에 비용을 치른 우편으로 보내는 편지는 금지됐다고 선언한다. 반면, 힐렐의 제자들은 이것이 허용된다고 선언한다(Schabbath 6,7,41). 또한 다음을 보라: "Realexikon für Antike und Christentum", fasc. 9-11, 특별히 다음을 보라: "Binden und Lösen", *coll.* pp.374-380.

122. 이에 대한 두 가지 예를 들어 보면 다음과 같다: Mosed Qatan 16a y Menachott 34b(참조: Strack Billerbeck, *Das Evangelium nach Matthäus* I, p.379 각주).

123. 참조: 람버트(B. Lambert)는 여러 가지 예들을 들고 있다(*Vivre et penser*, 1945, pp.91-103). 또한 보카치오(P. Boccaccio) 역시 다음의 책에서 자세히 설명한다: "I termini contrari come espressione della totalità in ebraico", *Bibl.* 33(1952), pp.173-190. 한편, 리핀스키(E. Lipinski, en: *DEB*, p.194)는 이것이 "셈족 언어의 사용 형태('묶다-풀다'라는 용어가)에 따라 이사야서 22장 22절에 나오는 '열고 닫는' 총체적인 권능을 표현하는 것"이라고 말한다.

124. H. Fries, *o. c.*, p.480.

125. W. Soloview, *Monarquía Sancti Petri*, Mainz 1929, p.473.

126. O. Cullmann, *S. Pierre, disciple, apôtre, martyr*, Neuchâtel, 1952; J. Hamer, *Petrus, Pastor*, Roma 1948; A. Penna, *San Pedro*, Madrid, 1958; J. M. Bover, "El nombre de Simón Pedro", en: *Est. Ecl.* 24(1950), pp.479-497; Id., "Pedro, vicario de Jesucristo", en: *Est. Bibl.* 3(1924), pp.138-148; B. Rigaux, "S. Pedro y la exégesis contemporánea", en: *Conc.* 27(1967), pp.149-177; J. V. Camp, "La primauté de S. Pierre dans le contexte evangélique", en: *Nouv. Rev. Theol.* 73 (1951), pp.405-408; J. M. Tillard, *El obispo de Roma. Estudio sobre el Papado*, Santander, 1987; M. Roesle - O. Cullmann, *Begegnung der Christen*(Homenaje O. Karrer), Stuttgart - Frankfurt 1959, pp.271-347; A. Vögtle, "Petrus", en: *LThk* 8(1963), pp.334-340; O. Kuss, "Jesus und die

Kirche im N. T.", en: *Theol. Quart.* 135(1955), pp.28-55; Id., *Auslegung und Verkündigung*, Ratisbona 1963, I, pp.25-77; J. Betz, "Die Gründung der Kirche durch den historischen Jesus", en: *Theol. Quart.* 138(1958), pp.152-183; R. Bultmann, "Die Frage nach dem messianischen Bewusstsein Iesu und das Petrusbekenntnis", en: *Zeit. Neut. Wiss.* 19(1919-1920); J. Ratzinger, *La Iglesia. Una comunidad siempre en camino*, Madrid 1992, pp.27-44; G. Schultze - Kadelbach, "Die Stellung des Petrus in der Urchristenheit", en: *Theol. Lit. Zeit.* 81(1856), pp.1-14; A. Sand, *Das Evangelium nach Matthäus*, Regensburg 1986; J. Gnilka, *Das Matthäus-evangelium*, Freiburg 1988²; J. M. Van Cangh - M. Van Esbroek, "La primauté de Pierre(Mt 16,16-19) et son contexte judaïque", en: *Rev. Theol. Louv.* 11(1980), pp.310-320; J. Galot, *Que-dites vous que ju suis*, St. Maur 1996; J. R. Geiselmann, *Der petrinische Primat*, München 1927; M. Schmaus, "Papa", en: *Sacr. Mund.* V, pp.163-185; R. Dionne, *The Papacy and the Church. A Study of Praxis and Recept in Ecumenical Perspective*, New York 1987; U. Lattanzi, *Il primato romano*, Brescia 1961; R. Baumann, *Das Petrus Bekenntnis und Schlüssel*, Stuttgart 1950; P. Benoît, "Le primauté de Pierre selon le N. Testament", en: *Exégèse et Théologie*, Paris 1979², pp.250-284; C. Journet, *La primauté de Pierre dans la perspective protestante et la perspective catholique*, Paris 1953.

127. J. Ratzinger, *o. c.*, p.28.

128. H. Fries, *o. c.*, p.481.

129. *Ibid.*, pp.28-29.

130. P. Benoît, *La primauté de Pierre selon le N. Testament*, en: *Exégèse et Théologie*, Paris 1979², pp.250-284.

131. "예루살렘 교회와 관련해서 상당히 중요한 차이가 드러난다. 이 교회가 아직 보편 교회의 공동체적인 표현으로서의 위상을 점유하고 있던 초기 몇 년 동안 그리고 다른 지역의 중심에서 또 다른 공동체들이 생겨남으로써 더 이상 그러한 위상을 갖지 못하고 단지 개별 교회의 모습으로 남게 된 마지막 시기 사이의 구별이 그것이다. 첫 번째 측면에서 보면 사도들은 아직 그 교회 내에 상주하고 있었으며 예루살렘 교회는 전체 교회였고 다른 교회들에 대해서 관할권을 행사하지 않았다. 왜냐하면 당시까지는 아직 다른 교회들이 존재하지 않았기 때문이다. 두 번째 측면에서 보면, 예루살렘 교회는 자기 지역의 수장을 갖고 있었으며 그는 다름 아닌 야고보 사도였다. 그는 일련의 사제단으로 둘러싸여 있었고 단지 로마 제국의 여러 지역에서 형성되어 가던 새로운 공동체에 대한 자신의 관할권에 대한 문제에 관여할 수 있었다. 이제, 만일 이 교회에 의해 유다, 갈릴래아, 사마리아 지역(사도 8,1 이하; 9,31; 갈라 1,22) 그리고 심지어는 안티오키아까지(사도

9,19 이하; 갈라 11,1) 설립된 제반 교회들에 대한 그러한 관할권을 허용할 수 있다면, 나는 이 관할권이 바오로에 의해 설립된 여러 교회에도 허용될 수 있다고 말하고자 한다. 예루살렘을 중심으로 활동했던 '할례'가 시행되던 지역의 유다계 그리스도인들과 바오로의 사도직이 수행되는 '이방인들'의 지역(갈라 2,9) 사이에는 분명한 분할이 이루어졌다. 그러나 믿음과 마음의 일치는 성장하는 교회의 여러 지역들을 확실히 지배해야만 했다. 하지만 그것은 소아시아와 그리스 또는 로마의 여러 공동체에 대한 예루살렘 공동체의 '관할권'이라는 방법을 통해서 보장될 수는 없었다. 바오로가 요청한 예루살렘의 가난한 신자들을 위한 희사금(갈라 2,10)은 이러한 일치에 대한 살아 있는 증거로서 — 왜냐하면 바오로는 이에 대해 커다란 중요성을 부여하고 있기 때문이다 — 예루살렘의 '자격'과 더불어 강조되어 드러나는 '의무'인 이러한 일치에 대해 바오로는 순종했다"(o. c., 253).

132. 예루살렘 교회가 가진 것으로 추정되는 보편적인 관할권은 예루살렘 공의회 이후에는 입증될 수 없다. 루카는 그 안에서 서로 구별되는 두 가지 담화를 조합해 놓았다. 하나는 할례에 관한 주제이며, 다른 하나는, 의심할 여지없이 후기에 속하는 것으로서, 음식 규정에 대한 주제였다. 첫 번째 것은 중요한 것으로서 예루살렘 교회를 통해서가 아니라 예루살렘에 모인 사도단을 통해서 명백하게 해결되었다. 두 번째 논쟁은 그보다는 덜 중요한 것으로서 그 후에 논의되었는데 아마도 '안티오키아의 화재'가 일어났을 시기일 가능성이 높다. 당시 야고보는 으뜸가는 권위를 갖고 있었으며 바오로와 베드로는 부재했었다. 이는 바오로가 예루살렘 공의회(갈라 2,6)나 그 밖에 다른 여러 기회에 참석했지만 음식 규정에 관한 가르침을 무시했던 사실을 통해서 잘 드러난다. 이는 그의 삼차 여행이 시작될 때 야고보의 입을 통해 드러나고 있다(사도 21,25). 후에 바오로가 이 문제들과 관련해서 야고보가 보낸 이들 앞에서 베드로가 보여준 행동과 나약함을 갖고 그를 질책했던 사실(갈라 6,12)은 그것이 사소한 문제에 관한 것일 뿐 사실 그를 책망한 것은 베드로의 우선적인 역할, 적어도 이를 전제로 하고 있던 당시의 상황에서, 이것을 문제 삼지 않았던 그의 일관성 없는 행동 때문이었다. 바오로에게 있어서 주된 관심사는 안티오키아 신자들과 갈라티아 신자들 앞에서 베드로가 근본적으로 자신과 일치하고 있음을 보여주는 것이었다.

133. H. Fries, o. c., p.482. 라칭거는 개신교 신학자인 슐체카델바흐(Schulze-Kadelbach)의 주석 증언을 덧붙이고 있다. 시몬이 베드로라고 불렸으며 이 이름은 그의 본래 이름이 아니라 예수께서 주신 호칭이었다는 것은 우리가 아주 확실히 알고 있는 사실이라고 그는 언급한다(참조: Ratzinger, o. c., p.32). 나아가 '케파스(Kefas)'라는 이름이 모든 언어로 번역되었다는 점은 그것이 단지 한 개인의 이름이 아니라는 것을 입증한다. 왜냐하면 고유한 이름들은 번역되지 않기 때문이다.

134. H. Fries., o. c., p.483.

135. *Ibid.*, p.484.

136. 이 텍스트에 관해서는 성경 주석가들 간에 의견의 일치를 보지 못하고 있다.

137. K. L. Schmidt, *Die Kirche des Urchristentums*, Tübingen 1927, p.281.

138. R. Bultmann, "Die Frage nach dem messianischen Bewusstsein Iesu und das Petrusbekenntnis", en: *Zeit. Neut. Wiss.* 19(1919-1920).

139. 이 이론은 린턴이 붙인 이름이다(*Das problem der Urkirche*, Uppsala 1932, p.163).

140. J. Collantes, *La Iglesia de la palabra* I, pp.511ss.

141. A. Resch, "Aussercanonische Paralleltexte zu den Evangelien", en: *Texte und Untersuchungen*, X, 2(1986), pp.185-200.

142. *De puddicitia* 21.

143. J. Grill, *Der Primat des Petrus*, Tübingen 1904.

144. O. Dibelius, *Das Abendmahl*, Leipzig 1911, p.63.

145. W. Soltau, "Wann ist Matthäus eingeschoben?", en: *ThStK* 89(1916), p.233.

146. A. von Harnack, "Der Spruch über Petrus als den Felsen der Kirche", Berlin 1918, pp.637-654.

147. E. Stauffer, "Zur Vor-Frühgeschichte des Primatus Petri", en: *Zeit Kirchengeschichte* 62(1943-1944), pp.1-34.

148. H. Lehmann, "Du bist Petrus. Zum Problem von Matthäus 16,13-26", en: *Evan. Theol.* 13(1953), p.60.

149. R. Bultmann, *Die Frage*...

150. B. Rigaux, *o. c.*, p.168.

151. O. Cullmann, *St. Pierre*..., pp.171ss.

152. 미주 126을 보라.

153. A. Vögtle, "Iesus und die Kirche", en: M. Oesle - O. Cullmann, *Begegnung der Christen*, Stuttgart 1959, pp.54-81.

154. A. Sand(참조: 미주 126) 또는 J. Gnilka(*Ibid.*).

155. 예를 들면 캉(Cangh) 그리고 에스브뢰크(Esbroek)의 경우가 그렇다(미주 121에 인용됐음).

156. 참조: M. Tillard, *El obispo de Roma*(미주 126에 인용됐음).

157. *El obispo de Roma*, pp.144-145.

158. 다음 저자에 의해 인용되었다: J. R. Geiselmann, *Der petrinische Primat*, München 1927, p.9.

159. J. Ratzinger, *o. c.*, p.34.

160. A. Oepke, "Der Herrenspruch über die Kirche Mt 16,17-19 in der neuesten Forschung", en: *Studia theologica*(Lund 1948-1950), p.114.

161. 리고(Rigaux)는 인용한 자신의 아티클에서(참조: 미주 126) 다음과 같이 말한다: "세 번째 질문은 논의되지 않았다. '케파스(Kêphas)'와 '페트로스(Pétros)'는 유다 세계나 그리스 세계에서 알려진 이름들이 아니었다. 그것은 사물의 이름이었다. 이처럼 이름의 변경은 역사를 재평가하게 해주는 확실한 사실이다."

162. H. Fries, *o. c.*, p.488.

163. B. Rigaux, *o. c.*, p.170.

164. *Ibid.*

165. R. De Vaux, *Instituciones del A. Testamento*, Barcelona 1964, pp.187-189.

166. J. Collantes, *La Iglesia*, p.92.

167. 리젠펠트(S. Riesenfeld)는 자신의 작품 *Jésus transfiguré. L'arrière-plan du récit evangélique de la transfiguration du Seigneur*, Copenhague 1947에서 마태오복음 16장 17-19절의 유다 문화적 배경에 대해 심층적으로 연구했으며 캉(M. Cangh)과 판 에스브뢰크(M. Van Esbroek) 역시 "La primauté de Pierre et son contexte judaïque", en: *Rev. Theol. Louv.* 11(1980), pp.310-324에서 그의 견해를 따르고 있다. 이에 대한 보다 커다란 발전은 갈로(Galot)에 의해 이루어졌다 (*Que-dites vous que je suis?*, St. Maur 1996). 우리는 여기서 그의 견해를 요약해 보기로 하겠다.

베드로의 고백과 수위권에 대한 약속(마태 16,17-19)은 용서의 날인 유다인들의 욤 키퍼 축제 거행이라는 맥락 안에서 이해해야 한다. 마태오에 따르면, 성변용(聖變容)은 그로부터 6일 후에 일어나며(마태 17,1), 이는 초막절 축제의 맥락 속에 들어갈 수 있다("제가 초막 셋을 지어 하나는 주님께, 하나는 모세께, 또 하나는 엘리야께 드리겠습니다"라고 베드로는 말한다: 마태 17,4). 욤 키퍼 축제는 티쉬리(Tishri) 달에 초막절 축제가 있기 한 주 전에 거행되었다.

물론, 그리스도가 성전에서 욤 키퍼 축제를 거행했던 것은 아니다(이 축제는 번제 제단과 계약의 궤 위에 피를 뿌리는 가운데 대사제가 속죄 제물을 봉헌하는 것으로 이루어져 있다. 대사제는 수산양을 광야로 내보내며 백성 앞에서 야훼의 이름을 공적으로 호명한다). 그러나 그리스도는 당신이 성전보다 크다는 의식을 지니고 있었다(마태 12,6)(o. c., p.41).

성변용에서는 초막절 축제 거행의 요소들이 드러나고 있다: 하얀 옷들은 유다 문학에서 야훼의 영광의 현현(顯現)과 관련을 갖는다. 다니엘서 7장 4절에 따르면 하느님께서는 친히 영광의 옷을 걸치고 계신다. 하느님 영광의 현존에는 구름(탈출 24,15-16)과 천둥이 동반한다. 또한 구름은 만남의 천막과도 관련을 갖는다(탈출 33,9). 이스라엘 사람들은 초막절 축제 가운데 하느님께서 천막 아래 머무시면서 백성의 한가운데 현존하신다고 생각했다.

한편, 초막절이 있기 엿새 전 욤 키퍼 축제의 틀 안에서 베드로의 고백이 이루어지고 있다("스승님은 살아 계신 하느님의 아드님 그리스도이십니다"). 이 고백에서 그리스도는 베드로의 입에서 발설된 당신의 신성(神性)에 대한 고백을 찾고 계시다. 이러한 고백은 사제가 야훼의 이름을 공적으로 선언하는 것과 비슷한 모습이다. 베드로는 이렇게 고백한다. "스승님은 살아 계신 하느님의 아드님 그리스도이십니다"(마태 16,16). 한편, 그리스도가 베드로(바르요나)에게 두고 있는 이름은 집회서에 묘사된 사제의 이름(오니아스의 아들)과 일치한다. 왜냐하면 둘 다 요아난(집회 50,1)이라는 히브리어 이름으로 번역되며, 그리스도는 이 이름과 더불어 베드로를 대사제처럼 다루고 있기 때문이다(o. c., p.44).

나아가, 베드로의 고백은 욤 키퍼의 요소들을 갖고 있는 듯하다. 왜냐하면 희생이 등장하고 있기 때문이다(이 경우, 사제로 상징되는 베드로의 고백 이후에 그리스도는 당신 친히 십자가를 향해 나아가야 한다고 선포하신다). 이러한 요소들과 더불어 그리스도는 다음의 말과 함께 베드로의 고백에 응답하신다. "너는 베드로(케파스)이다. 내가 이 반석 위에 내 교회를 세울 것이다." 여기서 우리가 잊지 말아야 할 것은, 대사제는 욤 키퍼에서 장막 저편으로 들어가서 이전에 '건립의 돌'이라고 불리는 계약의 궤를 지탱하며 땅에서부터 돌출해 나와 있는 이 돌 위에 향로를 놓아두었다는 점이다(o. c., p.45). 그러므로 여기에 베드로의 신앙고백과 이에 대한 그리스도 편에서의 수위권 약속에 대한 전례적, 역사적 핵심이 있다.

하지만 사실은 그것이 부적당한 가정이길 멈추지 않는다는 점이다. 카이사리아 지방의 장면은 일종의 쉼의 순간으로서, 여기서 그리스도는 갈릴래아에서의 설교 이후 이스라엘 백성의 신앙과 당신 제자들의 신앙에 대한 결산을 하고자 하신다(너희는 나를 누구라고 하느냐?). 그리고 성변용은 당신 수난의 여정을 시작하기 전에 당신의 신성을 드러내는 사건이었다. 이 성변용은 분명 초막절 축제에는 고유하지 않은 다른 요소들(흰옷들, 구름 등)과 함께 시나이 산에서처럼 신적 현현의 특징을 보다 잘 보여주고 있다. 여기서 잊지 말아야 할 것은, 만남의 장막은 사막에서 현존하는 야훼의 성전으로서 이로 인해 구름이 천막을 동반하고 있다고 하는 점이다. 이것은 초막절 축제와는 상관없는 것이다. 더 나아가, 초막절 축제 당시, 그리스도는 이 축제가 거행되고 있던 예루살렘(요한 7장)으로 올라갔다. 게다가, 요한은 바르요나라고 하는 이름을 초막절 축제와는 전혀 상관없는 맥락

속에 가져다 놓고 있다(요한 21,15).
카이사리아의 고백에서는 희생적인 요소가 강제로 소개되는 것처럼 보인다. 왜냐하면 십자가를 향한 그리스도의 여정, 그리고 이 십자가에 대한 선포는 그의 생애 전체에서 드러나고 있기 때문이다. 물론, 거룩한 곳의 돌은 속죄 축제에서 어떠한 역할도 하지 못한다. 반면, 계약의 궤는 이와 다르다. 그리스도가 살던 당시 이 궤는 더 이상 그곳에 존재하지 않았다. 게다가, 히브리 서간에 따르면, 새 계약의 대사제는 다름 아닌 그리스도 자신이시므로, 그리스도께서 베드로를 대사제로 세운다는 것은 상정하기 어렵다.

우리는 비록 마태오복음 16장 17-19절이 어떠한 역사적 맥락에서부터 유래하는지 알 수 없지만, 그럼에도 불구하고 이 텍스트가 지닌 아라메아적 내용과 그것이 역사성의 기준들에 부합하는 점으로 미루어 참으로 예수로부터 유래하는 텍스트라고 간주할 수 있다.

168. O. Cullmann, *St. Pierre...*, p.198.

169. O. Karrer, *Sucesión apostólica y primado*, Barcelona 1963; Id., *Um die Einheit der Christen*, 1953.

170. *Sucesión...*, p.52.

171. *Ibid.*, p.53.

172. *Ibid.*, p.54.

173. *Ibid.*, p.27.

174. J. Collantes, *La Iglesia...*, p.92.

175. H. Fries, *o. c.*, p.488.

176. 참조: J. A. Sayés, *El misterio eucarístico*, Madrid 1986.

177. A. Feuillet, "Les grandes étapes de la fondation de l'Église", en: *Scien. Eccl.* 11 (1959), p.14.

178. J. J. Von Allmen, *Saggio sulla cena del Signore*, Roma 1968. 이와 비슷한 견해를 다음의 저자들이 표현하고 있다: J. Coppens, "L'Eucharistie. Sacrement et sacrifice de la nouvelle alliance. Fondament de l'Église", en: J. Giblet, *Aux origines de l'Église*, Brujas 1965; R. Schnackenburg *Reino y reinado de Dios*, Madrid, 1970², p.178; A. Vögtle, "Iesus und die Kirche", en: M. Roesle - O. Cullmann, *Begegnung der Christen*, pp.54-81.

179. 페이넬(Faynel)은 다음과 같이 언급하고 있다(*o. c.*, I, p.69): "성찬례는 어떤 면에서 교회의 공식적인 창립 행위를 구성한다. 이로 인해 옛 계약의 쇠퇴와 이것이 참되고 결정적인 계약에 의해 대체됨을 선포한다. 이 계약은 그 이후로 단지

육(肉)에 따른 이스라엘을 넘어서는 '수많은 이들'뿐 아니라 인류 전체를 하느님과 일치시킬 계약이다(마태 26,28; 마르 14,22; 루카 22,14)."

180. 참조: J. A. Sayés, *o. c.*, pp.63ss.

181. H. Fries, *o. c.*, p.508.

182. *Enarr. in Ps.* 126, n.7.

183. R. Schnackenburg *L'Église dans le N. Testament*, Paris 1964, p.75.

184. M. González Gil, II, 486. 그리스도와 영(Spiritus) 사이의 관계에 대해서는 다음을 참조하라: Y. Congar, *El Espíritu Santo*, Barcelona 1991; F. Bourassa, "Sur la proprieté de l'Esprit Saint. Questions disputées", en: *Sciences et esprit* 28 (1976), pp.243-264; J. de Baciocchi, "Le Saint Esprit et la signification du monde", en: *Verbum Caro* 81(1967), pp.113-132; H. Mühlen, *El Espíritu Santo y la Iglesia*, Salamanca 1998; J. Hamer, "Le Saint Esprit et la catholicité de l'Église", en: *Ang.* 46(1969), pp.387-410.

185. P. Faynel, *La Iglesia* I, Barcelona 1982, p.73.

186. 참조: J. A. Sayés, *La gracia de Cristo*, Madrid 1993.

187. *Adv. Haer.*, 3,34,1.

188. P. Faynel, *o. c.*, p.72.

189. *In epist. Joh. ad parthos.* PL 35, 1991.

190. A. M. Javierre, "Orientación de la doctrina clásica sobre la sucesión apostólica", en: *Conc.* 34(1968), pp.19-30; Id., "La sucesión apostólica y la Iª Clementis", en: *Rev. Esp. Teol.* 13(1953), pp.483-519; Id., "Le passage de l'apostolat à l'épiscopat", en: *Sal.* 24(1962), pp.229-242; A. Dulles, "La sucesión de los profetas en la Iglesia", en: *Rev. Esp. Teol.* 13(1953), pp.58-68; J. Salaverri, "El concepto de sucesión apostólica", en: *Misc. Com.* 27(1957), pp.15-53; J. Leal, "Los obispos, sucesores de los apóstoles", en: AA.VV., *Comentario a la Constitución sobre la Iglesia*, Madrid 1966, pp.368-379; F. Segarra, "La primera carta de San Clemente a los Corintios y el primado romano", en: *Orient. Christ. Period.* 29(1963), pp. 95-154; J. Collantes, "Sucesión apostólica y cooptación en el apostolado", en: *Est. Ecl.* 38(1963), pp.83-92; A. Benoit, "L'apostolicité au second siècle", en: *Verbum Caro* 15(1961), pp.173-184; E. Schillebeeckx, *El ministerio eclesial. Responsables en la comunidad cristiana*, Madrid 1983; G. Dix, "The ministry in the early church c. A.D. 90-140", en: K. E. Kirk(dir.), *The apostolic ministry*, London

1946, pp.183-203; E. Schlinck, *La succession apostolique* 60(1964), pp.52-86; G. Martelet, "Elements transmissibles et intransmissibles de la succession apostolique", en: *Ibid.*, pp.185-198; B. Kötting, "Die Frageder «successio apostolica» in frühkirchlicher Sicht", en: *Cath.* 27(1973), pp.234-247; A. Lemaire, *Les ministères aus origines de l'Église*, Paris 1971; G. Dejaifvre, "Les douze apôtres et leur unité dans la tradition catholique. Le pape et le collège episcopal", en: *Eph. Theol. Lov.* 39(1963), pp.760-778; R. Aguirre, *Del movimiento de Jesús a la Iglesia cristiana*, Estella 1998.

191. J. Collantes, *La Iglesia*, Madrid 1982, p.91.

192. H. Fries, *o. c.*, p.544.

193. J. Collantes, *ibid.*, p.91.

194. 코얀테스는 이렇게 말한다(*La Iglesia de la palabra*, I, p.532): "사도들은 재림 날짜를 몰랐으며 이 재림이 그리스도인 1세대 동안에 실현될 가능성에 대해서 쉼 없이 말했다(1테살 4,14)."

195. 참조: Y. Congar *Propiedades esenciales de la Iglesia*: Myst. Sal., IV/1, Madrid 1984², p.562.

196. Y. Congar, *Ibid.*, p.563.

197. P. Grech, *Ermeneutica e teologia biblica*, Roma 1968, pp.411ss; R. Fabris, *Le lettere di Paolo*, vol. 3, Roma 1980, pp.317ss; A. T. Hanson, *The pastoral epistles*, Cambridge 1966; C. Spicq, *Les épîtres pastorales*, Paris, 1977; A. Díez Macho, *La Iglesia primitiva. Medio ambiente, organización y culto*, Salamanca 1974; K. Kertelge, *Gemeinde und Amt in N. Testament*, München 1972; Id.(dir.), *Das kirchliche Amt in N. Testament*, Darmstadt 1977; K. H. Schekle, "Servicio y ministerio en las Iglesias de la época neotestamentaria", en: *Conc.*(1969), pp. 361-374; H. Schlier, "Die Ordnung der Kirche nach den Pastoralbriefen", en: *Glaube und Geschichte*(Hom. Fr. Gogarten), Giessen 1948, pp.38-60; Id., "La Iglesia en las cartas pastorales", en: *Myst. Sal.*, IV/1, Madrid 1984², pp.187ss.

198. P. Grech, *o. c.*, pp.411ss.

199. *Ibid.*, p.412.

200. P. Menoud, *L'Église et les ministères selon le N. Testament*, Paris 1949, p.54.

201. H. Fries, *o. c.*, p.546.

202. *Ibid.*

203. *Ad Phil. proem.*

204. 사실, '죽음 이후'라는 이 말은 논란의 대상이었다. 여기서 말하는 것이 어떤 망자(亡者)들을 뜻하는 것인가? 아마도 그것은 사도들을 지칭하는 듯싶다. 만일 이를 받아들인다면, 주교들은 사도들의 직접적인 계승자들로 임명된 것이다. 그러나 필립이 설명하듯이(*o. c.*, p.214), 만일 펑크(Funk)의 번역을 수용한다면("처음 지명된 이들이 죽을 경우"), 우리는 주교단 내에서의 계승을 위한 사도적인 규정을 갖게 된다. 하지만 어떠한 언명도 이 주교들이(그들 편에서는 사제들로 부름받았다) 진정한 의미에서 참된 주교들인지 또는 사도들의 계승자라는 칭호를 갈망할 수 있는지에 대해서 결론짓도록 허용하지는 않는다.
어쨌든, 코얀테스가 상기하듯이, 코린토 교회 사제들에 대한 적법성은 클레멘스에 의하면 신적-사도적 서품으로부터 유래한다. 그것은 무엇보다도 그들이 사도들을 통해 직접 임명되었고, 지역 사제들을 서품하기 위한 이런 사도적 특전을 누렸던 훌륭한 이들을 통해서, 또는 코린토 교회의 첫 열매들-사도들은 다른 이들을 서품하기 위한 특전과 함께 이들에게 품을 주었다-로 인해 세워졌기 때문이기도 하다. 코얀테스는 계속해서 말하길(참조: *La Iglesia de la palabra*, I, pp.542-543), "세 가지 경우 모두, 사제들의 권리는 그리스도를 통해 제안된 사도들의 결정을 통해 규정되었다." 클레멘스는 코린토 사제들이 신적-사도적 서품을 통해서 적법하게 세워졌다는 입장을 강력히 견지하고 있다.
한편, 콩가르는 클레멘스의 서간 44장 2절에 나오는 승인된 사람들이 사도들을 계승하는지 또는 이들을 통해 세워진 직무자들을 계승하는지에 대한 논란을 상기하기 있다(*o. c.*, p.565, n.48). 그는 이 점에 대해 요구되는 최소한의 대답(지역 주교직의 계승)만으로도 충만하다고 주장한다. 이는 하비에르(Javierre)가 견지하는 입장이기도 하다(참조: A. M. Javierre, "¿Es apostólica la primera «diadoché» de la patrística?(1Cle, 44,2)", en: *Salesianum* 12(1957), pp.83-113; Id., *La primera «diadoché» de la primera patrística y los «ellogimoi» de Clemente Romano*, Turin 1958.

205. J. Collantes, *La Iglesia de la palabra*, I, p.542.

206. 미주 190의 참고 서적들을 보라.

207. '프로카체마이(Prokazemai)'는 '구별되는' 또는 '주목받는'이란 뜻이 아니라 '주재(主宰)하다'는 뜻이다. 이 용어의 첫 번째 용법은 절대적인 형태이다. 두 번째는 보어로서 사랑(agápe)이라는 소유격을 갖는다. 마네 6,2에는 '주재하다(presidir)'는 의미가 분명하게 드러나고 있다. 그러면 사랑을 주재한다는 것은 무엇을 의미하는가? 베니(A. Beni)는 펑크(Funk)의 견해를 인용하는 가운데 "사랑(agápe)의 사회를 주재하다", 즉 "교회를 주재하다"라는 말로 번역하고 있다 (*La nostra chiesa*, Firenze 1989, p.498). 사랑(agápe)이 교회와 유사어로 사용된

것은 다음 구절들 안에서 찾아볼 수 있다: 트랄 3,2; 13,1; 로마 9,3; 필리 12,1; 스미 12,1. 비록 모든 텍스트들을 이런 의미로 강제할 수는 없지만, 분명한 것은 이냐시오가 로마교회에 탁월한 영향을 미쳤다고 하는 점이다.

208. 참조: J. Ratzinger, *El nuevo pueblo de Dios*, Barcelona 1982, p.110.

209. L. Hertling, *Communio: Chiesa e Papato nell'antichità cristiana*, Roma 1961.

210. L. Hertling, *o. c.*, p.32.

211. Eusebio, *Hist. Eccl.*, VII,30,17.

212. 참조: J. Ratzinger, *o. c.*, p.141.

213. *De praesc. haert.*, 32.

214. *Adv. Haer.*, 3,3,1.

215. *Ibid*, 4,26,2; 33,8.

216. *Adv. Haer.*, 3,3,2.

217. G. Dix(London, SPCK, 1937) XLIII-XLIV의 영어판으로부터 인용했음.

218. F. Sullivan, *Noi crediamo la Chiesa*, Casale Monferrato 1990, p.175.

219. G. Dix, *o. c.*, XXXIX-XL.

220. 참조: A. Beni, *La nostra chiesa*, Firenze 1989, p.51.

221. 참조: J. Ratzinger, *o. c.*, p.146.

222. *Conciliorum oecumenicorum decreta*, Freiburg Br. 1962, p.8.

223. 참조: J. Ratzinger, *o. c.*, p.149.

224. 이 시점에 이르러서 교회 초세기에 사도 계승을 둘러싼 가리호(Garijo)의 입장을 요약해 보기로 하자(참조: La comunión de los santos, Barcelona, 1991). 우리가 보기에, 그것들은 사도 계승을 거부하는 선험적인 것에 대해 나누는 평가들이다. 예를 들어, 이레네오와 테르툴리아노가 로마교회에 대해 전하는 주교들의 목록 가운데서, 테르툴리아노는 베드로 이후 첫 번째 주교로서 클레멘스를 명명하는 데 반해, 이레네오는 그를 세 번째 계승자로 제시하고 있다. 우리는 이러한 사실로부터 이러한 목록을 제시함에 있어서 신학화된 역사의 전망을 추론할 수 있다 (p.276).
가리호는 또한 테르툴리아노가 아프리카 주교와의 논쟁에서 오직 베드로에게만 충만한 권한이 주어졌다는 것을 입증하기 위해 마태오복음 16장 18절을 언급할 때, 그 주교는 각 주교들이 갖고 있는 죄(근친상간을 포함해서)를 사하는 권한을 정당화하기 위해 같은 텍스트에 호소하고 있다. 가리호는 여기서 중요한 것은 테르툴리아노의 설명이 아니라 "아프리카의 교리 교습 전통을 보여주는"(p.277) 그 아프리카 주교의 설명이라고 주장하고 있다. 우리가 보기에 이러한 가리호의 추측은 조리에 맞지 않는 듯싶다.

우리의 주의를 끄는 것은, 가리호가 지역 공동체에 대한 자신의 연구 가운데 허틀링(Hertling)을 정확히 인용하면서도 그가 각 공동체가 로마 주교와의 친교 안에 있어야 할 필요성에 대해 언급하는 것에 대해 전혀 언급하지 않는다는 점이다 (참조: pp.278-279).

225. Mansi, IV, pp.1007, 1015.

226. 참조: A. Beni, *o. c.*, pp.519ss.

227. Mansi, IV, p.1289.

228. Mansi, IV, p.1296.

229. *Sermón* 5,4.

230. *Sermón* 3,2-3.

231. Mansi, VI, p.961.

232. Mansi, VI, p.1048. 레오 대교황의 서간이 공의회 교부들에 의해 분석되었다는 사실에 근거해서, 주교들이 이 공의회에서 교황과 협력했다는 사실은 잊어버린 채, 가리호(Garijo)는 교황에게 최고 권위가 인정되지 않았다고 추론하는 것에 주목할 만하다. 또한 가리호는 공의회가 보편적이었으며 나아가 다섯 총대주교좌 동등설(Pentarchianismus)의 요청이 문제가 되었기 때문에 주교들이 교황에게 서신(살펴본 바와 같이, 여기서 그의 수위권을 명백히 인정하고 있다)을 보내는 것이 필요했다고 주장한다(*o. c.*, 282). 사실을 말하자면, 이 서신에서 모든 교회에 대한 교황의 수위권이 분명히 인정되고 있다는 것이다.

233. Lang, *Teología fundamental*, II, Madrid 1971², p.72. 그럼에도 불구하고, 그는 칼케돈 공의회의 canon 28을 중심으로 일어난 문제에 대해 명확히 설명하고 있다. 흥미로운 것은, 후에 의견이 맞지 않는 동방교회 측 주교들은 이를 수위권에 대항하는 논제로 삼고 있다는 점이다. 이 canon은 다음과 같이 언급한다. "교부들이 옛 로마좌에 이 도시가 황제좌였을 때부터 특권들을 주었던 것은 당연하다. 그러나 같은 이유로 백오십 명의 교부들은 동일한 특권들을 새 로마좌에 주었다" (Mansi, III, p.56 D). 우리가 아는 바와 같이, 당시 황제는 콘스탄티노폴리스에 거주했다. 그리고 콘스탄티노폴리스 공의회는 이 도시의 주교에게 베드로의 후계자 다음가는 명예로운 수위권을 회복시켜주었다.

베니(Beni)는 canon 28이 교황 사절들이 부재한 가운데 비정상적으로 콘스탄티노폴리스 총대주교에게 복종한 200여 명의 동방 주교들에 의해서만 공포되었음을 상기하고 있다(o. c., 525ss). 그러나 이 주교들은 교황의 추인을 받기 위해 로마에 서신을 보냈으며 이 서신에서 '베드로의 목소리를 해석하는 분', '그 자신들이 구성원인 단체의 머리'라고 인사했다. 이는 교황의 수위권에 대한 인정을 전제로 한다. 사실 그들이 원했던 것은 콘스탄티노폴리스에 동방교회에서 가장 중요한 총대주교좌를 부여받는 것이었다. 베니는 설명하길, 교황은 이 제안을 거부했는데, 이는 자신의 권한들을 손상시켰기 때문이 아니라, 콘스탄티노폴리스만 유독 황제좌가 되었던 반면, 알렉산드리아좌와 안티오키아좌의 최고 권한들은 무시되었기 때문이다.

234. H. de Lubac, *Las Iglesias particulares en la Iglesia universal*, Salamanca 1974, p.138.

235. H. de Lubac, *Ibid.*, pp.139-140.

236. Mansi, XVI, pp.27E-28D.

237. 티야드(Tillard)의 작품(*El obispo de Roma*, Santander 1986)은 우리가 여기서 교황에 대해 보는 것과는 전혀 다른 해석을 전하고 있다. 이 작품은 역사 안에서 발전된 그대로의 교황권이 일치에 있어서 커다란 장애라는 확신을 갖는 가운데, 근본적으로 에큐메니즘적인 염려를 그 동기에 깔고 있다. 티야드의 주장은 교황의 수위권이 관할권에 있어서 수위권으로서가 아니라 무엇보다도 주교단 내에서 — 그리고 결코 그 밖에서는 아닌 — 일치의 중재자라는 의미에서 이해되어야 한다는 것이다.

그에 따르면, 교황은 비록 주교단 내에서 중재자로서의 역할을 수행함에도 불구하고 다른 주교들과 동일하다. 왜냐하면 이러한 그의 역할은 로마가 베드로와 바오로가 흘린 순교의 피로 설립된 사도좌일뿐더러 아직도 그들의 승리를 보존하고 있다는 사실에 기인하기 때문이다. 로마 주교는 이 두 사도가 전수하는 권한들에 관한 사실보다는 이 둘의 증거로 인해 그 무게를 갖고 있다. 그의 역할은 일치를 위해 깨어 있는 것이지(pp.122-123) 결정들을 강제하는 역할이 아니다. 티야드는, 비록 베드로와 바오로 이 둘 모두 로마 좌의 창설자들이지만, 로마 주교와 베드로 사이의 관계는 그가 바오로와 갖는 관계와 같지 않다는 것을 받아들이고 있다(p.125). 엄밀한 의미에서 바오로에게는 그것이 뒤따르지 않는다. 왜냐하면 그의 사명은 구조적이라기보다는 은사적(carismática)이기 때문이다. 그러나 다른 한편으로 로마 주교가 베드로의 후계자라는 것이 모든 것이 전수될 수 있다는 것을 뜻하는 것은 아니다. 그 누구도 목격 증인으로서의 사도들의 역할을 뒤따를 수는 없기 때문이다. 베드로는 열둘 가운데 하나였으며, 오직 시몬만이 사도단의 일부분을 형성한다는 한에서 그가 베드로가 된다. 그래서 그의 특별한 지위는 결코 열둘로 구성된 이 그룹 밖이나 그 위에 놓이지 않는다(p.129). 엄밀한 의미에서 베드로는 계승자들을 갖는 것이 아니라 자신의 역할을 지속시켜줄 대리자들을 갖는 것이다(p.131).

한마디로, 로마 주교의 특별한 권위를 뒷받침해주는 것은 마태오복음 16장 17-19

절이 아니라 베드로가 로마에서 전해주었던 신앙의 증거이며, 교회 안에서 지속되는 것은 그의 권력 계승이라기보다는 주교단 내에서의 일치를 지키는 역할이다. 그의 수위권은 그가 고백하는 신앙에 기초된 것이지 그의 인격에 기초된 것이 아니다(p.151). 베드로는 자신의 신앙으로 인해 첫 번째 증거자라는 한에서 하늘나라의 열쇠에 대한 권한을 갖는다(pp.152-153). 그리고 그가 고백하는 신앙이 그의 형제들의 신앙과 다르지 않다. 그래서 그의 수위권은 '동등한 이들 사이에서의 수위권(primus inter pares)'(p.153)이지 다른 이들 위에 있는 주교로서의 수위권은 아니다(p.157). 이 수위권은 법적인 권한에 있는 것이 아니라 베드로와 바오로가 설교했던 신앙의 증거에 있다(p.158). 그러므로 이것은 다른 이들과의 친교 안에서 신앙을 위한 봉사의 형태를 갖고 있지 자신의 의지를 강제하지 않는다(p.162). 매 공동체와 매 사안들에 대한 권한이 아닌 것이다(p.164). 그것은 단순히 신앙을 감시하는 사명이다. '동등한 이들 사이에서의 수위권'(p.200) 그리고 이에 대한 수행에 있어서 교황은 단체적인 인격성이라는 의미에서 다른 이들의 책임을 상징화한다(p.200). 왜냐하면 이것은 다른 이들의 것과 동질(同質)의 권한이며 그들과의 관계 안에서 대표되고 상징화될 뿐 그들 위에 있는 것이 아니기 때문이다(pp. 201ss). 그래서 그의 말은 다른 이들에 의해 받아들여질 것을 요청한다(receptio) (pp.215). 공의회들과 장엄한 결정들에 대한 수용은 무류성과 같은 동일한 논리에 속한다(p.224).

살펴본 바와 같이 초세기에 베드로에게 부여된 권위가 교회적인 친교에 있어서 필수 불가결한 조건으로서 순명을 요청하는 진정한 권위였다는 것에 대해 우리는 단순히 대답해야 한다. 교황들은 이러한 권위를 필요할 때 강요한다. 이러한 권위는 교황이 베드로의 후계자인 한에서 그의 권위로부터 유래한다. 이는 권한과 권위의 전수이지 단순히 베드로의 신앙에 대한 언급만이 아니다. 로마에서 바오로가 했던 증거만으로 그에게 수위권이 주어지는 것은 아니다. 그래서 로마의 계승자 목록을 제시할 때에는 바오로로 끝나지 않고 베드로로 끝난다. 바로 그가 로마 좌의 권위를 세운 당사자이지 그 반대가 아니다. 만일, 단지 신앙과 순교의 증거만 있었다면, 로마교회에는 수위권이 없었을 것이다. 왜냐하면 모든 사도 교회들은 각 사도의 순교에 호소할 수 있기 때문이다. 더욱이, 로마의 주교는 공의회에 다른 주교들과 함께 개입할 뿐 아니라 판단이 필요한 사안들에 대해 필요할 때에는 자신의 의지를 강제하면서 개인적인 형태로도 개입한다.

티야드의 주장들에 대한 좋은 대답으로는 다음을 추천한다: A. Carrasco, *Le primat de l'évêque de Rome*, Freiburg 1990.

238. J. A. Domínguez, "Las interpretaciones postconciliares", en: P. Rodríguez(dir.), *Eclesiología 30 años después de la «Lumen Gentium»*, Madrid 1994, pp.39-87. 주교회의 비망록 제목은 다음과 같다: "Nota doctrinal sobre los usos inadecuados de la expresión «modelos de la Iglesia»", en: *Con. Episc. Esp. Com. Episc. Doctr. de la Fe*, Madrid, Fe y moral, 1993, pp.135-145. 여기서 이 문제에 대해 잘 다루고 있다.

239. H. Küng, *Ser cristiano*, Madrid 1977³, pp.607ss.
240. H. Küng, *La Iglesia*, Madrid 1969², p.219.
241. H. Küng, *Ibid.*, pp.216-230.
242. J. A. Domínguez, *o. c.*, p.73.
243. J. A. Estrada, *La Iglesia, ¿Institución o carisma?*, Salamanca 1984.
244. J. I. González Faus, *Hombres de la comunidad Apuntes sobre el ministerio eclesial*, Santander 1989.
245. 가리호(Garijo)의 사상은 이와 비슷한 전망 안에서 움직이고 있다(*La comunión de los santos* 참조). 그에 따르면, 예수는 자기 생애에 있어서 하느님 나라를 설교하고 최종적인 때에 구원의 도래를 희망한 것이 아니라 하느님이 우리에게 신적 은총을 주심에 있어서 예수 자신의 실패를 이용하리라는 가능성에 대한 개방성을 견지했다고 한다. 사실 예수는 최후의 만찬 — 이 만찬이 갖는 역사적인 내용은 다음 구절로 축소됐다. "내가 진실로 너희에게 말한다. 내가 하느님 나라에서 새 포도주를 마실 그날까지, 포도나무 열매로 빚은 것을 결코 다시는 마시지 않겠다"(마르 14,25) — 에서 빵과 포도주의 예식을 통해 자신의 죽음을 중간 시대와 연결 지으면서 약속된 종말적 구원에 대한 참여를 위한 징표를 드러내고 있다(*o. c.*, pp.48ss). 이는 후에 사도들이 예수의 부활 체험 후에 비로소 교회를 느끼게 하는 계기를 만들어주었다. 이렇듯 우리는 열둘의 핵심을 구원 공동체의 핵심으로 규정지을 수 있다. 그러므로 교회의 탄생을 예수의 의도와 분리할 수는 없다.

그래서 초대 교회 안에서 드러나는 직무는 그리스도에 의해 형성된 것이 아니다. 더욱이 그것이 단일한 형태를 띠는 것도 아니다(pp.67ss). 바오로의 공동체들, 특히 코린토 공동체는 카리스마적인 형태를 띠고 있었다(pp.64ss). 그 후에야 사목 서간들 안에서 볼 수 있는 직무들이 드러난다.

물론, 필리피서 1장 1절은 'eposcopo(감독들)'와 'diacono(부제들)'에 대한 바오로의 인사와 더불어 시작되고 있다. 그러나 아마도 이는 후대에 첨가된 세부 사항이다(p.70). 또한 사도행전 14장 21-24절 그리고 20장 17-38절에서 바오로가 사제들과 감독들을 세운 사실이 언급되고 있다. 그러나 이는 역사적 전망이 아니라 당시 받아들이기 힘들어했던 직무를 소개하는 것을 정당화하기 위해 가상의 이름(루카의 이름을 빌려)에 호소하는 사도행전 저자의 신학화된 비전이다(pp.70, 75-76). 우리는 이와 비슷한 상황을 여러 사목 서간에서 발견할 수 있다. 이 서간들 역시 바오로의 이름에 호소하고 있다.

사목 서간들에서는 공동체를 책임져야 하는 가정의 아버지로서 '주교'에 대한 언급이 드러난다(1티모 3,4; 티토 1,7). 그러나 가리호는 지적하길, 여기서 우리가 잊지 말아야 할 것은 티토가 각 도시마다 사제들을 세웠다는 점이다(티토 1,5). 따라서 그는 이를 바탕으로 이 서간들에서 언급되고 있는 주교라는 말이 사제와 동의어라고 결론 내려야 한다고 보았다(p.78).

이렇게 해서 결국 바오로 공동체들 안으로 직무들이 들어가게 된다. 당시에는 무엇보다도 신앙의 오류들로부터 빠져 나오는 것이 급선무였다. 그래서 직무들이 생겨나게 됐다. 그러나 가리호에 따르면, 여기서 명심해야 할 것은 이와 동시에 전체 공동체에 대한 책임이 언급되기 시작했다는 점이다. 따라서 평신도가 성찬례를 집전하는 것이 배제되지는 않았다(p.186). 직무자와 공동체 사이에 이루어져야 할 공동 책임에 바탕을 두고 또한 신약성경이 직무자를 사제적 범주로 서술하지 않는다는 데 의존하면서, 예외적인 경우들을 위해 평신도가 성찬례를 집전할 수 있는 자격을 요청했다. 왜냐하면 성찬례 없이 공동체를 버려둘 수는 없었기 때문이다. 공동체는 성찬례에 대한 권리를 갖는다(p.203). 그래서 결론적으로 말할 수 있는 것은, 교회가 본질적인 사도성의 틀 안에서 자신에게 필요한 직무자들을 스스로 만들었다는 사실이다(p.87).

따라서 가리호는 사도 계승('그리스도-사도들-주교들')에 대해 말할 수 없다고 주장한다. 그에 따르면, 사도 계승이라는 주제는 역사적으로 입증될 수 없는 그 무엇으로서, 영지주의에 직면해서 이루어진 신학적 언명일 뿐이다(p.97). 그는 정경(canon)을 식별해야 했을 때 교회는 주교 직무를 군주적인 의미로 믿게 되었다고 보았다(97).

계속해서 가리호는 마태오복음 16장 17-19절이 베드로에 대해 상기하는 바는 정확히 말해 초기 공동체 안에서 그리스도의 지속적인 현존에 대한 확신으로부터 나온 부활 후의 성찰이라고 주장한다(p.103). '그리스도-사도들-주교들'이라고 하는 연속성은 단지 교의적인 기준들을 통해서 이루어진 것으로서 사제단에서부터 이 사제들의 수장으로서의 주교에 이르기까지의 발전 과정을 역사적으로 설명해주지 못한다(p.225).

이렇듯, 가리호는 사도행전이 역사에 대한 응답이 아니라 수여하고자 하는 직무에 대한 신학을 다룬 책으로 언급하고 있다. 그는 필리피서 1장 1절이 후대에 첨가된 것이라고 주장하며 사목 서간들에서 드러나고 있는 상황은 단순히 직무자를 설립하는 것이 아니라 죽음에 임박해서 자신의 계승에 대해 걱정하고 있는 사도의 계승에 대한 상황을 다루고 있다는 점을 망각하고 있다. 이는 주교라는 어휘가 복수가 아닌 단수로 드러나며 사제라는 어휘도 계속해서 드러나고 있다는 점을 통해 입증되고 있다. 개별자로서의 주교는 각 도시의 사제들을 안수했다.

성찬례에 대한 축소 — 계약의 피는 새로운 계약, 즉 새로운 백성을 구성하는 것과 관련된 역사적 요소가 아니다 — 는 유감이다. 그래서 이것으로 사도들에게 새로운 백성 내에서 본질적인 직무를 수여했다고 이해할 수는 없다. 앞서 언급했듯이(미주 224 참조), 이레네오와 테르툴리아노가 우리에게 전하는 주교들의 목록들은 역사적인 진실에 대한 대답이 아니라 신학이다.

한마디로 말해, 우리는 이러한 가리호의 입장에서 그 이전에 폰 캄펜하우젠(Von Campenhausen)에 의해 재현된 한스 큉(Hans Küng) 사상의 영향을 보게 된다.

246. 참조: H. Von Campenhausen, *Kirchliche amt und geistliche vollmacht in der drei ersten Jahrhunderten*, Tübingen 1953². 여기서 저자는 유다계 그리스도교의 보호 아래 첫 번째 사도들에 의해 형성되어 권한의 전수로 이어지는 것에 주목한다. 반면, 그리스계 교회에서는 성 바오로의 지도 아래 카리스마적인 교회 형태가 이루어지는데 이 교회는 성령의 다양한 선물들을 원리로 갖는다. 그러나 그러한 선물들은 전수될 수 없는 것이었다. 저자의 견해에 따르면, 직무 형태는 적합성의 문제이지 신적인 권리의 문제가 아니라고 한다.

그는 이를 입증하기 위해 바오로에 의해 창립된 여러 공동체에서 사도들의 안수를 통해 사제들이 임명되는 것을 언급하고 있는 사도행전의 설화가 왜 역사적으로 의심스러운지 다루고 있다. 바오로가 에페소의 사제들과 이별하는 장면을 제시함에 있어서(사도 10,17 이하) 루카가 의도하고자 했던 것은, 역사적 진실을 거슬러 올라가 보면, 유다계 그리스도인 사제들이 그리스계 주교들과 잘 동화되기를, 그래서 이 두 전승이 잘 화합되기를 바라는 마음이었다. 사제들을 '임명'하는 것은 영지주의를 거슬러 대항하는 가운데 이에 대한 필요성이 대두되면서 이루어졌다.

카러(O. Karrer)는 자신의 작품 *Sucesión apostólica y primado*, Barcelona 1963, p.15에서 이 점에 대해 다음과 같은 근거를 갖고 대답한다. 즉 그는 루카가 이야기하는 것에 대한 역사성이 의심되는 어떠한 동기도 찾을 수 없다고 말한다. 왜곡에 대한 주장은 사전에 취해진 입장을 견지하기 위해 고안된 것처럼 보인다.

247. H. Fries, *o. c.*, p.540.

248. L. Turrado, *La Bibblia comentada VI*ª. *Los Hechos de los apóstoles*, Madrid 1975, pp.133ss.

249. J. A. Domínguez, *o. c.*, pp.78ss.

250. L. Cerfaux, "Las imágenes simbólicas de la Iglesia en el Nuevo Testamento", en: G. Baraúna, *La Iglesia del Vaticano II*, Barcelona 1966¹, pp.309-323; H. Fries, "Cambios en la imagen de la Iglesia y desarrollo histórico-dogmático", en: *Myst. Sal.*, IV/1, Madrid 1984², pp.231-296.

251. S. Cipriano, *De Unit. Ecl.*, p.23.

252. *Adv. Haer.*, 3,38,1.

253. 참조: H. Rahner, *Symbole der Kirche. Die Ekklesiologie der Väter*, Salzburgo 1964.

254. G. Philips, *o. c.*, I, p.126.

255. Y. Congar, *Le Christi, chef invisible de l'Église visible d'après S. Paul. Problème actuels de Christologie*, Brujas, 1961, pp.367-396; H. Bouessé, *Un*

*seul chef ou Jésuchrist, chef de l'univers et tête des saints*, Parîs 1950; H. Mü hlen, *Una mystica persona*, Roma 1968; L. Malevez, "L'Église, corps du Christ. Sens et provenence de l'expression chez St. Paul", en: *Rech. Scien. Rel.* 32(1944), pp. 27-94; E. Mersch, *Le corps mystique du Christ*, Bruselas 1951; S. Tromp, *Corpus Christi quod est Ecclesia, Introductio generalis*, Roma 1937²; Id., *De Christo capite* II, 1960; Id., *De Spiritu Sancto* III, 1960; E. Sauras, *El cuerpo místico de Cristo*, Madrid 1952; H. de Lubac, *Corpus Mysticum*, Lyon 1949²; J. Galot, *Dans le corps mystique*, Brujas 1961; P. Benoît, "Corps, tête et plérome dans les épîtres de la captivité", en: *Rev. Bibl.* 63(1956), pp.5-44; J. Brinktine, "Was lehrt die Enz. «Mystici Corporis» über die zugehörigkeit zur Kirche?", en: *Theol. Glaub.* 38 (1947-1948), pp.290-300; A. Liegè, "L'appartenence à l'Église et l'Enc. «Mystici Corporis»", en: *Rev. Scien. Phil. Theol.* 32(1948), pp.703-726; V. Morel, "Le corps mystique et l'Église catholique", en: *Nouv. Rev. Theol.* 80(1948), pp.703-726.

256. 참조: E. J. Rawlinson, *The christian Eucharist*, London 1930.

257. A. Dulles, *Modelos de la Iglesia*, Santander 1975, p.53.

258. *Sermón* 268, 2.

259. H. de Lubac, *Corpus Mysticum*, Paris 1949².

260. H. de Lubac, *Ibid.*, 47ss.

261. *Liber de corpore et sanguine Christi*, 2,1-2; PL 120, 1284-1285.

262. *De corpore et sanguine Christi* 95; PL 121, 168-169.

263. *Corpus mysticum*, 115.

264. *Ibid.*, 119.

265. J. Ratzinger, *El nuevo pueblo de Dios*, pp.113ss.

266. *Ibid.*, p.104.

267. *Ibid.*, p.107.

268. E. Mersch, *La théologie du corps mystique*, Louvain 1933. 한편, 회칙 이전의 시대에 그리스도의 몸에 대한 이미지에 관해 과장된 위험들이 있었음을 잊어서는 안 된다. 그래서 안톤(Antón)은 이렇게 말하고 있다. "그리스도의 신비체라는 개념에 대한 열정은 그것이 내포하는 교회와 신자들 안에서 그리스도의 육체적인 현존이라는 의미에서 그리스도론적이고 교회론적인 내용을 해석함에 있어서 몇몇 저자들로 하여금 이를 소개하는 것을 주저하게 했다"(*El misterio de la*

*Iglesia* II, Madrid-Toledo 1987, p.564).

269. 코스터(M. D. Koster)는 그의 입장에 서서 당시 교회론에서 드러나는 근본적인 이원론에 대해 유감을 표명하면서 신비체 이미지에 대한 자신의 의견을 제시했다(*Ekklesiologie im Werden*, Paderborn 1940). 왜냐하면, '몸'이라는 용어나 '신비적'이라는 용어에는 일종의 문화적인 애매모호함이 드러나고 있기 때문이다. 그에 따르면, '몸'이라는 용어는 플라톤적인 회상을 내포하고 있으며 '신비적'이라는 용어는 '신비적'이라는 것에서부터 '유비적'이며 '참되지 않은' 것까지 다양한 실재를 뜻할 수 있다고 한다. 그래서 그는 하느님 백성이라는 개념이 내포하고 있는 역사적-구원적인 내용에 의거해 이 '하느님 백성'이라는 이미지를 제안하고 있다.

270. G. Przywara, "Corpus Christi mysticum. Eine Bilanz", en: *Zeit. Asz. Myst.* 15 (1940), pp.195-215.

271. S. Tromp, *Corpus Christi quod est ecclesia* I, Roma 1937.

272. AAS(1943), p.199.

273. Y. Congar, "Eclesiología desde San Agustín hasta nuestros días", en: M. Schmaus, A. Grillmeier, L. Scheffczyk, *Historia de los dogmas* III, Madrid 1976, p.296.

274. A. Antón, *o. c.*, p.563. 그럼에도 불구하고 안톤은 주목하길, 이 회칙의 출발점은 교회의 가시성에 있다고 말한다. 즉 회칙은 교회의 가시적인 측면 안에서 드러나는 초본성적인 은총의 삶이 아니라 오히려 그 정반대의 입장에서 신자들이 그리스도와 갖는 신비적인 일치를 논하고 있으며 여기서부터 출발하고 있다. 교회 안에서 구성원들 간의 사회적인 일치를 설정하고 있으며 이로써 교회의 몸이 갖는 신비적인 내용을 고려하고 있다(*O. c.*, pp.641ss).

275. 알베르토(S. Alberto)는 자신의 저서(*Corpus suum mystici constituit(LG 7). La Chiesa come corpo mistico di Cristo nel primo capitolo della Lumen Gentium*, Regensburg 1996)에서 이 점에 관한 공의회의 모든 문헌을 검토하고 있다. 이 작품은 공의회가 하느님 백성이라는 이미지에 특권을 부여하기 위해 *Mystici Corporis*의 가르침으로부터 거리를 두고자 했다는 잘못된 주제를 거부하려는 의도를 갖고 쓰였다. 저자는 공의회에서 교회의 법적 개념을 받아들이는 이들과 성경적·교부적 쇄신을 통해 진정된 친교 개념을 옹호하는 이들 사이에 어떤 대립이 있으리라는 것을 받아들이지 않았다. 실제로 공의회는 구원 계획안에서 삼위일체 하느님의 통교라는 전망과 사회적·역사적 특징과 더불어 그리스도 안에서 부름받은 하느님 백성의 소명 사이에 종합을 시도하면서, 그리스도의 신비체와 가시적인 기관으로서의 교회 사이의 동일함을 표현하고 있다(LG 8). 그리스도의 신비체로서의 교회 개념으로부터, 비록 공의회가 독점적으로 견지하는 것은

아니지만, 다음과 같은 세 가지 근본적인 측면들이 유지된다. 그리스도와 모든 구성원들 사이의 일치, 선물과 직무들의 다양함, 몸의 머리로서의 그리스도와 그리스도의 신부로서의 교회.

저자의 이러한 주장은 분명 신비체와 그리스도의 교회 사이의 동일함을 언급하고 있지만, 또한 제2차 바티칸 공의회가 *Mystici Corporis*에서 이루어지고 있는 신비체와 가톨릭교회 사이의 동일화를 자신의 것으로 취하고자 하지 않았다는 점 또한 분명하다.

276. U. Betti, "Chiesa di Cristo e chiesa cattolica. A proposito di un'espressione della «Lumen Gentium»", en: *Ant.* 61(1986), p.728.

277. A. Dulles, *o. c.*, p.55.

278. G. Philips, *o. c.*, I, p.149.

279. *El nuevo pueblo de Dios*, p.103.

280. R. Schnackenburg *L'Église dans le N. Testament*, Paris 1964, p.184.

281. B. Gherardini, *La Chiesa, mistero e servizio*, Roma 1994, p.82.

282. Y. Congar, "La chiesa come popolo di Dio", en: *Conc.* I, 1965, pp.19-43; O. Semmelroth, "La Iglesia, nuevo pueblo de Dios", en: G. Baraúna, *La Iglesia del Vaticano II*, Barcelona 1960, pp.451-465; A. Antón, "El capítulo del pueblo de Dios, la eclesiología de la comunidad", en: *Est. Ecl.* 42(1967), pp.155-188; M. D. Koster, *Ekklesiologie im Werden*, Paderborn 1940; J. Ratzinger, *El nuevo pueblo de Dios. Esquemas para una Eclesiología*, Barcelona 1972; A. Vonier, *The people of God*, London 1937; Y. Congar, *Un pueblo mesiánico, La Iglesia, sacramento de salvación*, Madrid 1976; R. Schnackenburg - J. Dupont, "L'Église, peuple de Dieu", en: *Conc.* I, 1965, pp.91-100; O. Oepke, *Das neues Gottesvolk*, Gütersloh 1950; B. Gheradini, *o. c.*, pp.63ss; E. Sauras, "El pueblo de Dios", en: AA.VV., *Comentarios a la Constitución sobre la Iglesia*, Madrid 1966, pp.226-256; A. Chavasse, "Du peuple de Dieu à L'Église", en: *Mais. Dieu* (1952), pp.40-52; M. Carrez, "Le nouvel Israël", en: *Foi et Vie* 6(1959), pp.30-34; A. Antón, *El misterio de la Iglesia* II, Madrid-Toledo 1987, pp.676ss.

283. 그래서 드노(Denaux)는 다음과 같이 언급한다. "'하느님의(*de Dieu*) 백성'이라는 개념은 교회적인 친교에 있어서 단일함의 요소가 본질적으로 종교적임을 드러낸다. 하느님 친히 새로운 이스라엘의 바탕이자 모든 것을 규정짓는 요소가 되신다. 하느님의(*de Dieu*) 백성은 위로부터 온다. 이 백성의 존재는 하느님의 구원적인 주도권으로부터 그 기원을 갖는다. 즉 지극히 자유로운 그분의 선택, 당신 백성과 맺은 계약, 세상 안에서 그에게 맡겨준 사명으로부터 유래한다. 따라서 '백성(peuple)'이라는 용어에 대한 순전히 생물학적인 또는 종족주의적이거나 문

화적, 정치적 그리고 이데올로기적인 해석은 제외되어야 한다. 교회를 하느님의 백성으로 언급함에 있어서 무엇보다도 이를 같은 사상을 가진 사람들 간의 자유로운 모임으로 간주하는 사적인 교회 개념도 제외시켜야 한다. 또한 일종의 민주적인 개념(예를 들면, 민주적인 정치 조직의 모델을 제시하는)과 이데올로기적인 개념(예를 들면, '성직자-평신도' 간의 관계에 '상부구조-토대', '억압자-억눌린 자'라고 하는 모델을 적용하는 것) 역시 제외되어야 한다"(참조: A. Denaux, "L'Église comme communion", en: *Nouv. Rev. Theol.* 10(1988), pp.23-24).

284. G. Philips, *o. c.*, I, p.176.

285. Pars 2, ca. 7, n.284.

286. G. Philips, *o. c.*, I, p.177.

287. AAS 46(1954), p.667.

288. 참조: G. Philips, *o. c.*, I, p.180.

289. *Ibidem*, p.183.

290. *Ibidem*, p.184.

291. AAS 39(1947), p.555.

292. Const. *Lumen Gentium* n° 10.

293. Pablo VI, *El Credo del Pueblo de Dios* n° 24: AAS 60(1968), p.442.

294. AAS 75(1983), pp.1001-1009.

295. A. Antón, "La función profética en los seglares en la Iglesia", en: *Sillar* 8 (1983), pp.45-84; Id., "Magisterio de la Iglesia y fe del cristiano", en: *Sillar* 17 (1984), pp.297-310.

296. G. Philips, *o. c.*, I, pp.211-212.

297. *Comm.* II, 5; PL 50, 639.

298. G. Philips, *o. c.*, I, p.128.

299. "교회에 합체(合體, incorporatio)'된다는 표현은 1963년 9월 29일 공의회 당시 교황 바오로 6세의 훈시에서 끌어낸 표현이다(참조: G. Philips, I, 243). 교회에 대한 합체에 대해서는 체르베라의 훌륭한 연구서를 권한다: P. Cervera, *La incorporación en la Iglesia mediante el bautismo y la profesión de la fe según el concilio Vaticano* II, Roma 1998.

300. *Bap. C. Dom.* III, 19, 26.

301. 이와 반대로, *Mystici Corporis*는 그들이 사실상 교회의 구성원들이 아니며 그들 가운데는 세례와 참된 신앙고백을 갖고 있는 이들로서 교회로부터 분리되지 않은 이들과 법적인 권위로 인해 교회로부터 제외된 이들이 있다고 말한다(n.21). 교회의 가시적인 경계 밖에 있는 의인들은 세례 받은 이들과 받지 않은 이들 사이를 구별함이 없이 무의식적인 원의나 열망에 의해 교회를 향해 질서 지어져 있다.

302. C. Journet, *L'Église du Verbe incarné*, II, Paris 1951, p.672.

303. J. Ratzinger, *Informe sobre la fe*, Madrid 1985, p.55. 참조: A. Antón, "Hacia una síntesis de las nociones «cuerpo de Cristo» y «pueblo de Dios» en la eclesiología", en: *Est. Ecl.* 44(1969), pp.161-203.

304. *Ibid.*, pp.97-98.

305. A. Denaux, *o. c.*, p.16.

306. O. Semmelroth, "La Iglesia, nuevo pueblo de Dios", en: G. Baraúna, *La Iglesia del Vaticano II*, Barcelona 1967¹, p.455s.

307. "La Iglesia como pueblo de Dios", en: *Con.* I(1965), p.26. 라너(K. Rahner)에게 있어서 미래의 교회는 아래로부터 구성되는 교회, 즉 기초 공동체들로부터 출발해서 이루어진다(*Cambio estructural de la Iglesia*, Madrid 1974, pp.132ss). 그에 따르면, 미래의 교회는 이전처럼 공적인 집정단(執政團)의 완전함이나 확고한 사회적 구조들을 통해 이루어지지 않는다. 교회는 이미 그리스도교 세계의 상황에 속하지 않게 될 개인들 편에서의 신앙에 대한 자유로운 결단과 자유로운 기초 공동체들의 구성을 통해 이루어질 것이다.
이미 현시대에 형성된 이런 기초 공동체들은 아래로부터 형성되고 주교의 권한에 의해 승인될 수 있는 권리를 갖고 있다. 주교의 권한은 이 공동체들의 카리스마적 대표자를 임명할 책임을 갖는다(*O. c.*, p.134). 그렇게 되는 것이 합당하다. 왜냐하면 그것이 교회의 교계 구조를 파괴하지 않기 때문이다. 공동체들은 교회와 더불어 그러한 구조들로 남게 될 것이다. 그러므로 이 공동체의 책임자는 수품을 통해서 커다란 주교적 교회에 의해 승인되고 선출되어야 한다. "이 직무는 정해진 공동체와의 관계와 더불어 이러한 직무를 위한 공적인 임명 — 비록 '주교적 축성'인 이 임명이 이러한 직무를 구체적으로 수행하기 위해 요구됨에도 불구하고 — 에 대해 당연한 우선권을 갖는다"(138). 따라서 당연히 수품된 이가 여자일 수도 있다.
이러한 직무는 교회 내에서 사회적인 봉사 직무를 의미한다. 그래서 공동체가 자신의 수장(首長)에게 요청하는 직무를 거부할 수는 없다. 만일 그렇다면 그것은 직무 교회를 거스르는 것이 되기 때문이다(p.140). 공동체의 장(長)인 수품된 사제는 공동체를 유지하기 위해 준비된 이들을 위해 기초 공동체 안에 들어가지 않는 한정된 신자들을 잊어버릴 권리를 가져야 한다(p.142). 따라서 이 기초 공동체들은 현행 본당들처럼 지리적인 차원에서 구조화되는 것이 아니라 개인적·공동체적인 여러 가지 필요에 주의를 기울이는 보다 광범위한 기준들을 바탕으로 구조화된다.

이 모든 것은 우리가 교회에 관해 갖고 있는 현행 개념의 발전을 전제로 한다. 이는 평신도들의 상당한 참여를 유도할 것이며 이로써 지역 관할 구역을 이루게 될 것이다(p.142). 또한 필요한 경우에는 평신도가 성찬례를 집전할 수 있는지에 대해서도 자문해 보아야 할 것이다(p.137).

이 모든 것은 교회에 대한 보다 민주적인 개념을 형성하게 해줄 것이다. 평신도들은 자신의 장(長)을 뽑게 될 것이고 주교 역시 사제들에 의해 선출될 것이다. 사제들과 평신도들은 교회가 결정해야 할 사안들에 있어서 일부분을 구성하게 될 것이다.

물론 라너가 1972년 — 기초 공동체에 관한 최고의 붐을 이뤘던 시점이다 — 에 했던 이러한 제안은 오늘날처럼 후퇴되고 있는 상황에도 흔적을 남기고 있다. 우리는 이러한 제안과 더불어 교회의 교계 구조를 보존할 수 있을 것이다. 왜냐하면 이 공동체의 대표자들은 주교에 의해 수품될 것이기 때문이다. 그러나 이로 인해 기초 공동체에 속하기에 적당한 카리스마를 갖지 못한 많은 일반 신자들을 교회 밖에 버려둘 수도 있다. 그들은 공변되고 보편적인 교회에 의해 사랑받지도 받아들여지지도 못하다고 스스로 느끼게 될 것이다. 실제로 아메리카에서는 그러한 기초 공동체들을 실현했던 해방신학의 틀에 들어가지 않았던 많은 일반 가톨릭 신자들이 자신들을 받아준 다른 종파들로 가 버린 현상이 일어났다.

308. *Eclesiogénesis. Las comunidades de base reinventan la Iglesia*, Santander 1980.

309. II, A 3. 다닐스 추기경은 시노드 시작에서 공의회 이후의 교회론이 갖는 긍정적인 측면과 부정적인 측면을 종합해서 제시했다. 교회적인 책임에 대한 신자들의 인식 증대, 교회의 과제들에 대한 참여가 갖는 큰 의미, 그리고 결정적으로는 교회의 커다란 역동성이 그것이다. 또한 그는 '하느님 백성'이라는 개념이 갖는 부정적인 측면을 지적하면서 이렇게 언급했다. "무엇보다도 하느님 백성이라는 교회 개념은 관념론적인 방식으로 정의됐으며 이는 공의회 본문들이 언급하고 있는 다른 보완적인 개념들(그리스도의 몸, 성령의 성전)로부터 분리되어 있다. 신비로서의 교회에 대한 이해는 많은 신자들에게 있어 분명 난해하다. 거기서부터 다음과 같이 서로 상반되는 개념들이 유도된다. 즉 '제도로서의 교회' 그리고 '신비로서의 교회', '백성으로서의 교회' 그리고 '교계적인 교회'가 그것이다. 따라서 일종의 불신과 더불어 변화된 교회의 이곳저곳에는 신뢰에 대한 위기가 존재할 수밖에 없다. '친교로서의 교회'라고 하는 개념은 그리스도 신자 백성의 조직을 관통하지 못했다. 이 백성에게는 다음과 같이 해결해야 할 신학적인 문제들이 남아 있다. 보편 교회와 개별 교회 사이의 관계는 무엇인가? 합의성을 어떻게 증진시켜야 하는가? 주교회의의 신학적 지위는 어떤 것일까? 마지막 사안에 대해서는 끊임없이 많은 해답들이 제시되고 있다. 이러한 해결책들은 개별 교회들과 로마교황청과의 관계를 현저히 개선하려는 바람을 갖고 있다. 마지막으로, 이 관

계는 상호간에 서로 논의하고 긴밀히 통교하면서 정보를 나누도록 인도해준다 (II, 3, c)"[G. Daneels, "Syntèse de rèsponses au questionnaire préparatoire", en: *Doc. Cath.* 83 (1986), pp.32-33].

310. O. Semmelroth, *La Iglesia como sacramento original*, S. Sebastián 1966; E. Schillebeekx, *Cristo, sacramento del encuentro con Dios*, S. Sebastián 1966; P. Smulders, "La Iglesia, sacramento de salud", en: G. Baraúna, *La Iglesia del Vaticano* II, Barcelona 1968, I, pp.377-400; M. J. Le Guillou, "La sacramentalité de l'Église", en: *Mais. Dieu* 93(1968), pp.9-38; C. Pozo, "La Iglesia como sacramento primordial, Contenido teológico real de este concepto", en: *Est. Ecl.* 41(1966), pp.139-159; G. Philips, "L'Église, sacrament et mystére", en: *Eph. Teol. Lov.* 42(1966), pp.405-414; A. Dulles, *o. c.*, pp.67-79; G. Martelet, "De la sacramentalité propre de L'Église", en: *Nouv. Rev. Theol.* 95(1973), pp.25-42; J. Groot, "The Church as sacrament of the World", en: Conc. 31(1968), pp.51-68; A. Antón, "Base sacramental de la estructura jerárquica de la Iglesia", en: *Est. Ecl.* 42(1967), pp.355-386; A. Del Monte, *La chiesa misterio di salvezza*, Roma 1964; A. Antón, *El misterio de la Iglesia* II, Madrid-Toledo 1987, pp.766ss.

311. M. Schmaus, *El credo de la fe católica*, Madrid 1970, p.244.

312. *Contra Faustum* 13,16.

313. J. Collantes, *La Iglesia de la palabra* I, p.30.

314. Y. Congar, *Eclesiología desde S. Agustín...*, p.7.

315. *Ibid*, p.122.

316. *Ibid*, p.128.

317. A. Antón, *El misterio de la Iglesia* I, Madrid-Toledo 1986, pp.437ss.

318. Y. Congar, *o. c.*, p.182.

319. P. Althaus, *Die Theologie M. Luthers*, Gütersloh 1963, pp.279ss.

320. *Conf. Aug.* a.7.

321. *O. c.*, p.218.

322. A. Antón, *El misterio de la Iglesia* I, Madrid-Toledo 1986, pp.521ss.

323. H. de Lubac, *Catolicismo. Los aspectos sociales del dogma*, Barcelona 1963, p.56.

324. 참조: 미주 310.

325. *El nuevo pueblo de Dios*, p.283.

326. 덜레스(Dulles)가 말하듯이(*O. c.*, p.70), 육체는 인간적인 만남의 중개자이며 인간의 삶은 언제나 상징적이다. 이러한 의미에서 성사들은 통교의 징표들이라고 할 수 있다. 왜냐하면 인간은 홀로 구원될 수 없기 때문이다. 그래서 그는 다음과 같이 언급한다. "인간은 가족, 종족, 민족의 한 구성원으로 이 세상에 온다. 그는 자신의 동료인 다른 사람과의 만남을 통해 성숙에 이른다. 그러므로 성사들은 대화적인 구조를 갖고 있으며, 일치된 백성으로 하여금 결코 홀로 떨어져서는 도달할 수 없는 영적 환경을 발견할 수 있게 해주는 상호작용 가운데서 실현된다. 그러므로 성사는 사회적으로 이루어진 그 무엇이자 충만함에 이르는 은총의 현존에 대한 공동체적 상징이다"(*O. c.*, pp.71-72). 덜레스는 말하길(p.73), 교회는 내적인 측면을 갖고 있으며 이는 제도적인 측면과는 다르다. 만일 교회가 이런 제도적인 측면을 갖지 못한다면 친교로서의 교회는 사라질 것이며 서로 단절된 수많은 징표들로 쪼개지고 말 것이다. 더욱이, 교회는 사도 교회와 더불어 외적인 결속들을 간직하고 있다. 왜냐하면 다른 식으로는 교회가 오늘 우리가 사는 바로 이곳에서 결코 그리스도의 교회로 존재할 수 없기 때문이다.

327. Y. Congar, *Un pueblo mesiánico. La Iglesia, sacramento de salvación*, Madrid 1976, p.45.

328. O. Semmelroth, *o. c.*, pp.60-61.

329. A. Lang, *Teología fundamental* II, Madrid 1971, p.208.

330. A. von Harnack, *Das Wesen des Christentums*, Stuttgart 1950, p.328.

331. J. Hamer, *La Iglesia es una comunió*, Barcelona 1965; A. Denaux, "L'Église comme communion", en: *Nouv. Rev. Théol.* 10(1988), pp.16-37. 161-180; R. Blázquez, *La Iglesia del Concilio Vaticano* II, Salamanca 1988; B. Forte, *La Iglesia de la Trinidad*, Salamanca 1966; G. Thils, "Unité et communion dans L'Église", en: *Nouv. Rev. Théol.* 5(1969), pp.475-492; P. C. Bori, *Koinonia, l'idea della communione nell'ecclesiologia recente e nel N. Testamento*, Brescia 1972; A. Bandera, "La comunión en la Iglesia", en: *Cien. Tom*.(1966), pp.385-424; B. Gherardini, *o. c.*, pp.93ss; S. Dianich, *La chiesa, mistero di communione*, Bologna 1975; A. Dulles, *o. c.*, pp.49ss; A. Antón, *Primado y colegialidad*, Madrid 1970; J. A. Gil Sousa, "La Iglesia como comunión. Una clave en el diálogo católico-anglicano", en: F. Chica, S. Panizzolo, H. Wagner, *o. c.*, pp.136-151; J. López Martín, "La comunión eclesial: carismas y jerarquía en la Iglesia", en: F. Chica, S. Panizzolo, H. Wagner, *o. c.*, pp.217-237; S. Panizzolo, "Gli elementi essenziali della «communio» secondo i padri", en: F. Chica, S.

Panizzolo, H. Wagner, *o. c.*, pp.266-275; L. Hertling, *Communio: Chiesa e Papato nell'antichità cristiana*, Roma 1961.

332. 참조: 바로 앞의 미주를 보라.

333. *O. c.*, 84.

334. *Documento sinodal*, II C 1.

335. 블라스케스(R. Blázquez)는 시노드에 대한 안톤의 개입은 이런 차원에서 이루어 졌다고 지적한다(*o. c.*, p.5).

336. A. Antón, *Primado y colegialidad*, Madrid 1970, p.34.

337. J. Ratzinger, "L'ecclesiología del Vaticano II", en: *La Chiesa del Concilio*, Milano 1979, p.13.

338. A. Denaux, *o. c.*, p.27.

339. 블라스케스(R. Blázquez)는 이를 다음과 같은 말로 표현하고 있다. "정확히 말해 우리는 이를 밀도 있고 복합적인 개념으로 이해한다. 그것은 다양한 전망들을 내포한다; 그 상(像)은 그리스도교적 믿음, 희망, 사랑의 일치에서 출발하며 친교의 바탕을 만드는 세례를 통해 성사적으로 날인된다. 그것은 본질적으로 '교회의 일치(unitas Ecclesiae)'를 지향하는 성찬례에 대한 참여와 더불어 강화되며, 하느님 그리고 교회와 더불어 화해하는 참회 성사를 통해 이루어진다. 또한 그것은 재화에 대한 '기부(collecta)'와 자신이 가진 것 그리고 자기 자신을 통공함으로써 구체적으로 이루어진다. 이러한 친교는 주교들에 의해 주재되고 그들에 의해 가시적으로 기초 지어지며 그들에 의해 결정적으로 지켜진다. 이 주교들의 중심에는 로마의 주교가 있다. 이러한 교회적 친교는 인류 가운데 화해와 평화를 증진하는 효소이다. 그것은 말씀을 통해 이루어진 회중을 보증한다"(참조: R. Blázquez, *o. c.*, p.58).

340. *De Bap.* VI.

341. 이에 대해 드노(Denaux)는 이렇게 말한다. "인간이 하느님의 모상으로 창조됐듯이, 교회는 총체적인 면에서 삼위일체의 이콘이다. 지상 교회는 이 삼위일체의 다양함 가운데 드러나는 일치의 신비를 반영한다. 교회의 친교는 자신의 원천과 생활한 원리를 삼위일체적 친교 안에 갖고 있다. '성인들의 친교(communion des saints)'로서의 교회는 보다 고양되고 완전한 이 '친교(*koinônia*)'의 모상이다"(*O. c.*, p.32).

342. R. Blázquez, *o. c.*, p.62.

343. B. Neunheuser, "Iglesia universal e Iglesia local", en: G. Baraúna, *La Iglesia del Vaticano* II, Barcelona 1966, I, p.655.

344. H. de Lubac, *Las Iglesias particulares en la Iglesia universal*, Salamanca 1974, pp.31-58; G. Chantraine, "La «corrélation radicale des Églises particulières et de l'Église universelle chez H. de Lubac", en: F. Chica, S. Panizzolo, W. Wagner, *o. c.*, pp.68-85; A. Antón, "Local church / regionnal church: Systematic Reflections", en: *The Jurist* 52(1992), pp.553-576; Id., "Iglesia universal-Iglesia particulares", en: *Est. Ecl.* 47(1972), pp.409-435.

345. 블라스케즈(Blázquez)는 이렇게 말한다. "보편 교회는 개별 교회들 안에(in) 현존한다. 그리고 또한 그것은 이것들을 바탕으로(ex) 이루어진다. 여기에는 서로가 서로를 선행(先行)하는 특성이 있으며 이는 두 가지 중대함의 기원을 가리킨다. '그것들 안에서 그것들로부터(in quibus et ex quibus)'라는 교회론적 형태는 이러한 상호간의 관계성을 강조하고 있다. 보편 교회는 개별 교회들 바깥에서 결코 존재할 수 없고 그것들을 '통해서(por)' 그리고 그것들 '안에서(en)' 존재한다. 또한 이 개별 교회들 역시 단순한 일부분으로서, 이들의 총합이 교회의 총체성을 형성하는 것도 아니며, 아니면 그것들이 일종의 '단자들(monadas)'로서, 이것들이 오직 이차적으로만 일종의 연합체를 구성할 수 있다는 것도 아니다. 단일하면서도 상이한 이런 개별적인 존재 형태는 교회를 존재케 하는 고유한 방식으로서의 친교의 원리에 귀속되어야 한다"(*O. c.*, pp.70-71).

346. W. Aymans, "Communio ecclesiarum als Gestaltgesetz der einen Kirche", en: *Arch. Kath. Kirch.* 139(1970), p.769.

347. Y. Congar, "Propiedades esenciales de la Iglesia", en: *Myst. Sal.* IV/I, Madrid 1984, p.416.

348. *Ibid.*, p.415.

349. CDF, *Mysterium Ecclesiae* 1.

350. U. Betti, "Chiesa di Cristo e chiesa cattolica. A proposito di un'espressione della Lumen Gentium", en: *Ant.* 61(1986), pp.726-745. 'Subsistit' 주제에 관해서는 다음을 참조하라: S. N. Bosshard, "Die Subsistenz des Vat. II und ihre Integration in die Theologie von leib Christi", en: *Münch. Theol. Zeit.* 38(1987), pp.355-367; F. A. Sullivan, "Il significato dell'affermazione del Vat. II: La chiesa di Cristo non è, ma sussiste nella chiesa cattolica romana", en: *Riv. Teol.* 29(1988), pp.527-538; Id., "Il decreto dell'ecumenismo: presupposti ecclesiologici e consequenzé", en: *Riv. Teol.* 31(1990), pp.231-246; J. Willebrands, "La signification du subsistit in dans l'ecclésiologie de communion", en: *Doc. Cath.*(1988), pp.35-41.

351. U. Betti, *o. c.*, p.731.

352. "Haec igitur Ecclesia, vera omnium Mater et Magistra, in hoc mundo ut

societas constituta et ordinata, *est Ecclesia Catholica*, a Romano Pontifice et Episcopis in eius communione *directa, licet extra totalem compaginem elementa plura santificationis* inveniri possint, quae ut res Ecclesiae Christi propriae, ad unitatem catholicam impellunt"(*Acta Synodalia*, vol. II 1, 220ss)

353. *O. c.*, p.737.

354. 그래서 베티는 다음과 같이 말한다. "이러 저러한 표현들을 따르는 가운데 보면 그것이 지향하는 것과 담고 있는 의미는 동일하다. 만일 이와 더불어 그리스도의 유일한 교회가 가톨릭교회와 총체적인 관계를 갖는다는 것을 언급하려 했다면, 그 그리스도의 교회가 이 세상에서 이루어지고 질서 지어진 사회라는 한에서 가톨릭교회 안에 현재하며 존속한다고 말할 수 있다. 반면, 다른 모든 교회 또는 그리스도교 공동체는 그 안에 간직한 성화와 진리의 요소라는 차원에서 볼 때 그리스도의 교회와 부분적인 관계를 가질 뿐이다"(*O. c.*, pp.738-739).

355. 제2차 바티칸 공의회 의사록은 이렇게 언급하고 있다. "Ecclesia est unica, et his in terris adest in ecclesia catholica, licet extra eam inveniantur elementa ecclesialia... loco est dicitur subsistit in, ut expressio melius concordet cum affirmatione de elementis ecclesialibus quae alibi adsunt"(*Acta Sinodalia*, vol. III, 1, pp.176-177).

356. U. Betti, *o. c.*, p.743.

357. 그럼에도 불구하고 베티는 가톨릭교회 안에서 그리스도의 교회의 충만한 실현과 현존이 여타 교회 안에서 드러나는 성화 요소들이 갖는 품위를 막지 않는다고 지적하면서 다음과 같이 언급한다. "이 요소들이 어떤 식으로든 근원적인 존재를 실현할 수는 있지만, 그것이 교회 자체의 존재 주체가 되지는 못한다. 만일 그렇다면 그것은 유일한 그리스도의 교회가 여러 개라는 것을 의미하기 때문이다"(*ibid.*). 더욱이 비가톨릭교회들 안에 현재하는 그리스도의 교회의 선물들은 가톨릭교회 안에서 전혀 감소되지 않는다. 만일 그렇다면 그것은 신적이라고 말할 수가 없다. 왜냐하면 모든 신적인 것은 영속하고 다함이 없기 때문이다. 또한 그리스도의 교회가 유일하지 않다거나 그 단일함이 존재하는 여러 교회에 흩어져 버렸다는 것도 상상할 수 없다.

358. F. A. Sullivan, *o. c.*, p.56.

359. *O. c.*, 그래서 설리번은 이렇게 언급한다. "이 모든 요소들을 함께 고려하는 가운데 현 그리스도교 세계의 분열 상태에서 유일한 그리스도의 교회의 존재를 단지 충만한 친교가 존재하는 곳만이 아니라 믿음 그 자체에 참여하는 서로 일치하는 개별 그리스도교 교회들이 — 비록 그 교회들 안에 교회법적인 친교가 충만하지 않다 하더라도 — 함께 현존하는 곳에서도 존재한다는 것을 인정할 수 있고 인정해야 한다는 것을 제안한다. 이는 그리스도가 당신 교회를 위해 원하셨던 충만한

일치는 아니다. [⋯] 여기 이 세상에서 '하느님의 교회'는 성찬례를 유효하게 거행하는 모든 개별 교회들의 친교 — 비록 그 교회들 간에 교회법적인 충만한 친교가 없다 하더라도 — 로 이해되어야 한다고 결론짓기로 하자"(O. c., p.67). 그리고 그는 마지막으로 오늘날 존재하는바 교회는 그리스도가 갖고자 했던 바로 그 총체적인 일치를 갖지 못한다고 결론 내린다.

360. 티야드(Tillard) 역시 이와 비슷한 입장에 있다(*Iglesia de Iglesias*, Salamanca, 1991). 그는 다음과 같이 말한다. "이 그리스도의 몸의 세포들 안에는 교회가 충만하게 있지 않은 것이 사실이다. 특히 만일 그들이 큰 전통에 따라 주님에 대한 기념을 거행하지 않는다면 그럴 수밖에 없다. 그럼에도 불구하고 그것들은 교회적인 세포들로서 교회 자체이신 그리스도의 몸에 속한다. 그들 가운데 몇몇은 엄밀한 의미에서의 교회라고 말할 수 있는데, 거기에는 가시적인 친교 안에 모든 신자 공동체를 하나로 모으는 역할을 하는 좌(座)와의 결속만이 부족하기 때문이다. 그러므로 로마교회와의 친교 가운데 있는 교회들의 경계 밖에 있는 하느님의 교회의 넘침은 특정한 개인들의 넘침이 아니라 공동체와 친교의 넘침을 의미한다. 모든 면에서 볼 때 교회는 친교들의 친교로서 심지어는 이러한 친교들이 그 자체로 불완전하고 부분적일 뿐인 비정상적 상황 속에서도 그러하다"(O. c., p.336).

한편 브루노 포르테(B. Forte)는 설리번의 사상을 자신의 것으로 취하면서 다음과 같이 말한다. "가톨릭의 일치는 비록 가톨릭교회와 충만한 친교 가운데 있지 못함에도 불구하고 수많은 교회 요소들을 보존하고 있는 교회들과 공동체들 안에 다양한 수준으로 현존한다. 따라서 우리는 보편 교회를 다양한 차원의 충만함을 가지며 대략적으로 충만함을 누리는 교회라 할 수 있는 여러 몸들 간의 친교 — 비록 그리스도의 교회가 그러한 '총합(summa)'을 훨씬 넘어서는 것이 분명하지만 — 로 이해할 수 있다. 이 그리스도의 교회는 다양한 밀도 또는 충만함의 단계와 더불어 실현된, 참으로 교회적인 특징을 갖는 여러 몸들 간의 — 어떤 몸이 다른 몸에 비해 보다 큰 충만함을 누리고 있긴 하지만 — 실제적인 친교이다"(O. c., p.209).

저자는 동방교회들 안에는 그 교회가 갖는 성사적인 충만함에 힘입어 — 비록 로마 주교와의 일치에 대한 역사적인 충만한 가시화가 부족함에도 불구하고 — 가톨릭교회가 현존한다고 주장한다(O. c., p.242). 전체 교회에는 일치가 있다. "이 일치는 세례 받은 모든 신자들이 가톨릭교회에 참여하는 것으로서, 이러한 참여는 이 가톨릭교회와의 충만한 합체로부터 '형제적인 교회들'로 불리는 여러 교회들 안에서 드러나는 교회의 실제적인 현존에 이르기까지 그리고 세례적인 풍요함과 성찬례 안에서 이루어지는 세례의 충만함 간의 긴장 가운데 있는 공동체들이 갖는 교회적인 실재에 이르기까지 여러 단계에서 대략적으로 이루어지는 친교에 따라 이루어진다"(pp.243-244). 그러므로 가톨릭교회의 충만함을 형성하는 구성적인 요소들의 현존이나 부재에 따라 다양한 친교의 단계들이 유래한다.

361. 문헌은 이렇게 말한다. "그러므로 보편 교회는 교회들의 몸(Cuerpo)으로서, 이를

통해서 친교 개념을 개별 교회들 간의 일치에 '유비적(類比的)인 방식으로' 적용할 수 있으며 보편 교회를 교회들의 친교로 이해할 수 있다. 그렇지만 '개별 교회들 간의 친교'라는 개념이 가끔은 가시적이고 제도적인 차원에서의 교회의 일치라고 하는 개념을 약화시키기도 한다. 그래서 각 개별 교회는 그 자체로 온전히 주체이며 보편 교회는 개별 교회들 상호간의 승인으로부터 일어난다고 말할 수 있다. 이러한 교회론적인 일방성은 보편 교회 개념에서뿐 아니라 개별 교회 개념으로부터도 추론해 낼 수 있는 것이긴 하지만 이는 아직 친교 개념에 대한 충분하지 못한 이해를 드러낸다. 그간의 역사가 잘 보여주듯이, 어느 개별 교회가 보편 교회 그리고 자신의 생활하고 가시적인 중심과의 실제적인 친교를 약화시킨 채 자기 충만에 이르렀을 때, 그 교회는 또한 자신의 내적 단일함을 약화시키며 나아가 정복하고 약탈하려는 강압에 직면해서 자신의 자유를 잃어버릴 위험을 보았다"(n° 8).

362. "성체적 교회론에 대한 재발견은 그것이 내포하고 있는 확실한 가치들에도 불구하고 가끔 지역 교회의 원칙에 대한 일방적인 강조와 더불어 표현되곤 했다. 성찬례가 거행되는 곳에 교회의 총체적인 신비가 현존하며, 따라서 일치와 보편성의 원리 이외에 다른 어떠한 원리도 본질적인 것으로 고려되지 말아야 한다"(n° 11).

363. N° 13.

364. San Agustín, *Contra epist. Maniq.* 4,5. 특히 교회는 성 이레네오 당시부터 사도성 또는 가톨릭성(로마교회와의 친교)을 호교적인 의미와 함께 참된 교회를 식별하기 위한 기준으로 이용했음이 분명하다. 따라서 부에노(E. Bueno)가 주장하듯이(*O. c.*, xv), 이러한 기준들이 갖는 호교론적인 특징을 제거하는 것은 이해할 수 없다.

365. P. Faynel, *La Iglesia* II, Barcelona 1982, p.46.

366. 이런 의미에서 랑(A. Lang)은 다음과 같이 말한다. "특징들에 대한 논의는 아직 역사적인 논증에 대한 보충과 지지를 통해 자신의 가치를 견지하고 있다. 단지 호교론적인 수고로 인해 잘못 부여된 빛과 그늘로 점철된 현란한 틀을 소개하면서 그것을 입증하려는 노력을 결코 과장해서는 안 된다"(A. Lang, *Teología fundamental* II, Madrid 1971, p.187).

설리번(F. A. Sullivan)은 그리스도께서 당신 교회를 위해 원하셨던 그 충만함이 바로 가톨릭교회 안에 있으며 그 밖에 다른 교회와 공동체 안에는 그리스도의 교회를 구성하는 일부 요소들만 있음을 입증하려 할 때마다 늘 특징들에 대한 호교론적인 사용의 정당성을 견지하고 있다. 그러나 이것을 마치 다른 교회 안에는 진리의 요소들이 없는 것처럼 배타적으로 사용해서는 안 된다. 이와 마찬가지로, 설리번은 이러한 특징들은 또한 가톨릭교회 내에서 과제로 제시되어야 한다고 지적한다(참조: F. A. Sullivan, "Note della Chiesa", en: R. Latourelle - R. Fisichella, en *DTF*, pp.663-666).

367. H. Fries, *Teología fundamental*, Barcelona 1987, pp.639ss.
368. Y. Congar, "Propiedades esenciales de la Iglesia", en: *Myst. Sal.* IV/I, Madrid 1984; G. Thils, *Les notes de l'Église dans l'apologétique depuis la Reforme*, París 1937.
369. 흔히 교회의 특징들은 믿는 것이기 때문에 이에 대한 논증은 필요 없다고 말한다. 물론 그것은 신앙으로 믿는 것이긴 하지만 또한 이성을 통해서 도달하는 표징들이기도 하다. 역사적으로 확실한 사도성이라는 특징에서 출발해서 이에 대한 특징들의 건물을 만들 수 있다.

포트마이어(H. J. Pottmeyer)는 특징들을 식별 기준으로 사용을 하지 말도록 변호하면서 ― 예를 들어, 일치는 실현된 것이라기보다는 추구되는 것이다 ― 참된 교회의 기준은 하느님 나라의 표징이 되는 것이라고 제안한다.

이 독일 신학자에게 있어서 하느님 나라의 표징이 되는 것이 단순히 애덕 행위, 증거 등으로 축소되는 것은 아니다. 그것은 동시에 행위의 요소, 제도적 요소 ― 그 안에서 사목직과 그 밖에 다른 여러 직무들(공동체가 아니라 그리스도로부터 받아서 교회가 수행하는 직무들) 아래 하느님 백성을 다시 모아들이는 그리스도의 행위를 통해 하느님의 나라가 그분의 선물로 드러난다 ― 를 필요로 한다.

하지만, 우리가 묻고자 하는 바는 이것이다. 과연 그러한 직무들이 그리스도로부터 오는 것이라고 누가 보증할 것인가? 이에 대한 대답은 사도단의 계승자로서의 베드로와 결합해 있는 주교들 이외에 다른 이가 될 수 없다. 그래서 우리가 제시하고 있는 사도성을 다른 모든 특징의 바탕으로서 필연적으로 마주하게 된다.

교회가 애덕 행위들 안에서 하느님 나라의 표징이 되어야 한다는 것은 분명하다. 그러나 그것은 동시에 거룩함의 특징으로부터 나오는 것이기도 하다. 그 거룩함은 교회의 과제이며 앞으로도 계속 그러할 것이다.

포트마이어의 표현에 따르면, 베드로의 직무가 갖는 의미는 우리가 보는 바에 의하면 뒷전으로 물러나 버렸다고 한다. 이와 마찬가지로 주교단의 의미에 대해서도 그렇게 말할 수 있다(참조: H. J. Pottmeyer, "La questione della vera Chiesa", en: W. Kern, H. J. Pottmeyer, M. Seckler, *Corso di teologia fondamentale, 3. Trattato sulla Chiesa*, Brescia 1990, pp.243-278).

한편, 한스 큉(H. Küng)은 자신의 저서(*La Iglesia*, Barcelona 1969²)에서 교회는 하느님에 의해 그리스도 안에 주어진 근본적인 구조를 유지해야 한다고 말한다 (p.316). 물론 교회는 식별될 수 있지만, 참된 교회를 식별하게 해주는 몇 가지 표지들이 있다. 반면, 비신자에게 있어서 어떤 가치들은 그것이 갖는 참된 실재의 차원에서 분명하게 드러나지 않는다. "이러한 가시적 표지들은 신자로 하여금 참된 실재, 교회 안에서 사람들 위에 그리고 사람들을 통해서 이루시는 하느님의 행위를 발견하게 해준다"(p.318).

프로테스탄트 신자들에게 있어서 참된 교회는 참으로 복음을 설교하고 올바로 성사들을 거행하는 곳에 있다. 반면 가톨릭 신자들에게 있어서 이러한 특징들이 비가시적인 것은 아니다. 그러나 프로테스탄트 신자들은 참된 일치, 거룩함, 보편성 그리고 사도성을 어떻게 알 수 있는지 묻는다. "참된 복음과 성사들에 대한 올바른 집전을 바탕으로 하지 않는다면 이 모든 특징들은 다 무슨 소용이 있는가"라고.

이러한 의미에서 한스 큉은 말하길, "중요한 것은 가톨릭적 형태든 프로테스탄트적인 형태든 결코 대중적인 대화로 이끌지 못했던 호교론적인 논의가 아니라 교회의 삶에 있어서 표징들을 생활하게 구현하는 것이다. 대체 성경 안에서 복음의 힘과 능력을 감지하지 못한다면 성경을 갖는 것이 교회에 무슨 유익이 된단 말인가? 교회의 제도들이 공허한 힘이요 생명을 갖지 못했다면 견고한 제도들이며 일치, 거룩함, 보편성 그리고 사도성 이 모든 것과 더불어 교회를 설립하고 가시화하는 것이 도대체 무슨 소용이 있단 말인가? 결론적으로 말해, 결정적인 것은 어떤 한정된 특징들에 대한 어떤 형식적 요청이 아니라 그것을 이용하고 실현하는 것이다. 즉 복음의 말씀이 설교를 통해 전달되어야 하고 이를 듣고 실제로 따라야 한다. 그리고 성사들을 실제로 받아들여야 하며, 어떤 면에서 교회의 특징들은 '그리스도인들의 특징들(notae christianorum)'이 되어야 한다. 어떤 교회든 자기 고유의 특징들을 충분히 생생하게 구현해야 한다. 만일 각 교회가 자신의 고유한 특징들을 실현함에 있어서 신약성경의 유일한 메시지와 일치하는 가운데 자신을 객관적으로 드러내기 위해 노력한다면 잘못된 교회처럼 스스로 제외되지는 않을 것이다"(p.322).

그래서 한스 큉은 호교론적인 목적이 아니라 신학적인 면에서 특징들을 연구했으며 무엇보다도 교회가 지닌 여러 가지 차원들에 대해 언급하는 것을 선호했다. 한편, 우리는 특징들이 지속적인 일치와 거룩함의 노력을 내포한다는 점에 동의하지만, 동시에 호교론적인 측면도 무시할 수는 없다고 본다. 사도적인 기원과의 관계를 단절하는 교회는 결코 진정한 교회가 될 수 없다.

틸(G. Thils)은 자신의 저서(*Catholicisme* IX, Paris, 1982, pp.1386-1390)에서 상기하길, 특징들이 자주 절대적인 형태로 사용되었다고 한다. 반면, 오늘날은 비교 방법이 제시되고 있는 상황이며, 가톨릭교회는 계시에 의해 요구되는 총체적인 본질적 요소들을 갖고 있다. 그러나 다른 교회들은 몇 가지 계시 요소들만을 갖고 있으며 "대략적으로만 이러한 요청들을 온전히 갖는다"고 그는 보았다.

370. 참조: Y. Congar, *o. c.*, p.479.

371. Y. Congar, *o. c.*, pp.382-383.

372. *De bapt.* 6.

373. *Com. Evang. Joh.* 12,11.

374. Y. Congar, *o. c.*, p.384.

375. *Ibid.*, p.390.

376. *Ibid.*, pp.394ss.

377. 디다케 9,4.

378. Y. Congar, *o. c.*, pp.472ss; K. Rahner, "La Iglesia de los santos", en: *Escr. Teol.* III, Madrid 1967, pp.101-123; C. Journet, "Du problème de la sainteté de l'Église au problème de la nature de l'Église", en: *Nova et vetera* 9(1934), pp.27ss; A. Michel, "Sainteté", en: *DTC* 14(1939), pp.841-870. B. Méndez, "La recuperación de la eclesiología pneumática en Y. Congar. Planteamiento y perspectivas", en: F. Chica, S. Panizzolo, H. Wagner, *o. c.*, pp.226-242; L. Sartori, "La santità della Chiesa in prospettiva ecumenica", en: F. Chica, S. Panizzolo, H. Wagner, *o. c.*, pp.477-491.

379. F. A. Sullivan, *Crediamo la Chiesa*, p.82.

380. *Ibid.*, p.85.

381. Y. Congar, *o. c.*, p.479.

382. *Ibid.*, p.480.

383. *Ibid.*

384. *Ibid.*

385. *Cath.* XVII, 13.

386. *O. c.*, p.481.

387. *Ibid.*, p.490.

388. A. Lang, *Teología fundamental*, II, p.216.

389. *O. c.*, p.479.

390. *Credo del pueblo de Dios*, 12.

391. H. de Lubac, *Méditation sur l'Église*, Paris 1953.

392. 주르네(Journet) 추기경은 교회에는 죄가 없지만 죄인들 없이는 교회가 될 수 없다는 입장을 견지했다. 엄밀히 말해 죄는 교회에 속한 것이 아니라 그 구성원들에게 속한 것이며, 정확히 말하면, 교회 구성원으로서의 자신의 신분에 충실하지 못한 이들에게 속한 것이다. 우리들 각자 안에는 분열과도 같은 것이 있다. 선한 이는 교회에 속하지만, 악한 이는 죄에 속한다. 죄는 우리에게 속한다. 정확히 말해 우리가 교회에 속하지 않는 한에서 죄는 우리에게 속한다(C. Journet, *l'Église du verbe incarné* II, Paris 1951, pp.904ss).

물론, 우리는 교회의 형상적이며 구성적인 원리(성사들, 하느님의 말씀 등)라는 차원에서 본 교회에 이 죄를 귀속시킬 수는 없다. 그럼에도 불구하고, 콩가르는 지적하길, 분명한 것은 총체적인 인간을 둘로 나눌 수 없다는 점이다. 즉 총체적인 인간 전체가 교회 안에 있다. 따라서 공의회는(LG 8) 교회가 자기 품 안에 죄인들을 품고 있음을 언급함에 있어서 이를 부적절한 것으로 간주하지 않았다.

393. H. Moureau, "Catholicité", en: *DTC* II/2(1923), pp.1999-2012; J. L. Witte, "Die katholizität der Kirche. Eine neue Interpretation nach alter Tradition", en: *Greg.* 42(1961), pp.193-241; A. de Poulpiquet, "Essai sur la notion de catholicité", en: *Rev. Scien. Phil. Theol.* 3(1909), pp.17-23; Y. Congar, *Chrétiens désunis*, Paris 1937; H. de Lubac, *Las Iglesias particulares en la Iglesia universal*, Salamanca 1974; A. Antón, "Iglesia universal, Iglesia particulares", en: *Est. Ecl.* 47(1972), pp.409-435.

394. *Mart. Pol.* 16,2.

395. Y. Congar, *o. c.*, p.494.

396. *Adv. Haer.*, I, 10, pp.2ss.

397. *Stromata* VII, 17, pp.106-107.

398. *Cath.* 18,26.

399. Y. Congar, *o. c.*, p.501.

400. *Mistagogia* 1.

401. 그래서 드 뤼박은 이렇게 말한다. "교회가 단지 이 세상의 표면 모든 곳에 널리 퍼져 있다는 사실만으로 그리고 구성원들의 숫자가 괄목하게 성장했다는 사실만으로 공번된 것은 아니다. 교회는 성령강림절 아침, 그 구성원들이 방 안에 있을 때 이미 공번됐다. […] 본질적으로 공번됨은 지리상의 문제도 그렇다고 숫자의 문제도 아니다. […] 그것은 '우선적으로 교회에 속하는 본질이고 내적인 실재이다'"(*Catolicismo*, 37).

402. 참조: J. A. Sayés, *Principios filosóficos del cristianismo. Filosofía y teología*, Valencia 1990.

403. J. Baibel, "Apostolicité", en: *DTC* I, pp.1618-1631; Y. Congar, *o. c.*, pp.547ss; C. Journet, *L'Église du Verbe incarné* I, Paris 1941, pp.642-688. 사도성이란 주제에 관한 보다 광범위한 참고 도서들을 위해 미주 190에서 사도 계승을 위해 소개된 도서 목록들을 보기 바란다. C. A. Rodríguez, "La apostolicidad de la Iglesia y el episcopado sacramental", en: F. Chica, S. Panizzolo, H. Wagner, *o. c.*, pp.859-874; J. Jericó Bermejo, "Una, sancta, catholica et apostólica. Según los manuscritos salmantinos del siglo XVI", en: F. Chica, S. Panizzolo, H. Wagner, *o. c.*, pp.901-925.

디아니흐(Dianich)는 "Notas de la Iglesia", en: *Dic. Teol. Inter.* III, pp.642-651에서 네 특징 가운데 둘(공번됨, 사도성)은 구조적인 반면 거룩함과 단일함은 교회의 본질 자체에 속한다고 말한다. "공번되지도 사도적이지도 않은 교회를 생각할 수는 있지만 거룩하지도 그렇다고 단일하지도 않은 교회를 상상할 수는 없다"(p.643). 교회의 단일함은 신앙의 통교로부터 유래하며 교회는 성사 안에서 그리스도에 대한 기억을 통해 흩어짐으로부터 자신을 거둬들인다. 그리고 성령의 작용 아래서 그리스도와의 만남이라는 신비로운 실재 전체를 다시 생활하게 한다. 이렇듯 교회는 사람들과 그리스도 사이의 친교로서 실현된다. 그것은 성령을 통해 생기가 솟는 교회적인 일치이다. 또한 거룩함은 언제나 하나의 선물이자 과제이다. 왜냐하면 그것은 우리 앞에 계신 하느님과의 친교이기 때문이다. 거룩한 일치는 교회가 천상에서 도달하길 바라는 구원의 징표이다.

그러나 디아니흐는 구조적인 특징들(공번됨, 사도성)을 언급함에 있어서 그것들이 교회가 움직이는 사회적-세속적인 좌표 축 내에서 필수적인 구조들과 관련된 것이라고 말한다. 특히 진정한 교회적 사건은 공번된 차원에 있으며 일시적으로는 사도적 지속성에도 있다. 보편성은 특히 복음적인 사명에서 드러나는 그리스도의 몸인 교회로부터 직접 유래하는 결과이다. 그러나 그것이 정통성이란 주제와 관계가 없는 것은 아니다(p.648). 그리고 주교는 탄생하는 새 공동체들의 구조화에 있어서 주춧돌이다. 또한 로마의 주교는 완전함의 요소이다.

교회는 온전히 새로운 형태로 자기 자신의 기원이 될 수 없으며 자신의 신앙을 새롭게 발명할 수도 없다. 이렇듯 사도성은 교회가 사도적 교회와 결속되는 것을 말한다. 그러나 과거에 대한 이런 충실함은 미래를 향한 긴장 안에서 살아간다. 사도성이 그리스도를 믿는 모든 공동체에 있어서 보편적인 친교의 공간에서 구체화되는 거룩한 일치를 구현시켜주는 조직인 것처럼, 보편적 친교는 모든 그리스도인 세대의 신앙 체험을 하나로 모으는 가운데 사도성과 더불어 모든 시대를 포괄한다(p.650).

404. Y. Congar, *o. c.*, p.547.

405. *Ibid.*, p.558.

406. J. Collantes, *La Iglesia de la palabra* I, p.525.

407. Y. Congar, *o. c.*, p.554.

408. 큉은 사도성에 대해 다음과 같이 말하고 있다. "우리는 교회가 사도적이라고 고백한다. 사실 모든 교회는 예수 그리스도의 복음 설교를 통해 사도들에 의해 모아진 새로운 하느님 백성이다. 전체 교회는 사도들의 기초 위에 건설된 성령의 성전이다. 전체 교회는 사도들의 봉사를 통해 일치를 유지하는 그리스도의 몸을 구성한다. 따라서 사도들의 권위 있는 사명은 바로 이 사도들을 통해 소집된 교회로 이어졌다. [⋯] 교회는 순명 안에서 사도들의 계승자이다. 교회는 바로 이 순명에서부터 출발해서 권위와 권력을 갖게 된다. 이렇게 이해된 사도성으로부

터 교회의 참된 단일함과 거룩함 그리고 공변됨이 규정된다. 이러한 특징들은 사도들의 기초 위에 놓여야 한다. 그러므로 여기서 관건은 역사적으로 이해된 계승이 아니라 무엇보다도 내밀하면서도 객관적인 일치이다. 이는 단순히 교회 자신에 의해 실현되는 것이 아니라 하느님의 영과 그리스도의 영에 의해 선사된 조화이다. 이러한 영은 사도들과 그들의 증언을 충만하게 했으며 교회로 하여금 그리스도를 따르도록 자극하고 움직여준다.

한편, 우리는 사도성을 제반 사정들에 대한 단순한 전수로 축소할 수 없다고 말해야 한다. 그것은 무엇보다도 사도들로부터 출발해서 신앙과 구원의 원리들을 전수하는 것이다. 그러나 비록 모든 하느님의 백성이 사도들의 믿음을 지속함에도 불구하고 오직 사도들만 — 그리고 그들과 더불어 그들의 계승자인 주교들만이 — 교회를 통치하기 위해 그리스도의 권한들을 부여받았다. 그리고 오직 그들만이 축성을 통해 자신의 역할들을 발전시키기 위한 성령의 보증을 받았다"(*La Iglesia*, Barcelona 1969, p.424).

409. *O. c.*, pp.571-572.

410. *Ibid.*, p.567.

411. *Ibid.*, p.568.

412. F. A. Sullivan, *o. c.*, p.205.

413. 루터에게 있어서 이 성찬례 개념에 대한 연구는 다음의 작품을 참조하기 바란다: *El misterio eucarístico*, Madrid 1986, pp.286ss.

414. 참조: M. Garijo, *La comunión de los santos*, p.219. 가리호는 사도 계승을 위해서 주교들을 통한 수품이 필수적인 것은 아니라고 말한다. 그는 언급하길, 예를 들어 프로테스탄트 신자들은 16세기와 같은 위급한 상황 속에서 사제적인 계승을 따랐다고 한다. 이런 경우 'Ecclesia supplet(교회는 보완한다)'이라는 공리를 적용할 수 있으며, 비록 충만한 사도적 직무 계승을 보전하지는 못했지만, 프로테스탄트 교회 내에서의 수품을 인정할 수 있다고 그는 보았다.

아무튼, 그는 동방교회 신학자인 지지울라스(Zizioulas)의 경륜(economia) 개념에 동의하면서, 문제의 해결은 직무들과 공동체 사이의 연계를 통해 이루어질 수 있다고 보았다. 따라서 구체적인 직무에 유효함을 주는 것을 고립되고 객관적인 여러 규범 안에서 찾지 말고 직무의 운반자가 속하는 바로 그 공동체 안에서 찾아야 한다. 이렇듯, 직무들에 대한 승인은 다른 지역 공동체들과 더불어 친교 가운데 있는 공동체에 대한 승인으로부터 유래할 것이다(*O. c.*, p.253).

보는 바와 같이, 이러한 전망은 가톨릭 신앙이 말하는 것과 온전히 일치한다. 즉 직무는 공동체로부터 나오는 것이 아니라 오직 사도 계승을 통해서만 설명될 수 있고 이러한 직무가 바로 공동체 안에서 그리스도를 대리하는 주교를 세워준다는 것이다. 가리호는 평신도가 성찬례를 집전할 수 있다고 옹호한다. 이와 마찬가지로 그는 또한 직무가 성찬례에서 유래하며 여기에 의존한다고 보았다. 그에 따르면 성찬례와 직무는 함께 간다.

415. R. Blázquez, "Ministerio y poder en la Iglesia", en: *Communio* 3(1984), p.222.

416. 참조: M. Löhrer, "La Jerarquía al servicio del pueblo cristiano", en: G. Baraúna, II, pp.715-719.

417. K. Rahner - J. Ratzinger, *Episcopado y primado*, Barcelona, 1965; E. Boullarand, "La consécration episcopale est-elle sacramentelle?", en: *Bull. Litt. Eccl.* 54 (1953), pp.3-36; J. Lécuyer, "Pentecôte et épiscopat", en: *Vie Spir.* 86(1952), pp.451-466; Id., "Le sacrament de l'épiscopat", en: *Div.* 1(1957), pp.221-251; C. Journet, "Vues récentes du sacrament de l'Ordre", en: *Ver. Thom.* 52(1953), pp.81-108; P. Anciaux, "L'épiscopat (ordo episcoporum) comme réalité sacramentelle", en: *Nouv. Rev. Theol.* 85(1983), pp.139-159; E. Bouëssé, "Episcopat et sacerdoce, 1. L'opinion moderne", en: *Rev. Scien. Rel.* 28(1954), pp.240-257; Id., "Le caractère épiscopal", en: AA.VV., *L'evêque dans l'Église du Christ*, Paris 1963, pp.361-369; J. Lécuyer, "Caractère collegial du presbytérat et de l'épiscopat", en: *Etudes sur le sacremente de l'Ordre*, Paris 1966; Y. Congar y B. Dupuy, *El episcopado y la Iglesia universal*, Barcelona 1966; U. Betti, *La dottrina dell'episcopato nel cap. III della Cost. Dom. Lumen Gentium*, Roma, 1968; J. Colson, *L'épiscopat catholique*, Paris 1965; D. Grasso, "L'ufficio pastorale dei vescovi", en: *Civ. Cat.* 1966, 1, pp.318-327; J. Urtasun, *L'Evêque dans l'Église et son diocèse*, Paris 1961; A. Antón, *El misterio de la Iglesia* II, Madrid-Toledo 1987, pp.235ss.

418. *In 4Sent.*, d.4, q.2, a.1, sol.2; q.3, a.2, sol.2, ad.2.

419. 참조: Y. Congar, *Eclesiología desde S. Agustín*, p.101.

420. *Ibid.*, p.103.

421. *De sacr.*, II, 2,5.

422. *Sent. IV*, d.24, c.14, n° 248.

423. *O. c.*, p.103.

424. G. Philips, I, p.315.

425. *Trad. Apost.* n° 3(Ed. Bott, pp.27-30).

426. I, p.318.

427. *Ibid.*, p.319.

428. *Trad. Apost.*(Ed. Botte, p.27).
429. Ed. Mohlberg, Roma 1960, p.121.
430. I, p.323.
431. M. Sánchez Monge, *Eclesiología La Iglesia, misterio de comunión y misión*, Madrid 1994, p.411.
432. I, pp.329-330.
433. I, p.333.
434. L. Lécuyer, *La triple potestad del obispo*, en: G. Baraúna, II, p.891.
435. K. Rahner - J. Ratzinger, *Episcopado y primado*, Barcelona 1965; A. Antón, *Primado y colegialidad*, Madrid 1970; F. García Martinez, "Colegialidad episcopal", en: *Rev. Esp. Teol.* 24(1964), pp.37-59; G. Braun, "Primacy and Episcopacy", en: *Dominicana* 49(1964), pp.7-15; B. Xiberta, "Il Papa e i vescovi", en: *Div. Thom.* 67(1964), pp.165-182; A. Briva, *Colegio episcopal e Iglesia particular*, Barcelona 1959; J. Hamer, "El cuerpo episcopal, unido al Papa", en: *La Iglesia es una comunión*, Barcelona 1965; T. Jiménez Urresti, *El binomio «episcopado-primado»*, Bilbao 1962; C. Pozo, "El problema de la colegialidad en el Vaticano II", en: *Razón y Fe* 171(1965), pp.635-640; M. J. Le Guillou, "Le parallélisme entre le collège apostolique et le collège épiscopal", *Istina* 10(1964), pp.103-110; C. Colombo, "Episcopato e primato pontificio nella vita della chiesa", en: *Scuol. Cat.* 88(1960), pp.401-434; J. Ratzinger, "La colegialidad episcopal", en: G. Baraúna II, pp.752-777; S. Lécuyer, "La colegialidad episcopal y los fundamentos bíblicos", en: G. Banaúna, II, pp.813-828; I. Lécuyer, *Etudes sur la collégialité épiscopale*, Lyon 1964; J. Arrieta, "La colegialidad episcopal", en: *Est. Ecl.* 38(1963), pp.5-56; AA.VV., *La collégialité épiscopale*, Paris 1965; T. Urdanoz, "Los concilios y la colegialidad episcopal", en: *Cien. Tom.* 91(1964) I, pp.436-455; J. Colson, *L'épiscopat catholique. Collégiaté et primauté dans les trois premiers siècles de l'Église*, Paris 1963; D. M. Stanley, "The New Testament basis oft the concept of collegiality", en: *Theol. Stud.*(1964), pp.197-216; J. Dejaifve, "Episcopat et collège apostolique", en: *Nouv. Rev. Theol.* 85(1963), pp.80-818; G. D'ercole, *Communio. Collegialità, Primato et sollicitudo omnium ecclesiarum dai Vangeli a Constantino*, Roma 1964; R. Laurentin, *Le Synode permanent*, Paris 1970.
436. J. Ratzinger, "La Colegialidad episcopal", en: G. Baraúna, II, p.776.

437. H. de Lubac, *Iglesia particulares e Iglesia universal*, Salamanca 1974.
438. *Ibid.*, p.82.
439. *Epist.* 68, 3-4.
440. *Contra Parmen. Dom.* 1, 4.
441. *Epist.* 22, 8.
442. *Epist.* 5, 2.
443. *O. c.*, p.85.
444. I, p.347.
445. I, p.349.
446. 드 뤼박은 주교단이란 교리가 다시금 갑작스럽게 되살아나는 데 있어서 왜곡될 수 있는 위험이 있음을 지적한다. 즉 많은 영들에게 있어서 익히 알려진 이미 규정된 모델들과 더불어 동일화하려는 것을 보게 된다. 이러한 모델들은 인간 사회의 역사나 상황들 또는 우리 시대의 관념들로부터 취해진 것이다(참조: H. de Lubac, *o. c.*, pp.74-75).
447. H. de Lubac, *o. c.*, p.83.
448. I, p.408.
449. 대부분의 신학자들은 교회 안에 최고의 권한을 누리는 부적절하게 구분된 두 주체가 있다고 생각한다. 그러나 다음과 같은 다른 견해들도 있다.
라너(K. Rahner - J. Ratzinger, *Episcopado y primado*, Barcelona 1965) 그리고 히메네스 우레스티(J. Jiménez Urresti, "La potestad del Romano Pontífice sobre el colegio episcopal y, mediante él, sobre la Iglesia universal", en: *Rev. Esp. Teol.* 24(1964), pp.379-434; Id., "Ontologie de la communion et estructures colegiales dans l'Église", en: *Con.* 8(1965), pp.13-22)는 다음과 같이 주장한다. 즉 교회 내에는 보편적 권한을 갖는 오직 하나의 주체만이 있다고 한다. 이는 다름 아닌 주교단이다. 이 주교단은 공의회에서 단체적으로 교황과의 친교하에 자신의 권한을 실현할 수 있거나 또는 공의회 밖에서 그 자신의 중심적 기관을 통해 교황과 동등하게 그 권한을 실현할 수 있다. 그리스도는 한 분이시며 교회 내의 중심적 권한 역시 그분이어야 한다. 한편, 베니(Beni, *La nostra chiesa*, Firenze 1989, pp.592ss)는 설명하길, 베드로가 아니라면 주교단은 있을 수 없다고 한다. 그는 단장으로서 이 주교단의 일부를 구성하며 이 역할을 잘 할 수 있도록 모든 이에 대한 최상권을 부여받았다. 따라서 교황은 주교단 내에서 모든 교회에 대한 직접적이고 즉각적인 사명을 받았다. 확실히 그는 다른 주교들과 더불어 교회를 통솔하도록 부름받은 교황이다. 교황이 자신의 최상적 권한을 수행하는 데 있어서 주교단의 합의성이 그의 고유한 개인적 수행 형태를 제한하지는 않는다. 그러나 비록 그렇다 하더라도 교황은 주교단을 총괄하며 그럼으로써 성령의 지속적인 도움과 더불어 사도 전승의 해석자가 될 수 있다고 베니는 끝맺는다. 그는 이 노선을 대표하는 사람이다.

그렇지만 이러한 주장에는 다음과 같은 속임수가 숨어 있다. 물론 교황이 언제나 주교단의 단장인 것만은 분명하다. 그러나 늘 그런 식으로 구현되는 것은 아니다. 교황이 어떤 사안에 대해 합의체적 행위를 배제하면서 개인적인 방식으로 자신의 권한을 구현하고자 결정할 때는 그가 주교단의 단장으로서 직무를 수행한다고 말할 수 없다. 이 경우 주교들의 고유한 권한을 그에게 부여할 수 없다는 단순한 이유로 인해 그가 주교단을 총괄한다고 말할 수 없다. 그러므로 그것은 그가 자신의 고유한 권한과 더불어 주교단 밖에서 구현하는 것이다. 사전 설명 주석은 교황 홀로 수행하는 것과 주교들과 더불어 수행하는 것 사이를 구별하고 있다.

이와는 반대로, 게라르디니(Gherardini, *La chiesa, misterio y servizio*, Roma 1994, pp.270ss)는 유일하고 충만한 권한의 주체로서의 교황에 대해서만 말할 수 있다고 보았다. 그는 지적하길, 똑같이 충만한 최고의 보편적 권력을 갖는 둘 또는 그 이상의 주체들이 있다는 것은 제반 사물들의 질서에 상응하지 않는다고 한다. 그러나 우리는 더 나아가 교황이 주교단의 단장으로서 이 주교단에 속하며 그 안에서 교황적인 수위권을 잃어버리지 않는다는 점을 고려해야 한다. 따라서 교황은 주교단의 형상적 원리가 되는데, 이는 주교단이 그의 권한에 참여하기 때문이다. 한마디로 말해, 교황이 개인적으로 행동할 때 그는 최고 권력의 유일한 주체가 된다. 그리고 그가 주교단 안에서 행동할 때에도 역시 그는 그러한 권력의 주체가 된다. 왜냐하면 주교단은 교황으로부터 그가 갖는 최고 권한의 특성을 받기 때문이다.

문제는 교황이 주교단의 형상적 구성 원리라는 것을 단언할 수 없다는 데 있다. 주교단에 있어서 단장은 필수 불가결한 조건이다. 그러나 교황이 주교단 안에서 주교들의 권한에 있어서 원인이 되는 것은 아니다. 주교단은 최고 권한의 주체이다. 왜냐하면 주교단은 사도단을 재생하며 주교들은 ― 교황으로부터 직접 받는 것이 아니라 ― 사도 계승을 통해서 자신의 권한을 받기 때문이다. 교황은 주교단의 조건이지만 이 합의체의 형상적 원인은 아니다.

450. C. Journet, *La primauté de Pierre dans la perspective protestante et dans la perspective catholique*, Paris 1953; J. Salaverri, "Valoración del Primado romano", en: *Rev. Esp. Teol.* 30(1970), pp.369-389; A. Antón, *Primado y colegialidad*, Madrid 1970; M. Schmaus, "Papa", en: *Sacr. Mund.* 5, p.163; K. Rahner - J. Ratzinger, *Episcopado y primado*, Barcelona 1965; T. Jiménez Urresti, *El binomio «episcopdo-primado»*, Bilbao 1962; U. Betti, "Natura e portata del primato del romano pontífice secondo il concilio Vaticano", en: *Ant.* 4, 34(1959), pp.161-244, 369-408; O. Cullmann, C. Journet y otros, *Il primato*

*di Pietro nel pensiero cristiano contemporaneo*, Bologna 1965; B. Prete, *Il primato e la missione di Pietro*, Brescia 1969; J. Galot, "Il potere conferito a Pietro", en: *Civ. Cat.*(1981) III, pp.15-29; U. Lattanzi, *El primado romano*, Barcelona 1963; W. Bertrans, "Die Einhaeit von Papst und Bischofskollegium in der Ausübung der Hirtengewalt durch den Träger des Petrusamtes", en: *Greg* 48 (1967), pp.28-48; G. Thils, *La primauté pontifical*, Gembloux 1972; H. Stirnimann, L. Vischer, *Papato e servizio petrino*, Roma 1976; P. Gächter, *Petrus und seine Zeit*, Innsbruck 1958; L. P. Battifol, *Cathedra Petri*, Paris, 1938; Id., *La chiesa recente e il cattolicesimo*, Firenze 1971; E. López Doriga, *San Pedro y el Romano Pontífice*, Granada 1957; O. Cullmann, *St. Pierre*, Paris, 1953; G. Dejaifve, "Le premier des éveques", en: *Nouv. Rev. Theol.* 82(1960), pp.561-579; B. Xiberta, "Il Papa e i vescovi", en: *Div. Thom.* 67(1964), pp. 165-182; J. M. Tillard, *El obispo de Roma. Estudio sobre el Papado*, Santander 1986; O. Karrer, *Um die Einheit der Christen. Die Petrusfrage*, Frankfurt 1953.

451. Y. Congar, *Eclesiología desde S. Agustín*, p.41.

452. *Ibid.*, p.47.

453. *Ibid.*

454. *Ibid.*, p.49.

455. *Ibid.*, p.57.

456. *El nuevo pueblo de Dios*, pp.150-151.

457. *Ibid.*, pp.152ss.

458. *El nuevo pueblo de Dios*, pp.58ss.

459. *Ibid.*, p.65.

460. *Eclesiología desde S. Agustín*, p.152.

461. *Ibid.*, p.112.

462. *Ibid.*, p.113.

463. *Ibid.*, p.114.

464. *Ibid.*, p.117.

465. *Quare fratres minores paraedicent* n.2, 3. Opera VIII, p.375.

466. *O. c.*, p.135.

467. *Ibid.*, pp.136ss.
468. 참조: *El misterio de la Iglesia* I, Madrid-Toledo 1986, pp.183ss.
469. J. Collantes, *La Fe de la Iglesia Católica*, Madrid 1983, p.458.
470. *Ibid.*, p.459.
471. Y. Congar, *o. c.*, p.198.
472. 참조: Noël Valois, *La crisis réligieuse du XV siècle. Le pape et le concile (1418-1450)* I, Paris 1909, XXIII; Hefele-Leclerq, *Histoire des conciles* I, Paris 1907, pp.68ss.
473. Y. Congar, *o. c.*, p.200.
474. *Ibid.*, p.248.
475. R. Aubert, *Vaticanum I*, Mainz 1965; U. Betti, *La constituzione dogmatica «Pastor aeternus», del concilio Vaticano I*, Roma 1961; J. P. Torrell, *La théologie de l'épiscopat au premier concile du Vatican*, Paris 1961; W. Kasper, "Primat und Episkopat nach dem Vat. I", en: *Theol. Quart.* 142(1962), pp.47-83; H. J. Pottmeyer, *Unfehlbarheit und Souveranität. Die päpstliche Unfehlbarheit im System der ultramontanem Ekklesiologie des 19 Jahrhunderts*, Mainz 1975; Y. Congar, *La eclesiología desde S. Agustín*, p.275(보다 광범위한 참고 문헌은 pp.275-276을 보라); A. Antón, *El misterio de la Iglesia II*, Madrid-Toledo 1987, pp.321ss.
476. Mansi, 52, p.1105.
477. Y. Congar, *o. c.*, p.278.
478. Mansi, 52, p.1215.
479. 티야드(Tillard)는 교황권에 관한 자신의 작품(참고: 미주 450)에서 비오 9세의 모습은 이스라엘 백성이 여러 시험 가운데 하느님을 가시화하고자 했던 필요성으로부터 나오는 열등감을 가진 인물의 모습이라고 하면서 이 상황을 조소하고 있다(*O. c.*, 34). 그에 따르면, 제1차 바티칸의 수위권은 교회에서 지적 자유를 부인하는 교황 지상주의(ultramontanismus)에 상응하며 이 전망에서 주교들은 단지 교황의 대리자로 간주될 뿐이다.
480. 티야드는 교회 안에 오직 유일한 최고 권력의 주체만이 있다고 언급한다. 그 주체란 일치의 중재자인 교황과 함께하는 사도단이다. 그는 제2차 바티칸 공의회가 제1차 바티칸 공의회를 통해 들어온 불균형에 대해 의식하고 있었으며 비록 동일한 구절을 유지했음에도 불구하고 실제로는 이를 새로운 틀 안에서 재해석

했다고 지적했다. 제1차 바티칸 공의회가 교회를 그 수장을 기점으로 해서 지상의 상태로부터 이해된 데 반해, 제2차 바티칸 공의회는 사도의 후계자로 이해되는 주교들 그리고 이들이 함께 보편 교회의 바탕을 이룬다는 사실로부터 출발해서 교회를 접근하고 있다(O. c., p.56). 그러나 티야드는 제2차 바티칸 공의회가 로마교황에 대한 가르침에 있어서 1차 공의회를 따르고자 하는 분명한 의도를 잊고 있다. 또한 그는 전체 교회에 대한 최고의 충만한 보편적 권한으로서의 수위권에 대해 언급하고 있는 「교회 헌장」 22항을 잊고 있으며 사전 설명 주석의 신학에 대해서도 언급하지 않는다.

문제는 그가 모든 교회와 각 개별 교회에 대한 교황의 통상적 보편적 권한을 거부하고 있다는 점이다. 왜냐하면 그는 이 권한이 지역 주교의 권한과 충돌을 일으키는 단초가 된다고 보았기 때문이다. 그에 따르면, 이는 주교들을 마치 로마 교황의 위임자나 대리자로 여길 수 있는 위험의 소지를 안고 있다고 한다(O. c., p.167). 그러나 어떤 교구이든 간에 개입할 수 있는 통상적 권한을 갖는 교황이 이를 통상적으로 다시 말해 언제나 하는 것은 아니라고 인정하기만 한다면 이 문제는 해결될 수 있다. 그래서 공의회의 보고자인 치넬리(Zinelli)는 이렇게 말한다. "최고 사제는 의심할 바 없이 어느 교구에서든 주교적인 행위를 고유하게 실현할 수 있다. 그렇지만 만일 그가 그 교구의 주교에 상관없이 자기 권한을 일상적으로 사용하는 가운데 이를 증가시킨다면, 그것은 교황이 교회를 건설하기 위해서가 아니라 파괴하기 위해서 자신의 권한을 사용하고 마는 꼴이 된다. 하지만 그토록 불합리한 가정을 누가 생각이나 할 수 있을까?"(Mansi, 52, p.1105).

사실, 비스마르크(Bismarck)는 공의회가 끝난 후에야 주교들의 관할권이 폐지될 수 있다는 점을 알아차렸다. 이에 독일 교회의 주교들은 좋은 뜻에서 이렇게 응답했다. 즉 교황이 브레슬라우의 주교는 아니라고, 필요한 경우 교황이 개입할 수는 있지만 그것은 그 교구의 주교 자격이 아니라 교황의 자격으로 개입하는 것이다. 그러나 그렇다고 이러한 개입이 그로 하여금 자기 마음대로 변덕스럽게 개입하는 절대 군주를 만드는 것은 아니다. 비오 9세는 1875년 3월 15일 훈화에서 이러한 독일 교회 주교들의 태도를 칭찬한 바 있다.

사실상 티야드가 주장하는 것은 교황의 권한을 주교단 내의 일치를 조정하는 역할로 축소하려는 것이었다. 그것은 주교단 내에서 일치를 고무하는 사람일 뿐 모든 그리고 각 교구에 순명을 요구할 만큼의 관할권을 갖지는 못한다. 티야드에게 있어서 교황의 무류성은 주교단의 무류성을 표현하는 한에서 교회의 무류성을 표현하는 것이다(O. c., 223). 그는 말하길, 공의회들과 교황들의 결정을 받아들이는 것은 무류성의 논리 그 자체에 귀속되는 것이라 한다. 하느님 백성은 교계적인 결정 안에서 사도적인 신앙을 인정한다(O. c., p.224).

반면, 가리호(Garijo)는 자신의 작품 *La comunión de los santos*(성인들의 친교)에서 이와 비슷한 입장을 소개하고 있다. 그에 따르면, 신약성경에는 베드로에 대한 일종의 수위권이 드러나고 있으며, 교부들은 로마의 중요성에 대해 인용하고 있다. 왜냐하면 베드로와 바오로가 로마에서 순교했으며 로마는 제국 내에서 예루살렘을 계승하는 교회로 이해됐기 때문이다. 그러나 교회 내에서의 로마의 수위권이 마치 그리스도에 의해 설정된 것처럼 이해돼서는 안 되며 무엇보다도 하느님의 계획 또는 섭리에 기인하는 그 무엇으로 이해해야 한다(O. c., p.288). 구체적으로 그 수위권은 관할권에 대한 수위권이 아니라 합의성 내에서 이루어지는 일치를 위한 봉사로 이해해야 한다(O. c., p.290). 그의 역할은 친교(koinonia) 생활을 감독하는 것이며 무엇보다도 오늘날의 다원주의적 맥락 안에서 아주 조심스럽게 이를 수행해야 한다. 오늘날에는 과도하다 싶을 정도의 중심주의가 드러나고 있다. 하지만 이는 시노드들을 통해 수정되어야 한다. 교황의 수위권은 주교단 내에서의 일치를 위한 특별한 역할을 갖는다. 결국, 권위의 수행은 관할권이 아닌 친교(koinonia)에 대한 것이 되어야 한다(O. c., p.294).

481. *Ut unum sint*, 95.
482. H. de Lubac, *Las Iglesias particulares en la Iglesia universal*, pp.136-137.
483. *Ibid.*, pp.135-136.
484. R. Blázquez, "Una institución conciliar con futuro: el sínodo de los obispos", en: F. Chica, S. Panizzolo, H. Wagner, *o. c.*, pp.549-559; A. Antón, "Episcoporum synodus: partes agens totius catholici episcopatus", en: *Per. Mor. Can. Lit.* 57 (1968), pp.496-527; V. Fagiolo, G. Concetti(Ed.), *La collegialità episcopale per il futuro della Chiesa*, Firenze 1969; A. Antón, "Collegiality and synod", en: *Roman Echoes* 2(1970), pp.5-25; J. Tomko(Ed.), *Il sinodo dei vescovi. Natura. Metodo. Prospettive*, Vaticano 1985.
485. W. Onclin, *La Charge pastorale des évêques*, Paris 1969, p.94.
486. 엘로이 부에노(E. Bueno, *o. c.*, p.229)는 교회적인 대표성의 원천인 여러 교회들과의 친교에 근거해서 시노드 주교들이 단체 내에서 자신의 형제들을 대표한다는 입장을 옹호하고 있다. 물론 여기에는 그 나름의 대표성이 있다. 하지만 그것이 심의 자격을 가진 단체 조직을 구성할 만큼의 대표성을 갖는 것은 아니다. 오직 교황과 일치된 주교들의 보편성만이 이 단체를 구성할 수 있을 뿐이다. 언급한 바와 같이, 한 주교의 고유한 권위는 선임될 수 있는 것이 아니다.
487. 라너는(K. Rahner, *Cambio estructural de la Iglesia*, Madrid 1974, pp.129-130) 이 점에 대해 한 가지 제안을 하고 있는데, 이에 따르면 일치를 이루는 것은 교의적인 일치의 길(이는 수많은 어려움으로 가득 찬 길이다)을 따르는 것이 아니라 전체 교회들에 대한 제도적인 개혁을 통해 가능하다는 것이다. 이러한 교회들 간의 일치에는 논리적으로 보면 교황이 포함되어야 하지만, 모든 이들에 의해 받아들여진 교황이 비가톨릭계 교회들의 자주성을 유지하고 그들에 대해 개입하지 않는다는 가능성이 포함되어야 한다. 한편, 교황은 가톨릭 교회와의 관계에서 통상적인 개입의 형태를 따를 것이다. 이렇게 해서 시간이 지남에 따라 제반 사안

들에 대한 진화가 이루어질 것이라고 라너는 보았다.
여기서 드러나는 것처럼, 라너는 결코 존재하지 않았던 교회 형태로 우리를 데려 가고자 한다. 왜냐하면 교회는 시초부터 로마교회와의 교의적인 일치가 친교에 있어서 필요 불가결한 필수 조건임을 견지했기 때문이다.

488. *O. c.*, p.129.
489. *Ibid.*
490. *Ecclesia*(1975), 1941-1983, 1515-1517. 이 주제에 관한 아티클은 다음과 같다: R. Tucci en *Doc. Cah.* 27(1975), pp.1011-1012
491. *Ad Philp.* 4.
492. I, p.428.
493. CDF, *La vocación eclesial del teólogo*, p.19.
494. D. Iturrioz, "El magisterio conciliar infalible", en: *Est. Ecl.* 40(1965), pp.5-26, 163-186; W. Kasper, "La Iglesia bajo la palabra de Dios", en: *Conc.* 4(1965), pp.90-94; G. Thils, "L'infaillibilité du peuple chrétien in credendo", en: *Eph. Theol. Lov.*(1963); H. Fries, *o. c.*, pp.605ss; J. Montaner, "Verdad perenne de la Iglesia", en: *Rev. Esp. Teol.* 25(1965), pp.231-275; K. Rahner, *La Infalibilidad de la Iglesia católica*, Madrid 1978.
495. CDF, *La misión eclesial del teólogo*, p.14.
496. J. Collantes, *La Iglesia de la Palabra* II, p.171.
497. CDF, *La vocación eclesial del teólogo*, p.19.
498. F. Guillemette, *Théologie des conférences épiscopales*, Montreal 1995; G. Légrand, J. Manzanares, A. García y García, *Naturaleza y futuro de las conferencias episcopales*, Salamanca 1989; A. Antón, *Conferencias episcopales. ¿Instancias intermedias?*, Salamanca 1989; G. Legrand, J. Manzanares, A. García y García, *Iglesias locales y catolicidad*, Salamanca 1992; A. Antón, "¿Ejercen las conferencias episcopales un munus magisterii?", en: *Greg.* 70 (1989), pp.439-494; Id., "Bases teológicas de las conferencias episcopales", en: *Sel. Teol.* 30(1990), pp.70-80.
499. AAS 58(1996), p.774.
500. 이 점에 대해 제2차 바티칸 공의회는 다음과 같이 말한다. "보편법이 규정하였거나 사도좌의 특별위임이 자의로나 그 주교회의의 청원에 따라 결정한 안건들에 서만, 의결 투표권을 가진 주교회의 소속 주교들의 적어도 3분의 2 찬성표를 얻

고 사도좌의 승인을 받아 합법적으로 공포된 주교회의의 결정들은 법적 구속력을 갖는다"(CD 38).

501. H. de Lubac, *Las Iglesias particulares*, p.90.
502. *O. c.*, p.87.
503. *O. c.*, p.94.
504. *Ibid.*
505. Y. Congar, *La fe y la teología*, Barcelona 1970, p.215.
506. J. Collantes, *o. c.*, p.185.
507. A la Universidad del Sacro Cuore: 5, 6, 1987: Palabra(DF 92).
508. Juan Pablo II, *Discurso del 14.3.1988 al IV Congreso internacional de la familia*: AAS(1988), pp.1323-1325.
509. *Ordinatio sacerdotalis*: AAS(1994), p.545.
510. Responsum de la CDF: AAS(1995), p.1114.
511. Osser. Rom. 10. 12. 1996.
512. 참조: P. Faynel, *La Iglesia* II, p.100.
513. 그래서 뉴먼은 이렇게 말한다(Newman, *Apologia pro vita sua*, Madrid 1977, pp.192-193): 세상이 자기 창조주에 대해 충분히 결정적이고 명확한 앎을 갖는 것이 창조주의 뜻이라고 가정해 보자. 만일 그랬다면 창조주께서는 종교적인 질료 안에 무류성을 부여하는 방법을 세상 안에 이끌어 들였을 것이다. "이것이야말로 바로 가톨릭 교회를 재평가하게 해주는 특전으로서 이는 단지 어떤 관념을 허용해야 하는 어려움을 체험하지 않을 뿐 아니라 특전 자체가 정확히 정해야 할 것에 상응하는 것을 고려하게 하는 것으로서 내 영은 그 관념에 동화된다. 나는 창조주의 자비로 자신의 목적에 섭리적으로 적합한 기관으로서의 교회의 무류성에 대해 말하고 싶다. 이 무류성은 세상 안에서 신앙을 보존하고 사고의 자유를 담아내도록 예정됐으며 분명 그 자체로 우리가 갖고 있는 커다란 본성적인 선물들 가운데 하나이다. 이 무류성은 그 선물들이 너무 지나쳐서 자멸로 이어질 수 있는 것으로부터 교회를 보호한다."
뉴먼이 말하고자 하는 바는, 만일 무류성이라는 특전이 주어지지 않았다면 교회가 하느님으로부터 받은 진리를 세상에서 유지하는 것은 불가능했을 것이라는 점이다. 만일 이 특전이 아니었다면 이 진리는 벌써 우리로부터 사라져 버렸을 것이다.
514. 교회론 연구에서 관심을 끄는 사안 가운데 하나이자 중세 신학자들이 해결하려

시도했던 문제 가운데 하나는 교황이 이단에 빠질 수 있는가 하는 것이었다. 이에 대해서는 흔히 단의론(單意論, monotelismus)을 둘러싼 호노리오(Honorius) 교황(625-638)의 문제가 자주 거론되곤 했다. 당시 세르지오(Sergius)는 단일 작용론(monoenergetismus)을 주장한 바 있다. 이에 따르면, 그리스도 안에는 오직 하나의 힘 또는 작용만이 존재한다. 즉 신적-인간적 작용(teándrica)이 그것이다. 그는 여기서부터 출발해서 쉽게 단의론에 이르게 되었다(즉 그리스도 안에는 하나의 의지만이 있다고).

하지만 이집트의 수도승인 고백자 막시모(Maximus Confessor)와 얼마 후 예루살렘의 총대주교로 뽑힌 소프로니오(Sofronius)는 그 이론에 반대했다. 세르지오는 자신의 시도가 단성론(單性論, monophysitismus)과 일치할 위험이 있음을 보았으며 이에 그리스도에게 있어서 하나 또는 두 가지의 작용에 대해 언급하지 않을 것임을 소프로니오에게 제안했다. 소프로니오는 교황 호노리오에게 호소력 있는 장문의 편지를 썼는데, 코얀테스는(*La fe de la Iglesia católica*, p.218), 이 편지가 교황의 조심성 없는 회신을 검증하기 위해 중요하다고 상기한다.

계속해서 코얀테스는 설명하길, 문맥상 "요한 4세와 이 편지의 편집자인 요한 아빠스의 증언을 통해, 당시 교황은 신적인 의지에 저항하지 않는 인간적 의지에 대해 말했다는 것을 알 수 있다." 그가 어떤 교의적인 오류들을 범한 것은 아니지만 그렇다고 문제에 대한 해결책을 제시한 것도 아니었다. 규율적인 관점에서 보면 그리스도 안에서 하나 또는 두 개의 의지에 대해 말하는 것은 금기시된다. 문제는 교황이 과연 이단에 빠질 수 있는지의 가능성 여부에 대해 중세 당시 철저히 논의되었다고 하는 점이다. 12세기에는 이단 교황에 대한 가능성이 견지되었으며, 따라서 교황은 언제나 교회와 일치해 있어야 한다고 사료됐다. 반면, 성 토마스(Santo Thomas)는 이를 거부하고 있다(II-II, 1, 10). 당시 교회 학자들이 교회가 신자들의 모임 또는 공동체로서 오류를 범할 수 없다고 간주했다면 교황은 그 교회가 이단에 빠질 수 있다는 점을 허용하고 있다. 반면, 이들과 달리 성 토마스는 지적하길, 만일 교회가 무류적이며 이 교회가 교황의 권위와 더불어 수행된다면 교황은 오류를 범할 수 없다고 말한다(II-II, 11, 2).

오컴(G. Occam)은 오직 교회만이 무류적일 뿐 교황은 그렇지 않다고 보았다. 사실, 중세 그리스도교의 흐름에 있어서 교황이 잘못할 수도 있다는 것은 일반적인 견해였다. 베드로 데일리(Pedro d'Ailly)는 오직 보편 교회만이 무류적이라고 주장한다. 이미 15세기로 들어서면서 토르케마다의 요한(Juan de Torquemada)은 이단인 교황은 이단이 되는 순간 이미 교황임을 포기하는 것이라고 주장했다. 피렌체의 성 안토니노(Antonino)는 교황 역시 한 개인처럼 잘못할 수도 있다는 견해를 피력했다. 하지만 그가 공의회에 의지하며 보편 교회에 기대고자 할 때 이는 불가능하다고 말한다. 카예타노(Cayetano)는 이단인 교황에 대한 가정을 제기하면서 세상에 알려진 이단의 경우 교황 없이 모인 공의회, 즉 수장(首長)이 없는 공의회의 가능성을 받아들이고 있다.

오늘날의 신학자들은 한 개인으로서의 교황의 잘못에 대한 가능성을 받아들인다. 하지만 그가 보편적 사목자이자 최고 재판관으로서 말할 때에는 그렇지 않다(Collantes, II, 195). 이 문제에 대한 해결은 수장인 교황이 없는 공의회, 따라서 최고 권한을 갖지 않는 이 공의회에 호소하지 않는 가운데서 찾아야 한다. 또한 우리는 교황이 특별 교도권에 있어서뿐 아니라 통상 교도권에 있어서도 이단이 될 수 없다는 점을 염두에 두어야 한다. 통상 교도권에서 무염시태 교리를 부인하는 교황은 모든 교회를 오류로 이끌어 갈 것이다. 그러므로 교황은 오직 사적인 영역에서만 이단일 수 있다.

515. 동방정교회 세계에서 이 무류성 개념은 우리와 다르다. 지난 세기 러시아에서 위대한 지침이 되었던 소보르노스트(Sobornost)의 이론은 주교들이 백성을 통치함에 있어서는 이 백성의 사목자들이긴 하지만 신앙의 문제들은 공동체의 책임이라고 설명한다. 주교들은 어떤 신앙 문제에 관해 잘못할 수도 있으며 이 경우 교회 전체를 대표하지 않는다. 공의회의 어떤 결정 사항이 무류적이 되기 위해서는 공동체의 수용에 의지해야 한다. 교계 제도는 '그리스도의 인격 안에서(*in persona Christi*)'뿐 아니라 '교회의 인격 안에서(*in persona Ecclesiae*)' 구체화된다. 누구보다도 플로로스키(Florosky)와 엔도키모프(Endokimov)는 이렇게 생각했다.

최근 들어, 수용 개념이 일부분 친교 교회론의 성장에 힘입어 신학적 교회적 환경들 안에서 드러나고 있다. 의심할 바 없이, 수용이란 가끔 느린 과정이다. 이는 니케아 공의회(325)의 '호모우시오스(*omousios*)' 명제 안에서 잘 드러나고 있다. 이 명제는 알렉산드리아 시노드 그리고 성 아타나시오와 카파도키아 교부들이 기여하는 가운데 362년에 와서야 근본적으로 받아들여졌다.

엘로이 부에노(E. Bueno, *o. c.*, pp.247-248)는 구체화된 그리스도교 공동체의 느린 과정으로서의 수용은 어떤 결정에 대한 법적 요인의 구성적 요소가 아니며 이 결정에 어떤 유효성도 부과하지 않는다고 말한다. 오히려 수용되지 않을 경우 이는 그렇게 규정된 진리가 교회의 건설과 보편성에 기여하지 않는다는 것을 뜻한다. 그럼에도 불구하고, 수용은 필수적으로 규정된 진리에 대한 순종을 포함해야 한다. 사실, 이러한 수용이 이루어지지 않을 때 분열이 일어난다(예를 들어, 칼케돈 공의회를 받아들이지 않았던 단성론자 그룹을 생각해 보자). 한편, 수용되지 않음이 단순히 규정된 어떤 진리가 교회의 건설과 일치에 기여하지 않는다는 것을 선언함을 뜻한다고 말하는 것은 이러한 수용이 무익하며 이에 대한 거부를 촉발한다는 것을 선언하는 것이다. 사실, 최종적으로 규정된 진리를 거부하는 이들에 대한 파문을 포함하지 않는 진정한 친교란 없다.

516. 참조: P. Faynel, *o. c.*, II, pp.99,114.

517. G. Lafont, *Immaginare la Chiesa*, Torino 1998. 라퐁은 세상과 교회가 서로 모순된 현재 상황에서 서로 거리를 두고 있다고 주장한다. 왜냐하면 세상은 절대자 앞에 폐쇄된 근대성을 발전시켰고 또한 교회는 11세기의 그레고리오 개혁부터 시작해서 오랜 세기를 통해 강력하게 수직적이고 교계적인 모습을 형성했기 때

문이다. 이러한 형태에서는 무엇보다도 적법한 차이를 넘어서는 진리와 일치에 대한 추구가 우선시되었다. 그리고 신플라톤적인 전망에서 중개의 필요성은 그러한 일치를 보장하는 것으로서 특권을 누렸다.

반면, 근대성으로부터 탄생한 인식론적 규약은 제반 사물들의 자주성에 바탕을 두고 있다. 그것은 진리를 하나의 명제 안에 담을 수 없음을 잘 알고 있기에 결정적인 일치의 언사보다는 설화적·시적 언사를 사용한다. 근대성은 친교 안에서 진리를 알 수 있고 다름과 차별화를 추구한다고 주장할 때보다 겸손해진다. 이것이 바로 제2차 바티칸 공의회가 옹호한 언어이자 라퐁이 견지하는 언어이기도 하다.

비록 제2차 바티칸 공의회가 제시하는 교회가 자신을 구조화된 친교로 이해한다 하더라도 이 교회는 매일 더욱더 대화의 언어, 실존적인 언어, 참여와 친교를 추구해야 할 것이다. 이처럼 라퐁은 어떤 변화들을 제시하고 있는데, 그에 따르면, 이러한 변화는 시대의 징표들이 요구하는 바이며 현 세상과의 대화를 더욱 강화시켜준다고 한다. 예를 들어 이러한 대화는 교회가 성(性)에 대한 가르침을 재검토하는 것, 이혼한 사람들을 친교로부터 제외하는 것에 대한 재검토, 그리고 보다 유연성 있게 전례를 거행하는 것, 사제들의 결혼, 교황과 주교들의 선출에 있어서의 참여, 전례와 고해성사를 배치함에 있어서 지역 주교가 갖는 최대한의 자유, 단체적인 기관들에 대한 설립 등에서 이루어질 수 있다.

그러나 라퐁은 진리에 대한 인식 문제로 되돌아가서 ─ 저자는 진리에 대한 주제가 우선적이라고 주장한다(p.186). ─ 교권의 공식 문서들이 토마스의 영감을 받은 것들이지만 반면 천상에서 떨어진 것처럼 소개되고 있다고 지적한다. 그것들은 순명을 강요해선 안 되며 승인된 신학이 되지 않는 것을 인정해야 할 것이다(pp.188-189). 저자는 말하길, 교도권을 배제하지 말아야 하지만 이 교도권은 언제나 신플라톤적인 입장을 대변했다고 지적하고 있다. 따라서 진리에 대한 추구에 있어서 근대의 새로운 언어 이론에서부터 출발해서 오히려 대화적인 형태를 이루어야 한다고 그는 보았다. 그는 신앙의 표현에 대한 통일은 공동체를 통해 이루어져야 한다고 말한다(O. c., p.192).

물론, 교도권은 결정 사항들을 제시해야 하는데, 이는 오류로 이어지는 행보로부터 벗어나기 위함이다. 그러나 이 과정에서 교도권은 진리에 대한 플라톤적 개념 그리고 등급화된 개념을 넘어서야 한다. 이는 우리로 하여금 신앙의 명제들이 대략적일 뿐이라는 사실을 알게 해준다. 저자는 바로 여기서 자신의 결정적인 인식론적 열쇠를 드러내고 있다. 즉 진리에 대한 인식에 있어서 우리는 이를 언제나 개연성(蓋然性)의 수준에서만 발견할 수 있을 뿐이며 주관적인 확실함은 대부분 확실하지 않은 것을 사실처럼 견지하는 가운데 이에 대해 의지적으로 결단하는 데서 유래한다는 것이다. "그러므로 신앙에 대한 하나의 진술이 이를 기초 짓는 확실한 객관성을 드러내지 않는다는 것, 따라서 신앙의 확실함은 객관적인 명료함이 아님을 허용해야 한다." 따라서 우리는 언제나 진리에 근접해 있을 뿐이라는 차원에서 움직여야 한다. 이는 해석에 있어서 보다 광범위한 여백을 허용한다.

여기서 우리는 다만 다음과 같은 점을 덧붙이고자 한다. 즉 우리가 하느님에 대해 말할 때 분명 계시된 신비들에 대한 확실함을 갖고 있는 것은 아니지만, 그럼에도 불구하고 존재의 유비(類比)에 힘입어 비록 불완전하게나마 하느님에 대한 진리를 참되게 이해할 수 있으며 따라서 최종적인 진보가 이루어질 수 있다. 그러나 이 과정에서 이미 하느님의 신비에 관해 얻은 것을 부인해서는 안 된다. 더욱이, 그리스도론적인 교의의 역사에서 교회는 그리스적인 개념들보다는 다른 것들, 즉 에페소와 칼케돈 공의회에서 인격 개념을 사용했다. 이는 그리스철학과는 연관이 없는 개념이다. 우리는 신적 계시와 존재의 유비에 힘입어 신적인 신비들에 관한 진리를 알 수 있다. 이러한 신비들을 인식함에 있어서 언제나 보다 더 나은 진보가 이루어질 수 있다는 사실이 거부돼서는 안 된다. 그러나 우리가 이 신비들에 대해 아는 진리는 참되며 윤리적으로 개연적이지 않다. 우리의 인식이 불완전한 것과 상대주의에 빠지는 것은 다른 문제다.

518. Col. Lac. VII, p.415.

519. J. Collantes, II, p.221.

520. A. Lang, o. c., p.290.

521. 피임이 갖는 본질적인 악함은 인간 안에 영적이고 불멸하는 영혼을 주입하는 하느님의 창조 행위를 막는 데 있다. 반면, 책임감 있는 부성의 수행 범위 내에서 자연적인 수단들을 통해 여성이 임신되지 않는 시기를 이용하는 것은 그렇지 않다. 하느님 친히 자연적으로 불임될 수 있는 이러한 여백을 마련해주셨다(참조: J. A. Sayés, Moral de la sexualidad, TAU, Ávila 1995).

522. 한스 큉(H. Küng)은 자신의 저서 『무류적인가? 하나의 질문』(1970)에서 교황의 무류성에 대한 보다 과감한 공격을 시도하고 있다. 흥미롭게도 그의 공격은 「인간 생명」을 대항하는 반응에 근거하고 있다. 그는 교황이 자신에 의해 설립된 위원회의 소수를 따르는 것을 거부하고 있다. 왜냐하면 그는 교회 교도권의 지속성이 이를 요구하고 있다고 믿었기 때문이다.
1차 그리고 제2차 바티칸 공의회의 무류성에 관한 전통 신학, 즉 입문서들을 통해 재생산된 이 전통 신학은 교회 교도권 안에서 검증 가능한 역사적 지속성과 더불어 성령의 도움에 힘입어 신앙의 진리를 해석할 수 있을 것이라고 믿는 믿음 안에 기초하고 있다. 그러나 진술들에 대한 필요를 갖고 있는 신앙의 진리가 필연적으로 무류적인 진술들을 요구해야만 하는 것은 아니다. 신앙에 대한 진술들은 현대 철학을 통해 언어에 대해 각인된 전망에 따라 또 다른 여러 가지 인간적인 진술에 대한 문제성에 참여한다.
큉은 언급하길, 이러한 진술들은 참될 수도 있고 동시에 거짓일 수도 있다고 한다. 여기서 잊지 말아야 할 것은, 포퍼(Popper)가 마지막에는 학문에 있어서 오류 가능성의 원칙을 규정했다고 하는 점이다. 그는 지적하길, 모든 학문적 명제가 참되기 위해서는 원칙적으로 오류가 가능해야 한다고 말한다. 그래서 큉은 진리에 머무는 개념을 갖고서 무류성(infallibilitas) 개념을 포기했다. 즉 교회는 언제나 가능한 오류들에도 불구하고 하느님으로 인해 진리 안에서 보존된다는 것이다. 오히려, 베드로의 교도권 직무는 애매모호하고 더디다. 하느님의 말씀을 선포해야 할 모든 이들은 바로 그리스도 신자들이며, 오히려 오늘날은 교사들을 신학자들과 동일시해야 한다. 잘 이해된 베드로의 봉사는 사목적 본성의 수위권 이외에 다른 것이 아니다.

큉이 제기하는 문제는 내가 보기에 다음의 두 가지이다.

a) 우선, 인간적인 인식이 비록 하느님에 관한 것일지라도 제반 진술들과 더불어 이러한 진리를 표현할 능력은 있는가 하는 인식론적인 문제이다. 오류 가능성의 원칙에 대해서 포퍼가 학문의 영역에서 언급해야 했던 것은 실제적으로는 학문이 원칙적으로 임시적이며 오류가 가능하다는 가정을 대면해야 한다는 것이다. 그러나 진리를 알 수 없다고 말할 수는 없다. 왜냐하면 그것은 학문적인 한에서의 철학의 언명이지 그것이 진리에 대한 진술에 적합한 것은 아니기 때문이다 (포퍼는 칸트적 노선을 따른다).

b) 큉에게는 성경, 전승, 교도권 간의 상호 의존적인 연구가 부족하다. 우리는 존재의 유비에 바탕을 두고 다음과 같이 말할 수 있고 또 그렇게 말해야 한다. 즉 우리는 하느님에 대해 진술할 수 있다(이러한 진술들이 아니라면 실제적으로 우리는 아무것도 말할 수 없게 된다). 이러한 진술들은 원칙적으로 개선될 수 있는 것이지만 그러나 그것들은 그 자체로 이미 늘 유지해야 할 어떤 진리를 담고 있다. 이러한 진술들은 성경 안에 있으며 — 예를 들어 "하느님은 아버지이시다"라는 진술처럼 — 전승 안에서 유지되고 있고 교도권은 그것이 갖는 의미를 깊이 연구한다.

523. R. Arnau, *Orden y ministerios*, Madrid 1995; Id., *El ministerio en la Iglesia*, Valencia 1991; A. Bandera, *El sacerdocio en la Iglesia*, Villalba 1968; G. Concetti, *Il prete per gli uomini di oggi*, Roma 1975; Y. Congar, *Ministeros y comunión eclesial*, Madrid 1973; K. J. Becker, *Wesen und Volmachten des Priestertums nach dem Lehramt*, Freiburg in B. 1970; J. Delorme, *El ministerio y los ministerios según el N. Testamento*, Madrid 1975; S. Dianich, "La teologia del presbiterato nel concilio di Trento", en: *Scuol. Cat.* 5(1971), pp.331-358; A. Feuillet, *Le sacerdoce du Christi et ses ministres*, Paris 1972; J. Galot, *Sacerdote en nombre de Cristo*, Toledo 1990; O. Semmelroth, *El ministerio espiritual*, Madrid 1967; E. Schillebeeckx, *El ministerio eclesial*, Madrid, 1983; M. Thurian, *Sacerdozio e ministero*, Roma 1971; J. Lecuyer, *Il sacerdozio di Cristo e della chiesa*, Bologna 1964; A. Vanhoye, "Sacerdoce commun et sacerdoce ministeriale", en: *Nouv. Rev. Theol.*(1975), pp.193-207; Id., *Sacerdotes antiguos, sacerdote nuevo según el Antiguo Testamento*, Salamanca 1984; C. Dillenschneider, *Il Sacerdozio nostro nel sacerdozio di Cristo*, Bologna 1964; G. Martelet, *Théologie du sacerdoce*, Paris 1984; P.

Grelot, *El ministerio de la nueva Alianza*, Barcelona 1969.
524. 참조: M. Sánchez Monge, *o. c.*, p.331.
525. *Ibid.*
526. AAS 39(1947), p.553.
527. I, p.448.
528. *Epist.* 61, 3.
529. *Epist.* 14, 4.
530. *Mag.* 6, 1.
531. *Epist.* 42.
532. Doc. Cath. 48(1966), pp.175ss.
533. I, p.461.
534. *Ibid.*
535. A. Altana, *Il rinnovamento della vita ecclesiale e il diaconato*, Brescia 1983; J. Colson, *La funzione diaconale alle origini della chiesa*, Roma 1962; H. Denis - R. Schaller, *Il diaconato nel mondo d'oggi*, Milano 1968; A. Marranzini, "Il ristabilimento del diaconato", en: *Civ. Cat.* II(1965), pp.548-561; M. Oliver Román(Edit), *El diaconado de la Iglesia de España*, Madrid 1987; A. Kerkvoorde, "Elementos para una teología del diaconado", en: G. Baraúna, II, pp.917-958.
536. *Ad Phil.* 4; *Ad Mag.* 6,1; *Ad Tral.* 3,1.
537. *Apol.* 1, 65, 5; 67, 5.
538. I, p.470.
539. E. Schillebeeckx, "Definición del laico cristiano", en: G. Baraúna, II, pp.977-997; M. D. Chenu, "Los laicos y la consecratio mundi", en: G. Baraúna, II, pp. 999-1015; Y. Congar, *Jalones para una teología del laicado*, Barcelona 1961; Id., *Sacerdocio y laicado*, Barcelona, 1964; Id., *Ministerios y comunión eclesial*, Madrid 1973; B. Forte, *Laicado y laicidad*, Salamanca 1987; A. M. Carré, *El sacerdocio de los fieles*, Madrid 1964; M. Adinolfi, *Il sacerdozio comune dei fideli*, Roma 1983; H. Schroer - G. Müller(Edi.), *Vom Amt des Laien in Kirche und Theologie*, Berlin - N. York 1982; P. Brugnoli, *La spiritualità dei laici*, Brescia 1964; J. Guitton, *El seglar en la Iglesia*,

Madrid 1964; J. Ratzinger, *La fraternidad cristiana*, Madrid 1962; R. Spiazzi, *El laicado en la Iglesia*, Barcelona 1964; H. U. von Balthasar, "El seglar y la Iglesia", en: *Sponsa Verbi*, Madrid 1965; E. Schillebeeckx, *La misión en la Iglesia*, Barcelona 1964; S. Dianich, *La Iglesia en misión*, Salamanca 1988; G. Lazzati, *Maturità del laico*, Brescia 1962; Id., *Laicità e impegno cristiano nelle realtà temporali*, Roma 1985; AA.VV., *Misión del laico en la Iglesia y en el mundo*, Pamplona 1987; J. M. Imizcoz, "Sacerdocio común y sacerdocio ministerial en una eclesiología de comunión", en: F. Chica, S. Panizzolo, H. Wagner(Ed.), *o. c.*, pp.162-195; A. Antón, "Principios fundamentales para una teología del laicado en la eclesiología del Vaticano II", en: *Greg.* 68(1987), pp.103-155.

540. 참조: Ratzinger, *La fraternidad cristiana*, Madrid 1962.

541. I *Clemente* 40, 5.

542. B. Forte, *Laicado y laicidad*, p.32.

543. C.7, C. XII, q.1.

544. II, p.15.

545. *O. c.*, p.996.

546. *Atti primo convegno internazionale*, Roma 23-27 novembre 1981, Milano 1982.

547. *Insegnamenti di Giovanni Paolo II*, IV/2, pp.290-292.

548. II, pp.48-49.

549. *O. c.*, p.1008.

550. *Ibid.*, p.1012.

551. *Ibid.*, p.1004.

552. 셰뉘(*o. c.*, p.1015)가 말하듯이, "이 중요한 문헌 속에서 드러나는 이러한 신중함은 상당히 의미심장하다. 그건 우연적인 것이 아니다. 전체 텍스트는 일관성이나 방향의 측면에서 보았을 때 세상이 갖는 고유한 견고함에 의존하고 있다. 따라서 그리스도인은 이 세상과 역사 안에서 하느님 현존의 표징들을 식별할 수 있다."
물론, 셰뉘는 「사목 헌장」 10항과 45항이 모든 것을 역사의 알파이자 오메가이신 그리스도 안에서 건설해야 한다고 언급한 점을 잊어버리고 있다. 그러므로 「사목 헌장」 안에는 '*consecratio mundi*'의 모든 요소들이 드러나 있다.

553. *Ecclesia*, n. 2879(1998 1. 17.).

554. B. Sesboüé, *No tengáis miedo. Los ministerios en la Iglesia hoy*, Santander 1998, p.107.

555. *Ibid.*, 107.

556. *Ibid.*

557. *Ibid.*, 127.

558. *Ibid.*, p.143.

559. *Ibid.*

560. *Ibid.*, pp.142-143.

561. *Ibid.*, p.145.

562. *Ibid.*

563. *Ibid.*, p.149.

564. *Ibid.*, p.149.

565. 참조: J. M. Iraburu, *Causas de la escasez de vocaciones*, Gratis Date, Pamplona 1997.

566. A. C. Renard, *Le concile et les religieux*, Tournai 1966; F. de Vizmanos, *Las vírgenes cristianas en la Iglesia primitiva*, Madrid 1949; AA.VV., *Les religieux aujourd'hui et demain*, París 1964; G. Carpentier, *Testimoni della città di Dio*, Milano 1961; J. Galot, *I religiosi nella Chiesa*, Milano 1969; J. Danielou, "Puesto de los religiosos en la estructura de la Iglesia", en: G. Baraúna, II, pp.1123-1130; F. García Llamera, "El estado religioso, ser y misión esencial en la Iglesia", en: *Cien. Tom.* 91(1964); F. Sebastián, "Mandamientos y consejo evangélicos", en: *Rev. Esp. Teol.* 25(1965), pp.25-77; P. Philippe, *Rinnovamento e adattamento degli istituti religiosi*, Milano-Roma 1965; J. Aubry, *Teologia della vita religiosa*, Torino 1970; J. Sobrino, "Presente y futuro de la vida religiosa", en: *Sel. Teol.* 67(1978), pp.243-256; K. Rahner, "Sobre los consejos evangélicos", en: *Escr. Teol.* VIII, pp.435-468; E. Pironio, "La vida religiosa: líneas para una verdadera renovación", en: *Sel. Teol.* 86(1983), pp.123-126; J. M. Guerrero, "¿Cuál es la identidad de la vida religiosa hoy?", en: *Sel. Teol.* 90 (1984), pp.107-116; X, Pikaza, *Esquema teológico de la vida religiosa*, Salamanca 1978.

567. S. Dianich, *Iglesia en misión*, Salamanca 1988; J. de Souza, *Iglesia y civilización*, Santander 1966; J. Calvez, J. Perrin, *Église et société économique*,

Paris 1959; R. Rosano, "Teología de la mision", en: *Myst. Sal* IV/1, pp.517-543; M. J. Le Guillou, "La misión como tema eclesiológico", en: *Conc.* 13(1966), pp.406-450; M. Amaladoss, "La misión en la década de los 90", en: *Sel. Teol.*(1992), pp.140-146; F. Sebastián, *Nueva evangelización*, Madrid 1991; H. J. Margull, *Zur Sendung der Kirche*, München 1962; M. Novak, "L'oeuvre du Christ et le mystère de son Église", en: *Foi et vie* 63(1964), pp.37-48; F. Hahn, "Das Verständnis der Mission in N. Testament", en: *Theol. Prakt. Quart.* 113(1965), pp.217-226; E. Schilebeeckx, *La misión de la Iglesia*, Salamanca 1971; A. Seumois, *Teologia missionaria*, Bologna 1993; M. G. Masciarelli, *La chiesa è missione. Prospettiva missionaria trinitaria*, Casale Monferrato 1988; G. Collet, *Das missionverständnis der Kirche in der gegenwärtigen Diskussion*, Mainz 1984; L. Rütti, *Die Theologie der Mission. Kritische analysen und neue Orientierung*, Mainz 1972; H. Bürkle, *Missionstheologie*, Stuttgart-Berlin 1979.

568. B. Forte, *La Iglesia de la Trinidad*, p.215.

569. J. A. Sayés, *Señor y Cristo*, Eunsa, Pamplona 1995, pp.75ss; R. Schnackenburg, *Reino y reinado de Dios*, Madrid 1967; H. Schilier, "Reich Gottes und Kirche", en: *Cath.* 11(157), pp.178-189; E. Staehlin, *Die Verkündigung des Reich Gottes in der Kirche Iesu Christi*: 7 vol., Basilea 1951-1965; J. Jeremías, *Las parábolas de Jesús*, Estella 1970; G. Bornkamm, *Jesús de Nazaret*, Salamanca 1975; J. Jeremías, *Teología del Nuevo Testamento*, Salamanca 1974, pp.46-50; A. Feuillet, "Regne de Dieu", en: *DBS* X, 54(1981), pp.2-165; P. Grelot, *La speranza ebraica al tempo di Gesú*, Roma 1981; J. Schlosser, "Le règne de Dieu dans les dits de Jésus", en: *Rev. Scien. Rel.*(1979), pp.164-176; G. Barbaglio, "Il regno di Dio e Gesù di Nazareth", en: *Conoscenza storica di Gesù*, Brescia 1978, pp.103-119.

570. CDF, Instrucción *Libertatis Conscientia*(1986), p.46.

571. *Ibid.*, p.44.

572. *Ibid.*, p.47.

573. *Ibid.*

574. *Ibid.*, p.23.

575. CDF, *Libertatis Nuntius*(1984), Introd.

576. *Libertatis Consc.*, 60.

577. GS 39.

578. *Libertatis Nunt.*, Conclusión
579. GS 39.
580. *Evangelii Nuntiandi*, 35.
581. *Libertatis Nunt.*, 12.
582. *Libertatis Consc.*, 75.
583. *Libertatis Nunt.*, IV, 2.
584. *Ibidem*, VI, 3.
585. *Libertatis Consc.*, 41.
586. *Ibid.*, 20.
587. *Ibid.*, 24.
588. P. Faynel, II, p.53.
589. *Adv. Haer.*, III, 24, 1.
590. *De Iesu nave*, 3, 5.
591. *Epist.* 43, 1.
592. G. Philips, I, p.239.
593. *De obitu Val.* 51.
594. Faynel, *o. c.*, p.61.
595. 참조: G. Philips, I, p.241.
596. C. Journet, *L'Église du Verbe incarné* II, Paris 1951, p.672.
597. *Redemptoris Missio* 5.
598. *Ibid.*, 5.
599. *Ibid.*, 55.
600. *Ibid.*, 29.
601. *Corán* 6,37.109; 13,27; 3,183-184; 8,27; 17,90-94; 21,5; 18,95; 25,8-11.
602. *Corán* 3,183.
603. E. Bueno, *o. c.*, pp.303ss.

604. CTI, *Cristianismo y religiones*(1996), pp.81-87.

605. K. Rahner, "Revelación", en: *Sacr. Mund.* vol.6, p.95.

606. K. Rahner, *Curso fundamental de la fe*, p.161.

607. 이 익명의 저자 D는 다음과 같은 제하에 아티클을 게재했다: "Ein Weg zur Bestimmung des Verhältnisses von Natur und Gnade(본성과 은총의 관계에 대한 규정을 위한 길)": *Orientierung* 14(1950), pp.138-141.

608. 초본성에 대한 드 뤼박의 광범위한 종합은 본인의 저서인 *La gracia en Cristo*, Madrid 1993, pp.438-444에서 찾아볼 수 있다. 여기서 초본성에 관한 모든 문제를 볼 수 있다.

609. K. Rahner, "Sobre la relación de naturaleza y gracia", en: *Escr. Teol.* vol.1, Madrid 1961, p.334.

610. *Ibid.*, p.330.

611. *Ibid.*, p.331.

612. *Ibid.*, p.340.

613. *Ibid.*, p.341.

614. K. Rahner, "Naturaleza y gracia", en: *Escr. Teol.* vol.4, Madrid 1961, p.234.

615. K. Rahner, "Los cristianos anónimos", en: *Escr. Teol.* vol.6, Madrid 1969, pp.535-544; 또한 다음을 참조하라: "El cristianismo y las religiones no cristianas", en: *Escr. Teol.* vol.5, Madrid 1969, pp.135-156; Id., "*Ist Christentum eine «absolute religion?»*", en: *Orientierung* 29(1965), pp.176-178; Id., "Die eine Kirche und die vielen Kirchen", en: *Orientierung* 32(1968), pp.155-159.

616. K. Rahner, *Los cristianos anónimos*, p.539.

617. J. A de la Pienda, *El sobrenatural de los cristianos*, Salamanca 1985, p.140.

618. *Ibid.*, p.165.

619. *Ibid.*, p.168.

620. K. Rahner, *Curso fundamental*, p.179.

621. *Ibid.*, p.183.

622. *Ibid.*, p.186.

623. *Ibid.*, pp.182-183.

624. H. de Lubac, *Le mystère du surnaturel*, p.136 각주 1.

625. 스킬레벡스는 이렇게 말한다. "'중간층(medium)'과 비슷한 것은 무익하며 그 자체로 의미가 없다. 왜냐하면 이러한 해결은 어려움을 이전시킬 뿐이기 때문이다. 다시 말해 본성과 초본성 간의 관계 문제를 본성과 이 '중간층' 사이의 문제로 대체할 뿐이다. 이 '중간층'이 본성적인 것은 아니지만 그렇다고 그것이 성화은총(gratia santificans)도 아니다"(*Revelación y teología*, Salamanca 1969, p.350).

626. 데 라 피엔다는 이렇게 말한다. "유한한 영(靈)은 창조를 통해서 이미 하느님과의 사랑의 관계로 방향 지어졌다. 그러므로 하느님과의 관계 안으로 들어갈 수 있기 위해 특별한 내적 변모나 능력(초본성적 실존)이 필요한 것은 아니다. 초본성적 실존은 불필요하다. 그것은 라너에게 있어서 '순수 본성' 이론이 마치 초본성 문제를 해결하기보다는 다른 식으로 전이시키는 쓸모없는 명제처럼 불필요한 동의 반복(*teologumenon*)으로 드러날 뿐이다"(*o. c.*, p.200).

627. 엘로이 부에노는 라너(*o. c.*, p.30)의 주장을 따르는 가운데 다음과 같이 언급한다. "만일 모든 사람이 하느님의 모상으로 창조되었고 창조에 힘입어 모든 인류가 축성되었다고 한다면, 모든 인류를 하느님의 백성으로 말할 수 있다." 반면, 제2차 바티칸 공의회는 하느님 백성이 모든 사람을 포함하는 것은 아니며 단지 물과 성령으로 난 사람들만을 포함한다고 말한다(LG 9). 「교회 헌장」 10항은 이를 다시 언급하고 있다.

엘로이 부에노가 지적하듯이(*o. c.*, p.298), 라너가 옹호하고 있는 익명의 그리스도인이라고 하는 이론이 단순히 그리스도의 은총이 모든 사람에게 이를 수 있다고 하는 데 바탕을 둔 것은 아니다. 분명 모든 은총은 그리스도적이다. 더 나아가, 주르네(Journet) 추기경이 지적하듯이, 모든 은총은 성찬례 안에 현존하는 그리스도의 파스카 신비로부터 나온다고 말할 수 있다. 그래서 은총은 성찬례와 교회를 지향한다.

그러나 라너는 다음과 같이 언급하면서 이보다 훨씬 더 나아간다. 즉 이교인들은 강생에 힘입어 은총에 앞서는 어떤 자격 또는 성질과 더불어 그리스도와 존재론적으로 닮는다고 한다. 그러나 이는 마치 이러한 내적 은총을 신앙이라 부르거나 계시라고 말하는 것이 극단으로 치우치는 것과 마찬가지로 이미 극단적이다. 구원이 계시와 일치할 수는 없다. 은총 행위는 비주제적(非主題的)이며 불분명하다. 그러므로 비록 이교인이 은총 가운데 살 수 있다고는 하지만, 그것은 교회에 합체된 사람과 비교해서 하위의 상태에 있다고 해야 할 것이다. 즉 그에게는 세례적인 특성, 외적인 계시(이는 구원과 이 구원에 이르기 위한 수단들을 알기 위해 필수적이다) 그리고 구원을 위한 통상적인 수단들(즉 성사들)이 부족하다.

628. R. Latourelle, *o. c.*, p.1279.

629. *Ibid.*, p.1279.

630. *Ibid.*, p.1280.

631. 그래서 라너는 *Cambio estructural de la Iglesia*, Madrid 1974, pp.77-78에서 이렇게 말하고 있다. "자기 자신이 아니라 사람들을 위해 있어야 하는 교회의 의무는 사람들을 교회에 속한 신자라고 하는 형태로 그리스도교 신자를 만드는 것과 그리 큰 관련을 갖지는 않는다. 그렇게 이해된 교회의 과제가 모든 이들을 위해 존재하는 교회의 사명을 함께 나누어 받고자 하는 사람들을 얻는 것이 문제가 될 때 적합할 수 있을는지 모른다. 만일 교회가 모든 교회적 제도 밖에서 하느님의 은총으로 인해 구원된 사람들이 사실상 대부분을 이루고 있는 세상을 위한 구원의 성사라고 한다면, 그리고 만일 교회가 모든 이들에게 파견되었다는 것이 무게로 다가오고 가시적인 교회의 모습 밖에서는 구원이나 세상의 점진적인 치유가 없다고 말할 수 없다면, 새로운 그리스도 교회의 신자들을 얻는 것은 잃어버릴 사람들에 대한 구원이 아니라 모든 이들을 위해 세상 어디서나 현실화하시는 하느님의 은총을 가시적으로 드러내는 징표로서의 증거자들을 얻는 것이어야 한다.

그러므로 사람들의 교회성(敎會性)을 원하는 것은 그러한 교회적 신자들이 교회 안에서 모든 이에게 봉사한다는 것을 의미해야 한다. 나아가 그것을 기꺼이 하기 위해 준비된 사람들도 그들이 봉사할 수 있도록 허용해야 한다. 그럼에도 불구하고 그들을 천시하고 그들과 갈등을 빚곤 한다. 교회는 가난한 사람들, 노약자들, 병자들, 사회적으로 낮은 사람들, 사회로부터 소외된 사람들, 힘을 갖지 못한 모든 이들, 그리고 자기 스스로는 교회에 어떠한 힘도 가져다줄 수 없는 모든 사람들을 포함해야 한다. 교회는 심지어 자기 자신에게 해가 된다 하더라도 그리고 지배적 권력들과 야합하려는 유혹을 느낄 때 그것이 비록 드러나지 않았을뿐더러 얼핏 보기엔 자신에게 좋아 보일지 모르더라도 이 모든 것을 거슬러서 정의와 자유를 위해 싸워야 한다."

632. S. Lyonnet, "Chaîre kecharitômene", en: *Bibl.* 20(1939), pp.131-141.

633. 참조: J. Collantes, II, p.364.

634. Pablo VI, *Concilio Vaticano* II, Madrid 1966, p.994.

635. J. A de Aldama, *Espiritualidad mariana*, Madrid 1981, p.48.

636. *Ibid.*, p.68.

637. C. Péguy, *Palabras cristianas*, Salamanca 1964, p.143.

638. J. Ratzinger, *Informe sobre la fe*, Madrid 1985, p.115.

639. C. Péguy, *o. c.*, pp.49-50.

640. En: *Revue réformée*(1952), fasc. 3-4.

641. Y. Congar, "La Eclesiología desde S. Agustín hsta nuestros días", en: M. Schmaus, A. Grillmeier, L. Scheffczyk, *Historia de los dogmas* III, cuad. 3cd,

Madrid 1976; F. Faynel, *La Iglesia* II, pp.136ss; A. de Bovis, "L'Église dans la société temporelle", en: *Nouv. Rev. Théol.*, 1957; E. Chenon, *Rapports de l'Église et de l'Etat du I° siècle au XX° siècle*, Paris 1913; Y. Congar, *Jalones para una teología del laicado*, Barcelona 1961; G. Glez, "Pouvoir du Pape en matière temporelle", en: *DTC*, XII, col. pp.2704-2772; R. Heckel, *El cristiano y el poder*, Barcelona 1962; J. Leclercq, *L'idée de la royauté du Christ au moyen âge*, Paris 1959; M. Pacaut, *La Théocratie: l'Église et le pouvoir au moyen âge*, Paris 1957; M. Maccarrone, *Vicarius Christi. Storia del titolo Papale*, Roma 1952; Id., "La dottrina del primato Papale dal IV al VIII sec. Nelle relazioni con le chiese occidentali", en: *Le chiese nei regni dell'Europa occidentale*, Spoleto 1960, pp.633-742; Id., *La chiesa, primato, episcopato dal XI al XV sec.*, Roma 1970; J. Chatillon, "Une ecclésiologie médievale: L'idée de l'Église dans la théologie de l'école de S. Victor au XII siècle", en: *Iren.* 22(1949), pp.115-138, 395-411; F. Kempf, *Papstum und Kaisertum bei Innocenz III*, Roma 1954; W. Inkam, *Das Kirchenbild Innocenzi III*, Stuttgart 1983.

642. L. Bouyer, *La Iglesia de Dios*, Madrid 1977, p.9.

643. "Duo sunt, imperator auguste, quibus principaliter mundus hic regitur: auctoritas sacrata prontificum et regalis potestas. Nosti enim, fili clementissime, quod licet praesideas humano generi dignitati, rerum tamen praesulibus divinarum devotus colla submittis, atque ab eis causas tuae salutis aspectas, inque sumendis caelestibus sacramentis eisque ut, competit subdi te debere cognoscis, religionis ordine potius quam praesse"(Epist. Anast. Augst.).

644. Y. Congar, *o. c.*, p.61.

645. *Ibid.*

646. *Ibid.*, p.90.

647. *Ibid.*, p.115.

648. *Epist.* 1, 27.

649. *Epist.* VIII, 190.

650. *O. c.*, 214.

651. *O. c.*, 215.

652. C. Collantes, *La Iglesia de fe de la Iglesia católica*, p.453.

653. P. Faynel, *o. c.*, p.222.

654. 미주 641에 소개된 참고 도서 목록에 다음을 추가한다: B. M. Lemmeer, "De relatione interregnum Dei et ecclesiam in doctrina S. Thomae", en: *Atti VIII Congr. Thom. Intern.*, Vaticano 1981, IV, 339-349; A. Darquesnnes, "La définition de l'Église d'après S. Thomas", en: *L'organization corporative du moyen âge à la fin de l'Ancien règime*, Louvain 1943; Faynel(en *O. c.*, p.226, nota 290)은 여기서 보다 광범위한 도서 목록을 제시하고 있다.

655. Y. Congar, *o. c.*, p.146.

656. P. Faynel, *o. c.*, p.229.

657. *Ibid.*, p.230.

658. *Ibid.*, p.231.

659. *Ibid.*, p.232.

660. *Ibid.*

661. 미주 641에 소개된 참고 도서 목록에 다음을 추가한다: J. Leclercq, *De Paris et l'écclésiologie du XIII siècle*, Paris 1943; P. M. Schaff, "Jean Quidort", en: *DTC* XIII, pp.840-841; 보다 광범위한 목록은 다음을 보라: P. Faynel, *o. c.*, p.234, 각주 311.

662. Y. Congar, *o. c.*, p.172.

663. *Ibid.*

664. *O. c.*, p.242.

665. C. Valverde, "Liberalismo positivista", en: *Sillar* 2(1982), p.69.

666. H. Fries, "Cambios en la imagen de la Iglesia y desarrollo histórico-dogmático", en: *Myst. Sal.* IV/1, p.272.

667. J. Azpiazu, *Direcciones pontificias*, Madrid 1939; J. G. Jarlot, *Doctrine pontificale et histoire. L'enseignenement social de Léon XIII, Pio X et Benoit XV, vue dans son ambiance historique*(1878-1922), Roma 1964; H. Rommen, *Der Staat in der katholischen Gedankenwelt*, Paderborn 1935; F. Hayward, *Léon XIII*, Barcelona 1952; M. Zapico, *Estado laico o confesional*, Madrid 1968; J. N. Güenechea, *Principia iuris politici*, 2 vols., Roma 1938; G. Saraceni, *La potestà della chiesa in materia temporale e pensiero degli ultimi cinque pontefici*, Milano 1951; R. Aubert, "Aspects divers du néo-thomisme sous le pontificat de Léon XIII", en: *Aspetti della cultura cattolica nell'età di Leone XIII*, Roma 1961; V. Mangano, *Il pensiero sociale e politico di Leone XIII*,

Milano 1931; C. Abaitúa, *La doctrina sobre la libertad política en el magisterio del Papa León* XIII, Vitoria 1966; V. Chaumont, "L'ecclésiologie de Léon XIII", en: *Rev. Univ. Ot.* 18(1948), pp.180-204.

668. AAS 37(1945), pp.256-262

669. J. Maritain, *Humanismo integral*, Madrid 1999; Id., *Cristianismo y democracia*, Buenos Aires 1944.

670. J. Collantes, *o. c.*, II, p.284.

671. *S. Th.* I, 118, 2.

672. 참조: J. A. Sayés, *Ciencia, ateísmo y fe en Dios*, Pamplona, Eunsa 1997².

673. 인간의 몸은 '하느님의 모상'으로서의 품위에 참여한다. 엄밀히 말해 몸은 영적 영혼에 의해 생기를 띠기 때문이다. 그래서 총체적인 인간 인격은 성령의 성전인 그리스도의 몸 안에 존재하도록 운명 지어졌다(CEC 364).
교리서는 '영혼'이란 용어가 성경 안에서 자주 생명을 뜻하고 있음을 알고 있다. 그러나 많은 경우 이 용어가 인간에게 있어서 보다 내밀한 곳에 있는 그 무엇, 그리고 인간 안에 보다 가치 있는 것을 의미한다는 사실도 잘 알고 있다. 즉 인간은 그것으로 인해 특별히 하느님의 모상이 되며, 이로써 "영혼은 인간의 영적 근원을 가리킨다"(CEC 363).
그리고 이에 따르면, 영혼과 육체는 서로 다른 기원을 갖는다. 육체가 부모로부터 유래하는데 반해, 영혼은 하느님에 의해 직접 창조되었다. "교회는 각 사람의 영혼이 — 부모들이 '만든' 것이 아니라 — 하느님께서 직접 창조하셨고(참조: Pius XII, *Humani generis*, 195, D 3896; Pablo VI, SPF 8), 불멸한다고 가르친다(참조: 제5차 라테라노 공의회, 1513년: DS 1440). 죽음으로 육체와 분리되어도 영혼은 없어지지 않으며, 부활 때 육체와 다시 결합될 것이다"(CEC 366).

674. J. A. Sayés, *La gracia de Cristo*, Madrid 1994, pp.419-495.

675. 참조: J. A. Sayés, *Antropología del hombre caído. El pecado original*, Madrid 1991.

676. *S. Th.* I-II, 109, 4.

677. *Ibid.*, a.8.

678. *Ibid.*

679. 스페인 주교들은 1986년 「공공 생활에서의 가톨릭 신자들」이라는 중요한 문서를 발표했다. 이 문서는 다음과 같은 그리스도교 인간학에서부터 출발한다. 즉 인간은 역사와 우주의 주님이신 그리스도 안에서 창조됐다는 것이다. 그래서 그는 오직 파스카의 신비에 참여함으로써만 구원될 수 있다(n.44-46). 그는 그리스

도의 위엄에서 일부를 떼어낸 그런 존재가 아니다(n.47). 물론 세속은 자기 고유의 견고함과 가치를 갖고 있다. 그러나 그것이 초본성을 위한 순수한 수단으로 이용되지는 말아야 한다(n.48). 그것은 그리스도 안에서 통합되어야 하며, 그럼으로써 깊이 변모된 상태로 그리스도로부터 건설된 것이 천상에서도 지속되어야 한다(n.53).

그리스도인은 개인적인 생활이나 공공 생활에서 모두 그리스도의 가르침과 그리스도를 따르려는 자세를 고취해야 한다. 왜냐하면 그것은 인간 삶에 있어서 열쇠이자 핵심이요 목적이기 때문이다. 이처럼 그리스도인은 공공 생활에서 자신의 정체성을 구현하며 믿음으로부터 파생되는 요청들을 이 생활로 가져오면서 연합된 형태로 이 생활에 참여할 수 있다(n.129). 그렇다고 이것이 정치 분야에서 신앙의 부당한 간섭을 전제하는 것은 아니다. "인간과 생명에 대한 그리스도적 개념은 양도될 수 없는 인간 인격의 가치에 그 뿌리를 두고 있다. 이 개념은 인간 권리에 바탕을 둔 공동생활을 창조하기 위한 일상의 사회적 기여들과 조화를 이루는 가운데 충만한 시민적 권리를 갖는다"(n.130). 그리스도적 영감(靈感)은 세속적인 관계의 영역에서 가톨릭 신자들의 선택에 대한 자유를 배제하지 않으므로 그러한 인간 본성을 드러내는 현존을 반대해서는 안 된다. 심지어 교회는 공공 생활에서 그리스도적 영감에 대한 이러한 연합의 형태를 육성하고자 한다(n.136).

또한 여기에는 이러한 제도들의 공적인 신앙고백도 포함한다. 이러한 제도들은 사회가 기초하고 있는 근본적 권리들을 존중한다(n.139와 n.141). 이는 특히 교육과 구제 분야에서 분명하다(n.142). 이것이 오직 가톨릭 신자들에게만 유보되거나 필연적으로 그들만을 향해야 하는 것은 아니다. 그것은 사회에 대한 가톨릭 신자들의 현존과 봉사의 형태이다. 그러나 그것이 사회생활에서 가톨릭 신자들의 개인적인 현존에 상반되는 것은 아니다.

주교들은 신자들이 정치와 노동조합 분야에서 그리스도적인 영감으로 연합하거나 정당 활동을 하는 것을 허용한다. 그러나 무엇인가를 결정하기 위한 전략적 본성상 또는 그러한 결정들이 갖는 적절함으로 인해 신앙을 고백하는 특성을 부여하지 않는 것이 바람직하다(n.144). 그리고 그러한 결정들 가운데 그 무엇도 모든 그리스도인에게 있어서 유일하고 의무적인 길로 간주돼서는 안 되며 그것의 실현이 교회 권위자의 책임하에 이루어지지도 말아야 한다(nn.145-146).

그럼에도 불구하고 여기서 중요한 것은 이러한 연합체들이 그리스도적인 이름을 띠는 것으로서 이는 그것들이 그리스도적인 영감을 기억하는 것을 의미한다. "우리는 정치 활동에 대한 이런 그리스도적 영감이 정치 그리고 정치인들의 적법한 자주성을 곤경에 빠뜨리지 않으면서도 존재할 수 있고 또 존재해야 한다는 데 대해 확신한다"(n.168). 그러나 이러한 그리스도적 영감이 자발적인 형태로 솟아나는 것은 아니다. "적절한 시민적 연합체들의 시작, 형성, 발전은 자신의 고유한 책임 아래 정치 생활에 자유롭게 참여하고자 결정한 그리스도인들 — 그들은 그리스도적인 요청과 책임에 의해 내적으로 움직여진 이들이자 자신의 시민

적인 조건과 의무들을 수행하는 이들이다 — 의 활동이어야 한다. 엄밀히 말해
이러한 사안에 있어서 공동선과 교회의 사목적인 선을 위해서는 교회의 종교적
윤리적 권한을 넘어서는 교회 또는 교회적인 권위자의 간섭을 피해야 한
다"(n.171).
한마디로 말해, 그리스도인은 공공 생활에서 결코 자신의 그리스도적 영감을 배
제시켜선 안 된다. 오히려 그는 교육과 구제 분야에서 신앙을 고백하는 연합체들
을 만들 수 있다. 반면, 정치 분야에서는 적절한 전략상의 이유로 그리스도적인
영감을 띤 연합체들에게 공적인 신앙고백을 부여하지 않는 것이 바람직하다. 그
러나 어떠한 경우에도 어떤 형태의 인간학적 신학적 이유들로 인해서도 그렇게
되지는 말아야 한다.

680. M. Zapico, *Estado laico o confesional*, Madrid 1968; J. M. Setién, *La Iglesia y lo social*, Madrid 1963; J. D. Souza, *Iglesia y civilización*, Santander 1966; A. Ortega, "Iglesia y estado", en: *Rev. Est. Pol.*(1961), pp.101-138; F. Segarra, *La Iglesia y el estado*, Barcelona 1958; T. Jiménez Urresti, *Estado e Iglesia*, Vitoria 1958; Y. Congar, *Santa Iglesia*, Barcelona 1965, pp.346-361; P. Faynel, II, pp.262ss; H. Rommen, *Der Staat in der katholischen Gedankenwelt*, Paderborn 1935; K. D. Schmidt, *Die katholische Staatslehre*, Tübingen 1955; O. Gierke, *Le théories politiques du Moyen Age*, Paris 1914; J. Guerra Campos, *Confesionalidad religiosa del estado*, Burgos 1973; E. Chiavacci, *La costitucione pastorale sulla Chiesa nel mondo contemporaneo*, Roma 1967; J. M. Setién, *Iglesia y libertades políticas*, Madrid 1964; A. Iriarte, *Dos marcos de referencia política para un cristianismo político: León XIII y la «Gaudium et Spes»*, Vitoria 1977; C. Abaitua, *La doctrina sobre la libertad política en el magisterio del Papa León XIII*, Vitoria 1966; H. Rahner, *Libertad de la Iglesia en Occidente. Documentos sobre la Iglesia y el Estado en los primeros tiempos del cristianismo*, Buenos Aires 1949; A. Hartmann, *Toleranz und chrislicher Glaube*, Frankfurt 1956; Ch. Journet, *Jurisdiction de l'Église sur la cité*, Paris 1931; G. La Pira, *Per una architettura cristiana dello stato*, Firenze 1954; J. Lecler, *L'Église et la souvranité de l'etat*, Pairs 1946; J. Maritain, *Humanismo integral*, Madrid 1999; Id., *Cristianismo y democracia*, Buenos Aires 1944; Y. de Montcheuil, *Aspects de l'Église*, Paris 1949; L. E. Palacios, *El mito de la nueva cristiandad*, Madrid 1951; J. Pieper, *Der Staat und die Gerechtichkeit*, München 1954; Y. Congar - M. Deuchmaurd, *La Iglesia en el mundo de hoy*, 3 vol., Madrid 1970; Y. Congar, "El papel de la Iglesia en el mundo de hoy", en: Y. Congar - M. Deuchmaurd, *o. c.*, II, pp.373-403; A. Losinger, *«Iusta autonomia». Studien zu einem Schlüsselbegriff des II. Vatikanischen Konzils*, Paderborn 1989; S. Moschetti, "La legitima autonomia delle realtà terrene. Riflessioni sulla «Gaudium et Spes»", en: *Civ. Cat.* 135(984), pp.428-440; J. C.

Murray, "The Issue of Church and State at Vatican Council II", en: *Theol. Stud.* 27(1966), pp.580-606; G. Martelet, "La Iglesia y lo temporal. Hacia una nueva concepción", en: G. Baraúna, I, pp.559-577; M. D. Chenu, "Los laicos y la «consecratio mundi»", en: G. Baraúna, II, pp.999-1015.

681. *La verdad os hará libres*(1990), n° 28.
682. *Ibid.*
683. *Ibid.*, p.23.
684. *Ibid.*, p.65.
685. *Ecclesia*(1993), p.965.
686. Y. Congar, *Santa Iglesia*, Barcelona 1965, p.356.
687. *Ibid.*, p.358.
688. 게라 캄포스(Guerra Campos)는 이렇게 말한다. "실천에 있어서, 국가가 법적으로 신앙을 고백하는 것은 대다수의 국민이 이러한 고백을 지지할 때에만 실현 가능하다[따라서 권할 만하고 요구할 만하며 어떤 경우든 적법하다"(*O. c.*, p.11).]